영어
문법 이론

김영편입 컨텐츠평가연구소 지음

영어 문법 시험의 자신감을 완성하는 최적의 솔루션

6

PREFACE

"편입 영어 문법의 새로운 표준" 김영편입 영어 문법 이론

편입 시험에서 영문법은 어휘와 더불어 논리완성 및 독해 문제 해결에 필수적인 핵심 영역입니다. 편입 영어를 처음 접하는 수험생들도 이 사실을 잘 알고 있으며, 문법을 우선 과제로 삼아 열심히 학습하지만, 방대한 암기량과 문제 적용 시 어려움으로 인해 도중에 포기하는 경우가 많습니다. 『김영편입 영어 문법 이론』은 수험생들이 영문법을 공부하면서 겪는 이러한 어려움을 감안하여, 쉽고 간결하게 학습할 수 있도록 기획한 문법 이론서입니다.

그렇다면, 『김영편입 영어 문법 이론』을 소개하기에 앞서 간단한 문제를 한번 풀어볼까요?

> 김영편입 영어 문법 이론 is _____.
> ① easy and concise
> ② traditional and simple
> ③ classic and obvious
> ④ common and boring

네, 정답은 ①번 입니다. 김영편입 영어 문법 이론은 "쉽고(easy), 간결함(concise)"을 추구합니다.

Easy ▶▶ 영문법을 처음 공부하는 수험생들도 쉽게 이해할 수 있도록 구성했습니다. 누구나 이해할 수 있는 간단한 예문과 친절한 설명을 제공하며, 난이도를 학습 순서에 따라 점진적으로 높여 효과적인 학습이 가능하게 했습니다. 또한, 학생들이 어려움을 느끼는 사항은 핵심 문법 포인트인 "Easy-Peasy Grammar"를 통해 쉽게 익힐 수 있도록 했으며, YouTube 강의를 통해 관련 내용을 더욱 명확하게 이해할 수 있도록 지원합니다.

Concise ▶▶ 영문법을 혼자 공부하는 학생들이 어려워하는 복잡한 용어나 예외 사항을 간결하게 정리했습니다. 또한 간결한 예문과 쉬운 설명으로 핵심을 빠르게 이해할 수 있도록 구성했습니다. 편입 영어에서 꼭 필요한 문법 사항을 100개의 "Unit"과 50개의 핵심 문법 포인트인 "Easy-Peasy Grammar"로 정리하여 학습의 효율성을 높였습니다.

『김영편입 영어 문법 이론』은 편입을 준비하는 수험생에게 실질적인 도움을 제공하기 위해 이러한 두 가지 주요 특징을 바탕으로 기획한 학습서입니다. 본 교재를 통해 영문법에 자신감을 더하고, 목표하는 대학에 합격하시길 기원합니다.

김영편입 컨텐츠평가연구소

HOW TO STUDY

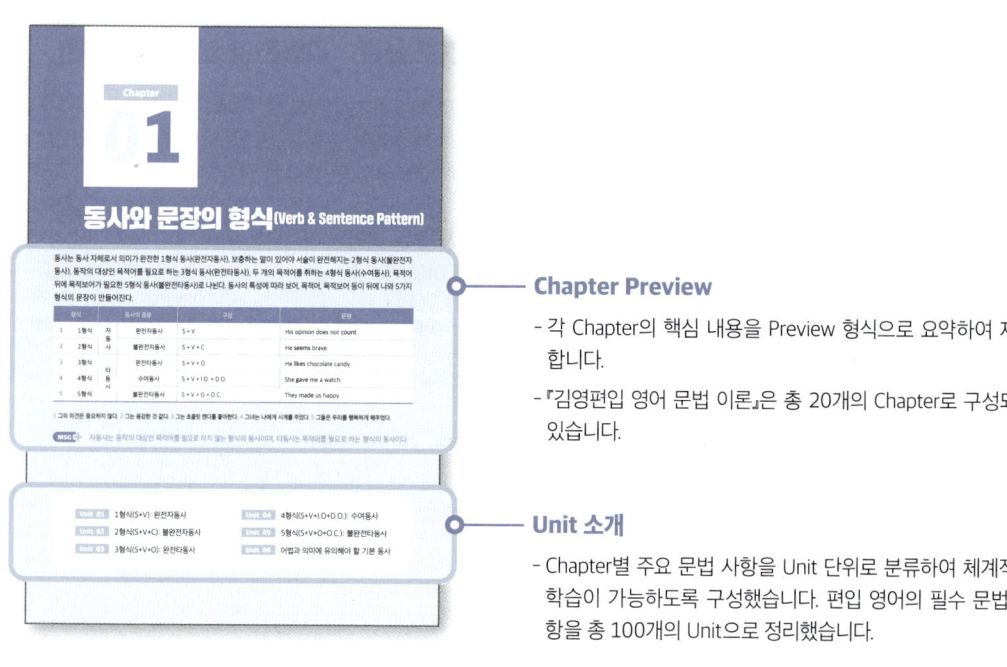

Chapter Preview
- 각 Chapter의 핵심 내용을 Preview 형식으로 요약하여 제공합니다.
- 『김영편입 영어 문법 이론』은 총 20개의 Chapter로 구성되어 있습니다.

Unit 소개
- Chapter별 주요 문법 사항을 Unit 단위로 분류하여 체계적인 학습이 가능하도록 구성했습니다. 편입 영어의 필수 문법 사항을 총 100개의 Unit으로 정리했습니다.

Unit 설명
- Unit의 이해를 돕기 위해 간단한 예문과 문법 사항의 적용 방식을 설명하여 학습 효과를 높였습니다.

MSG+ (My Smart Grammar)
- 앞서 배운 문법 사항에 대한 이해를 돕고 주의할 점을 보완 설명하여, 더 깊이 있는 학습이 가능하도록 구성했습니다.

Ace Your Grammar
- Unit의 핵심이 되는 대표 문제를 통해 주요 출제 포인트를 확인할 수 있도록 구성했습니다. 이를 통해 중요한 문법 요소를 미리 파악하고 학습 방향을 설정할 수 있습니다.

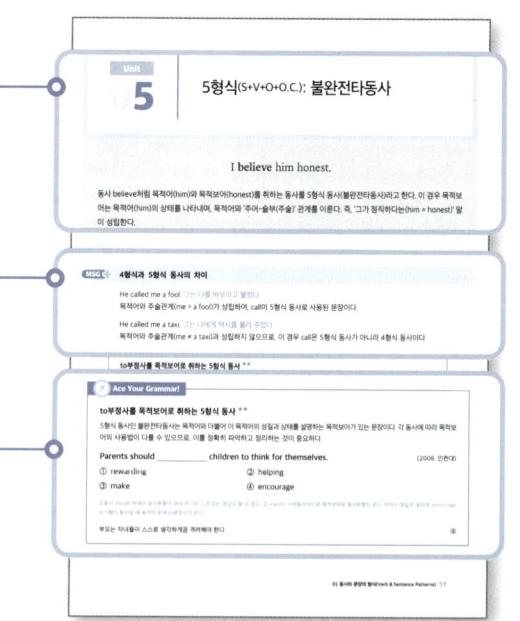

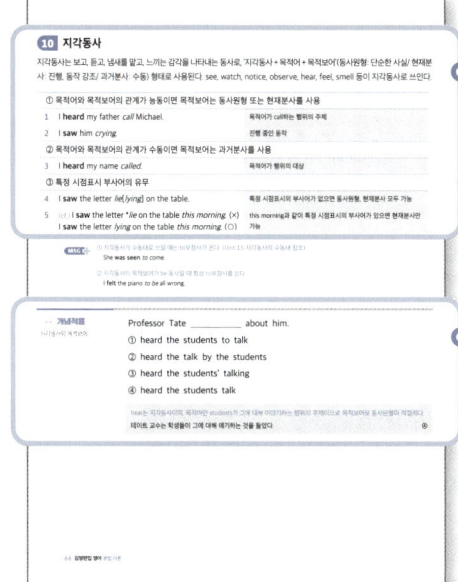

문법 설명
- 문법 이론을 쉽게 이해할 수 있도록 예문과 설명을 함께 제시하고, 예문 해석을 각주 형식으로 제공하여 학습자가 문법 개념을 한눈에 파악할 수 있도록 구성했습니다.

개념적용
- 문법 사항의 이해 여부를 확인할 수 있는 문제를 수록했습니다. 문법 포인트별로 다양한 유형의 문제를 제시하여 개념 이해를 돕고자 했습니다.

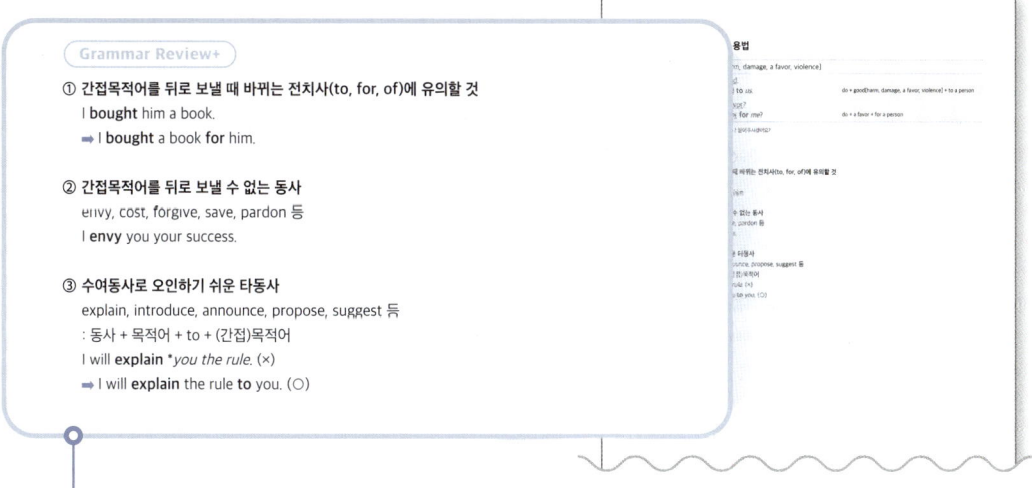

Grammar Review⁺
- Unit별로 꼭 알아야 할 문법 사항을 Grammar Review⁺를 통해 다시 한 번 확인할 수 있도록 구성했습니다.

HOW TO STUDY

동사와 관련해서는 다음과 같은 내용이 자주 출제됩니다.

① 타동사로 오인되기 쉬운 자동사
② 2형식 동사(불완전자동사)에서 보어의 형태
③ 자동사로 혼동하기 쉬운 타동사
④ 3형식 동사(완전타동사)에서 목적어로 부정사와 동명사를 구별하는 문제
⑤ 4형식 동사(수여동사)의 어순과, 이를 3형식으로 전환할 때 필요한 전치사
⑥ 5형식 동사(불완전타동사)의 적절한 목적보어(형용사, 동사원형, 현재분사, 과거분사 등)를 찾는 문제
⑦ lie와 lay, rise와 raise처럼 의미는 비슷하지만 구조나 어법이 다른 동사의 차이를 묻는 문제

이러한 내용들은 동사 관련 문제를 해결하는 데 매우 중요하므로, 반드시 잘 숙지해 두어야 합니다.

빈출 포인트

- Chapter별로 자주 출제되는 문법 포인트를 수록했습니다. 관련 내용은 해당 Chapter의 문제를 해결하는 데 매우 중요하므로, 반드시 잘 숙지해야 합니다.

01 다음 중 어법상 맞는 문장을 고르시오.

① Many people object cloning and stem cell research.
② Pressure for higher wages could force companies to raise prices.
③ The murderer will be hung at dawn.
④ She helps her daughter to make her homework.

02 빈칸에 들어갈 수 없는 것을 고르시오.

The police _____ the victim and her parents to compromise.

① compelled   ② forced
③ obliged   ④ had

[03-10] 빈칸에 알맞은 것을 고르시오.

03 My new job _____ less but enables me to learn new things.

① pays   ② sells
③ works   ④ counts

Review Test

- 각 Chapter에서 학습한 문법 사항을 종합적으로 점검할 수 있는 Review Test를 수록했습니다. 다양한 유형의 문제를 통해 공부한 문법 사항을 다시 확인해 보세요.

▶ 김앤북 | 기본 문제 풀이

- Chapter 1 ~ Chapter 20 Review Test YouTube강의를 통해 문법 문제를 체계적으로 정리할 수 있습니다.

02 빈칸에 들어갈 수 없는 것을 고르시오.

The police _____ the victim and her parents to compromise.
① compelled ② forced
③ obliged ④ had

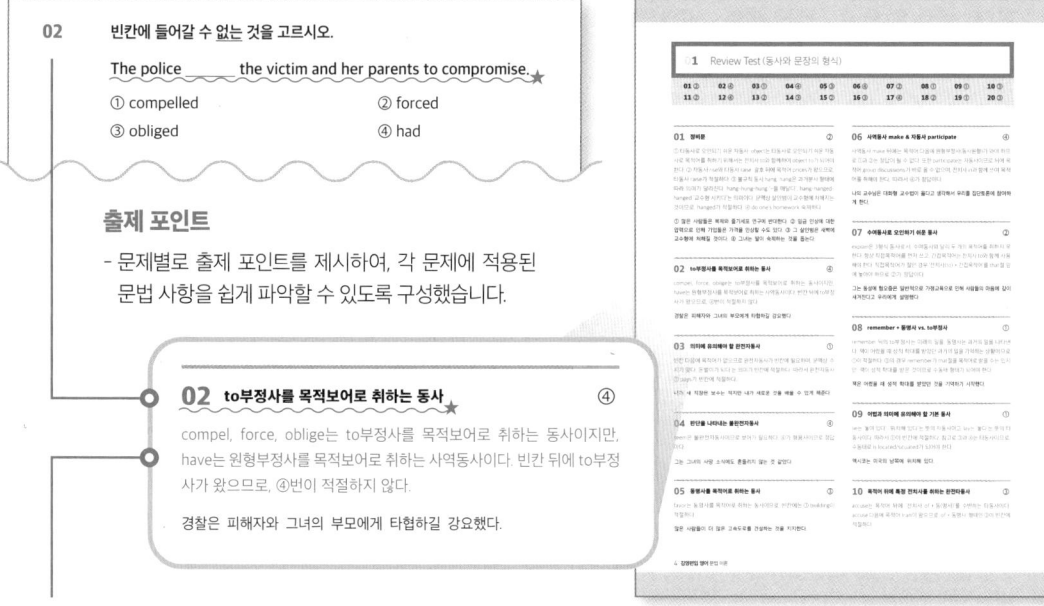

출제 포인트
- 문제별로 출제 포인트를 제시하여, 각 문제에 적용된 문법 사항을 쉽게 파악할 수 있도록 구성했습니다.

02 to부정사를 목적보어로 취하는 동사 ④

compel, force, oblige는 to부정사를 목적보어로 취하는 동사이지만, have는 원형부정사를 목적보어로 취하는 사역동사이다. 빈칸 뒤에 to부정사가 왔으므로, ④번이 적절하지 않다.

경찰은 피해자와 그녀의 부모에게 타협하길 강요했다.

분석과 해석
- 상세한 분석을 통해 문제의 이해도를 높였으며, 주의가 필요한 선택지에 대해서는 오답 해설을 추가하여 학습자가 정확한 개념을 파악할 수 있도록 구성했습니다.

INDEX 활용
- 문제 분석이 이해되지 않을 때는 INDEX를 활용하여 해당 페이지의 문법 사항을 다시 확인해 보세요. 『김영편입 영어 문법 1단계, 2단계』에서 추가적인 문법 설명이 필요한 경우, 『김영편입 영어 문법 이론』의 INDEX를 사전처럼 활용하여 학습을 보완할 수 있습니다.

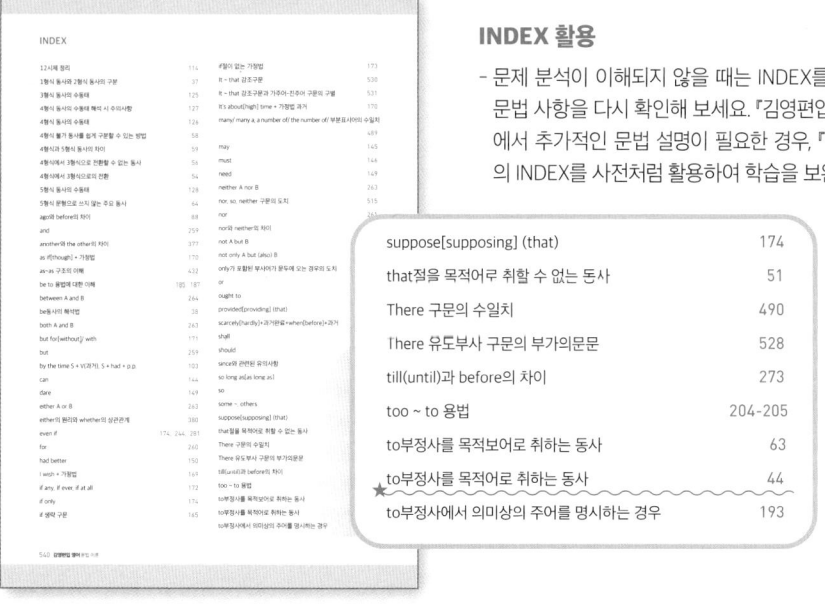

HOW TO STUDY

Easy-Peasy Grammar

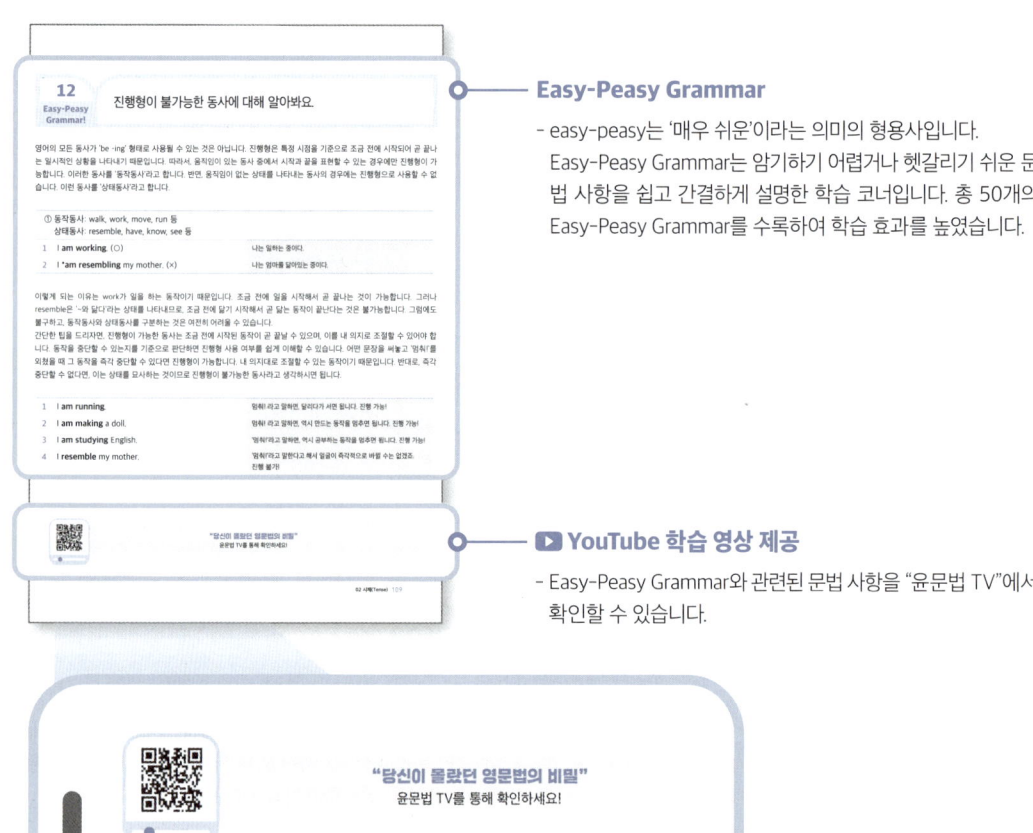

Easy-Peasy Grammar
- easy-peasy는 '매우 쉬운'이라는 의미의 형용사입니다. Easy-Peasy Grammar는 암기하기 어렵거나 헷갈리기 쉬운 문법 사항을 쉽고 간결하게 설명한 학습 코너입니다. 총 50개의 Easy-Peasy Grammar를 수록하여 학습 효과를 높였습니다.

▶ **YouTube 학습 영상 제공**
- Easy-Peasy Grammar와 관련된 문법 사항을 "윤문법 TV"에서 확인할 수 있습니다.

윤문법 TV
- 영문법과 관련한 궁금한 사항이 있으면 윤문법 TV를 확인해 보세요. 여러분이 몰랐던 영문법의 비밀을 쉽고 재미있게 풀어드립니다.

HOW TO USE 김영편입 문법 시리즈

STEP 01 → **김영편입 영어 문법 이론**

편입 영어 문법을 처음부터 체계적으로 이해할 수 있도록
기초 개념부터 필수 문법 사항까지 꼼꼼하게 정리

→ **MSG (My Smart Grammar)**

핵심 문법을 간결하게 정리하여, 언제 어디서나 편리하게
학습 가능

STEP 02 → **김영편입 영어 문법 1단계 시리즈**

김영편입 영어 기출 문법 1단계
- 단원별 핵심문법 정리 및 초·중급 난이도 기출문제
  1,000제 수록

김영편입 영어 문법 워크북 1단계
- 기출 문법 1단계와 동일한 난이도 및 유형의 1,000개의 예상문제로 응용력 향상

STEP 03 → **김영편입 영어 문법 2단계 시리즈**

김영편입 영어 기출 문법 2단계
- 중·고급 난이도의 출제빈도가 높은 엄선된 기출 문법
  1,000제로 심화 학습

김영편입 영어 문법 워크북 2단계
- 기출 문법 2단계와 동일한 난이도 및 유형의 1,000개의
  예상문제로 고득점을 목표로 학습할 수 있도록 구성

『김영편입 문법 시리즈』는 기출문제를 철저히 분석하여 편입 필수 문법을 단계별로 체계적으로 학습할 수 있는 최적의 솔루션을 제공합니다. 특히, 『김영편입 영어 문법 이론』은 1단계와 2단계, 그리고 MSG에 수록된 내용 중 이해가 어려운 부분을 다시 확인하고 깊이 있게 학습할 수 있도록 기획한 문법 이론서입니다.

CONTENTS

PREVIEW 문장의 기본요소 ··· 16

동사의 이해

Chapter 01 동사와 문장의 형식 Verb & Sentence Pattern

- Unit 01 1형식(S+V): 완전자동사 ··· 24
- Unit 02 2형식(S+V+C): 불완전자동사 ······························ 31
- Unit 03 3형식(S+V+O): 완전타동사 ································· 39
- Unit 04 4형식(S+V+I.O.+D.O.): 수여동사 ···················· 53
- Unit 05 5형식(S+V+O+O.C.): 불완전타동사 ················ 59
- Unit 06 어법과 의미에 유의해야 할 기본 동사 ················· 71

Chapter 02 시제 Tense

- Unit 07 현재시제 ·· 82
- Unit 08 과거시제 ·· 87
- Unit 09 미래시제 ·· 90
- Unit 10 현재완료시제 ··· 93
- Unit 11 과거완료·미래완료시제 ······························ 101
- Unit 12 진행시제 ··· 105
- Unit 13 시제일치 ··· 111

Chapter 03 수동태 Passive Voice

- Unit 14 수동태의 개념 ··· 120
- Unit 15 동사의 형식에 따른 수동태 문장 ············ 123
- Unit 16 주의해야 할 수동태 구문 ·························· 132

Chapter 04 조동사 Auxiliary Verb

- Unit 17 조동사의 특성 및 일반 조동사 be·have·do ········ 142
- Unit 18 조동사 can, may, must, ought to, shall·should, will·would ········ 144
- Unit 19 조동사 need·dare, used to, had better·would rather ········ 149
- Unit 20 조동사+have p.p., 조동사 관용표현 ········ 151

Chapter 05 가정법 Subjunctive Mood

- Unit 21 불확실한 일에 대한 가정 ·························· 158
- Unit 22 사실에 반대되는 가정 ······························· 163
- Unit 23 기타 가정법: I wish+가정법 등 ············· 168
- Unit 24 가정법의 대용 ··· 174

교재의 내용에 오류가 있나요?
www.kimyoung.co.kr ➡ 온라인 서점 ➡ 정오표 게시판
정오표에 반영되지 않은 새로운 오류가 있을 때에는 교재 오류신고
게시판에 글을 남겨주세요. 정성껏 답변해 드리겠습니다.

준동사의 이해

Chapter 06 부정사 Infinitive

- Unit 25 to부정사의 명사적 용법 ······ 180
- Unit 26 to부정사의 형용사적 용법 ······ 183
- Unit 27 to부정사의 부사적 용법 ······ 188
- Unit 28 to부정사의 의미상의 주어 ······ 191
- Unit 29 to부정사의 시제, 태, 부정 ······ 194
- Unit 30 대부정사, 분리부정사 ······ 198
- Unit 31 원형부정사 ······ 200
- Unit 32 독립부정사, to부정사의 관용표현 ······ 202

Chapter 07 동명사 Gerund

- Unit 33 동명사의 역할 ······ 210
- Unit 34 동명사의 의미상의 주어 ······ 215
- Unit 35 동명사의 시제, 태, 부정 ······ 218
- Unit 36 동명사의 관용표현 ······ 222

Chapter 08 분사 Participle

- Unit 37 분사의 용법 ······ 230
- Unit 38 감정 및 심리 유발 동사의 분사, 분사 형용사 ······ 234
- Unit 39 유사분사, 복합분사 ······ 237
- Unit 40 분사구문을 만드는 법 ······ 240
- Unit 41 분사구문 절의 종류와 유의사항 ······ 243
- Unit 42 독립분사구문 ······ 247
- Unit 43 with 분사구문, 분사형 전치사 ······ 249
- Unit 44 분사구문의 강조 ······ 252

연결사의 이해

Chapter 09
접속사 Conjunction

- Unit 45 등위접속사 ·· 258
- Unit 46 등위상관접속사 ·· 262
- Unit 47 명사절을 이끄는 종속접속사: that, whether, if, 의문사 ·· 265
- Unit 48 부사절을 이끄는 종속접속사: 시간 ··························· 272
- Unit 49 부사절을 이끄는 종속접속사: 이유, 원인, 목적, 결과 ··· 275
- Unit 50 부사절을 이끄는 종속접속사: 조건, 양보, 양태, 제한 ··· 279
- Unit 51 접속부사 ·· 286

Chapter 10
관계사 Relative

- Unit 52 관계대명사의 특징과 용법 ·· 292
- Unit 53 관계대명사의 종류 ·· 295
- Unit 54 관계대명사와 전치사 ·· 303
- Unit 55 관계대명사의 생략 ·· 306
- Unit 56 관계대명사의 수일치 ·· 308
- Unit 57 유사관계대명사 ·· 310
- Unit 58 복합관계사 ··· 313
- Unit 59 관계부사 ·· 316

품사의 이해

Chapter 11
명사와 관사 Noun & Article

- Unit 60 가산명사의 용법 ··· 324
- Unit 61 불가산명사의 용법 ·· 327
- Unit 62 명사의 수량 표시 ·· 333
- Unit 63 명사+명사(복합명사) 결합 ·· 341
- Unit 64 명사의 소유격 ·· 342
- Unit 65 관사의 용법 ··· 346

Chapter 12
대명사 Pronoun

- Unit 66 인칭대명사 ··· 358
- Unit 67 지시대명사 ··· 364
- Unit 68 부정대명사 ··· 369

Chapter 13
형용사 Adjective

- Unit 69 형용사의 용법 ·· 386
- Unit 70 형용사의 어순과 위치 ··· 392
- Unit 71 주의해야 할 형용사 구문 ·· 396
- Unit 72 혼동하기 쉬운 형용사 ··· 400

Chapter 14
부사 Adverb

- Unit 73 부사의 역할, 형태 ········· 408
- Unit 74 부사의 위치 ············· 413
- Unit 75 부사의 어순 ············· 416
- Unit 76 주의해야 할 부사의 용법 ··· 417

Chapter 15
비교 Comparison

- Unit 77 원급비교 ··············· 428
- Unit 78 비교급 ················· 433
- Unit 79 최상급 ················· 443

Chapter 16
전치사 Preposition

- Unit 80 전치사의 특성 ··········· 454
- Unit 81 전치사의 위치와 생략 ····· 456
- Unit 82 방향표시 전치사 ········· 459
- Unit 83 위치표시 전치사 ········· 462
- Unit 84 시간표시 전치사 ········· 464
- Unit 85 원인, 이유, 동기/목적, 의도의 전치사 ··· 467
- Unit 86 수단, 도구/소유표시의 전치사 ··· 469
- Unit 87 기타 전치사: 양보 표시/예외 표시/재료/분리/양태 표시/포함/관련의 전치사 ··· 470
- Unit 88 주요 전치사구 ··········· 475
- Unit 89 전치사에 따라 뜻이 달라지는 표현 ··· 476

Chapter 17
일치 Agreement

- Unit 90 주어와 술어동사의 수일치 ··· 484
- Unit 91 대명사의 수일치 ········· 492

Chapter 18
병치 Parallelism

- Unit 92 등위접속사에 의한 병치 ··· 498
- Unit 93 등위상관접속사에 의한 병치 ··· 505
- Unit 94 비교구문, 전치사에 의한 병치 ··· 507

Chapter 19
도치 Inversion

- Unit 95 도치 ··················· 514

Chapter 20
특수구문 Particular Sentence

- Unit 96 부가의문문 ············· 526
- Unit 97 It~that 강조구문 ········ 530
- Unit 98 생략 ··················· 532
- Unit 99 동격 ··················· 534
- Unit 100 삽입 ·················· 535

INDEX ························ 540

일러두기

김영편입 영어 문법 이론에 쓰인 기호 및 용어

기호		뜻
S	Subject	주어
V	Verb	동사 *vi.: 자동사(intransitive verb)/ vt.: 타동사(transitive verb)
C	Complement	보어 *S.C.: 주격보어(subject complement)/ O.C.: 목적보어(object complement)
O	Object	목적어 *I.O.: 간접목적어(indirect object)/ D.O.: 직접목적어(direct object)
R	Root Verb	동사원형
A	Adjective	형용사
AD	Adverb	부사
V-ing		현재분사(present participle) 또는 동명사(gerund)
V-ed		과거분사(past participle/ p.p.)
to V		to부정사(infinitive)
(cf.)		비교
e.g.		예시
*	asterisk	문법에 맞지 않는 구 또는 절

PREVIEW | 문장의 기본요소

문장성분이란 문장을 이루는 구성요소이다. 영어의 문장성분에는 필수 문장성분인 주어, 동사, 목적어, 보어와 이를 꾸며주는 수식어가 있다.

성분	역할	예
주어(S)	행위의 주체	**Many** consider Elon Musk a visionary.
동사(V)	주어의 동작이나 상태를 표현	Many **consider** Elon Musk a visionary.
목적어(O)	행위의 대상	Many consider **Elon Musk** a visionary.
보어(C)	주어나 목적어를 보충 설명하는 표현	Elon Musk became **a billionaire**. <주격보어> Many consider Elon Musk **a visionary**. <목적보어>
형용사적 수식어	명사를 수식	Elon Musk is a <u>well-known inventor</u>.
부사적 수식어	동사, 형용사, 부사 등의 문장성분을 수식	Elon Musk <u>works</u> <u>tirelessly</u>.

다음 문장의 구성을 살펴보자.

"Still waters run deep."
　　S　　V　 AD

① still은 일반적으로 부사로 사용되지만, '잔잔한', '고유한'의 의미로 형용사로 사용되기도 한다. 위 문장에서는 still이 명사인 waters를 수식하고 있으므로, '형용사'로 사용되었다고 볼 수 있다.

② water는 일반적으로 불가산명사로 사용되지만, waters는 '특정한 호수, 강, 바다의 물', '광천수', '수역' 등을 의미하여, 이 문장에서는 '물'과는 다른 의미로 쓰인 것을 알 수 있다.

③ 주어인 Still waters가 복수이므로 복수동사 run이 사용되었다. run은 완전자동사로 보어나 목적어를 필요로 하지 않는다.

④ 완전자동사는 보어나 목적어를 취하지 않기 때문에, deep은 부사로 쓰여 run을 수식한다.

⑤ 위의 ①~④의 문법 사항을 이해하면, "잔잔한 물이 깊이 흐른다."라는 문장의 의미를 올바르게 파악할 수 있다.

간단한 문장을 예로 들어서 설명했지만, 이 문장을 이해하려면 문장성분을 이해할 필요가 있다. 따라서 영어의 기본 구조와 관련된 문장성분을 학습해 보자.

1 문장의 기본 요소: 주부와 술부

문장은 기본적으로 주어와 술부로 나뉜다. 주어는 문장의 주체로서 '누가' 또는 '무엇이'에 해당하는 부분이고, 술부는 그 주체가 '어떤 상태인지' 또는 '무엇을 하는지'를 설명하는 부분이다. 술부의 중심은 동사이며, 상황에 따라 목적어나 보어가 동반될 수 있다.

	주부	술부	
1	The dog	barks.	술부의 동사는 1처럼 단독으로 쓰이는 경우도 있지만, 2, 3, 4처럼 보어나 목적어를 취하는 경우가 많다.
2	She	became a doctor.	
3	The idea of moving abroad	is exciting.	
4	Many of the employees	received a bonus.	

1 개가 짖는다. 2 그녀는 의사가 되었다. 3 해외로 이주한다는 생각은 설레는 일이다. 4 많은 직원들이 보너스를 받았다.

2 주어(Subject)

주어는 문장에서 동작이나 상태의 주체를 나타내는 말로, 명사, 대명사, 부정사, 동명사, 관계사 등이 주어로 사용될 수 있다. 한국어는 주어가 생략되는 경우가 있지만, 영어 문장에서는 특별한 경우를 제외하고 주어가 필수 문장성분으로 문장에 반드시 포함되어야 한다.

	주어	술부	주어의 형태
1	Our business	pays well.	명사
2	I	want to go abroad to study English.	대명사
3	To learn a foreign language	is useful in many ways.	부정사
4	Enjoying outdoor activities	is good for your health.	동명사
5	What I dislike most	is laziness.	관계사절

1 우리 사업은 제법 수익이 좋다. 2 나는 영어 공부하러 외국에 가고 싶다. 3 외국어를 공부하는 것은 여러모로 유용하다. 4 야외 활동을 즐기는 것은 건강에 이롭다. 5 내가 가장 싫어하는 것은 게으름이다.

3 동사(Verb)

동사는 주어의 동작이나 상태를 나타내며, 술부의 중심이 되는 말이다. 주어의 동작을 나타내는 동사는 동작동사, 주어의 상태를 나타내는 동사는 상태동사라고 한다. 또한, 동사는 진행형, 완료형, 수동태를 만들기 위해 be동사나 have동사와 함께 사용될 수 있으며, 동사 앞에 조동사와 함께 쓰이거나, 부사, 전치사 등과 결합해 동사구를 형성하기도 한다.

	주어	술부	동사의 형태
1	He	**threw** the letter into the fire.	동작동사
2	He	**has** a lot of money.	상태동사
3	She	**was reading** a book when I entered the room.	진행형
4	The diet of developing nations	**has changed** greatly since World War II.	완료형
5	Everyone	**should be treated** equally.	조동사 & 수동태
6	The death penalty	**has been done away with** in many countries.	동사구 & 수동태

1 그는 편지를 불에 던졌다. 2 그는 많은 돈을 가지고 있다. 3 내가 방에 들어갔을 때 그녀는 책을 읽고 있었다. 4 제2차 세계 대전 후 개발도상국의 식생활은 크게 바뀌었다. 5 모든 사람은 동등하게 대우받아야 한다. 6 많은 국가에서 사형이 폐지되었다.

4 목적어(Object)

목적어는 동작의 대상이 되는 말로, 명사, 대명사, 동명사, 부정사, 명사절 등이 목적어로 쓰일 수 있다.

	주어	동사	목적어	목적어의 형태
1	We	discussed	**politics**.	명사
2	The whole world	knows and respects	**him**.	대명사
3	I	enjoy	**taking a walk outdoors**.	동명사
4	The government	managed	**to get through the financial crisis**.	부정사
5	People	say	**that time heals all wounds**.	명사절

1 우리는 정치에 대해 토론했다. 2 모든 사람들이 그를 알고 존경한다. 3 나는 밖에 산책하러 나가는 것을 즐긴다. 4 정부는 재정 위기를 잘 넘겼다. 5 사람들은 시간이 약이라고(해결해 준다고) 말한다.

5 보어(Complement)

보어는 주어 또는 목적어의 의미나 상태를 보충해 주는 말로, 명사, 형용사, 그리고 이와 같은 역할을 하는 어구가 보어 자리에 올 수 있다.

	주어	동사	보어	보어의 형태
1	He	is	**a lawyer.**	주격보어: 주어의 직업을 설명
2	He	is	**diligent.**	주격보어: 주어의 상태를 설명
3	I	saw	the man **getting out** of the car.	목적보어: 현재분사가 목적어의 상태를 설명
4	She	had	her bag **stolen** in the bus.	목적보어: 과거분사가 목적어의 상태를 설명

1 그는 변호사이다. 2 그는 근면하다. 3 나는 그 사람이 차에서 나오는 것을 보았다. 4 그녀는 버스에서 가방을 도둑맞았다.

6 수식어(Modifier)

수식어는 필수 문장성분을 수식하는 역할을 한다. 따라서 생략해도 문장의 성립 요건에는 영향을 미치지 않는다. 명사를 꾸며주는 "형용사적 수식어"와 동사, 형용사, 부사 및 전체 절을 꾸며주는 "부사적 수식어"가 있다.

		수식어의 형태
1	He is an <u>ambitious</u> <u>politician</u>.	형용사적 수식어: 형용사가 명사 politician을 수식
2	<u>The man</u> <u>who is playing the piano</u> is my brother.	형용사적 수식어: 관계대명사절이 The man을 수식
3	She <u>looked at</u> the man <u>carefully</u>.	부사적 수식어: 부사가 동사 look at을 수식
4	The universe is <u>constantly</u> <u>expanding</u>.	부사적 수식어: 부사가 현재분사 expanding을 수식
5	<u>Frankly</u>, <u>this movie is not interesting at all</u>.	부사적 수식어: 부사가 전체 절을 수식

1 그는 야심이 많은 정치가이다. 2 피아노를 연주하는 사람은 나의 형이다. 3 그녀는 그 남자를 주의 깊게 살펴봤다. 4 우주는 계속 팽창하고 있다. 5 솔직히 말해서, 이 영화는 전혀 재미가 없다.

7 문장(단문, 중문, 복문)

① 단문
단문은 가장 작은 단위의 문장이다. 문장에는 5개의 기본 형식이 있으며, 일반적으로 문장의 형식은 술어 동사에 따라 결정된다.

1	This grammar book sells well.	주어 + 동사
2	The weather will stay fine.	주어 + 동사 + 보어
3	I asked him about the accident.	주어 + 동사 + 목적어
4	They awarded him the first prize.	주어 + 동사 + 간접목적어 + 직접목적어
5	We consider him a great poet.	주어 + 동사 + 목적어 + 목적보어

② 중문
두 개 이상의 단문이 등위접속사로 연결되어 있는 문장을 중문이라고 한다.

6	We fished all day, **but** (we) didn't catch a thing.	등위접속사의 종류: and, but, or, so, for, yet

③ 복문
복문은 주절에 하나 또는 그 이상의 종속절이 포함된 문장이다. 주절은 문장의 중심 내용을 전달하며, 종속절은 주절의 의미를 보충하거나 설명하는 역할을 한다.

7	He told me **that** the match had been cancelled.	명사절
8	I know a boy **who** can speak English.	형용사절
9	**When** you are in Rome, do as the Romans do.	부사절

1 이 문법책은 잘 팔린다. 2 날씨가 좋을 거예요. 3 나는 그에게 그 사고에 관해 물어봤다. 4 그들은 그에게 1등을 수여했다. 5 우리는 그를 위대한 시인으로 생각한다. 6 우리는 하루 종일 낚시를 했지만, 아무것도 잡지 못했다. 7 그는 나에게 경기가 취소되었다고 말했다. 8 나는 영어를 할 수 있는 소년을 알고 있다. 9 로마에 가면 로마법을 따르라.

8 문장의 기본 요소와 주의점

① 주어

1	When **I** was young, **I** liked reading.	절에서 주어가 없으면 안 된다.
2	**Lying** is a disgraceful vice.	주어가 될 수 있는 것은 명사 또는 명사 상당어구이다.
3	**Mr. Smith**, who loves children, ***he** is called "Santa Claus." (×) **Mr. Smith**, who loves children, is called "Santa Claus." (○)	한 절에서 주어가 둘(Mr. Smith와 he)일 수 없다. he를 삭제해야 한다.
4	There are **a lot of empty properties** in the area.	there is[are] 구문의 주어는 동사 다음에 온다.

② 동사: 절(문장)에는 반드시 시제를 가진 형태의 동사가 하나 있어야 한다.

5	*The man that works at the counter* **is** my friend. 　　S　↑　　　　　　　　　　　　V 　　└─────────────┘ → The man is my friend.	정동사를 파악해야 한다. that works at the counter는 형용사절로 주어인 The man을 수식해 주고 있으므로 없어도 문장은 성립한다. 형용사절 다음의 is가 정동사이다.
6	The conference ***starting** at five. (×) The conference **starts** at five. (○)	starting은 현재분사로 시제를 가지지 못한다. starts는 시제를 가진 현재동사로 문장을 완성한다.
7	She went to work, ***stayed** there long. (×) She went to work **and** stayed there long. (○)	한 문장에 동사가 두 개일 수는 없다. 동사가 연결되려면 연결사가 필요하다.

③ 주절에는 접속사가 붙지 않는다.

8	He succeeded **because** he worked hard.	
9	**When** she came home, her husband was cooking dinner.	

④ 접속사는 완전한 절을 연결한다.

10	**Although** she was tired, she went to work.
11	She was tired, **but** she went to work.

1 어렸을 때 나는 독서를 좋아했다. 2 거짓말은 수치스러운 악덕이다. 3 아이들을 사랑하는 스미스씨는 '산타클로스'로 불린다. 4 이 지역에는 빈 부동산이 많이 있다. 5 카운터에서 일하는 그 남자는 나의 친구다. 6 회의는 5시에 시작된다. 7 그녀는 직장에 가서 그곳에 오래 머물렀다. 8 그는 열심히 노력했기 때문에 성공했다. 9 집에 돌아왔을 때 그녀의 남편은 저녁을 요리하고 있었다. 10 그녀는 피곤했지만, 일하러 갔다. 11 그녀는 피곤했지만, 일하러 갔다.

Chapter 01

동사와 문장의 형식 (Verb & Sentence Pattern)

동사는 동사 자체로서 의미가 완전한 1형식 동사(완전자동사), 보충하는 말이 있어야 서술이 완전해지는 2형식 동사(불완전자동사), 동작의 대상인 목적어를 필요로 하는 3형식 동사(완전타동사), 두 개의 목적어를 취하는 4형식 동사(수여동사), 목적어 뒤에 목적보어가 필요한 5형식 동사(불완전타동사)로 나뉜다. 동사의 특성에 따라 보어, 목적어, 목적보어 등이 뒤에 나와 5가지 형식의 문장이 만들어진다.

	형식	동사의 종류		구성	문형
1	1형식	자동사	완전자동사	S + V	His opinion does not count.
2	2형식		불완전자동사	S + V + C	He seems brave.
3	3형식	타동사	완전타동사	S + V + O	He likes chocolate candy.
4	4형식		수여동사	S + V + I.O. + D.O.	She gave me a watch.
5	5형식		불완전타동사	S + V + O + O.C.	They made us happy.

1 그의 의견은 중요하지 않다. 2 그는 용감한 것 같다. 3 그는 초콜릿 캔디를 좋아한다. 4 그녀는 나에게 시계를 주었다. 5 그들은 우리를 행복하게 해주었다.

MSG+ 자동사는 동작의 대상인 목적어를 필요로 하지 않는 형식의 동사이며, 타동사는 목적어를 필요로 하는 형식의 동사이다.

Unit 01 1형식(S+V): 완전자동사
Unit 02 2형식(S+V+C): 불완전자동사
Unit 03 3형식(S+V+O): 완전타동사
Unit 04 4형식(S+V+I.O+D.O.): 수여동사
Unit 05 5형식(S+V+O+O.C.): 불완전타동사
Unit 06 어법과 의미에 유의해야 할 기본 동사

Unit 01 | 1형식(S+V): 완전자동사

I dance well. vs I dance *good.

"I dance."에서 dance(춤추다)는 동사 자체의 의미가 완전한 동사로, 주어(I)와 동사(dance)만으로 완전한 문장이 될 수 있다. 따라서 다른 품사들은 추가로 필요하지 않으며, 이런 동사를 "1형식 완전자동사"라고 한다. 완전자동사는 수식어구를 수반하는 경우가 많으며, 뒤에 형용사나 명사는 원칙적으로 올 수 없다. 따라서 동사 뒤에 부사가 와서 동사를 수식하는 "I dance well."이 올바른 1형식 문장이다.

MSG+ 형용사 vs 부사?

형용사는 보통 명사 앞에 위치하여 그 명사를 수식하고, 부사는 주로 동사, 형용사, 다른 부사, 또는 문장 전체를 수식하며, 수식하는 요소의 앞이나 뒤에 올 수 있다.

She is a **good** singer.	그녀는 노래를 잘하는 가수이다.
	형용사 good이 명사 singer를 수식한다.
She sings *good. (×) ➡ She sings **well**. (○)	그녀는 노래를 잘한다.
	형용사 good은 동사를 수식할 수 없으므로, 부사 well이 되어야 한다.

Ace Your Grammar!

의미에 유의해 할 완전자동사 ★

완전자동사는 보어나 목적어 없이도 문장이 성립하며, 부사어구의 수식을 받을 수 있다. 또한, 수동태로는 사용할 수 없다는 점을 반드시 이해해야 한다. 자타동사로 모두 쓰이는 동사의 경우, 문맥에 따라 의미와 용법이 달라질 수 있으므로 이를 정확히 구분해야 한다.

She tried to hold together her shop, yet it just wouldn't _____.

① do ② go
③ work ④ manage

자동사 work는 '~이 작동하다, (계획 따위가) 잘 되어 가다'라는 의미로 쓰인다. 자동사 do는 '충분하다(=be enough), 적합하다, 좋다'는 뜻이다. 이 문장에서는 "가게가 잘 되어가지 않았다"는 상황을 나타내야 한다. 따라서 work는 '계획이 잘 되어가다'라는 의미로 사용되어 "(가게가) 잘 되어가지 않는"다는 문맥에 맞는 의미를 전달한다. 따라서 정답은 ③ work이다.

그녀는 가게를 잘 꾸려가려고 애썼지만, 잘되지 않았다.

③

1 완전자동사의 기본 문형: S + V(완전자동사) + 수식어(구)

일반적으로 완전자동사 구문은 수식어를 수반하는 경우가 많으므로, 주어와 동사로만 이루어진 문형이라고 여겨서는 안 된다.

1	My head **aches**.	보어나 목적어를 취하지 않는다.
2	The ghost **disappeared** *sudden. (×)/ suddenly. (○)	부사의 수식을 받는다.
3	The plane **is** *on the ground*.	S + be동사 + 장소 부사(구): ~있다; 존재하다
4	Water ***is not existed** on the moon. (×) Water does not **exist** on the moon. (○)	목적어를 취하지 않기 때문에 수동태로 사용할 수 없다.
5	There **is** *a growing need* for science education.	There[Here] + be동사 + 명사 + 수식어(구): ~ 있다(존재의 의미) There[Here] 다음에 명사인 주어가 왔을 때 도치가 되며, 뒤에 오는 명사에 be동사를 일치시킨다.
6	Here **is** *your opportunity*.	
7	There he **sat** like a piece of a chewed string.	대명사가 주어일 경우 어순은 'S + V'이다.

1 머리가 아프다. 2 유령이 갑자기 사라졌다. 3 비행기가 지상에 있다. 4 달에는 물이 존재하지 않는다. 5 과학 교육의 필요성이 증대되고 있다. 6 이것은 당신의 기회예요. 7 그는 그곳에 축 늘어진 채 앉아 있었다.

 There + seem[appear, happen] + (to be) + 명사(S)

There 구문에서 동사(seem, appear, happen 등)는 'to + be' 다음에 오는 명사의 수(number)에 일치시킨다.
There **seems** (to be) *no objection* to this proposal. 이 제안에는 이의가 없는 것 같다.
There **appear** (to be) *some casualties* from the accident. 그 사고에 사상자가 좀 있는 것 같다.

2 의미에 유의해야 할 완전자동사

보어와 목적어를 취하지 않으며, 타동사로 쓰이는 때와 매우 다른 의미를 가진다.

matter, count, do, pay, work

1	Your age does not **matter** to me.	matter: 중요하다
2	Honesty does not seem to **count** these days.	count: 중요하다
3	(cf.) Don't <u>count</u> your chickens before they are hatched.	타동사 count: 수를 세다
4	Any book will **do**, if it is interesting.	do: 족하다, 충분하다, 적합하다
5	(cf.) He <u>did</u> his duty.	타동사 do one's duty: 본분[의무, 책임]을 다하다
6	Farming doesn't **pay** these days.	pay: 수지가 맞다, 이익이 되다
7	(cf.) How much did you <u>pay</u> for the shoes?	타동사 pay: 지불하다
8	The pills aren't **working** well.	work: 작동하다(= operate); 효과가 있다(= be effective)
9	(cf.) The boss <u>worked</u> his men hard.	타동사 work: 일을 시키다

1 당신의 나이는 나에게 중요하지 않다. 2 요즘 정직이 중요하지 않은 것 같다. 3 알이 부화하기 전에 병아리를 세지 마라. (김칫국부터 마시지 마라.) 4 재미 있다면 어떤 책이라도 좋다. 5 그는 자신의 의무를 다했다. 6 요즘 농사는 수지가 맞지 않는다. 7 그 신발에 얼마를 지불하셨나요? 8 그 약이 효과가 없다. 9 그 사장은 자신의 부하 직원들을 혹사시켰다.

▶▶ 개념적용

완전자동사로 사용되는 동사의 의미를 숙지하고, 자동사와 타동사의 의미를 구별할 줄 알아야 한다.

밑줄 친 부분에 유의하여 아래 문장을 우리말로 옮기시오.

1. The quantity doesn't <u>count</u> but its quality does.
2. The monitor of my computer doesn't <u>work.</u>
3. Crime doesn't <u>pay</u>.
4. Twenty dollars a day will <u>do</u>.
5. Democracy <u>matters</u> because it reflects an idea of liberty.

1. 양은 중요하지 않고 질이 <u>중요하다</u>. 2. 내 컴퓨터의 모니터가 <u>작동하지</u> 않는다. 3. 범죄는 <u>득이 되지</u> 않는다. 4. 하루에 20달러면 <u>충분하다</u>. 5. 민주주의는 자유에 대한 생각을 반영하기 때문에 <u>중요하다</u>.

3 주어 + 완전자동사 + 부사(어)

완전자동사는 의미가 완전한 동사로서 뒤에 "부사(어)"가 올 수 있지만, 형용사나 명사는 올 수 없다.

begin, return, think, travel, improve, increase, work, drive, walk, sink, live 등

1	Fighting in Gaza **began** *again*.	완전자동사 begin + 부사 again
2	Casting is currently underway, and filming will **begin** **short*. (×)/ *shorty*. (○)	완전자동사 begin 뒤에 형용사 short가 올 수 없다. 부사 shortly가 와야 한다.
3	(cf.) He **began** *to study* English.	타동사 begin이 to부정사를 목적어로 취함
4	He **returned** *late* from work.	자동사: 돌아오다
5	(cf.) He **returned** *a chair* to the drawing room.	타동사: 되돌려 놓다, 도로 보내다
6	He **thinks** *differently* from me.	자동사: 생각하다
7	(cf.) I **think** *that he is honest*.	타동사: (~을) …이라고 여기다, 생각하다 → think + that절(목적어)

1 가자 지구에서 전투가 재개되었다. 2 현재 캐스팅이 진행 중이며, 촬영이 곧 시작된다. 3 그가 영어 공부를 시작했다. 4 그는 직장에서 늦게 돌아왔다. 5 그는 응접실에 의자를 도로 갖다 두었다. 6 그는 나와 다르게 생각한다. 7 나는 그가 정직하다고 생각한다.

▶▶ 개념적용

완전자동사 뒤에는 형용사나 명사가 올 수 없다.

Because he could not think ①<u>clear</u>, his efforts ②<u>in trying</u> ③<u>to solve</u> the problem ④<u>have failed</u>.

think가 자동사로 사용되었으므로, ① 형용사 clear를 부사 clearly로 고쳐야 한다.

그가 명확하게 생각할 수 없었기 때문에, 그 문제를 해결하려는 그의 노력이 실패했다. ①

4 수동의 의미를 지닌 자동사

능동형으로 수동의 의미를 나타내는 자동사들로, 부사와 함께 쓰이며 일반적인 경향을 나타낸다.

---

sell, write, cut, translate, wash

1	This novel **sells** well.	sell: 팔린다
2	(cf.) Vincent van Gogh, whose paintings now **sell** for millions of dollars, <u>sold</u> only one painting in his lifetime.	sell은 자동사로 '팔린다'라는 능동형으로 수동의 의미를 나타내지만, sold는 타동사로 고흐가 생전에 한 점의 작품만 '팔았다'는 의미이다.
3	This pen **writes** well.	write: 써진다
4	This knife **cuts** well.	cut: 잘린다
5	This sweater **washes** well.	wash: (세탁이) 잘 된다
6	This English book **translates** easily.	translate: 번역되다

1 이 책은 잘 팔린다. 2 빈센트 반 고흐(Vincent van Gogh)의 그림은 현재 수백만 달러에 팔리는데, 그는 일생 동안 단 한 점의 그림만 팔았다. 3 이 펜은 잘 써진다. 4 이 칼은 잘 잘린다(잘 든다). 5 이 스웨터는 세탁이 잘 된다. 6 이 영어책은 쉽게 번역된다.

5 타동사로 오인되기 쉬운 자동사

1형식 동사는 목적어를 직접 취할 수 없지만, 뒤에 전치사가 나와서 복적어를 취하는 경우가 있다. 이러한 경우, 목적이를 취히기 위해서는 반드시 전치사가 필요하며, '자동사 + 전치사'는 타동사처럼 기능한다.

> **출제포인트** 타동사로 오인되기 쉬운 자동사가 목적어를 취할 때는 관용적으로 사용되는 전치사와 함께 외워야 한다. 또한, 전치사에 따라서 의미가 달라지는 자동사에 유의해야 한다.

1	He **abstained from** eating for six days.	abstain from: ~을 삼가다
2	Exports **account for** more than half of the economic growth.	account for: 설명하다; ~을 차지하다; ~의 원인이다
3	The park will **add to** the beauty of our town. = The park will **increase** the beauty of our town. (cf.) If you **add** 3 to 5, you get 8.	add to: 더하다, 증가하다(= increase) '자동사 + 전치사' 대신 타동사 increase를 사용할 수도 있다. 타동사 add: (수·양을) 합하다
4	We cannot **agree to** such a proposal. I **agree with** you on this point.	agree to + 사물(계획, 제안): ~에 동의하다 agree with + 사람: ~와 의견이 맞다
5	The annual net profit **amounts to** ten million dollars.	amount to: (총계·금액이) ~이 되다; 결국 ~이 되다
6	He **apologized to** me for coming late.	apologize to: ~에게 사과하다; 변명하다
7	The train **arrived at** the station 20 minutes late.	arrive at[in]: ~에 도착하다
8	The blue coat **belongs to** her.	belong to: ~에 속하다, ~의 소유이다
9	Your views exactly **coincide with** mine.	coincide with: ~와 일치하다(= correspond to); ~와 동시에 일어나다
10	I couldn't **concentrate on** the movie.	concentrate on: ~에 집중하다
11	People are **complaining of[about]** high prices.	complain of[about]: ~에 대해 불평하다
12	You must **conform to** the rules of the group.	conform to: ~을 따르다
13	Happiness **consists in** contentment. The committee **consists of** ten members.	consist in: ~에 있다 consist of: ~로 이루어져 있다(= be composed of, be made up of)
14	She **complained of** the room being dirty.	complain of[about]: ~에 대해 불평하다
15	He refused to **conform to** the local customs.	conform to: ~에 따르다, 순응하다
16	The two groups agreed to **cooperate with** each other.	cooperate with: ~와 협력하다, 협동하다
17	There is no book that can **compete with** this.	compete with: ~와 경쟁하다, 겨루다
18	Her poems often **deal with** the subject of death. The merchant **deals in** wool and cotton.	deal with: ~을 다루다, 처리하다 deal in: ~을 거래하다, 장사하다
19	His success **depends on** effort and ability.	depend on[upon]: ~에 달려 있다; ~에 의지하다
20	We cannot **dispense with** the necessities of life.	dispense with: ~없이 지내다(= do without); ~을 필요 없게 하다

1 그는 6일 동안 금식했다. 2 수출은 국내 경제 성장의 절반 이상을 차지하고 있다. 3 그 공원은 우리 마을의 미관을 더 할 것이다./ 3 더하기 5는 8이다. 4 우리는 그러한 제안에 동의할 수 없다./ 이 점에 대해서는 당신의 의견과 같다. 5 연간 순이익이 천만 달러에 달한다. 6 그는 늦게 온 것에 대해 내게 사과했다. 7 그 기차는 20분 늦게 역에 도착했다. 8 파란색 코트는 그녀의 것이다. 9 당신의 견해는 나의 견해와 정확히 일치한다. 10 나는 그 영화에 집중할 수 없었다. 11 사람들이 높은 물가에 대해 불평하고 있다. 12 당신은 집단의 규칙을 따라야 한다. 13 행복은 만족에 있다./ 그 위원회는 10명의 회원으로 이루어져 있다. 14 그녀는 방이 더럽다고 불평했다. 15 그는 지역 관습을 따르는 것을 거부했다. 16 그 두 집단은 서로 협력하기로 합의했다. 17 이것과 경쟁할 수 있는 책은 없다. 18 그녀의 시는 종종 죽음이라는 주제를 다룬다./ 그 상인은 양모와 면화를 취급하고 있다. 19 그의 성공은 노력과 능력에 달려 있다. 20 우리는 생활필수품 없이는 살 수 없다.

21	It's very difficult to **dispose of** nuclear waste.	dispose of: ~을 처분[양도]하다, 버리다
22	He **experimented with** electromagnetic waves.	experiment with: ~을 실험하다
23	He **graduated from** college with honors.	graduate from: ~를 졸업하다
24	We **insisted on** a refund of the full amount.	insist on: ~을 주장하다
25	I don't **object to** her marriage. = I don't **oppose** her marriage.	object to: ~에 반대하다 (= oppose) '자동사 + 전치사' 대신 타동사 oppose를 사용할 수도 있다.
26	Don't **interfere with** him while he's working.	interfere with: ~을 방해하다
27	You should not **interfere in** another's life.	interfere in: ~을 간섭하다
28	Never **laugh at** your friends' personal choices such as clothes.	laugh at: ~을 비웃다
29	Everybody **participated in** a riot.	participate in: ~에 참가하다
30	Disease often **results from** poverty.	result from: ~로부터 초래되다, 기인하다 (원인)
31	His efforts **resulted in** failure.	result in: ~이 되다, ~로 끝나다, 귀착하다 (결과)
32	They felt obliged to **resort to** violence.	resort to: ~에 의존하다
33	The World Health Organization **strives for** better health.	strive for: ~을 위해 노력하다
34	I **talked to** her about love.	talk to[with]: ~와 대화하다
35	Outstanding athletes will **participate in** this tournament. = Outstanding athletes will **attend** this tournament.	participate in: 참석하다 (= attend) '자동사 + 전치사' 대신 타동사 attend를 사용할 수도 있다.
36	Jason **waited for** his girlfriend for an hour.	wait for: ~을 기다리다
37	She **waits on** customers all day at the restaurant.	wait on: ~을 시중들다
38	He **succeeded in** solving the problem.	succeed in: ~에 성공하다, 번창하다
39	He **succeeded to** his father's estate.	succeed to: ~을 상속[계승]하다
40	He **succeeded** his father as the owner of the estate.	(cf.) succeed: ~의 뒤를 잇다
41	I **sympathize with** what you would like to do.	sympathize with: ~에 공감하다; ~을 동정하다

21 핵폐기물을 처리하는 것은 매우 어렵다. 22 그는 전자파를 실험했다. 23 그는 대학을 우수한 성적으로 졸업했다. 24 우리는 전액 환불을 주장했다. 25 나는 그녀의 결혼에 반대하지 않는다. 26 그가 일하는 동안 그를 방해하지 마라. 27 당신은 타인의 생활을 간섭해서는 안 된다. 28 옷과 같은 친구들의 개인적인 선택을 비웃지 마십시오. 29 모두가 폭동에 가담했다. 30 질병은 종종 가난에서 비롯된다. 31 그의 노력은 실패로 끝났다. 32 그들은 폭력에 의존할 수밖에 없다고 생각했다. 33 세계보건기구(WHO)는 보건 증진을 위해 노력한다. 34 나는 사랑에 대해 그녀와 이야기를 나누었다. 35 이번 대회에는 쟁쟁한 선수들이 참가할 것이다. 36 제이슨은 그의 여자 친구를 한 시간 동안 기다렸다. 37 그녀는 식당에서 하루 종일 손님을 시중든다. 38 그는 그 문제를 해결하는 데 성공했다. 39 그는 아버지의 재산을 물려받았다. 40 그는 아버지의 뒤를 이어 그 사유지의 주인이 되었다. 41 나는 당신이 하고 싶은 일에 공감한다.

MSG+ '타동사 + 부사 + 목적어'는 '타동사 + 목적어 + 부사'의 순서로 쓸 수 있지만, '자동사 + 전치사 + 목적어'는 '자동사 + 목적어 + 전치사'로 쓸 수 없음에 유의해야 한다.

Please **switch on** the radio. (○)/ Please **switch** the radio **on**. (○)
switch는 타동사로, 부사 on이 목적어 the radio의 앞뒤에 모두 올 수 있다.
Penny enjoyed **looking at** the flowers. (○)/ Penny enjoyed **looking** the flowers **at**. (×)
look은 자동사로, 전치사 at이 목적어 the flowers의 뒤에만 올 수 있다.

▶▶ **개념적용**

타동사로 혼동하기 쉬운 자동사는 동사와 함께 사용하는 전치사에 따라 의미가 달라질 수 있음을 유의해야 한다.

문맥에 맞도록 괄호 안에서 알맞은 것을 고르시오.

1. Saturn's rings mostly consist (in, of) ice.
2. Cutting off the oxygen supply may result (from, in) brain damage.
3. King Charles succeeded (in, to) the throne on the death of his mother.
4. You should abstain (from, with) smoking in the office.
5. He wants to participate (to, in) the Olympics.

1. of/ 토성의 고리는 주로 얼음으로 이루어져 있다. 2. in/ 산소 공급이 중단되면 뇌 손상을 초래할 수도 있다. 3. to/ 찰스 왕은 어머니의 죽음으로 왕위를 계승했다. 4. from/ 사무실에서는 금연해야 한다. 5 in/ 그는 올림픽에 참가하기를 원한다.

▶▶ **개념적용**

complain of[about]
~에 대해 불평하다

①The American couple ②complained the ③high cost of ④visiting Europe.

complain은 완전자동사이다. 목적어 the hight cost를 취하기 위해서는 ②가 complained about이 되어야 한다.

미국인 부부는 유럽 방문 비용이 많이 든다고 불평했다. ②

▶▶ **개념적용**

graduate from
~를 졸업하다

When he ①graduates college he ②will have to decide ③whether to continue his studies or ④seek employment.

graduate는 완전자동사다. 목적어 college를 취하기 위해서는 ①은 graduates from college가 되어야 한다.

그가 대학을 졸업할 때 공부를 계속할 것인지 일자리를 찾을 것인지를 결정해야 할 것이다. ①

Grammar Review+

① **완전자동사는 보어와 목적어를 취하지 않으며, 전치사와 결합하여 타동사 역할을 할 수 있다.**
Everything **changes**. <완전자동사로 사용, 목적어 없음>
Water **changes into** vapor. <'자동사 + 전치사'로 사용, 타동사처럼 목적어를 취함>

② **'주어 + 동사 + 부사(어)'의 형태를 많이 쓴다.**
The photos **printed** *clearly*. <부사 clearly가 동사 printed를 수식>
It doesn't **matter** *when you start*. <부사절 when you start가 동사 matter를 수식>

③ **완전자동사는 수동태로 쓸 수 없다.**
Those customs *****were disappeared**. (×)
➡ Those customs **disappeared**. (O)

2형식(S+V+C): 불완전자동사

불완전자동사는 보충하는 말이 있어야 서술이 완전해지는 자동사로서, 2형식 동사라고도 한다.

	주어	동사	보어	보어의 형태
1	She	is	**a nurse**.	명사 보어
2	She	remained	**silent** (during the meeting.)	형용사 보어

1 "She is a nurse."에서 a nurse가 없으면 She is(그녀는 이다)로 의미가 불완전한 문장이 된다. 이렇게 동사의 의미를 보충해 주는 a nurse와 같은 요소를 '보어'라고 하며, 명사 보어는 주어와 동격을 이룬다.

2 "She remained silent during the meeting."에서 silent가 없으면 She remained(그녀는 ~인 채로 있었다)로 의미가 불완전한 문장이 된다. 이때 보어인 silent는 주어의 상태를 설명해 주며, 보어로 부사가 쓰이지 않음에 유의해야 한다.

 Ace Your Grammar!

불완전자동사의 특징 ★★

불완전자동사 뒤에는 주어의 상태나 성질을 설명하는 보어로 명사나 형용사 상당어구가 와야 하며, 부사는 보어가 될 수 없음을 유의해야 한다.

Don't forget that becoming ①activity in ②community organizations ③can also open ④up opportunities. (2005 경기대)

become은 불완전자동사이므로 보어가 필요하다. 명사 또는 형용사를 보어로 쓸 수 있는데, 주어진 문장에서는 상태를 나타내는 형용사가 필요하다. 따라서 ①activity를 active로 바꿔야 한다.

공동체 조직에서 적극적으로 활동하는 것은 또한 기회의 장을 열어줄 수 있다는 것을 잊지 마세요. ①

1 보어의 형태

불완전자동사는 주어의 동작이나 상태를 보충하기 위해 보어를 필요로 한다. 보어로는 명사 또는 형용사와 그에 상당하는 어구가 올 수 있다.

	주어	동사	보어	보어의 형태
1	She	became	**a figure skater**.	명사 보어: 주어와 동격 주어와 동일한 지위의 사람[사물]을 나타냄
2	She	looked	*__beautifully__ in the dress. (×) **beautiful** in the dress. (○)	형용사 보어: 주어의 상태 설명
3	The human body	is	**like a complex machine**.	전치사 + 명사
4	He	seems	**to have no friend**.	부정사구
5	His hobby	is	**collecting stamps**.	동명사구
6	The game	grew	**exciting** as time went by.	현재분사
7	We	get	**excited** about tomorrow's trip.	과거분사
8	A bigger problem	is	**that people waste so much water**.	명사절

1 그녀는 피겨스케이트 선수가 되었다. 2 그녀는 드레스를 입은 모습이 아름다워 보였다. 3 인체는 복잡한 기계와 같다. 4 그는 친구가 없는 것 같다. 5 그의 취미는 우표수집이다. 6 시간이 흐를수록 게임이 흥미진진해졌다. 7 우리는 내일 여행을 기대하고 있다. 8 더 큰 문제는 사람들이 물을 너무 많이 낭비한다는 것이다.

▶▶ 개념적용

보어가 주어와 동격인지, 주어의 상태를 설명하는지에 따라 보어의 품사가 달라진다.

Spielberg was extremely ①<u>ambition</u> as a young boy, ②<u>but</u> he did not do ③<u>very well</u> ④<u>in school</u>.

주어인 Spielberg가 '야망(ambition)'이 될 수 없다. 문맥상 스필버그가 야망을 품고 있다는 의미가 적절하므로 ①을 형용사 ambitious로 고친다.

스필버그(Spielberg)는 유년기에 아주 야심 있는 소년이었지만, 학교 성적은 그리 좋지 못했다. ①

2 상태의 유지·지속을 나타내는 불완전자동사

continue, hold, keep, lie, remain, stand, stay 등: ~이다, (~한 상태로) 있다

1	All students must **keep** *quiet* in the library.	2형식 동사 keep: 유지하다, ~이다
2	(cf.) I <u>kept</u> my eye on the building.	3형식 동사 keep: keep an[one's] eye on(~을 감시하다)
3	(cf.) That will <u>keep</u> us busy for some time.	5형식 동사 keep: keep + O + O.C.
4	I'm afraid that I may **remain** *single* for life.	같은 동사라도 수반되는 말의 품사에 따라 의미가 다르다.
5	(cf.) The buildings are likely to **remain** after decades.	1형식 동사 remain: 남아 있다
6	The weather will **stay** *fine*.	2형식 동사 stay: ~한 상태로 있다
7	Our offer **holds** *good* until the end of this year.	2형식 동사 hold: 유효하다, 유지되다
8	We will **stand** *firm* against a worldwide terrorism network.	2형식 동사 stand: (~한 상태로) 있다

1 모든 학생은 도서관에서 조용히 해야 한다. 2 나는 그 건물을 감시했다. 3 그것 때문에 우리는 당분간 계속 바쁠 것이다. 4 나는 평생 독신으로 지낼까 봐 두렵다. 5 그 건물들은 수십 년 뒤에도 남아있을 것 같다. 6 좋은 날씨가 이어질 것이다. 7 우리의 제안은 올해 말까지 유효하다. 8 우리는 세계적인 테러 조직에 단호히 맞설 것이다.

3 상태의 변화를 나타내는 불완전자동사

become, come, fall, get, go, grow, run, turn 등: 변화를 표시하며 '~이 되다'라는 의미를 갖는다.

1	At last the truth **became** *known*.	become known: 알려지다
2	(cf.) What will <u>become</u> of her?	(what, whatever를 주어로 하여) become of: ~은 어떻게 되는가?
3	A good daughter will **make** *a good wife*.	make a good wife: 좋은 아내가 되다
4	She **got** *married* last year.	get married: 결혼하다
5	Her face **grew** *pale*.	grow[turn] pale: 핏기가 가시다, 파랗게 질리다
6	Everything will **come** *right* in the end.	come right: 호전되다, 좋아지다
7	In summer, foods **go** *bad* easily.	go bad: 음식이 상하다
8	The weather has **turned** *colder*.	turn[get, grow] cold: 추워지다
9	Supplies are **running** *low*.	run low: (자금 따위가) 고갈되다, 모자라게 되다, 다하여[떨어져] 가다
10	After you **fall** *asleep*, your muscles relax.	fall asleep: 잠이 들다

1 마침내 진실이 밝혀졌다. 2 그녀가 어떻게 될까? 3 착한 딸이 좋은 아내가 된다. 4 그녀는 작년에 결혼했다. 5 그녀의 얼굴이 창백해졌다. 6 모든 것은 결국 좋아질 것이다. 7 여름에 음식은 쉽게 상한다. 8 날씨가 더 추워졌다. 9 공급이 점점 부족해지고 있다. 10 잠이 들면, 근육은 이완된다.

① come, get, grow의 경우에는 to부정사를 보어로 취할 수 있지만, '~이 되다'라는 뜻으로 쓰이는 become 뒤에는 to부정사가 올 수 없음에 유의한다.

As we grow older, we **become** **to know* the limit of our ability. (×)
As we grow older, we **come** *to know* the limit of our ability. (○)
나이가 들면서 우리는 자기 능력의 한계를 알게 된다.

② become류의 동사와 주로 잘 쓰이는 표현이 있으며, 해석에 유의해야 한다.

get tired 피곤해지다	get dark 어두워지다	get drunk 술에 취하다
run short 부족해지다	run mad 미치다	come true 실현되다
come untied (끈이) 풀리다	hold still 가만히 있다	lie asleep 누워 잠자고 있다
prove guilty 유죄로 판명되다	grow dark 점점 어두워지다	grow old 차차 나이들다

▶▶ 개념적용

come+형용사/to부정사(~하게 되다)

This work will come _____ for him after he has had more practice.

① easily   ② easy
③ easiness   ④ for easiness

주어의 상태를 나타내야 하므로 ②의 easy가 정답이다. come easy는 "(일이) 쉽게 되다, 쉬워지다"라는 의미로, 주어의 상태를 묘사하는 데 적합하다.

그가 많은 연습을 하고 나면 이 일은 쉬워질 것이다.

②

4 감각을 나타내는 불완전자동사

look, sound, feel, smell, taste + 형용사
look, sound, feel, smell, taste + like + 명사

1	The story **sounds** *false*.	sound + 형용사(false): 거짓으로 들린다
2	Appetizing food always **smells** *delicious*.	smell + 형용사(delicious): 맛있는 냄새가 난다
3	I always **feel** *tired* after I work out.	feel + 형용사(tired): 피곤함을 느낀다
4	It doesn't **feel** *like a holiday*.	감각동사 뒤에 명사가 보어로 올 경우는 like와 함께 쓰인다.
5	(cf.) I <u>feel</u> (that) you should do it this way.	3형식: feel + that절
6	(cf.) I <u>felt</u> tears run down my cheeks.	5형식: 지각동사
7	The weather **looks** *prosperous* for the harvest.	look + 형용사 보어
8	You're trying to be cool but you **look** *like a fool* to me.	look + like + 명사 보어

1 그 이야기는 거짓으로 들린다. 2 식욕을 돋우는 음식은 항상 맛있는 냄새가 난다. 3 나는 운동하고 나면 항상 피곤함을 느낀다. 4 휴일 기분이 안 난다. 5 나는 네가 이런 식으로 해야 한다고 생각한다. 6 나는 눈물이 뺨을 타고 흘러내리는 것을 느꼈다. 7 추수하기에 알맞은 날씨 같다. 8 당신은 멋있어 보이려고 노력하지만, 나에게는 바보처럼 보인다.

MSG+ 부사로 착각하기 쉬운 형용사

costly, cowardly, friendly, likely, lively, lonely, lovely, manly 등
The flower **looks** so *lovely* and *sweetly*. (×)
The flower **looks** so *lovely* and *sweet*. (○)
꽃이 아름답고 향기로워 보인다.

▶▶ **개념적용**
감각동사+형용사
감각동사+like+명사

I like Mozart's music very much because his music sounds _____.

① sweet and soothing
② sweet and soothingly
③ sweetly and soothingly
④ sweetly and soothing

동사 sound는 '~한 소리가 나다, ~하게 들리다'의 의미를 가진다. sound 다음에 형용사 보어가 and에 의해 연결된 ①이 빈칸에 적절하다.
나는 모차르트의 음악을 매우 좋아하는데, 그의 음악은 감미롭고 마음을 진정시켜 주기 때문이다.　　①

5 입증을 나타내는 불완전자동사

prove, turn out, come out 등: '~임이 밝혀지다', '~으로 판명되다'라는 의미를 갖는다.

1 To my surprise, he **proved** (to be) *an arsonist*.
2 His prediction **turned out** (to be) *correct*.
3 That story **came out** (to be) *true*.

prove, turn out, come out 뒤에 보어로 명사나 형용사가 올 수 있다.

1 놀랍게도 그는 방화범으로 판명되었다. 2 그의 예상은 적중했다. 3 그 이야기는 사실로 밝혀졌다.

6 판단을 나타내는 불완전자동사

appear, seem 등

1 He **appeared** (to be) *an honest person* to me.　　= It **appeared** that he was an honest person to me.
2 (cf.) The book **appeared** last summer.　　1형식: 나타나다, 출현하다
3 She **seems** *to have been ill*.　　= It **seems** that she was ill.

1 그는 내 눈에는 정직한 사람처럼 보였다. 2 그 책은 지난여름에 발간되었다. 3 그녀가 아팠던 것 같다.

▶▶ **개념적용**
판단을 나타내는 불완전자동사 seem의 보어는 형용사이다.

After the game, the coach seemed _____.

① anger　　② angry
③ to be anger　　④ very angrily

seem은 불완전자동사이므로 형용사 보어가 필요하다. ③ to be 뒤에 명사 anger가 와서 틀렸다.
게임 후에 코치는 화가 난 것처럼 보였다.　　②

7 준보어(유사보어): 완전자동사가 보어를 취하는 경우

1형식 동사는 보어가 없어도 되지만, 주어의 상태나 동작을 설명하는 말을 부가적으로 취할 수 있다. 이를 '준보어'라고 한다. 문장의 구성에 필수적인 요소는 아니므로, 준보어가 없어도 문장은 성립한다.

1	He **died** *rich*.	"He died when he was rich."에서 when절을 축약하여 He died (being) rich로 표현되었으며, 여기서 being이 생략된 구조
2	My daughter **returned** home *a different girl*.	= My daughter returned home (being) a different girl. 딸이 집에 돌아왔을 때의 상태를 설명하기 위해 준보어 a different girl을 사용
3	(cf.) We prefer to **eat** fish *raw* here, as the Japanese do.	타동사 뒤에 준보어가 쓰이는 경우, 목적어의 상태를 나타낸다.

1 그는 부자로 죽었다. 2 내 딸은 다른 사람이 되어서 집에 돌아왔다. 3 이곳에서는 일본인들처럼 생선을 날것으로 먹는 것을 좋아한다.

Grammar Review+

① **불완전자동사**
보어를 필요로 하는 동사로 'S + V + C'의 구문으로 사용
Antibiotics **are** *useless* against cold viruses. 항생제는 감기 바이러스에 아무 소용이 없다.

② **Be 동사류**
Be 동사류에는 감각동사, 지속동사, 판단의 동사, 입증의 동사 등이 포함
The bread **smells** *good*. 빵 냄새가 좋다.

③ **Become 동사류**
Become 동사류는 주어가 어떤 상태로 변화함을 나타내는 동사이며, 주어의 성질이나 상태가 변화하는 과정을 설명하는 데 사용
He **went** *blind* in his old age. 그는 노년에 실명했다.

01 1형식 동사와 2형식 동사의 문형 쉽게 구분하기

Easy-Peasy Grammar!

두 문장을 해석해 봅시다.

Tom ran madly.   "Tom은 / 달렸다 / 미친 듯이"라고 해석했는데,
Tom ran mad.   "Tom은 / 달렸다 / 미친"으로 해석해서 어려움을 겪고 있다면,
앞서 배운 1형식 동사(완전자동사)와 2형식 동사(불완전자동사)의 차이를 아직 충분히 이해하지 못한 상태일 수 있습니다.
아래 내용은 두 문장을 쉽게 이해할 수 있는 유용한 팁입니다.

먼저, 문법 용어를 살펴보겠습니다.
주어(Subject): 문장의 주체를 나타냅니다.
동사(Verb): 주어의 동작이나 상태를 나타냅니다.
형용사(Adjective): 명사를 수식하여 그 특성을 설명합니다.
부사(Adverb): 동사, 형용사, 다른 부사, 문장 전체 등을 수식하여 그 의미를 한정하거나 강조합니다.
위 용어의 어원을 파악하게 되면 문장을 보는 시각이 달라질 수 있습니다.

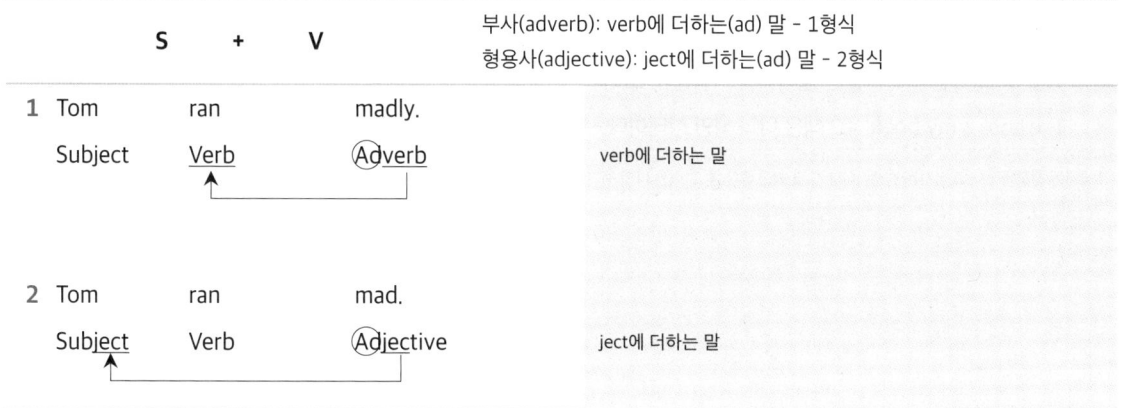

1 "Tom ran madly."에서 madly는 부사로서 동사 ran을 수식합니다. 즉, madly는 "미친 듯이"라는 의미로 ran의 동작을 강조하는 역할을 합니다. madly가 없더라도 문장은 "Tom은 달렸다."로 완전한 의미를 전달할 수 있습니다. 여기에 madly를 추가하면 달리기의 방식이 "미친 듯이"라는 부가적인 정보가 더해지는 것입니다. 이와 같이 '주어 + 동사'만으로 완전한 의미를 전달하는 문장을 1형식 문장이라고 합니다.
2 "Tom ran mad."에서는 mad가 형용사(adjective)이므로 Tom을 설명하게 됩니다. 그래서 "Tom은 달렸다."라고 해석을 하는 것이 아니라, "Tom은 미쳤다."라고 해석이 됩니다. 이때 mad는 Tom이라는 사람이 어떤 사람인지를 보충 설명해 주는 기능을 하므로 '보어(complement(보충하다))'가 되며, '주어 + 동사 + 보어'로 이루어진 문장을 2형식이라고 부릅니다.

동사 run은 문맥에 따라 1형식 또는 2형식으로 쓰일 수 있습니다. 동사의 형식을 정확히 판단하기 위해서는 동사 자체뿐만 아니라 그 뒤에 오는 요소들까지 고려해야 합니다. 형용사와 부사의 본질적인 차이를 이해하면 이러한 문장 구조를 더 쉽게 파악할 수 있습니다.

"Tom ran madly." vs "Tom ran mad."
1형식 문형과 2형식 문형을 구분하는 팁을 YouTube를 통해 확인하세요!

02 be동사의 해석법

Easy-Peasy Grammar!

영어 공부에서 어려운 점 중 하나는 대부분의 동사가 자동사와 타동사로 모두 쓰일 수 있다는 것입니다. 그러나 be동사는 항상 자동사로만 사용됩니다. 즉, be동사는 1형식과 2형식에서만 사용된다는 뜻입니다. 아래 해석법을 참고하여 꼭 숙지하세요.

① 1형식으로 사용될 때: '있다'

1. God is.
2. Tom is **here**.
3. Tom is **in Seoul**.
4. Tom is **in danger**.

1형식으로 사용될 때는 대부분의 경우 부사어와 같이 오는 편입니다. Tom is의 경우 'Tom은 있다'라고 문장을 끝내기에는 의미적으로 부족하기 때문에 특별한 일이 없다면 '어디에' 있는지 '어떤 상태에' 있는지 등의 부사어가 같이 온다는 점을 참고해 주세요.

1 신은 있다. 2 Tom은 여기에 있다. 3 Tom은 서울에 있다. 4 Tom은 위험에 처해있다.

② 2형식으로 사용될 때: '~(인 상태) 이다'

1. The man is **kind**. <친절한 상태이다 - 형용사 보어>
2. The man is **a teacher**. <그 남자는 선생님인 상태이다 - 명사보어>
3. The book is **good**. <좋은 상태이다 - 형용사 보어>
4. The book is **my book**. <그 책은 나의 책인 상태이다 - 명사 보어>

2형식으로 사용될 때는 형용사 보어나 명사 보어가 뒤에 와서 의미를 완성합니다.

1 그 남자는 친절하다. 2 그 남자는 선생님이다. 3 그 책은 좋다. 4 그 책은 나의 책이다.

Unit 03 | 3형식(S+V+O): 완전타동사

I like apples.

"I like apples."의 like처럼 주어(I)와 목적어(apples)를 취하는 동사를 3형식 완전타동사라고 한다. 타동사의 목적어 앞에는 전치사를 사용할 수 없으며, 목적어는 일반적으로 '~을/를'로 해석되지만 예외적인 경우(자동사로 혼동하기 쉬운 타동사)도 있을 수 있다.

Ace Your Grammar!

동명사를 목적어로 취하는 완전타동사★★★

3형식 완전타동사는 주어, 동사, 목적어 구조로 사용되며 목적어 앞에 전치사를 쓰지 않는다. 동명사를 목적어로 취하는 동사로는 enjoy, avoid, anticipate 등이 있고, to부정사를 목적어로 취하는 동사로는 want, decide, hope 등이 있다. 동명사와 to부정사 모두 사용 가능한 동사로는 begin, start 등이 있으며, 의미 차이가 나는 동사로는 forget, remember, regret 등이 있다. 시험에서는 이들을 구별하는 문제가 자주 출제되므로 잘 익혀야 한다.

The committee didn't really _____ meeting a lot of opposition to the new plan for traffic control.

① anticipate ② predict   (2015 가톨릭대)
③ expect   ④ prepare

anticipate, predict, expect 모두 '예상하다'라는 뜻을 가지고 있다. 이 중 동명사를 목적어로 취하는 동사는 ① anticipate이다. ② predict는 목적어로 명사, that절, wh-절을 취할 수 있다. ③ expect는 to부정사를 목적어로 취하는 동사이며, ④ prepare는 의미상 적절하지 않다.

그 위원회는 교통 통제에 대한 새로운 계획이 강력한 반대에 부딪힐 것을 실제로 예상하지 못했다.　　　　　　　①

1 목적어의 형태

목적어가 될 수 있는 것은 명사, 대명사, to부정사, 동명사, 명사절 등이 있다.

	주어	동사	목적어	목적어의 형태
1	I	have	**no objection** to going Dutch.	명사
2	I	want	**something** to eat.	대명사
3	I	forgot	**to bring** papers.	to부정사
4	I	don't mind	**going out** in the rain.	동명사
5	I	don't know	**how to type**.	명사구(의문사 + to부정사)
6	I	found	**that many employees drive to work**.	명사절

1 나는 비용을 각자 부담하는 것을 반대하지 않는다. 2 나는 뭔가를 먹고 싶다. 3 나는 서류를 가져오는 것을 깜빡했다. 4 나는 빗속에 외출하는 것을 개의치 않는다. 5 나는 입력하는 방법을 모른다. 6 나는 많은 직원들이 차를 타고 출근하는 것을 확인했다.

2 동족목적어를 취하는 동사

동족목적어를 취하는 동사는 원래 자동사였으나, 자신과 의미가 유사한 명사를 목적어로 취하면서 타동사화된 동사를 말한다. 이러한 동사들은 주로 행위 자체나 그 결과를 강조할 때 사용된다.

1	I **dreamed** a strange *dream*.	동사와 동형/같은 어원: dream, die, live, laugh, sleep, sigh
2	The hare and the tortoise **ran** a *race*.	동사와 동의어 또는 유사어: run, hit
3	(cf.) She **smiled** her brightest (*smile*).	최상급 다음에는 동족목적어를 생략

1 나는 이상한 꿈을 꿨다. 2 토끼와 거북이가 경주했다. 3 그녀는 가장 밝은 미소를 지었다.

MSG+ 일반적으로 동족목적어를 수식하는 어구가 붙는다.

live a double *life* 이중생활을 하다　　**laugh** a hearty *laugh* 너털웃음을 웃다
smile a cynical *smile* 빈정대는 웃음을 짓다

3 재귀대명사를 목적어로 취하는 동사

일부 타동사는 재귀대명사를 목적어로 취하며, 이때 전치사 사용에 유의해야 한다.

1	He **absented himself from** school without any particular reason. = He **was absent from** school without any particular reason.	absent oneself from = be absented from, be absent from 결석하다
2	He **accustoms himself to** the traffic. = He **is[gets] accustomed to** the traffic.	accustom oneself to = be accustomed to ~에 익숙하다
3	He **addicted himself to** drink. = He **was addicted to** drink.	addict oneself to = be addicted to ~에 중독되다
4	He **convinced himself of** her innocence. = He **was convinced of** her innocence.	convince oneself of = be convinced of ~에 대해 확신하다
5	A man **presented himself at** the meeting as a witness. = A man **was present at** the meeting as a witness.	present oneself at = be presented at, be present at 참석하다
6	She **prides herself on** her cooking. = She **takes pride in** her cooking.	pride oneself on = take pride in, be proud of ~를 자랑으로 여기다

1 그는 별다른 일도 없이 학교에 결석했다. 2 그는 교통 체증에 익숙하다. 3 그는 술에 중독이 되었다. 4 그는 그녀의 결백을 확신했다. 5 한 남자가 그 모임에 증인으로 참석했다. 6 그녀는 요리에 자부심을 갖고 있다.

 그 밖의 동사

apply oneself to = be applied to ~에 전념하다
devote oneself to = be devoted to ~에 전념하다
overwork oneself 과로하다
oversleep oneself 늦잠을 자다

avail oneself of = be availed of ~을 이용하다
prepare oneself for = be prepared for ~에 대비하다
overeat oneself 과식하다

4 자동사로 혼동하기 쉬운 타동사

목적어를 '~을/를'로 해석하지 않아 동사 뒤에 전치사가 있어야 할 것 같지만, 다음 동사들은 전치사와 함께 쓰일 수 없다.

> **출제포인트** discuss는 '~에 대해 토론하다'는 의미로 쓰여 전치사 about과 함께 쓰여야 할 것 같지만, 완전타동사이므로 전치사 없이 목적어를 취해야 한다. 이처럼 의미상 전치사를 사용할 것처럼 보이는 타동사가 문제로 출제되는 경우가 많아, 자동사로 혼동하기 쉬운 타동사를 숙지하고 있어야 한다.

① 전치사 to와 함께 출제되어 혼동을 주는 타동사

1	A stranger **addressed** to us in Spanish.	address: ~에게 말을 걸다; ~에게 연설[인사]하다
2	A lady **approached** to me to ask the way to the station.	approach: ~에 접근하다, 다가가다
3	Have you **answered** to her letter?	answer: ~에게 대답하다(= reply to)
4	(cf.) You have to answer for your behavior.	answer for: ~에 대해 책임지다
5	The new shirt **becomes** to you.	become: ~에게 어울리다
6	My brother **called** to me from Spain last night.	call: ~에게 전화하다
7	He **greeted** to all the guests warmly as they arrived.	greet: ~에게 인사하다
8	The driver didn't **obey** to the traffic laws.	obey: ~에 복종하다, 따르다
9	We all **opposed** to his suggestion.	oppose: ~에 반대하다, 이의를 제기하다(= object to)

1 낯선 사람이 스페인어로 우리에게 말을 걸었다. 2 한 여성이 내게 다가와 역으로 가는 길을 물었다. 3 그녀의 편지에 답장했니? 4 당신은 자기 행동에 책임져야 한다. 5 새로운 셔츠가 당신에게 어울린다. 6 어젯밤 스페인에서 형이 나에게 전화했다. 7 그는 도착한 손님들을 모두 따뜻하게 맞이했다. 8 그 운전자는 교통법규를 지키지 않았다. 9 우리는 모두 그의 제안에 반대했다.

② 전치사 with와 함께 출제되어 혼동을 주는 타동사

1	His wife **accompanied** with him on the trip.	accompany: ~을 동반하다; ~에 수반하여 일어나다
2	Please **contact** with me when you come to Korea again.	contact: ~와 접촉하다, 연락하다
3	When I **marry** with her, I'll build a nice house.	marry: ~와 결혼하다
4	The boy **resembles** with his father closely.	resemble: ~와 닮다(= take after)
5	The doors were painted blue to **match** with the walls.	match: ~에 어울리다

1 그의 아내는 그 여행에 그와 동행했다. 2 다시 한국에 오시면 저에게 연락주세요. 3 내가 그녀와 결혼하면, 멋진 집을 지을 것이다. 4 그 소년은 그의 아버지를 많이 닮았다. 5 그 문은 벽과 어울리도록 푸른색으로 칠해져 있었다.

③ 전치사 about과 함께 출제되어 혼동을 주는 타동사

1	I'd like to **discuss** about the delivery schedules.	discuss: ~에 관해 토론[논의]하다
2	Did she **mention** about where she was going?	mention: ~에 대해 언급하다
3	She **considers** about the matter in all aspects.	consider: ~에 대해 고려하다

1 배송 일정에 대해 논의하고 싶습니다. 2 그녀가 어디로 간다고 말했나요? 3 그녀는 모든 측면에서 그 문제에 대해 고려한다.

④ 기타 전치사와 함께 출제되어 혼동을 주는 타동사

1	His laziness will truly **affect** ~~on~~ his school grades.	affect: ~에 영향을 미치다
2	I have to **attend** ~~at~~ the meeting now.	attend: ~에 참석하다
3	(cf.) <u>Attend to</u> what your teacher says.	attend to: ~에 주의하다
4	(cf.) The nurses <u>attended on</u> the sick day and night.	attend on: ~을 시중들다, 간호하다
5	We **await** ~~for~~ the outcome with great interest.	await: ~를 기다리다
6	(cf.) He <u>waited for</u> me.	wait for: ~를 기다리다
7	The United States of America **comprises** ~~of~~ 50 states.	comprise: ~로 구성되어 있다(= consist of)
8	Someone **entered** ~~into~~ the room behind me.	enter: ~에 들어가다
9	(cf.) He <u>entered into</u> the business.	enter into: ~을 시작하다, 개시하다
10	The animal **inhabits** ~~in~~ dry grassland.	inhabit: ~에서 살다, 거주하다(= live in)
11	They **reached** ~~at~~ the station on time.	reach: ~에 도착하다(= arrive at)
12	The crew **survived** ~~from~~ the shipwreck.	survive: ~에서 생존하다[살아남다]; (남보다) 오래 살다
13	The dog **followed** ~~after~~ me to the house.	follow: ~을 쫓다, 따라가다
14	He **excels** ~~over~~ all his classmates in mathematics.	excel: ~보다 뛰어나다

1 그의 게으름이 정말로 그의 학교 성적에 영향을 미칠 것이다. 2 나는 지금 그 회의에 참석해야 한다. 3 선생님이 하는 말에 귀를 기울이세요. 4 간호사들은 밤낮으로 환자들을 간호했다. 5 우리는 큰 관심을 갖고 그 결과를 기다리고 있다. 6 그는 나를 기다렸다. 7 미국은 50개의 주로 구성되어 있다. 8 누군가 내 뒤에 있는 방으로 들어갔다. 9 그는 사업을 시작했다. 10 그 동물은 건조한 목초지에서 산다. 11 그들은 제시간에 역에 도착했다. 12 선원들은 난파선에서 살아남았다. 13 그 개는 집까지 나를 따라왔다. 14 그는 수학에서 같은 반의 모든 친구보다 뛰어나다.

▶▶ **개념적용**

attend는 '~에 참석하다'는 의미로 사용될 때 전치사 없이 바로 목적어를 취하는 타동사이다. 그러나 attend가 전치사와 함께 쓰이면 의미가 달라질 수 있으므로 주의해야 한다.
attend to: ~에 주의하다
attend on: ~을 간호하다

Some people are unwilling to attend _____ partly because of the cost involved.

① the classes
② to the classes
③ at the classes
④ on the classes

attend가 '~에 참석하다'의 뜻일 때는 완전타동사이므로, 정답은 ①이다.
일부 사람들은 관련 비용 때문에 그 수업들에 참석하기를 꺼린다. ①

5 to부정사를 목적어로 취하는 동사

소망, 기대, 의지 등 주로 미래의 의미가 있는 동사들은 to부정사를 목적어로 취한다.

출제포인트 목적어로 to부정사를 취하는 동사와 동명사를 취하는 동사를 구별하는 문제가 자주 출제된다.

---

① 소망, 기대: expect, wish, hope, desire, want, would like 등

1. I **want** *to leave* this city.
2. You can't **expect** *to learn* a foreign language in a few months.

② 의지, 의도: choose, decide, determine, mean, refuse, promise, plan, pretend 등

3. He **decided** *to start* his own business.
4. I didn't **mean** *to hurt* your feeling.   mean: 의도하다
5. (cf.) Punctuality <u>means</u> being on time.   mean이 '의미하다'라는 뜻으로 쓰일 경우, 동명사를 목적어로 취한다.

③ 기타: afford, struggle, ask, fail, hesitate, manage 등

6. We cannot **afford** *to keep* the luxurious car.
7. The rabbit **struggled** *to escape* from the snare.   seek, strive, struggle, endeavor: 애쓰다, 노력하다
8. The man **asked** *to come* with us.   ask, beg, demand: 요구하다, 부탁하다
9. She **failed** *to get* into art college.
10. (cf.) She <u>never fails to</u> email every week.   never fail to: 반드시 ~하다(= be sure to)

---

1 나는 이 도시를 떠나고 싶다. 2 몇 달 안에 외국어를 배울 수 있을 거라고 기대할 수는 없다. 3 그는 자신의 사업을 시작하기로 결정했다. 4 당신의 감정을 상하게 하려던 것은 아니었습니다. 5 시간 엄수는 시간을 잘 지키는 것을 의미한다. 6 우리는 고급차를 유지할 여유가 없다. 7 토끼는 덫에서 탈출하려고 안간힘을 썼다. 8 그 남자는 우리와 함께 가자고 부탁했다. 9 그녀는 미대에 입학하지 못했다. 10 그녀는 매주 어김없이 이메일을 보낸다.

▶▶ 개념적용

decide는 to부정사를 목적어로 취하는 타동사이다.

They decided ①dismantling the machine ②and start ③again ④from scratch.

① decide는 to부정사를 목적어로 취하므로 ①은 to dismantle이 되어야 한다.

그들은 그 기계를 분해해서 처음부터 다시 시작하기로 결정했다.   ①

6 동명사를 목적어로 취하는 동사

완료, 회피, 감정 등을 나타내는 동사는 주로 동명사를 목적어로 취한다.

① 완료, 포기: abandon, finish, quit, stop

1	He **stopped** *smoking*.	stop + 동명사: ~하는 것을 중단하다
2	(cf.) He **stopped** *to smoke*.	stop + to부정사: ~하기 위해 멈추다

② 회피: avoid, escape, deny, delay, postpone, miss, resist

3	He narrowly **escaped** *being* killed.	= evade
4	The couple had to **postpone** *purchasing* a car.	= put off, defer, delay
5	The accused man **denies** *meeting* her.	

③ 감정: anticipate, appreciate, admit, enjoy, favor, abominate, dislike, mind

6	He **anticipated** *getting* a letter from his uncle in England.	
7	I would **appreciate** *receiving* a copy of the book.	
8	I **favored** *traveling* by night when the road was quiet.	

④ 기타: allow, consider, suggest, risk

9	Father **suggested** *going* on a picnic.	= advise, recommend, advocate
10	I am **considering** *buying* a new car.	= contemplate
11	They **allowed** *smoking* in the hall.	
	(cf.) They <u>allowed</u> people <u>to smoke</u> in the hall.	5형식 allow: S + V + 목적어 + to부정사

1 그는 담배를 끊었다. 2 그는 담배를 피우기 위해 멈추었다. 3 그는 가까스로 죽음을 면했다. 4 그 부부는 차 구입을 미뤄야 했다. 5 피고인은 그녀를 만난 것을 부인한다. 6 그는 영국에 있는 삼촌으로부터 편지를 받기를 기대했다. 7 책 한 권을 보내주시면 감사하겠습니다. 8 나는 도로가 조용한 밤에 여행하는 것을 좋아했다. 9 아버지는 소풍을 가자고 제안했다. 10 새 차 구입을 고려 중이다. 11 그들은 그 홀에서 담배 피우는 것을 허용했다.

▶▶▶ **개념적용**

회피를 나타내는 동사는 주로 동명사를 목적어로 취한다.

①<u>In line with</u> the CEO's request, we encourage you ②<u>to leave</u> work ③<u>by</u> 6 p.m. and avoid ④<u>to work</u> late hours.

avoid는 동명사를 목적어로 취하는 동사이므로, ④는 working이 되어야 한다.
CEO의 요청에 따라, 오후 6시에는 퇴근하고 야간 근무는 피할 것을 권장한다. ④

7 to부정사와 동명사 모두를 목적어로 취하는 동사

① 의미의 차이가 없는 경우: attempt, begin, cease, continue, intend, start 등

1	They **ceased** *to give*[*giving*] money to charity.	
2	Scientists **continued** *to debate*[*debating*] the history of man.	
3	(cf.) It **was starting** *to rain*.	begin, start는 진행시제인 경우와 know, understand, realize 등이 오는 경우에는 to부정사를 목적어로 쓴다.
4	(cf.) I slowly **began** *to understand* how she felt.	

② 의미 차이가 있는 경우

5	I **tried** *to exercise* in the gym every day.	try + to부정사: ~하려고 애쓰다, 노력하다
6	They **tried** *climbing* the tree.	try + 동명사: 시험 삼아 ~을 해보다
7	I don't **like** *to drink*.	like, love, prefer, hate + to부정사: 구체적인 경향이나 일시적 사실
8	I don't **like** *drinking*.	like, love, prefer, hate + 동명사: 일반적인 경향이나 습관
9	Tom **is sure** *to pass* the test.	be sure[certain] + to부정사: ~할 것임에 틀림없다 <합격의 주체는 Tom, 확신의 주체는 I>
10	Tom **is sure** *of passing* the test.	be sure[certain] + of + 동명사: ~할 것임을 확신하다 <합격의 주체와 확신의 주체가 모두 Tom>
11	He **went on** *talking* for hours, and it drove me crazy.	go on + 동명사: 하던 일을 계속하다
12	After talking about his friend, he **went on** *to talk* about his money matter.	go on + to부정사: 어떤 일이 끝나고 이어서 다른 일을 계속하다

③ 시제 차이가 있는 경우

13	I **remember** *to meet* you tomorrow.	remember, forget, regret + to부정사 <미래의 일>
14	I **remember** *meeting* you yesterday.	remember, forget, regret + 동명사 <과거의 일>
15	I **regret** *to say* that I am unable to help you.	'regret + to부정사'가 오면 '유감'의 뜻이다.
16	I **regret** *buying* that new copy machine.	'regret + 동명사'가 오면 '후회'의 뜻이다.

1 그들은 자선단체에 돈을 기부하는 것을 그만두었다. 2 과학자들은 인간의 역사에 대해 계속해서 토론했다. 3 비가 오기 시작했다. 4 나는 천천히 그녀의 마음을 이해하기 시작했다. 5 나는 매일 체육관에서 운동하려고 노력했다. 6 그들은 나무에 올라가 보았다. 7 지금 술을 마시고 싶지 않다. 8 나는 평소에도 술을 좋아하지 않는다. 9 톰은 그 시험에 꼭 합격할 것임이 틀림없다. 10 톰은 그 시험에 합격할 것이라고 확신한다. 11 그는 몇 시간 동안 계속 이야기를 했고, 그것이 나를 미치게 했다. 12 그는 친구에 대해 이야기한 후에 이어서 그의 금전상의 문제에 대해 이야기를 계속했다. 13 내일 만나기로 한 것을 기억해요. 14 어제 만났던 것을 기억해요. 15 당신을 도와줄 수 없다고 말하게 되어 유감입니다. 16 나는 그 새 복사기를 구입한 것을 후회한다.

▶▶ **개념적용**

remember+to부정사
→ 미래의 일
remember+동명사
→ 과거의 일

I must remember _____ John that the garden needs watering.

① reminded ② to remind
③ reminding ④ to be reminded of

remember는 to부정사를 목적어로 취하는 경우 미래의 일, 동명사를 목적어로 취하는 경우 과거의 일을 나타낸다. 정원에 물을 주어야 한다는 것을 일러주어야 한다는 것은 미래의 일이므로, 빈칸에는 ② to remind가 적절하다.

나는 잊지 말고 정원에 물을 주어야 한다는 것을 존에게 일러주어야 한다. ②

03 목적어 뒤에 특정 전치사를 취하는 완전타동사

Easy-Peasy Grammar!

앞서 배운 바와 같이 3형식 동사는 '주어 + 동사 + 목적어'로 이루어진 문장을 말합니다.

I make a doll. <나는 인형을 만든다.>
I buy a book. <나는 책을 구입한다.>
I read a book. <나는 책을 읽는다.>

위 세 문장은 구조적으로나 의미적으로 모두 자연스럽습니다. 하지만 아래 문장은 어떠신가요?

I put the book. <나는 그 책을 놓았다?>
이대로 두면 분명 구조적으로는 완전하지만, 의미적으로 부족한 상태가 됩니다.

반면, 아래 문장은 '책을 놓았다'고 한 다음, 전명구인 on the desk가 와서 의미상으로 자연스럽습니다.
I put the book <u>on the desk</u>. = 나는 그 책을 놓았다 / <u>책상 위에</u>

이처럼 일부 3형식 동사는 특정 전치사가 필요합니다. 이러한 동사를 '목적어 뒤에 특정 전치사를 취하는 완전타동사'라고 부릅니다. 이 전치사들은 동사의 의미에 맞춰 사용되므로, 이를 암기할 때는 동사와 전치사의 의미적 연관성을 이해하며 외우는 것이 효과적입니다.

① provide A with B: A에게 B를 제공하다

| | I provide him. 나는 그에게 제공한다? | 무엇을 제공하는지가 빠져있는 어색한 문장입니다. |
|1| I **provide** him **with** a book. | 따라서 무엇을 제공하는지를 전치사 with를 이용하여 표현합니다. |

② prevent A from B: A가 B하는 것을 막다

| | I prevented him. 나는 그를 막았다? | 무슨 행동을 하는 것을 막았는지가 빠져있는 어색한 문장입니다. |
|2| I **prevented** him **from going out**. | 따라서 무슨 행동을 하는지를 from -ing를 이용하여 표현합니다. |

1 나는 그에게 책을 제공합니다. 2 나는 그가 외출하는 것을 막았다.

8 목적어 뒤에 특정 전치사를 취하는 완전타동사(목적어 + 전치사 + 명사)

출제포인트 다음의 동사들은 목적어 뒤에 오는 전치사가 달라질 수 있어, 시험에서 자주 출제된다. 따라서 이 동사들의 문형을 정확히 외우는 것이 중요하다.

① 공급동사 + A + with + B

1. We **provide** the children **with** food.
   = We **provide** food **for** the children. — provide[supply, furnish] A with B: A에게 B를 공급하다, 제공하다 = provide B for A
2. They **supply** us **with** oil.
   = They **supply** oil **to** us. — = supply B to A
3. The police **charged** him **with** theft. — charge A with B: A를 B에 대해 고발하다; A에게 B의 임무[책임]를 지우다
4. Nature has **endowed** him **with** great ability. — endow A with B: A에게 B를 주다, 부여하다
5. We decided to **equip** each booth **with** a television set. — equip A with B: A에 B를 장비시키다, 갖추게 하다
6. The government **presented** him **with** honorary citizenship. — present A with B: A에게 B를 증정하다, 바치다

1 우리는 아이들에게 음식을 제공한다. 2 그들은 우리에게 기름을 공급한다. 3 경찰은 그를 절도죄로 기소했다. 4 자연은 그에게 엄청난 능력을 부여했다. 5 우리는 각 부스에 텔레비전을 설치하기로 결정했다. 6 정부는 그에게 명예 시민권을 수여했다.

② 금지동사 prevent[keep, discourage, stop, prohibit, deter, dissuade, bar, hinder] + A + from -ing

1. His wife **prevented** him **from going** abroad. — prevent A from -ing: A가 ~하는 것을 막다
2. The rain **kept** us **from playing** soccer. — keep A from -ing: A가 ~하는 것을 막다
3. Who can **stop** her **from behaving** like that? — stop A from -ing: A가 ~하는 것을 막다
4. (cf.) The law **forbids** minors **to smoke**.
   The law **forbids** minors **from smoking**. — "forbid + 목적어 + to부정사"의 문형으로 주로 사용되지만, forbid + 목적어 + from -ing도 가능하다.

1 그의 아내는 그가 외국에 나가지 못하게 했다. 2 비가 와서 우리는 축구 경기를 하지 못했다. 3 그녀가 그런 행동을 하는 것을 누가 막을 수 있겠는가? 4 법은 미성년자의 흡연을 금한다.

③ 제거/박탈동사 A + of + B

1. A highwayman **robbed** the traveler **of** his money. — rob[deprive, strip] A of B: A에게서 B를 빼앗다, 박탈하다
2. The boys **robbed** her **of** the smartphone.
   (cf.) The boys **stole** the smartphone **from** her. — rob + 사람[장소] + of + 사물 / steal + 사물 + from + 사람[장소]
3. The dictatorship **deprived** people **of** their freedom. — deprive A of B: A에게서 B를 빼앗다, 탈취하다
4. We must **rid** the house **of** rats. — rid A of B: A에서 B를 제거하다
5. The doctor **relieved** his patient **of** headache. — relieve A of B: A에게서 B를 덜어주다
6. I **cleared** my desk **of** papers. — clear A of B: A에서 B를 치우다, 제거하다

1 노상강도가 여행자에게서 돈을 빼앗았다. 2 소년들은 그녀의 스마트폰을 빼앗았다. 3 독재 정권은 사람들에게서 자유를 박탈했다. 4 우리는 집에서 쥐를 제거해야 한다. 5 그 의사는 환자의 두통을 덜어주었다. 6 나는 책상에서 서류를 치웠다.

④ 통고/확신/고발/설득동사 + A + of + B

1	You **remind** me **of** your father.	remind A of B: A에게 B를 상기시키다
2	She **informed** her parents **of** her safe arrival.	inform[notify] A of B: A에게 B를 알리다, 통보하다
3	He **convinced** me **of** his innocence.	convince[assure] A of B: A에게 B를 확신시키다
4	His wife **accused** him **of** adultery.	accuse A of B: A를 B로 고발하다; 비난하다
5	The jury **convicted** him **of** forgery.	convict A of B: A에게 B의 판결을 내리다
6	The police **suspected** him **of** murder.	suspect A of B: A에게 B의 혐의를 두다
7	The Coast Guard **warned** all ships **of** the hurricane.	warn A of B: A에게 B를 경고하다
8	I **persuaded** him **of** the seriousness of the issue.	persuade A of B: A에게 B를 설득하다

1 당신은 나에게 당신의 아버지를 생각나게 한다. 2 그녀는 부모님에게 무사히 도착했다고 알렸다. 3 그는 나에게 자신의 결백을 확신시켰다. 4 그의 아내는 그를 간통죄로 고발했다. 5 배심원단은 그에게 위조죄를 선고했다. 6 경찰은 그에게 살인 혐의를 두었다. 7 연안 경비대는 모든 선박에게 허리케인을 경고했다. 8 나는 그에게 그 문제의 심각성을 설득했다.

MSG+ 통고동사는 4형식의 어형으로 사용되기도 한다. (Unit 04 수여동사 참조)

I **informed** him **of** her success. 3형식 = I **informed** him <**that** she had been successful>. 4형식
이 동사들은 직접목적어로 that절이나 의문사절은 올 수 있으나, 단독 명사를 사용할 때는 반드시 전치사 of와 함께 사용해야 한다.
I **informed** *him the plan. (×) I **informed** him **of** the plan. (○)

⑤ 상벌동사 + A + for + B

1	They **blamed** me **for** the accident. (cf.) They **blamed** the accident **on** me.	blame[criticize, reprimand] A for B: A를 B때문에 비난하다 blame B on A: B를 A 탓이라고 하다
2	He **scolded** them **for** arriving late.	scold A for B: A를 B때문에 꾸짖다
3	His master **punished** him **for** his carelessness.	punish A for B: A를 B때문에 벌하다
4	They **praised** him **for** his splendid service.	praise A for B: A를 B때문에 칭찬하다
5	Please **excuse** me **for** offending you.	excuse A for B: B에 대해서 A를 용서하다
6	He **thanked** her **for** her generosities.	thank A for B: A에게 B를 감사하다

1 그들은 사고를 내 탓으로 돌렸다. 2 그는 그들이 늦게 왔다고 꾸짖었다. 3 그의 주인은 그가 부주의하다고 벌했다. 4 그들을 그의 훌륭한 서비스에 대해 그를 칭찬했다. 5 마음을 상하게 했다면 저를 용서하세요. 6 그는 그녀의 너그러움에 감사했다.

⑥ 부가/전가의 동사 + A + to + B

1	She **attributes** her success **to** hard work and a little luck.	attribute[ascribe, impute] A to B: A를 B의 탓으로 돌리다
2	He **added** sugar **to** tea.	add A to B: A를 B에 더하다, 첨가하다
3	He **owes** his fame **to** good fortune.	owe A to B: A는 B 덕택이다; (명예·성공 등을) ~에 돌리다

1 그녀는 자신의 성공을 노력과 약간의 행운이 따른 결과로 본다. 2 그는 설탕을 차에 넣었다. 3 그는 자신의 명성을 행운의 덕으로 돌린다.

⑦ 부과/칭찬/치하의 동사 + A + on + B

1	Judge **inflicted** the death penalty **on** the criminal.	inflict A on B: A를 B에게 가하다, 과하다
2	She didn't want to **impose** her values **on** her family.	impose A on B: A를 B에게 부과하다
3	He **bestowed** one million dollar **on** the charity.	bestow[confer] A on B: A를 B에게 주다
4	We **congratulated** him **on** his success.	congratulate A on B: A에게 B를 축하하다

1 판사는 범인에게 사형을 선고했다. 2 그녀는 자신의 가치관을 가족에게 강요하고 싶지 않았다. 3 그는 백만 달러를 그 자선단체에 기부했다. 4 우리는 그에게 그의 성공을 축하했다.

⑧ 그 밖의 동사

1	Speech **distinguishes** man **from** animals.	distinguish[tell, know] A from B: A를 B와 구별하다
2	We carefully **compared** the first report **with[to]** the second.	compare A with[to] B: A를 B와 비교하다
3	Shakespeare **compared** the world **to** a stage.	compare A to B: A를 B에 비유하다
4	She **mistook** sugar **for** the salt.	mistake A for B: A를 B로 잘못 보다, 착각하다
5	I **replaced** butter **with** margarine. = I **substituted** margarine **for** butter.	replace A with B: A를 B로 대체하다, A 대신 B를 사용하다 = substitute B for A

1 언어가 사람과 동물을 구별한다. 2 우리는 첫 번째 보고서를 두 번째 보고서와 면밀히 비교했다. 3 셰익스피어는 세상을 무대에 비유했다. 4 그녀는 설탕을 소금으로 착각했다. 5 나는 버터 대신 마가린을 사용했다.

▶▶ 개념적용
목적어 뒤에 특정 전치사를 취하는 완전타동사

빈칸에 알맞은 전치사를 쓰시오.

1. This photo reminds me _____ my school days.
2. Prosecutors charged her _____ first-degree homicide.
3. His accident prevented him _____ riding a bike for a year.
4. We often blame teenagers _____ their reckless driving on the road.
5. He substituted a new tire _____ the flat one.

1. of/ 이 사진이 나에게 나의 학창 시절을 생각나게 한다. 2. with/ 검찰은 그녀를 1급 살인 혐의로 기소했다. 3. from/ 그는 사고로 1년 동안 자전거를 탈 수 없었다. 4. for/ 우리는 종종 도로에서 난폭하게 운전하는 10대들을 비난한다. 5. for/ 그는 펑크 난 타이어를 새 타이어로 교체했다.

9 that절을 목적어로 취할 수 없는 동사

want, would like 등은 that절을 목적어로 취할 수 없으며, 5형식 문형으로 써야 한다.

1 I **want** *that you will come.* (×) I **want** *you to come.* (○)	want, would like that S + V (×)

1 나는 네가 왔으면 좋겠다.

> **Grammar Review+**

① 타동사는 목적어를 취한다.
The early bird **catches** *the worm*.

② 타동사의 목적어 앞에 전치사를 쓸 수 없다.
Newspapers **discuss** **about* the topics of the day. (×)
➡ Newspapers **discuss** the topics of the day. (○)

③ 동명사만을 목적어로 취하는 동사
abandon, finish, quit, stop, avoid, escape, deny, delay, postpone, miss, resist, anticipate, advocate, appreciate, admit, enjoy, favor, dislike, abominate, mind, allow, consider, suggest, risk 등

④ 부정사만을 목적어로 취하는 동사
expect, wish, hope, desire, want, would like, choose, decide, determine, mean, promise, plan, pretend, afford, fail, manage, hesitate 등

⑤ 동명사, 부정사 모두를 목적어로 취하는 동사
   a) 의미 차이가 없는 것
      begin, start, intend, attempt, continue
   b) 의미 차이가 있는 것
      prefer, like, hate, love + -ing → 일반적/ to부정사 → 구체적
   c) 시제 차이가 있는 것
      remember, forget, regret + -ing → 과거/ to부정사 → 미래

자동사·타동사를 쉽게 구분할 수 있는 법

Tom became a teacher.

vs

His long hairstyle becomes him.

첫 번째 문장은 "Tom은 선생님이 되었다."라고 자연스럽게 해석할 수 있습니다. 그러나 두 번째 문장을 "그의 긴 머리카락은 그가 된다?"라고 어색하게 해석한다면, 자동사와 타동사, 보어와 목적어의 차이를 아직 제대로 이해하지 못한 것입니다.

1 자동사·타동사의 구분법

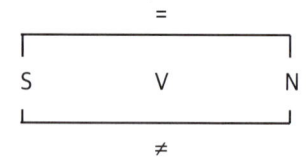

1	He **became** a teacher. 자동사 become: ~이[가] 되다	he = a teacher이므로, teacher는 보어이고 became이 자동사로 쓰였습니다.
2	His long hairstyle **becomes** him. 타동사 become: ~에 어울리다, 알맞다, 적당하다	his long hairstyle ≠ him이므로, him은 목적어이고, becomes는 타동사로 쓰였습니다.

1 그는 선생님이 되었다. 2 그의 긴 머리는 그에게 어울린다.

2 재귀대명사: '주어 = 목적어'인 유일한 예외

1	He **killed** *him*.	he ≠ him, he와 him은 서로 다른 사람을 가리키므로, him은 일반적인 목적어 형태입니다.
2	He **killed** *himself*.	he = him 이라는 것을 표시해 주기 위해 ~self를 붙였습니다. 주어와 목적어는 반드시 달라야 하기 때문에, 같은 경우에는 이를 나타내는 특별한 표시가 필요합니다. 그 역할을 하는 것이 바로 '재귀대명사'입니다. 이것이 주어와 목적어가 동일한 경우에 대한 유일한 예외입니다.

1 그는 그를 죽였다. (살인을 저질렀다) 2 그는 그 스스로를 죽였다. (자살했다)

"자동사와 타동사 구분"

자동사와 타동사, 보어와 목적어를 구분하는 법을 YouTube를 통해 확인하세요!

Unit 04 | 4형식(S+V+I.O.+D.O.): 수여동사

My uncle **gave** *me* <u>a present</u>.

동사 give처럼 두 개의 목적어, 즉 '~에게'에 해당하는 간접목적어 me와 '~을/를'에 해당하는 직접목적어 a present를 취하는 동사를 4형식 동사(수여동사)라고 한다. 첫 번째 목적어 me는 주어가 주는 것을 받는 대상이고, 두 번째 목적어 a present는 주어가 그 대상에게 주는 것이 된다. 간접목적어로는 '사람, 동물'이 주로 쓰이고, 직접목적어로는 '무생물'이 주로 쓰인다.

Ace Your Grammar!

수여동사의 어순과 3형식으로 전환 시 수반되는 전치사 ★★

4형식 동사의 어순(간접목적어 + 직접목적어)에 유의해야 하며, 3형식으로 전환할 때는 'S + V + 직접목적어 + 전치사 + 간접목적어'의 형태로 바뀌며, 이에 따라 수반되는 전치사에도 주의를 기울여야 한다.

Stores sometimes mail ①<u>to customers fliers</u> in order ②<u>to alert them</u> ③<u>to savings</u> ④<u>they can enjoy</u>.

(2019 경기대 변형)

give, send, mail 등의 수여동사가 4형식 문형에 쓰이는 경우, '수여동사+간접목적어+직접목적어'의 어순을 취하며, 3형식 문형으로 쓰면, '수여동사+직접목적어+to+간접목적어'의 어순이 된다. 그러므로 ①을 customers fliers나 fliers to customers로 고쳐야 한다.

가게들은 때때로 고객들이 누릴 수 있는 할인 혜택을 알리기 위해 고객들에게 전단지를 우편으로 보낸다. ①

1 수여동사 + 간접목적어(I.O.) + 직접목적어(D.O.)

수여동사는 목적어를 두 개 취한다.

	주어	동사	간접목적어(~에게)	직접목적어(~을/를)
1	My uncle	**gave**	me	seeds to sow.
2	I	**will buy**	her	a new scarf.
3	They	**asked**	him	several questions.
4	I	**envy**	you	your success.

1 나의 삼촌은 나에게 (밭에) 뿌릴 씨앗을 주었다. 2 나는 그녀에게 새로운 스카프를 사줄 것이다. 3 그들은 그에게 몇 가지 질문을 했다. 4 나는 당신의 성공이 부럽다.

2 4형식에서 3형식으로의 전환

수여동사 + 간접목적어 + 직접목적어 → 수여동사 + 직접목적어 + 전치사 + 간접목적어

① 전치사 to를 쓰는 동사(give 동사류): give, show, send, hand(건네다), pass, teach, tell, bring, fetch, allow, owe, offer, award(수여하다), deny(주지 않다), grant, lend, pay, promise, throw, mail 등

1	I **gave** him a picture yesterday.	= I gave a picture to him yesterday.
2	She **owes** him a lot of money.	= She owes a lot of money to him.
3	They **awarded** him the first prize.	= They awarded the first prize to him.
4	She **handed** the driver a street map.	= She handed a street map to the driver.

② 전치사 for를 쓰는 동사(buy 동사류): buy, make, build, choose, cook, find, get, order(주문하다), spare(나누어주다), leave(남기다), lose(잃게 하다), secure(확보하다) 등

5	I **bought** him a photo album.	= I bought a photo album for him.
6	He **made** his daughter a box.	= He made a box for his daughter.
7	Can you **spare** me a few minutes?	= Can you spare a few minutes for me?

③ 전치사 of를 쓰는 동사(ask 동사류): ask(요청하다), beg(간청하다), inquire(묻다), require, demand(요구하다) 등

8	May I **ask** you a favor?	= May I ask a favor of you?
9	I **asked** him a simple question.	= I asked a simple question of him.

④ 기타

10	He **played** me a mean trick.	= He played a mean trick on me.
11	The king **conferred** him a knighthood.	= The king conferred a knighthood on him.

1 나는 어제 그에게 사진을 주었다. 2 그녀는 그에게 많은 돈을 빚지고 있다. 3 그들은 그에게 1등 상을 수여했다. 4 그녀는 운전자에게 도로 지도를 주었다. 5 나는 그에게 사진 앨범을 사주었다. 6 그는 그의 딸에게 상자를 만들어 주었다. 7 시간 좀 내주시겠습니까? 8 부탁을 드려도 될까요? 9 나는 그에게 간단한 질문을 했다. 10 그는 나에게 치사한 술수를 썼다. 11 왕은 그에게 기사 작위를 수여했다.

MSG+ say, tell, talk의 구별

① say: 3형식으로 사용되며, 간접목적어 앞에 전치사가 필요하다.
　　say + O + to 사람: (~에게) …를 말하다
　　He **said** something to her. 그는 그녀에게 무언가를 말했다.
　　I **said** (to him), "You're looking well." 나는 (그에게) "좋아 보이네요."라고 말했다.

② tell: 주로 4형식으로 사용되지만, the truth[a joke, a story, a lie] 등이 직접목적어로 오면 간접목적어를 취하지 않을 수 있다.
　　tell + 사람 + 명사[절]: ~에게 …를[라고] 말하다
　　The doctor **told** me that I could go home. 의사 선생님이 퇴원해도 된다고 말했다.
　　I didn't **tell** the truth. 나는 진실을 말하지 않았다.

③ talk: 자동사로 뒤에 '전치사(of, about, with, over, to) + 목적어'가 온다.
　　Let's **talk over** a cup of tea. 차를 마시면서 이야기를 나눕시다.

▶▶ 개념적용

4형식 문장을 3형식으로 전환할 때는 동사의 특성에 따라 적절한 전치사를 선택해야 한다.

다음 중 어법상 옳지 <u>않은</u> 문장을 고르시오.

① My friend lent me money on condition.
② I beg a favor of you.
③ He bought an expensive ring for his fiancée.
④ The committee awarded a prize for the novelist.

4형식 동사 award는 3형식으로 전환 시 간접목적어 앞에 전치사 to를 사용한다. 따라서 ④의 for the novelist는 to the novelist가 되어야 한다.

① 내 친구가 나에게 조건부로 돈을 빌려줬다. ② 부탁이 있습니다. ③ 그는 약혼녀에게 값비싼 반지를 사주었다. ④ 위원회는 그 소설가에게 상을 수여했다.
　　④

3 4형식에서 3형식으로 전환할 수 없는 동사: 두 목적어의 순서 전환 불가

envy 동사류: envy, forgive, cost, guarantee, pardon, save(수고 등을 덜어주다), take(시간 등이 걸리다) 등

1	He **envied** <u>my success</u> **to** <u>me</u>. (×) He **envied** <u>me</u> <u>my success</u>. (○)	간접목적어를 뒤로 보내지 못한다.
2	The house **cost** <u>him</u> <u>a great deal of money</u>.	
3	(cf.) It **took** <u>us</u> <u>half an hour</u> **to get** there by taxi. = It **took** <u>half an hour</u> **for** <u>us</u> **to get** there by taxi.	It takes + 사람 + 시간 + to부정사 = It takes + 시간 + for 사람 + to부정사

1 그는 나의 성공을 부러워했다. 2 그 집에 엄청난 돈이 들어갔다. 3 우리가 택시를 타고 거기까지 가는 데 30분이 걸렸다.

4 수여동사로 오인하기 쉬운 타동사

우리말로는 '~에게 …을/를'의 패턴이 되어 4형식 동사로 생각하기 쉬우나, 아래 동사들은 '~에게'에 해당하는 말 앞에 to를 붙여야 한다.

explain(설명하다), introduce(소개하다), announce(알리다), propose(제안하다), suggest(제안하다)

1	He briefly **explained** *them the situation. (×) He briefly **explained** the situation **to** them. (○)	explain A(직접목적어) to B(간접목적어): A를 B에게 설명하다
2	He **explained to** me **that** the film was based on a true story.	직접목적어가 절인 경우 '전치사(to) + 간접목적어'를 that절 앞에 놓아야 한다.
3	He **introduced** *me his wife. (×) He **introduced** his wife **to** me. (○)	introduce A to B: A를 B에게 소개하다
4	I **suggested** *the committee another plan. (×) I **suggested** another plan **to** the committee. (○)	suggest[propose] A to B: A를 B에게 제안하다
5	He constantly feels he has to **prove** *others himself. (×) He constantly feels he has to **prove** himself to others. (○)	prove A to B A를 B에게 증명하다

1 그는 그 상황을 그들에게 간단히 설명했다. 2 그는 나에게 그 영화가 실화를 바탕으로 만들어졌다고 설명했다. 3 그는 그의 아내를 나에게 소개해 주었다. 4 나는 또 다른 계획을 위원회에 제안했다. 5 그는 끊임없이 다른 사람들에게 자기 역량을 입증해 보여야 한다고 생각한다.

MSG+ announce A to B A를 B에게 알리다   confess A to B A를 B에게 자백[고백]하다
admit A to B A를 B에게 인정하다

▶▶ **개념적용**

수여동사로 오인하기 쉬운 타동사를 반드시 알아 두어야 한다.

The doctor explained ①us that we ②should have a ③complete physical examination ④once a year.

explain은 3형식 동사이므로 직접목적어가 절인 경우 '전치사(to)+간접목적어'를 that절 앞에 놓아야 한다. 따라서 ①은 to us가 되어야 한다.

그 의사는 우리들에게 일 년에 한 번씩 종합 신체검사를 받아야 한다고 설명했다.   ①

5 동사 do의 특수 용법

do + a person + good[harm, damage, a favor, violence]

1 Computers **do** *us* good. = Computers **do** good **to** *us*.	do + good[harm, damage, a favor, violence] + to a person
2 Could you **do** *me* a favor? = Could you **do** a favor **for** *me*?	do + a favor + for a person

1 컴퓨터는 우리에게 이롭다. 2 제 부탁 하나 들어주시겠어요?

Grammar Review+

① 간접목적어를 뒤로 보낼 때 바뀌는 전치사(to, for, of)에 유의할 것
  I **bought** him a book.
  ➡ I **bought** a book **for** him.

② 간접목적어를 뒤로 보낼 수 없는 동사
  envy, cost, forgive, save, pardon 등
  I **envy** you your success.

③ 수여동사로 오인하기 쉬운 타동사
  explain, introduce, announce, propose, suggest 등
  : 동사 + 목적어 + to + (간접)목적어
  I will **explain** *you the rule*. (×)
  ➡ I will **explain** the rule **to** you. (○)

4형식 불가 동사를 쉽게 구분할 수 있는 방법

I give *him* a book.
vs
*I explain *him* the plan. (×)

"I explain him the plan."은 "I give him a book."과 같이 '~에게 …을/를'의 패턴으로 해석이 되어 explain을 4형식 동사로 오해하기 쉽습니다. 하지만 explain은 "explain A(the plan) to B(to him)"의 형태로 사용해야 합니다.

4형식 동사	4형식으로 혼동하기 쉬운 3형식 동사	공급동사
give	admit	
show	announce	provide
tell	describe	furnish
send	explain	equip
do	introduce	present
make	propose	substitute
buy	suggest	entrust
get	say	

위에서 언급된, 4형식으로 혼동하기 쉬운 3형식 동사들은 암기해야 할 동사들입니다. 하지만 이를 쉽게 구분하는 방법이 있는데, 바로 "음절의 수"를 통해 구분하는 것입니다.

4형식으로 사용되지 않는 동사들은 모두 2음절 이상의 단어들로 되어 있습니다.

ad/mit   an/nounce   pro/vide   fur/nish   ex/plain
e/quip   sug/gest

한편, 4형식 동사는 대부분 1음절로 이루어진 짧은 단어들로 구성되어 있습니다. 반면, 4형식이 불가능한 동사들은 'say'를 제외하고는 모두 2음절 이상이기 때문에 4형식 불가 동사를 구분할 때 매우 유용합니다.

Unit 05 | 5형식(S+V+O+O.C.): 불완전타동사

I **believe** him honest.

동사 believe처럼 목적어(him)와 목적보어(honest)를 취하는 동사를 5형식 동사(불완전타동사)라고 한다. 이 경우 목적보어는 목적어(him)의 상태를 나타내며, 목적어와 '주어-술부(주술)' 관계를 이룬다. 즉, '그가 정직하다는(him = honest)' 말이 성립한다.

MSG+ 4형식과 5형식 동사의 차이

He called me a fool. 그는 나를 바보라고 불렀다.
목적어와 주술관계(me = a fool)가 성립하여, call이 5형식 동사로 사용된 문장이다.

He called me a taxi. 그는 나에게 택시를 불러 주었다.
목적어와 주술관계(me ≠ a taxi)과 성립하지 않으므로, 이 경우 call은 5형식 동사가 아니라 4형식 동사이다.

Ace Your Grammar!

to부정사를 목적보어로 취하는 5형식 동사 ★★

5형식 동사인 불완전타동사는 목적어와 더불어 이 목적어의 성질과 상태를 설명하는 목적보어가 있는 문장이다. 각 동사에 따라 목적보어의 사용법이 다를 수 있으므로, 이를 정확히 파악하고 정리하는 것이 중요하다.

Parents should _____ children to think for themselves. (2006 인천대)

① rewarding ② helping
③ make   ④ encourage

조동사 should 뒤에는 동사원형이 와야 하므로 ①과 ②는 정답이 될 수 없다. ③ make는 사역동사이므로 목적보어로 동사원형이 온다. 따라서 정답은 ④이며, encourage는 5형식 동사일 때 목적어 뒤에 to부정사가 온다.

부모는 자녀들이 스스로 생각하게끔 격려해야 한다. ④

1 불완전타동사의 기본 문형: S + V + O + O.C.

	주어(S)	동사(V)	목적어(O)	목적보어(O.C.)	목적보어의 형태
1	We	consider	John	a good student.	명사(= John is a good student.)
2	John	painted	the door	white.	형용사(= The door became white.)
3	I	believe	Betty	to be a good person.	to be 명사
4	I	regarded	the idea	as absurd.	as + 형용사/명사
5	He	persuaded	me	to write a book.	to부정사 <목적어가 의미상의 주어>
6	I	saw	him	play tennis.	동사원형 <지각동사>
7	I	found	Jerry	waiting for us.	현재분사 <능동, 진행의 의미>
8	I	heard	my name	called.	과거분사 <수동, 완료의 의미>
9	He	has made	the company	what it is today.	명사절

1 우리는 존이 훌륭한 학생이라고 생각한다. 2 존은 문을 하얗게 칠했다. 3 나는 베티가 좋은 사람이라고 생각한다. 4 나는 그 생각이 터무니없다고 생각한다. 5 그는 나에게 책을 쓰도록 설득했다. 6 나는 그가 테니스를 치는 것을 봤다. 7 나는 제리가 우리를 기다리는 것을 발견했다. 8 나는 내 이름이 불리는 것을 들었다. 9 그는 지금의 회사를 만들었다.

2 목적보어 앞에 to be를 수반하는 동사: 인식류 동사

목적보어가 형용사인 경우에는 to be를 생략할 수 있다.

think, believe, suppose, find, know, feel 등 + 목적어 + to be 명사/ (to be) 형용사

1	I **believe** Jason **to be** *a good teacher*.	= I believe that Jason is a good teacher.
2	We **thought** him **(to be)** *foolish*.	= We thought that he was foolish.
3	I **think[believe, consider]** *that he is innocent*.	3형식: that절 전체가 인식 동사의 목적어
	I **think[believe, consider]** him **(to be)** *innocent*.	5형식: that절의 내용을 목적어(him)와 목적보어(innocent)로 나누어 표현/ 목적보어가 형용사이므로 to be는 생략 가능
4	(cf.) I **know** him **to be** *earnest*.	know는 목적보어 앞에 항상 to be를 쓰는 것이 원칙이다.

1 나는 제이슨이 좋은 선생님이라고 생각한다. 2 우리는 그가 어리석다고 생각했다. 3 나는 그가 결백하다고 생각한다. 4 나는 그가 진지한 사람인 것을 알고 있다.

MSG+ 인식류 동사는 3형식일 때 목적어로 to부정사를 취할 수 없다. 그러나 know 동사의 경우, to부정사 앞에 의문사가 포함된 의문구를 목적어로 사용할 수 있다.
He **knows** *to* drive a car. (×) → He **knows** *how to* drive a car. (○)

▶▶▶ **개념적용**
인식류 동사의 문형
believe+목적어+
(to be) 형용사

I believe _____ very largely due to mistaken views of the world.
① this unhappiness are
② to be this unhappiness
③ this be unhappiness
④ this unhappiness to be

believe는 to부정사를 목적어로 취하지 못하므로 ②는 적절치 못하다. ①은 this unhappiness가 단수이므로 복수동사 are를 쓸 수 없다. ③도 'believe + 목적어 + to be 목적보어'가 되어야 하므로 틀렸다.
나는 이러한 불행이 주로 잘못된 세계관에서 비롯되었다고 믿고 있다. ④

3 목적보어로 분사가 오는 경우

목적어 입장에서 능동의미 관계이면 현재분사, 수동의미 관계이면 과거분사를 사용해야 한다.

| 1 | I **found** him **standing** at the door. | 현재분사: 그가 문에 서 있는 능동관계 |
| 2 | I **found** the boy seriously **wounded**. | 과거분사: 소년이 부상을 입은 수동관계 |

1 나는 그가 문 앞에 서 있는 것을 발견했다. 2 나는 그 소년이 심각한 부상을 입은 것을 발견했다.

4 목적보어 앞에 as를 수반하는 동사: 간주동사

목적어와 목적보어는 동격관계이며, as를 생략해서 쓸 수 없다.

regard, consider, think of, look upon, acknowledge, refer to, define, treat, view, describe 등 + 목적어 + as 목적보어

1	We **regard[look upon, think of]** the dove **as** *the symbol of peace*.	regard[look upon, think of, view, see] A as B : A를 B로 간주하다[여기다]
2	Many people **refer to** "Hamlet" **as** *Shakespeare's greatest work*.	refer to A as B: A를 B로 부르다
3	He **describes** himself **as** *a great statesman*.	describe A as B: A를 B라고 설명하다
4	His remark **strikes** me **as** *off the point*.	strike A as B: A에게 B라는 생각이 들게 하다

1 우리는 비둘기를 평화의 상징으로 여긴다. 2 많은 사람들은 『햄릿』을 셰익스피어의 가장 위대한 작품으로 부른다. 3 그는 자신을 위대한 정치가라고 말한다. 4 그의 말은 요점에서 벗어난 것 같다.

▶▶ 개념적용

regard A as B의 문형에서는 목적어와 목적보어가 동격관계임을 이해해야 한다.

We regard his argument _____.

① as enough reason
② enough reasonable
③ as quite logical
④ quite logic

regard A as B는 'A를 B로 간주하다'는 뜻이므로 ②, ④는 쓰일 수 없다. 'his argument(그의 주장)'의 성격이 'enough reason(충분한 논리)'일 수 없으므로 ①도 부적절하다. 따라서 ③이 정답이다.

우리는 그의 주장을 꽤 논리적인 것으로 간주한다. ③

5 목적보어 앞에 to be나 as를 수반하는 동사

to be나 as를 생략할 수 있다.

consider, appoint, elect 등 + 목적어 + as[to be] 명사[형용사]

1	I **consider** him **(as[to be])** *a fool*.	consider A (as[to be]) B: A를 B로 간주하다, 여기다
2	They **appointed** him **(as[to be])** *captain of the England team*.	appoint A (as[to be]) B: A를 B로 임명하다, 지명하다
3	They **elected** him **(as[to be])** *President*.	elect A (as[to be]) B: A를 B로 선출하다

1 나는 그를 바보라고 생각한다. 2 그들은 그를 잉글랜드팀의 주장으로 임명했다. 3 그들은 그를 대통령으로 선출했다.

6 목적보어 앞에 to be나 as를 수반하지 않는 동사

make, call, name 등 + 목적어 + 명사[형용사]

1	Jason has **made** Miranda *happy*.	make + A + B: A를 B상태로 하다
2	His leadership **made** *possible* the expansion of the company.	목적어가 길면 'make + 목적보어 + 목적어' 어순을 취할 수도 있다.
3	They **called** him *a liar*.	call + A + B: A를 B라고 부르다; 칭하다
4	They **named** the child *Jason*.	name + A + B: A에게 B라는 이름을 붙이다[짓다]

1 제이슨은 미란다를 행복하게 해주었다. 2 그의 리더십은 회사의 확장을 가능하게 했다. 3 그들은 그를 거짓말쟁이라고 불렀다. 4 그들은 그 아이의 이름을 제이슨이라고 지었다.

7 to부정사를 목적보어로 취하는 동사: S + V + O + to V

동사가 주어의 의지를 포함하며, 목적어가 to부정사의 의미상의 주어가 된다.

① 기대, 바람: expect, wish, desire, want, would like, intend, mean

1 I'**d like** you *to come* here tomorrow.   would like(원하다): want의 정중한 표현
2 What do you **want** me *to do*?

② 권고, 명령: advise, ask, beg, entreat, require, urge, persuade, command, order

3 Police are **advising** people *to stay* at home.
4 They **required** me *to work* harder.
5 She **ordered** him *to leave* her room.
6 He **urged** her *to stay* overnight.

③ 사역: cause, compel, force, oblige, motivate, enable, encourage, get

7 The plans **motivate** employees *to work* more efficiently.
8 They **forced** him *to sign* the paper.
9 The law **obliges** parents *to send* their children to school.
   = Parents **are obliged to send** their children to school.   be obliged to V = be forced to V: ~할 수밖에 없다, ~해야 한다
10 (cf.) I **am obliged** *to you* for your kindness.   be obliged to 명사: ~에 감사하다

④ 허용, 금지: allow, permit, leave, forbid

11 My father won't **allow** me *to ride* a motorcycle.
12 Her father **forbade** her *to marry* the poor man.

1 내일 여기로 오셨으면 좋겠어요. 2 제가 어떻게 하면 좋을까요? 3 경찰은 사람들에게 집에 머물 것을 권하고 있다. 4 그들은 나에게 더 열심히 일할 것을 요구했다. 5 그녀는 그에게 자신의 방에서 나가라고 명령했다. 6 그는 그녀에게 하룻밤 묵을 것을 권했다. 7 그 계획은 직원들이 더 효율적으로 일할 수 있는 동기를 부여한다. 8 그들은 그에게 서류에 서명하도록 강요했다. 9 법에 따라 부모는 자식을 학교에 보내야 할 의무가 있다. 10 저는 당신의 친절에 매우 감사하고 있습니다. 11 아버지는 내가 오토바이를 타는 것을 허락하지 않으실 것이다. 12 그녀의 아버지는 그녀가 가난한 남자와 결혼하는 것을 허락하지 않았다.

▶▶ **개념적용**

to부정사를 목적보어로 취하는 동사
force+O+to V

Didn't you know the committee forced him _____?

① resigned   ② resign
③ to resign   ④ resigning

force는 목적보어로 to부정사를 취하는 5형식 동사이므로, ③이 정답이다.

위원회가 그에게 사임하도록 강요한 것을 당신은 몰랐는가?   ③

8 5형식 문형으로 쓰지 않는 주요 동사

hope, say, suggest, demand, insist 등은 5형식으로 쓰지 않고 that절을 목적어로 취한다.

1	I **hope*** *you to come soon.* (×)	I **hope** *that you will come soon.* (○)
2	He **suggested*** *us to go on a picnic.* (×)	He **suggested** *that we go on a picnic.* (○)
3	They **said*** *Brad Pitt to be a good actor.* (×)	They **said** *that Brad Pitt was a good actor.* (○)
		They **said to me** *that Brad Pitt was a good actor.* (○)

1 나는 네가 곧 오길 기대한다. 2 그는 우리에게 소풍을 가자고 제안했다. 3 그들은 브래드 피트가 훌륭한 배우라고 말했다.

9 사역동사

사역동사는 문장의 주체가 직접 행동하지 않고 다른 사람에게 그 행동을 하도록 하는 동사를 말한다. 이 동사들은 목적보어로 to가 없는 동사원형을 취한다. 예를 들어, make(강제), have(부탁, 명령), let(허락, 방임), help(도움) 등이 있다. 이 중 help와 bid는 목적보어로 to부정사를 쓸 수도 있다. 여기서 중요한 것은 목적어와 목적보어 사이의 관계이다. 만약 이 둘의 관계가 능동일 경우, 목적보어로 동사원형 또는 to부정사를 사용해야 한다. 반면, 목적어와 목적보어의 관계가 수동이면 목적보어 자리에 과거분사를 사용해야 한다.

	① make + 목적어 + 동사원형/과거분사	
1	I'll **make** him *go* there.	목적어와 목적보어가 능동관계
2	I could not **make** myself *understood*.	목적어와 목적보어가 수동관계
3	He **made** her *crying*. (×) He **made** her *cry*. (○)	make는 현재분사를 목적보어로 취할 수 없다.
	② have + 목적어 + 동사원형/현재분사/과거분사	
4	I **had** my servant *clean* the room.	동사원형: ~하도록 시키다(의지가 있는 경우)
5	He **had** his house *burnt down*.	과거분사: ~을 당하다(의지가 없는 경우)
	③ let + 목적어 + 동사원형/be p.p.	
6	Please **let** me *know* what to do.	
7	**Let** the door *be* opened.	수동관계인 경우 be p.p.
	④ help + 목적어 + to부정사/동사원형	
8	He **helped** a lady *to get out of* the car.	= He **helped** a lady *get* out of the car.
9	(cf.) Go and **help** (*to*) *wash up* at the sink.	help + to부정사: to부정사가 help의 목적어인 3형식
10	I could not **help** *laughing*.	help + -ing: help가 avoid의 의미

1 내가 그 사람을 거기에 가게 할게요. 2 내 의사를 전달할 수가 없었다. 3 그가 그녀를 울렸다. 4 나는 하인에게 방 청소를 시켰다. 5 그의 집이 전소되었다. 6 제가 무엇을 해야 할지 알려주세요. 7 문을 열어주세요. 8 그는 한 여성이 차에서 내리는 것을 도왔다. 9 가서 싱크대에서 설거지를 도와주세요. 10 나는 웃지 않을 수 없었다.

MSG+ 사역동사의 기본 의미는 '시키다'이지만, make는 강요, let은 허용, 방임, have는 부탁, 의뢰 등에 주로 쓰인다.

▶▶ **개념적용**

사역동사의 의미와 문형에 유의해야 한다.

I always _____ my children do what they want to.

① make   ② let
③ have   ④ get

make, have는 '(적극적으로) ~하게 하다'이다. 반면 let은 '~하도록 허락하다'의 뜻인데, 문맥상 let이 와야 한다. 목적보어로 원형부정사 do가 있으므로 ④의 get은 적절치 못하다.

나는 항상 나의 아이들이 원하는 것을 하도록 허락한다.   ②

10 지각동사

지각동사는 보고, 듣고, 냄새를 맡고, 느끼는 감각을 나타내는 동사로, '지각동사 + 목적어 + 목적보어'(동사원형: 단순한 사실/ 현재분사: 진행, 동작 강조/ 과거분사: 수동) 형태로 사용된다. see, watch, notice, observe, hear, feel, smell 등이 지각동사로 쓰인다.

① 목적어와 목적보어의 관계가 능동이면 목적보어는 동사원형 또는 현재분사를 사용		
1	I **heard** my father *call* Michael.	목적어가 call하는 행위의 주체
2	I **saw** him *crying*.	진행 중인 동작
② 목적어와 목적보어의 관계가 수동이면 목적보어는 과거분사를 사용		
3	I **heard** my name *called*.	목적어가 행위의 대상
③ 특정 시점표시 부사어의 유무		
4	I **saw** the letter *lie[lying]* on the table.	특정 시점표시의 부사어가 없으면 동사원형, 현재분사 모두 가능
5	(cf.) I **saw** the letter *lie on the table *this morning*. (×) I **saw** the letter *lying* on the table *this morning*. (○)	this morning과 같이 특정 시점표시의 부사어가 있으면 현재분사만 가능

1 나는 아버지가 마이클에게 전화하는 것을 들었다. 2 나는 그가 우는 것을 보았다. 3 나는 내 이름이 불리는 것을 들었다. 4 나는 탁자 위에 편지가 놓여 있는 것을 보았다. 5 나는 오늘 아침에 편지가 놓여 있는 것을 보았다.

MSG + ① 지각동사가 수동태로 쓰일 때는 to부정사가 온다. (Unit 15 지각동사의 수동태 참조)
She **was seen** *to come*.

② 지각동사의 목적보어가 be동사일 때 항상 to부정사를 쓴다.
I **felt** the piano *to be* all wrong.

▶▶ 개념적용
지각동사의 목적보어

Professor Tate _____ about him.
① heard the students to talk
② heard the talk by the students
③ heard the students' talking
④ heard the students talk

hear는 지각동사이며, 목적어인 students가 그에 대해 이야기하는 행위의 주체이므로 목적보어로 동사원형이 적절하다.
테이트 교수는 학생들이 그에 대해 얘기하는 것을 들었다.　　　　　　　　　　　　④

06 지각동사와 사역동사의 목적보어로 동사원형을 사용하는 이유

Easy-Peasy Grammar!

① 5형식 문장에서 목적보어 자리에 준동사가 오는 경우: 목적어와 뒤에 나온 to부정사는 주어와 동사처럼 번역합니다.

1. I **want** him *to do* the work.
2. I **require** him *to go* home.
3. I **encourage** him *to study* English.

to부정사가 오는 이유는 무엇일까요?
나는 그가 어떤 것을 하기를 기대하지만, him은 그 일을 하지 않을 수도, 집에 가지 않을 수도, 영어 공부를 하지 않을 수도 있습니다. 즉, to부정사는 '정해지지 않은 상황, 확실하지 않은 상황'에 사용됩니다.

1 나는 그가 일을 하기를 원한다. 2 나는 그가 집에 가기를 요구한다. 3 나는 그에게 영어 공부를 하라고 권한다.

② 지각동사: '보다(see, look at, watch, witness)', '듣다(hear, listen to)', '느끼다(feel)', '알아차리다(notice)'와 같은 의미를 가진 동사들입니다. 이러한 동사들이 5형식 문형으로 사용될 때, 목적보어 자리에 to부정사가 아닌 동사원형이 오는 특징이 있습니다. 이는 to부정사의 특성과 관련되므로 그 이유를 숙지해 주세요.

I **saw** the sun *to rise*. (×)
I **heard** him *to sing* a song. (×)

1. I **saw** the sun *rise*. (○)
2. I **heard** him *sing* a song. (○)
3. I **saw** the sun *rising*. (○)

1, 2는 떠오르지도 않은 태양을 보고, 들리지도 않은 노래를 듣게 된 해석이 됩니다. 따라서 지각동사는 to부정사를 쓸 수 없습니다.

to부정사는 확실하지 않은 상황에 사용되므로, 이 경우는 목적보어 자리에 동사원형을 써주면 올바른 문장이 됩니다.

지각동사는 목적보어 자리에 동사원형뿐만 아니라 현재분사를 써도 괜찮습니다. -ing를 쓰는 경우에는 '진행 중인 상황'을 뜻합니다.

1 나는 태양이 뜨는 것을 봤다. 2 나는 그가 노래를 부르는 것을 들었다. 3 나는 태양이 떠오르고 있는 것을 봤다.

③ 사역동사: 'make, have, let'은 각각 어감의 차이는 있지만, 모두 '~하게 하다'라는 의미로 번역되며, 목적보어 자리에 동사원형이 오는 동사들을 말합니다.

1. I **made** him *go* out.
2. I **had** him *go* out.
3. I **let** him *go* out.
4. (cf.) I **make** a doll.
5. (cf.) I **make** him a doll.

make: 강제로 하게 하다
have: make보다는 약하지만 하게 하다
let: ~하게 두다
3형식 make
4형식 make

1 나는 그를 밖으로 나가게 했다 (강제로 시킴) 2 나는 그를 밖으로 나가게 했다. (make보다는 약하지만, 밖으로 나가게 하는 의미를 지님) 3 나는 그가 밖으로 나가도록 두었다. (강제성이 없음) 4 나는 인형을 만든다. 5 나는 그에게 인형을 만들어 준다.

"지각동사와 사역동사의 목적보어 동사원형"
5형식 문장의 원리를 YouTube를 통해 확인하세요!

11 가목적어-진목적어 구문으로 쓰는 동사

make, find, believe 등의 동사는 목적어로 to부정사나 that절이 올 때, 동사 뒤에 가목적어 it을 쓰고, 목적보어 뒤에 진목적어인 to부정사나 that절을 사용한다.

think, find, make, believe + it + 목적보어 + to부정사/ that절	
1	I **make** *it* a rule <u>to get up early in the morning</u>.	진목적어가 to부정사
2	Bad weather **made** *it* impossible for me <u>to visit my parents</u>.	진목적어가 to부정사
3	I **found** *it* evident <u>that she didn't like me</u>.	진목적어가 that절
4	(cf.) The computer **made** *it possible the phenomenal leap in human proficiency. (×) The computer **made** <u>possible the phenomenal leap in human proficiency</u>. (○)	수식어를 동반한 명사의 경우 아무리 길더라도 가목적어 it을 쓰지 않음에 유의한다. 목적어가 단순히 수식을 받아 길어진 경우는 가목적어 it을 쓰지 않고, 긴 목적어를 목적보어 뒤로 돌리기만 한다.

1 나는 아침 일찍 일어나는 것을 규칙으로 하고 있다. 2 나쁜 날씨 때문에 나는 부모님을 찾아뵐 수 없었다. 3 그녀가 나를 좋아하지 않는다는 것이 분명했다. 4 컴퓨터가 인간의 능력에 있어 비약적 발전을 가능하게 했다.

개념적용
make+it+목적보어+to부정사

The use of radar as well as the two-way radio _____ for the police to intercept most speeders.

① make it possible
② makes it possible
③ makes possible
④ make it a possibility

to부정사가 쓰인 점으로 미루어 'make + it(가목적어) + 목적보어 + to부정사(진목적어)' 형식이 필요하다. 또한, 주어가 the use 단수이므로 동사도 단수형인 makes가 와야 한다. 따라서 ②가 정답이다.

송수신 겸용 무전기뿐만 아니라 레이더를 사용함으로써 경찰은 대부분의 속도 위반차량을 적발할 수 있게 되었다. ②

12 기타 5형식 동사의 용법

① keep + 목적어 + 형용사/현재분사/과거분사: 계속 ~하게 하다

1	You should always **keep** your hands *clean*.	형용사
2	I'm sorry to have **kept** you *waiting* so long.	현재분사
3	She **kept** her face *covered* and *hidden*.	과거분사

② find + 목적어 + 형용사/현재분사/과거분사

4	They **found** the book *difficult*.	형용사
5	I **found** him *dozing*.	현재분사
6	I **found** something *stolen*.	과거분사

③ get + 목적어 + 형용사/to부정사/현재분사/과거분사: get은 사역동사는 아니지만 사역의 의미를 지닌다.

7	We **got** everything *ready*.	형용사
8	I **got** him *to fix* my umbrella.	to부정사: ~하게 하다
9	He **got** the clock *going*.	현재분사
10	I **got** my bicycle *repaired*.	(to be) + p.p.: (남을 시켜서) ~하다; 당하다

④ leave + 목적어 + 형용사/to부정사/현재분사/과거분사: ~하는 대로 내버려두다

11	**Leave** the door *open*.	형용사
12	**Leave** her *to do* as she likes.	to부정사
13	Don't **leave** the baby *crying*.	현재분사
14	Don't **leave** your homework *undone*.	과거분사

⑤ drive + 목적어 + 형용사/to부정사: ~한 상태로 몰아대다

15	Losing his entire fortune **drove** him *mad*.	형용사
16	Hunger **drove** him *to steal*.	to부정사

⑥ set + 목적어 + 형용사/현재분사/구/to부정사: ~한 상태가 되게 하다

17	They **set** slaves *free*.	형용사
18	He often **sets** people *laughing*.	현재분사
19	The power **sets** a body *in motion*.	구
20	The boss **set** his men *to dig* the ground.	to부정사

⑦ catch + 목적어 + 현재분사/형용사/과거분사: ~를 잡다

21	I **caught** him *stealing* my dictionary on the desk.	현재분사
22	We **caught** a lion *alive*.	형용사

1 항상 손을 깨끗이 해야 한다. 2 너무 오랫동안 기다리게 해서 죄송합니다. 3 그녀는 얼굴을 덮어 가리고 있었다. 4 그들은 그 책이 어렵다고 생각했다. 5 나는 그가 졸고 있는 것을 발견했다. 6 나는 도둑맞은 물건을 발견했다. 7 우리는 모든 것을 준비했다. 8 나는 그에게 우산을 고쳐 달라고 부탁했다. 9 그는 시계를 작동시켰다. 10 나는 자전거를 수리받았다. 11 문을 열어두세요. 12 그녀가 원하는 대로 하게 놔두세요. 13 아기를 울게 두지 마세요. 14 숙제를 미루지 마세요. 15 전 재산을 잃어서 그가 미쳐버렸다. 16 배가 고픈 나머지 그가 도둑질했다. 17 그들은 노예를 해방시켰다. 18 그는 종종 사람들을 웃긴다. 19 힘은 물체를 운동시킨다. 20 두목은 부하들에게 땅을 파게 했다. 21 나는 그가 책상 위에 있는 내 사전을 훔치는 것을 발견했다. 22 우리는 사자를 산 채로 잡았다.

▶▶ 개념적용
leave+목적어+과거분사

His use of technical terms left his audience _____.

① confusing   ② confused
③ with confusion   ④ to confusion

audience(청중)는 '혼동시키는' 대상이므로 과거분사인 ②의 confused가 쓰여야 한다.

그가 기술적인 용어를 쓰는 바람에 청중들이 혼란스러워했다.   ②

▶▶ 개념적용
keep+목적어+현재분사

Are you going to keep me _____ all day long?

① to wait   ② wait
③ waiting   ④ waited

'keep + 목적어 + 분사/형용사'이므로, ③의 waiting이 적절한 표현이다.

"당신은 나를 하루 종일 기다리게 할 작정입니까?"   ③

Unit 06 | 어법과 의미에 유의해야 할 기본 동사

 Ace Your Grammar!

동사 rise와 raise의 구분 ★★

의미는 유사하지만 구조나 어법이 다른 동사들이 있다. 특히 lie와 lay, rise와 raise, tell과 say, do와 make의 구조와 어법 차이를 묻는 문제가 자주 출제되므로, 각 동사의 사용법을 반드시 암기해야 한다.

The sun ①was ②raising ③over the mountain when I ④rose out of bed and ⑤sat at the table. (2014 상명대)

'(해·달이) 뜨다'는 의미일 경우 자동사 rise가 쓰인다. raise는 '올리다'는 뜻의 타동사로 적절하지 않다. 따라서 ②를 rising으로 고쳐야 한다. ① 뒤에 raising이 있어 과거 진행형이 되어야 하므로 진행형을 만드는 be동사 was가 왔다. ④ '~에서 일어나다'는 뜻의 자동사 rise의 과거형이다. ⑤ '~에 앉다'의 뜻의 자동사 sit의 과거형이다.

내가 침대에서 일어나 식탁에 앉았을 때 해가 산 위로 떠오르고 있었다. ②

1 꼭 암기해야 할 형태와 의미를 구분하기 어려운 동사

① lie, lay

1	She just **lay** down and went straight to sleep.	lie - lay - lain ㉧ 눕다, 놓여 있다
2	She **laid** her hand on her son's shoulder.	lay - laid - laid ㉦ ~을 눕히다, 놓다; (알을) 낳다
3	He **lied** in order to gain the president's trust.	lie - lied - lied ㉧ 거짓말하다 ㉦ 속이다

② hang

4	He **hung** his hat on the hanger.	hang - hung - hung ㉦ 걸다, 매달다
5	Her hair **hung** down on her shoulders.	㉧ 매달리다, 드리워지다
6	The criminal was **hanged** on the gallows.	hang - hanged - hanged ㉦ 교수형에 처하다

③ rise, raise, arise

7	The sun **rises** in the east.	rise - rose - risen ㉧ 일어나다, (해가) 뜨다, (물가가) 오르다
8	He **raised** his left hand.	raise - raised - raised ㉦ 올리다, 기르다, 재배하다
9	A serious problem has **arisen**.	arise - arose - arisen ㉧ (사건·사고 등이) 발생하다
10	Accidents **arise** from carelessness.	arise from ~이 원인이다

④ sit, seat, set

11	He **sat** on the chair.	sit - sat - sat ㉧ 앉다, 착석하다
12	The waiter **seated** us by the window.	seat - seated - seated ㉦ 앉히다
13	**Seat** yourself.	= Be seated. = Take your seat. = Sit down.
14	He **set** the book on the table.	set - set - set ㉦ 두다, 놓다, 정하다

⑤ affect, effect

15	This book has **affected** my thinking.	affect - affected - affected ㉦ 영향을 끼치다, 작용하다
16	Intemperance undoubtedly **affected** his health.	
17	Their continuous efforts **effected** a great change.	effect - effected - effected ㉦ (결과를) 초래하다, 달성하다
18	(cf.) The medicine had an immediate **effect**.	명사: 효과
19	(cf.) He realized the disastrous **effects** of war.	명사: 결과
20	(cf.) Overwork had an evil **effect** on his health.	명사: 영향

1 그녀는 바로 누워서 곧장 잠이 들었다. 2 그녀는 아들의 어깨에 손을 얹었다. 3 그는 대통령의 신임을 얻기 위해 거짓말을 했다. 4 그는 옷걸이에 모자를 걸었다. 5 그녀의 머리카락이 어깨까지 내려왔다. 6 죄인이 교수형에 처해졌다. 7 해는 동쪽에서 뜬다. 8 그는 왼손을 들었다. 9 심각한 문제가 발생했다. 10 사고는 부주의로 인하여 생긴다. 11 그는 의자에 앉았다. 12 웨이터가 우리를 창가에 앉혔다. 13 앉으세요. 14 그는 탁자에 책을 두었다. 15 이 책은 내 생각에 영향을 끼쳤다. 16 무절제한 행동이 그의 건강에 영향을 미친 것은 의심할 여지가 없다. 17 그들의 지속적인 노력은 큰 변화를 불러왔다. 18 약은 즉각 효과를 나타냈다. 19 그는 전쟁의 끔찍한 결과를 깨달았다. 20 과로가 그의 건강에 나쁜 영향을 미쳤다.

⑥ saw, sew, sow

21	The man **sawed** the plank into two halves.	saw - sawed - sawn/ sawed ⓣ 톱질하다
22	She **sewed** a patch onto the knee of her jeans.	sew - sewed - sewn/ sewed ⓣ 꿰매다, 바느질하다
23	The farmer **sowed** corn in the field.	sow - sowed - sown/ sowed ⓣ 씨를 뿌리다, 퍼뜨리다

⑦ fall, fell

| 24 | The temperature has **fallen** recently. | fall - fell - fallen ⓐ 떨어지다, 낙하하다, 추락하다 |
| 25 | He **felled** his opponent with a single blow. | fell - felled - felled ⓣ (사람을) 쓰러뜨리다; (나무를) 베어 넘어뜨리다 |

⑧ find, found

26	I **found** a ten-dollar bill on the floor.	find - found - found ⓣ 발견하다, 얻다
27	Her family **founded** the college in 1895.	found - founded - founded ⓣ 설립하다; 기초를 두다, 근거로 하다
28	Their marriage was **founded** on love and mutual respect.	

⑨ bear

29	He was **born** in Boston in 2020.	bear - bore - born ⓣ 낳다 <수동태에서 'by + 사람'이 없는 경우>
30	My wife has **borne** a child.	bear - bore - borne ⓣ "낳다"의 뜻이지만 예외의 경우 완료형 문장 (have borne)
31	The infant was **borne** by a teenage unmarried mother.	수동태 뒤 "by + 사람" 나올 때 (원칙)
32	She has **borne** the pain well.	'참다, 견디다'의 의미

⑩ say - said - said: tell과 달리 4, 5형식 구문으로 사용하지 못함

33	He **said** (to his boss) that he was ill.	say + (to 명사) + that절
34	She **said** nothing to him.	say + 목적어: say nothing 아무 말도 안하다
35	Everyone **says** (that) our team will win.	say + that절(that 생략가능)

⑪ tell - told - told

36	He **told** the story to everybody he met.	tell + 목적어 + to 명사 <3형식>
37	He **told** me the truth.	tell + 간접목적어 + 직접목적어 <4형식>
38	He **told** his boss that he was ill.	tell + 목적어 + that절 <4형식>
39	He **told** me to do that.	tell + 목적어 + to부정사 <5형식, ~하라고 말하다, 지시, 명령>

⑫ speak - spoke - spoken

| 40 | Can I **speak** to you outside for a minute? | speak + on[of, about, to, with] + 명사 |
| 41 | How many *languages* can you **speak**? | speak + 목적어(언어, 연설, 주제) |

21 그 남자는 판자를 톱질해서 두 쪽으로 잘랐다. 22 그녀는 바지 무릎에 헝겊을 대서 기웠다. 23 농부는 밭에 옥수수를 뿌렸다. 24 최근 기온이 떨어졌다. 25 그는 일격으로 상대를 쓰러뜨렸다. 26 나는 바닥에서 10달러짜리 지폐를 발견했다. 27 그녀의 가족은 1895년 대학을 설립했다. 28 그들의 결혼은 사랑과 상호 존중을 바탕으로 이루어졌다. 29 그는 2020년 보스턴에서 태어났다. 30 아내가 아이를 낳았다. 31 그 아기는 10대 미혼모에게서 태어났다. 32 그녀는 고통을 잘 견뎌냈다. 33 그는 (상사에게) 자신이 아프다고 말했다. 34 그녀는 그에게 아무 말도 하지 않았다. 35 모두가 우리 팀이 이길 거라고 말한다. 36 그는 만나는 모든 사람에게 그 이야기를 들려주었다. 37 그는 나에게 진실을 말했다. 38 그는 상사에게 자신이 아프다고 말했다. 39 그는 나에게 그렇게 하라고 지시했다. 40 밖에서 잠깐 얘기 좀 할 수 있을까요? 41 몇 개의 언어를 구사할 수 있나요?

⑬ talk - talked - talked

42	I **talked** with him in halting English.	talk + with[to] 사람
43	They **talked** about the meaning of life.	talk + about[of] 사물
44	Whenever he's around, we **talk** *politics* all the time.	주로 자동사로 사용되지만, 'talk + 주제'는 '~을 논하다'는 의미임

⑭ wind, wound

| 45 | This watch needs to be **wound**. | wind - wound - wound ⓣ 감다 ⓘ (강·길이) 굽이치다 |
| 46 | The bullet **wounded** him in the shoulder. | wound - wounded - wounded ⓣ (상처를) 입히다, (부상을) 입히다 |

⑮ bring, take, fetch

47	Would you please **bring** a glass of water to me?	bring - brought - brought ⓣ 가지고 오다, 데려오다
48	Don't forget to **take** your umbrella when you leave.	take - took - taken ⓣ 가지고 가다, 데려가다
49	You had better go and **fetch** a doctor.	fetch - fetched - fetched ⓣ (가서) 가져오다, 데리고 불러오다

42 나는 그와 더듬더듬 영어로 이야기했다. 43 그들은 삶의 의미에 관해 이야기했다. 44 그 사람하고 있으면 우리는 항상 정치만 논한다. 45 이 시계는 태엽을 감아야 한다.(밥을 줘야 한다.) 46 총알이 그의 어깨에 부상을 입혔다. 47 물 한 잔 갖다주시겠어요? 48 떠날 때 우산 챙기는 거 잊지 마세요. 49 가서 의사를 불러오는 게 좋을 것 같아요.

▶▶ **개념적용**
'말하다'는 의미의 say, tell, speak, talk의 용법

"Why does everybody like Mrs. White?"
"Because Mrs. White always _____ good after-dinner jokes."

① says   ② speaks
③ tells   ④ talks

'농담하다'의 관용적인 표현은 tell[make, crack] a joke(jokes)이다. 따라서 ③이 정답이다. (cf.) * play a joke on '~을 놀리다'
"왜 모든 사람들이 화이트 여사를 좋아합니까?" "왜냐하면 화이트 여사는 늘 식후에 재미있는 농담을 잘하거든요." ③

▶▶ **개념적용**
자동사 lie와 타동사 lay의 구조와 용법

Last night _____ just as he had for many nights.

① he lay awake   ② he laid awake
③ he lied awake   ④ he had lain awake

자동사 lie는 lie-lay-lain으로 변화하며, '눕다'나 '깨어 있다'의 의미로 사용한다. 반면 타동사 lay는 lay-laid-laid로 변화하여 '~을 놓다, 두다'의 의미를 가진다. 이 문장에서 'lie awake(깨어 있다)'는 자동사로 사용되었으며, last night이라는 과거 시점을 나타내는 부사구가 있으므로 ① he lay awake가 정답이다.

여러 날 밤을 그랬듯이, 그는 어젯밤에도 잠을 이루지 못했다.   ①

2 주요 기본 동사와 함께 쓰는 관용어구

① do를 쓰는 관용어구: do + N(일, 행위, 과제)/ do + 사람 + (이익, 손해, 호의) <4형식>

do one's work 일하다	do one's homework 숙제하다
do one's duty 의무를 다하다	do one's best 최선을 다하다
do the dishes 설거지하다	do the laundry 세탁하다
do one's hair 머리를 손질하다	do one's military service 병역을 이행하다
do good[harm, damage] to ~에 이익[손해]이 되다	do somebody a favor ~에게 호의를 베풀다

② make + 추상명사/ 사물

make an appointment 약속하다	make an attempt 시도하다
make a call 전화하다	make a decision 결정하다
make a choice 선택하다	make an offer 신청하다
make a contribution 공헌하다	make an effort 노력하다
make a mistake 실수하다	make a speech 연설하다
make a fortune 재산을 모으다	make money 돈을 벌다
make an impression 인상을 주다	make a profit 이익을 얻다
make a noise 떠들다	make progress 진보하다
make a reservation 예약하다	make sense 이치에 맞다, 말이 되다
make up one's mind 결심하다	make a difference 차이가 생기다; 중요하다

③ have: 식사하다, 고생하다, 영향을 주다 등

have breakfast[dinner] 식사하다	have a hard time 고생하다(= have trouble)
have a try 시험해 보다	have a headache[toothache] 두통[치통]이 있다
have a cold 감기에 걸리다	have an effect[influence] on ~에 영향을 주다

④ take를 쓰는 관용어구

take a chance 위험을 감수하다, 기회를 잡다	take pains 수고하다
take part in ~에 참가하다, 참여하다	take place 발생하다
take a rest 휴식하다	take an examination 시험을 치르다
take a risk 위험을 무릅쓰다	take medication 약을 복용하다

 기타 관용어구

bear fruits 결실을 보다[맺다]　　catch a cold 감기에 걸리다
shed tears 눈물을 흘리다　　keep a diary 일기를 쓰다

> **Grammar Review+**

① **목적보어 자리에 형용사 또는 명사가 오는 경우**

S + V + O + to be 명사[(to be) 형용사] → 인식류 동사(think, believe, know, feel 등)
S + V + O + as a(n) (as 사용) → 간주동사(regard, refer to, look upon 등)
S + V + O + 명사[형용사] → make, call, name 등

② **목적보어 자리에 준동사가 오는 경우**

S + V + O + to V → 의지동사(expect, want, ask, advise 등)
사역동사: make + 목적어 + 동사원형(목적어와 목적보어가 능동관계)/과거분사(목적어와 목적보어가 수동관계)
　　　　 have + 목적어 + 동사원형/현재분사/과거분사
　　　　 let + 목적어 + 동사원형/be p.p.
　　　　 help + 목적어 + to부정사/동사원형
지각동사: see, watch, notice, observe, hear, feel, smell 등
　　　　 S + V + O + 동사원형/현재분사 → 목적어와 목적보어의 관계가 능동이면 목적보어는 동사원형 또는 현재분사
　　　　 S + V + O + 과거분사 → 목적어와 목적보어의 관계가 수동이면 목적보어는 과거분사

07 주술관계의 중요성(feat. 3형식 vs 5형식)

Easy-Peasy Grammar!

다음 문장이 5형식일까요? 아니면 3형식 문장일까요?

I found the book useful for children.

이 문장을 "나는 아이들에게 유용한 그 책을 발견했다."라고 번역했다면 3형식으로 본 것이고, "나는 그 책이 아이들에게 유용하다는 것을 발견했다."라고 번역했다면 5형식으로 본 것입니다. 실제로 이 문장은 해석에 약간의 차이가 있을 뿐, 3형식과 5형식에 모두 사용할 수 있습니다. 그 이유는 다음과 같습니다.

1 I found the book which was useful for children.	형용사절이 추가된 I found the book 3형식 문장
→ I found the book (which was being useful for children).	which를 지워주고 was를 being으로 써주게 되는데 being이 의미가 없어서 생략
→ I found <u>the book</u> <u>useful for children</u>. <3형식>	'관계대명사 + be동사'가 생략된 형태가 만들어 짐
2 I found that the book was useful for children.	found가 that절을 목적어로 받은 3형식인 문장
→ I found <u>the book</u> <u>useful for children</u>. <5형식> 　　　　　O　　　　O.C.	that을 지워주면 the book이 남고, was를 being으로 바꿔줄 수 있는데 being이 의미가 없어서 생략이 됨

1, 2 두 문장의 시작은 달랐지만, 축약하고 나니 같은 문장이 되었습니다. 따라서 "I found the book useful for children."을 3형식 문장으로도 볼 수 있고, 5형식으로도 볼 수 있게 된 것입니다. 위 문장에서 배울 수 있는 중요한 점은 대부분의 동사가 한 가지 형식으로만 사용되는 것이 아니라 여러 형식으로 쓰일 수 있다는 것입니다. 따라서 문장에서 각 동사가 몇 형식으로 사용되었는지 파악할 수 있어야 문제 풀이와 해석에 올바르게 적용할 수 있으니 유의해 주세요.

01 Review Test

동사와 관련해서는 다음과 같은 내용이 자주 출제됩니다.

① 타동사로 오인되기 쉬운 자동사
② 2형식 동사(불완전자동사)에서 보어의 형태
③ 자동사로 혼동하기 쉬운 타동사
④ 3형식 동사(완전타동사)에서 목적어로 부정사와 동명사를 구별하는 문제
⑤ 4형식 동사(수여동사)의 어순과, 이를 3형식으로 전환할 때 필요한 전치사
⑥ 5형식 동사(불완전타동사)의 적절한 목적보어(형용사, 동사원형, 현재분사, 과거분사 등)를 찾는 문제
⑦ lie와 lay, rise와 raise처럼 의미는 비슷하지만 구조나 어법이 다른 동사의 차이를 묻는 문제

이러한 내용들은 동사 관련 문제를 해결하는 데 매우 중요하므로, 반드시 잘 숙지해 두어야 합니다.

---

01 다음 중 어법상 맞는 문장을 고르시오.

① Many people object cloning and stem cell research.
② Pressure for higher wages could force companies to raise prices.
③ The murderer will be hung at dawn.
④ She helps her daughter to make her homework.

02 빈칸에 들어갈 수 없는 것을 고르시오.

The police _____ the victim and her parents to compromise.

① compelled   ② forced
③ obliged   ④ had

[03-10] 빈칸에 알맞은 것을 고르시오.

03 My new job _____ less but enables me to learn new things.

① pays   ② sells
③ works   ④ counts

04 He seemed _____ by the news of her death. .

① to undisturbed   ② undisturbedly
③ to undisturbing   ④ undisturbed

05 Many people favor _____ more expressways.

① build   ② to build
③ building   ④ on building

06 My professor believes in interactive teaching methods and makes us _____ group discussions.

① to participate   ② participating in
③ participate   ④ participate in

07 He explained _____ that homophobia usually becomes enrooted in people's minds due to their upbringing.

① us   ② to us
③ for us   ④ with us

08 Jack began to remember _____ as a child.

① being sexually abused
② to being sexually abused
③ that he sexually abused
④ to be sexually abused

09 Mexico _____ to the south of the United States.

① lies   ② lays
③ locates   ④ situates

10 Western countries accuse Iran _____ the capability to build nuclear weapons.

① to seek   ② seeking
③ of seeking   ④ for seeking

[11-12] 빈칸에 공통으로 들어가기에 가장 적절한 것은?

11 They believe that the products will _____ them the highest profit.
The new policy did not _____ the hoped-for economic recovery.

① provide   ② bring
③ result   ④ carry

12 You ought to _____ up your mind one way or the other.
Financial struggles _____ it harder for students to engage in their university community.

① help
② have
③ let
④ make

13 다음 중 어법상 <u>틀린</u> 문장을 고르시오.

① I watched the sun setting in the afternoon.
② She knows to keep her public satisfied.
③ They regarded me as a their enemy.
④ We consider him to be a hero.

[14-20] 밑줄 친 부분 중 어법상 틀린 것은?

14 Space exploration is ①<u>so costly</u> that ②<u>no single</u> nation can hope ③<u>sustaining</u> a major program ④<u>indefinitely</u>.

15 ①<u>Never having</u> ②<u>asked to</u> him his address, we are ③<u>uncertain of</u> where he ④<u>is living</u>.

16 ①<u>Many</u> of these ②<u>soldiers</u> have kept ③<u>silently</u> ④<u>for</u> 30 years.

17 The value ①<u>of the dollar</u> ②<u>declines</u> ③<u>as</u> the rate of inflation ④<u>raises</u>.

18 The Prime Minister ①<u>paid</u> a fine ②<u>for</u> traffic police for ③<u>not wearing</u> a helmet ④<u>during</u> his motorcycle ride last week.

19 Western medicine works ①<u>good</u> for trauma and ②<u>most of</u> acute cases, ③<u>but</u> acupuncture works ④<u>better for</u> chronic conditions and for pain.

20 In the 1970s, Brazil's military government ①<u>started</u> ②<u>encouraging</u> farmers and miners ③<u>moving</u> into the region ④<u>to spur</u> economic development.

Chapter 02

시제 (Tense)

시제는 어떤 사건이나 사실이 발생한 시점, 진행 상태 또는 완료 여부를 나타내는 동사의 형태를 의미한다. 영어 동사의 시제는 기본 시제에 '진행형, 완료형'을 결합시켜 만든 12가지 시제 형태가 있다. 시제는 시간표시 부사어와 밀접한 관련이 있으며, 각 시제가 의미하는 바와 시제일치 등을 이해하는 것이 중요하다.

	현재	과거	미래
기본 시제	I study grammar.	I studied grammar.	I will study grammar.
진행형	I am studying grammar.	I was studying grammar.	I will be studying grammar.
완료형	I have studied grammar.	I had studied English grammar.	I will have studied grammar.
완료진행형	I have been studying grammar.	I had been studying grammar.	I will have been studying grammar.

- Unit 07 현재시제
- Unit 08 과거시제
- Unit 09 미래시제
- Unit 10 현재완료시제
- Unit 11 과거완료·미래완료시제
- Unit 12 진행시제
- Unit 13 시제일치

Unit 07 | 현재시제

He eats breakfast every morning.

현재시제 동사 eat을 사용하면 매일 아침 식사를 하는 습관을 나타낼 수 있다. 또한, 주어가 3인칭 단수일 경우에는 동사원형에 -s나 -es를 붙이는 것에 주의해야 한다. 현재시제는 일반적으로 현재 상황, 사실, 반복되는 일상적인 행위 또는 습관을 나타내는 데 사용된다.

 Ace Your Grammar!

시간, 조건의 부사절에서 현재시제의 미래시제 대용 ★★

현재시제는 현재의 습관, 반복적인 행동, 불변의 진리, 또는 변함없는 사실을 나타낸다. 또한, 현재시제가 미래를 나타내는 경우가 있는데, 주로 왕래발착 동사나 시간, 조건의 부사절에서 사용된다. 이때 시제 표기와 해석에 유의해야 하며, 시간, 조건 부사절에서 현재시제가 미래시제를 대신하는 문제가 종종 출제된다.

When the manager _____, will you please give him this letter? (2008 계명대)

① arriving ② arrived
③ arrives ④ will arrive

시간, 조건 부사절에서는 현재시제가 미래를, 현재완료시제가 미래완료시제를 대신한다. 따라서 빈칸에는 ③ arrives가 들어가야 한다.

관리자가 도착할 때 그에게 이 편지를 전달해 주시겠습니까?   ③

1 현재의 사실/습관/상태/동작/반복적인 행위

현재시제는 반복이나 습관을 나타내는 시간 표시 부사어와 잘 쓰인다.

> 시간 표시어: always, as usual, usually, often, in general, as a rule, constantly, every morning, every Sunday, in the morning, three times a week 등

1	He **speaks** English very well.	현재의 사실
2	She *always* **comes** to the class late.	현재의 습관
3	The preacher **delivers** a sermon *every Sunday*.	반복되는 동작
4	He **lives** in New York City.	현재, 지속적인 거주
5	(cf.) He **is living** in New York City.	현재 진행, 일시적인 거주

1 그는 영어를 매우 능숙하게 구사한다. 2 그는 항상 수업에 늦는다. 3 그 목사는 매주 일요일 설교를 한다. 4 그는 뉴욕에 산다. 5 그는 현재 뉴욕에 살고 있다.

2 영속적인 불변의 진리/사실/속담/격언

1	Gas **expands** when heated.	불변의 진리
2	The sun **rises** in the east.	불변의 진리
3	The early bird **catches** the worm.	속담

1 기체는 가열되면 팽창한다. 2 해는 동쪽에서 뜬다. 3 일찍 일어나는 새가 벌레를 잡는다.

MSG+

① 불변의 진리라도 그 당시 진리로 인정되지 않은 경우 과거시제
   In those days many scientists really didn't know that the earth **was** a globe.
   그 당시에 많은 과학자들은 지구가 둥글다는 사실을 정말 몰랐다.

② 당시에는 진리로 통용되었으나 현재는 진리가 아닌 경우 과거시제
   1,500 years ago, everybody thought the earth **was** the center of the universe.
   1,500년 전에는 모두가 지구가 우주의 중심이라고 생각했습니다.

▶▶ **개념적용**

현재의 일반적 사실, 진리, 속담, 격언 등은 단순 현재시제 사용

I live by the old saying that goes "time and tide _____ for no man."

① wait   ② waiting
③ waited   ④ was waiting

일반적인 사실이나 진리, 속담 등은 항상 현재시제이므로, ①이 정답이다.
나는 "시간과 파도는(세월은) 사람을 기다려주지 않는다"라는 격언에 따라 살아간다.   ①

3 미래시제의 대용

출제포인트 시간, 조건표시 부사절에서 미래시제를 현재시제로 고치는 문제가 자주 출제된다.

① 시간, 조건표시 부사절: 미래시제 대신 현재시제를 사용한다.
시간표시 부사절: when, by the time, as soon as, till, before, after
조건표시 부사절: if, unless, in case, on condition that

1	I will write to you *when* I ***will get*** to Vancouver. (×) I will write to you *when* I **get** to Vancouver. (○)	시간이나 조건의 부사절에서는 미래의 일도 미래시제 대신 현재시제로 나타낸다.
2	*If* she **comes** tomorrow, we will take her with us.	
3	I'll heat some water *in case* you **need** it.	
4	(cf.) I want to know *if* he **will come** to the party.	when, if가 이끄는 절이 명사절, 형용사절이면 현재시제로 미래를 표시하지 못한다. <명사절, if=whether>
5	(cf.) Tell me the time *when* he **will come** back.	<형용사절, when>

② 왕래, 발착, 개시, 종료를 의미하는 동사 + 미래표시어구
start, leave, go, come, leave, arrive, reach, open, begin, end, close 등

6	My father **comes** home *tomorrow* from the trip.	가까운 미래의 확실한 예정을 나타낼 때, 현재시제로 미래시제를 대용한다.
7	The World Cup **begins** *next month*.	

③ 현재완료의 의미를 나타내는 경우: say, hear, be told, learn 등의 동사는 과거에 있었던 일이지만 지금도 유용한 소식을 알리거나 그 정보를 확인할 때 과거시제나 현재완료형 대신 현재시제를 쓰기도 한다.

8	I **hear**(= have heard) the game **was called off**.	과거의 정보를 전달할 때 현재시제를 사용해 정보의 현재적 유효성을 강조
9	I **am told** that he **left** the hospital last week.	

1 내가 밴쿠버에 도착하면 너에게 편지를 쓸게. 2 그녀가 내일 온다면, 우리는 그녀를 데리고 갈 것이다. 3 더운물이 필요하시면 물을 끓여 드리겠습니다. 4 나는 그가 파티에 올 것인지 알고 싶다. 5 그가 언제 돌아올지 시간을 알려주세요. 6 아버지가 여행에서 내일 집에 돌아오신다. 7 월드컵은 다음 달에 시작한다. 8 시합이 취소되었다는 것을 들어 알고 있다. 9 그가 지난주에 퇴원했다고 들었다.

▶▶ **개념적용**

미래의 의미를 나타내더라도 시간, 조건표시 부사절의 시제는 현재

We will go for a walk when the rain _____.

① is stopping ② had stopped
③ stopped   ④ stops

시간, 조건표시 부사절에서는 현재시제가 미래를 대신한다.

우리는 비가 그치면 산책하러 갈 것이다.   ④

MSG+ 감정·생각·감각·존재 등을 표현하는 상태동사가 already, yet을 수반할 때는 '현재완료' 시제를 사용하지 않는다.

상태동사: like, love, prefer, want/ think, understand/ seem, appear, see, hear/ be, exist 등
He *has already understood what happened. (×)
He *already* **understands** what happened. (○) 그는 이미 무슨 일이 일어났는지 이해하고 있다.
I *have already heard that the game was called off. (×)
I *already* **hear** that the game was called off. (○) 나는 이미 경기가 취소되었다는 소식을 들었다.

Grammar Review+

현재시제를 사용하는 경우
① 현재의 습관·반복적 행동 표시
   I usually **get up** early in the morning. <습관적인 행동>
② 일반적인 진리
   Water **consists of** hydrogen and oxygen. <과학적 사실>
   Birds of a feather **flock** together. <속담>
③ 미래대용어: 왕래, 발착, 개시, 종료를 나타내는 동사에 흔히 쓰임(미래표시 부사어를 수반)
   School **begins** at seven *tomorrow*.
④ 시간과 조건의 부사절에서는 현재시제가 미래시제를 대신한다.
   He will leave *after* she **comes** back.

08 현재시제의 이해: 일반적 사실과 미래 표현

영어의 현재시제에서는 주어와의 수일치를 고려해야 하며, 주어가 단수인지 복수인지에 따라 동사의 형태가 달라져야 합니다. 또한, 현재시제는 '일반적인 사실'을 나타내는 데 사용되며, 어제도 오늘도 내일도 변하지 않을 '지속되는 사실'을 언급할 때 활용됩니다.

예를 들어,
A: What is your job?
B: I teach English.
B의 의미는 어제도, 오늘도, 내일도 계속해서 영어를 가르친다는 의미를 나타냅니다. 따라서 "저는 영어 선생님입니다."와 같이 현재시제를 사용하여 자신의 직업을 소개하는 것이 적절합니다.

불변의 진리, 과학적 사실, 격언, 속담 또한 시간이 지나도 변하지 않는 일반적인 사실이기 때문에 현재시제를 사용합니다. 예를 들면, "The earth is round."와 같은 과학적 사실이나 "The early bird catches the worm."과 같은 속담은 모두 현재시제로 표현하는 것이 적절합니다.

시간과 조건을 나타낼 때 현재시제로 미래를 나타내는 이유

If the rain _____ tomorrow, I will go out.
① stops   ② will stop

"내일 비가 그치면 나는 밖에 나갈 거야."라는 상황을 생각해 보세요. 현재 비는 그치지 않았으니 분명 미래에 관한 이야기입니다. 그렇다면 내일에 대한 말이므로 will을 써야 할 것 같지만, 그렇지 않습니다. 정답은 ① stops입니다. 이유는 무엇일까요? 이 말을 하는 사람의 의도는 If절의 내용이 사실이 될 때 주절의 내용을 실행하겠다는 의미입니다. 즉, "나는 밖에 나갈 거야."라는 주절의 내용은 "비가 그치는 것"이 전제 조건입니다. 그래서 현재시제를 사용하는 것입니다.

As soon as he _____ here, we will go for dinner.
① comes   ② will come

"그가 여기에 오자마자 우리는 저녁을 먹으러 갈 거야." 이 문장도 정답은 ① comes입니다. 앞서 설명한 것과 같은 논리입니다. "그가 여기에 와야 우리가 저녁을 먹으러 갈 거야"라는 의미이기 때문에, "그가 온다"라는 전제를 바탕으로 한 문장입니다. 따라서 현재시제를 사용해야 합니다.

현재시제는 지금만 말할까요?
시간과 조건의 부사절에서 현재가 미래를 대신하는 이유를 YouTube를 통해 확인하세요!

Unit 08 과거시제

Alfred Nobel **invented** dynamite *in 1867*.

알프레드 노벨이 다이너마이트를 발명한 시점인 "in 1867"은 과거를 나타내는 시점이므로, 동사의 시제는 과거형이어야 한다. 과거시제는 동작이나 상태가 이미 일어났거나 완료된 것을 나타낸다. 동사의 형태는 동사원형에 -d, -ed를 붙이며 (예: wiped, worked), 불규칙형(예: went, came)도 있다. 문장 안에 과거 연도, ago, yesterday 등의 과거시점 표시 부사어가 있으면 과거시제를 쓰며, when절의 시제가 과거이면 주절도 과거시제를 따르는 경우가 많다.

 Ace Your Grammar!

불규칙 동사 swim의 과거시제 ★

과거시제는 과거의 동작, 상태, 습관을 표시하며, 과거를 의미하는 시간표시 부사어에 유의해야 한다. 또한 swim과 같은 불규칙 동사도 있으므로 동사의 3단 변화를 반드시 숙지해야 한다.

Yesterday, Jane ①<u>swimmed</u>. Today, she ②<u>will swim</u>. Tomorrow, Jane ③<u>will swim</u>. She is now ④<u>swimming</u>.

(2020 강남대)

첫 문장에 과거시점의 부사 Yesterday가 있으므로 과거시제 동사가 와야 한다. 그런데 swim의 과거시제는 swimmed가 아니라 swam이다. ①을 swam으로 고친다.

어제 제인은 수영을 했다. 오늘 그녀는 수영을 할 것이다. 내일 제인은 수영을 할 것이다. 그녀는 지금 수영을 하고 있다.　　　　　①

1 과거의 사실/상태/동작/경험/습관/역사적인 사실

1	It **was** cold *yesterday*.	과거시점표시 부사어 yesterday
2	Columbus **discovered** America *in 1492*.	과거시점표시 부사어 in 1492
3	(cf.) He **would** often **ask** me some odd questions.	과거의 습관을 나타내는 표현은 조동사 would나 used to를 사용할 수도 있다. would는 '불규칙적인 습관'을 나타낼 때 사용한다.
4	(cf.) He **used to take a walk** *every early morning*.	used to는 '과거의 규칙적인 습관'을 나타낼 때 사용한다.
5	(cf.) There **used to be** a pond near my house.	과거 한때의 상태: 연못이 지금은 없다는 것을 의미

1 어제는 날씨가 추웠다. 2 콜럼버스는 1492년에 아메리카를 발견했다. 3 그는 종종 나에게 몇 가지 이상한 질문을 했다. 4 그는 매일 아침 일찍 산책하곤 했다. 5 집 근처에 연못이 있었다.

2 과거시제와 함께 쓰이는 부사어구

명백한 과거 시점을 나타내는 부사어구가 있으면 반드시 과거시제를 써야 한다.

1	I **was** born *in 2020*.	연도, 연대 표시: in 2010, in the 2020's, as early as 1694
2	He **died** *ten years ago*.	ago가 있는 경우: three years ago, four weeks ago(시간 + ago)
3	I **met** her *last night*.	last가 포함된 경우: last night, last year
4	She **was** still in school *at that time*.	that[those] + 시점: at that time, in those days

1 나는 2020년에 태어났다. 2 그는 10년 전에 사망했다. 3 나는 어젯밤에 그녀를 만났다. 4 그녀는 그 당시 아직 학생이었다.

MSG +   ago와 before의 차이

① ago는 단독으로 쓸 수 없고, 항상 '시간 + ago'의 형태로 과거시제와 함께 쓴다.
   I **saw** him for the first time *ten years ago*. 나는 10년 전에 그를 처음 봤다.

② before는 단독으로 과거, 현재완료, 과거완료에 모두 쓰이며, '시간 + before'의 형태일 때는 과거완료와 함께 쓰인다.
   I **haven't met** her *before*./ I **had met** her *two years before*.
   나는 그녀를 만난 적이 없다./ 나는 그녀를 2년 전에 만난 적이 있다.

3 경험 표시

① 현재완료 대용
already, before, ever, just, lately, never, often, recently 등의 완료표시 부사가 있는 경우 현재완료 형태가 아닌 과거시제를 사용해도 현재완료처럼 사용이 가능하다. 주로 과거의 경험을 나타낸다.

1 **Did** you *ever* see a zebra? = **Have** you ever seen a zebra?
2 I never **saw** her *recently*. = I **have** never seen her recently.

② 과거완료 대용

3 All the guests (**had**) **left** *before* she came.
4 The bus (**had**) **started** *just before* I reached the stop.
5 *After* he (**had**) **finished** his homework, he began to read the novel.

과거의 일을 시간 순서대로 나열하거나 시간의 전후 관계가 분명할 경우, 과거완료 대신 과거시제를 사용할 수 있다.

1 얼룩말을 본 적이 있나요? 2 나는 최근에 그녀를 본 적이 없다. 3 그녀가 오기 전에 모든 손님들이 떠났다. 4 내가 정류장에 도착하기 직전에 버스가 떠났다. 5 숙제를 끝낸 후에 그는 소설을 읽기 시작했다.

▶▶ 개념적용
1. 현재완료 대용
2. 과거시점 부사구
3. as soon as는 동작이 이어짐을 뜻함. 주절도 같은 시제를 사용
4. 과거완료 대용

괄호 안의 동사의 시제 중 알맞은 것을 고르시오.

1. This is the best apple pie I ever (taste, tasted).
2. I wonder how long ago this school (begins, began).
3. As soon as they came, we (go, went) to work.
4. After the teacher (leave, left) the room, the children started talking.

1. tasted/ 이것은 내가 맛본 것 중에서 가장 맛있는 애플파이다. 2. began/ 나는 이 학교가 얼마나 오래전에 문을 열었는지 궁금하다. 3. went/ 그들이 오자마자 우리는 일하러 갔다. 4. left/ 선생님이 교실을 떠나자, 어린이들이 떠들기 시작했다.

Grammar Review+

과거시제

① 과거의 동작, 상태 표시
과거시제는 과거에 발생한 동작이나 상태를 나타낸다. 이때, 과거를 의미하는 시간표시 부사어에 주의해야 한다.
yesterday, two years ago, in 1867 등

② 과거의 습관, 반복적 행동 표시
과거시제는 과거의 습관이나 반복적인 행동을 나타내기도 한다. 습관적인 행동은 used to나 would를 사용해 표현할 수도 있다.

③ 관점의 일치에 유의
문장에서 when 절이나 before와 같은 시간 표현을 사용할 때, 주절과 종속절의 시제 일치에 주의해야 합니다.
When she **arrived**, we **started** the meeting. 그녀가 도착했을 때, 우리는 회의를 시작했다.

미래시제

I **will be** twenty years old *next month*.

next month라는 미래부사가 왔으므로 미래시제 조동사 will이 사용되었다. 미래시제 동사의 형태는 보통 조동사 will이나, 미래 대용 표현(be going to, be about to 등)을 사용하며, 주로 soon, 미래 연도, tomorrow 등의 미래부사와 함께 쓰인다. 시간이 지나면 이루어질 일을 나타내는 단순미래, 화자나 청자의 의지를 나타내는 의지미래가 있다. 위에 예로 든 문장은 나의 의지와 관계없이 시간이 지나면 20살이 되는 것이므로, '단순미래'로 쓰였음을 알 수 있다.

 Ace Your Grammar!

미래시제 ★

미래시제의 동사 형태는 'will[shall] 동사원형'이며 주로 미래부사와 함께 쓰인다.

One of ①the greatest wishes of humans today is that we ②could have discovered a cure ③for cancer in the ④next few years. (2006 세종대)

in the next few years는 '다가오는 몇 년 안에'의 뜻으로 미래와 관련된 표현이므로, 동사의 시제도 미래가 되어야 한다. ②를 will[can] discover로 고친다. 참고로 could have p.p.는 '~하려면 할 수도 있었는데'라는 의미로 과거 사실의 반대를 뜻하는 가정법적 표현이다.

오늘날 인간의 가장 큰 소망 중 하나는 우리가 향후 몇 년 안에 암(癌) 치료제를 발견하는 것이다. ②

1 단순미래

의지와 상관없이 '시간이 지나면 자연히 ~하게 될 것이다'라는 의미를 나타낸다. 모든 인칭에 will을 사용하며, 문어체 또는 영국영어에서는 1인칭에 shall을 쓰기도 한다.

1	I **will**[**shall**] be 30 years old in January.	shall은 구식이 되어 가고 있음
2	**Will** he call me tomorrow?	

1 나는 1월이면 서른 살이 된다. 2 내일 그가 나에게 전화할까요?

2 의지미래

사람의 의지에 따라 좌우될 수 있는 미래로, 평서문에서는 말하는 사람의 의지, 즉 '나(I)'의 의지를 나타내고, 의문문에서는 말을 듣는 상대방, 즉 '당신(you)'의 의지(의사)를 묻는다.

① 평서문: 화자의 의지를 나타내는 경우

1	I **will** finish the work by tomorrow.	
2	You **shall** have this book.	= I will give you this book.
3	He **shall** go there at once.	= I will make him go there at once.

② 의문문: 상대의 의지를 묻는 경우

	의문문(1인칭, 3인칭에는 shall을 쓰고 2인칭에는 will을 쓴다.)	응답
1인칭	Shall I~? ~할까요?	Yes, please./ No, you needn't.
	Shall we~? ~할까요?	Yes, let's./ No, let's not.
2인칭	Will you~? ~하겠습니까?	Yes, I will/ certainly/ all right.
3인칭	Shall he~? ~하게 할까요?	Let him ~.

4	**Shall** I make coffee?	<제안> Yes, please.
5	**Shall** we eat out?	<제안> Yes, let's.
6	**Will** you type this, please?	<의뢰> Yes, certainly.
7	**Shall** he come again later?	<제안> Yes, let him come again later.

1 나는 내일까지 그 일을 끝낼 것이다. 2 당신은 이 책을 갖게 될 것이다. 3 그는 즉시 그곳에 갈 것이다. 4 커피 타 드릴까요? — 예, 그렇게 해주세요. 5 외식하면 어떨까요? — 예, 그럽시다. 6 이것 타이핑 좀 해주겠어요? — 예, 물론이죠. 7 그를 나중에 오도록 할까요? - 예, 그를 나중에 다시 오게 하세요.

3 미래 대용 표현

	① be going to + 동사원형: ~할 예정[작정]이다(의지, 가능성, 전망, 예정, 가까운 미래)	
1	I **am going to** buy a tablet PC soon.	예정
2	It looks as if it's **going to** rain soon.	근접 미래(어떤 동작, 상태가 일어날 듯한 징후 표시)
	② be about to + 동사원형: 막 ~하려고 하고 있다	
3	The train **is about to** leave.	
	③ be to + 동사원형: ~할 예정이다	
4	We **are to** be married next year.	be to 용법 중 예정
	④ be + 형용사 + to + 동사원형: bound, due, likely, supposed 등	
5	There **are bound to** be changes when the new system is introduced.	be bound to: ~할 가능성이 크다
6	The Prime Minister **is due to** speak tomorrow.	be due to: ~할 예정이다
7	(cf.) The accident was **due to** his carelessness.	due to + 명사: ~때문에(= on account of, because of)
8	The president **is likely to** resign.	be likely to: ~할 것 같다
9	My friend **is supposed to** arrive here at nine.	be supposed to: ~하기로 되어있다, ~할 의무가 있다
	⑤ 현재진행시제	
10	The Yankees **are playing** the Red Sox tomorrow.	정해진 계획, 예정, 행사계획
11	The train **is leaving**(= **leaves**) tonight from Chicago.	왕래발착동사

1 나는 조만간 태블릿 PC를 사려고 한다. 2 곧 비가 올 듯하다 3 기차가 막 떠나려 하고 있다. 4 우리는 내년에 결혼할 예정이다. 5 새 제도가 도입되면 여러 변화가 있을 가능성이 크다. 6 총리는 내일 연설할 예정이다. 7 그 사고는 그의 부주의가 원인이었다. 8 대통령이 사임할 것 같다. 9 내 친구는 9시에 여기에 도착하기로 되어 있다. 10 내일 양키스는 레드삭스와 경기를 치른다. 11 그 기차가 오늘 밤 시카고에서 출발한다.

Grammar Review+

미래시제
① 조동사 will, shall을 쓰는 경우
② 미래 대용어: be going to, be about to, be due to, be likely to, be supposed to
　　　　　　현재진행형 — 왕래발착동사(arrive, leave, start, stop, begin, end, finish 등)

Unit 10 | 현재완료시제

현재완료시제 vs 과거시제
I **have lived** in Seoul *since I was born*. vs I **lived** in Seoul.

현재완료시제는 "have[has] + p.p."의 형태로 사용된다. "I have lived in Seoul since I was born."은 "나는 태어난 후 죽 서울에서 살고 있다."는 뜻으로, 태어난 시점부터 지금까지 서울에 살고 있음을 의미한다. 반면, "I lived in Seoul."은 "나는 서울에 살았었다."는 뜻으로, 과거에 서울에 살았다는 사실만 나타내고 현재 상황에 대한 정보는 제공하지 않는다.

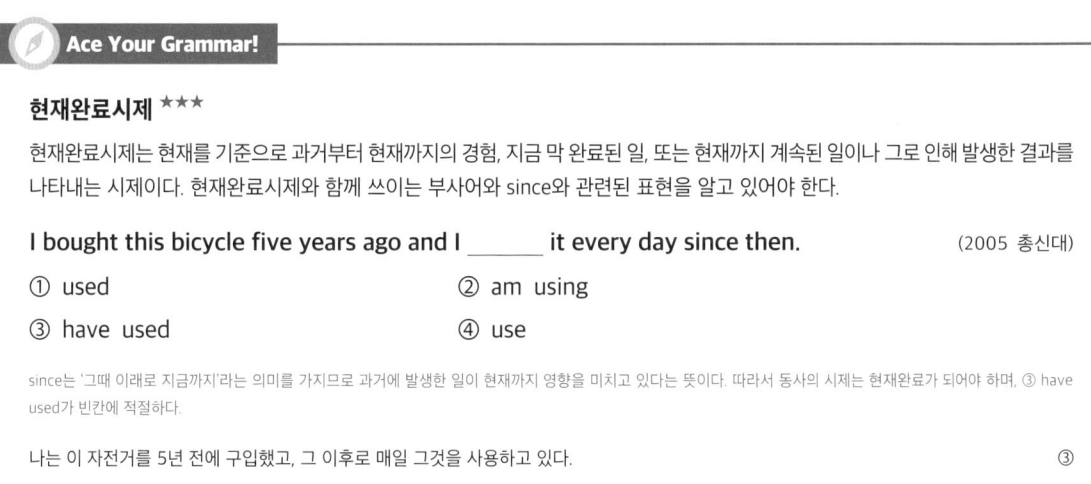

Ace Your Grammar!

현재완료시제 ★★★
현재완료시제는 현재를 기준으로 과거부터 현재까지의 경험, 지금 막 완료된 일, 또는 현재까지 계속된 일이나 그로 인해 발생한 결과를 나타내는 시제이다. 현재완료시제와 함께 쓰이는 부사어와 since와 관련된 표현을 알고 있어야 한다.

I bought this bicycle five years ago and I _____ it every day since then. (2005 총신대)

① used　　　　　　　　② am using
③ have used　　　　　　④ use

since는 '그때 이래로 지금까지'라는 의미를 가지므로 과거에 발생한 일이 현재까지 영향을 미치고 있다는 뜻이다. 따라서 동사의 시제는 현재완료가 되어야 하며, ③ have used가 빈칸에 적절하다.

나는 이 자전거를 5년 전에 구입했고, 그 이후로 매일 그것을 사용하고 있다. ③

1 현재완료시제의 용법

과거의 일이 현재에 영향을 미칠 때 현재완료시제를 사용한다.

① 완료: 현재까지의 동작의 완료(지금 막 ~했다)
just, already, yet 등의 부사와 주로 함께 쓰인다.

1	I **have** *just* **finished** the work.	최근 끝냈음을 표시하며 현재와의 연관성 강조
	(cf.) I **finished** the work.	과거에 끝냈음만 표시
2	She **has** *already* **read** the book.	

② 경험: 과거 어느 때부터 현재까지의 경험(~한 적이 있다)
before, ever, never, often, once, seldom, sometimes, lately, recently 등의 빈도표시 부사와 함께 주로 쓰인다.

3	I **have** *never* **met** her.	과거부터 현재까지의 경험을 나타내며, never라는 부사를 사용해 '한 번도 만난 적이 없다'는 경험을 강조
	(cf.) I **didn't** meet her.	과거의 특정 시점에 그녀를 만나지 않았다는 사실에만 초점
4	I **have** *never* **visited** a foreign country.	

③ 결과: 과거에 이루어진 행위의 결과가 현재까지 미치고 있는 상태(~했다. 그 결과 지금은 …이다)

5	I **have lost** my smartphone.	= I lost my smartphone and I don't have it now. 스마트폰이 지금은 없다는 의미이다.
	(cf.) I **lost** my smartphone.	현재 다시 찾았는지 혹은 새로 구입했는지 알 수 없다.

have been to + 장소 vs have gone to + 장소

	(cf.) She **has been** to Paris.	<경험> 그녀는 파리에 가본 적이 있다.
	(cf.) She **has gone** to Paris.	<결과> 그녀는 파리에 가고 없다.

④ 계속: 과거에 시작된 행위가 현재까지 이어지는 상태(현재까지 ~해오고 있다)
'since + 시점/절', 'for + 기간', 'during[in, for, over] the last[past] + 기간', 'so far', 'up to now', 'until now' 등의 부사어구와 함께 쓰인다.

6	He **has been** ill *since last week*.	지난주부터 현재까지 계속 아픔
	(cf.) He **was** ill *last week*.	현재까지 아픈지 모름
7	We **haven't had** any trouble *so far*.	

1 나는 그 일을 지금 막 끝냈다. 2 그녀는 이미 그 책을 읽었다. 3 지금까지 그녀를 본 적이 없다. 4 나는 외국을 방문한 적이 없다. 5 스마트폰을 잃어버렸다. (→ 그래서 지금 없다.) 6 그는 지난주부터 지금까지 계속 아팠다. 7 우리는 지금까지 아무런 문제가 없었다.

2 since와 관련된 유의사항

① '시간표시' 접속사로 쓰는 경우: since가 이끄는 부사절의 시제는 항상 과거

1. Three years **have passed** *since* he **returned** from Hong Kong.   주절: 현재완료시제/ since 부사절: 과거시제

② '전치사'로 쓰이는 경우: since 다음에 과거의 특정 시점이 와야 한다.

2. He **has been** ill *since two days ago.* (○)   He has been ill since two days. (×)

③ '원인, 이유표시' 접속사로 쓰이는 경우: 완료시제와 무관

3. *Since* you look tired, you had better take a rest.   ~이기 때문에, ~이므로(= seeing that)

1 그가 홍콩에서 돌아온 지 3년이 지났다. 2 그는 이틀 전부터 지금까지 아팠다. 3 지쳐 보이니, 쉬는 것이 좋겠다.

3 주의해야 할 현재완료 구문

① This is + the first, (second…) 서수/ the only/ 형용사 최상급 + 현재완료

1. This is *the first time* I'**ve visited** England.
2. It is *the only thing* I **have ever regretted**.
3. This is *the most wonderful present* I'**ve ever received**.

서수, 최상급, the only 등이 선행사를 수식할 때 관계대명사가 이끄는 형용사절에 현재완료시제가 자주 사용된다.

② have been in/ have been to/ have gone to

He **has been in** the U.S. before.   전에 미국에서 산 적이 있다.
He **has been to** the U.S.   미국에 갔다 왔다.
He **has gone to** the U.S.   미국에 가버렸다. (→ 지금은 없다.)

1 내가 영국을 방문한 것은 이번이 처음이다. 2 내가 지금까지 후회해 본 것은 그것뿐이다. 3 이것은 지금까지 받아 본 것 중 가장 멋진 선물이에요.

4 미래완료의 대용

시간·조건을 나타내는 부사절에서는 미래완료형 대신 현재완료형을 쓴다.

1. I will read that book *when* I **have read** this.
2. Let us go out *as soon as* we **have finished** it.

'시간·조건 부사절' 안에 있는 have read와 have finished는 현재완료처럼 보이지만, 현재완료가 아닌 미래완료이니 해석에 주의해야 한다.

1 이 책을 다 읽으면 저 책을 읽겠다. 2 그것을 끝마치는 대로 밖으로 나가자.

5 현재완료시제를 쓸 수 없는 경우

ago, yesterday, when, just now(조금 전) 등의 과거시점을 나타내는 부사, 부사구(절)이 있는 경우

1	I *have seen Mary *a week ago*. (×) I **saw** Mary *a week ago*. (○)	과거시점을 나타내는 부사, 부사구(절)이 있는 경우
2	*When* *has he come back? (×) *When* **did** he **come** back? (○)	의문사 when과 함께
3	He *has left here *just now*. (×) He **left** here *just now*. (○)	just now와 함께

1 나는 일주일 전에 메리를 봤다. 2 그 사람이 언제 돌아왔나요? 3 그는 조금 전 여기를 떠났다.

▶▶ **개념적용**

1. 현재완료시제를 쓸 수 없는 경우(when 과거시점)
2. 미래완료의 대용
3. 현재완료와 함께 쓰는 부사어 in the last+기간
4. 현재완료와 함께 쓰는 부사어 ever since
5. This is+the first, (second…) 서수/ the only/ 형용사 최상급+현재완료

괄호 안에서 알맞은 동사를 고르시오.

1. I (started, have started) smoking when I was twenty years old.
2. I will give you extra money if you (have finished, finished) this work when I come back.
3. The population (increased, has increased) greatly in the last decade.
4. Many of the facilities in the factory were installed about a century ago and (had been, have been) greatly improved ever since.
5. Albert Einstein is one of the greatest scientists the world (has ever known, knew).

1. started/ 나는 스무 살 때 담배를 피우기 시작했다. 2. have finished/ 내가 돌아왔을 때 네가 이 일을 다 끝내 놓았으면 너에게 돈을 좀 더 주겠다. 3. has increased/ 지난 10년간 인구가 크게 증가했다. 4. have been/ 공장의 많은 시설들은 약 100년 전에 설치되었고 그 후 줄곧 크게 개선되어 왔다. 5. has ever known/ 알버트 아인슈타인은 세계에서 가장 위대한 과학자 중 한 명이다.

Grammar Review+

현재완료시제
① 과거에 발생한 일이 현재까지 연관되고 있음을 표시
  완료: I **have** *just* **finished** my work. <과거에 시작한 일이 이제 막 완료된 경우>
  계속: I **have lived** here *for five years*. <과거에 시작된 일이 현재까지 계속되고 있는 경우>
  결과: She **has lost** her keys. <과거의 사건이 현재에 영향을 미치는 경우>
  경험: I **have** *never* **been** to Japan. <과거부터 현재까지의 경험을 나타내는 경우>
② 현재완료시제와 함께 쓰는 부사어
  so far, up to now, recently, lately, in the last three years, already, yet, just, once, ever, never, before 등
③ since의 사용에 유의
  since와 함께 쓰일 때는 기준점이 되는 과거의 시점은 과거시제로 표현하고, 그 이후부터 현재까지 계속된 상태나 경험을 나타낼 때는 현재완료시제를 사용해야 한다.

09 과거시제 vs 현재완료시제

Easy-Peasy Grammar!

영어의 과거시제를 공부할 때는 반드시 현재완료시제와 함께 공부해야 합니다. 일반적으로 과거시제는 '~했다'라고 해석하고, 현재완료시제인 have p.p. 형태는 '~해왔다'라고 해석하라고 배웁니다.

1	He **lived** here.	과거시제: 그는 여기에 살았다.
2	He **has lived** here.	현재완료: 그는 여기에 살아왔다.
3	I **lost** my watch.	과거시제: 나는 내 시계를 잃어버렸다.
4	I **have lost** my watch.	현재완료: 나는 내 시계를 잃어버려 왔다. (?)

4 '~해왔다'라는 해석이 어울리지 않습니다. 따라서 과거시제처럼 "나는 내 시계를 잃어버렸다."로 해석합니다. 그렇다면 이 두 시제를 어떻게 이해해야 할까요? 아래 내용만 이해하시면 두 시제의 차이를 확실히 구분할 수 있습니다.

① 과거시제는 지금과는 상관없는 과거에 있었던 상황만을 언급합니다.

1	I **lost** my watch.	"과거에 시계를 잃어버렸다"라는 사실만 말할 뿐이고, 현재 상황은 언급을 전혀 하지 않습니다.

② have p.p.: 과거에 있었던 일이 현재의 영향을 끼치고 있는 상황을 언급합니다.

2	I **have lost** my watch.	과거에 시계를 잃어버렸고, 그 결과 현재까지도 시계를 가지고 있지 않다는 의미입니다.

그렇다면 이해를 돕기 위해 아래 문제를 한번 살펴보겠습니다.

He _____ here.
① worked ② has worked

정답은 무엇일까요? 네, 당연히 둘 다 가능합니다. 시제를 구분할 수 있는 단서가 없기 때문입니다.

He _____ here in 2000.
① worked ② has worked

이 경우에는 정답이 무엇일까요? ①입니다. "그는 2000년에 여기서 일했어."로 2000년이라는 특정 시점에만 해당하는 내용을 말한 것이므로 '과거시제'로 표현해야 합니다. 이처럼 시점을 나타내는 부사어(in 2000)가 매우 중요한 포인트가 됩니다.

He _____ here since 2000.
① worked ② has worked

이 경우에는 정답이 무엇일까요? ②입니다. since는 '~이래로 (지금까지)'라는 뜻을 가지고 있는 기간을 나타내주는 표현입니다. since라는 표현이 현재완료와 매우 잘 부합하는 표현이라고 할 수 있습니다. 그래서 "그는 2000년 이래로 (지금까지) 여기서 일해 왔어."라는 의미가 됩니다.

10 이해하기 쉬운 현재완료시제의 4가지 용법

Easy-Peasy Grammar!

과거에 일어났던 상황이 현재에 영향을 미치고 있는 상황을 나타낼 때 현재완료시제를 사용합니다. 이를 바탕으로 다음 예문들을 살펴보면 현재완료시제를 정확히 이해할 수 있습니다.

① 현재완료의 계속

상황 ①
저는 현재 영어를 가르치고 있습니다. 10년 전에 시작했습니다. 그래서 10년 동안 영어를 가르치고 있습니다.
이 상황을 영어로 어떻게 표현하면 될까요?

1 I **have taught** English for 10 years.
　　　　　　　　　　　　　　　　　　　나는 (과거) 10년 동안 (지금도) 영어를 가르치고 있다.
　　　　　　　　　　　　　　　　　　　과거에 있었던 일이 지금도 영향을 끼치고 있으므로 'have p.p.'의 형태를 사용해야 합니다.

상황 ②
전 고등학교를 졸업했어요. (과거에)
그리고 고등학교에 다니던 **3년 동안은 수학을 공부했습니다.** (지금은 하지 않음)
이 상황을 영어로 어떻게 표현하면 될까요?

2 I **studied** mathematics for 3 years.
　　　　　　　　　　　　　　　　　　　나는 3년 동안 수학을 공부했다. (지금은 공부하지 않음)
　　　　　　　　　　　　　　　　　　　현재는 수학 공부를 하지 않고 있으며, 고등학교에 다니던 것은 과거의 일이기 때문에 과거시제인 studied를 사용해야 합니다.

② 현재완료의 완료

상황 ①
어제 선생님이 저에게 숙제를 내주셨습니다.
그래서 어제부터 시작했는데, **방금 숙제를 마쳤습니다.**
이 상황을 어떻게 영어로 표현하면 될까요?

1 I **have just finished** my homework.
　　　　　　　　　　　　　　　　　　　나는 내 숙제를 (지금 막) 끝냈다.
　　　　　　　　　　　　　　　　　　　숙제를 받은 것이 어제의 일이지만, 그것을 지금 막 끝냈기 때문에 현재가 포함된 상황입니다. 따라서 'have p.p.' 형태를 사용해야 합니다.

상황 ②
지하철이 들어오기 전에 지하철이 들어온다고 방송이 나옵니다.
지하철이 도착하기 직전에 지하철 전광판을 보면 뭐라고 나올까요?

2 The train **has just arrived**.
　　　　　　　　　　　　　　　　　　　기차가 (지금 막) 도착했다.
　　　　　　　　　　　　　　　　　　　기차가 이전 역을 출발해 방금 현재 역에 도착한 상황입니다. 과거에 일어난 일이 현재까지 영향을 미치므로, 이런 상황에도 'have p.p.'를 사용합니다.

3 현재완료의 경험

오랜만에 친구와 대화를 나누다가 에버랜드 이야기가 나왔습니다. 그래서 물어봤습니다.
"너 에버랜드 'T 익스프레스' 타본 적이 있어?"
그러자 친구가 대답합니다.
"아니, 나 T 익스프레스 타본 적이 없어."
이 상황을 영어로 어떻게 표현하면 될까요?

1 I **have never ridden** T express.	물어본 것은 T 익스프레스를 타본 적이 있냐는 것이었죠. 이 질문의 시점은 과거부터 지금까지입니다. 과거에 그런 경험이 있었는지 묻는 것이므로, 'have p.p.'를 사용하는 것이 적절합니다.

4 현재완료의 결과

너무 사랑했었던 여자친구가 있었어요. 그런데 그 여자친구가 저를 떠나버렸습니다.
그래서 (지금) **그녀는 가버렸습니다.** (지금 제 옆에 더 이상 없습니다.)
이 상황을 영어로 어떻게 표현하면 될까요?

1 She **has gone**.	이 말의 의미는 그녀가 가버렸고 이제는 내 곁에 없다는 것입니다. 다시 말해, 그녀가 과거에 떠났고 그 상황이 지금도 계속되고 있으므로 'have p.p.'로 표현할 수 있습니다.

"have + p.p.(현재완료시제)의 활용"
현재완료시제를 활용하는 팁을 YouTube를 통해 확인하세요!

11 현재완료시제의 유래

현재완료시제가 왜 사용되는지 궁금하신가요? 사실, 현재완료시제의 비밀은 그 형태에서부터 드러납니다. 우리가 흔히 사용하는 현재완료형 'have + p.p.'에서 have를 번역하지 않는다고들 하지만, 실제로 이 have는 우리가 아는 '가지고 있다'라는 의미를 지니고 있습니다. 예를 들어, "He has lost my watch."라는 문장을 보면 lost는 과거에 시계를 잃어버렸던 상황을 나타내고, has는 그 상황을 지금도 가지고 있다는 의미가 됩니다. 즉, 그는 '잃어버린 상태의 시계를 지금도 가지고 있다'는 뜻입니다.

조금 헷갈릴 수 있겠지만, 역사적인 이유가 여기에 있습니다. 영어가 현재의 형태로 자리 잡기까지는 오랜 시간이 걸렸고, 그 과정에서 현재완료시제의 형태도 변화해 왔습니다. 과거에는 현재완료시제를 표현할 때, p.p.형태를 문장의 맨 뒤에 두고 사용했습니다.

He has my watch lost. → He has lost my watch.

1. He – 그는
   has – (현재) 가지고 있다
   my watch lost – 잃어버린 나의 시계(가 있는 상태)

   그는 잃어버린 나의 시계를 가지고 있다.

위와 같은 형태가 시간이 지나면서 문법적으로 변화를 겪으면서 have ~ p.p.의 형태에서 p.p.가 앞으로 이동하게 되었고, 결과적으로 현대 영어에서는 'have + p.p.' 형태의 현재완료시제가 굳어져 사용되게 되었습니다.

"현재완료시제는 어떻게 만들어진 걸까요?"
현재완료시제의 생성원리를 YouTube를 통해 확인하세요!

Unit 11 | 과거완료·미래완료시제

과거완료시제
When I got to the airport, our airplane had *already* left.

내가 공항에 도착한 때를 과거의 기준점으로 해서, 그 기준시점에 우리가 탈 비행기가 이미 떠나 그 비행기를 놓쳤었다는 의미를 가지고 있다. 좀 더 일찍 갔더라면 비행기에 탔을 것이라는 유감을 말한다고 볼 수 있다.

미래완료시제
***By the time he retires next year*, he will have worked for 30 years.**

그가 내년에 은퇴하게 되면, 30년 동안 일하게 된 것이라는 의미(올해 29년째 일하고 있음)를 가진다. 미래완료는 미래의 어떤 시점까지를 기준으로 하여 그때까지의 동작의 '완료, 결과, 경험, 계속'을 나타내며, By the time he retires next year와 같이 미래의 기준점을 나타내는 미래표시어와 함께 사용된다.

Ace Your Grammar!

과거완료시제 ★★

By the time S + V(과거), S + had p.p.

By the time Tom and Laura had their first child, they _____ for 3 years. (2008 서경대)

① were married
② got married
③ have been married
④ had been married

아기를 낳은 과거 시점을 기준으로 그 이전에 3년 동안 계속된 동작이므로 과거완료시제인 ④ had been married가 쓰여야 올바른 표현이 된다.

톰(Tom)과 로라(Laura)가 첫 번째 아기를 갖게 되었을 때는 이미 3년 동안 결혼생활을 했었다. ④

미래완료시제 ★★

By the time S + V(현재), S + will have p.p.

By the time my boyfriend arrives, I _____ from my cold. (2021 덕성여대)

① will have recovered
② have been recovered
③ would have recovered
④ will have been recovered

'by the time S + V(현재)'의 표현이 있으므로 빈칸에는 미래완료시제가 와야 하며, recover는 '(병·상처 등에서) 회복하다, 낫다'는 의미일 때 자동사이므로 능동태로 표현되어야 한다. 따라서 빈칸에는 ① will have recovered가 적절하다.

남자 친구가 도착할 때쯤이면 나는 이미 감기가 나았을 것이다. ①

1 과거완료시제의 용법

특정 과거 시점까지의 동작의 완료, 결과, 경험, 계속을 나타내며, 과거에 실현되지 못한 희망, 기대를 나타낼 때 사용되는 시제이다.

	미래완료의 범위(will[shall] have + p.p.)	
과거완료의 범위 (had + p.p.)	현재완료의 범위 (have + p.p.)	
대과거(과거보다 오래된 과거)　　　　과거	현재	미래

① 대과거: 종속절의 시제가 주절의 과거시제보다 앞선 상황을 표시한다.

1	I found that I **had lost** my watch.	시계를 잃어버린 일이 먼저 발생한 일이므로 과거완료 사용
2	She could not sleep well because she **had had** much coffee.	
3	(cf.) My boyfriend **bought** me a diamond ring *and* I lost it.	사건이 발생한 순서대로 쓴 경우와 after와 before로 인해 전후관계가 분명한 경우에는 과거완료 대신에 과거시제를 쓸 수 있다.
4	(cf.) The train **left**(= **had left**) *before* we **reached** the station.	

② 완료

5	When I **had finished** my homework, I went out for a walk.	산책하러 나간 시점에 이미 숙제를 마침

③ 결과

6	I **had lost** my watch when I left the train.	기차에서 내린 시점에 시계를 잃어버린 결과가 남아있음

④ 경험

7	I **had** often **heard** about her before I first met her.	과거의 어느 기준시간 이전에 행했던 일의 경험을 나타냄

⑤ 계속

8	I **had lived** here for ten years before I moved to Suwon.	과거의 한 시점(수원으로 이사한 시점) 이전에 시작된 동작이 그 시점까지 계속되었음을 나타냄

1 나는 시계를 잃어버렸다는 것을 알았다. 2 그녀는 커피를 너무 많이 마셔서 잠을 이룰 수 없었다. 3 남자친구가 다이아몬드 반지를 사줬는데 잃어버렸다. 4 우리가 역에 도착하기 전에 기차는 (이미) 떠났다. 5 나는 숙제를 마치고 산책하러 나갔다. 6 기차에서 내렸을 때 시계를 잃어버리고 없었다. 7 그녀를 처음 만나기 전에 그녀에 대해 종종 이야기를 들었었다. 8 나는 수원으로 이사 오기 전에 10년 동안 이곳에서 살았다.

2 과거에 실현되지 못한 기대/희망/의도/욕망의 표현

expect, hope, intend 등의 '과거완료형 + 단순부정사' 또는 '과거형 + 완료부정사' 형태는 과거에 실현되지 못한 일을 나타낸다.

had + expected[hoped, intended, mean, wanted] + to부정사
= expected[hoped, intended, mean, wanted] + to have p.p.

1	I **had hoped to see** the show.	= I hoped to have seen the show.
		= I hoped to see the movie, but I couldn't.
2	I **had intended to write** to her last night.	= I intended to have written to her last night.

1 그 공연을 보았으면 좋았을 텐데. (못 봤다) 2 어젯밤 그녀에게 편지를 쓰려고 했었는데. (못 썼다)

3 by the time S + V(과거), S + had + p.p.

1	*By the time we got to the airport*, our plane **had** already **left**.	우리가 공항에 도착했을 때는 이미 비행기가 떠난 후였으므로, 주절의 시제는 과거완료이다.
2	*By the time the doctor arrived*, the patient **had** already **died**.	의사가 도착했던 시점에 앞서, 환자가 이미 사망해 있었으므로 주절의 시제는 과거완료이다.

1 우리가 공항에 도착했을 때 비행기는 이미 떠났다. 2 의사가 도착했을 때 환자는 이미 사망한 뒤였다.

4 scarcely[hardly] + 과거완료 + when[before] + 과거: ~하자마자, ~하자 곧
   = no sooner + 과거완료 + than + 과거
   = as soon as + 과거 + 과거

이 구문에서 부정부사와 같이 사용하는 절의 시제는 과거완료로 하고, 뒤에 오는 절의 시제는 과거로 한다. 그리고 부정부사가 문두에 올 경우 도치가 일어난다. (Unit 48 부사절을 이끄는 종속접속사: 시간 참고)

1	They **had** *scarcely* **seen** a policeman come *when[before]* they **ran** away.	주절은 과거완료
	= They **had** *no sooner* **seen** a policeman come *than* they **ran** away.	when 이하 절은 과거
	= *No sooner* **had** they **seen** a policeman come *than* they **ran** away.	부정의 부사가 문두에 와서 도치<도치편 참고>
	= *Scarcely* **had** they **seen** a policeman come *before* they **ran** away.	
	= *As soon as* they **saw** a policeman come, they **ran** away.	as soon as: ~하자마자(과거 + 과거)
	= *The moment* they **saw** a policeman come, they **ran** away.	the moment S + V: ~하자마자
	= *On seeing* a policeman come, they **ran** away.	on(upon) -ing: ~하자마자 곧

1 그들은 경찰관이 다가오는 것을 보자마자 도망쳤다.

5 미래완료의 용법

미래의 어느 때를 기준점으로 그때까지의 완료, 결과, 경험, 계속을 나타낸다.

① 완료
1. She **will have finished** her homework *by ten o'clock*. — 아직 10시가 되지 않았고 숙제를 다 끝내지 못했지만, 10시쯤이면 숙제를 끝낼 것이라는 의미를 나타낼 때

② 결과
2. Your son **will have been** a grown up *when you come back from the war*. — 아들이 전쟁에서 아직 돌아오지 않아 현재는 성인이 아니지만, 돌아올 때쯤에는 성인이 되어 있을 것을 나타낼 때

③ 경험
3. If he visits LA again, he **will have been** there three times. — LA를 지금까지 두 번 방문한 상황인데, 한 번 더 방문하면 세 번이 된다는 상황을 나타낼 때

④ 계속
4. By next year, she **will have lived** in Suwon for six years. — 미래완료와 같이 쓰는 부사어: by + 미래표시어
5. (cf.) I will lend you the book when I *****will have read** it. (×)
   I will lend you the book when I **have read** it. (○) — 시간, 조건의 부사절에서는 현재완료가 미래완료를 대신한다. 시간 부사절
6. (cf.) If it *****will have rained** for one month, we will float in the ocean. (×)
   If it **has rained** for one month, we will float in the ocean. (○) — 조건의 부사절

1 그녀는 10시까지 숙제를 끝낼 것이다. 2 당신이 전쟁에서 돌아오면 당신 아들은 성인이 되어 있을 것이다. 3 L.A.를 다시 방문하면 그곳에 세 번째 방문하는 것이 된다. 4 내년이면 그녀는 6년째 수원에서 산 것이 된다. 5 내가 책을 다 읽으면 그 책을 빌려줄게. 6 한 달 동안 비가 내리면 우리는 바다에 떠 있을 것이다.

▶▶ 개념적용

1. by the time S+V(과거), S+had p.p.
2. 과거의 특정 시점보다 이전에 있었던 일을 나타내는 과거완료
3. 미래완료의 용법
4. 시간의 부사절에서는 현재완료가 미래완료를 대신함
5. scarcely+과거완료+when+과거

괄호 안에서 알맞은 동사를 고르시오.

1. By the time we (got, have got) to the airport, our plane had already left.
2. Upon her arrival, she discovered that someone (broke, had broken) into the residence.
3. By the time next year, the construction (will be being, will have been) completed.
4. I will play soccer when I (finished, have finished) my homework.
5. Scarcely had the game started when it (began, has begun) to rain.

1. got/ 우리가 공항에 도착했을 때는 우리가 타야 할 비행기는 이미 떠나고 없었다. 2. had broken/ 도착하자마자 그녀는 누군가가 집에 침입한 것을 발견했다. 3. will have been/ 내년 이맘때쯤 이미 건설공사가 모두 완료되었을 것이다. 4. have finished/ 나는 숙제를 마치면 축구할 것이다. 5. began/ 경기가 시작되자마자 비가 내리기 시작했다.

Unit 12 | 진행시제

The girl **is** nice. vs The girl **is being** nice.

현재시제는 일반적이고 반복적인 행위를 나타낼 때 사용한다. 따라서 "The girl is nice."는 "그 소녀가 본래 착하다"는 의미를 나타낸다. 반면, 현재진행시제는 한순간 계속되는 일시적인 행위를 나타낸다. 따라서 "The girl is being nice."는 "현재 시점에서만 착하다"를 의미를 가지고 있다.

Ace Your Grammar!

과거진행시제 ★

진행시제는 특정 순간에 어떤 상태와 동작이 계속되어 있음을 강조할 때 사용된다. 아래의 문제와 같이 내가 공부하고 있는(I was studying) 동안에 내 룸메이트가 그 순간에 무엇을 하고 있었는지에 대한 내용이 적절하므로, 주절에도 과거진행시제가 와야 한다. 이처럼 진행시제 문제에서는 보통 특정 시점을 나타내는 부사어와 함께 사용한다.

While I was studying in one room of our apartment, my roommate _____ in the other room.

① had had a party　　② was having a party　　(2003 가톨릭대)
③ is having a party　　④ would have had a party

while은 '~하는 동안에'라는 뜻의 접속사로, 동시에 일어난 일을 나타낸다. 따라서 과거진행시제인 ②가 정답으로 적절하다.

내가 우리 아파트의 한 방에서 공부하고 있을 동안, 내 룸메이트는 다른 방에서 파티하고 있었다.　　②

1 현재진행시제

현재 시점에서 진행 중인 동작, 상태, 행위의 반복, 가까운 미래의 예정(왕래발착동사의 경우)을 나타낸다.

1	It **is snowing** outside *now*.	진행 중인 상태
2	You **are** *always* **finding** fault with me.	행위의 반복
3	The bus **is coming** *soon*.	가까운 미래의 예정(왕래발착동사 come 사용)

1 지금 밖에 눈이 내리고 있다. 2 당신은 항상 나의 트집을 잡고 있다. 3 그 버스는 곧 올 것이다.

2 과거진행시제

과거 시점에 진행 중이었던 일시적인 동작, 습관, 과거의 예정된 미래를 나타낸다.

| 1 | She **was sleeping** when I came home. | 일시적인 동작 |
| 2 | They **were leaving** the next day. | 과거의 예정된 미래 |

1 내가 집에 왔을 때 그녀는 잠을 자고 있었다. 2 그들은 그다음 날 떠날 예정이었다.

3 미래진행시제

미래의 특정 시점에서 진행되고 있을 동작을 나타낸다.

| 1 | My father **will be working** on the farm tomorrow. | 아버지가 미래의 특정 시점에 일하고 있을 것임을 나타냄 |
| 2 | He **will be reading** a novel when we go to bed. | 미래의 두 사건 중 하나가 진행 중인 상황을 설명할 때 |

1 나의 아버지는 내일 농장에서 일하실 것이다. 2 우리가 잠자리에 들면 그는 소설을 읽고 있을 것이다.

4 진행형으로 쓸 수 없는 동사

동사는 동작을 나타내는 '동작동사'와 상태를 표현하는 '상태동사'로 나눌 수 있다. 상태동사는 동작의 개념이 없기 때문에 일시적인 상황을 나타낼 수 없으며, 따라서 진행형으로 사용할 수 없다.

심리: know, understand, think, believe, intend, want, remember, forget 등
감정: like, love, dislike, hate, fear, mind 등
감각: see, hear, feel, smell, taste, sound + 형용사 등
소유: have, belong to, possess, own, lack 등
형상: resemble, seem, look, appear + 형용사 등
존재, 상태 지속: exist, remain, keep, stay + 형용사 등
구성, 포함 관계: consist of, contain, include 등

1	He *is resembling his mother. (×)	He resembles his mother. (○)
2	These cars *are belonging to me. (×)	These cars belong to me. (○)
3	(cf.) He is having dinner. <have = eat>	'상태'가 아닌 '일시적인 동작'을 나타내는 경우에는 진행형을 쓸 수 있다. have가 소유가 아닌 '먹는다'의 의미로 쓰여, 일시적인 동작을 나타내기 때문에 진행형이 가능하다.
4	(cf.) I'm thinking of buying a car. <일시적 상태 강조>	
5	(cf.) I was looking at the moon. <지각동사>	

1 그는 자신의 어머니와 닮았다. 2 이 차들은 나의 것이다. 3 그는 저녁을 먹고 있다. 4 나는 차를 사려고 생각 중이다. 5 나는 달을 보고 있었다.

5 완료진행시제

① 현재완료진행: has[have] been -ing

1	I have been reading the book for five hours.	과거 어느 시점에서 시작된 동작이 현재까지 이어지고 있음을 나타낸다.
2	He has been waiting for an hour.	

② 과거완료진행: had been -ing

3	I had been reading the book for five hours when he came.	과거 어느 시점까지의 동작의 계속을 나타낸다.
4	He had been sleeping for two hours when his friend came.	

③ 미래완료진행: will have been -ing

5	I will have been reading the book for five hours by noon.	'(…이면) 계속 ~하고 있는 셈이 된다'라는 의미로, 미래의 어느 시점까지의 동작의 계속을 나타낸다.
6	You will have been studying French for four years by November next year.	

1 나는 그 책을 5시간째 읽고 있다. 2 그는 한 시간째 기다리고 있다. 3 그가 왔을 때 나는 다섯 시간 동안 책을 읽고 있었다. 4 그의 친구가 왔을 때 그는 두 시간째 자고 있었다. 5 나는 정오가 되면 다섯 시간 동안 그 책을 읽고 있는 셈이 된다. 6 당신은 내년 11월이 되면 4년 동안 프랑스어를 공부하고 있는 셈이 될 것이다.

상태동사는 진행형으로 쓸 수 없기 때문에, 기간을 나타내는 부사어가 와도 완료진행형을 사용할 수 없다.

I *have been knowing her for over ten years. (×)
I have known her for over ten years. (○) 나는 그녀를 10년 넘게 알고 지냈다.

▸▸ **개념적용**

1. 과거진행시제
2. 과거완료진행시제
3. 현재진행시제

밑줄 친 동사의 시제를 어법에 맞게 바르게 고치시오.

1. When I <u>cross</u> the street, I saw an accident.
2. I <u>read</u> the novel for an hour when he came to see me.
3. At this moment somebody in the world is dying and another <u>bear</u>.

1. was crossing/ 나는 길을 건너고 있었을 때, 사고를 목격했다. 2. had been reading/ 그가 나를 만나러 왔을 때 나는 한 시간째 소설을 읽고 있었다. 3. is being born/ 이 순간 이 세상의 누군가는 죽어가고 있으며, 또 다른 이는 태어나고 있다.

▸▸ **개념적용**

진행시제의 용법과 진행형이 불가한 동사의 용법

다음 보기 중 어법상 틀린 문장을 고르시오.

① Her plane is arriving at the airport right now.
② They are having a good time.
③ He was owning a house last month.
④ I am expecting an acceptance letter from Harvard.

① 현재진행 시제와 함께 쓰이는 right now라는 특정시점 표시어가 있으므로 진행시제가 옳다. ② have가 소유의 의미가 아니라 '시간을 보내다'는 의미로 쓰였으므로 are having은 옳다. ④ 상태동사가 일시적인 상황을 강조할 때는 진행형으로 사용이 가능하다. ③ own은 소유의 의미를 가지고 있는 동사로, 진행형으로 사용할 수 없다. last month라는 과거시점 부사구가 있으므로 ③의 was owning을 owned로 고쳐야 어법상 적절하다.

① 그녀의 비행기가 바로 지금 공항에 도착하고 있다. ② 그들은 즐거운 시간을 보내고 있다. ③ 그는 지난달에 집을 소유했다. ④ 나는 하버드대학교에서 합격 통지서가 오기를 기다리고 있다.   ③

12 Easy-Peasy Grammar!
진행형이 불가능한 동사에 대해 알아봐요.

영어의 모든 동사가 'be -ing' 형태로 사용될 수 있는 것은 아닙니다. 진행형은 특정 시점을 기준으로 조금 전에 시작되어 곧 끝나는 일시적인 상황을 나타내기 때문입니다. 따라서, 움직임이 있는 동사 중에서 시작과 끝을 표현할 수 있는 경우에만 진행형이 가능합니다. 이러한 동사를 '동작동사'라고 합니다. 반면, 움직임이 없는 상태를 나타내는 동사의 경우에는 진행형으로 사용할 수 없습니다. 이런 동사를 '상태동사'라고 합니다.

① 동작동사: walk, work, move, run 등
  상태동사: resemble, have, know, see 등

1. I **am working**. (○)   나는 일하는 중이다.
2. I ***am resembling** my mother. (×)   나는 엄마를 닮아있는 중이다.

이렇게 되는 이유는 work가 일을 하는 동작이기 때문입니다. 조금 전에 일을 시작해서 곧 끝나는 것이 가능합니다. 그러나 resemble은 '~와 닮다'라는 상태를 나타내므로, 조금 전에 닮기 시작해서 곧 닮는 동작이 끝난다는 것은 불가능합니다. 그럼에도 불구하고, 동작동사와 상태동사를 구분하는 것은 여전히 어려울 수 있습니다.

간단한 팁을 드리자면, 진행형이 가능한 동사는 조금 전에 시작된 동작이 곧 끝날 수 있으며, 이를 내 의지로 조절할 수 있어야 합니다. 동작을 중단할 수 있는지를 기준으로 판단하면 진행형 사용 여부를 쉽게 이해할 수 있습니다. 어떤 문장을 써놓고 '멈춰!'를 외쳤을 때 그 동작을 즉각 중단할 수 있다면 진행형이 가능합니다. 내 의지대로 조절할 수 있는 동작이기 때문입니다. 반대로, 즉각 중단할 수 없다면, 이는 상태를 묘사하는 것이므로 진행형이 불가능한 동사라고 생각하시면 됩니다.

1. I **am running**.   멈춰! 라고 말하면, 달리다가 서면 됩니다. 진행 가능!
2. I **am making** a doll.   멈춰! 라고 말하면, 역시 만드는 동작을 멈추면 됩니다. 진행 가능!
3. I **am studying** English.   '멈춰!'라고 말하면, 역시 공부하는 동작을 멈추면 됩니다. 진행 가능!
4. I **resemble** my mother.   '멈춰!'라고 말한다고 해서 얼굴이 즉각적으로 바뀔 수는 없겠죠. 진행 불가!
5. I **have** my parents.   '멈춰!'라고 말한다고 해서 부모님이 있는 상태가 갑자기 없어질 수는 없습니다. 진행 불가!

② 유의해야 하는 동사

1	I **am looking at** the door. (○)	look: 보다(주어의 의지가 들어감)
2	I ***am seeing** the mountain. (×)	see: 보이다(주어의 의지가 들어가지 않음)
3	I **am listening to** the music. (○)	listen: 듣다(주어의 의지가 들어감)
4	I ***am hearing** the music. (×)	hear: 들리다(주어의 의지가 들어가지 않음)

언뜻 보면 같은 뜻인 것 같지만, look과 see는 차이가 있습니다. look은 '내 의지로 무언가를 바라보는 동작'을 나타내며, "나는 문을 보고 있는 중이다."라는 표현이 가능합니다. '멈춰!'라고 했을 때, 다른 것을 보면 되기 때문에 내 의지대로 할 수 있습니다. 하지만 see는 보통 진행형으로 사용하지 않습니다. see는 '무언가가 보이는 상태'를 묘사하여 '보이다'로 해석합니다. 예를 들어, "나는 산이 보인다."는 "I see the mountain."이라고 표현합니다. 이는 눈을 뜨고 앞을 보니 산이 눈에 들어오는 상황으로, 내 의지와 상관없이 보이는 상태를 묘사하므로 진행형이 불가능합니다. listen과 hear도 같은 이유로 이해가 가능합니다. listen은 내 의지를 담아서 소리를 들으려 하는 동작개념이고, hear는 나의 의지랑 상관없이 소리가 들려오는 것을 묘사하는 상태개념입니다.

③ 진행형이 불가능한 동사가 진행이 가능한 경우

1	I **am having** dinner now.	have가 '가지고 있다'라는 상태의 의미가 아니라, '먹다'라는 뜻으로 사용되었습니다. 의미가 상태의 뜻이 아니라면 진행이 가능할 수 있습니다.
2	I **am seeing** him **off**.	see somebody off는 '목적어를 배웅하다'라는 뜻으로 사용되므로 진행이 가능합니다.
3	The hotel ***is standing** on the hill. (×)	호텔이 언덕 위에 서 있다가 곧 있으면 다른 곳으로 옮겨갈 수는 없기 때문에 진행이 불가능합니다.
4	He **is standing** on the hill. (○)	하지만, 그 사람이 언덕에 잠시 서 있다가 다른 곳으로 이동하는 것은 가능하기 때문에, 진행이 가능합니다.

맥락에 따라 진행형 사용 여부가 달라질 수 있으니, 이 점에 유의하세요.

"진행형이 불가능한 동사"
진행형을 언제 사용하는지 YouTube를 통해 확인하세요!

Unit 13 | 시제일치

I **took** a walk in the park yesterday when it **rained**.

주동사인 "산책하다(took a walk)"는 과거형이므로, 부사절의 동사인 "비가 오다"도 과거형(rained)이 되어야 한다. 시제일치는 위의 문장과 같이 주절의 동사와 종속절의 동사를 시제면에서 일치되게 표현하는 것을 말한다. 그러나 시제 일치를 따르지 않는 경우도 있으며, 이는 문맥에 따라 결정되어야 한다.

 Ace Your Grammar!

시제일치 ★★★

주절의 동사가 현재시제일 경우 시제 선택이 자유로우나, 과거완료는 원칙적으로 제외한다. 주절의 동사가 과거일 경우 종속절은 과거나 과거완료로 표현한다. 변함없는 사실이나 진리는 항상 현재시제를 사용하고, 역사적 사실에는 항상 과거를 사용해야 한다는 점에 유의한다.

①At the beginning of the novel, Sam ②had no idea that ③he will be ④such a successful businessman.

(2005 아주대)

②의 주절 동사 had가 옳은 표현이라면, 시제 일치의 원칙에 따라 종속절의 동사 will be는 would be가 되어야 한다. 그런데 종속절의 동사가 will be로 주어져 있는 상황이므로, 주절의 동사를 has로 고쳐야 적절하다.

그 소설의 초반부에 샘(Sam)은 자신이 대단히 성공한 기업가가 되리라는 것을 알지 못한다. ②

1 시제일치의 원칙

① 주절이 현재일 때: 종속절은 어느 시제나 가능하다. 단, 과거완료는 원칙적으로 제외한다.

He **says** that he **works** in Samsung.	현재
He **says** that he **has worked** in Samsung.	현재완료
He **says** that he **worked** in Samsung.	과거
He **says** that he **will work** in Samsung.	미래

② 주절이 과거일 때: 종속절은 과거, 과거완료

He **said** that he ***will see** the movie. (×)	미래시제 조동사 will 사용 불가
He **said** that he **would see** the movie.	과거에서 본 미래를 표현
He **said** that he **had seen** the movie *three days before*.	말한 시점보다 영화를 본 시점이 더 먼저이므로 과거완료 사용

2 시제일치의 예외

① 불변의 진리, 습관, 반복적 행위, 현재까지 미치는 사실은 항상 현재시제

1	He **said** that the earth **is** round.	불변의 진리
2	He **told** us that he **gets** up at 6 *all the year round*.	반복적 행위

② 역사적 사실은 항상 과거시제

3	The teacher **said** that the Korean War **broke out** in *1950*.	선생님이 말한 시점보다 한국전쟁 발발이 더 이전이지만, 역사적 사실이므로 과거시제를 사용
4	He **said** that Milton **was born** in *1608*.	밀턴이 1608년에 태어났던 것은 역사적 사실이므로 과거시제를 사용

③ 현재에도 미치는 사실일 때

5	He **told** me this morning that question **is** *still* unsettled.

④ 가정법 동사는 주절 동사의 영향을 받지 않는다.

6	He **said**, "if I **were** a bird, I **could fly** to you."	→ He **said** that if he were a bird, he could fly to me.

⑤ 비교 표시점

7	He **was** *then* more generous than he **is** *now*.	then과 now라는 시간 부사가 있음
8	She **did** not speak so fast as she *usually* **does**.	

⑥ 주절 동사가 과거인 경우 'must, ought to, need not, had better + 동사원형'은 종속절에서 그대로 쓴다.

9	They **said** that you **must go out and have** fun.
	They **said** that you **ought to go out and have** fun.
	They **said** that you **need not go out and have** fun.
	They **said** that you **had better go out and have** fun.

(cf.) must의 경우, 주절에서는 시제에 일치시켜 쓴다.

10	*Yesterday* he ***must** go there. (×)	Yesterday he **had to** go there. (○)
11	We ***must** leave *tomorrow morning*. (×)	We **will have to** leave tomorrow morning. (○)

1 그는 지구가 둥글다고 말했다. 2 그는 우리에게 일 년 내내 6시에 일어난다고 말했다. 3 선생님은 한국전쟁이 1950년에 발발했다고 말씀했다. 4 그는 밀턴이 1608년에 태어났다고 말했다. 5 그는 문제가 여전히 해결되지 않고 있다고 오늘 아침 나에게 말했다. 6 그는 "내가 새라면, 너에게 날아갈 텐데."라고 말했다. 7 그는 그 당시에는 지금보다 더 관대했다. 8 그녀는 여느 때처럼 말을 빨리 말하지 않았다. 9 그들은 당신이 밖으로 나가서 재밌는 시간을 보내야 한다고 말했다. 10 어제 그는 거기에 가야 했다. 11 우리는 내일 아침에 떠나야 할 것이다.

개념적용

시제일치의 예외
① 현재에도 미치는 사실일 때
② 습관적 행위
③ 역사적인 사실은 항상 과거
④ 불변의 진리

밑줄 친 부분의 시제가 틀린 것을 골라 바르게 고치시오.

① We heard this morning that the problem is still unsettled.
② He told me that he takes a short walk every morning.
③ We were taught that the Revolutionary War was over in 1783.
④ Copernicus discovered that the earth was round.

① 문제가 아직도 해결되지 않았다는 것은 현재에도 미치는 사실인 경우이므로, is가 맞다. ② 종속절의 동사가 습관, 관례 등을 나타낼 때는 현재시제로 사용하므로, takes는 맞다. ③ 역사적인 사실에는 과거시제를 쓰므로, was는 맞다. ④ 지구가 둥글다는 것은 불변의 진리이므로, was를 is로 고쳐야 한다.

① 우리는 아침에 그 문제가 아직도 해결되지 않았다고 들었다. ② 그는 매일 아침 간단한 산보를 한다고 내게 말했다.
③ 우리는 미국의 독립전쟁이 1783년에 끝났다고 배웠다. ④ 코페르니쿠스는 지구가 둥글다는 것을 발견했다.

④

Grammar Review+

① 먼저 기준이 되는 시제를 잡는다.

기준시제	같이 쓸 수 있는 시제	같이 잘 쓰이지 않는 시제
현재	현재, 현재완료, 과거, 미래, 미래완료	과거완료
과거	과거, 과거완료	현재, 현재완료, 단순미래

② 시제일치의 예외
 a) 변함없는 사실, 진리 → 항상 현재 표시
 b) 역사적 사실 → 항상 과거
 c) 가정법 동사는 주절의 동사의 영향을 받지 않는다.
 d) 비교를 표시하는 as, than으로 시작되는 절에서는 시제에 제한을 두지 않는다.

13 12시제를 다시 한번 정리해 봅시다.

Easy-Peasy Grammar!

make라는 동사를 중심으로 시제를 정리해 봅시다. 영어의 시제는 현재시제와 과거시제, 두 가지가 기본입니다. 여기에 미래를 나타내기 위해 'will'을 사용하고, 동사에 완료형과 진행형을 결합하면 총 12가지 시제가 만들어집니다. 이러한 이유로 흔히 "12시제"라고 부릅니다.

① 기본형

1	He **makes** it.	현재시제: 수일치를 이용하여 현재를 표현
2	He **made** it.	과거시제: 동사의 3단 변화의 두 번째 형태로 표현
3	He **will make** it	미래시제: 동사원형 앞에 will을 붙여서 표현

② 완료형(have p.p.): have에 시제표현/ p.p.에는 의미를 표현

4	He **has made** it.	현재완료: 과거 + 현재
5	He **had made** it.	과거완료: 과거보다 더 이전 + 과거
6	He **will have made** it.	미래완료: 이전 시점 + 미래

③ 진행형(be -ing): be에 시제 표현/ -ing에는 의미를 표현

7	He **is making** it.	현재진행
8	He **was making** it.	과거진행
9	He **will be making** it.	미래진행

④ 완료진행형(have been -ing): have에 시제 표현/ -ing는 의미를 표현

10	He **has been making** it.	현재완료진행
11	He **had been making** it.	과거완료진행
12	He **will have been making** it.	미래완료진행

1 그는 그것을 만든다. 2 그는 그것을 만들었다. 3 그는 그것을 만들 것이다. 4 그는 그것을 만들어 오고 있다. 5 그는 그것을 만들었었다. 6 그는 그것을 만들고 있는 상태일 것이다. 7 그는 그것을 만들고 있는 중이다. 8 그는 그것을 만들고 있는 중이었다. 9 그는 그것을 만들고 있는 중일 것이다. 10 그는 그것을 만들어 오고 있는 중이다. 11 그는 그것을 만들고 있는 중이었었다. 12 그는 그것을 만들어 오고 있는 중일 것이다.

완료형은 일반적으로 '~해오다', 진행형은 '~중이다'로 해석하지만, 이는 절대적인 규칙은 아닙니다.

"영어 시제를 한눈에 보기!"
영어의 12시제를 YouTube를 통해 확인하세요!

02 Review Test

시제와 관련해서는 다음과 같은 내용이 자주 출제됩니다.

① 시간과 조건의 부사절에서 현재시제가 미래시제를 대신하여 사용
② since가 있을 때 주절의 시제는 현재완료
③ 종속절이 과거일 때 주절이 과거완료, 종속절이 미래를 의미하는 현재형일 때 주절은 미래완료가 되는 것
④ 진행형이 불가능한 동사와 관련된 문제
⑤ 시간 부사어와 동사의 시제가 서로 적절하게 일치하는지 여부

이러한 내용들은 시제와 관련 문제를 해결하는 데 매우 중요하므로, 반드시 잘 숙지해 두어야 합니다.

01 빈칸에 들어갈 수 없는 것을 고르시오.

The growing U.S. trade deficit has been an issue of global concern _____.

① for the past few years
② since 2020
③ last year
④ lately

02 밑줄 친 부분의 시제가 틀린 것을 고치시오.

① As soon as he <u>finishes</u> collecting the data, I will start working on making the slides.
② I <u>complete</u> one-forth of my military service by this time next year.
③ I told her that honesty <u>is</u> the best policy.
④ The next flight to Tokyo <u>leaves</u> tomorrow at 9:00 AM.

03 다음 문장을 영어로 가장 바르게 옮긴 것을 고르시오.

나의 선생님은 내게 물은 수소와 산소로 이루어져 있다고 말했다.

① My teacher said me that water consists of hydrogen and oxygen.
② My teacher told me that water consisted of hydrogen and oxygen.
③ My teacher told me that water consists of hydrogen and oxygen.
④ My teacher said me that water consisted of hydrogen and oxygen.

04 밑줄 친 부분이 어법상 옳은 것을 고르시오.

① Dogs and wolves <u>are belonging</u> to the same genus.
② Last night I <u>had called</u> you several times.
③ I had scarcely locked the door when the key <u>broke</u>.
④ I'll take care of it after I <u>will read</u> the book.

02 시제(Tense)　115

[05-06] 다음 문장의 빈칸에 가장 적절한 표현을 고르시오.

05 "Why couldn't she join you?"
"When she finally arrived, we _____ the dinner."

① ate
② have been eating
③ would eat
④ had eaten

06 Professor Jones' classes are never dull. When he _____ next semester, Professor Jones _____ here for over thirty years.

① retires — will have been teaching
② will retire — will teach
③ retired — taught
④ retires — teaches

07 다음 중 어법상 틀린 문장을 고르시오.

① Our English class begins next Monday.
② I have known him since his childhood.
③ My friend has left here just now.
④ We hoped to have seen her again.

[08-12] 빈칸에 알맞은 것을 고르시오.

08 He _____ more in one day than I do in a week.

① has been earned
② has earned
③ earns
④ has earnings

09 The cost of living _____ by ten percent before the government took any action.

① had gone up
② went up
③ has gone up
④ was going

10 My wound has been aching ever since _____.

① it has started to rain
② it begins to rain
③ it had started raining
④ it started to rain

11 Upon her arrival, she discovered that someone _____ into the residence.

① breaks ② broke
③ has broken ④ had broken

12 When he got inside the airport, Bernardo realized that he _____ his passport from home.

① forgot bringing
② had forgotten to bring
③ has forgotten to bring
④ had forgotten bringing

[13-20] 밑줄 친 부분 중 어법상 틀린 것은?

13 Since I ①have eaten before I ②boarded the plane, I was not hungry ③when the flight attendant ④brought dinner.

14 ①In general, newspapers emphasize current news, ②whereas magazines ③dealt more ④with background materials.

15 The forensic scientist told the jury ①that all human beings ②had a distinctive genetic code ③contained in ④their DNA.

16 When the First World War ①had broken out in 1914, America was at first ②determined to remain ③neutral as the conflict was ④regarded as a European matter.

17 ①Many of the facilities in the factory ②were installed ③about a century ago and ④had been greatly improved ever since.

18 The ①consumers' union ②is testing products for ③over 50 years, but it has ④never been easy.

19 The President ①informed the committee that ②he ③is not satisfied ④with their budget proposal.

20 He ①is reading a book ②for the past four hours ③on end. It must be a very ④amusing book.

Chapter 03

수동태 (Passive Voice)

주어와 목적어가 동사와 갖는 관계에 따라 능동태와 수동태로 구분할 수 있다. 능동태는(active voice)는 동작의 주체가 주어로 오는 것을 말하며, 수동태(passive voice)는 주어가 행동을 받는 문장을 말한다.

태	예
능동태	I write a letter every day. (나는 매일 편지를 씁니다.)
수동태	A letter is written by me every day. (매일 편지가 나에 의해 쓰여집니다.)

능동태에서는 "I"가 편지를 쓰는 주체이지만, 수동태에서는 "letter"가 쓰여지는 객체가 된다. 또한, 능동태에서는 동사 "write"를 사용하지만, 수동태에서는 "be + p.p." 형태인 "is written"을 사용한다. 수동태는 주로 뉴스 기사나 공식 문서 등에서 많이 사용되는 경향이 있지만, 일상적인 대화에서는 자주 사용되지 않을 수도 있다. 그러나 시험의 출제빈도가 높은 문법 사항이므로 수동태의 용법을 잘 정리해 두는 것이 중요하다.

Unit 14 수동태의 개념
Unit 15 동사의 형식에 따른 수동태 문장
Unit 16 주의해야 할 수동태 구문

Unit 14 | 수동태의 개념

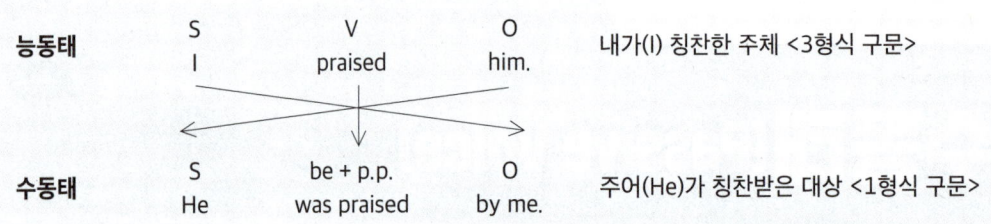

'태'는 주어의 관점에서 동작이 수행되는지, 또는 그 동작을 당하는지에 따라 구분된다. 능동태는 주어가 동작의 주체일 때 사용되며, 수동태(be+p.p.)는 주어가 동작을 받는 대상일 때 사용된다. 이때 수동태로 전환하려면 동사는 반드시 타동사 또는 목적어를 취할 수 있는 동사구여야 한다.

 Ace Your Grammar!

3형식 동사의 수동태 ★★★

수동태를 만드는 방법과 그에 따라오는 어형의 변화를 이해해야 한다. 수동 표현을 하기 위해서는 '주체(주어)'와 '대상(목적어)'이 있어야 한다. 3형식 문장이 수동태로 적절하게 전환되었는지 확인하는 방법은, 첫째, 주어와의 관계가 수동 관계인지, 둘째, 타동사의 목적어가 비어 있는지를 확인하는 것이다. 이 두 가지를 명심하여 문제에 적용하면 된다.

The talks will be spoken only one time and _____ in your test book. (2020 세종대)

① will not printed ② not print
③ be not printed ④ will not be printed

빈칸에 들어갈 동사의 주어는 The talks이며, 이것은 인쇄(print)하는 행위의 주체가 아닌 인쇄되는 대상이므로 수동태 문장이 되어야 한다. 따라서 ④가 정답이 된다. ③의 경우에는 부정어 not이 be동사 앞에 와야 한다.

대화는 한 번만 들려줄 것이며 시험지에는 인쇄되어 있지 않을 겁니다. ④

1 수동태의 시제

수동태의 시제는 'be + p.p.' 구조에서 be동사의 시제로 결정되며, 주로 8가지 시제가 주로 사용된다. 미래진행형, 현재완료진행형, 과거완료진행형, 미래완료진행형의 수동태는 거의 사용되지 않는다.

시제	능동태	형태	수동태
현재시제	He **makes** a doll.	기본형 (be p.p.)	A doll **is made** by him.
과거시제	He **made** a doll.		A doll **was made** by him.
미래시제	He **will make** a doll.		A doll **will be made** by him.
현재완료	He **has made** a doll.	완료형 (have been p.p.)	A doll **has been made** by him.
과거완료	He **had made** a doll.		A doll **had been made** by him.
미래완료	He **will have been** a doll.		A doll **will have been made** by him.
현재진행	He **is making** a doll.	진행형 (be being p.p.)	A doll **is being made** by him.
과거진행	He **was making** a doll.		A doll **was being made** by him.

MSG+ 조동사를 포함한 경우: 조동사 + be p.p.
부정: be + not + p.p.

2 수동태 불가동사

타동사라고 해서 무조건 수동태가 될 수 있는 것은 아니다. 타동사, '자동사 + 전치사'의 구가 의미적으로 해석되지 않는 경우나 소유, 상태의 의미를 지닌 경우 수동태가 불가하다.

① 자동사
exist, appear(나타나다), disappear, occur, happen, originate(시작되다), turn up(나타나다), live, rise, grow, remain, seem, appear(~인 것 같다) 등

1 The accident *was occurred around 11 o'clock last night. (×)   The accident occurred around 11 o'clock last night. (○)
2 The little boy *was disappeared down the road. (×)   The little boy disappeared down the road. (○)

② 타동사 일부: 의지가 작용하지 않거나 상호관계를 표시하는 동사의 경우는 수동태로 만들 수 없다.
have(소유), possess, belong to(소속), lack(없다, 부족하다), resemble, suit(어울리다), meet(만나다), consist of, graduate from, result in[from] 등

3 Her mother *is resembled by the girl. (×)   The girl resembles her mother. (○)
4 The car *is belonged to my father. (×)   The car belongs to my father. (○)

③ 의미적으로 해석이 되지 않는 경우

5 *He was bought a book. (×)   "그는 구매되었다"로 의미가 안 됨/ I bought him a book. (○)
6 The university was graduated from by me. (×)   "대학교가 졸업당했다"는 의미로 적절하지 않음/
I graduated from the university. (○)

1 그 사고는 어젯밤 11시경 발생했다. 2 그 소년이 길 아래편으로 사라졌다. 3 그 소녀는 어머니를 닮았다. 4 그 차는 나의 아버지의 것이다. 5 나는 그에게 책을 구매해 줬다. 6 나는 그 대학교를 졸업했다.

14 수동태는 왜 'be + p.p.' 형태로 나타낼까요?

1 p.p.는 무엇일까요?

p.p.는 past participle의 약자로 '과거분사'를 의미합니다. 동사의 3단 변화는 동사원형, 과거형, 과거분사형으로 나뉩니다. 예를 들어, use의 3단 변화는 use (원형) — used (과거형) — used (과거분사형)입니다. 과거형과 과거분사는 형태가 같지만, 과거형은 동사, 과거분사는 형용사로 사용됩니다. 즉, 과거형 used는 '사용했다'라는 동사이고, 과거분사 used는 '사용되는'이라는 형용사입니다.

과거동사는 '능동의 의미'를 가지는 과거시점을 나타내는 동사이고,
과거분사는 '수동의 의미'를 지니고 있는 형용사입니다.

1	He **used** the car.	used는 과거동사입니다. 문장에서 동사의 자리에 나오고, 능동의 의미를 지니며 과거 시점을 나타내기 때문에 "그는 그 차를 사용했다"로 번역됩니다.
2	The car **used** by him is good. The car (**used** by him) is good '(그에 의해서 사용되는)' 그 차는 좋다.	used는 과거동사로 사용할 수 없습니다. 첫째, "그 차는 사용했다"라는 표현은 어색합니다. 차는 사용하는 것이 아니라 사용되는 것이기 때문이죠. 둘째, used가 과거동사라면 동사가 두 개(is, used)가 되어버립니다. 따라서 이 경우 used는 과거분사(p.p.)로 '사용되는'이라는 형용사로 쓰여 앞에 있는 명사 car를 꾸며줍니다. 즉, 이 문장은 "그에 의해 사용되는 차는 좋다."로 번역됩니다.

2 p.p.를 알면 수동태는 당연한 원리

p.p.는 형용사처럼 사용된다고 했으므로, good과 같이 형용사 자리에 p.p.를 넣을 수 있습니다.

1	It is a **good** book.	일반적인 형용사의 쓰임: good이 book을 수식
2	The book is **good**.	보어: good이 be동사 뒤에 나와서 The book이라는 주어를 설명
3	The book is **written**.	written a. 쓰여진
4	The computer is **used**.	used a. 사용된

MSG+ have + p.p.

have 뒤에 p.p.가 오는 경우는 동사의 완료형을 나타내며 동사의 일부로 사용되게 됩니다.
예를 들어, "I **have lived** here." 나는 여기에서 살아왔다.
시제에서 배웠듯이, 이 표현은 '과거에 있었던 일이 현재에도 영향을 미치는 상황'을 나타내기 위해 사용됩니다.

"과거분사를 이해하면 수동태는 당연한 이치!"
수동태의 용법을 YouTube를 통해 확인하세요!

Unit 15 | 동사의 형식에 따른 수동태 문장

수동태를 만들기 위해서는 문장의 '주체(주어)'와 '대상(목적어)'이 필요하다. 다시 말해, 목적어가 없으면 수동태를 사용할 수 없다. 일반적으로 수동태는 3형식, 4형식, 5형식 문형에서 가능하지만, 자동사 뒤에 전치사가 따라오는 경우 이를 하나의 타동사처럼 취급하여 수동태로 전환할 수 있다. 따라서 3형식, 4형식, 5형식 이외의 동사도 경우에 따라 수동태로 만들 수 있다는 점을 기억해야 한다.

Ace Your Grammar!

동사구의 수동태 ★★

동사구는 하나의 단위로 취급되며, 수동태로 전환할 때 동사구에 포함된 전치사는 과거분사 뒤에 위치한다. 예를 들어, "look after"라는 동사구를 수동태로 전환하면 be looked after가 되며, 이때 after를 반드시 사용해야 한다.

Because of his stupid behavior, Max was _____ by everybody. (2016 홍익대)

① laughed at ② laughing at
③ laughed   ④ laughing

행위의 주체를 나타내는 by everybody가 있으므로 수동태 문장이 되어야 한다. laugh는 자동사이므로 그 자체로는 수동태 문장에 쓸 수 없지만, '비웃다'라는 의미의 laugh at은 수동태가 가능하다. 이와 같은 '자동사 + 전치사' 형태의 2어 동사의 경우, 동사구 전체를 하나의 단어처럼 취급하여 수동태로 바꾸며, 전치사 뒤에 'by + 행위자'를 나타낸다. 따라서 빈칸에 적절한 표현은 ①이다.

그의 어리석은 행동 때문에, 맥스(Max)는 모든 사람들에게 비웃음을 받았다. ①

1 동사구의 수동태

동사구 전체를 하나의 타동사로 간주하여 수동태로 전환할 수 있다. 능동태에서 전치사가 포함된 동사구는 수동태로 바꿀 때 전치사가 반드시 과거분사 뒤에 위치해야 한다.

① 자동사 + 전치사
account for, ask for, attend to, care for, deal with, depend on, laugh at, look after, rely on, run over, speak to 등

1	The audience **laughed at** him.	He **was laughed at** by the audience. 과거분사 뒤에 at을 빠뜨리지 말아야 한다.
2	A car **ran over** his dog.	His dog **was run over** by a car.

② 자동사 + 부사 + 전치사
catch up with, do away with, look down upon, look forward to, look up to, make up for, put up with, speak ill[well] of 등

3	The villagers **looked down upon** him.	He **was looked down upon** by the villagers.
4	They **speak well of** him.	He **is well spoken of** (by them).

③ 타동사 + 명사 + 전치사
catch sight of, get rid of, make use of, pay attention to, take care of, take notice of 등

5	The government **took notice of** their opinions.	Their opinions **was taken notice of** by the government.
6	He **took good care of** the orphan. = The orphan **was taken good care of** by him. = **Good care was taken of** the orphan by him.	명사 care 앞에 수식어 good이 있는 경우

1 청중은 그를 비웃었다. 2 차가 그의 강아지를 치었다. 3 마을 사람들은 그를 우습게 보았다. 4 그들은 그를 칭찬한다. 5 정부는 그들의 의견에 주목했다. 6 그는 그 고아를 잘 돌보았다.

▶▶ **개념적용**
1. 수동태 불가 동사
2. 동사구의 수동태
 (자동사+부사+전치사)
3. 목적어가 있는 동사구의 태
4. '자동사+전치사'의 수동태

괄호 안에서 알맞은 것을 고르시오.

1. An avocado (resembles, is resembled) a pear in shape but not in taste.
2. He (is looked up to, looked up) by the people as a holy man, but he is a total hypocrite.
3. Politicians (pay attention to, are paid attention to) the opinions of the people.
4. Minor illness (is dealt with, is dealt) by nurse practitioners.

1. resembles/ 아보카도는 모양은 배와 닮았지만, 맛은 비슷하지 않다. 2. is looked up to/ 사람들은 그를 성인으로 존경하지만, 그는 완전히 위선자이다. 3. pay attention to/ 정치인들은 국민들의 소리에 귀를 기울인다. 4. is dealt with/ 경미한 질병은 임상간호사에 의해 다루어진다.

2 3형식 동사의 수동태

3형식 구문에서 타동사 뒤에 목적어가 없을 경우 동사는 'be + p.p.형태'가 되어야 한다. 수동태 뒤에는 전치사가 있어야 명사가 올 수 있다.

능동태: S + V + O
수동태: S(O) + be p.p (+ by + O) 1형식

① 목적어가 명사, 대명사일 때

1	He **opened** the door.	The door **was opened** by him.
2	The soldiers **killed** him in the battle.	He **was killed** by the soldiers in the battle.
3	(cf.) Freedom **is enjoyed** here now.	'by + 목적어' 생략
4	(cf.) He **was killed** in the war.	일반인 people, they, we, you, one 등이 능동문의 주어이면 수동태에서 'by + 목적어가' 생략되는 것이 일반적이다. 일반인이 아니더라도 밝힐 필요가 없으면 생략한다.

② 목적어가 that절일 때

일반주어 + believe[believe, consider, expect, say, suppose, think 등] + that + S + V
→ It is believed[believe, consider, expect, say, suppose, think 등] that + S + V
→ S + is believed[believe, consider, expect, say, suppose, think 등] to V

5	People **thought**[**believed, supposed, said**] that she was the best singer. = It was **thought**[**believed, supposed, said**] that she was the best singer. = She was **thought**[**believed, supposed, said**] to be the best singer.	
6	(cf.) People **say** that he **killed** his wife. → It **is said** that he **killed** his wife. → He **is said to have killed** his wife.	that절의 주어를 수동태의 주어로 할 경우, 주절의 시제와 that 이하 종속절의 시제가 같으면 단순 부정사를 쓰고, that 이하 종속절의 시제가 주절의 시제보다 한 시제 앞서면 완료 부정사의 형태로 쓴다.
7	(cf.) They **told** me that she was very beautiful. → I **was told that** she was very beautiful.	'tell + 목적어 + that절'의 수동태

1 그는 그 문을 열었다. 2 군인들은 전투에서 그를 죽였다. 3 지금 이곳에서는 자유를 누리고 있다. 4 그는 전사했다. 5 사람들은 그녀가 최고의 가수라고 생각했다. 6 사람들은 그가 아내를 죽였다고 말한다. 7 그들은 그녀가 매우 아름답다고 나에게 말했다.

▶▶ **개념적용**

1. that절의 주어를 수동태의 주어로 할 경우
2. 수동태 문장에서 that이하 종속절의 시제가 주절의 시제보다 한 시제 앞선 경우

괄호 안에서 알맞은 것을 고르시오.

1. We believe that she is very kind-hearted.
   = She (believes to be, is believed to be) very kind-hearted.

2. They say that he was rich.
   = He is said to (was, have been) rich.

1. is believed to be/ 그녀는 매우 인정이 많은 사람으로 여겨진다. 2. have been/ 그는 이전에는 부자였다고 한다.

3 4형식 동사의 수동태

두 목적어 중 하나가 주어로 되어 나가면 나머지 한 목적어는 과거분사 뒤에 남아 있게 되며, 3형식으로 전환한 경우의 전치사가 그 앞에 올 수 있다. 즉, 문장에서 두 개의 목적어가 있을 때, 하나가 주어가 되어 문장 앞에 가면, 나머지 목적어는 과거분사 뒤에 남게 되고, 그 목적어 앞에 전치사가 올 수 있다는 의미이다.

능동태: S + V + I.O. + D.O.
수동태: S + be p.p. + O (+ by + O) <3형식 문장>

---

① 간접목적어, 직접목적어 모두를 수동태의 주어로 하는 동사
ask, give, show, teach, tell, offer, pay, allow, deny, lend 등

1 She **gave** me the book.   4형식 문장
   → *I* **was given** the book by her.   간접목적어(me)가 주어가 되어 수동태가 된 경우
   → The book **was given** (to) me by her.   직접목적어(the book)가 주어가 되어 수동태가 된 경우

2 She **taught** them English.
   → *They* **were taught** English by her.
   → English **was taught** (to) them by her.

---

② 직접목적어만을 수동태의 주어로 하는 동사
bring, buy, get, hand, make, read, sell, send, write 등

3 She **wrote** me a letter.
   A letter **was written** (to) me by her. (○)
   *I was written a letter by her. (×)   간접목적어가 수동태가 되어 의미상 어색한 문장이 되었다.

---

③ 간접목적어만을 수동태의 주어로 하는 동사
answer, call, deny, envy, save, spare, kiss, refuse, forgive 등

4 She **kissed** me good-bye.
   → *I* **was kissed** good-bye by her. (○)
   *Good-bye was kissed me by her. (×)   직접목적어가 수동태가 되어 의미상 어색한 문장이 되었다.

---

1 그녀는 나에게 그 책을 주었다. 2 그녀는 그들에게 영어를 가르쳤다. 3 그녀는 나에게 편지를 썼다. 4 그녀는 나에게 작별 키스를 했다.

▶▶ **개념적용**

① 직접목적어만을 수동태의 주어로 하는 동사
② 간접목적어, 직접목적어 모두를 수동태의 주어로 하는 동사
③ 직접목적어만을 수동태의 주어로 하는 동사
④ 간접목적어만을 수동태의 주어로 하는 동사

다음 중 문법적으로 틀린 문장을 고르시오.

① I was sent a book by mail.
② I was given this watch by my aunt.
③ A present was bought for him by Sarah.
④ I was forgiven my fault by Jane.

① 4형식 동사 send는 간접목적어가 아니라 직접목적어를 주어로 하여 수동태가 될 수 있다. 따라서 "A book was sent (to) me by mail."이어야 한다.

① 책 한 권이 나에게 우편으로 보내졌다. ② 이모에게 이 시계를 받았다. ③ 사라는 그를 위해 선물을 샀다. ④ 나는 제인으로부터 나의 잘못을 용서받았다.   ①

15 4형식 동사의 수동태 해석 시 주의사항

4형식 동사는 두 개의 목적어를 가지기 때문에, 이를 수동태로 변환할 때 간접목적어와 직접목적어 중 어느 것을 주어로 하느냐에 따라 해석이 달라집니다. 이는 목적어의 입장을 고려하면 쉽게 이해할 수 있습니다.

1 4형식 동사 give

I gave him a book. (나는 그에게 책을 주었다.)

① 간접목적어를 주어로 하는 경우: him을 주어로 변환

He **was given** a book.	him의 입장은 책을 받은 것이므로 '받다'로 해석됩니다.
→ 그는 책을 받았다.	

② 직접목적어를 주어로 하는 경우: a book을 주어로 변환

A book **was given** him.	a book이 그에게 주어지는 것이므로 '주어지다'로 해석됩니다.
→ 책이 그에게 주어졌다.	

따라서, give 동사를 수동태로 변환할 때 어떤 목적어를 주어로 선택하느냐에 따라 '받다'와 '주어지다'로 해석이 달라집니다.

2 4형식 동사 tell과 3형식 동사 say의 수동태 변환과 해석

① 4형식 동사 tell

I told him the story.	4형식 동사인 tell은 '말해주다'를 의미하며, 두 개의 목적어를 가집니다.
He **was told** the story.	간접목적어를 주어로 하는 경우(him을 주어로 변환)
→ 그는 그 이야기를 들었다.	him을 주어로 쓴다면 그의 입장에서는 그 이야기를 들은 것이므로 '들었다'로 해석됩니다.

② 3형식 동사 say

I said something.	3형식 동사인 say는 '말하다'를 의미하며, 하나의 목적어를 가집니다.
Something **was said**.	목적어를 주어로 하는 경우(something을 주어로 변환)
→ 무언가가 말해졌다.	여기서 something의 입장은 말해진 것이므로 '말해졌다'로 해석됩니다

tell과 say의 수동태 변환에 따라 해석이 달라지는 부분을 이해하면 오역을 막을 수 있습니다.

4 5형식 동사의 수동태

5형식 동사의 목적보어는 수동태 뒤에 남아서 주격보어 역할을 한다. 단, 지각[사역]동사 뒤에는 동사원형이 아니라 to부정사가 와야 한다.

능동태: S + V + O + C
수동태: S + be p.p. + C (+ by + O) <2형식 문장>

① V + O + 명사[형용사]
call, name, make 등은 수동태 뒤에 as나 to be를 쓰지 못하고 명사나 형용사가 바로 온다.
elect, appoint 등은 'be elected+(as/ to be)+명사[형용사]'의 형태로 쓰인다.

1   Any deserted part of Australia *is called as "the outback." (×)   call은 수동태 뒤에 명사나 형용사가 바로 와야 한다.
    Any deserted part of Australia **is called** "the outback." (○)   any: '모든'의 의미로 사용

2   They **elected** him *president*.   be elected + (as/ to be) + 명사[형용사]
    → He **was elected** (as/ to be) *president* by them.
    → *President* was elected him. (×)   목적보어가 명사여도 그 명사를 주어로 하여 수동태를 만들 수 없다.

3   She **was made** *happy* by her husband.   과거분사 뒤에 이어지는 보어는 능동에서와 마찬가지로 형용사여야 한다.

② V + O + to부정사
force, oblige, compel, want, expect, require, ask, order, advise, allow 등 to부정사가 목적보어인 5형식 동사들은 수동태 뒤에도 to부정사가 와야 한다.

4   The company **forced** her *to resign*.
    → She **was forced** *to resign* by the company.

5   He **asked** me *to visit* him sometime.
    → I **was asked** *to visit* him sometime by him.

③ V + O + as + 명사[형용사]
regard, think of, refer to, describe, define 등

6   We **regard** Einstein **as** *one of the foremost scientists*.   regard + O + as + 명사[형용사]
    → Einstein **is regarded as** *one of the foremost scientists*.   be regarded + as + 명사[형용사]

1 호주의 모든 미개척지(오지)는 '아웃백'으로 불린다. 2 그들은 그를 대통령으로 선출했다. 3 그녀는 남편 덕분에 행복했다. 4 회사는 그녀에게 사직을 강요했다. 5 그는 나에게 언제 한번 방문해 달라고 요청했다. 6 우리는 아인슈타인을 최고의 과학자 중 한 명으로 간주한다.

MSG+ 과거분사와 보어 사이에 다른 요소가 삽입되더라도, 보어는 원래의 형태를 유지해야 한다. 이러한 점을 묻는 문제가 종종 출제된다.

"She was advised by doctors *to giving* birth through cesarean delivery." (×)
advise는 목적보어로 to부정사를 취하는 동사이므로, advised 뒤에 by doctors라는 삽입 요소가 있어도 to give가 와야 한다. 그러나 to giving이 사용되어 틀린 것이다.

④ 사역/지각동사
목적보어로 쓰인 원형부정사가 수동태 문장에서는 to부정사가 된다.

7	He **made** her *sing* a song. → She **was made** *to sing* a song by him.	사역동사: 능동태 문장에서 사역동사의 목적보어로 쓰인 원형부정사는 수동태 문장에서 to부정사로 변경
8	We **saw** her *enter* the store with her husband. → She **was seen** *to enter* the store with her husband (by us).	지각동사: 능동태 문장에서 지각동사의 목적보어로 쓰인 원형부정사는 수동태 문장에서 to부정사로 변경. 단, 지각동사에서 목적보어가 현재분사인 경우에는 현재분사를 그대로 써준다.

⑤ let + O + 동사원형
동사 let은 수동태로 쓰이지 않으며, be allowed to의 형태로 쓰거나 목적어 이하를 수동태로 만든다.

9	He **let** her sing a song. → She **was allowed to sing** a song by him. → He **let a song be sung** by her.	let의 수동태: be allowed to 목적어 이하가 수동태가 됨

⑥ have + O + 동사원형

10	She **had** him carry her suitcase. → She **had her suitcase carried** by him. (○) → *He was had to carry her suitcase by her. (×)	"have + O + 동사원형" 구조에서는 목적어가 그 동작을 하도록 시키는 의미이며, 수동형은 목적어가 동작의 대상이 될 때 사용할 수 있지만, have 자체를 수동형으로 사용할 수 없다.

7 그는 그녀에게 노래를 부르게 했다. 8 우리는 그녀가 남편과 함께 가게에 들어가는 것을 보았다. 9 그는 그녀가 노래를 부르게 했다. 10 그녀는 그가 그녀의 가방을 들게 했다.

5 상태수동과 동작수동

① **상태수동**: 수동태의 의미가 동작을 나타내기보다는 상태적인 것
be[lie, remain, rest, stand] + p.p. <주어의 상태 강조>

1. Our house **is painted** green.   집이 녹색으로 칠해져 있다는 상태를 의미
2. He **lay buried** under the snow.

② **동작수동**: 수동태의 의미가 동작을 나타내는 것
become[get, grow] + p.p. <주어의 동작 강조: ~하게 되다>

3. Our house **is painted** every five years.   every five years라는 부사구가 있어 그 의미가 동작적임
4. His secret **became known** to everybody.

③ 상태수동과 동작수동의 비교

The gate **is shut** now.   상태수동: 그 문은 지금 닫혀있다.
The gate **is shut** at 10.   동작수동: 그 문은 10시에 닫힌다.

1 우리 집은 녹색으로 칠해져 있다. 2 그가 눈 속에 파묻혀 누워있다. 3 우리 집은 5년마다 페인트칠을 한다. 4 그의 비밀이 모두에게 알려졌다.

▶▶ **개념적용**

1. S+V+O+to부정사
   (to부정사가 목적보어인
   5형식 동사의 수동태)
2. 지각동사의 수동태
   (일반인 주어 생략 가능)
3. 목적보어가 형용사인 경우의
   수동태
4. let의 수동태: be allowed to

다음 문장을 수동태로 바꾸시오.

1. The doctor advised him not to smoke.
2. We heard him talk with his friends.
3. The officials kept the agreement secret.
4. The teacher let us speak in class.

1. He was advised by the doctor not to smoke./ 의사는 그에게 금연하라고 충고했다. 2 He was heard to talk with his friends (by us)./ 우리는 그가 친구들과 이야기하는 것을 들었다. 3. The agreement was kept secret by officials./ 관계자들은 그 합의를 비밀로 했다. 4. We were allowed to speak in class by the teacher. 선생님은 수업 시간에 우리가 말하는 것을 허락했다.

16 수동태 뒤에 명사가 오는 경우
Easy-Peasy Grammar! (4형식·5형식 동사의 수동태를 간단하게 구분할 수 있는 방법)

일반적으로 수동태는 목적어를 주어로 변환하여 만들기 때문에 뒤에 목적어가 나오지 않습니다. 하지만 4형식 동사와 5형식 동사의 경우, 수동태 형태인 "be + p.p." 뒤에 명사가 나올 수 있습니다. 이때, 이 문장이 4형식 동사의 수동태인지 5형식 동사의 수동태인지 쉽게 구별하는 방법이 있습니다.

---

① 4형식 동사의 수동태: 주어와 be p.p. 뒤에 나온 명사가 다르면 4형식 동사의 수동태입니다.

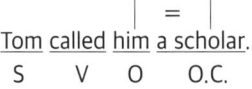

　　Tom gave him a doll.
　　　S　V　I.O.　D.O.

[4형식] Tom은 그에게 인형을 <u>**주었다**</u>.

→ He was given a doll (by Tom).
　　S　　V　　　O

[3형식] 그는 인형을 <u>**받았다**</u>. (Tom에 의해)

---

② 5형식 동사의 수동태: 주어와 be p.p. 뒤에 나온 명사가 같으면 5형식의 수동태입니다.

　　Tom called him a scholar.
　　　S　V　O　O.C.

[5형식] Tom는 그를 학자라고 <u>**불렀다**</u>.

→ He was called a scholar (by Tom).
　　S　　V　　　C

[2형식] 그는 학자로 <u>**불렸다**</u>. (Tom에 의해).

해석할 때 "be + p.p." 뒤에 명사가 나온다면, 위 두 가지 경우를 활용하시면 좋습니다.

"수동태 뒤에 목적어가 나올 수 있을까요?"
4형식과 5형식 동사의 수동태를 구분할 수 있는 방법을 YouTube를 통해 확인하세요!

Unit 16 | 주의해야 할 수동태 구문

1 의문문의 수동태

① 의문사가 있는 경우

1. **Who** built the Great Wall?
   → **By whom was** the Great Wall **built**?

2. **Who** showed you the way to the university?
   → **By whom were** you **shown** the way to the university?

의문사가 주어인 경우: By 의문사(목적격) + be + S + p.p.

3. **What** did she discover?
   → **What was discovered** by her?

4. **When** did you finish the report?
   → **When was** the report **finished** by you?

의문사가 주어가 아닌 경우: 의문사 + be + p.p. + (by 행위자)

② 의문사가 없는 경우: be + 주어 + p.p. + (by 행위자)

5. Does she love him?
   → **Is** he **loved** by her?

6. Did he break the windows?
   → **Were** the windows **broken** by him?

1 누가 만리장성을 쌓았는가? 2 누가 너에게 대학교로 가는 길을 알려주었니? 3 그녀가 무엇을 발견했나요? 4 보고서는 언제 다 썼는가? 5 그녀가 그를 사랑하는가? 6 그가 창문을 깼니?

2 명령문의 수동태

① 긍정문: Let + 목적어 + be + p.p.

1. Write your name on this paper.
   → **Let** your name **be written** on this paper.

② 부정문: Don't let + 목적어 + be + p.p./ Let + 목적어 + not + be + p.p.

2. Don't forget this advice.
   → **Don't let** this advice **be forgotten**.
   → **Let** this advice **not be forgotten**.

let을 부정: 빈도 높은 일반적인 구문
be를 부정: 격식을 차린 상황의 구문

1 이 종이에 당신의 이름을 쓰십시오. 2 이 조언을 잊지 마세요.

▶▶ **개념적용**
명령문의 수동태
let+목적어+be+p.p.

"Don't touch the papers." "Certainly not, I'll not let the papers _____."
① touch   ② be touched
③ to touch   ④ to be touched

papers는 touch의 객체이므로 수동태인 be touched가 된다.
"서류에 손대지 마세요." "그럼요, (어느 누구도) 서류에 손대지 못하게 하겠습니다."   ②

3 부정주어 구문의 수동태

부정주어(Nobody, Nothing, No one)는 수동태 문장에서 'not ~ by anybody', 'not ~ by anything'이 된다.

| 1 | *Nobody* helped him.
→ He **was** *not* **helped** by anybody. (○)
→ He **was helped** *by nobody. (×) | Nobody[Nothing, No one] ~
→ be not p.p ~ by [anybody, anything, anyone] |

1 아무도 그를 돕지 않았다.

4 수동의 의미를 가지는 능동태(Unit 01 수동의 의미를 지닌 자동사 참조)

능동형으로 쓰이지만, 수동의 의미로 해석한다.

① 자동사: peel, print, read, say, sell, wash, write 등
주로 부사와 함께 능동형으로 쓰여 수동의 의미를 나타낸다.

| 1 | Your report **reads** well. | 읽히다 |
| 2 | The new car **is selling** badly. | 팔리다 |

② 능동의 부정사
to blame, to let 등

| 3 | He is **to blame** for the accident. | = He is **to be blamed** for the accident. |
| 4 | This room is **to let**. | = This room is **to be let**. |

③ 능동의 동명사
사물 주어 다음에 쓰인 'be worth[deserve/ need/ require/ want] + 능동의 동명사'는 수동의 의미를 나타낸다.
단, be worth는 능동형 동명사만 취함(→ be worth to be p.p.(×), be worthy to be p.p.(○))

5	The movie **is worth watching** all over again.	= is worthy to be watched
6	The problem **deserves solving**.	= deserves to be solved
7	The fence **needs fixing**.	= needs to be fixed

1 당신의 보고서는 잘 읽힌다. 2 새로운 자동차는 잘 팔리지 않는다. 3 그 사고의 책임은 그에게 있다. 4 세를 놓을 방이다. 5 이 영화는 처음부터 다시 볼 가치가 있다. 6 그 문제는 해결할 가치가 있다. 7 울타리를 고쳐야 한다.

5 수동태에서 행위 주체의 생략

1	Baseball **is played** in the U.S., Korea, and many other countries.	행위자가 일반 사람일 때
2	The hall was full to the roof and he **was greeted with** unanimous applause.	문장 중에 행위자가 분명할 때 full to the roof: 한 방 가득히
3	There are a great number of people who **are injured in** the traffic accident.	행위자가 분명하지 않을 때 (행위자를 제시할 필요가 없을 때)

1 미국과 한국을 비롯한 많은 다른 나라에서도 야구를 한다. 2 회의장은 초만원이었고 그는 만장일치의 갈채로 (청중에게) 환영을 받았다. 3 교통사고로 다치는 사람들이 많이 있다.

6 수동태 형태의 관용표현

 수동태 뒤에 잘못된 전치사를 놓고 고치는 문제가 종종 출제되므로, by외에 다른 전치사를 사용하는 동사들은 관용적으로 암기해 두어야 한다.

① 감정표현 동사

1	He **was surprised at** her conduct.	be amazed[astonished, alarmed, surprised] at: ~에 놀라다
2	They **were pleased with** your success.	be pleased with: ~에 만족하다/ be delighted with[at]: ~에 기뻐하다
3	She **is satisfied with** the current job.	be satisfied with: ~에 만족하다
4	He **was fed up with** her complaining.	be fed up with, be bored with: ~에 싫증나다, 질리다
5	He **was embarrassed by** lack of money.	be embarrassed by, be confused by: ~에 당황하다
6	He **was annoyed at** her stupidity.	be annoyed at[with], be offended at: ~에 화내다
7	They **were disappointed at** the result of the game.	be disappointed at[with]: ~에 실망하다
8	We **are concerned about** preserving our natural resources.	be concerned about: ~을 걱정하다, ~에 관심을 가지다
9	Her job **is** mainly **concerned with** sales and promotion.	be concerned with: ~와 관련되다
10	He **was opposed to** her idea.	be opposed to: ~에 반대하다

1 그는 그녀의 행동에 놀랐다. 2 그들은 당신의 성공에 기뻐했다. 3 그녀는 현재의 직업에 만족한다. 4 그는 그녀의 불평에 싫증이 났다. 5 그는 자금이 부족해서 당황했다. 6 그는 그녀의 어리석음에 짜증이 났다. 7 그들은 그 게임의 결과에 실망했다. 8 우리는 천연자원을 보존하는 것에 대해 걱정한다. 9 그녀가 하는 일은 주로 판매 및 홍보와 관련된 일이다. 10 그는 그녀의 생각에 반대했다.

② 심리관계 동사

1	The lawyer **is convinced of** the innocence of the prisoner.	be convinced of, be assured of: ~을 확신하다
2	He **was ashamed of** his laziness.	be ashamed of: ~을 부끄러워하다
3	She **is accustomed to** frugal lifestyle.	be accustomed to, be used to: ~에 익숙하다
4	Ashley **is addicted to** cocaine and heroine.	be addicted to: ~에 빠져 있다, 중독되다
5	Asian women **are interested in** skin-whitening.	be interested in: ~에 관심이 있다
6	He **was indulged in** gambling.	be indulged in: ~에 빠지다, 탐닉하다
7	I **was** deeply **impressed with** his speech.	be impressed with: ~에 감명을 받다
8	The students **are acquainted with** the works of Shakespeare.	be acquainted with: ~에 정통하다, 잘 알다

1 그 변호사는 죄수의 무죄를 확신한다. 2 그는 자신의 게으름을 부끄러워했다. 3 그녀는 검소한 생활방식에 익숙하다. 4 애슐리는 코카인과 헤로인에 중독되어 있다. 5 아시아 여성들은 피부 미백에 관심이 많다. 6 그는 도박에 빠졌다. 7 나는 그의 연설에 깊이 감명받았다. 8 학생들은 셰익스피어의 작품에 대해 잘 알고 있다.

③ 그외 동사

1	We **are engaged in** a variety of English education fields.	be engaged in: ~에 종사하다
2	His daughter **was engaged to** a lawyer.	be engaged to: ~와 약혼한 사이이다
3	She **was devoted to** bringing up children.	be devoted to, be committed to, be dedicated to: ~에 전념하다, ~에 헌신하다
4	A child **is absorbed in** playing with his blocks.	be absorbed in, be engrossed in, be immersed in: ~에 몰두하다, 열중하다
5	They **are involved in** drug dealing.	be involved in: ~에 관련되다
6	The actress **was married to** a film producer.	be married to: ~와 결혼하다
7	The entire mountain **is covered with** cherry blossoms.	be covered with: ~으로 덮여 있다
8	This novel **is based on** personal experience.	be based (up)on, be founded (up)on: ~에 기초하다, ~을 토대로 하다
9	The university **is located in** the capital of the country.	be located in[at, on], be situated in[at, on]: ~에 위치하다
10	I **was tired from** a long walk.	be tired from: ~로 피곤하다
11	I **am tired of** eating the same thing every day.	be tired of: ~에 싫증나다, 질리다
12	He **was caught in** a shower on the way home.	be caught in: (비 따위)를 만나다
13	She **was occupied with** studying.	be occupied with: ~에 종사[진념]하다
14	Water **is composed of** hydrogen and oxygen.	be composed of: ~으로 구성되다
15	Every day we **are confronted with** problems.	be confronted with[by], be faced with[by]: ~에 직면하다
16	Certain stress hormones may **be associated with** alcoholism.	be associated with: ~와 관련되다

1 우리는 다양한 영어 교육 분야에 종사하고 있다. 2 그의 딸은 변호사와 약혼했다. 3 그녀는 자녀를 양육하는 데 전념했다. 4 한 아이가 블록을 가지고 노는 데 열중하고 있다. 5 그들은 마약 거래에 연루되어 있다. 6 그 여배우는 영화 제작자와 결혼했다. 7 산 전체가 벚꽃으로 뒤덮였다. 8 이 소설은 개인적인 경험을 토대로 한다. 9 그 대학교는 그 나라의 수도에 위치해 있다. 10 나는 오래 걸어서 피곤했다. 11 나는 매일 같은 것을 먹는 데 질렸다. 12 그는 집에 오는 길에 소나기를 만났다. 13 그녀는 공부에 전념했다. 14 물은 산소와 수소로 구성되어 있다. 15 매일 우리는 여러 문제들에 직면한다. 16 특정 스트레스 호르몬은 알코올 중독과 관련이 있을지도 모른다.

17	He **was dressed in** a black suit.	be dressed in: (옷을) 입다
18	He **was drowned in** the pond.	be drowned in: 익사하다
19	Many people **were exposed to** danger.	be exposed to: ~에 노출되다
20	The classroom **is filled with** students.	be filled with: ~로 가득 차 있다
21	She **is possessed of** great wealth.	be possessed of: ~을 소유하다
22	He **is possessed with** an evil spirit.	be possessed with[by]: ~에 사로잡히다
23	A language **is** closely **related to** the culture.	be related to: ~와 관계가 있다
24	He **was sentenced to** death at the trial.	be sentenced to: ~의 선고를 받다
25	Black people **are** still **subjected to** social discrimination.	be subjected to: ~을 받다, 당하다, 시달리다
26	Jesus **was condemned to** death.	be condemned to: ~하도록 운명 지워지다
27	This chair **is made of** wood.	be made of (물리적 변화): ~으로 만들어지다
28	Tea, cocoa and coffee **are made from** plants that contain caffeine.	be made from (화학적 변화): ~으로 만들어지다
29	The musician **is known to** everybody.	be known to + 대상: ~에게 알려져 있다
30	He **is known as** a pioneer in the field of AI.	be known as + 자격: ~로서 알려져 있다
31	Hokkaido **is known for** deep snow in winter.	be known for + 이유: ~한 것으로 알려져 있다
32	A man **is known by** the company he keeps.	be known by + 판단의 근거: ~에 의해 판단되다

17 그는 검은색 정장을 입었다. 18 그는 연못에서 익사했다. 19 많은 사람들이 위험에 노출되었다. 20 교실이 학생들로 가득 차 있다. 21 그녀는 엄청난 재산을 소유하고 있다. 22 그는 악령에 사로잡혀 있다. 23 언어는 문화와 밀접히 관련되어 있다. 24 그는 재판에서 사형 선고를 받았다. 25 흑인은 여전히 사회적 차별을 받고 있다. 26 예수님은 죽을 운명이었다. 27 이 의자는 나무로 만들어진다. 28 차, 코코아, 커피는 카페인을 함유한 식물로 만들어진다. 29 그 음악가는 모두에게 알려져 있다. 30 그는 인공지능 분야의 개척자로 알려져 있다. 31 홋카이도는 겨울에 눈이 많이 내리는 것으로 알려져 있다. 32 사람은 그가 사귀는 친구를 보면 알 수 있다.

▶▶ 개념적용

by 이외의 전치사를 사용하는 수동태

빈칸에 알맞은 전치사를 쓰시오.

1. The news is known _____ everybody.
2. I'm bored _____ staying here.
3. He was alarmed _____ what he had just heard.
4. White wines are actually made _____ red grapes.
5. He was completely absorbed _____ watching television.

> 1. to/ be known to: ~에게 알려지다/ 그 소식은 모두에게 알려져 있다. 2. with/ be bored with/ 여기에 머무르는 것이 지루하다. 3. at/ be alarmed at: ~에 놀라다/ 그는 자신이 방금 들은 이야기에 놀랐다. 4. from/ be made from: ~으로 만들어지다(화학적 변화)/ 화이트와인은 실제로 적포도로 만들어진다. 5. in/ be absorbed in: ~에 몰두하다/ 그는 텔레비전에 정신이 팔려있었다.

17 be married to, be satisfied with 등 be p.p.뒤에 by 외의 다른 전치사를 사용하는 경우

Easy-Peasy Grammar!

1 능동태와 수동태의 예시

| 1 | I buy a book. <능동태> | = A book is bought by me. <수동태> |
| 2 | A letter is written by me. <수동태> | = I write a letter. <능동태> |

위 문장들은 앞에서 배운 수동태 문장 전환을 통해 쉽게 만들 수 있습니다.
그렇다면, "He is married to her."를 능동태로 전환할 수 있을까요? 이 문장은 능동태로 전환할 수 없습니다.

2 수동태에서 뒤에 by 이외의 전치사를 사용하는 이유

"The book is useful (for children)."와 같이 "주어(The book) + 동사(is) + 보어(useful) + 전치사구(for children)"와 같은 형태로 "He is married to her."를 이해해 보겠습니다.

1	He **is married to** her.	"is married"를 하나의 수동태 동사처럼 취급하면 "결혼되어진다"라는 어색한 의미가 됩니다.
	He　is　　married　　　to her. 　　be + 형용사(married) + 전치사구(to her)	be동사에 보어로 married가 위치하고 전명구가 이어진다고 생각하면 훨씬 더 자연스러운 문장으로 보입니다.
2	He **is interested in** the movie.	주어(He) + 동사(is) + 보어(interested) + 전치사구(in the movie)
3	He **is surprised at** the news.	주어(He) + 동사(is) + 보어(surprised) + 전치사구(at the news)
4	He **is satisfied with** his explanation.	주어(He) + 동사(is) + 보어(satisfied) + 전치사구(with his explanation)

1 그는 그녀와 결혼했다. 2 그는 그 영화에 관심이 있다. 3 그는 그 소식에 놀랐다. 4 그는 그의 설명에 만족한다.

위의 문장들은 능동태 문장에서 수동태로 전환된 형태가 아니라, be동사의 보어로 과거분사가 와서 by 이외의 다른 전치사가 오는 경우입니다. 따라서 "He is married to her."와 같은 문장은 상태를 나타내는 형용사와 전치사구의 조합으로 이해하는 것이 자연스럽습니다.

3 be p.p. 뒤에 by 외의 다른 전치사들을 쓰는 경우(수동태 형태의 관용표현 참조)

1	I **was disappointed with** his lack of courage.	be disappointed with[at]: ~에 실망하다
2	I **was embarrassed at** his abrupt question.	be embarrassed at: ~에 당황하다
3	The job **is related to** my major.	be related to: ~와 관계가 있다
4	He **was tired of** hamburger.	be tired of: ~에 싫증이 나다

1 나는 그의 용기의 부족에 실망했다. 2 나는 그의 갑작스러운 질문에 당황했다. 3 그 일은 나의 전공과 관련되어 있다. 4 그는 햄버거에 싫증이 났다.

"be married to를 능동태로 전환할 수 있을까요?"
수동태에서 by 외의 다른 전치사를 사용하는 경우를 YouTube를 통해 확인하세요!

03 Review Test

수동태와 관련해서는 다음과 같은 내용이 자주 출제됩니다.

① 동사와 전치사로 된 동사구가 수동태로 되었을 때 과거분사 뒤에 전치사
② 수동태에서 by 이외의 전치사를 쓰는 경우
③ 수동태와 능동태의 구분
④ 3형식, 4형식, 5형식의 구문이 수동태가 될 때 어형의 변화

이러한 내용들은 수동태와 관련된 문제를 해결하는 데 매우 중요하므로, 반드시 잘 숙지해 두어야 합니다.

01 다음 중 어법상 <u>틀린</u> 문장을 고르시오.

① She was taken to the hospital last night.
② It is said that opposites attract.
③ When did the photo take?
④ He was appointed as a witness.

[02-10] 빈칸에 알맞은 것을 고르시오.

02 This washing machine _____ by my brother right now.

① been repaired ② repaired
③ is being repaired ④ being repaired

03 Computers and new methods of telecommunication _____ revolutionized the modern office.

① say to be ② say to have
③ are said to be ④ are said to have

04 Milk proteins _____ for the high nutritional content.

① value ② are valued
③ are valuing ④ they are valued

05 She is _____ as a good student.

① thought of ② thinking of
③ thought ④ thinking

06 He was _____ his aunt in his childhood.

① taking good care ② taken good care
③ taken good care of ④ taken good care of by

07 Gas lamps using gas made from coal _____ to the United States in 1806.

① introduced ② were introduced
③ introducing ④ were introducing

08 He _____ time off work to take care of some personal business.

① gave ② will give
③ was given ④ had given

09 Noam Chomsky, a professor at MIT, _____ as one of America's greatest linguists.

① has acknowledgment ② is acknowledged
③ acknowledges ④ acknowledged

10 Are all telephone numbers _____ in the directory?

① list ② listed
③ listing ④ being listed

[11-20] 밑줄 친 부분 중 어법상 틀린 것은?

11 The ①convict was ②let go home ③after serving the ④sentence.

12 He was ①known to be a good administrator and was ②well spoken of his ③superiors. He always ④maintained an extremely low profile.

13 Women are severely ①affecting by cellulite. Women, in fact, ②tend to accumulate fat on their thighs and buttocks. Also, cellulite becomes more ③common with ④aging.

14 Acetic acid ①may make by combining ②air with ③an alcohol solution ④in the presence of bacteria.

15 It ①has argued that American society ②has come to ③depend on drugs, ④both legal and illegal.

16 ①When overall exports ②exceed imports, a country ③said ④to have a trade surplus.

17 ①Farm animals have been ②regardless by ③nearly all societies as a valuable economic ④resource.

18 U.S. officers ①said that the ②Iraqi missiles apparently were not ③arming with chemical or biological ④weapons.

19 It's the first time ①since 1988, when Indiana was ②fallen by Richmond, that the ③defending champion failed ④to survive the first round.

20 Corn ①originated in ②the New World and thus ③did not know in Europe until Columbus found it ④being cultivated in Cuba.

Chapter 04

조동사 (Auxiliary Verb)

조동사는 본동사와 결합하여 절에 보조적 의미를 첨가하는 특수한 동사를 말한다. 동사 앞에 위치하여 말하는 이의 주관적 판단, 의향, 의지 등 심적 태도(mood)를 나타내는 법조동사와 시제, 태, 부정문, 의문문 등 문장의 형식을 전환하는 데 쓰이는 일반 조동사가 있다.

법조동사	일반조동사
말하는 사람의 심적 태도(mood) 표현	문장의 형태를 바꾸는 역할
can, could, will, would, shall, should, must, may, might 등	be(진행형, 수동태), do(의문문/부정문, 강조, 도치, 대동사), have(완료형)

Unit 17   조동사의 특성 및 일반 조동사 be·have·do
Unit 18   조동사 can, may, must, ought to, shall·should, will·would
Unit 19   조동사 need·dare, used to, had better·would rather
Unit 20   조동사 + have p.p., 조동사 관용표현

Unit 17 조동사의 특성 및 일반 조동사 be·have·do

He **does** his best in everything. vs He **does** look tired.
본동사 vs 조동사

"He does his best in everything."에서 does는 3인칭 주어 He가 와서 수일치 되어 동사가 does가 되었으며, 동사가 하나이므로 본동사로 쓰였다고 볼 수 있다. do one's best는 "최선을 다하다"라는 의미를 가지고 있다.
"He does look tired."에서는 does 다음에 일반동사 look이 이어졌으므로, does가 조동사로 쓰였다고 볼 수 있다. 조동사의 여러 역할 중 이 문장에는 일반동사 look 앞에 does가 위치해 일반동사의 의미를 강조하고 있다. 따라서 "그가 정말 피곤해 보인다."라는 의미를 가지게 된다.

 Ace Your Grammar!

법조동사의 의미 파악 ★

법조동사는 서술하는 사람의 심적 태도나 기분 심정을 나타내는데, 조동사에 따라 의미 차이가 있다. can은 능력, 허가, 가능성, may는 허가, 가능성, should는 의무, 필요, would, used to 등은 과거의 습관을 의미한다. 각 조동사의 용법과 의미를 익혀야 조동사 관련 문제를 풀 수 있다.

You _____ take an umbrella with you. It's going to rain today.　　　　(2009 계명대)

① ought　　　　　　　　② should
③ would　　　　　　　　④ going to

빈칸 다음에 일반동사가 이어지므로 조동사가 필요하다. 우산을 챙겨가야 하는 당위성에 관한 내용이므로, should가 정답이 된다. ①의 ought는 항상 to부정사를 수반하므로 정답이 될 수 없다.

우산을 가져가야 한다. 오늘은 비가 올 것이다.　　　　②

1 조동사의 특성

① 수일치 변화를 하지 않으며, 조동사 뒤에는 동사원형이 온다.

1	He *cans do it. (×)	→ He can do it. (○) 수일치 변화하지 않음
2	I can *to do[doing] it. (×)	→ I can do it. (○) 조동사 뒤에 동사원형이 와야 함

② 부정의 not은 조동사 바로 뒤에 쓴다.

3	You **can not do** it.	can not + V
4	You **had better not do** it.	had better와 would rather는 한 덩어리로 인식하여 부정문을 만들 때
5	I **would rather not do** it.	뒤에 not을 붙인다.
6	(cf.) You **ought to do** it. → You **ought not to do** it.	ought **not to**
7	(cf.) She **needn't have** taken an umbrella.	조동사가 2개인 경우 not을 첫 번째 조동사 뒤에 둔다.

1 그는 그것을 할 수 있다. 2 나는 그것을 할 수 있다. 3 당신은 그것을 할 수 없다. 4 당신은 그것을 안 하는 게 좋을 것이다. 5 안 하는 게 낫겠어요. 6 당신은 그것을 해야 한다./당신은 그것을 해서는 안 된다. 7 그녀는 우산을 가져갈 필요가 없었다.

2 일반 조동사 be·have·do

일반 조동사 do 이외에는 동사원형과 쓰지 못하며, 조동사 be, have, do는 인칭에 따른 어미변화를 한다.

① be: 진행형, 수동태, be + to 용법

1	She is *arrive soon. (×)	→ She **is arriving** soon. (○) <진행형>

② have: 완료형을 만들 때

2	She has *went to America. (×)	→ She **has gone** to America. (○) <have + p.p.>

③ do: 의문문, 부정문, 동사의 강조, 도치구문, 대동사

3	Does she *seems to understand? (×)	→ **Does** she **seem** to understand? (○)
4	I **do** not like her. She *do not like me, either. (×)	→ I **do** not like her. She **does** not like me, either. (○)
5	She **did** leave on Saturday.	일반 동사의 의미를 강조: 정말, 확실히
6	Never **did** I see such a fool.	도치
7	He works harder than I **do**(= work).	대동사 do는 앞의 동사 work를 대신한다.

1 그녀는 곧 도착할 예정이다. 2 그녀는 미국에 갔다. 3 그녀가 이해하는 것처럼 보이나요? 4 나는 그녀를 싫어한다. 그녀 또한 나를 좋아하지 않는다. 5 그녀는 정말 토요일에 떠났다. 6 나는 그런 바보를 본 적이 없었다. 7 그는 나보다 열심히 일한다.

Unit 18 | 조동사 can, may, must, ought to, shall·should, will·would

1 can

조동사 can은 '~할 수 있다'의 의미로 be able to로 바꾸어 쓸 수 있으며, '능력, 추측, 허가, 공손한 요청'을 나타낼 때 사용한다.

① 가능, 능력(= be able to)

1. He **can** write with either hand.
2. She **can** count up to 10 in Italian.
3. (cf.) He is so strong that he **will be able to** endure any difficulties.
4. (cf.) We **have been able to** reach an agreement.

> can은 사람, 사물 주어가 모두 가능하지만 be able to는 사람 주어를 원칙으로 하며, "미래"와 "완료형"일 경우 can 대신 be able to가 쓰인다.
> 미래형: will be able to
> 완료형: have been able to

② 추측, 강한 의혹: 의문문이나 부정문(~일 리가 없다)

5. **Can** it be true?
6. His story **cannot be** false.
7. ↔ His story **must be** false.
8. She **cannot have written** the letter.
   = It is impossible that she wrote the letter.

> = It is impossible that his story is false. <현재의 추측>
> 반대 must be: ~임이 틀림없다
> (cf.) cannot have + p.p.: 과거 일에 대한 추측(~였을 리 없다)

③ 허가

9. **Can** I give you a ring tonight?
10. **Could** I borrow your calculator for a moment?

> 조동사를 과거형으로 쓰면 정중한 표현이 된다.

④ can의 관용적 표현

11. I **cannot but admire** his courage.
    = I **cannot help admiring** his courage.
12. We **cannot** be **too** careful in driving.
13. He **cannot** write a letter **without** making some mistakes.
14. (It) **Couldn't** be **better**.

> cannot but + 동사원형: ~하지 않을 수 없다
> cannot help + -ing: ~하지 않을 수 없다
> cannot ~ too: 아무리 ~해도 지나치지 않다
> cannot A without B: A하면 반드시 B한다
> can을 비교급의 부정과 같이 사용하면 최상의 의미를 갖는다.

---

1 그는 양손으로 글을 쓸 수 있다. 2 그녀는 이탈리아어로 10까지 셀 수 있다. 3 그는 아주 강해서 어떤 어려움도 견뎌낼 수 있을 것이다. 4 우리는 합의에 도달할 수 있었다. 5 그것이 사실입니까? 6 그의 이야기가 거짓일 리가 없다. 7 그의 이야기는 거짓임에 틀림없다. 8 그녀가 그 편지를 썼을 리가 없다. 9 오늘밤 전화 걸어도 될까요? 10 계산기를 잠깐 빌릴 수 있을까요? 11 나는 그의 용기에 감탄하지 않을 수 없다. 12 운전할 때 아무리 조심해도 지나치지 않습니다. 13 그는 편지를 쓰기만 하면 반드시 실수한다. 14 이보다 더 좋을 순 없다.

> **개념적용**
> can이 미래형으로 쓰일 경우

The baby _____ walk well next year.
① will be able to   ② can be able to
③ will is able to   ④ able to

> next year란 미래시점 부사어가 있으므로 미래형이 적절하다. can의 미래형과 완료형은 be able to를 써서 보충한다. 미래형: will be able to/ 완료형: have been able to
> 그 아기는 내년이면 잘 걸을 수 있을 것이다.   ①

2 may

① 허가

1. You **may** wait in my office but you **may** not smoke.
2. **May** I use your car?
   - Yes, you **may**. (= Yes, certainly.)
   - No, you **may not**. (= I'm sorry you can't.)
   - No, you **must not**. (= Certainly not.)

   허가의 요청과 응답
   그러세요. <허가>
   그렇게 하실 수 없습니다. <거절>
   절대 안 됩니다. <금지>

3. Nobody **was allowed to** use my car.   과거, 미래는 'be allowed[permitted] to부정사'로 쓴다.

② 추측: 희박한 가능성(can보다 약한 뜻)

4. The road **may** be blocked.   = It is possible that the road is blocked.
5. He **may[might] have left** this morning.   may[might] have p.p.: 과거에 대한 불확실한 추측

③ 소원·기원

6. **May** he rest in peace!   May + S + V: 부디 ~하기를!

④ 완곡한 표현의 might(현재의 사용)

7. You **might** make a little less noise.   = Please make a little less noise.
8. **Might** I smoke in this room?   허가

⑤ may의 관용적 표현

9. She **may well** be angry.   may well: ~하는 것이 당연하다
10. You **might as well** begin at once.   may as well: ~하는 것이 좋겠다(= had better)
11. You **may as well** not know a thing at all **as** know it imperfectly.   may as well A as B: B하는 것보다 A하는 것이 낫다

---

1 사무실 안에서 기다려도 되지만 담배는 피우지 못한다. 2 차 좀 써도 될까요? 3 누구도 내 차를 쓰는 것이 허락되지 않았다. 4 길이 막힐지도 모른다. 5 그는 오늘 아침에 떠났을지도 모른다. 6 고이 잠드소서! 7 좀 덜 시끄럽게 하면 좋겠는데. 8 이 방에서 담배 피워도 되겠습니까? 9 그녀가 화내는 것은 당연하다. 10 즉시 시작하는 것이 좋겠어요. 11 불완전하게 아는 것보다 전혀 모르는 것이 차라리 낫다.

3 must

① 필요, 의무, 명령

1	You **must** come.	= You have to come.
2	Man **must** have food, clothing, and shelter to live.	
3	(cf.) I **had to** walk to the work *yesterday* because my car broke down. <과거>	must는 과거, 미래시제에 쓰이지 않는다. have to를 사용하여 과거는 had to, 미래는 will have to로 나타낸다. 단, 종속절에서는 must를 과거 시제에 사용할 수 있다.
4	(cf.) He **will have to** meet her *tomorrow*. <미래>	
5	(cf.) He *said* that I **must** stop smoking. <종속절>	
6	I**'ve got to** start now. = **I have to** start now.	have got to: have to의 구어적 표현

② 강한 추측: ~임에 틀림없다

7	It **must** be raining outside.	must: ~임에 틀림없다

③ must have + p.p.: 과거에 대한 추측을 나타내며 현재, 과거 시제를 겸용한다.

8	He **must have been** a clever boy.	must have p.p.: ~였음에 틀림없다
9	↔ He **couldn't have been** a clever boy.	↔ cannot[could not] have p.p.: ~였을 리가 없다

④ must의 부정

10	You **need not** answer all these questions.	불필요: need not, don't have to(~할 필요가 없다)
11	You **must not** drink coffee on an empty stomach.	금지: must not, be not allowed to(~해서는 안 된다)
12	The rumor **cannot be** true; I cannot believe it.	추측: cannot be(~일 리 없다)

1 꼭 오셔야 합니다. 2 인간은 살기 위해서 의식주를 가져야 한다. 3 어제 차가 고장나서 걸어서 출근해야 했다. 4 그는 내일 그녀를 만나야 할 것이다. 5 그는 내가 담배를 끊어야 한다고 말했다. 6 나는 지금 출발해야 한다. 7 밖에 비가 오는 게 틀림없다. 8 그는 영리한 아이였음이 틀림없다. 9 그는 영리한 아이였을 리가 없다. 10 이 모든 질문에 답할 필요는 없다. 11 공복에 커피를 마시면 안 된다. 12 그 소문이 사실일 리 없다. 그래서 나는 그것을 믿을 수 없다.

4 ought to

① 의무, 당연(= should)

1	We **ought to** look up to our parents.	must보다 약하고 should와 거의 비슷하다.
2	You **ought to** visit him in the hospital.	

② 추측

3	It **ought to** be rainy tomorrow.	
4	She **ought to** have arrived at his office by now.	

③ ought to의 부정(= ought not to)

5	We **ought not to** eat such high fat food.	not은 부정사나 동명사와 같은 준동사를 수식할 때는 그 앞에 온다. 따라서 ought to의 부정은 ought not to가 된다.
6	You **ought not to** go there alone.	

1 우리는 우리 부모님을 존경해야 한다. 2 당신은 병원에 있는 그를 방문해야 한다. 3 내일은 비가 올 것이다. 4 그녀는 지금쯤 그의 사무실에 도착했어야 했다. 5 우리는 그런 고지방 음식을 먹어서는 안 된다. 6 너는 거기에 혼자 가서는 안 된다.

5 shall · should

① shall

1	You **shall** hear from me before long.	= I will inform you before long. <화자의 의지표시>
2	**Shall** I go there?	= Do you want me to go there? <상대의 의사를 물음>
3	**Shall** we go out for a walk?	= Let's go out for a walk.
4	All records of this meeting **shall** be destroyed.	규칙·명령: ~해야 한다
5	I **shall** graduate from college this year.	1인칭의 단순미래(특히 영국 영어)

② should

6	Everyone **should** depend on his own ability.	의무, 당연
7	It is *natural* that she **(should)** want to have children.	이성적·감정적 판단의 형용사나 주장·제안 동사 뒤에 오는 that절에는 '(should) + 동사원형' <가정법 참조> 이성적 판단의 형용사(essential, imperative, important 등)
8	It is *strange* that she **(should)** marry him.	감정적 판단의 형용사(strange, surprising, curious 등)
9	She *proposed* that the book **(should)** be banned.	주장·제안의 동사(suggest, insist, demand, propose 등)
10	He fled *lest* he **(should)** be killed.	lest(~하지 않도록; ~하면 안 되니까) 뒤 should는 종종 생략된다.
11	I wrote down her address and phone number *in* case I **should** forget it.	주절의 시제가 미래(future), 현재, 현재완료일 경우 in case절의 시제는 '현재'나 'should + V'이다. 주절의 시제가 과거나 과거완료일 경우 in case절의 시제는 '과거'나 'should + V'이다.

1 곧 소식 전하겠습니다. 2 제가 거기 갈까요? 3 산책하러 갑시다. 4 이 회의의 모든 기록은 파기되어야 한다. 5 나는 올해 대학을 졸업한다. 6 모든 사람은 자신의 능력에 의존해야 한다. 7 그녀가 아이를 갖고 싶어 하는 것은 당연하다. 8 그녀가 그와 결혼한다는 것이 이상하다. 9 그녀는 그 책이 금지되어야 한다고 제안했다. 10 그는 살해될까 봐 도망쳤다. 11 나는 그녀의 주소와 전화번호를 잊지 않도록 적어 두었다.

6 will · would

① will

1	I **will** go with him wherever he goes.	주어의 의지
2	Accidents **will** happen.	경향, 습성
3	Dogs **will** bark when they see a stranger.	
4	He **will** often come to see me these days.	현재의 불규칙적 습관
5	She **will** have her own way in everything.	현재의 고집·거절
6	Help me carry this suitcase, **will** you?	명령문의 부가의문문

② would

7	When I was a boy, I **would** go to school by bicycle.	과거의 불규칙적 습관
8	The horse **would** not move at all.	과거의 고집·거절
9	**Would** you **like to** go dancing with us? - I'd like to(= I'd love to).	공손한 표현: would는 과거가 아니라 현재나 미래의 정중한 부탁을 하는 공손한 표현이다. would like[love, prefer] to부정사(= want) (~하고 싶다(want의 정중한 표현))
10	**Would you mind opening** the door? - No, not at all./ Certainly not. <긍정> - Yes, I would. <부정>	Would you mind -ing?: 죄송하지만 ~해주시겠습니까?

1 나는 그가 가는 곳이면 어디든 그와 함께 갈 것이다. 2 사고는 일어나기 마련이다. 3 개는 낯선 사람을 보면 짖는다. 4 그가 요즘 나를 자주 보러온다. 5 그녀는 모든 일에 자신만의 방식이 있다. 6 이 여행 가방 옮기는 거 좀 도와주세요. 7 나는 어렸을 때 학교에 자전거를 타고 갔다. 8 그 말은 전혀 움직이지 않았다. 9 함께 춤추러 가시겠습니까?/ 그러겠습니다. 10 문 좀 열어 주시겠습니까?/ 예, 열어드리겠습니다./ 곤란한데요.

Unit 19 | 조동사 need·dare, used to, had better·would rather

1 need·dare

부정문/의문문에서 can이나 must처럼 조동사로 쓰일 수 있다. 긍정문에서는 본동사로 쓰여 뒤에 to부정사, 명사, 대명사 등을 목적어로 취한다.

① 부정문, 의문문에서 조동사로 쓰인다.
  dare는 부정문과 의문문에서 to부정사나 원형부정사를 둘 다 취할 수 있다.

1	She **need** *tell* the truth.	= She doesn't need to tell the truth.
2	**Need** he *work* so hard?	= Does he need to work so hard?
3	He **dared not** *look* me in the face.	= He didn't dare to look me in the face.
4	How **dare you** *say* such a thing?	= How do you dare to say such a thing?
5	He **daren't** *tell* us.	dare + 원형부정사

② 긍정문에서는 본동사로 쓰이며 to부정사를 목적어로 취한다.

6	You **need** *to do* this at once.	
7	She **dared** *to venture* an opinion of her own.	dare to venture an opinion: 위험을 무릅쓰고 과감히 주장하다

③ need가 일반동사 어법에서 조동사로 쓰이는 경우
  need가 only, all과 같이 쓰이는 경우에는 조동사로 사용되어 to 없는 부정사를 취한다.

8	If she wants anything, she **need only** *ask*.	need only + 동사원형
9	**All you need** *do* is (to) listen carefully.	All + S + need + 동사원형

④ dare가 일반동사 어법에서 조동사로 쓰이는 경우

10	She does not **dare** (to) ask him.	
11	(cf.) She <u>dared not</u> say even a word. (cf.) She <u>didn't dare</u> (to) say even a word.	조동사 dare의 과거형은 일반동사 dare의 과거형과 마찬가지로 dared이다. 과거형에서는 두 형식이 모두 가능하다.

⑤ need not have + p.p.와 didn't need to의 차이

12	You **needn't have done** it (but you did it).	반대의 사실을 내포: 실제로 했다는 의미
13	You **didn't need to** do it (so you didn't do it).	그럴 필요가 없음을 의미하며 할 필요가 없어서 하지 않았다는 의미

1 그녀는 진실을 말할 필요가 없다. 2 그가 그렇게 열심히 일할 필요가 있나요? 3 그는 감히 내 얼굴을 똑바로 쳐다보지 못했다. 4 어떻게 감히 그런 말을 할 수가 있어요? 5 그는 감히 우리에게 말할 용기가 없다. 6 당신은 즉시 이것을 해야 한다. 7 그녀는 위험을 무릅쓰고 과감히 자신의 의견을 내놓았다. 8 원하는 것이 있으면, 물어보기만 하면 된다. 9 당신이 해야 할 것이라곤 주의 깊게 듣는 것이다. 10 그녀는 그에게 물어볼 용기가 없다. 11 한마디도 말할 용기가 없었다. 12 너는 그것을 할 필요가 없었는데. <실제로 했다는 의미> 13 너는 그것을 할 필요가 없었다. <그래서 하지 않았다는 의미>

MSG+ 조동사 need의 과거형은 없고, needed는 일반동사 need의 과거형이다.

과거시제 긍정문: He needed to earn money./ 과거시제 부정문: He didn't need to earn money.

2 used to

① 과거의 규칙적인 습관: ~하곤 했다	
1	I **used to** smoke, but not now.	과거의 규칙적이고 중요한 습관을 나타낼 때는 used to V를 사용한다.
2	When I was younger, my grandmother **used to** make me delicious snacks.	
② 과거의 사실, 상태: 이전에는 ~이 있었다, 전에는 ~이었다	
3	There **used to** be a church there. (○) (cf.) There ***would** be a church there. (×)	used to V는 과거의 규칙적인 습관뿐만 아니라 과거의 상태도 나타낼 수 있지만, would는 '과거의 습관'만 표시할 수 있다.
4	He **used to** be a pilot but now he is a hotel manager.	
5	(cf.) He **was used to getting** his own way.	be[get, become] used to (동)명사: ~에 습관된다, 익숙하다 be used to의 to는 전치사로, 뒤에 (동)명사가 와야 한다.

1 나는 전에는 담배를 피웠지만, 지금은 피우지 않는다. 2 내가 어렸을 때, 할머니는 나에게 맛있는 간식을 만들어 주곤 했다. 3 이전에 그곳에 교회가 있었다. 4 그는 조종사였지만 지금은 호텔 지배인이다. 5 그는 자기 마음대로 하는 데 익숙했다.

 'be used to (동)명사'만 온다고 생각해서는 안 된다. 문장의 의미를 파악해야 한다.

be used to V/ be used for -ing: ~하기 위하여 사용되다
Salt **is used to** preserve food. 소금은 음식을 보존하는 데 사용된다.

3 had better · would rather

① had better + 동사원형	
1	You **had better** *take* your umbrella with you today.	(말하는 사람의 충고를 나타내어) '~하는 것이 좋겠다' = may[might] as well + 동사원형
2	You **had better** *wait* until the rain stops.	
② would rather + 동사원형 　would rather + 동사원형(A) + than + 동사원형(B)	
3	I **would rather** *stay* home tonight.	오히려[차라리] ~하겠다(= would sooner, would as soon)
4	I **would rather** *die* than *live* in dishonor.	B 하느니 차라리 A 하겠다
③ had better/ would rather의 부정	
5	You **had better not** go out after dark in New York.	had better, would rather는 하나의 조동사로 취급하여 부정어를 맨 뒤에 쓴다.
6	I **would rather not** mention details.	

1 오늘은 우산을 가지고 가는 것이 좋겠다. 2 비가 그칠 때까지 기다리는 것이 좋겠다. 3 오늘 밤은 오히려 집에 있는 게 좋겠다. 4 불명예스럽게 사느니 차라리 죽는 편이 낫다. 5 뉴욕에서는 어두워진 후에는 외출하지 않는 것이 좋다. 6 자세한 내용은 언급하지 않겠다.

Unit 20 | 조동사 + have p.p., 조동사 관용표현

1 조동사 + have p.p.

① 과거의 추측

1	She **may have missed** the last train.	may + have + p.p.: ~이었을지도 모른다 (과거 사실에 대한 가능성 있는 추측)
2	She **cannot have missed** the last train.	cannot + have + p.p.: ~이었을 리가 없다
3	She **must have missed** the last train.	must + have + p.p.: ~했음에 틀림없다(과거에 대한 단정)

② 과거의 유감

4	You **should have told** me that matter yesterday.	should [ought to] + have + p.p.: ~했어야 했는데 (과거에 못 한 일의 유감·후회)
5	You **had better have seen** the doctor earlier.	had better[would rather] + have + p.p.: ~하는 게 좋았을 텐데
6	He **need not have attended** the meeting.	need not + have + p.p.: ~할 필요가 없었는데

③ 가정법적 표현

7	The police **could have found** his fingerprints.	could have p.p.: ~할 수도 있었는데(과거 사실의 반대)
8	You **would have done** the same for me.	would have p.p.: ~했을 텐데, 했었을 거야

1 그녀가 마지막 기차를 놓쳤을지도 모른다. 2 그녀가 마지막 기차를 놓쳤을 리가 없다. 3 그녀가 마지막 기차를 놓쳤음에 틀림없다. 4 당신은 어제 그 문제를 저에게 말했어야 했어요. 5 의사에게 더 일찍 갔다라면 좋았을 것이다. 6 그는 회의에 참석할 필요가 없었다. 7 경찰은 그의 지문을 찾을 수도 있었는데 못 찾았다. 8 당신은 나에게도 똑같이 했을 텐데.

▶▶ **개념적용**
과거의 추측의 표현

There is no possibility that she committed suicide.
= She _____ have committed suicide.

추측 → may have p.p. '~이었을지도 모른다 (과거 사실에 대한 추측)'/ cannot have p.p. '~이었을 리가 없다'/ must have p.p. '~했음에 틀림없다 (과거에 대한 단정)'

그녀가 자살했을 리가 없다.   cannot

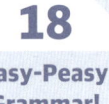

조동사 해석 시 유의사항

영어에서 조동사를 해석할 때 몇 가지 주의해야 할 점이 있습니다. 조동사는 현재형과 과거형이 있지만, 단순히 시제에 따라 해석하면 오해가 생길 수 있습니다.

1 조동사의 현재형과 과거형

조동사의 과거형은 실제 과거를 나타내는 경우보다 공손한 표현이나 사실이 아닌 경우를 나타낼 때 더 많이 사용됩니다. 따라서 단순히 과거형으로 번역하면 의미가 달라질 수 있습니다.

현재형: will, can, shall, may, must
과거형: would, could, should, might

1	I **will** do it.	= 나는 그것을 할 것이다.
2	I **would** do it.	= 나는 그것을 할 것이다./ 나는 그것을 했을 것이다. (×)

이처럼 would V는 will처럼 '~할 것이다'로 번역됩니다.

2 조동사 + have p.p.

조동사를 과거형으로 번역할 때는 '조동사 + have p.p.'의 형태로 나타내야 합니다.

cannot V ~일 리가 없다	cannot have p.p. ~였을 리가 없다
may[might] V ~일지도 모른다	may[might] have p.p. ~였을지도 모른다
should V ~해야 한다	should have p.p. ~했어야 했다
must V ~임이 틀림없다	must have p.p. ~였음에 틀림없다

1	I **would** do it.	= 나는 그것을 할 것이다.
2	I **would have done** it.	= 나는 그것을 했을 것이다.

will[shall] have p.p.는 미래완료로 사용되며 과거로 쓰이지 않습니다. 그 외의 '조동사 + have p.p.'는 모두 과거로 해석됩니다. 이 내용을 참고하여 조동사를 번역할 때 정확하게 의미를 전달하세요.

"조동사의 과거형은 왜 이런 식으로 해석될까요?"
조동사 해석 시 유의사항을 YouTube를 통해 확인하세요!

2 조동사 관용표현

① may well

| 1 | You **may well** get angry at his rude words. | ~하는 것도 당연하다 |

② may[might] as well/ may[might] as well A as B

| 2 | You **may as well** take a rest. | ~하는 것이 더 낫다 |
| 3 | You **might as well** stay at home **as** go out with him. | B하는 것보다는 A하는 것이 더 낫다 |

③ cannot ~ too

| 4 | People **cannot** be **too** careful in driving a car. | 아무리 ~해도 지나치지 않다 |

④ have only to

| 5 | You **have only to** do as you were told. | ~하기만 하면 된다 |

1 당신이 그의 무례한 말에 화를 내는 것도 당연하다. 2 휴식을 취하는 것이 더 낫겠어요. 3 그와 데이트를 하느니 집에 있는 게 낫겠어요. 4 차를 운전할 때는 아무리 주의해도 지나치지 않다. 5 시키는 대로만 하면 된다.

04 Review Test

조동사와 관련해서는 다음과 같은 내용이 자주 출제됩니다.

① 과거의 추측이나 유감의 의미로 사용되는 '조동사 + have p.p.'의 용법 구분
② 기본 조동사 can, may, must의 용법
③ 'cannot but 동사원형' 등의 can과 관련된 관용표현
④ used to와 be used to의 구별

이러한 내용들은 조동사 관련 문제를 해결하는 데 매우 중요하므로, 반드시 잘 숙지해 두어야 합니다.

[01-10] 빈칸에 알맞은 것을 고르시오.

01 They _____ moved from their old house.

① may haven't   ② do not may have
③ not may have   ④ may not have

02 "Bill didn't come to his nine o'clock class yesterday."
"He _____ himself."

① must overslept   ② must be oversleeping
③ must have overslept   ④ must had overslept

03 A: Would you have lunch with me?
B: If you don't mind, _____. I've got a bit of toothache.

① I wish I will   ② I'm willing to
③ I'd rather not   ④ I'd like to

04 He insists that I _____ go.

① should   ② would
③ might   ④ could

05 Everything is covered in white. It _____ last night.

① should have snowed   ② could have snowed
③ must have snowed   ④ can't have snowed

06 You ought _____ to see me yesterday.

① to come   ② have come
③ have to come   ④ to have come

07 John: "What's the matter?"
Mary: "I've got a headache."
John: "You _____ go back to bed."
Mary: "I'm all right."

① must not   ② are able to
③ had better   ④ could not

08 He drove slowly so that he _____ get a good view of the countryside.

① might   ② should
③ can not   ④ had to

09 His advice _____ not be taken, need it?

① need   ② was needed
③ needs   ④ is needed

10 How _____ say that I cannot make a good job of it?

① you dare   ② dare you
③ do you dare   ④ dare you to

[11-19] 다음 문장의 밑줄 친 부분 중 문법적으로 틀린 부분을 고르시오.

11 I ①would rather ②staying at home ③than ④go for a walk.

12 Attitudes ①held by individuals are not ②directly observable; they ③must to be inferred ④from behavior.

13 A fish constantly ①must have to gulp water ②to keep a current ③flowing through ④its delicate gills.

14 One mistake ①is able to do ②damage to the ③whole process and ④result in failure.

15 Wilson ①doesn't ought to ②notify them ③until he ④confirms the news.

16 ①Yesterday's concert was ②a confusion and the band didn't play ③as well as it ④uses.

17 The labor union members ①shouted that they ②would rather ③die than ④losing their jobs.

18 ①To qualify for such a job, you ②can have a degree ③in physical therapy from an ④accredited college program.

19 I ①missed my flight this morning; you ②should give me a ③wake up call as you ④had promised.

20 다음 중 주어진 문장과 의미가 가장 가까운 것을 고르시오.

We had plenty of bread, so I need not have bought a loaf.

① We had plenty of bread, so I need not bought a loaf.
② We had plenty of bread, so I had to buy a loaf.
③ We had plenty of bread, so I didn't need to buy a loaf.
④ We had plenty of bread, so I didn't have to buy a loaf but I bought one.

Chapter 05

가정법 (Subjunctive Mood)

가정법은 '만약 ~라면', '만약 ~이었다면'이라는 뜻으로 해석되는 문장 형태로, 현재나 과거 사실과 반대되는 상황을 가정하거나, 미래의 실현 가능성이 없거나 불확실한 일에 대한 소망이나 상상을 나타내는 표현법이다. 가정법 현재는 실현 가능성이 있는 미래 상황을 가정하며, 직설법과 동일한 시제를 사용한다. 가정법 미래는 실현 가능성이 낮은 미래 상황에 대한 소망이나 상상을 표현할 때 사용한다. 반면, 가정법 과거, 가정법 과거완료, 혼합가정법은 모두 사실의 반대되는 상황을 가정한다. 가정법은 인칭, 시제, 수와 관계없이 특정한 동사 형태(주로 과거형)를 사용하여 사실과 반대되는 가정을 나타내며, 각 가정법 시제의 의미와 동사 형태를 정확히 숙지해야 한다.

시제	IF절(종속절)	주절	의미
현재	If + S + 현재형[동사원형]	S + will[shall, can, may] + V	미래의 단순한 조건
과거	If + S + 과거형 ※ be동사는 언제나 were	S + would[should, could, might] + V	현재 사실의 반대 상황 가정
미래	If + S + should[were to] + V	S + will[shall, can, may] / would[should, could, might] + V	미래의 실현 가능성 희박한 일의 가정
과거완료	If + S + had + p.p.	S + would[should, could, might] + have + p.p.	과거 사실의 반대 상황 가정
혼합	If + S + had + p.p.	S + would[should, could, might] + V	과거에 있었던 일의 결과가 현재까지 영향을 미치는 것을 가정

Unit 21 불확실한 일에 대한 가정

Unit 22 사실에 반대되는 가정

Unit 23 기타 가정법: I wish + 가정법 등

Unit 24 가정법의 대용

Unit 21 | 불확실한 일에 대한 가정

If it **rains** tomorrow, I **will not go** swimming. <가정법 현재>

vs

If it **should rain** tomorrow, I **would not go** swimming. <가정법 미래>

가정법 현재는 실현 가능성이 높은 미래 상황을 가정하는 조건문으로, 직설법과 동일한 시제를 사용한다. "If it rains tomorrow, I will not go swimming."은 비가 올 가능성이 높을 때 사용하며, 조건이 충족되었을 때 발생할 결과를 설명한다. 가정법 미래는 실현 가능성이 낮은 미래 상황에 대해 가정하거나 소망을 나타낸다. "If it should rain tomorrow, I would not go swimming."은 비가 올 가능성이 희박하거나 불확실한 상황에서 사용한다.

Ace Your Grammar!

가정법 미래 ★★

가정법 미래시제는 실현 가능성이 낮은 미래의 상황을 가정하거나, 소망 또는 상상을 표현할 때 사용된다. 주로 실현 가능성에 대한 강한 의구심을 나타낼 때 if절에 조동사 should가 사용된다.

If my boss _____ while I'm out, please tell her that I'll be back as soon as I finish interviewing the candidates. (2015 가톨릭대)

① call ② should call
③ will call ④ called

가정법 미래의 표현에서, if절의 동사의 형태는 'should + 동사원형'이고, 주절은 명령문 형태도 가능하다. 따라서 ② should call이 빈칸에 적절하다.

제가 나간 사이에 혹시라도 제 상사에게서 전화가 오면, 후보자들의 인터뷰를 끝내는 대로 바로 돌아올 거라고 그녀에게 전해 주세요. ②

1 가정법 현재

현재나 미래에 실현 가능성이 높고 조건이 현실적인 경우에 사용되며, 형태는 직설법 현재와 동일하다.

If + S + V(현재동사/동사원형), S + will[shall, can, may] + V

1. If he **is** honest, I **will employ** him.
2. If I **have** enough money next year, I **will go** to Rome.
3. If it **is/be** fine tomorrow, we **can go** fishing.
4. If any person **is/be** found guilty, he **shall have** the right of appeal.
5. (cf.) If one person **yawns**, everyone else **seems** to start too.   일종의 사실을 전달할 경우

1 그가 정직하다면 나는 그를 고용할 것이다. 2 내년에 충분한 돈이 있다면, 나는 로마에 갈 것이다. 3 내일 날씨가 좋으면, 우리는 낚시하러 갈 수 있다. 4 유죄판결을 받은 사람은 누구든지 항소할 권리가 있다. 5 한 사람이 하품하면, 다른 사람들도 따라 하는 것 같다.

2 가정법 미래

현재나 미래의 실현 가능성이 낮은 상황을 가정하거나 상상을 표현할 때 사용된다. 또한, 정중한 요청이나 제안을 할 때 명령문과 함께 쓰이기도 한다.

If + S + should + V, S + will[shall, can, may] + V
                     would[should, could, might] + V

1. If it **should** rain, I **would**(= will) **take** you home by car.   비 올 가능성이 거의 없음
2. If you **should** see Mary, **give** her my regards.   조건절에 should가 나온 문장을 명령문과 같이 쓰면, 정중한 요청이다.

1 혹시라도 비가 온다면 차로 집까지 태워 주겠다. 2 혹시 메리를 만나거든, 안부 좀 전해 주세요.

3 were to 가정법

현재나 미래에 가능성이 없는 불가능한 일을 가정할 때 사용한다. 이때, 주절의 동사는 반드시 'would[should, could, might] + 동사원형'으로 한다.

If + S + were to + V, S + would[should, could, might] + V

1. If I **were to be born** again, I **would be** a singer.
2. If the sun **were to rise** in the west, I **would not change** my mind. (혹시) ~지라도

1 만약 내가 다시 태어난다면, 나는 가수가 될 것이다. 2 혹시 해가 서쪽에서 뜰지라도, 나는 마음을 바꾸지 않을 것이다.

MSG+

① 있을 수 없는 일에 대한 가정이 아니라, 단순 가정의 were to 가정법도 있다.
If someone **were to** ask you, "Are you happy?", what would you say?
만일 누군가가 "당신은 행복하십니까"라고 묻는다면 당신은 무슨 말을 할 겁니까?

② 주어의 의지를 나타낼 때는 if절에 would를 쓴다.
If you **would** help me, I would be grateful.
저를 도와주시면, 감사하겠습니다.

▶▶ **개념적용**

① 가정법 미래
② were to 가정법
③ 가정법 현재
④ 가정법 미래(정중한 요청)

다음 중 문법적으로 맞는 문장을 고르시오.

① If he should succeed, his parents will have been happy.
② If all the ocean water should dry up, what would happen to the fish?
③ If winter comes, spring isn't far behind.
④ If you should be interested in our offer, please contact us.

① 가정법 미래의 문장이므로, 주절의 동사는 will be나 would be가 되어야 한다. ② 바닷물이 모두 말라 버린다는 것은 불가능한 일이므로 were to 가정법이 적절하다. 따라서 if절의 should를 were to로 고쳐야 한다. ③ 가정법 현재의 문장이므로 주절의 동사는 cannot be가 되어야 한다. ④ 조건절에 should가 나온 문장을 명령문과 같이 쓰면, 정중한 요청이다.

① 그가 성공한다면, 그의 부모님은 행복할 것이다. ② 바닷물이 모두 말라 버린다면, 물고기는 어떻게 될까? ③ 겨울이 오면 봄은 멀지 않다. ④ 우리 제안에 관심이 있으시면, 연락주세요. ④

19 Easy-Peasy Grammar!

가정법 현재와 미래의 원리를 더 쉽게 이해할 수 있습니다.

1 가정법 현재: 조건이 높을 때

조건이 현실적이며, 발생 가능성이 높은 상황을 가정합니다. 일반적으로 사실에 가까운 경우나 높은 확률의 상황을 설명할 때 사용합니다.

형태: If + S + V(현재동사/동사원형), S + will + V

If the sun **rises** tomorrow, I **will go** out. 　　내일 해가 뜨면 나는 밖에 나갈 거야.

2 가정법 미래: 조건이 확률적일 때

발생 가능성이 중간 정도인 상황을 가정합니다. 'should'를 사용하여 조건이 현실적이지 않을 수 있는 가능성을 내포합니다. 'will' 또는 'would'를 사용할 수 있으며, 두 가지 중 어떤 것이 적합한지는 문맥에 따라 달라질 수 있습니다.

형태: If + S + should + V, S + will[would] + V

If it **should** rain tomorrow, I **will take** an umbrella with me.

If it **should** rain tomorrow, I **would take** an umbrella with me. 　　주절의 would는 가능성이 낮거나 더 가정적인 상황에서 사용될 수 있습니다.

해석은 "내일 비가 온다면 나는 우산을 가져갈 거야."로 같지만, 주절에서 would를 사용하면 가능성이 더 낮은 상황을 설명합니다.

3 가정법 미래: 조건이 매우 낮을 때

조건이 매우 비현실적이거나 발생할 가능성이 거의 없는 상황을 가정합니다. 'were to V'를 사용하여 가정이 사실과 다르다는 점을 강조하고, 결과는 'would'로 표현합니다.

형태: If + S + were to + V, S + would + V

If it **were to** snow tomorrow, I **would stay** here. 　　사실적으로는 눈이 올 가능성이 거의 없으므로 이런 표현을 사용합니다.

④ 상황 대입

① 내일 해가 뜨면, 나는 밖에 나갈 거야.

If the sun **rises** tomorrow, I **will go** out — 내일 해는 무조건 뜰 것이므로, 가능성이 높은 상황입니다.

② 내일 비가 온다면, 나는 우산을 가져갈 거야.

If it **should** rain tomorrow, I **will take** an umbrella with me.

If it **should** rain tomorrow, I **would take** an umbrella with me.

비는 올 수도 있고 안 올 수도 있죠? 애매한 가능성을 담고 있습니다. 이 경우, will과 would 모두 사용할 수 있습니다.

③ 내일 눈이 온다면, 나는 여기에 머무를 거야.

If it **were to** snow tomorrow, I **would stay** here. — 말하는 시점이 여름이라면 내일 눈이 올 수 있나요? 이렇게 가능성이 희박한 상황에서는 were to 가정법을 사용합니다.

"가정법 현재와 미래"
가정법 현재와 미래를 한 방에 끝내는 팁을 YouTube를 통해 확인하세요!

Unit 22 | 사실에 반대되는 가정

가정법 과거는 현재 사실에 반대되는 일을 가정, 상상할 때 사용하고, 가정법 과거완료는 과거 사실에 반대되는 일을 가정, 상상할 때 사용한다. 혼합가정법은 과거 사건의 결과가 현재에 미치는 것을 가정하며 보통 시간의 부사어나 문맥으로 판단한다.

 Ace Your Grammar!

가정법 과거완료 ★★★

가정법 과거완료는 과거의 사실을 반대로 가정할 때 사용되며, 형태는 과거완료이지만 의미는 과거 상황을 나타낸다. 혼합가정법은 과거에 있었던 일의 결과가 현재에 영향을 미치는 것을 가정하는데, 조건절과 주절이 나타내는 시점이 각각 다르다는 점에 유의해야 한다.

I wouldn't have gone to the beach if I _____ the weather forecast. (2005 경희대)

① would have heard ② had heard
③ heard ④ would hear

주절 동사의 형태로 보아, 가정법 과거완료의 문장임을 알 수 있다. 가정법 과거완료에서 if절의 동사는 'had p.p'의 형태이어야 하므로, ②가 정답이 된다.

기상예보를 들었더라면 해변에 가지 않았을 텐데. ②

1 가정법 과거

현재 사실과 반대되는 상황을 가정하거나 상상할 때 쓴다. 가정법 과거의 조건절의 동사로 be동사가 올 경우에는 인칭에 관계없이 were를 쓴다.

If + S + V(과거동사), S + would[should, could, might] + V

1	If I **were** healthy, I **could go** there.	= As I am not healthy, I cannot go there. 건강하지 못해서 거기에 가지 못하고 있음
2	If I **were** you, I **would stop** smoking.	현재 담배를 피우고 있음
3	If I **had** enough money now, I **would go** to Rome.	돈이 없어서 로마에 가지 못함

1 내가 건강하다면 거기에 갈 수 있을 텐데. 2 내가 너라면, 담배를 끊을 텐데. 3 내가 현재 충분한 돈이 있다면, 로마에 갔을 텐데.

MSG+ 단순 가정의 가정법 과거도 있다.

If he **took** a good rest, he would get well soon. 그는 충분한 휴식을 취하면 곧 회복될 것이다.
→ If he takes a good rest, he will get well soon.과 같은 의미의 단순 가정

2 가정법 과거완료

과거의 사실과 반대되는 상황을 가정하거나 상상할 때 쓰며, '만약 ~했더라면, …했을 텐데'의 의미를 가진다.

If + S + had p.p., S + would[should, could, might] + have p.p.

1	If he **had been** honest, I **would have employed** him.	= As he was not honest, I didn't employ him.
2	If we **had gone** by car, we **would have saved** time.	= As we didn't go by car, we didn't (couldn't) save time.
3	If you **had studied** harder last year, you **would have passed** the exam.	= As you didn't study harder last year, you couldn't pass the exam.

1 그가 정직했다면 나는 그를 고용했을 것이다. 2 차로 갔더라면 시간을 절약할 수 있었을 텐데. 3 네가 작년에 더 열심히 공부했더라면, 너는 시험에 합격했을 텐데.

3 혼합가정법

과거의 사실이나 사건의 결과가 현재에 영향을 미치는 상황을 가정한다. 주로 주절에 현재를 나타내는 now, today, still 등의 부사어구가 있다.

If + S + had p.p., S + would[should, could, might] + V

1. If it **had not rained** *last night*, the road **would not be** muddy *now*.
2. If I **had taken** the plane then, I **wouldn't be** alive *now*.
3. (cf.) If I **had taken** the plane then, I **would have been killed** in the air crash. — 가정법 과거완료

1 어젯밤에 비가 내리지 않았더라면, 지금 도로가 진흙투성이는 아닐 것이다. 2 그때 비행기를 탔더라면, 나는 현재 살아있지 않을 것이다. 3 그때 비행기를 탔다면 비행기 추락 사고로 죽었을 것이다.

4 if 생략 구문

가정법의 if절 안에 were, had, should가 있는 경우 if를 생략하고 도치시킬 수 있다. 이때 주어와 동사가 도치된다.

① 가정법 과거완료(If + S + hap p.p. → Had + S + p.p.)

1. **If you had followed** my advice, you would not have failed. = **Had you followed** my advice, you would not have failed.

② 가정법 과거(If + S + were → Were + S)

2. **If I were** you, I would not do such a thing. = **Were I** you, I would not do such a thing.

③ 가정법 미래(If + S + should → Should + S)

3. **If anyone should call**, please take a message. = **Should anyone call**, please take a message.

1 내 충고를 따랐더라면 실패하지 않았을 것이다. 2 나라면 그런 일은 하지 않을 겁니다. 3 전화 오면 메모 좀 해주세요.

▶▶ **개념적용**

1. 가정법 과거에서 if가 생략된 문장
2. 가정법 과거완료
3. 혼합가정법
4. 가정법 미래
5. 가정법 과거완료의 주절

밑줄 친 동사를 가정법 형식에 맞게 고치시오.

1. <u>Be</u> I a millionaire, I should be able to have a large house of my own.
2. If he <u>have</u> enough time, he would have done it better.
3. If I <u>catch</u> that plane, I would be dead now.
4. If North Korea <u>invade</u> the South, it may touch off the Third World War.
5. If you had not advised him at the right moment, my friend <u>fail</u> in that business.

1. Were/ 내가 백만장자라면 큰 규모의 자가를 가질 수 있을 텐데. 2. had had/ 그가 충분한 시간이 있었더라면, 그는 그것을 더 잘 할 수 있었을 텐데. 3. had caught/ 그 비행기를 탔더라면, 지금 죽고 없을 것이다. 4. should invade/ 혹시라도 북한이 남한을 침공한다면 그것이 제3차 세계대전을 촉발할지 모른다. 5. might have failed/ 만일 당신이 적절한 순간에 그에게 충고를 하지 않았더라면, 내 친구는 그 사업에서 실패했을 것이다.

20 가정법 이해하기: 조동사와 함께 배우는 가정법

문법을 공부하다 보면 가정법 규칙을 자주 접하게 되고, 그 중요성을 깨닫게 될 것입니다.

가정법 과거: If + S + V(과거동사), S + would + V
가정법 과거완료: If + S + had p.p., S + would + have p.p.

많은 분들이 이 규칙들을 그냥 외워야 한다고 생각할 수 있지만, 조동사를 이해하면 그 의미를 쉽게 파악할 수 있습니다.

1 가정법이란 무엇인가요?

간단히 말하면, 가정법은 "사실이 아닌 상황을 가정하여 말하는 표현"입니다. 한국어로도 동일하게 적용됩니다.
예를 들어: "내가 만약 새였다면, 나는 하늘을 날 것이다."
이 문장에서 "내가 새였다면"이라는 가정은 사실이 아닙니다. 그렇기 때문에 "나는 하늘을 날 것이다"도 사실이 아닌 상황입니다.

If I were a bird, I _____ fly.
① will
② would
정답은 ② would입니다. 그 이유는 조동사 will과 would의 차이를 이해하면 명확해집니다.
I will fly는 '나는 하늘을 날 것이다'로, 가능성이 높은 상황을 나타냅니다. I would fly는 가능성이 낮은 가정을 나타냅니다.

참고 1: 주절의 조동사는 반드시 would일 필요는 없으며, could나 might도 사용할 수 있습니다.
참고 2: 시점 부사어는 현재를 사용해야 합니다.
예: If I were a bird (now/ yesterday), I would fly.
시제가 were로 과거 형태로 쓰였기 때문에 과거 시점의 부사어를 사용해야 할 것 같지만, 실제로는 now를 사용해야 합니다. 이는 가정법의 특징 때문입니다. 가정법은 실제 사실이 아닌 상황을 표현하며, 말하는 시점이 현재라도 사실이 아님을 강조하기 위해 동사를 과거형으로 바꾸어 현실과의 차이를 명확히 나타냅니다.

2 가정법의 특징

가정법에서는 be동사는 항상 were를 사용합니다. 예를 들어:
If I **were** you, I **would help** him.
이 문장은 "내가 너라면 그를 도와줄 텐데."라는 가정의 표현입니다. 주어가 I임에도 불구하고 be동사가 were로 사용되었기 때문에 가정법임을 쉽게 알 수 있습니다.

다만, 주어가 you나 they일 때는 가정법인지 아닌지 were만으로 알기 어렵습니다. 예를 들어:
If you were me, would you help me?
If they were not busy, would they help me?

이 경우는 문맥을 통해 가정법인지 판단해야 합니다. 하지만 주어가 I나 3인칭 단수이고 be동사가 were로 쓰였을 때, 이것은 확실히 가정법입니다.

3 과거의 사실을 가정하는 가정법

현재가 아닌 과거의 사실을 가정하는 경우도 있습니다. 예를 들어:
If I **had met** the student yesterday, I **would have given** this book. 내가 어제 그 학생을 만났었다면, 이 책을 줬을 텐데.
이 문장은 과거의 사실이 아닌 상황을 가정하고 있으므로 If절의 동사를 had p.p.(과거완료) 형태로 사용하고, 주절의 동사는 would have p.p. 형태로 사용합니다.
"If S + had p.p., S + would + have p.p."는 "가정법 과거완료"라고 합니다.

이처럼 가정법은 조동사의 의미를 이해하고 시제와 함께 사용하는 것이 중요합니다.

"가정법 과거와 과거완료"
조동사의 의미를 활용해 가정법 과거와 과거완료를 쉽게 이해하는 방법을 YouTube를 통해 확인하세요!

Unit 23 | 기타 가정법: I wish + 가정법 등

Ace Your Grammar!

I wish + 가정법 구문 ★★

'I wish + 가정법' 구문은 현재나 과거의 이룰 수 없는 소망을 나타낼 때 사용되며, '~하면 좋을 텐데', '~라면 좋겠다고 여기다'라는 의미를 지닌다. 실현 가능성이 없음을 전제로 하는 가정법이라는 점에 유의해야 한다.

I wish that my boss _____ different. (2021 서울여대)

① be
② is
③ were
④ to be

I wish가 이끄는 that절에는 가정법 동사가 오며, 가정법 과거의 경우 be동사는 were를 쓴다.

나는 상사가 달라졌으면 좋겠다. ③

1 I wish + 가정법

I wish 뒤에 that절이 오면 불가능한 소망을 나타낸다. 따라서 that절의 동사는 항상 가정법 과거 또는 과거완료 동사만 가능하다. I wish와 같은 표현으로, if only, would (that) 등이 있는데, 수반되는 절은 항상 가정법 동사를 써야 한다.

① I wish + 가정법 과거: I wish + S + 과거동사(be동사는 were)
I wish 다음에 가정법 과거 문장이 오면 현재 사실에 반대되는 소망을 나타내는 표현으로 '~하면 좋을 텐데', '~이기를 바란다'의 뜻을 갖는다. 종속절의 시제는 주절의 시제와 같으며, 종속절에 be동사가 올 경우에는 were를 써야 한다.

| **I wish** I **were** rich. | = I am sorry (that) I am not rich. |
| **I wished** I **were** rich. | = I was sorry (that) I was not rich. |

② I wish + 가정법 과거완료: I wish + S + had p.p.
과거 사실에 반대되는 소망을 나타낸다. 종속절의 시제는 주절의 시제보다 한 시제 앞선다.

| **I wish** I **had been** rich. | = I am sorry (that) I was not rich. |
| **I wished** I **had been** rich. | = I was sorry (that) I had not been rich. |

③ I wish의 대용 어구: if only, would (that)
I wish 대신에 if only를 쓰면 뜻이 한층 더 강조된다.

I wish I **were** a bird.　　　　　　　　　내가 새라면 좋을 텐데. <내가 새가 아니라서 유감이다.>
= **If only** I **were** a bird.
= **Would (that)** I **were** a bird.

① I wish + S + would <미래의 소망>
　　I **wish** she **would come** to my house. 그녀가 우리 집에 왔으면 좋겠어요.

② I wish 뒤에 조동사의 과거형, 조동사의 과거형 + have p.p.도 올 수 있다.
　　I **wish** I **could go** to the concert with you tomorrow. 내일 당신과 함께 콘서트에 갈 수 있으면 좋겠어요.
　　I **wish** you **could have come** to the party yesterday. 어제 파티에 오셨으면 좋았을 텐데요.

2 It's about[high] time + 가정법 과거

It's about[high] time은 '(늦었지만) 이제는 ~해야 할 시간이다'는 의미로 뒤에 that절이 오면 가정법 과거시제가 온다. 현재 사실의 반대 상황을 표현하는 것이므로 가정법 현재시제나 과거완료시제는 쓸 수 없다.

1	It is about time you **went** to bed.	= It is time you should go to bed. = It is time (for you) to go to bed.
2	It is high time you **started** looking for a job.	= It is time you should start looking for a job. = It is time (for you) to start looking for a job.
3	It's about time you **found out** what that reason is.	가정법 과거시제를 따르는 것은 about time 다음의 'S + V'의 동사만이다. found out의 목적어 역할을 하는 절의 동사는 직설법 시제를 따른다.

1 자러 가야 할 시간이다. 2 일자리를 찾기 시작할 때이다. 3 그 이유가 무엇인지 알아내야 할 때이다.

3 as if[though] + 가정법

as if[though]는 '마치 ~인 듯이[~인 것처럼]'라는 의미로 사실이 아닌 것을 사실인 것처럼 말할 때 쓰이며 뒤에 오는 절은 가정법 동사를 써야 한다. 주절과 같은 시점이면 가정법 과거, 주절보다 앞선 시점이면 가정법 과거완료시제를 쓴다.

① as if[though] + 가정법 과거: 마치 ~인 것처럼 <주절의 시제와 같은 시제>

1	He *speaks* English well **as if** he **were** an American.	
2	The boy *talks* **as if** he **knew** everything.	= In fact, he doesn't know everything.
3	The boy *talked* **as if** he **knew** everything.	= In fact, he didn't know everything.

② as if[though] + 가정법 과거완료: 마치 ~였던 것처럼 <주절의 시제보다 앞선 시제>

4	He *acts* **as if** he **had been** the boss.	
5	He *talks* **as if** he **had seen** a ghost.	
6	He *talked* **as if** he **had seen** a ghost.	
7	(cf.) It looks **as if** it**'s going to** snow.	as if 뒤에 직설법 현재가 오기도 함 반대 상황의 가정이 아니라, 사실로 생각되는 일, 실제로 일어날 것 같은 징후의 표시 등은 as if, as though 뒤에 직설법 시제를 사용한다.

1 그는 마치 미국인처럼 영어를 잘한다. 2 그 소년은 마치 모든 것을 알고 있는 것처럼 말한다. 3 그 소년은 마치 모든 것을 알고 있는 것처럼 말했다. 4 그는 마치 자신이 상관이었던 것처럼 행동한다. 5 그는 마치 귀신을 본 것처럼 말한다. 6 그는 마치 귀신을 본 것처럼 말했다. 7 눈이 올 것처럼 보인다.

4 but for[without]/ with

① but for[without] + N, + 가정법 과거: ~이 없다면(= if it were not for ~, were it not for ~)

1. **But for** water, all living things **could not live**.
   = **Without** water, we **could not live**.
   = **If it were not for** water, we **could not live**.
   = **Were it not for** water, we **could not live**.   *if 생략에 따른 도치*

② but for[without] + N, + 가정법 과거완료: ~이 없었더라면(= if it had not been for ~, had it not been for ~)

2. **But for** your advice, I **would have failed**.
   = **Without** your advice, I **would have failed**.
   = **If it had not been for** your advice, I **would have failed**.
   = **Had it not been for** your advice, I **would have failed**.   *if 생략에 따른 도치*

③ with + N: ~이 있다면, 있었다면

3. **With** a little more care, you **wouldn't have made** such a silly mistake.
   = If you **had had** a little care, you **wouldn't have made** such a silly mistake.

1 물이 없다면, 모든 생물은 살 수 없을 것이다. 2 당신의 충고가 없었더라면, 저는 실패했을 거예요. 3 조금만 더 조심했더라면, 당신은 그런 어리석은 실수를 저지르지 않았을 텐데.

5 would rather[would sooner] + 가정법

① S + would rather[would sooner] + (that) + S + 가정법 과거: 차라리[오히려] ~라면 좋겠는데

1. I **would rather** you **came** tomorrow.
2. I**'d sooner** you **paid** me now.

② S + would rather[would sooner] + (that) + S + 가정법 과거완료: 차라리[오히려] ~이었더라면 좋겠는데

3. I **would rather** I **had gone** to school yesterday.
4. I **would sooner** he **hadn't told** me about it.

1 당신이 차라리 내일 왔으면 좋겠어요. 2 돈을 지금 주시는 게 좋겠어요. 3 차라리 어제 학교에 갔더라면 더 좋았을 뻔했어요. 4 오히려 그가 저에게 그것에 대해 말하지 않았더라면 더 좋았을 것입니다.

6 직설법 + otherwise + 가정법

otherwise는 조건절을 대신하는 접속부사로, if ~ not/ or else의 뜻으로 쓰이며, 부정의 조건절 전체를 대신한다.

① 직설법 현재 + otherwise + 가정법 과거

1. I **am** busy; **otherwise** I **would help** you. — 현재 사실의 반대
   = I am busy; if I were not busy, I would help you.

② 직설법 과거 + otherwise + 가정법 과거완료

2. I **used** my calculator; **otherwise** I'**d have taken** longer. — 과거 사실의 반대
   = I used my calculator; if I hadn't used my calculator, I'd have taken longer.

1 나는 바쁘다. 그렇지 않으면 너를 도와줄 텐데. 2 나는 계산기를 사용했다. 그렇지 않았더라면 더 오래 걸렸을 것이다.

7 가정법 + but[except, save] (that) + 직설법

주절은 가정법 동사이지만, but[except, save] that절 안의 동사는 현재나 과거의 사실을 말하므로 직설법 시제를 써야 한다.

① 가정법 과거 + but[except, save] (that) + 직설법 현재: ~하지만 않으면

1. I **would help** you **but that** I **am** busy. — 현재 실제로 바쁨
   = I would help you if I were not busy.

② 가정법 과거완료 + but[except, save] (that) + 직설법 과거: ~하지 않았었다면

2. I **would have called** you up **but that** I **didn't know** your number. — 실제로 전화번호를 몰랐음
   = I would have called you up if I had known your number.

1 바쁘지 않으면 도와드리고 싶어요. 2 내가 전화번호를 알았더라면 전화했을 텐데요.

8 What if + 가정법/직설법: ~라면[하면] 어쩌지?(= What would[will] happen if ~)

1. **What if** I **should fail** in the entrance exam?
2. **What if** it **rains** tomorrow?

1 입학시험에 떨어지면 어쩌지? 2 내일 비가 오면 어쩌지?

9 if any, if ever, if at all: 만약 있다고 하더라도(거의 ~없다)

1. There are few, **if any**, such men.
2. He hardly, **if ever**, loses his temper.
3. He seldom goes out, **if at all**.

if any는 명사 앞에, if ever는 동사나 형용사 앞에 주로 위치하며, 주로 if any와 if ever 앞에 부정어가 위치한다. 이러한 구문을 우리말로 해석할 경우, 처음에는 긍정으로 해석한 후, 부정의 내용으로 마무리하면 된다.

1 그와 같은 사람은 있다고 해도 거의 없다. 2 설혹 그런 일이 있을지 모르지만, 그는 거의 화를 내지 않는다. 3 그는 외출하는 일이 혹 있다고 하더라도 거의 외출하지 않는다.

10 if절이 없는 가정법

① S + 주장/제안/요구/명령/충고의 동사 + that + S + (should) + 동사원형: 말하는 사람의 이성적 판단을 표현

1	He **insists** that Jason **(should) go** there at once.	insist, assert, maintain, propose, recommend, move(동의하다), suggest, demand, require, order, commend, ask, urge 등 '~해야 한다'고 주장, 제안, 요구 등을 하는 것이므로, 그 의미에 어울리게 should가 온다.
2	I strongly **suggested** that he **(should) prepare** for his interview.	
3	The committee **asked** that this project **(should) be stopped** for now.	
4	(cf.) He **insisted** that my new composition **was** a plagiarism. <사실에 대한 주장>	동사가 당위의 표현이 아니고, 사실의 제시일 때는 that절의 동사는 직설법 시제를 따른다.
5	(cf.) Her letter **suggests** that she **loves** him.	'암시하다'라는 의미여서 that절의 동사는 직설법 시제를 따른다.

1 그는 제이슨이 즉시 거기에 가야 한다고 주장한다. 2 나는 그가 면접을 준비해야 한다고 강력히 제안했다. 3 위원회는 이 프로젝트를 당분간 중단할 것을 요청했다. 4 그는 나의 새 작품이 표절이라고 주장했다. 5 그녀의 편지는 그녀가 그를 사랑한다는 것을 암시한다.

② It is + 이성적 판단을 나타내는 형용사 + that + S + (should) + 동사원형

1	It is **necessary** that you (should) **do** the task.	advisable, essential, imperative, important, natural, necessary, proper, urgent, vital 등
2	It is **imperative** that colleges (should) **improve** quality of education.	
3	It's **essential** that everybody (should) **arrive** on time.	

1 당신은 그 일을 해야만 한다. 2 대학들이 교육의 질을 향상시키는 것이 필수적이다. 3 모든 이들이 제시간에 도착하는 것은 필수적이다.

③ 명령·요망의 명사 + that + S + (should) + 동사원형: 명사와 동격을 이루는 that절

1	He made the **suggestion** that they **(should) go** there.	decision(결정), instruction(지시), order(명령), suggestion(제안), recommendation(권고) 등
2	He regretted not having followed his advisor's **recommendation** that he **(should) drop** the class.	

1 그는 그들이 그곳에 가야 한다고 제안했다. 2 그는 수강신청을 취소해야 한다는 지도교수의 권고를 따르지 않은 것을 후회했다.

Grammar Review+

① I wish + 가정법 과거: ~라면 좋을 텐데; + 가정법 과거완료: ~이었더라면 좋았을 텐데
② It's about[high] time + 가정법 과거: 이제는 ~해야 할 시간이다
③ as if[though] + 가정법 과거: 마치 ~인 것처럼; + 가정법 과거완료: 마치 ~였던 것처럼
④ but for[without] + 가정법 과거: ~이 없다면; + 가정법 과거완료: ~이 없었더라면
⑤ would rather + (that) + S + 가정법 과거: 차라리 ~라면 좋겠는데; + 가정법 과거완료: 차라리 ~이었더라면 좋겠는데
⑤ 직설법 + otherwise + 가정법: 그렇지 않았더라면
⑥ 가정법 + but that[except, save] (that) + 직설법
⑧ what if: ~라면 어쩌지?
⑨ if any, if ever, if at all: 만약 있다고 하더라도(거의 ~없다)

Unit 24 | 가정법의 대용

1 가정법의 대용: 문장의 일부에 가정의 의미가 내재되어 있는 경우

① 부정사

1. She **will do** well *to speak more politely*.
   = She will do well if she speaks more politely.

   부정사의 부사적 용법에서 조건(또는 가정)을 나타내는 경우를 말한다.

② 분사구문

2. *Born in better time*, she **would have become** a successful businesswoman.
   = If she had been born in better time, she would have become a successful businesswoman.

   조건부사절을 분사구문으로 전환한 구문을 말한다.

③ 주어

3. *A true friend* **would not say** such a thing. = If he were a true friend, he would not say such a thing.

④ 형용사절

4. *A man who had common sense* **would not do** that. = A man, if he had common sense, would not do that.

1 그녀가 좀 더 공손하게 말한다면 잘 될 텐데. 2 만약 그녀가 더 나은 시대에 태어났더라면, 그녀는 성공한 사업가가 되었을 것이다. 3 진정한 친구라면 그런 말을 하지 않을 것이다. 4 상식이 있는 사람이라면 그런 짓은 하지 않을 것이다.

2 if 대신 사용되는 접속사들

다음의 접속사 들은 절을 수반하여 접속사 if와 같은 의미로 쓰인다.

even if, if only, provided[providing] (that), suppose[supposing] (that), on the condition (that), as long as, so long as, assuming (that)

1. **Even if** I were to fail again, I would not despair. even if: (비록) ~일지라도, (설사) ~이라고 할지라도
2. **If only** I were younger, I could do it. if only: ~이면 좋을 텐데[~였다면 좋았을 텐데](소망을 나타냄)
3. **Provided[Providing] (that)** it is fine tomorrow, I will come back. provided[providing] (that): ~라면, ~을 조건으로
4. **Suppose[Supposing] (that)** we are late, what will he say? suppose[supposing] (that): 만약 ~라면
5. We can do it **so long as[as long as]** we have time. as long as[as long as]: ~하는 한은, ~하기만 하면

1 다시 실패하더라도 절망하지 않을 것이다. 2 내가 더 젊었더라면, 나는 그것을 할 수 있었다. 3 내일 날씨가 좋다면 다시 올게요. 4 우리가 늦으면, 그가 뭐라고 할까요? 5 우리는 시간만 있다면 그것을 할 수 있다.

개념적용

If it had not been for
= Had it not been for
= But for
= Without

다음 중 빈칸에 적절한 세 가지를 고르시오.

If it had not been for your advice, I would have failed.

= _____ your advice, I would have failed.

① Had it not been for   ② But for
③ Without   ④ With

당신의 조언이 없었더라면 나는 실패했을 것이다.   ①, ②, ③

05 Review Test

가정법과 관련해서는 다음과 같은 내용이 자주 출제됩니다.

① 가정법 과거, 과거완료, 혼합가정법에서 동사의 형태
② if절의 생략 시 주어와 동사의 도치
③ I wish + 가정법, as if + 가정법
④ 이상적 판단의 형용사 구문과 주장/제안/요구/명령/충고의 동사 다음의 that + S + (should) + 동사원형

이러한 내용들은 가정법 관련 문제를 해결하는 데 매우 중요하므로, 반드시 잘 숙지해 두어야 합니다.

[01-16] 다음 문장의 밑줄 친 부분에 가장 적절한 표현을 고르시오.

01   If a man doesn't remain content with what he has, ill _____ him.

① will befall   ② befall
③ hardly befall   ④ befalled

02   "What type of automobile would you buy _____?"

① if you have free choice to choose the cars available today
② if you are free to choose among all the cars available today
③ if all the cars available were free to be chosen by you
④ if you were free to choose among all the cars available today

03   If you hadn't gone with Tom to the party last night, _____.

① you would meet John already
② you won't have missed John
③ you will have met John
④ you would have met John

04   "We're in danger now."
        "If you _____ to me, we wouldn't be in danger."

① has listened   ② had listened
③ listen   ④ would listen

05 If the sun _____ rise in the west, my love would be unchanged for good.

① should ② were
③ were to ④ shall

06 I would give you my favorite book _____ at you.

① rather she had smiled
② had she had smiled
③ than she would smile
④ should she smile

07 _____, John would not have failed.

① If he has listened to me ② Had he listened to me
③ If he listened to me ④ As soon as he listened to me

08 I wish I _____ all the cans at the last picnic.

① couldn't use up ② hadn't used up
③ haven't used up ④ didn't use up

09 "Could I borrow your Louis Armstrong record?"
"I'd get it for you _____ I could remember who last borrowed it."

① except that ② if only
③ on condition that ④ considering

10 "I can do everything."
"Don't act as if you _____ the only pebble on the beach."

① are ② were
③ have been ④ would be

11 Working as an officer in the Royal Air Force, he found himself posted to areas he would _____ scarcely have been able to visit.

① otherwise ② ever
③ never ④ rather

12 I'm sure you will pass this course, if only you _____.

① studied harder ② had studied more hard
③ hardly study ④ study harder

13 It is time that we _____ home.

① go ② shall go
③ went ④ have gone

14 If he _____ the detective honestly, he would not have been arrested.

① would have answered
② answered
③ should answer
④ had answered

15 If he had not kept asking her the question over and over again, she _____ so exhausted now.

① will not be
② would not have been
③ would not be
④ will not have been

16 _____, please call me.

① If you are needing anything
② Should you need anything
③ Do you need anything
④ If anything you need

[17-20] 다음 문장의 밑줄 친 부분 중 문법적으로 틀린 부분을 고르시오.

17 I would rather ①that you ②don't smoke so much. The other people in the room ③might inhale as much smoke ④as you do.

18 If England ①had won the Revolutionary War, ②the whole history of the ③English-speaking world ④had been different.

19 The judge ①assented to the suggestion ②that the prisoner ③could be sentenced ④to death.

20 Mary would ①have gone with John ②to New York ③except she ④had had no time.

Chapter 06

부정사 (Infinitive)

부정사는 동사에서 나와 절(문장) 안에서 명사, 형용사, 부사처럼 쓰이는 것으로 'to 동사원형'의 형태로 사용하며 명사, 형용사, 부사 역할을 할 수 있다.

용법	역할
명사적 용법	① 주어 ② 동사의 목적어 ③ 보어
형용사적 용법	① 한정적 용법: 명사, 대명사 수식
	② 서술적 용법: be + to부정사 용법 — 예정, 의무, 운명, 가능, 의도
부사적 용법	① 목적(~하기 위해서) ② 원인(~해서,~하니) ③ 결과 ④ 조건

- **Unit 25** to부정사의 명사적 용법
- **Unit 26** to부정사의 형용사적 용법
- **Unit 27** to부정사의 부사적 용법
- **Unit 28** to부정사의 의미상의 주어
- **Unit 29** to부정사의 시제, 태, 부정
- **Unit 30** 대부정사, 분리부정사
- **Unit 31** 원형부정사
- **Unit 32** 독립부정사, to부정사의 관용표현

Unit 25 | to부정사의 명사적 용법

명사는 문장에서 주어, 목적어, 보어로 사용될 수 있으므로, to부정사 역시 주어, 목적어, 보어로 사용될 수 있다. 부정사가 주어, 목적어, 보어 역할을 하는 경우로 '~하는 것'으로 해석된다.

To tell the truth is very difficult. <주어> 진실을 말하는 것은 매우 어렵다.
주어(To tell the truth) + 동사(is) + 보어(very difficult)
I want **to read an interesting book**. <목적어> 나는 흥미로운 책을 읽고 싶다.
주어(I) + 동사(want) + 목적어(to read an interesting book)
Her ambition is **to become a chef**. <보어> 그녀의 꿈은 요리사가 되는 것이다.
주어(Her ambition) + 동사(is) + 보어(to become a chef)

 Ace Your Grammar!

to부정사의 명사적 용법 ★★
to부정사는 문장의 주어, 타동사나 일부 예외적인 전치사의 목적어(일반적으로 전치사의 목적어는 동명사이다), 보어 역할을 한다는 점에 유의해야 한다.

The job of white blood cells is _____ the body from invading organisms. (2022 서강대)

① at protecting ② for protecting
③ to protect ④ with protection

주어가 '~가 하는 일'의 뜻으로 The job of ~로 나왔으므로 주격보어로는 그 행위를 나타내는 명사 용법의 'to부정사'가 적절하다.

백혈구 세포가 하는 일은 침입하는 유기체로부터 우리의 몸을 보호하는 것이다. ③

1 주어

부정사가 주어로 사용될 때 주어가 길어지면, 가주어(It)를 문두에 놓고 to부정사는 문미에 위치시킨다.

1	**To answer** this question is very difficult. = It is very difficult **to answer** this question.	부정사가 문두에서 주어의 기능을 함 가주어(It)-진주어(to answer) 구문
2	**To give up** smoking is very hard. = It is very hard **to give up** smoking.	

1 이 질문에 답하기는 매우 어렵다. 2 담배를 끊기는 매우 어렵다.

MSG+ to부정사는 '특정하거나 구체적인 행위'에 사용하고, '일반적인 행위'는 동명사를 쓴다.

To sell my old car was hard. 나의 오래된 차를 팔기가 어려웠다. <구체적 행위>
Selling insurance is a pretty boring job. 보험을 파는 것은 매우 지루한 일이다. <일반적인 사실>

2 목적어

① 타동사의 목적어: to부정사를 목적어로 취하는 동사
afford, agree, beg, care, choose, decide, deserve, expect, fail, hope, learn, manage, mean, offer, plan, pretend, promise, refuse, seek, want, wish 등

1	I want **to read** this book.	
2	(cf.) I found **it** easy **to read** this book.	가목적어(it)-진목적어(to read this book) 구문
3	You can't expect **to be** perfect from the outset.	

② 전치사의 목적어
일반적으로 전치사의 목적어는 동명사이지만, but, except, save(~을 제외하고)는 to부정사가 목적어로 쓰인다. 'know better than to부정사', 'have no choice but to부정사' 등의 관용적인 표현에도 유의해야 한다. 그러나 전치사의 목적어는 to부정사가 아닌 동명사를 목적어로 쓰는 것이 원칙이다.

4	There was nothing for it **but to wait** for a chance.	but[except, save] to부정사
5	I **know better than to do** so.	know better than to do something: (~할 정도로) 어리석지는 않다 = I am not such a fool as to do so.
6	We **have no choice but to hire** additional workers.	have no choice but to부정사: ~할 수밖에 없다
7	(cf.) We **can not but protest** against injustice.	can not but + 동사원형: ~할 수밖에 없다
8	(cf.) He was so tired that he **did nothing but go** to bed.	do nothing but + 동사원형: 단지 ~하기만 하다

1 이 책을 읽어보고 싶다. 2 나는 이 책은 쉽게 읽을 수 있었다. 3 처음부터 완벽을 기대할 수는 없다. 4 기회를 기다리는 것 외에는 방법이 없었다. 5 그런 일을 할 정도로 어리석지는 않다. 6 우리는 직원을 충원하는 것 외에는 달리 방도가 없다. 7 우리는 불의에 항거할 수밖에 없다. 8 그는 너무 피곤해서 그냥 잠자리에 들었다.

③ 의문사 + to부정사
choose, know, learn, show, teach, tell, guess, imagine, remember, understand 등의 목적어로는 '의문사 + S + should + V' 구문을 단축한 형태인 '의문사 + to부정사'가 쓰인다.

9	He didn't **know** *to handle the machine. (×)	He didn't *know* how to handle the machine. (○)
10	I don't *know* **what to do**.	= I don't know what I should do.
11	I don't *know* **how to thank** you enough.	

④ think[find, make, believe] + it + 목적보어(형용사, 명사) + to V/ 완전한 that절
to부정사를 목적어로 바로 취할 수 없어 가목적어(it)를 쓰고 진목적어(to부정사)는 문장 끝에 둔다.

| 12 | He *makes it* a habit **to keep** good hours. | 가목적어(it)는, 문장 끝에 위치한 to부정사나 혹은 완전한 that절을 가리킨다. |
| 13 | They *found it* impossible **to live** with her in the same house. | |

9 그는 그 기계를 사용하는 방법을 몰랐다. 10 어떻게 해야 할지 모르겠다. 11 어떻게 감사를 드려야 할지 모르겠군요. 12 그는 일찍 자고 일찍 일어나는 습관을 지니고 있다. 13 그들은 그녀와 한집에서 함께 사는 것이 불가능하다는 것을 알게 되었다.

3 보어

① 주격보어

1	His dearest *wish* was **to become** a father.	주어가 wish, aim, plan, ambition, purpose 등과 같은 소망, 계획, 목적 등의 명사이면 to부정사 보어를 사용한다.
2	*To see* is **to believe**.	be + to부정사: 주어와 보어는 등식(To see = to believe)관계가 성립해야 한다.
3	*The only thing* we can do is **(to) call** the police.	주어로 관계절 what이나 the only thing이 오면, 보어로는 to부정사와 동사원형이 모두 가능하다.

② 목적보어

| 4 | The captain *ordered* his crews **to lower** a sail. | 5형식 to부정사를 목적보어로 취하는 동사를 참고 |
| 5 | You should *get* your friends **to help** you. | |

1 그의 소중한 소망은 아빠가 되는 것이다. 2 보는 것이 믿는 것이다. 3 우리가 할 수 있는 유일한 일은 경찰에 전화하는 것이다. 4 선장은 선원들에게 돛을 내리라고 명령했다. 5 당신은 친구에게 도와 달라고 해야 한다[친구의 도움을 받아야 한다].

Grammar Review+

부정사의 명사적 용법
① 문장의 주어, 목적어, 보어로 쓰인다.
② 동명사와의 차이: 부정사 ― 구체적; 동명사 ― 일반적, 추상적
③ 전치사의 목적어가 되는 경우: be about to부정사, but[except, save] to부정사

Unit 26 | to부정사의 형용사적 용법

부정사가 형용사와 같이 앞의 명사나 대명사를 수식하는 한정적 용법과 보어 역할을 하는 서술적 용법이 있다.

명사적 용법의 주격보어와 be to부정사 용법의 차이
His job **is to** sell a car. vs He **is to** sell his car.

명사적 용법의 주격보어는 'His job = to sell a car' 관계가 성립하여, "그의 직업은 자동차를 판매하는 것이다"라는 뜻으로 쓰인다. 반면, be to부정사는 'He ≠ to sell his car' 관계이므로, "그는 차를 팔 예정이다"라는 뜻으로 쓰인다.

 Ace Your Grammar!

to부정사의 형용사적 용법 ★★★

to부정사가 형용사로 쓰일 때는 주절의 주어와 태를 고려해야 하며, 특히 한정적 용법으로 사용되는 경우 수식하는 명사와 주어, 목적어, 또는 동격의 관계를 가질 수 있다. 서술적 용법으로 사용될 경우에는 주격보어 자리나 목적보어 자리에 오게 된다. 이때 주격보어로 오는 경우를 'be to 용법'이라고 부른다.

A baby's first teeth _____ are generally the lower incisors. (2004 삼육대)

① appearances 　　　　　② had appeared
③ to appear   　　　　　④ in appearing

②가 빈칸에 들어가려면 문장에 동사가 2개가 되므로 접속사가 필요하다. '서수 + 명사'는 일반적으로 부정사로 수식하므로, ③이 정답이다.

처음으로 나오는 아기의 치아는 대개 아래쪽 앞니들이다.　　　　　　　　　　　　　③

1 한정적 용법

부정사가 명사 뒤에서 형용사의 역할을 할 때 형용사적 용법이라고 한다. 형용사는 명사 앞에 오지만 to부정사는 명사나 대명사 뒤에 와서 '~할, ~하는' 의미가 되며, 앞의 명사는 to부정사와 의미상 주어, 목적어, 동격, 생략의 관계가 된다.

① 명사가 의미상의 주어

1	I have no *friend* **to help** me.	= I have no friend who helps me.
2	He is not *a man* **to betray** us.	= He is not a man who would betray us.

② 명사가 의미상의 목적어

3	I have no *friend* **to help**.	= I have no friend (whom) I help.
4	He has *a large family* **to support**.	= He has a large family that he supports.
5	(cf.) He has no *house* **to live in**. <자동사 live> = He has no *house* **in which to live**. = He has no *house* which he can **live in**.	'명사 + to부정사 + 전치사' 구문 앞 명사가 to부정사의 의미상 목적어일 때, 부정사에 쓰인 동사가 자동사이거나 혹은 '타동사 + 목적어'의 형태이면 문미에 전치사가 필요하다.
6	I want *a pen* **to write** a letter **with**. = I want *a pen* **with which to write** a letter.	타동사 write + 목적어 a letter

1 나는 나를 도와줄 친구가 없다. 2 그는 우리를 배반할 사람이 아니다. 3 나는 도울 친구가 없다. 4 그는 부양할 가족이 많다. 5 그는 살 집이 없다. 6 나는 편지를 쓸 수 있는 펜이 필요하다.

2 서술적 용법: 자동사 + to부정사

서술적 용법은 문장 속에서 to부정사가 보어의 역할을 하는 경우로 '자동사 + to부정사', 'be + to부정사'의 두 가지 형태가 있다.

① seem, appear, happen, chance + to부정사 = It + seems, appears, happens, chances that S + V

1	He *seems* **to be** pretty busy.	= It seems that he is pretty busy.
2	We *happened* **to be** on the same bus.	= It happened that we were on the same bus.

② come, get, grow + to부정사: ~하게 되다

3	I *got* **to believe** that she was right.
4	Plastics have *come* **to be** widely used in modern industry.

③ prove, turn out + to부정사: ~임이 판명 나다(불완전자동사 참조)

5	The rumor *turned out* **(to be)** false.	입증, 판명을 나타내는 동사의 경우 to be 생략 가능
6	The new typist *proved* **(to be)** no good.	

1 그는 꽤 바쁜 것 같다. 2 우리는 같은 버스를 타고 있었다. 3 나는 그녀가 옳다고 믿게 되었다. 4 플라스틱이 현대 산업에 있어 널리 쓰이게 되었다. 5 그 소문은 거짓으로 밝혀졌다. 6 신입 타이피스트는 능력이 부족함이 판명되었다.

3 서술적 용법: 'be + to부정사' 용법

부정사가 명사를 수식하지 않고, 문장 속에서 보어의 역할을 하는 경우를 말한다. 해석은 '예정, 의무, 가능, 의도(의향), 운명'으로 한다.

① 예정: ~할 것이다

1. We **are to meet** at the post office.
2. They **are to arrive** there tomorrow.   문미에 미래시간 부사(구)를 수반하며, '~할 예정이다'로 해석한다.

② 의무: ~해야 한다

3. You **are to finish** the work by tomorrow.
4. You **are to clean** the window after dusting.

③ 가능: ~할 수 있다

5. It was quiet in the street and not a soul **was to be seen**.   가능의 의미를 나타낼 때는 수동태 형태인 'be + to be p.p.'로 쓰인다.
6. Nothing **is to be had** without perseverance and efforts.

④ 의도: ~하고자 하면

7. If you **are to succeed**, you *must* work hard.   의도의 의미를 나타낼 때는 조건의 부사절(If절)에 위치하며, 주절에는 조동사 'have to, must, should' 등이 주로 나온다.
8. If you **are to remain** here, you *should* behave much better.

⑤ 운명: ~할 운명이다, ~하게 되어 있다

9. He **was never to see** his wife again.   'be never to V'의 형태로 쓰인다.
10. Byron left his native land, and he **was never to return**.

1 우리는 우체국에서 만날 예정이다. 2 그들은 내일 거기에 도착할 예정이다. 3 너는 내일까지 그 일을 끝내야 한다. 4 먼지를 제거한 후 창문을 청소해야 합니다. 5 거리는 조용하여 사람의 그림자가 하나도 보이지 않았다. 6 인내와 노력 없이는 아무것도 얻을 수 없다. 7 성공하고자 하면 열심히 일해야 한다. 8 이곳에 머물려면 훨씬 더 예의가 바르게 처신해야 한다. 9 그는 다시는 아내를 볼 수 없는 운명이다. 10 바이런(Byron)은 그의 고향을 떠났고, 다시 고향으로 돌아오지 못했다.

4 관용표현

① the first[the last, the only, 최상급] + 명사 + to부정사
: ~했던 최초의[결코 ~할 것 같지 않은, 최후의, ~한 유일한, 가장 ~한])

1 Amundsen was *the first man* **to reach** the South Pole by foot.   = Amundsen was the first man **who reached** the South Pole by foot.

2 He is *the last man* **to tell** a lie.   the last man to V: 결코 ~할 사람이 아니다

3 She is *the only person* **to have won** the award twice.

② have the + 추상명사 + to부정사: ~하게도 …하다

4 He *had the kindness* **to help** me.
= He was kind enough to help me.
= He was so kind as to help me.

5 (cf.) She *took the trouble* **to help** me.   take the trouble to do something: 수고스럽게도[수고를 아끼지 않고] ~을 하다

1 아문센(Amundsen)은 걸어서 남극에 도달한 최초의 사람이었다. 2 그는 거짓말을 할 사람이 절대 아니다. 3 그녀는 그 상을 두 번 수상한 유일한 사람이다. 4 그는 친절하게도 나를 도와주었다. 5 그녀는 수고를 아끼지 않고 나를 도왔다.

5 동격의 부정사

소망, 계획, 결심, 노력, 능력 등의 추상명사는 뒤에 오는 to부정사와 동격관계이다.

ability, agreement, attempt, decision, effort, plan, program, proposal, resolution, wish 등

1 His *decision* **to retire** surprised all of us.

2 They devised *a plan* **to reduce** costs.

3 He made *a resolution* **to quit** smoking.

4 (cf.) He was excited about *the possibility* **of winning** the prize.   명사 + of + V-ing 동격 구문(동명사 동격 구문 참조)
'of 동명사'를 동격어구로 하는 명사(사고, 판단의 뜻을 지닌 경우)
hope, idea, possibility, thought, danger, risk, responsibility 등

5 (cf.) In our cities, young people are growing up without any *hope* **of finding** a job.

6 (cf.) I have a chance **to go** abroad.
= I have a chance **of going** abroad.   'to부정사', 'of 동명사'를 모두 동격어구로 가지는 명사
chance, way, means, capability, opportunity 등

1 그의 은퇴 결정은 우리 모두를 놀라게 했다. 2 그들은 비용을 줄이기 위한 계획을 세웠다. 3 그는 담배를 끊기로 결심했다. 4 그는 상을 받을 가능성에 대해 마음이 들떴다. 5 우리 도시에서는 젊은이들이 직장을 구할 희망도 없이 자라고 있다. 6 외국에 나갈 기회가 있다.

Grammar Review+

부정사의 형용사적 용법

① 한정적 용법 — 명사수식: 명사 + to부정사
There is no fresh water **to drink**.

② 서술적 용법 — be to 부정사 용법: 예정, 의무, 운명, 가능
The US President **is to make** a speech on immigration Monday. <예정>

21 be to 용법에 대한 이해

Easy-Peasy Grammar!

be to 용법은 형용사 보어 자리에 to V를 사용하는 형태로, 주로 미래성이나 가능성을 나타냅니다. 이 구조는 미래의 일, 가능성, 의도, 운명 등을 표현합니다. 형용사와 함께 사용될 때는 그 의미가 더욱 명확해집니다.

1 기본 예시

1	He **goes** there.	현재나 과거시제를 사용하면 단정적 표현인 '간다', '갔다'로 해석합니다.
2	He **went** there.	
3	He **is to** go there.	be to는 미래의 계획이나 의무, 예정을 나타냅니다.

1 그는 거기에 간다. 2 그는 거기에 갔다. 3 그는 거기에 갈 것이다/ 가려 한다/ 갈 예정이다/ 가야 한다.

2 be to 용법과 형용사 보어

형용사와 함께 사용된 be to 용법은 의미를 더욱 구체화합니다. 아래는 형용사와 함께 사용된 be to 용법의 예시입니다.

1	He **is able to** succeed.	형용사 able은 주어가 특정 일을 할 '능력'이 있음을 나타냅니다.
2	He **is likely to** succeed.	형용사 likely는 주어가 특정 일이 일어날 '가능성'이 있음을 나타냅니다.
3	He **is due to** succeed.	형용사 due는 주어가 특정 일을 할 '예정'이거나 '예상된 상태'를 나타냅니다.

1 그는 성공할 능력이 있다. 2 그는 성공할 것 같다. 3 그는 성공하도록 되어 있다.

be to 용법은 형용사 보어와 함께 사용하면 미래의 상황이나 조건을 더 명확하게 전달할 수 있습니다. 문맥에 따라 다양한 의미를 갖게 되며, 형용사의 의미를 통해 더 구체적인 해석을 할 수 있습니다.

"be to 용법과 형용사 보어"
be to 용법을 YouTube를 통해 확인하세요!

Unit 27 | to부정사의 부사적 용법

부사적 용법의 부정사는 문장 속에 있는 동사, 형용사, 또 다른 부사, 문장 전체를 수식하며, 목적, 결과, 원인, 이유와 판단의 근거, 조건, 양보 등의 의미를 나타낸다.

 Ace Your Grammar!

to부정사의 부사적 용법 ★★

to부정사가 부사로 쓰이는 경우 주로 목적의 의미를 나타내기는 하지만, 형용사 수식, 원인, 이유, 결과 등 다양한 용법으로 사용된다는 것을 기억해야 한다.

Over the centuries, various theories have been advanced _____. (2013 인천대)

① the origin of alphabetic writing is explained
② of explaining the origin of alphabetic writing
③ the explanation of the origin of alphabetic writing
④ to explain the origin of alphabetic writing

빈칸 앞에 주어와 동사로 완전한 절이 이루어져 있으므로 빈칸에는 수식어구나 종속절이 와야 한다. 목적을 나타내는 부사적 용법의 to부정사인 ④가 적절하다. ① 접속사 없이 두 개의 절이 올 수 없다. ③ have been advanced가 수동태의 형태이므로 뒤에 목적어가 올 수 없다.

수 세기에 걸쳐서, 알파벳 문자의 기원을 설명하기 위해 다양한 이론이 제시되어 왔다.　　　　　　　　　　　　　④

1 부사적 용법

① 목적: ~하기 위하여

1	We came here **to study** English.	주어의 의지가 있는 '의지동사' 다음
2	We eat **to live**, not live **to eat**.	
3	We need to diversify our products **so as to meet** new demands. = in order to meet	'~하기 위해서'의 표현 so as to V = in order to V with a view to -ing, for the purpose of -ing

② 결과: ~해서 …하다

4	He *awoke* one morning **to find** himself famous.	무의지 동사 awake, live, grow up 뒤에 오거나 'only to부정사', 'never to부정사'의 형태인 경우
5	He worked hard **only to fail** in the exam.	= He worked hard but he failed in the exam.

③ 감정의 원인: ~해서, ~하니

6	I'm *sorry* **to trouble** you.	감정을 나타내는 동사나 형용사 뒤에 오는 경우
7	I was *disappointed* **to find** that they had already left.	
8	He was *surprised* **to find** the staircase filled with smoke.	= To his surprise, he found the staircase filled with smoke.

④ 이유, 판단의 근거: ~을 보니, ~하다니

9	He *must be* honest **to say** so.	must be, cannot be, 감탄문 뒤에 오는 경우
10	He *cannot be* rich **to ask** you for some money.	
11	*What a lucky fellow you are* **to have** such a nice girl friend!	

⑤ 조건: 만약 ~한다면(가정법의 대용 참조)

12	I would be delighted **to join** you.	= I would be delighted **if I joined** you.
13	**To make** a fresh start you will do well.	= **If you make** a fresh start, you will do well.

⑥ 양보: ~하더라도

14	**To do his best**, he could not finish it.	= **Though he did his best**, he could not finish it.

⑦ 형용사 수식: ~하기에

15	English is *difficult* **to learn**.	= It is difficult **to learn** English.
16	This water is not *good* **to drink**.	= It is not good **to drink** this water.

⑧ 부사 수식

17	He is strong *enough* **to protect** himself.	형용사 + enough + to부정사: ~할 만큼 …하다
18	His artwork is not good *enough* **to sell**.	

1 우리는 영어를 공부하기 위해 여기에 왔다. 2 우리는 먹기 위해 사는 것이 아니라 살기 위해 먹는다. 3 우리는 새로운 수요에 대응하여 제품을 다각화할 필요가 있다. 4 그는 어느 날 아침 눈을 떠보니 유명해져 있었다. 5 그는 열심히 노력했지만 시험에 떨어졌다. 6 번거롭게 해서 죄송합니다. 7 나는 그들이 이미 떠났다는 사실에 실망했다. 8 그는 연기로 가득 찬 계단을 보고 놀랐다. 9 그렇게 말하는 것을 보니 그는 정직함에 틀림없다. 10 당신에게 돈을 요구하는 것을 보니 그는 부자일 리 없다. 11 이렇게 멋진 여자 친구가 있다니 정말 운이 좋은 친구구나! 12 당신과 함께할 수 있다면 기쁠 것 같습니다. 13 새롭게 시작하면 잘 해낼 수 있을 것이다. 14 그는 최선을 다했지만, 그것을 마칠 수 없었다. 15 영어는 배우기가 어렵다. 16 이 물은 마시기에 적합하지 않다. 17 그는 자신을 보호할 만큼 충분히 강하다. 18 그의 작품은 판매할 만큼 훌륭하지 않다.

> Grammar Review+

부정사의 부사적 용법

① 목적(~하기 위해서)/ 결과/ 감정의 원인(~하니, ~해서)/ 이유, 판단의 근거(~하다니)/ 조건

 He went abroad **to study** architecture. (목적)

 She grew up **to be** a doctor. (결과)

 I should be very glad **to go** with you. (조건)

② 형용사·부사의 수식

 The manager is very hard **to deal** with. (형용사 수식)

 The print is not clear enough **to read**. (부사 수식)

Unit 28 | to부정사의 의미상의 주어

동사의 주어가 있는 것과 마찬가지로 to부정사의 동작이나 상태의 주체가 되는 것을 의미상의 주어라고 한다.

I stepped aside to pass. vs I stepped aside **for her** to pass.
나는 지나가려고 옆으로 비켜섰다. vs 나는 그녀가 지나가도록 옆으로 비켜주었다.

"I stepped aside to pass."라는 문장에서는 '비켜서는 것(stepped aside)'과 '지나가는 것(pass)'의 주체가 문두의 나(I)이다. 따라서 이때는 to부정사의 의미상의 주어와 문두의 주어가 나(I)로 일치하기 때문에 to부정사의 의미상 주어가 필요 없다. 하지만 "I stepped aside for her to pass."라는 문장에서는 지나가는 것(pass)의 주체는 그녀(her)이고 비켜서는 것(stepped aside)은 나(I)이다. 이와 같이 주절 동사의 주어와 to부정사의 의미상의 주어가 일치하지 않을 때 to부정사 앞에 'for + (대)명사'를 써서 의미상의 주어를 나타낸다.

 Ace Your Grammar!

부정사의 의미상의 주어 'of + 목적격' ★

부정사의 의미상의 주어는 문장의 주어와 일치할 때, 일반주어일 때, 5형식에서 목적어가 의미상의 주어일 때, 독립부정사로 사용될 때는 명시하지 않는다. 하지만 주절 동사의 주어와 to부정사의 의미상의 주어가 일치하지 않을 때, to부정사 앞에 for 혹은 of 목적격을 사용하여 의미상의 주어를 나타낸다.

It was careless _____ her to leave her handbag in the bus.

① to ② of
③ for ④ by

careless는 '사람의 성질'을 나타내는 형용사이므로 부정사 to leave의 의미상 주어인 her를 수반할 때는 전치사 of를 써야 한다.

그녀는 조심성이 없어 핸드백을 버스에 두고 내렸다. ②

1 의미상의 주어를 명시하는 경우

부정사의 행위의 주체를 보통은 'for 목적격'으로 to 앞에 두며, '가주어 it - 진주어 to부정사' 구문에서 술부형용사 kind, clever 등 사람의 성품을 나타내는 경우에만 진주어 to부정사의 의미상의 주어를 'of 목적격'으로 나타낸다.

① for + 목적격: 일반적인 경우
difficult, hard, easy, possible, impossible, natural, necessary 등

1. It is *impossible* **for him to do** so. = It is impossible that he will do so.
2. I stepped aside **for the children to pass**. = I stepped aside so that the children could pass.

② of + 목적격: 사람의 성품을 나타내는 형용사 뒤에 올 경우
careful, careless, considerate, cruel, foolish, generous, kind, rude, wise 등

3. It is very *foolish* **of you to behave** like that. = You are very foolish to behave like that.
4. It is very *considerate* **of him to do** such a thing. = He is considerate to do such a thing.

1 그가 그런 일을 하는 것은 불가능하다. 2 어린이들이 지나갈 수 있도록 길을 비켰다. 3 그런 식으로 행동하다니 정말 어리석군요. 4 그가 그러한 일을 하는 것은 사려 깊은 일이다.

2 의미상의 주어를 명시하지 않는 경우

의미상의 주어가 일반인일 경우나 그 문장 안에서 이미 주어나 목적어로 쓰이고 있을 경우에는 의미상 주어를 쓰지 않는다.

① 일반인 주어인 경우

1. (For us) **To master** English in a year is difficult. = It is difficult (for us) **to master** English in a year.
2. It is important **to exercise** regularly. 부정사의 의미상의 주어가 일반인일 때

② 문장의 주어와 일치하거나, 문장의 목적어와 일치하는 경우

3. *I* expect **to receive** their report in the near future. <문장의 주어와 일치>
= I expect that *I* shall receive their report in the near future.

4. I expect *him* **to become** a successful writer. <문장의 목적어와 일치>
= I expect that *he* will become a successful writer.

5. (cf.) **To get** the job, *skillful English* is needed. (×) 생략된 to부정사의 의미상 주어는 주절의 주어와 일치해야 한다.
To get the job, *you[one]* must be skillful at English. (○)

③ 독립부정사(Unit 32 독립부정사 참조)

6. **To make matters worse**, he lost his health. to make matters worse: 설상가상으로

1 1년 안에 영어를 완전히 익히기는 어렵다. 2 규칙적으로 운동하는 것은 중요하다. 3 가까운 시일 내에 그들의 보고서를 받기를 기대한다. 4 나는 그가 성공적인 작가가 되기를 기대한다. 5 그 직업을 얻기 위해서는, 영어에 능통해야 한다. 6 설상가상으로 그는 건강을 잃었다.

Grammar Review+

① 의미상 주어를 명시하는 경우: for ~ to부정사로 쓰는 경우, of ~ to부정사로 쓰는 경우
   It was *hard* **for her to have** a normal life. <일반적인 경우>
   It is very *rude* **of you to talk** like that to your elders. <성품을 나타내는 형용사 뒤에서>

② 의미상 주어를 명시하지 않는 경우: 문의 주어와 일치할 때, 일반주어일 때, 선행하는 명사가 의미상의 주어일 때, 독립부정사에서
   He went to the U.S. **to learn** English.
   I judge him **to be** a very honest man.
   = I judge that he is a very honest man.

Unit 29 | to부정사의 시제, 태, 부정

I **am** happy **to be** Tom's friend. = I **am** happy that I **am** Tom's friend.

vs

I **am** happy **to have been** Tom's friend. = I **am** happy that I **have been/ was** Tom's friend.

단순부정사는 본동사의 시제와 to부정사의 시제가 일치하지만, 완료 부정사는 본동사보다 앞선 시제를 나타낸다. 두 번째 문장과 같이 '동사(현재시제) + 완료 부정사'를 절로 전환할 때 that절에는 과거 및 현재완료 시제의 절이 온다. 단, 과거시점의 부사가 오면 과거시제만 가능하다.

Ace Your Grammar!

to부정사의 시제와 태 ★★★

단순 부정사와 완료 부정사의 차이를 익히고, 부정사의 의미상의 주어가 행위의 주체일 경우 능동형(to V)을 사용하고, 부정사의 의미상의 주어가 행위 혹은 동작의 대상인 경우 수동형(to be p.p.)을 사용한다는 것을 알아야 한다.

His greatest claim to fame is _____ for the last Olympic squad. (2018 단국대)

① to be chosen ② to choose
③ to have been chosen ④ to have chosen

그가 지난 올림픽에서 선수단으로 선발된 것이 그가 유명하다는 것을 말하고 있는 시점보다 먼저 있었던 일이므로, 완료 부정사를 써야 하며, 그는 선발하는 주체가 아닌 대상이므로 부정사의 태는 수동형으로 나타내야 한다. 따라서 ③이 정답이다.

그가 유명하다고 할 만한 가장 큰 자격은 지난 올림픽에서 선수단으로 선발되었던 것이다.   ③

1 to부정사의 시제

'to 동사원형'을 단순부정사라 하고, 'to have p.p.'를 완료부정사라 하는데, 단순부정사는 주절 동사와 같은 시제적 의미일 때, 완료부정사는 주절 동사보다 한 시제 앞선 의미일 때 각각 사용된다.

용법	동사 형태	역할
단순부정사	to + 동사원형	① 본문의 시제와 일치 ② 미래의 표시
완료부정사	to + have p.p.	① 본문보다 하나 앞선 시제 ② 실현되지 않은 희망, 표시(intend, mean, hope, want, wish 등)

2 단순부정사: to + 동사원형

① 본동사와 같은 시제를 나타낸다.

1   She *seems* **to love** me.   = It *seems* that she *loves* me.
2   She *seemed* **to love** me.   = It *seemed* that she *loved* me.

② 미래적 의미
   희망, 기대의 동사(expect, hope, intend, want, wish) 뒤에서 to부정사는 미래의 때를 나타낸다.

3   I *hope* **to go** to France.   = I *hope* that I *will* go to France.
4   She *hoped* **to improve** her grades.   = She *hoped* that she *would improve* her grades.

1 그녀는 나를 사랑하는 것 같다. 2 그녀는 나를 사랑하는 것 같았다. 3 나는 프랑스에 가기를 희망한다. 4 그녀는 성적이 향상되기를 바랐다.

3 완료부정사: to + have p.p.

① 본동사보다 한 시제 앞선 시제를 나타낸다.

1   He *seems* **to have been** ill.   = It *seems* that he *was(has been)* ill.
2   He *seemed* **to have been** ill.   = It *seemed* that he *had been* ill.

② 과거에 이루지 못한 소망, 기대: 희망, 기대동사 등의 과거형 동사 다음에 완료 부정사가 이어지면 과거에 희망하거나 기대했으나 실현되지 못했음을 나타낸다. 이들 동사의 과거완료형 다음에 단순부정사가 이어져도 같은 뜻이다.
   희망, 기대동사(hope(희망), expect, wish(바람), intend, mean(의도), want(원하다))의 과거형 + to have p.p.
   = 희망, 기대동사의 과거완료형 + 단순부정사

3   I *hoped* **to have married** her.   = I *had hoped* to marry her.
4   I *intended* **to have called** on her.   = I *had intended* to call on her.

1 그는 아팠던 것 같다. 2 그는 아팠던 것 같았다. 3 나는 그녀와 결혼하기를 원했다. (하지 못했다) 4 나는 그녀에게 전화를 걸려고 했다. (걸지 못했다)

4 to부정사의 태

① 주어를 서술하는 to부정사의 태

1	We don't want **to help** them.	능동, We가 help하는 행위의 주체
2	We don't want **to be helped** by them.	수동, We가 help하는 행위의 대상

② 목적어를 서술하는 to부정사의 태

3	I want you **to type** this letter. = I want this letter **to be typed**.	능동, you가 type하는 행위의 주체 수동, this letter가 type되는 대상

③ 항상 능동태만 쓰는 경우: S + have + 목적어 + to부정사
문장의 주어가 행위의 주체이면 목적어 뒤의 to부정사는 능동태가 원칙이다.

4	I have a lot of work **to do**. (○)	I have a lot of work *to be done. (×)

④ 수동태만 가능한 경우: 일정 장소에서 상존하는 사물을 지칭할 때

5	The animals **to be found** there are few. (○)	The animals *to find there are few. (×)

⑤ '명령문'과 'There is[are] ~ 구문의 명사를 수식'하는 부정사는 능동태와 수동태 모두 가능

6	There are many books **to read**.	= There are many books **to be read**.
7	Give me a list of the people **to invite**.	= Give me a list of the people **to be invited**.

⑥ easy, difficult류의 형용사를 수식하는 to부정사: 문장의 주어가 부정사의 의미상의 목적어이므로 능동태로 쓴다.

8	The work is difficult **to do**. (○)	The work is difficult *to be done. (×)

⑦ 앞의 명사를 수식하는 to부정사
보어 등 문미의 명사를 수식하는 경우, 수식되는 명사가 행위의 주체이면 능동태, 대상이면 수동태를 쓴다.

9	She is the last person **to betray** others.	= She is the last person that will betray others.
10	"Macbeth" was the best play **to be performed** that year.	= "Macbeth" was the best play that was performed that year.

⑧ 능동형으로 수동의 뜻을 나타내는 to부정사(blame, let 다음에서)

11	He is **to blame** for his unethical behavior.	= to be blamed
12	This house is **to let**.	= to be let/ let: (집·방 등을) 세를 주다

1 우리는 그들을 돕고 싶지 않다. 2 우리는 그들에게 도움을 받고 싶지 않다. 3 나는 네가 이 편지를 타이핑하기를 원한다. 4 나는 할 일이 많다. 5 그곳에서는 동물을 거의 볼 수 없다. 6 읽어야 할 책이 많이 있다. 7 초대할 사람의 목록을 저에게 주세요. 8 그 일은 하기 어렵다. 9 그녀는 다른 사람을 배신할 사람이 절대 아니다. 10 "맥베스"는 그 해 공연된 최고의 연극이었다. 11 그는 자신의 비윤리적인 행동에 책임을 져야 한다. 12 이 집은 세놓은 집이다.

   ~thing to do와 ~thing to be done의 의미상 차이

There's **nothing to do**. 해야 할 일이 없다.
There's **nothing to be done**. 어떻게 해 볼 도리가 없다.

5 to부정사의 부정

부정어를 to부정사 바로 앞에 둔다. 동명사, 분사의 경우도 마찬가지이다.

not, never + to부정사/-ing/분사

1   He ran in order **not to miss** the train.   in order not to: ~하지 않기 위해
2   I told him **not to be** late for work.
3   I decided **not to marry** her.

1 그는 기차를 놓치지 않기 위해 달렸다. 2 나는 그에게 직장에 지각하지 말라고 말했다. 3 나는 그녀와 결혼하지 않기로 결정했다.

Grammar Review+

① 시제 단순형: to + 동사원형 → 주절의 시제와 일치
   완료형: to + have p.p. → 주절의 시제보다 한 시제 앞섬
② 희망 동사(want, hope, wish, intend, mean)의 과거형 + to have p.p = had + 희망 동사의 과거분사 + to부정사
   → 실현되지 않은 희망 표시
③ '명사 + to V'에서 항상 능동태만 써야 하는 경우: have + 목적어 + to부정사일 때
④ 부정사의 부정: 부정사 앞에 not, never를 쓴다.

Unit 30 | 대부정사, 분리부정사

He will not take off his cap until he is forced **to**.

그는 강제로 모자를 벗게 되기 전까지 모자를 벗지 않을 것이다.

대부정사는 원형동사 이하를 생략하고 to 하나로 부정사 전체의 의미를 나타내는 것을 말한다. 위 문장에 to는 to take off his cap의 take 이하를 생략하고 대부정사로 사용된 것이다.

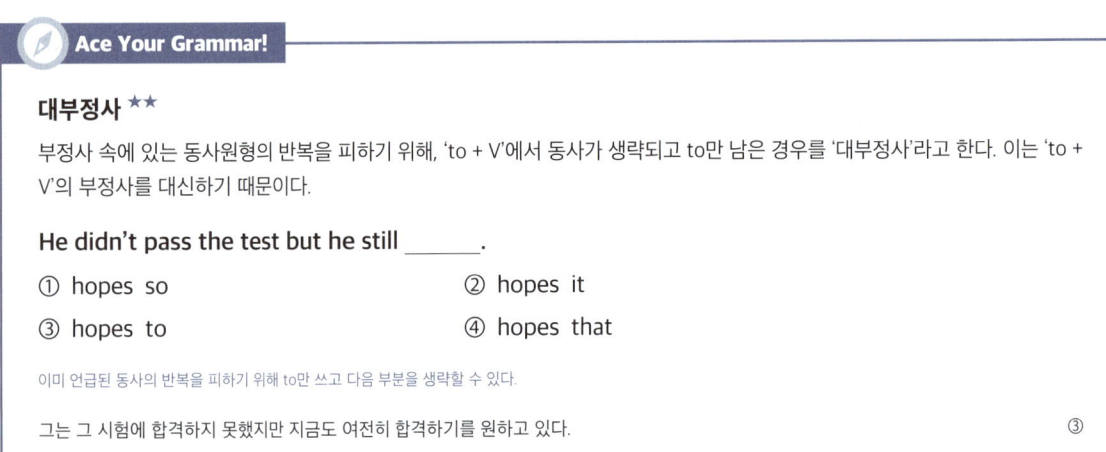

Ace Your Grammar!

대부정사 ★★

부정사 속에 있는 동사원형의 반복을 피하기 위해, 'to + V'에서 동사가 생략되고 to만 남은 경우를 '대부정사'라고 한다. 이는 'to + V'의 부정사를 대신하기 때문이다.

He didn't pass the test but he still _____.

① hopes so   ② hopes it
③ hopes to   ④ hopes that

이미 언급된 동사의 반복을 피하기 위해 to만 쓰고 다음 부분을 생략할 수 있다.

그는 그 시험에 합격하지 못했지만 지금도 여전히 합격하기를 원하고 있다.   ③

1 대부정사

부정사의 반복을 피하기 위해 to부정사 이하를 생략하고 to 하나로 나타내는 것을 말한다.

1	You may call me if you'd like **to**.	= to call me
2	I asked her to play the violin, but she did not want **to**.	= to play the violin
3	I considered marrying her, but decided **not to**.	= not to marry her, 대부정사의 부정은 not to이다.

1 당신이 전화 걸기 원한다면 저에게 전화해도 됩니다. 2 나는 그녀에게 바이올린 연주를 부탁했지만, 그녀는 바이올린 켜는 것을 원하지 않았다. 3 나는 그녀와 결혼을 고려했지만 하지 않기로 마음먹었다.

MSG+ 명사 및 형용사의 뒤에서는 to를 생략할 수 있다.

He'll never leave home; He hasn't got the courage **(to)**.
그는 결코 집을 떠나지 않을 것이다; 왜냐하면 그는 떠날 용기가 없기 때문이다.
I think he should get a job, but you can't force him to if he's not ready **(to)**.
나는 그가 취직해야 한다고 생각하지만, 그가 취직할 준비가 안 되어 있다면, 네가 그를 강요할 수는 없다.

2 분리부정사

부사가 to부정사 속에 있는 동사원형을 수식할 때, 본동사를 수식하는 것과 혼동을 피하기 위해 'to + 부사 + V'을 사용하는데 이것을 분리부정사라 한다. 이것은 원칙적으로 틀린 표현이지만, 실제 글에서는 종종 사용되고 있으므로 엄격한 금지 규칙은 아니다.

1	She began **to slowly stand up** from the chair.	→ She began **to stand up slowly** from the chair.
2	He failed **to entirely understand** the subject.	부분부정
3	(cf.) He **entirely** failed **to understand** the subject.	전체부정

1 그녀는 의자에서 천천히 일어서기 시작했다. 2 그는 그 주제를 완전히 이해하지는 못했다. 3 그는 그 주제를 전혀 이해하지 못했다.

Unit 31 | 원형부정사

to없이 동사원형만을 쓰는 부정사로 관용적 표현, 지각동사, 사역동사의 목적보어로 쓰인다.

1 원형부정사(5형식 불완전타동사 참조)

① 지각동사의 목적보어

1. I *saw* him **cross** the road.
2. I have never *heard* her **use** bad language.
3. She *noticed* the lusty man with a black cap **follow** her.

지각동사 + 목적어 + 원형부정사(목적보어)
behold, feel, notice, listen to, look at, observe, perceive, see, smell, watch 등

② 사역동사의 목적보어

4. I *made* him **clean** my room.
5. I always *let* my children **do** what they want to.
6. I *had* the tailor **make** my dress.
7. Exercise will *help* you (to) **keep** your body healthy.

사역동사 + 목적어 + 원형부정사(목적보어)
사역동사: have, let, make
준사역동사: bid, help

③ 일반동사 뒤에 원형부정사가 오는 경우

8. She **made believe** not to hear me.
9. We had to **make do with** a quick snack.

make believe: (~인) 체[척]하다(= pretend)
make do with: ~으로 임시변통하다, 때우다

④ 주어가 All, What, The only thing 등으로 시작하여 do 동사로 끝난 경우, be동사의 보어 자리에 원형부정사를 쓸 수 있다.

10. *All he did* was **open** the door.
11. *What we have got to do first* is **go** and **see** him.
12. *The only thing I want to do* is **sleep** enough.

be동사 뒤 동사원형 앞에 to를 유지하는 것도 가능하다.
All he did was **to open** the door. (○)

⑤ 두 개의 부정사가 and, or, except, but, than, as, like 등과 연결될 때 뒤에 오는 부정사는 원형부정사를 사용한다.

13. I'd like *to lie* down *and* **go** to sleep.
14. Do you want *to have* lunch now *or* **wait** until later?

1 나는 그가 길을 건너는 것을 보았다. 2 나는 그녀가 욕을 하는 것을 들어본 적이 없다. 3 그녀는 검은 모자를 쓴 건장한 남자가 그녀를 따라오는 것을 알아차렸다. 4 나는 그에게 내 방을 청소하도록 했다. 5 나는 항상 내 아이들이 하고 싶은 것을 하도록 내버려둔다. 6 나는 재단사에게 내 드레스를 만들어 달라고 했다. 7 운동은 당신의 몸을 건강하게 유지하는 데 도움이 될 것이다. 8 그녀는 내 말을 못 들은 척했다. 9 우리는 빨리 먹을 수 있는 가벼운 음식으로 끼니를 때워야 했다. 10 그가 한 일이라고는 문을 여는 것뿐이었다. 11 우리가 먼저 해야 할 일은 그를 만나러 가는 것이다. 12 내가 하고 싶은 유일한 것은 충분히 잠을 자는 것이다. 13 누워서 자고 싶어요. 14 지금 점심을 먹고 싶어, 아니면 나중까지 기다릴래?

22 Easy-Peasy Grammar!
to부정사가 '미래, 불확실함'을 나타내는 이유

to부정사와 전치사의 to는 외형적으로는 동일하지만, 각각 다른 문법적 용법을 가지고 있어서 혼동될 수 있습니다. 이는 영어의 변천사와 관련이 있습니다. 고대영어를 살펴보면 그 당시에는 전치사 to밖에 없었는데, 이게 시간이 지나면서 to 뒤에 동사를 붙여 쓰다가 to부정사라는 새로운 표현이 생기게 되어서 지금에 이르게 되었다고 합니다.

1	I am good **at speaking** English. (○)	이렇게 된 이유는 to부정사가 전치사에서 왔기 때문에 전치사 at 뒤에는 to부정사를 쓸 수 없기 때문입니다.
2	I am good *at to speak English. (×)	

그렇다면 to부정사의 미래적인 의미는 어떻게 해서 나오게 된 것일까요?
전치사 to의 의미 때문입니다. 전치사 to는 '이동의 그림'을 가지고 있는 전치사입니다. 움직임을 to로 표현한다는 뜻이에요.

3	I gave a book **to** him.	책이 나에게 있다가 그에게로 이동하는 그림을 그려보세요.
4	He came **to** my house.	그가 다른 곳에 있다가 나의 집으로 이동했다는 그림을 그려보세요.

to는 '이동'을 의미합니다. to부정사는 이러한 의미를 가진 전치사 to 뒤에 동사를 결합한 형태입니다. 시간은 항상 과거에서 현재로, 현재에서 미래로 나아가는 흐름을 가지므로, to가 지향하는 방향성과 시간 개념이 결합되어 자연스럽게 '미래'를 바라보게 된 것으로 이해할 수 있습니다. 따라서 to부정사는 말한 시점을 기준으로 미래를 지향하며, 이는 아직 일어나지 않은 일이나 추측, 가능성을 나타내는 데 적합합니다. 이런 이유로 to부정사는 확정되지 않은 일이나, 일어날지 알 수 없는 상황을 표현하는 데 자주 사용됩니다.

5	He tends **to make** mistakes.	'tend(경향이 있다)', 'pretend(~인 척하다)'와 같이 확실하지 않은 상황에 to부정사가 온다고 생각하면 됩니다.
6	He pretends **to know** it.	
7	He seems **to be** happy.	행복한지 아닌지는 확실치 않고, 그래 보인다는 것이니까 to부정사를 사용했습니다.

who, what, when where, why, how와 같은 의문사를 살펴볼까요? 이 표현들이 준동사랑 같이 오면 to부정사만 온다는 거 알고 있으신가요?

8	I don't know how **to do** it. (○)	"나는 그것을 어떻게 해야 할지를 모른다"로 "어떻게 해야 할지 모른다"는 의미대로, 의문이 생겨서 물어볼 때 사용하는 문장에서는 to부정사가 자주 사용됩니다.
	how *doing it. (×)	

"to부정사가 '미래, 불확실함'을 나타내는 이유"
준동사의 의미 차이가 생기는 이유를 YouTube를 통해 확인하세요!

Unit 32 | 독립부정사, to부정사의 관용표현

독립부정사란 to부정사구가 문두에서 주절과 독립적으로 사용되는 부정사구를 말한다. 이 구문은 주로 화자의 의견이나 판단을 나타내는 부사구로 쓰이며, 의미상의 주어는 주절의 주어와 상관없이 생략되어 일치하지 않을 수 있다.

Ace Your Grammar!

독립부정사 ★
독립부정사 구문은 주로 관용적으로 사용되므로 주요 표현을 숙지하는 것이 중요하다.

"최선을 다했지만, 나는 수지를 맞출 수가 없었다."
_____, I couldn't make the ends meet.

① So to speak   ② Not to mention
③ To try my best   ④ To do him justice

① so to speak 말하자면(= as it were/as one might say) ② not to mention ~은 말할 것도 없고 ③ to try one's best 최선을 다해서 ④ to do him justice 그를 공정하게 평가하면

③

1 독립부정사

하나의 관용적 표현으로 문장 전체를 수식하는 부사구로서, 문장 내의 다른 어구와 문법적인 관계를 갖지 않는다.

1	**To tell the truth**, I can't agree with him.	to tell the truth: 사실을 말하자면
2	The dog is, **so to speak**, a member of the family.	so to speak: 말하자면(= as it were)
3	**To begin with**, I don't like his looks.	to begin with: 우선, 먼저
4	**To do him justice**, he was merely a good-natured man.	to do him justice: 공정하게 말하자면
5	The car was manufactured with safety, **not to mention** its appealing design.	not to mention: 말할 것 없이 (= to say noting of, not to speak of, let alone)
6	**To put it another way**, the solution lies in simplifying the process.	to put it another way: 다른 말로 바꾸어 말하면
7	**To make matters worse**, it started to rain.	to make matters worse: 설상가상으로
8	**To be frank with you**, he doesn't care much for your plan.	to be frank with you: 솔직히 말하면
9	**To wit**, you are guilty!	to wit: 단적으로 말하면, 다름 아닌
10	**To be sure**, it is a good idea, but the question is how to carry it out.	to be sure: 확실히(= for sure)
11	**Strange to say**, I dreamed the same dream twice last night.	strange to say: 이상한 얘기지만

1 사실을 말하자면, 나는 그의 의견에 동의할 수 없다. 2 말하자면 개는 가족의 일원과 같다. 3 첫째, 그 사람의 외모가 마음에 들지 않는다. 4 공정하게 말해서 그는 단지 선량한 사람에 지나지 않았다. 5 그 차는 사람의 눈길을 끄는 디자인을 말할 것도 없고, 안전하게 만들어졌다. 6 달리 말하자면, 해결책은 과정을 단순화하는 데 있다. 7 엎친 데 덮친 격으로 비까지 오기 시작했다. 8 솔직히 말하면, 그는 너의 계획에 별로 관심이 없다. 9 즉 당신은 유죄입니다. 10 확실히 좋은 생각이지만, 어떻게 실행하느냐가 문제다. 11 이상하게도 나는 지난밤 같은 꿈을 두 번 꿨다.

2 to부정사의 관용표현

① in order to부정사: ~하기 위하여

1	She works hard **in order to succeed**.	
	= She works hard **so as to succeed**.	so as to V
	= She works hard **so that** she **may[can] succeed**.	so that S may[can] V
	= She works hard **in order that** she **may[can] succeed**.	in order that S may[can] V

② in order not to부정사: ~하지 않기 위하여

2	She listened attentively **in order not to miss** a single word.	
	= She listened attentively **so as not to miss** a single word.	so as not to V
	= She listened attentively **so that** she **might not miss** a single word.	so that S may not V
	= She listened attentively **lest** she **(should) miss** a single word.	lest: ~하지 않게, ~하면 안 되니까(lest 뒤의 should는 종종 생략된다.)
	= She listened attentively **for fear that** she **should miss** a single word.	for fear that: ~하지 않을까 두려워서, ~할까봐

③ so 형용사/부사 as to부정사: ~할 만큼 …하다, ~해서 …하다

3	He worked **so** hard **as to make** much money.	
	= He worked hard **enough to make** much money.	형용사/부사 enough to V
	= He worked **so** hard **that** he **could make** much money.	so 형용사/부사 that S + V

④ too ~ to부정사: 너무 ~해서 …할 수 없다

4	These boxes are **too** heavy for me **to move**.	
	= These boxes are **so** heavy **that** I **can't move** them.	so ~ that S can't V

⑤ know better than to부정사: ~할 정도로 어리석지는 않다

| 5 | He **knows better than to judge** by appearances. |

1 그녀는 성공하기 위해 열심히 일한다. 2 그녀는 한 마디도 놓치지 않으려고 주의 깊게 귀를 기울였다. 3 그는 열심히 일해서 많은 돈을 벌었다. 4 이 상자들은 너무 무거워서 내가 옮길 수 없다. 5 그는 외모로 판단할 정도로 어리석지 않다.

23 too ~ to 용법

Easy-Peasy Grammar!

The stone is too heavy to lift.

"too ~ to" 용법은 일반적으로 "너무 ~해서 …할 수 없다"는 의미로 배웁니다. 이 때문에 "그 돌은 너무 무거워서 들어 올릴 수 없다."라고 해석합니다. 하지만 문장에 'not'과 같은 부정어가 없기 때문에, '할 수 없다'라고 해석하는 것이 다소 어색하게 느껴질 수 있습니다.

to부정사를 '~하기에'라고 해석해 보면 어떨까요?	
The stone is **too** heavy to **lift**.	
→ The stone is **too** heavy +	그 돌은 너무 무겁다
→ **to** lift.	들어올리기에

즉, "돌이 들어올리기에 너무 무겁다"라는 말은 결국 "돌이 너무 무거워서 들어 올릴 수 없다"라는 의미와 동일합니다. 여기에서 too ~ to 용법의 해석법이 유래된 것이라고 볼 수 있습니다. 따라서 '너무 ~해서 …하다'라고 외우는 것도 좋지만, to부정사를 '~하기에'라고 번역하여 직관적으로 이해하면 문장을 더 쉽게 파악할 수 있습니다.

"too ~ to를 쉽게 번역해 보세요."
다양한 구문의 번역법을 YouTube를 통해 확인하세요!

06 Review Test

부정사와 관련해서는 다음과 같은 내용이 자주 출제됩니다.

① 부정사의 시제
② 부정사의 태
③ 대부정사
④ 특정 동사의 목적어로 부정사가 사용되는 경우
⑤ 부정사의 의미상의 주어를 명시할 때 'for 목적격'과 'of 목적격'의 용법

이러한 내용들은 부정사와 관련된 문제를 해결하는 데 매우 중요하므로, 반드시 잘 숙지해 두어야 합니다.

[01-13] 다음 문장의 밑줄 친 부분에 가장 적절한 표현을 고르시오.

01 He doesn't want _____.

① that the doctor comes
② that the doctor come
③ the doctor to come
④ the doctor comes

02 To achieve independence _____ the goal of many nations since the end of the Second World War.

① it has been
② has been
③ which has been
④ is

03 He was never _____ his wife and children again.

① to see
② see
③ seen
④ have seen

04 The Betts process is the most efficient way _____ lead containing high concentration of bismuth.

① to refine
② refining
③ the refining of
④ of refined

05 _____ as a masterpiece, a work of art must transcend the ideas of the period in which it was created.

① It ranks
② The ranking
③ To be ranked
④ For being ranked

06 He has no one _____ but himself.

① of blame ② to blame
③ for blaming ④ blaming for

07 "I thought John was going to join the Air Force."
"Didn't you hear? He failed _____ the physical examination."

① passing ② to pass
③ passing in ④ to have passed

08 Mr. and Mrs. Kim are planning _____ a trip to the west coast.

① take ② to take
③ taking ④ to taking

09 My friend rented a new apartment, so I helped him _____.

① move it ② move
③ moving it ④ moved

10 "I'm hungry, and I want to eat this bread."
"What! It is not good _____."

① for eating ② to be eaten
③ to eat ④ eating

11 He was _____ six miles every day.

① strong enough to walk
② enough strong for walking
③ enough strong to walk
④ strong enough for walking

12 Even though there is a fixed amount of work _____, the time taken to do it may vary.

① for doing ② for the doing
③ to do for ④ to be done

13 _____, my golf went daily from bad to worse, and the worse it became the more I loved it.

① To honest be ② If I be honest
③ To be quite honest ④ Being honest

[14-20] 다음 문장의 밑줄 친 부분 중 문법적으로 틀린 부분을 고르시오.

14 ①Understand the situation ②requires more thought ③than he has given ④thus far.

15 ①The purpose of the instructions is ②making it ③easy for newcomers to find ④their way around the city.

16 He did not know ①to deal with the problem ②when ③his advisor ④had disappeared.

17 Paris ①is one of the many cities in the world ②that are ③currently developing programs ④of restoring their historical buildings.

18 The senator's legislative record was ①too liberal ②for please his constituents; ③moreover, they did not like ④his choice of a running mate.

19 Our ancestors produced ①fine handcrafts ②using skills ③that are difficult ④imitating today.

20 The manager I ①have known for ten years ②is eager ③of me to work for ④his company.

Chapter 07

동명사 (Gerund)

동명사는 '동사원형-ing'형태로 목적어, 보어를 취하고 부사(구)의 수식을 받는 동사의 성질과 주어, 목적어, 보어가 되는 명사의 성질을 동시에 갖는다.

준동사	공통점	차이점
부정사		명사, 형용사, 부사의 역할
동명사	동사의 기능	명사의 역할
분사		형용사의 역할

Unit 33 동명사의 역할
Unit 34 동명사의 의미상의 주어
Unit 35 동명사의 시제, 태, 부정
Unit 36 동명사의 관용표현

Unit 33 | 동명사의 역할

동명사는 동사에서 파생되어 목적어를 바로 취하거나 부사의 수식을 받는 등 동사적 특성을 지니면서도, 주어, 목적어, 보어로 쓰이는 등의 명사와 같은 기능을 한다. 따라서 동명사는 동사와 명사의 중간적 성격을 가지고 있다고 볼 수 있다.

동사	He <u>examined</u> the patient carefully.	그는 환자를 세밀하게 <u>진찰했다</u>.
동명사	His <u>examining</u> the patient carefully required much time.	그가 환자를 세밀하게 <u>진찰하는 것은</u> 많은 시간을 요했다.
명사	His careful <u>examination</u> of the patient required much time.	환자에 대한 그의 세심한 <u>진찰은</u> 많은 시간을 요했다.

목적어 the patient와 부사 carefully가 이어진 것은 동사 examined의 경우와 같고, required의 주어라는 점은 명사 examination과 같다. 명사는 형용사 careful의 수식을 받으며 목적어를 바로 취하지 못하고 전치사 of에 의해 명사 the patient와 연결되지만, 동명사는 부사의 수식을 받고 명사를 목적어로 바로 취할 수 있다.

 Ace Your Grammar!

동명사의 역할 ★★★

동명사는 명사와 달리 동사의 기능을 지니고 있고, 목적어와 보어를 취하며, 부사로 수식되기도 한다.

Medical experimentation on chimpanzees has ended, but _____ all of them into retirement will be a difficult task. (2018 서울여대)

① move
② moved
③ has moved
④ moving

빈칸에는 동사 will be의 주어가 되는 명사적 역할과 all of them을 목적어로 갖는 동사적 역할을 동시에 할 수 있는 것이 들어가야 한다. 동사와 명사의 기능을 동시에 수행하는 것은 동명사이므로, 빈칸에는 ④가 들어가야 한다.

침팬지를 대상으로 한 의학 실험은 끝났지만, 이 침팬시들을 모두 외딴곳으로 옮기는 것은 힘든 작업이 될 것이다. ④

1 명사적 기능

① 주어

1	**Seeing** is **believing**.	주어-보어 역할
2	**Smoking** isn't allowed here.	주어 역할

② 보어

3	His hobby is **collecting** stamps. <동명사>	동명사가 be동사 뒤에 와서 보어로 쓰일 때, 외견상 진행형과 같다. 그러나 be동사 뒤에 -ing가 올 경우, '~하는 것'으로 해석하여 의미가 통하면 (S=C) 동명사이며, 의미가 통하지 않을 경우(S≠C)는 진행형이다.
4	(cf.) I am **thinking** of changing my job. <진행형>	

③ 목적어
동명사를 목적어로 취하는 동사

습관적 행위	enjoy, practice
회피, 억제, 싫어함	avoid, detest, dislike, help, mind, resist, stand(참다)
완료, 포기	abandon, finish, give up, quit, stop
연기, 지연	defer, delay, postpone, put off
인정, 부인, 허용, 금지	acknowledge, admit, allow, deny, forbid, permit
제안, 권고, 주장	advise, advocate, recommend, suggest
고려, 상상, 회상, 예상	anticipate, consider, fancy, imagine, recall
기타	appreciate(감사하다), favor(찬성하다), involve(연루시키다), keep(계속하다), miss(~하지 못하다), risk(위험을 무릅쓰다)

5	She finished **writing** a letter.	타동사의 목적어
6	He wasn't interested in **learning** to play the violin.	전치사의 목적어

④ 동격: 명사 + of + 동명사
chance, danger, experience, fear, habit, hope, idea, method, possibility, probability, responsibility, thought

7	You must grow out of *the habit of* **biting** your nails.	
8	I have *a chance of* **going** abroad.	명사 + of(for) + 동명사/ to부정사
	= I have *a chance* **to go** abroad.	chance, intention, opportunity, reason, right, way

1 보는 것이 믿는 것이다. (백문이 불여일견) 2 여기서는 흡연이 금지되어 있다. 3 그의 취미는 우표 수집이다. 4 나는 직장을 옮길까 생각 중이다. 5 그녀는 편지 쓰는 것을 마쳤다. 6 그는 바이올린을 배우는 데 관심이 없었다. 7 너는 손톱을 물어뜯는 습관을 버려야 한다. 8 나는 외국에 나갈 기회가 있다.

 MSG

a[the] + 동명사 + of + 목적어
동명사가 완전히 명사화되어 관사나 형용사의 수식을 받으면 '전치사 + 명사'를 수반한다.

A good **understanding** of grammar is essential for good writing. 문법을 잘 이해하는 것은 좋은 글쓰기를 위해 필수적이다.
The lighting **of** fires is forbidden. (○) 불을 피우는 것은 금지되어 있다.
*Lighting of fires is forbidden. (×)
Lighting fires is forbidden. (○)

2 동사적 기능

목적어나 보어를 취할 수 있고 부사의 수식을 받는다.

1	He enjoyed **playing** *soccer* with my classmates.	목적어를 취함
2	She is ashamed of **being** *ignorant*.	보어를 취함
3	We can't succeed without **working** *hard*.	부사의 수식을 받음

1 그는 반 친구들과 축구 경기를 하는 것을 즐겼다. 2 그녀는 무지한 것을 부끄러워한다. 3 우리는 열심히 노력하지 않고 성공할 수 없다.

3 명사와의 차이

① 동사의 기능

1	American students are notorious for **playing** practical jokes.	목적어를 취함

② 목적어 또는 보어를 취함

2	You can't arrest a man for **looking** suspicious.	보어 역할

③ 부사로 수식되기도 함

3	He is interested in **dancing** professionally.	부사의 수식을 받음

1 미국 학생들은 짓궂은 농담을 하는 것으로 악명 높다. 2 너는 수상쩍게 생겼다고 해서 사람을 체포할 수 없다. 3 그는 직업상 춤추는 데 관심이 있다.

4 부정사와의 차이

① 동명사: 일반적, 추상적인 것

1	**Driving** on a muddy road is slow.	일반적 경향

② 부정사: 구체적 행위

2	**To drive** on a muddy road was dangerous.	구체적 행위

1 진창길 운전은 더디다. 2 진창길 운전은 위험했다.

5 현재분사와의 차이

① 동명사: 용도나 '~하기 위한' 목적을 나타내며, 뒤에 주로 무생물의 명사가 수반된다.

1	a **sleeping** bag = a bag for sleeping	침낭 = a bag that helps a person to sleep

② 현재분사: 주어나 목적어의 상태 및 진행 '~을 하고 있는'을 나타낸다.

2	a **sleeping** baby = a baby who is sleeping	형용사 역할: 잠자고 있는 아기
3	**Walking** in the park, I saw a bird building a nest.	절을 대신

3 공원을 걷는 동안 새가 둥지를 짓는 것을 보았다.

Grammar Review+

동명사의 성격

① 명사와의 차이: 동명사 = 동사 기능 + 명사 기능
  ➡ ⓐ 자체의 목적어, 보어를 취하고
     ⓑ 부사로 수식되기도 함
  My hobby is **playing** the piano.

② 부정사와의 차이
  ➡ 동명사: 일반적, 추상적인 것/ 부정사: 구체적인 행위
  I like **to swimming** in the morning. (일반적)
  I like **to swim** now. (구체적)

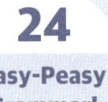

24 동명사와 현재분사를 구분하는 법

1 동명사와 현재분사의 구분

동명사와 현재분사는 형태가 같으므로 구분이 필요합니다. 예를 들어, "reading a book"을 살펴봅시다.

1	**Reading a book** is my hobby.	책을 읽는 것은 나의 취미다. <명사로 사용 → 동명사>
2	The man **reading a book** is Tom.	책을 읽고 있는 그 남자는 Tom이다. <형용사로 사용 → 분사>
3	**Reading a book**, he drinks water.	책을 읽으면서 그는 물을 마신다. <부사로 사용 → 분사구문>

위 문장에서처럼 V-ing 형태를 보면, 명사 자리에 나오면 동명사, 형용사 자리에 나오면 분사, 부사 자리에 나오면 분사구문으로 사용된 것으로 구분할 수 있습니다.

2 building의 구분

building은 '건물' (명사)일 수도 있고, '~을 짓는 것' (동명사)일 수도 있습니다. 문장에서 어떻게 구분할까요?

1	**Building a house** is difficult.	집을 짓는 것은 어렵다. <동명사>
2	**A building** is expensive.	건물이 비싸다. <명사>

위 두 문장을 구분하는 포인트는 "a[an]"과 같은 한정사입니다. building 앞에 관사가 붙어있으면 명사로 사용된 것입니다. 예를 들어, 첫 번째 문장 "Building a house"에서 a는 house에 붙어있으므로, building은 "집을 짓는 것"이라는 동명사입니다. 두 번째 문장 "A building"에서는 building 앞에 a가 붙어있으므로, building은 "건물"이라는 명사로 사용되었습니다.

"동명사와 현재분사를 구분하는 법"
V-ing 형태의 동명사와 현재분사, 그 차이를 YouTube를 통해 확인하세요!

Unit 34 | 동명사의 의미상의 주어

동명사의 의미상의 주어는 원칙적으로 '소유격'으로 나타내지만, 무생물, 부정대명사, 구의 경우에는 '목적격'으로 나타낸다.

 Ace Your Grammar!

동명사의 의미상의 주어 ★★

주절의 주어와 동명사의 의미상의 주어가 같을 경우에는 의미상의 주어를 따로 표시하지 않아도 되지만, 주절의 주어와 동명사의 의미상의 주어가 다를 경우 소유격으로 의미상의 주어를 표시한다는 점을 명심해야 한다.

I do not understand ①<u>why</u> mother ②<u>should object</u> to ③<u>me playing</u> the piano ④<u>at</u> the party.

(2002 경기대)

object to에서 to는 전치사이므로 그 뒤에 playing이 온 것은 옳다. 그런데 동명사의 의미상 주어는 사람의 경우 소유격을 써야 하므로 me를 쓴 것은 옳지 않다. 그러므로 ③ me playing을 my playing으로 고쳐야 한다.

나는 왜 엄마가 내가 파티에서 피아노를 연주하는 것을 반대하는 이유를 모르겠다. ③

1 의미상의 주어를 명시하는 경우

① 문장의 주어와 다른 경우에 표시하며, 소유격을 쓰는 것이 원칙이다.

1. *We* certainly appreciate **your letting** us stay with you.
2. *Her father* was proud of **her marrying** a soldier.
3. **His being** late made the boss angry. — 동명사가 문장의 주어가 되었을 때, 그 동명사의 의미상의 주어는 반드시 '소유격'으로 표시해야 한다.

② 목적격을 쓰는 경우

4. They were glad of **the examination being** over. — 무생물이 동명사의 주어일 때
5. I don't like *anyone's meddling in my affair. (×)
   I don't like **anyone meddling** in my affair. (○) — 부정대명사가 주어일 때

1 저희가 당신과 머물 수 있게 해주셔서 정말 감사합니다. 2 그녀의 아버지는 그녀가 군인과 결혼한 것을 자랑스러워했다. 3 그가 늦어서 사장님을 화나게 했다. 4 그들은 시험이 끝나서 기뻤다. 5 나는 어느 누구도 내 일에 간섭하는 것을 좋아하지 않는다.

MSG 동명사의 생략된 의미상 주어는 주절의 주어와 일치해야 한다.

On **hearing** the news, *my mind was changed. (×)
On **hearing** the news, *I* changed my mind. (○)

2 의미상의 주어를 명시하지 않는 경우

① 일반주어인 경우

1. **Studying** a foreign language is no easy task.

② 문장의 주어와 일치하는 경우

2. *He* insists on **attending** the party. → that he should attend the party.

③ 문장의 목적어와 일치하는 경우

3. We blamed *him* for not **having** told us the truth. → he had not told us the truth.

1 외국어를 공부하는 것은 쉬운 일이 아니다. 2 그는 파티에 참석할 것을 고집한다. 3 우리는 그가 우리에게 진실을 말하지 않은 것을 비난했다.

25 Easy-Peasy Grammar!
동명사가 과거와 현재를 의미하는 이유/ 동명사의 의미상의 주어로 소유격을 사용하는 이유

단어를 공부할 때 '-ness', '-ity', '-ion'과 같은 명사형 접미사를 자주 접하게 됩니다. 예를 들어, kindness, reality, suggestion과 같은 단어들에서 볼 수 있듯이, 이 접미사들은 명사를 만드는 역할을 합니다.

build의 명사형은 무엇일까요? 네, building입니다.
'-ing'도 이와 마찬가지로 명사를 만드는 접미사였습니다. 그런데 이것 역시 시간이 지나면서 동명사가 된 것입니다.

1 동명사가 과거와 현재를 의미하는 이유

동명사가 과거와 현재를 의미하는 이유는 동명사가 원래 명사에서 온 것이기 때문입니다. 예를 들어, building은 원래 '건물'이라는 뜻으로, 과거에 지어졌고 현재도 존재하는 것을 의미합니다. 이 때문에 동명사는 과거와 현재를 모두 포함하는 의미를 갖게 되었습니다.

2 동명사의 의미상의 주어가 소유격인 이유

1. *Me book (×)/ My book (○)
2. *Him book (×)/ His book (○)
3. I am sure of *your* **passing** the exam.

my, his, your는 소유격으로, 명사 앞에 놓일 수 있는 인칭대명사의 형태입니다. 하지만, 목적격은 명사 앞에 올 수 없으므로 Me book이나 Him book은 틀린 표현이 됩니다.

동명사의 의미상의 주어를 소유격으로 사용하는 이유가 여기에서 나옵니다. 위와 같이 명사 앞에 올 수 있는 인칭대명사는 소유격이기 때문입니다.

3 나는 네가 시험에 합격했다고 확신한다.

Unit 35 | 동명사의 시제, 태, 부정

① 동명사의 시제와 태

    단순형 능동태: 동사원형 + ing   단순형 동명사: 본동사와 같은 시제이며, 혹은 미래시제를 말한다.

    단순형 수동태: being + p.p.

    완료형 능동태: having + p.p.   완료형 동명사: 본동사보다 한 시제 앞선 시제이다.

    완료형 수동태: having been + p.p.

② 동명사의 부정

    not[never] + -ing   to부정사나, 분사처럼, 바로 앞에 'not 혹은 never'를 두어 부정한다.

 Ace Your Grammar!

동명사의 시제와 태 ★★★

주절 동사와 같은 시제의 의미는 동사원형에 -ing를 붙인 단순형 동명사를 사용하고, 주절 동사보다 한 시제 앞선 의미는 'having + p.p.'의 완료형 동명사를 쓴다. 능동의 의미는 동사원형에 -ing를 붙인 능동태 동명사를, 수동의 의미는 'being p.p.' 형태의 수동태 동명사를 쓴다.

He is proud of _____ a goal in the World Cup in his twenties.   (2020 덕성여대)

① score   ② having scored

③ being scored   ④ having been scored

전치사 of의 목적어가 되어야 하므로 동명사가 와야 하는데, 과거의 능동적 행위를 나타내므로 완료형 능동태 동명사가 와야 한다.

그는 20대에 월드컵에서 골을 넣었다는 것을 자랑스러워한다.   ②

1 단순동명사: 동사원형 + ing

본동사와 동일시제 혹은 미래의 행위를 나타낸다.

① 주절과 시제가 같은 경우

1	He *is* ashamed of **being** poor.	= He *is* ashamed that he *is* poor.
2	He *was* ashamed of **being** poor.	= He *was* ashamed that he *was* poor.
3	I *am* sure of his **passing** the exam.	= I *am* sure that he *will pass* the exam.
4	I *was* sure of his **passing** the exam.	= I *was* sure that he *would pass* the exam.

② 단순동명사로 완료동명사를 대신하는 경우:
forget, remember, regret 등은 단순형 동명사로 과거의 행위를 표현할 수 있다.

5	I *regret* **criticizing** her.	= I *regret* that I *criticized* her.
6	(cf.) I *regret* **not having worked** hard *in my youth*.	a few years ago, when I was a boy, in my youth 등과 같이 시간적으로 거리가 있는 부사구, 부사절이 있으면 완료형을 쓴다.

1 그는 가난한 것을 부끄러워한다. 2 그는 가난한 것을 부끄러워했다. 3 나는 그가 시험에 합격할 것이라고 확신한다. 4 나는 그가 시험에 합격했다고 확신했다. 5 나는 그녀를 비판한 것을 후회한다. 6 나는 젊었을 때 열심히 일하지 않은 것을 후회한다.

2 완료동명사: having p.p.

본동사보다 한 시제 앞선 시제를 나타낸다.

1	He *is* ashamed of **having been** poor.	= He *is* ashamed that he *was(has been)* poor.
2	He *was* ashamed of **having been** poor.	= He *was* ashamed that he *had been* poor.

1 그는 가난했던 것을 부끄러워한다. 2 그는 가난했던 것을 부끄러워했다.

3 동명사의 태

① 능동형: 동명사의 의미상 주어가 행위의 주체

1. The director was famous for **treating** actors badly.   단순동명사
2. She denied **having heard** the news.   완료동명사 = He denied that he had heard the news.

② 수동형: 동명사의 의미상 주어가 행위의 대상(being p.p./ having been p.p.)

3. I am proud of **being treated** like a teacher.   단순 수동형 동명사
4. I am proud of **having been treated** like a teacher last year.   완료 수동형 동명사

③ 능동형으로 수동의 의미를 나타내는 경우
want[need, deserve, require, be worth] + -ing

5. His house **needs[wants] painting**.   = His house needs[wants] to be painted.
6. This novel **is worth reading** once.   be worth 뒤에는 to be p.p.로 바꿔 쓸 수 없다.
   = This novel **is worthy of reading** once.   = be worthy of -ing(명사)
   = This novel **is worthy to be read** once.   = be worthy to be p.p.
   = It **is worth while to read** this novel once.   = be worth while to V

1 그 감독은 배우들을 모질게 대하는 것으로 유명했다. 2 그녀는 그 소식을 들은 적이 없다고 부인했다. 3 나는 선생님처럼 대우받는 것이 자랑스럽다. 4 나는 작년에 선생님처럼 대우받았던 것이 자랑스럽다. 5 그의 집은 페인트칠이 필요하다. 6 이 소설은 한 번 읽어볼 만한 가치가 있다.

4 동명사의 부정: not[never] + -ing

부정어를 동명사 바로 앞에 둔다.

1. There is a chance of his **coming** *not. (×)
   There is a chance of *not his **coming**. (×)
   There is a chance of his **not coming**. (○)

   의미상의 주어가 있는 경우 '의미상의 주어 + 부정어 + 동명사'의 어순을 취한다.

2. I was sorry for **not having kept** the promise.
3. She was ashamed of **never having been** in time for school.

1 그가 오지 않을 가능성이 있다. 2 약속을 지키지 못해서 미안했다. 3 그녀는 학교에 지각했던 것에 대해 부끄러워했다.

▶▶▶ 개념적용
동명사의 의미상의 주어, 시제, 태, 부정

The fact that you have not signed your name shows lack of courage.
= The fact of _____ your name shows lack of courage.

① your not having signed
② not your signed
③ your not signing
④ your not signed

전치사 of의 목적어이므로 동명사가 와야 하고 본문의 시제보다 하나 앞서므로 완료형을 써야 한다. 또 동명사의 부정은 그 앞에 부정어 not 혹은 never를 붙인다.

당신이 서명하지 못했다는 것은 용기가 부족했다는 것을 보여준다. ①

Grammar Review+

동명사의 시제, 태, 부정

① 시제
단순형: 주절의 시제와 같은 경우/ 단순동명사로 완료동명사를 대신하는 경우(forget, remember, regret + -ing)
완료형: 주절의 시제보다 앞선다.
He is proud of **being rich**. <단순형>
He is proud of **having been rich** in 2020. <완료형>

② 능동형이지만 수동의 의미를 지닌 것: need, want, deserve, be worth + -ing
This watch **needs repairing**.

③ 부정 → 동명사 앞에 not 혹은 never를 붙임
I apologize for **not having said** this before.

Unit 36 | 동명사의 관용표현

Ace Your Grammar!

주의해야 할 전치사 to + -ing 구문 ★★

전치사 to로 끝나서 부정사로 혼동되기 쉬운 구문과 관련된 문제가 자주 출제되므로 관용적인 전치사의 목적어 구문을 숙지하고 있어야 한다.

Korean children are ①<u>accustomed to have</u> ②<u>their</u> parents ③<u>interfere</u> with their marriage ④<u>plans</u>.

(2007 광운대)

be accustomed to 다음에는 명사나 동명사가 온다. 따라서 ①을 accustomed to having으로 고친다. ③에 쓰인 동사원형은 'have + 사람 + 동사원형'의 구문에 속한 표현이다.

한국의 아이들은 부모가 자신들의 결혼 계획에 간섭하도록 하는 것에 익숙해져 있다. ①

1 주의해야 할 '전치사 to + -ing' 구문

to는 전치사의 to와 부정사의 to가 있는데, 전치사 to 뒤에는 명사나 -ing가 오며, 부정사 to 뒤에는 동사원형이 온다.

1	He **is used to playing** the piano in front of big crowds.	be used[accustomed] to -ing: ~에 익숙하다
2	(cf.) These brushes **are used to paint** big pictures.	be used to + 동사원형: ~하는 데 사용되다
3	(cf.) I **used to get up** early in the morning.	used to + 동사원형: ~하곤 했다<과거의 습관>
4	We are **looking forward to hearing** from you.	look forward to -ing: ~을 기대하다, 고대하다(= expect to V)
5	I **object to working** on Sundays.	object to -ing: ~에 반대하다(= be opposed to -ing)
6	Everyone on the team **contributed to winning** the game.	contribute to -ing: ~에 공헌하다, 기여하다
7	She **devoted herself to helping** the poor.	devote[dedicate, commit] oneself to -ing: ~에 전념하다
8	She went abroad **with a view to studying** music.	with a view to -ing: ~할 목적으로 (= with a view of, for the purpose of)
9	**What do you say to eating** out tonight? = How about eating out tonight?	what do you say to -ing: ~하는 게 어떻습니까?
10	He **came close to losing** his wife after a car accident.	come close to -ing: 하마터면 ~할 뻔하다
11	He **confessed to having** stolen the jewelry.	confess to -ing: ~을 자백하다
12	**When it comes to playing** the piano, you can't beat Sharon.	when it comes to -ing: ~에 관한 한, ~에 관해서라면
13	He **took to skiing** from his first day on the slopes.	take to -ing: ~을 매우 좋아하게 되다, ~을 탐닉하다
14	His diligence **led to succeeding** in his life.	lead to -ing: ~을 초래하다

1 그는 많은 사람들 앞에서 피아노를 연주하는 것에 익숙하다. 2 이 붓들은 큰 그림을 그리는 데 사용된다. 3 나는 아침에 일찍 일어나곤 했다. 4 우리는 당신의 답변을 기다리고 있다. 5 나는 일요일 근무에 반대한다. 6 그 팀의 모든 사람들이 경기에서 이기는 데 기여했다. 7 그녀는 가난한 사람들을 돕는 데 헌신했다. 8 그녀는 음악을 공부할 목적으로 외국에 갔다. 9 오늘밤 외식을 하는 게 어떻겠습니까? 10 그는 교통사고로 하마터면 아내를 잃을 뻔했다. 11 그는 보석을 훔쳤다고 자백했다. 12 피아노 연주에 있어서는 샤론을 이길 수 없다. 13 그는 첫날부터 스키장에서 스키타는 것을 좋아하게 됐다. 14 그의 근면함은 인생에서 성공을 이끌었다.

MSG+ used to V(~ 했었다), be used to -ing(~하는 데 익숙하다)는 과거나 현재의 습관을 나타내는 말로, 행위자인 사람이 주어인 구문이며, be used to V(사용되다)은 사용되는 대상이므로 주로 사물이 주어가 된다.

2 동명사 앞의 전치사 생략

① have + trouble[difficulty, a hard time, struggle, a job] + (in) -ing: ~하는데 곤란을 겪다
  = have + trouble[difficulty, a hard time, struggle, a job] + with 명사

1 I **had difficulty (in) solving** the problem.   = I had difficulty with the problem.

② spend, pass, waste + 목적어 + (in) -ing: ~하는데 시간[돈, 노력]을 쓰다

2 He **spends a lot of money (in) buying** his clothes.   = He spends a lot of money on his clothes.

3 He **passes his life (in)** reading.

③ be + busy + (in) -ing: ~하느라 바쁘다

4 Mary **was busy (in) ironing** this evening.

1 나는 그 문제를 푸는 데 한참 고생했다. 2 그는 옷에 많은 돈을 쓴다. 3 그는 인생을 독서로 보낸다. 4 오늘 저녁에 메리는 다리미질하느라 바빴다.

3 동명사의 관용표현

1	**There is no knowing** what may happen tomorrow. = It is impossible to know what may happen tomorrow. = We cannot know what may happen tomorrow.	There is no -ing: ~하는 것은 불가능하다, ~할 수 없다
2	**It is no use[good] trying** to persuade him. = It is of no use to try to persuade him.	It is no use[good] -ing: ~해도 소용없다
3	I **cannot help admiring** his courage. = I cannot but admire his courage. = I have no choice but to admire his courage.	cannot help -ing: ~하지 않을 수 없다
4	I **feel like going** to the movies tonight.	feel like -ing: ~하고 싶은 생각이 들다
5	It **goes without saying that** health is above wealth. = It is needless to say that health is above wealth.	It goes without saying that: ~은 두말할 필요도 없다
6	They **never** meet **without quarreling**. = Whenever they meet, they quarrel.	never[not] ~ without …ing: ~하기만 하면 반드시 …하다
7	We are **far from agreeing** with his opinions.	far from -ing: 결코 ~이 아닌, ~하기는커녕
8	**Far from blaming** him, I thank him for his conduct.	
9	This is the tree **of his own planting**.	of one's own -ing: 자신이 직접 ~한
10	I **make a point of taking** a walk every morning. = I make it a rule to take a walk every morning.	make a point of -ing: ~을 규칙으로 하다, 반드시 ~하다
11	He **was on the point of breathing** his last breath. = He was about to breathe his last breath.	be on the point[brink] of -ing: 막 ~하려는 참이다
12	**On receiving** the letter, she turned pale. = **As soon as** she received the letter, she turned pale.	on[upon] -ing: ~하자마자
13	He left **without so much as saying** good-bye.	without so much as -ing: ~조차도 없이
14	Let's **go shopping** at a department store tomorrow.	go -ing: ~하러 가다
15	The stock **is worth buying**. = The stock is worthy of buying. = The stock is worthy to be bought. = It is worth while to buy the stock.	be worth -ing: ~할 가치가 있다

1 내일 무슨 일이 일어날지 알 길이 없다. 2 그를 설득해도 소용없다. 3 나는 그의 용기에 감탄하지 않을 수 없다. 4 나는 오늘 밤 영화를 보러가고 싶다. 5 건강이 돈보다 소중하다는 것은 두말할 필요도 없다. 6 그들은 만나기만 하면 싸운다. 7 우리는 그의 의견에 결코 동의하지 않는다. 8 나는 그를 비난하기는커녕 그의 행동에 감사한다. 9 이것은 자신이 직접 심은 나무이다. 10 나는 매일 아침 산책을 규칙적으로 한다. 11 그는 이제 마지막 숨을 거두려 하고 있었다. 12 그녀는 편지를 받자마자 얼굴이 창백해졌다. 13 그는 작별 인사조차 없이 떠났다. 14 내일 백화점에 쇼핑하러 가자. 15 그 주식은 매수할 가치가 있다.

07 Review Test

동명사와 관련해서는 다음과 같은 내용이 자주 출제됩니다.

① 동명사를 목적어로 취하는 동사
② 동명사의 시제와 태
③ 동명사의 의미상 주어
④ 전치사 to + -ing

이러한 내용들은 동명사 관련 문제를 해결하는 데 매우 중요하므로, 반드시 잘 숙지해 두어야 합니다.

01 다음 중 나머지 세 문장과 의미가 <u>다른</u> 것을 고르시오.

① He is accustomed to getting up early.
② He used to get up early.
③ He is in the habit of getting up early.
④ He is used to getting up early.

[02-12] 다음 문장의 밑줄 친 부분에 가장 적절한 표현을 고르시오.

02 She always tries her best to avoid _____ mistakes.

① to make   ② from making
③ making   ④ that she makes

03 "Where are the Smiths going to live?"
"The Smiths are considering _____ to Chicago."

① moving   ② to move
③ move   ④ moved

04 "Why didn't you inform me of the meeting to be held?"
"I'm sorry to have forgotten about _____ you."

① phoning   ② phone
③ phoning at   ④ phone to

05 "What do you expect me to do?"
"The fence needs _____."

① to paint ② to painting
③ painting ④ painted

06 We are going _____ tomorrow.

① to climbing ② climbing
③ climbed ④ climb

07 I've never regretted _____ him.

① ask ② to ask
③ asking ④ to be asked

08 You'd better practice _____ English for thirty minutes a day.

① speak ② to speak
③ speaking ④ to speaking

09 When questioned, the man denied _____ the lady.

① to shoot ② shot
③ to have shot ④ shooting

10 Many people favor _____ more nuclear power plants.

① build ② built
③ to build ④ building

11 Miriam didn't go to the movies last night because she was so busy _____ for her trip to Guam.

① preparing ② to prepare
③ that prepared ④ that to prepare

12 We are opposed to _____ without him.

① having a party ② a party having
③ have a party ④ have had a party

[13-18] 다음 문장의 밑줄 친 부분 중 문법적으로 틀린 부분을 고르시오.

13   There ①is no objection ②for Tom joining the party if he ③is willing to ④fit in with our plans.

14   Jenny ①has ②always enjoyed ③to look at the flowers and ④walking through the park.

15   ①Tom calling Marie made ②her angry, ③so she ④hung up on him.

16   The dictionary ①functions ②primarily ③as a tool ④for the definings the meaning of words.

17   The ①emphasizing in oratory is on the ②skillful ③utilization of the ④voice.

18   I promised her I ①wouldn't say ②anything ③until she had finished ④to speak.

19   다음 문장 중 문법적으로 틀린 것을 고르시오.

   ① The cat howling through the night belongs to Jack.
   ② John and Paul, my elder brothers, argued in the back seat.
   ③ The grocery store is on the right; the drugstore is on the left.
   ④ She considers to buy a new jacket for herself.

20   다음 우리말을 영어로 바르게 옮긴 문장을 고르시오.

   그의 시를 읽으면 누구든지 감동을 받는다.

   ① Anybody cannot read his poem without being moved.
   ② Nobody can read his poem but he is not moved.
   ③ Nobody can read his poem without being moved.
   ④ Anyone cannot be moved without reading his poem.

Chapter 08

분사 (Participle)

분사는 동사에서 나와 문장(절) 안에서 동사의 일부로 쓰이거나, 형용사 기능을 하거나, 문장(절) 전체를 수식하는 부사어나 'and + 동사'의 기능을 하는 것으로, 현재분사와 과거분사가 있다.

		형태	의미
기본의미		~하고 있는 <진행> ~하는 <능동>	~한 <완료> ~해진[된] <수동>
기능	동사의 일부	He **is writing** a letter.	He **has written** a letter. A letter **was written**.
	형용사	the **burning** house 불타고 있는 집	the **broken** glass 깨진 유리잔
	분사구문(부사)	**Seeing** a policeman, he ran off.	Very **tired**, we soon fell asleep.

Unit 37	분사의 용법
Unit 38	감정 및 심리 유발 동사의 분사, 분사 형용사
Unit 39	유사분사, 복합분사
Unit 40	분사구문을 만드는 법
Unit 41	분사구문 절의 종류와 유의사항
Unit 42	독립분사구문
Unit 43	with 분사구문, 분사형 전치사
Unit 44	분사구문의 강조

Unit 37 | 분사의 용법

분사는 동사와 형용사의 역할을 동시에 한다. 자동사의 현재분사는 진행을 의미하고 과거분사는 완료를 의미한다. 타동사의 현재분사는 능동을 의미하고, 과거분사는 수동을 의미한다. 분사의 용법에는 명사의 앞뒤에서 명사를 수식하는 '한정적 용법'과, 주어나 목적어의 보어 역할을 하는 '서술적 용법'이 있다.

Did you read the newspaper surprising us?

surprising은 타동사에서 비롯된 분사이므로 타동사의 성질을 이용하여 뒤에 오는 us를 목적어로 취하고, 형용사의 성질을 이용해서 앞의 명사를 수식하면 앞과 뒤를 동시에 충족시킬 수 있다. 따라서 분사는 동사와 형용사의 역할을 동시에 할 수 있는 유용한 품사이다. 그러나 분사가 명사 앞에 와서 한정적 용법으로 사용될 경우 동사의 성질은 상실하고 형용사의 성질만 갖게 된다.

Ace Your Grammar!

분사의 한정적 용법과 현재분사와 과거분사의 구별 ★★★

한정적 용법의 경우 수식받는 명사의 입장에서, 그리고 서술적 용법의 경우는 보어의 입장에서, 능동·진행의 의미관계이면, 현재분사를 사용하고, 수동·완료의 의미관계이면, 과거분사를 써야 한다.

They need to drive under more _____ conditions before we turn them loose under full licensure.

① control   ② controlling   (2003 아주대)
③ controlled   ④ have controlled

뒤의 명사를 수식해야 하므로, 이러한 기능을 할 수 있는 분사 ②와 ③으로 정답을 좁힐 수 있다. 수식되는 명사와 동사 control은 수동관계이므로 과거분사를 쓰는 것이 옳다.

그들이 정식 면허를 교부받아 운전하기 전에는 보다 통제된 조건 하에 운전해야 할 필요가 있다.   ③

1 한정적 용법

분사 단독으로 명사를 수식하는 경우에는 수식하는 명사 앞에 놓인다. 여기에 다른 부사, 부사구, 목적어, 보어 따위가 붙어서 두 단어 이상이 될 때는 수식하는 명사 뒤에 놓인다.

① 전치 수식: 분사 단독으로 수식할 때

a **sleeping** baby	자동사: 진행(~하고 있는)/ a baby who is sleeping
a **wounded** soldier	타동사: 수동(~된, 당한)/ a solider who is wounded
This is a **surprising** *report*.	= a report which is surprising

② 후치 수식: 분사에 다른 어구 ― 수식어, 분사의 보어, 목적어 ― 가 수반될 때

a baby **sleeping** *in the cradle*	수식어구 동반, 후치수식
a soldier **wounded** *in the back*	수식어구 동반, 후치수식
This is a *report* **surprising** *me*.	= a report which surprises me

MSG+ 단독분사라도 다음의 경우에는 후치 수식한다.
① 일시적, 동사적 속성을 나타내는 경우
  the people **attending**/ the problems **discussed**
② 대명사를 수식하는 경우
  those **invited**

2 서술적 용법

분사가 동사의 보어로써 쓰이는 용법으로, 주격보어 및 목적보어의 두 가지로 사용된다.

① 주격보어

1	The students sat **surrounding** their teacher.	S + V + 현재분사: 주어가 동작을 하는 능동관계
2	The teacher sat **surrounded** by the students.	S + V + 과거분사: 주어가 동작을 받는 수동관계
3	She sat **waiting** on the beach.	
4	The door **remained** locked.	

② 목적보어: S + V + O + O.C.

5	I found her **weeping** in the room.	현재분사: 목적어가 울고 있는 능동관계
6	I found her **killed** in the room.	과거분사: 목적어가 살해당한 수동관계
7	I want this work **finished** quickly.	

1 학생들은 선생님을 둘러싸고 앉아 있다. 2 선생님은 학생들에게 둘러싸여 앉아 있다. 3 그녀는 벤치에 앉아서 기다리고 있었다. 4 문이 잠겨진 채로 있었다. 5 나는 그녀가 방에서 울고 있는 것을 발견했다. 6 나는 그녀가 방에서 살해된 것을 발견했다. 7 나는 이 일이 빨리 끝나기를 바란다.

3　분사의 명사화

'the + 형용사/분사'는 '복수[단수]명사, 추상명사'를 나타낸다.

① 복수보통명사를 나타내는 경우
　　the poor, the rich, the wounded, the injured, the disabled, the employed, the unemployed 등

| 1 | The government distributes free food to **the poor**. | the poor: 가난한 사람들 |
| 2 | **The killed** and **the wounded** lay on the battle-field. | the killed: 죽임을 당한 사람들/ the wounded: 부상당한 사람들 |

② 단수보통명사를 나타내는 경우
　　the accused, the deceased, the assured, the condemned 등

| 3 | **The accused** was released on bail. | the accused: 피고인 |
| 4 | **The deceased** was a great scholar. | the deceased: 고인 |

③ 추상명사를 나타내는 경우: 단수 취급
　　the unknown, the unexpected, the untouched, the true, the good 등

| 5 | **The known** is limited while **the unknown** is an infinity. | the known: 알려진 것/ the unknown: 알려지지 않은 것(미지) |
| 6 | She has an eye for **the beautiful**. | the beautiful: 아름다운 것 |

1 정부는 가난한 사람들에 무료 음식을 나눠준다. 2 사망자와 부상자가 전장에 누워있었다. 3 피고는 보석으로 풀려났다. 4 고인은 위대한 학자였다. 5 알려진 것은 제한되어 있지만 미지는 무한하다. 6 그녀는 심미안이 있다.

4　현재분사 + 명사 vs 동명사 + 명사

'현재분사 + 명사'는 명사의 행위와 동작을 나타내고, '동명사 + 명사'는 명사의 용도와 목적을 표현한다.

a **sleeping** baby = a baby who is sleeping	분사: 잠자고 있는 아기
a **sleeping** car = a car for sleeping	동명사: 잠을 자기 위한 차(= 침대차)
smoking people = people who smoke	분사: 흡연자
a **smoking** area = an area for smoking	동명사: 흡연구역

26 "interesting people"의 문법적 해석

interesting people을 볼 때, interesting을 분사로 본다면, 이는 people을 수식하여 '흥미로운 사람들'이라는 의미가 됩니다. 반면에 interesting을 동명사로 본다면, people을 목적어로 취하며 '사람들에게 흥미를 주는 것'으로 해석될 수 있습니다. 이 경우 interesting이 동명사인지 분사인지 해석으로 구분을 하는 수 밖에 없지만, 주어로 사용될 때는 수일치를 통해 구분이 가능한 경우도 있으니 참고하시기를 바랍니다.

1 수일치를 통한 구분

① 분사로 보는 경우: interesting을 분사로 해석하면, people을 앞에서 수식하는 형용사로 사용됩니다. 이 경우 interesting people은 "흥미를 주는 사람들"로 해석됩니다. 이 경우 people(주어)이 복수명사이므로, 동사 look도 복수형으로 사용됩니다.

Interesting people *look* happy. 흥미를 주는 사람들은 행복해 보인다.

② 동명사로 보는 경우: interesting을 동명사로 해석하면, people을 목적어로 수반하여 "사람들에게 흥미를 주는 것"이라는 의미가 됩니다. 이때 interesting people은 단수로 간주하므로, 단수동사 is가 사용됩니다.

Interesting people *is* a good thing. 사람들에게 흥미를 주는 것은 좋은 것이다.

2 관사를 통한 구분

people 앞에 관사가 붙는 경우, 분사와 동명사를 더 쉽게 구분할 수 있습니다.

the **interesting** people 분사의 경우: 흥미로운 사람들
interesting *the* people 동명사의 경우: 사람들에게 흥미를 주는 것

관사를 통해 interesting의 역할을 쉽게 구분할 수 있습니다. the interesting people처럼 the가 명사 앞에 오면, interesting은 형용사로서 people을 수식하는 역할을 합니다. 반면, interesting the people에서 interesting은 동명사로, the people이 동명사의 목적어가 됩니다.

Unit 38 | 감정 및 심리 유발 동사의 분사, 분사 형용사

He is a very *bored person because he is always talking about himself. (×)

주어인 "그가(He)" 사람을 지루하게 하는 사람이라는 뜻으로 능동의 의미를 갖는다. 따라서 bored를 boring으로 고친다. 무조건 사람을 수식하면 과거분사이고, 사물을 수식하면 현재분사라고 생각해서는 안 된다. 논리적으로 타당한지 파악하고 문제에 접근해야 한다.

 Ace Your Grammar!

감정동사의 현재분사와 과거분사의 구분 ★★★
감정동사의 한정적 용법에서 능동, 사역의 의미일 경우 현재분사를 사용하고, 수동의 의미일 경우 과거분사를 사용해야 한다.

She ①entertained ②all the crowd with ③a lot of ④amused stories.

감정동사에서 비롯된 과거분사가 명사 앞에 한정적으로 쓰이면 수동의 의미를 나타낸다. 그러나 이 감정동사에서 비롯된 과거분사는 무생물이나 감정이 없는 명사 앞에서는 사용할 수 없으므로 ④ amused를 '사람을 즐겁게 하는'이라는 의미의 현재분사 amusing으로 고쳐야 한다.

그녀는 많은 재미있는 이야기로 군중 모두를 즐겁게 했다. ④

1 감정 및 심리 유발 동사의 분사: 감정을 나타내는 타동사 출신

감정을 유발하는 경우에는 현재분사를 쓰고, 감정을 느끼게 되는 경우에는 과거분사를 쓴다. 일반적으로 현재분사는 감정을 일으키는 무생물이나 상황에 사용되며, 과거분사는 감정을 느끼는 사람에게 사용된다.

놀라게 하다	surprise, amaze, astound, astonish, frighten, alarm
기쁘게 하다, 만족하게 하다	delight, amuse, please, satisfy
당황하게 하다	embarrass, puzzle, perplex, bewilder, confuse, baffle, dislike(싫어하다), mind(꺼려하다)
실망시키다	disappoint, discourage, frustrate
확신시키다	convince, assure
기타	bore(지루하게 하다), tire, exhaust(지치게 하다), excite(흥분하게 하다), interest(흥미를 유발하다), disgust(혐오감을 불러일으키다), exhaust(기진맥진케 하다)

① 감정동사의 한정적 용법

	an **exciting** experience	흥미를 유발하는 경험
1	The elephants in the circus performed some **amusing** tricks.	능동, 사역의 의미일 경우: 현재분사
	an **excited** spectator	흥분한 구경꾼
2	The **frightened** child gripped its mother's arm.	수동의 의미일 경우: 과거분사

② 감정동사의 서술적 용법

3	My friend tells me that living in the dormitory is **boring**.	의미상의 주어가 사물인 경우 보어는 현재분사
4	I am **bored** with that book.	의미상의 주어가 사람인 경우 보어는 과거분사

1 서커스단의 코끼리들이 사람들을 즐겁게 하는 묘기를 했다. 2 겁에 질린 아이가 엄마의 팔을 꼭 붙잡았다. 3 내 친구는 기숙사 생활이 지루하다고 말한다. 4 나는 그 책에 지루함을 느낀다.

2 분사 형용사

동사적 성질이 사라져서 온전히 형용사처럼 쓰이는 분사를 의미한다.

① 현재분사형 형용사

missing 실종된	becoming 잘 어울리는	fascinating 멋진, 매력적인	promising 유망한
demanding 요구가 지나친	whopping 엄청난	lasting 지속적인	overwhelming 압도적인
striking 두드러진	engaging 매력적인	appetizing 식욕을 돋우는	enlightening 계몽적인
pressing 절박한, 시급한	trying 견디기 어려운, 힘든		

1	The police are searching for the **missing** child.	missed를 쓰지 않도록 유의
2	High unemployment is a **pressing** problem for us.	pressing: 시급한, 긴급한

② 과거분사형 형용사

crowded 붐비는	complicated 복잡한	qualified 자격 있는	disappointed 실망한
engaged 바쁜	established 확립된	prejudiced/ biased 편견을 가진	unrestrained 억제되지 않은
sophisticated 복잡한; 정교한		celebrated/ distinguished/ noted 유명한	

3	The heart of the city is **crowded** with tourists.	crowded: 붐비는, 혼잡한, 만원의
4	I don't like to see students **disappointed**.	disappointed: 실망한, 낙담한
5	The result from the recent study overthrew an **established** theory.	established: 확립된, 확정된
6	Medical techniques are becoming more **sophisticated**.	sophisticated: 정교한, 복잡한; 세련된

1 경찰은 실종된 아이를 찾고 있다. 2 높은 실업률은 우리에게 시급한 문제이다. 3 도시 중심부가 관광객들로 붐빈다. 4 나는 학생들이 실망하는 것을 보고 싶지 않다. 5 최근 연구 결과는 기존 이론을 뒤엎었다. 6 의료 기술은 더욱 정교해지고 있다.

Unit 39 | 유사분사, 복합분사

1 유사분사

명사에 과거분사형 접미사인 '-ed'를 붙여 한정적 용법으로 사용하는 분사를 말한다. '~한', '~을 가진'이란 의미를 가지고 있으며, 형용사처럼 쓴다. 흔히 부사나 형용사가 하이픈과 함께 앞에 온다.

a **deep-rooted** tree 뿌리 깊은 나무	a **red-haired** child 붉은 머리 소년
a **good-natured** man 성격이 좋은 사람	a **middle-aged** woman 중년 부인
a **warm[cold]-blooded** animal 온혈[냉혈] 동물	a **talented[gifted]** girl 재능이 있는 소녀
a **moneyed** man 돈이 많은 사람	a **wooded** hill 수목이 우거진 언덕

2 복합분사

명사, 형용사, 부사가 하이픈을 통해 분사와 결합하여 형용사처럼 쓰인다. 복합분사도 수식되는 명사가 주체이면 -ing, 대상이면 p.p.이다.

English-speaking people = people who speak English
money-oriented society = society which is oriented by money

① 명사 + 현재분사

English-speaking 영어를 말하는	decision-making 결정을 내리는
peace-loving 평화를 사랑하는	war-hating 전쟁을 싫어하는
meat-eating 육식을 하는	pain-killing 통증을 없애는
Ice-breaking 서먹한 분위기를 깨는	time-consuming 시간이 걸리는
thought-provoking 시사하는 바가 많은	mouth-watering 군침이 도는
air-polluting 대기를 오염시키는	epoch-making 신기원을 이루는

② 명사 + 과거분사

man-made 사람이 만든	male-dominated 남성주도형의
money-oriented 돈이 지배하는	knife-cut 칼에 베인
horse-drawn 말이 끄는	poverty-stricken 가난에 시달리는

③ 형용사 + 현재분사

good-looking 잘생긴	funny-sounding 재밌게 들리는
bitter-tasting 쓴맛이 나는	bad-smelling 나쁜 냄새가 나는

④ 형용사 + 과거분사

ready-made 준비된 상태로 만들어진	guilty-found 유죄로 판명된
innocent-proved 무죄로 밝혀진	short-sighted 근시의
old-fashioned 구식의	kind-hearted 마음씨 고운

⑤ 부사 + 현재분사

long-lasting 오래 지속되는	never-ending 끝나지 않는, 영원한
hard-working 열심히 일하는	early-rising 일찍 일어나는
fast-walking 빨리 걷는	ever-lasting 영원한, 끊임없는

⑥ 부사 + 과거분사

newly-born 새로[갓] 태어난	newly-married 신혼의
well-known 잘 알려진	well-made 잘 만들어진
widely-read 널리 읽히는	well-behaved 품행이 바른

27 분사가 명사를 앞에서 수식할 때의 특이점
Easy-Peasy Grammar!

분사는 명사 뒤에서 수식할 수 있고, 명사 앞에서도 수식할 수 있습니다. 이때 주의해야 할 몇 가지 특이점을 살펴보겠습니다.

1 분사가 명사를 수식하는 위치에 따른 의미 변화

① 명사 뒤에서 수식할 때
분사가 명사 뒤에서 수식하면, 수식하는 대상이 명확하게 드러납니다.

1   The man **boring** you is Tom. 보ring이 명사를 뒤에서 수식할 때는 지루하게 하는 대상이 명확히 드러납니다.

② 명사 앞에서 수식할 때
분사가 명사 앞에서 수식할 때는, 수식 대상이 명확하지 않고, 일반적인 의미만 전달

2   The **boring** man is Tom. 분사가 명사 앞에서 수식할 경우, 그 대상이 명확히 드러나지 않으며, 일반적인 의미만 전달합니다. 즉, boring이 명사를 앞에서 수식할 때, 지루하게 하는 대상(누구를 지루하게 하는지)은 명확히 드러나지 않습니다.

1 당신을 지루하게 하는 그 남자는 Tom이다. 2 그 지루하게 하는 남자는 Tom이다.

2 구체적인 의미 전달을 위한 분사 위치

분사가 명사를 앞에서 수식할 때는 수식 대상이 명확하지 않으며, 더욱 구체적인 의미를 전달하려면 명사 뒤에서 수식하도록 배치해야 합니다.

1   The news **surprising** you is not official. 분사 뒤에 명사를 뒤에 위치시켜 '당신을 놀라게 하는'이라는 구체적인 정보가 나타나 있습니다.

2   The **surprising** news is official. 누구를 놀라게 하는지 나와 있지 않습니다.

3   It is the job **tiring** you. 분사 뒤에 명사를 뒤에 위치시켜 '당신을 지치게 하는'이라는 구체적인 정보가 나타나 있습니다.

4   It is a **tiring** job. 누구를 지치게 하는지 나와 있지 않습니다.

1 당신을 놀라게 하는 그 소식은 공식적이지 않다. 2 놀라운 소식은 공식적이다. 3 그것은 당신을 지치게 하는 일이다. 4 그것은 지치게 하는 (힘든) 일이다.

Unit 40 | 분사구문을 만드는 법

여러 접속사로 시작되는 부사절이나 and로 연결되는 또 하나의 술부 등은 접속사를 없애고 간단하게 분사로 시작되는 구로 나타낼 수 있는데 이를 분사구문이라고 한다. 다음의 순서로 만들어진다.

① 접속사를 없앤다. 단, 의미 전달에 필요한 경우에는 생략하지 않는다.
② 부사절의 주어와 주절의 주어가 같은지 확인하고, 같으면 부사절의 주어를 생략한다. 단, 주절의 주어와 다를 때는 주어를 그대로 둔다.
③ 부사절의 동사를 분사형으로 고친다.
③ 시제가 같은 경우 동사원형에 -ing만을 붙이고(단순분사구문), 한 시제 앞서면 having p.p.(완료분사구문)로 만든다.
④ 부정문의 경우 부정어(not, never)를 분사 앞에 둔다.
⑤ being p.p와 having been p.p.에서 being이나 having been은 생략하고 p.p.만으로 할 수 있다.

Because **I knew** his phone number, **I** could call him.
➡ **Knowing** his phone number, **I** could call him. <부사절의 주어와 주절의 주어와 같은 경우>
When **the dog wags** its tail, **we** find it feels happy.
➡ **The dog wagging** its tail, **we** find it feels happy. <부사절의 주어와 주절의 주어가 다른 경우>
After **I had said** the word, **I** recognized my mistake.
➡ **Having said** the word, **I** recognized my mistake. <부사절의 시제와 주절의 시제가 다른 경우>

Ace Your Grammar!

분사구문 ★★★
분사구문을 만들 때 분사구문의 주어와 주절의 주어와 같으면 주어를 생략하고, 다를 경우 반드시 명시야 한다. 또한, 부사절의 시제가 주절의 시제와 다를 때는 완료 분사를 사용하고, 의미를 명확히 하기 위해 접속사를 생략하지 않을 수도 있다.

_____ by the boy's behavior, she complained to the head teacher. (2022 단국대)

① Annoyed　　　　　② Annoying
③ She annoyed　　　④ She was annoyed

콤마 이하에 주절이 완성되어 있으므로 그 앞에는 부사절이나 분사구문, 부사구 등이 올 수 있다. 따라서 분사구문 Being annoyed에서 Being을 생략한 형태인 ①이 정답으로 적절하다. 이때 주어진 문장의 분사구문은 As she was annoyed by the boy's behavior라는 부사절을 분사구문으로 바꾼 것이다.

그 남학생의 행동에 화가 난 그녀는 교장 선생님에게 불평했다.　　　　　　　　　　①

1 분사구문의 주어가 주절의 주어와 동일할 경우

부사절의 주어를 생략한다.

1	While **he** was sleeping on the bank, *he* dreamed a strange dream.	→ **Sleeping** on the bank, *he* dreamed a strange dream.
2	When **I** arrived in Tokyo, *I* contacted him.	→ **Arriving** in Tokyo, *I* contacted him.

1 그가 그 둑에서 잠들어 있을 때, 그는 이상한 꿈을 꿨다. 2 나는 도쿄에 도착했을 때, 그에게 연락했다.

2 분사구문의 주어가 주절의 주어와 다를 경우(독립분사구문)

분사구문의 주어를 그대로 둔다.

1	**As the dog barked** me, *I* ran away.	→ **The dog barking** me, *I* ran away.
2	**As the sun had** set, *we* started for home.	→ **The sun having set**, *we* started for home.

1 그 개가 나를 보고 짖어서 도망갔다. 2 해가 질 무렵, 우리는 집을 향해 출발했다.

MSG 분사구문의 주어가 주절의 주어와 다르더라도, 일반 사람(we, one, people 등)이 분사구문의 주어일 경우에는 생략하여 관용적으로 쓰인다.

Generally speaking, Korea is a beautiful country. 일반적으로 한국은 아름다운 나라이다.
Judging from his expression, he's in a bad mood. 그의 표정을 보니 그가 기분이 안 좋은 모양이다.

3 분사구문의 부정

분사구문을 부정할 경우 부정어를 분사 앞에 둔다.

1	*****Having never talked** with him, I don't know where he is from. (×)	**Never having talked** with him, I don't know where he is from. (○)
2	I'm afraid of going abroad, *****being not able** to speak English. (×)	I'm afraid of going abroad, **not being able** to speak English. (○)

1 그와 이야기해 본 적이 없어서, 나는 그가 어디 출신인지 모른다. 2 나는 영어를 못해서 외국에 나가는 것이 두렵다.

4 분사구문의 시제

① 단순분사구문
주절의 시제와 분사구문의 시제가 일치하는 경우 단순분사구문을 쓴다.

1	**Living** in a remote village, I rarely have visitors.	= As I *live* in a remote village, I rarely *have* visitors.
2	**Living** in a remote village, I rarely had visitors.	= As I *lived* in a remote village, I rarely *had* visitors.

② 완료분사구문
주절의 시제보다 분사구문의 시제가 하나 앞설 때 완료분사구문(having p.p.)을 쓴다.

3	**Having lived** in America, he is proficient in English.	= As he *lived(has lived)* in America, he *is* proficient in English.
4	**Having eaten** the hamburgers, the boy watched television.	= After he *had eaten* the hamburgers, the boy *watched* television.

1 외딴 마을에 살기 때문에, 방문객이 거의 없다. 2 외딴 마을에 살다 보니 손님이 거의 오지 않았다. 3 그는 미국에 살았기 때문에 영어에 능통하다. 4 그 소년은 햄버거를 먹고 난 후, TV를 시청했다.

5 분사구문의 태

주절의 주어가 행위의 주체이면 능동분사구문, 행위의 대상이면 수동분사구문이 된다.

1	Romeo, ***believed** that Juliet was dead, decided to kill himself. (×)	Romeo, **believing** that Juliet was dead, decided to kill himself. (○) → 주어인 로미오가 믿는 행위의 주체
2	The dog, ***training** carefully, will make a faithful servant. (×)	The dog, **trained** carefully, will make a faithful servant. (○) → 주어인 개가 훈련받는 대상

1 줄리엣이 죽었다고 생각한 로미오는 자살을 결심했다. 2 잘 훈련된 개는 충실한 종이 될 수 있다.

Unit 41 | 분사구문 절의 종류와 유의사항

'접속사 + 주어 + 동사' 형태의 부사절을 '분사를 이용한 구의 형태'로 줄인 것으로, 문두, 문중, 문미에 모두 올 수 있다.

Ace Your Grammar!

접속사 + 분사구문 ★★★

분사의 의미를 명확히 하기 위해 분사 앞에 when, while, after, before, until, if, though, as if, as soon as 등의 접속사를 함께 사용하기도 한다.

A sheet of clear glass, _____ with a film of metal, results in a luminously clear mirror. (2004 세종대)

① when backed ② it is backed
③ is backed ④ when is it backed

when it is backed with a film of metal이었던 절이 분사구문이 되면서 주어가 생략되었고 is가 being으로 바뀐 후 생략되었다. 접속사 when은 정확한 의미 전달을 위해서 생략되지 않았다.

깨끗한 유리판 뒤에 금속 막을 놓으면, 빛이 날 정도로 깨끗한 거울이 된다. ①

1 부사절(시간, 이유, 조건, 양보절)

① 시간: when, while, as, after(~할 때)

1	**Walking** along the street, I met an old friend of mine.	= **When I was walking** along the street, I met an old friend of mine.

② 이유: as, because, since(~이므로)

2	**There being** no bus on the street, she had to go home on foot.	= **As there was** no bus on the street, she had to go home on foot.

③ 조건: if(~한다면)

3	**Turning** to the left, you will find the school.	= **If you turn** to the left, you will find the school.

④ 양보: though, although, even if(비록 ~이지만)

4	**Trying** our best, we lost the game.	= **Although we tried** our best, we lost the game.

1 길을 걷다가 나는 나의 오랜 친구를 만났다. 2 거리에 버스가 없어서 그녀는 걸어서 집에 가야 했다. 3 왼쪽으로 돌면, 당신은 그 학교를 찾게 될 것이다. 4 최선을 다했지만, 우리는 그 경기에서 졌다.

2 연속동작 and(그리고 ~하다)

1	The train leaves at six, **arriving** at Busan at noon.	= The train leaves at six, **and it arrives** at Busan at noon.

1 기차는 6시에 출발하여 정오에 부산에 도착한다.

3 동시동작 while, as(~하면서), with

1	**Smiling** brightly, he waved his hand.	= **While he smiled** brightly, he waved his hand.
2	The dog followed me **with its tail wagging**.	= The dog followed me **while its tail was wagging**.

1 그는 밝게 웃으면서 손을 흔들었다. 2 그 개는 꼬리를 흔들면서 나를 따라왔다.

4 결과 and, so that(그 결과 ~하다)

1	It rained for two weeks on end, **completely ruining** our holiday.	= It rained for two weeks on end, **and**(= so that) it **completely ruined** our holiday.

1 2주 동안 계속 비가 내려서 휴가를 완전히 망쳤다.

5 분사구문의 유의사항

① being, having been의 생략

1	As he was wounded in the legs, he could not walk. → **(Being) Wounded** in the legs, he could not walk.	수동분사구문 앞의 being 생략
2	**(Having been) Founded** in 1906, the company has a reputation for tradition.	수동분사구문 앞의 having been 생략
3	**(Being) Afraid** of being punished, he did not tell the truth.	형용사 앞의 being도 생략이 가능

② 접속사를 남기는 경우
분사구문의 의미를 보다 명확히 하기 위해 분사구문 앞에 시간, 이유, 조건, 양보 등의 접속사를 남겨놓을 수도 있다.

4	**While** (he was) **fighting** in Korea, *he* was taken prisoner.	시간의 의미를 명확하게 하기 위해 접속사 while 사용
5	**If** (it is) **caught** young, *a wild beast* can be tamed.	조건의 의미를 명확하게 하기 위해 접속사 if 사용
6	(cf.) *****When her husband dying**, *she* received $1 million in insurance. (×) When *her husband* died, *she* received $1 million in insurance. (○)	분사구문의 주어가 주절의 주어와 다른 경우에는 접속사를 분사와 같이 쓸 수 없다.

③ 분사구문의 위치

7	**(Being) tired**, he could not control his emotion.	문두
8	The pilot, **(being) exposed** to a great danger, still kept his temper.	문중
9	I wrote him a letter, **asking** him for a job.	문미

1 그는 다리에 부상을 당했기 때문에 걸을 수 없었다. 2 1906년 설립된 이 회사는 전통으로 명성이 높다. 3 그는 처벌을 두려워하여 진실을 말하지 않았다. 4 한국전쟁 중에 그는 포로가 되었다. 5 맹수라도 어릴 때 잡으면 길들일 수 있다. 6 그녀의 남편이 사망했을 때, 그녀는 백만 달러의 보험금을 받았다. 7 그는 피곤해서 감정을 자신의 감정을 조절할 수 없었다. 8 그 조종사는 큰 위험에 노출되었지만, 여전히 이성을 잃지 않았다. 9 나는 그에게 일자리를 요청하는 편지를 썼다.

28 분사구문의 해석 팁

분사구문은 부사절을 축약한 형태로, 원래 문장에서 접속사가 생략되어 있어 해석이 어렵게 느껴질 수 있습니다. 분사구문 해석 시 유용한 팁을 소개합니다.

1 분사구문의 본질

분사구문은 부사절을 간단하게 줄인 형태로, 접속사가 생략되어 있습니다.

When I arrived home, I found it. → **Arriving** home, I found it.	분사구문은 문맥에 따라 시간, 이유, 조건, 양보 등 다양한 의미로 해석될 수 있습니다.

예를 들어, "Arriving home"이라는 분사구문은 "집에 도착했을 때(시간)", "집에 도착했기 때문에(이유)", "집에 도착하면서(동시동작)" 등 여러 가지로 해석될 수 있습니다. 따라서, 분사구문을 볼 때마다 그 의미가 시간, 이유, 혹은 동시동작인지를 하나하나 따져보는 것은 비효율적일 수 있습니다.

2 분사구문의 해석 팁

분사구문은 문맥에 따라 다양한 의미로 해석될 수 있습니다. 따라서 분사를 단순히 주어를 수식하는 형태로 이해하면 해석이 더 쉬워질 수 있습니다.

1	When I arrived home, I found it. → **Arriving** home, I found it.	집에 도착했을 때 나는 그것을 발견했다. (집에 도착했던 나는)
2	Because he loves her, he looks happy. → **Loving** her, he looks happy.	그녀를 사랑하기 때문에 그는 행복해 보인다. (그녀를 사랑하는 그는)
3	While he was listening to the music, he was reading a book. → **Listening** to the music, he was reading a book.	음악을 들으면서 그는 책을 읽는 중이었다. (음악을 듣고 있는 그는)

"분사구문 알아보기"
분사구문이 만들어지는 과정과 해석 방법을 YouTube를 통해 확인하세요!

Unit 42 | 독립분사구문

부사절의 주어와 주절의 주어가 다를 때, 종속절의 주어를 생략하지 않고 그대로 두어 분사의 의미상의 주어로 한 구문을 말한다.

Ace Your Grammar!

독립분사구문 ★★

독립분사구문은 주절의 주어와 달리 자체적인 주어를 가지며, 주절과 의미적으로 연결되지만 문법적으로는 독립적으로 사용된다. 이 과정에서 접속사를 생략하고 동사를 현재분사(V-ing) 또는 과거분사(V-ed) 형태로 변환하여, 문장의 간결성을 높이고 두 절을 자연스럽게 연결한다.

The sound of ①crying rang out ②as people ③searched frantically for family members, some ④discovered the worst. (2018 단국대)

The sound ~ family members가 완전한 절이므로, some 이하의 절이 앞의 절과 연결되기 위해서는 some 앞에 접속사가 있어야 한다. 주어진 문장에 접속사가 주어져 있지 않으므로, ④를 discovering으로 고쳐 이 점을 해결할 수 있다. 이때, some discovering the worst는 독립분사구문으로, and some discovered the worst에서 and를 없애고 분사구문으로 바꾼 것이다.

사람들이 미친 듯이 가족들을 찾았을 때, 울음소리가 크게 들렸으며, 일부는 최악의 상황을 발견하였다. ④

1 독립분사구문

① 분사구문의 의미상 주어와 주절의 주어는 일치해야 한다.

1 When I returned to my apartment, the window was open.
   Returning to my apartment, *the window* was open. (×)   Returning to my apartment, *I* found the window open. (○)

② 독립분사구문
   분사구문의 의미상 주어가 주절의 주어와 일치하지 않을 경우, 분사구문의 주어를 명시해야 한다.

2 As *my mother* was sick, *I* took her to the hospital.   → **My mother being** sick, *I* took her to the hospital.
3 As *it* was a fine day, *we* went hiking.   → **It being** a fine day, *we* went hiking. <비인칭 주어 it>
4 As *there* was no evidence against him, *he* was released.   → **There being** no evidence against him, *he* was released. <유도부사 there>

1 아파트에 돌아왔을 때 창문이 열려있었다. 2 어머니가 편찮으셔서 나는 어머니를 병원에 데려갔다. 3 날씨가 좋아서 우리는 하이킹을 갔다. 4 그의 혐의를 입증할 증거가 없어서 그는 석방되었다.

2 무인칭 독립분사구문

말하는 이의 의견이나 판단을 나타내는 경우, 주어의 일치 여부와 상관없이 분사구문의 의미상 주어 I, We 등을 생략하는데, 이를 무인칭 독립분사구문이라 한다.

generally speaking 일반적으로 말하면   strictly speaking 엄밀히 말하면
frankly speaking 솔직하게 말하면   judging from ~으로 판단컨대
taking ~ into consideration ~을 고려하면   granting[granted] that ~이라 할지라도
seeing (that) ~이므로, ~때문에   compared with[to] ~과 비교하여
weather permitting 날씨가 좋으면   other things being equal 다른 조건이 같다면
all things considered 모든 사실을 고려해 본다면

1 **Generally speaking**, women live longer than men.   generally speaking: 일반적으로 말하면, 대체로 말하면
2 **Strictly speaking**, she is not a superstar.   strictly speaking: 엄밀히 말하면
3 **Judging from** his expression, he is in a bad mood.   judging from: ~으로 판단하건대[미루어 보아]
4 **Taking** everything **into consideration**, you ought to go home and get some rest.   taking ~ into consideration: ~을 고려[참작]하면
5 **Compared with** his brother, he is not so intelligent.   compared with: ~과 비교하여
6 We'll go on a picnic, **weather permitting**.   weather permitting: 날씨가 좋으면, 날씨가 허락하면

1 일반적으로 말해서 여성이 남성보다 더 오래 산다. 2 엄밀히 말하면, 그녀는 슈퍼스타가 아니다. 3 그의 표정으로 판단컨대 그는 기분이 좋지 않다. 4 모든 것을 고려해 보았을 때 당신은 집에 가서 휴식을 취해야 한다. 5 그의 형과 비교해서 그는 그렇게 똑똑하지 않다. 6 날씨가 좋으면 우리는 소풍을 갈 것이다

Unit 43 | with 분사구문, 분사형 전치사

독립분사구문의 주어 앞에 전치사 with를 놓아, 'with + 명사 + 분사'의 형태로 쓰면 부대상황이나 이유를 나타낸다. '~한 상태에서, ~하면서, ~하기 때문에'로 해석되며, being이 생략되어, 분사 대신 형용사, 전명구, 전치사형 부사 등이 올 수도 있다.

Ace Your Grammar!

부대상황을 나타내는 with 분사구문 ★★★

'with 목적어(A) + 목적보어(B)'의 구조로 'A는 B한 가운데'의 뜻이다. 부대상황의 분사구문은 주절의 사건이 일어날 때 이에 곁들여진 상황을 나타낸다.

Silently I was walking to the door with my eyes _____. (2008 총신대)

① closing   ② are closed
③ closed   ④ have closed

'with + 명사 + 보어(형용사/분사/부사어구/전치사구 따위)'의 형태는 '부대상황'을 나타내며, '~한 상태로, ~하고, ~한 채, ~하면서'의 뜻이다. with의 목적어 뒤에 분사가 오는 경우에는, with의 목적어와의 관계를 파악해서 현재분사를 쓸지 혹은 과거분사를 쓸지를 판단해야 한다. 주어진 문장에서, my eyes는 사물이므로 수동관계를 나타내는 과거분사 ③ closed가 적절하다.

나는 눈을 감은 채 조용히 문으로 걸어가고 있었다.   ③

1 with 분사구문(부대상황): with + 목적어 + 목적보어

목적보어 자리에 현재분사가 오면 목적어와 목적보어는 'S + V'의 관계이다. 목적보어 자리에 '과거분사/ 명사/ 형용사/ 부사/ 전치사 + 명사'가 오면 목적어와 목적보어의 관계를 등식(O=O.C.)의 관계로 이해하면 편리하다.

① with + 목적어 + 현재분사

1. He sat silently, and the cat was dozing at his feet.
   = He sat silently, the cat dozing at his feet.
   = He sat silently, **with the cat dozing** at his feet.

   현재분사가 목적보어로 오면 'S + V'로 해석한다. 즉, "고양이가 그의 발치에서 졸고 있다"는 뜻이 된다.

② with + 목적어 + 과거분사

2. He stood there, and he closed his eyes.
   = He stood there, closing his eyes.
   = He stood there, his eyes (being) closed (by him).
   = He stood there, **with his eyes closed**.

   그의 눈이 감긴 것이므로, 목적보어는 과거분사가 되었다.

3. (cf.) She stood with her back **leaning** against the wall.

   수동형으로 쓸 수 없는, 자동사의 과거분사는 목적보어 자리에 올 수 없다. 현재분사는 가능하다.

③ with + 목적어 + 형용사

4. Don't speak **with your mouth full**.
5. She was sleeping **with his mouth open**.

④ with + 목적어 + 부사(구)

6. I shall be lonely **with you away**.
7. He stood **with his hat in hand**.

1 그는 조용히 앉아 있었고 그 고양이는 그의 발치에서 졸고 있었다. 2 그는 눈을 감은 채 그곳에 서 있었다. 3 그녀는 벽에 등을 기대고 서 있었다. 4 입에 음식을 가득 넣은 채 말을 하지 말아 주세요. 5 그녀는 입을 벌리고 자고 있었다. 6 네가 떠나면 나는 외로울 것이다. 7 그는 모자를 손에 들고 서 있었다.

2 분사형 전치사: 분사의 전치사 역할

barring ~을 제외하고는, ~이 없다면	concerning/ regarding ~에 관하여
considering ~을 고려해 볼 때	given ~이 주어지면, ~을 고려해 볼 때
depending on ~에 따라, ~에 좌우되어	following ~한 후에
including ~을 포함하여	notwithstanding ~에도 불구하고
pending ~하는 동안, ~하는 중	regarding ~에 관하여

1 **Considering** his age, he looks young. considering: ~을 고려[감안]하면
2 **Following** the meeting, tea will be served. following: ~한 후에, ~에 이어
3 The band played many songs, **including** some of my favorites. including: ~을 포함하여
4 **Notwithstanding** his offer, we left the company. notwithstanding: ~에도 불구하고
5 **Given** good health, one can achieve anything. given: ~을 고려해 볼 때
 = **Given that** one is in good health, one can achieve anything. 종종 that절을 수반

1 그는 나이를 감안할 때 젊어 보인다. 2 회의 후에 차가 제공될 것이다. 3 그 밴드는 내가 가장 좋아하는 곡들을 포함하여 많은 곡들을 연주했다. 4 그의 제안에도 불구하고 우리는 회사를 떠났다. 5 건강이 좋으면 무엇이든 이룰 수 있다.

Unit 44 | 분사구문의 강조

분사구문을 강조하는 어구는 주로 이유를 나타내는 분사구문에 쓰이며, 접속사 as를 써서 표현한다. '사실[정말] ~하기 때문에'라는 의미를 나타낸다.

Ace Your Grammar!

분사구문의 강조용법 ★

분사 바로 뒤에 강조 장치 as를 사용하여 강조하며, 분사 뒤에 when, while, that 등의 표현을 사용해 혼동을 유발하는 문제가 주로 출제된다.

The hurricane, ①coming ②while it did, ③took the Florida coastal community ④by surprise.

분사구문이 중간에 위치한 경우이고, 현재분사를 강조할 때는 'as + 주어 + do 동사'를 사용한다. 따라서 ② while it did는 as it did가 되어야 한다. 참고로 it은 The hurricane을 가리키며, 주절의 동사가 과거(took)이므로 과거형인 did를 사용한 것이다.

허리케인이 정말로 닥쳐와 플로리다주의 해안 지역을 강타했다. ②

1 분사구문의 강조

① 현재분사 + as + 주어 + do동사
현재분사를 강조할 때는 'as + 주어 + do 동사' 구문에서 동사를 현재분사로 바꾸어서 문두에 두어 강조하고, 그 빈자리를 대동사 do/does/did로 채웠다고 생각하면 된다.

1 **Standing as it does** on the hill, my house commands a fine view.
　As it stands에서 stands를 Standing으로 바꾸어 문두에 두고, stands가 있던 자리에 does로 채운 구문이다.

2 **Living as I do**, so remote from towns, I rarely have visitors.
　분사의 의미상 주어가 I(사람)이므로 as I do를 쓴다.

② 과거분사 + as + 주어 + be동사
수동태 구문에서 과거분사를 강조하기 위해 과거분사를 문두에 내세운 구문이다.

3 **Written as it is** in plain English, the book is easy to understand.
　분사의 의미상 주어가 the book(사물)이기 때문에 as it is를 쓴다.

4 **Hidden as it was**, the temple was difficult to find.

1 언덕 위에 있는 우리 집은 경치가 좋다. 2 이런 외진 시골에 살고 있다 보니 찾아오는 사람도 드물다. 3 이 책은 쉬운 영어로 쓰여 있어 이해하기 쉽다. 4 그 사원은 숨은 곳에 있어서 찾기 어려웠다.

08 Review Test

분사와 관련해서는 다음과 같은 내용이 자주 출제됩니다.

① 명사를 수식하거나 보어로 쓰일 때 현재분사와 과거분사의 구별
② 문장의 구조상 문두에 분사가 오거나 주어와 동사 사이에 분사가 삽입되는 경우
③ 분사구문의 주어와 주절의 주어 일치
④ 의사분사
⑤ 부대상황의 분사구문

이러한 내용들은 분사 관련 문제를 해결하는 데 매우 중요하므로, 반드시 잘 숙지해 두어야 합니다.

[01-12] 다음 문장의 밑줄 친 부분에 가장 적절한 표현을 고르시오.

01 Weather _____, the picnic will be held as scheduled.

① permits
② should permit
③ will permit
④ permitting

02 "Why couldn't you sleep last night?"
"I read some _____ stories before I went to bed."

① frighten
② frightened
③ frightening
④ frightens

03 Upon returning from class, _____.

① he found a letter in the mailbox
② a letter was in the mailbox
③ a letter was found in the mailbox
④ the mailbox had a letter in it

04 The doctor, _____, apologized.

① his mistake realizing
② he realized his mistake
③ realizing his mistake
④ realized his mistake

05 "What would you like for your birthday?"

"I'd like the _____ works of Somerset Maugham."

① collected
② collection
③ collecting
④ collect

06 Thomas Edison, _____ the principle of moving pictures, did not apply the concept for practical use.

① he had developed
② it had been developed
③ though developing
④ having developed it

07 The pen _____ on the table belongs to me.

① lying
② which it is
③ is
④ which set

08 Sitting in her room alone, _____.

① the decision to write poetry was made by Ann
② writing poetry appealed to Ann
③ the desire to write poetry overwhelmed Ann
④ Ann decided to write poetry

09 "Did you like that restaurant?"

"Not really, the food was _____."

① disappointment
② disappointed
③ disappointing
④ disappoint

10 When in the army, he felt _____.

① things were dissatisfyingly discouraged
② they were discouraged
③ he was dissatisfyingly discouraged
④ discouraged and dissatisfied

11 Returning to the room, _____.

① the book was missing
② missing we found the book
③ I found the book missing
④ the book was lost

12 _____ in all parts of the state, pines are the most common tree in Georgia.

① Found
② Finding them
③ To find them
④ They are found

[13-19] 다음 문장의 밑줄 친 부분 중 문법적으로 틀린 부분을 고르시오.

13 The ①boiled point of ②any liquid is determined ③by the pressure of the ④surrounding gases.

14 His cap ①was blown off ②by the wind while ③walking down ④a wide street.

15 An old man ①worked in the station in the evening was ②accidentally hurt ③by a bottle ④thrown by some passenger.

16 Geography depends ①greatly on other fields of knowledge for ②basic information, ③particularly in some of its ④specializing branches.

17 Before ①to enter ②the first grade, ③most American children ④attend kindergarten.

18 ①A well-planned résumé is ②the first step toward ③finding a ④satisfy job.

19 Hiawatha was a ①reformer ②Interesting in ③ending war and promoting ④universal peace among the Iroquois tribes.

20 다음 중 문법적으로 맞는 문장을 고르시오.

① Walking through the market, the apples looked delicious.
② I walked through the market, the apples looked delicious.
③ Walking through the market, I noticed that the apples looked delicious.
④ As I walked through the market, the oranges were looked delicious.

Chapter 09

접속사 (Conjunction)

접속사는 두 개 이상의 단어나 구 혹은 절을 연결하는 말로, 등위접속사, 등위상관접속사, 종속접속사로 나뉜다.

종류	역할	예
등위접속사	문법적 특성이 대등한 단어, 구, 절을 연결한다.	and, but, for, or, so, yet, nor 등
등위상관접속사	떨어져 있는 한 쌍의 어구가 접속사 역할을 한다.	both A and B, not A but B, not only A but (also) either A or B, neither A nor B 등
종속접속사	종속절을 주절에 연결한다. 주요소(주어, 목적어, 보어)가 되면 → 명사절 수식어가 되면 → 형용사절(관계사절), 부사절	as, if, that, when, since, after 등

Unit 45 등위접속사

Unit 46 등위상관접속사

Unit 47 명사절을 이끄는 종속접속사: that, if, whether, 의문사

Unit 48 부사절을 이끄는 종속접속사: 시간

Unit 49 부사절을 이끄는 종속접속사: 이유, 원인, 목적, 결과

Unit 50 부사절을 이끄는 종속접속사: 조건, 양보, 양태, 제한

Unit 51 접속부사

Unit 45 | 등위접속사

등위접속사는 동일한 문법 범주의 단어, 구, 절을 연결하는 접속사를 말한다. 이 등위접속사에는 and, but, for, nor, or, so, yet 등이 있다.

Ace Your Grammar!

문맥상 적절한 등위접속사 ★

문맥상 적절한 등위접속사로 바꾸는 문제는 자주 출제되지 않지만, and, but, or, for, so, nor 등의 의미와 사용법을 숙지해야 한다. 등위접속사는 문장에서 같은 역할을 하는 단어, 구, 절을 연결한다.

The ①<u>adult</u> gorilla ②<u>looks</u> fierce, ③<u>and</u> it is actually a shy, friendly animal ④<u>that needs</u> companionship and attention.　　　　　　　　　　　　　　　　　　　　　　　(2001 강남대)

등위접속사인 ③의 and에 의해 두 절이 연결되어 있는데, 이 두 절의 의미가 상반되므로 순접 접속사 and를 사용한 것은 적절하지 않다. ③ and를 but으로 고쳐야 한다. ①은 '다 자란'이라는 뜻의 형용사이다.

다 자란 고릴라는 겉으로는 사나워 보이지만 실제로는 가까이해서 관심을 쏟아야 할 수줍음 많고 상냥한 동물이다.　　　　　③

1 and

and는 단어, 구, 절을 연결하며, 단일개념을 연결할 때 동사는 단수로 취급된다. '명령문 + and ~' 구조에서는 '…하라, 그러면 ~'의 의미로 사용된다.

1	I want a pen **and** a piece of paper.	단어의 연결
2	I missed supper **and** I'm starving.	절의 연결
3	Bread **and** butter *is* my favorite food.	단일개념 연결 시 동사는 단수취급한다. a knife and fork, black and white 등
4	Give me some money, **and** I'll help you escape. = If you give me some money, I'll help you escape.	명령문 + and: ~하라, 그러면

1 나는 펜과 종이가 필요하다. 2 저녁을 못 먹어서 배가 고프다. 3 버터를 바른 빵이 내가 제일 좋아하는 음식이다. 4 내게 돈을 주면 당신이 도망가는 것을 도와주겠다.

MSG+ 등위접속사 and 단일개념 중요 표현

back and forth 앞뒤   bride and groom 신랑 신부   food and drink 음식
supply and demand 수요와 공급   vice and virtue 선악   odds and ends 잡동사니
pros and cons 찬반   tooth and nail 악착같이(부사)

2 but

대조(그러나, 그렇지만), 역접, 양보의 의미를 가진다.

1	He is rich, **but** (he is) not happy.	
2	Excuse me, **but** could you tell me the time?	
3	It is true she is beautiful, **but** she is not intelligent.	It is true ~, but …(= indeed ~ but …): 과연(비록) ~이지만 …하다

1 그는 부자지만 행복하지 않다. 2 실례합니다만, 몇 시인지 알 수 있을까요? 3 비록 그녀는 아름답지만 지적이지는 않다.

MSG+ but의 기타 용법

① 유사 관계대명사(= that ~ not)
   There is no rule **but** has exceptions. (= There is no rule that doesn't have exceptions.) 예외 없는 규칙이란 없다.
   <유사 관계대명사로서의 but은 부정어와 함께 쓰이며, that ~ not의 뜻이다.>
② 전치사(= except)
   No one **but** him could have recognized John. 그를 제외하고는 아무도 존을 알아볼 수 없었을 것이다.
   <부정어 뒤에서 '제외하고'의 의미를 갖는다.>
③ 부사(= only)
   Life is **but** a dream. 인생은 단지 하나의 꿈이다.

3 or

선택(양자택일) 또는 동격을 의미한다. '명령문, or' 구조에서는 '…하라, 그렇지 않으면 ~'의 의미로 사용된다.

1	Would you like coffee **or** tea?	양자택일(둘 중의 어느 하나)
2	She was born in Saigon, **or** Ho Chi Minh City as it is now called.	동격(Saigon = Ho Chin Minh City)
3	Work hard, **or** you will fail. = If you don't work hard, you will fail.	명령문, or ~(If ~ not = unless)

1 커피나 차 중 어느 것을 드릴까요? 2 그녀는 현재 호찌민인 사이공에서 태어났다. 3 열심히 일하지 않으면 실패할 것이다.

MSG A or B 다음에 오는 동사의 수는 B에 일치시킨다.

You or *he* **has** to settle the question satisfactorily.

4 for: (부가적인) 이유

'때문에, 왜냐하면'의 뜻으로 '앞에 말한 것의 이유'를 덧붙이고자 할 때 사용한다.

1	I went to bed early, **for** I was tired.	
2	(cf.) ***For** he can speak English well, he is very proud. (×) He is very proud, **for** he can speak English well. (○)	because, as, since는 부사절을 이끌며 문두와 주절 뒤 어디서나 사용 가능하지만, for는 문두에 올 수 없고 주절 뒤에서만 쓰인다.
3	Why did you do it? - I did it, ***for** I was angry. (×) 　　　　　　　　　- I did it **because** I was angry. (○)	for가 이끄는 절은 why로 시작하는 질문에 대답으로 쓸 수 없다. because를 이용하여 대답한다.

1 나는 피곤했기 때문에 일찍 잠자리에 들었다. 2 그는 영어를 잘하기 때문에 자신을 매우 자랑스러워한다. 3 왜 그랬어? 화가 나서 그렇게 했어.

5 so: 결과

'그래서, 그러니'의 뜻으로 '결과를 설명할 때' 사용한다.

1	He didn't want to make her unhappy, **so** he told a white lie.	
2	The audience was seated, and **so** the speech began.	and가 등위접속사이므로, so를 접속부사로 사용

1 그는 그녀를 기분 나쁘게 하고 싶지 않아서 선의의 거짓말을 했다. 2 청중이 착석했고 그렇게 연설이 시작되었다.

6 nor: ~도 또한 …아니다

'~도 또한 …아니다'의 뜻으로 '부정의 연속'을 표현할 때 사용한다.

1	He is not rich, **nor** does he want to be.	nor 다음에 주어와 동사가 도치됨
2	He cannot speak English, **nor** can his wife.	
3	He can *neither* read **nor** write.	neither 다음에는 항상 nor를 사용
	(cf.) He cannot *read* **or** *write*.	단어, 구 연결: or

1 그는 부자가 아니며, 부자가 되길 원하지도 않는다. 2 그는 영어를 할 수 없고, 그의 아내 또한 영어를 하지 못한다. 3 그는 글을 읽을 줄도 쓸 줄도 모른다.

MSG+ nor vs neither

nor는 접속사로 두 문장을 연결할 때 사용되며, neither는 부사로 완전히 끝난 문장 뒤에 쓰거나, 접속사와 함께 사용할 수 있다.
I don't know, **nor** do I care.
= I don't know, **and neither** do I care.
= I don't know, **and** I don't care, **either**.
= I don't know. **Neither** do I care.

Unit 46 | 등위상관접속사

등위상관접속사는 상관되는 접속사(and, but also, or, nor, but)와 동사의 수(number)의 일치와 병치에 유의해야 한다.

Ace Your Grammar!

등위상관접속사 both A and B ★★

등위상관접속사는 both(= at once) → and, either → or, neither → nor와 같이 상관되는 접속사에 유의해야 하며, not only가 문두에 오면 도치가 일어난다.

But _____ the other's desire and the subject's possession are fantasies of the subject.

① both ② alike (2016 홍익대)
③ not   ④ not only

빈칸부터 possession까지가 주어를 이루어야 하는데, 중간에 and가 있으므로, 등위상관접속사 both A and B 구문으로 만들면 된다. 따라서 빈칸에는 both가 적절하다.

그러나 상대방이 바라고 있는 것과 본인이 가지고 있는 것은 둘 다 본인의 환상이다.   ①

1 both A and B: A와 B 둘 다

1 He has **both** experience **and** scholarship.
   = He has **at once** experience **and** scholarship.
   = He has experience **and** scholarship **as well**.

2 This book is **both[at once]** agreeable **and** instructive.

both A and B
= at once A and B
= A and B as well, A and B alike

1 그는 경험과 학식을 모두 겸비하고 있다. 2 이 책은 마음에 들고 도움이 되기도 한다.

2 either A or B: A 또는 B, A와 B 둘 중의 하나

1 You are **either** guilty **or** innocent.
2 **Either** you **or** I *am* wrong.

동사는 B인 I에 일치시킨다.

1 당신은 유죄이거나 무죄이다. 2 당신과 나 둘 중의 하나는 틀렸다.

3 neither A nor B: A도 B도 아닌, A와 B 둘 다 아닌

1 I **neither** smoke **nor** drink.
2 **Neither** he **nor** you *have* studied hard.

동사는 B인 you에 일치시킨다.

1 나는 담배도 술도 하지 않는다. 2 그도 너도 열심히 공부하지 않았다.

4 not only A but (also) B: A뿐만 아니라 B도

1 He plays **not only** the piano, **but (also)** the violin.
   = He plays **not only** the piano, **but** the violin **as well**.
   = He plays the violin **as well as** the piano.

2 In business, success **not only** depends on what one says **but** often on how one says it *as well*. (×)
   In business, success **not only** depends on what one says **but** often on how one says it. (○)

not only A but (also) B
= not only A but B as well
= B as well as A

not only ~ but also 구문에서, but also 뒤에 as well이 오면 also와 as well은 중복이 된다. 중복을 피하려면 둘 중 하나만 사용하는 것이 적절하다.

1 그는 피아노뿐만 아니라 바이올린도 연주한다. 2 사업에서 성공은 말하는 내용뿐만 아니라 종종 말하는 방법에도 달려 있다.

5 not A but B: A가 아니라 B

1 This is **not** my book **but** his.
   = This is his book, **(and) not** mine.

not A but B
= B, (and) not A

1 이것은 나의 책이 아니라 그의 책이다.

6 whether A or B: A인지 B인지, A이든 B이든

1	I don't know **whether** he is at home **or** at the office.	at the office 앞에 he is가 생략되어 있다.
2	**Whether** sick **or** well, he is always cheerful.	형용사 sick과 well(건강한)이 병치되어 있다.

1 나는 그가 집에 있는지 사무실에 있는지 모른다. 2 건강이 좋든 나쁘든 그는 항상 쾌활하다.

7 between A and B: A와 B 사이에

1 We traveled **between** Seoul **and** Busan by railroad.

1 우리는 서울과 부산을 철도로 여행했다.

8 주의해야 할 등위상관접속사

① not only ~ but (also)
주어에 사용되면, 동사의 격과 수는 가까운 명사에 일치시키며, as well as가 주어에 사용되면 동사의 격과 수는 먼 명사에 맞춘다.

1	**Not only** he **but also** *his parents are* very kind to me.	= *His parents* as well as *he are* very kind to me.

② not only의 의미를 강조하여 문두에 놓으면 도치가 일어난다.

2	I **not only** washed the car, **but also** repaired a puncture.	→ Not only *did I* wash the car, **but also** repaired a puncture.

③ 2개 이상의 단어·구를 부정할 때는 not ~ or를 쓰지만, or 다음에 절이 올 때는 nor로 바꾸고 문장을 도치시킨다.

3	He is **not** clever **or** honest.	not ~ or
4	The job **wasn't** finished by him **or** by her.	not ~ or
5	I don't know, **nor** *do* I care.	도치

1 그뿐 아니라 그의 부모님도 내게 친절하다. 2 나는 세차뿐만 아니라 타이어 펑크도 수리했다. 3 그는 총명하지도 정직하지도 않다. 4 그 일은 그가 끝낸 것도 그녀가 끝낸 것도 아니었다. 5 알지도 못하고 관심도 없다.

# Unit 47 | 명사절을 이끄는 종속접속사: that, whether, if, 의문사

that은 명사절을 이끌어 문장에서 주어, 보어, 목적어, 동격의 역할을 할 수 있다. if와 whether는 주로 의문이나 불확실성을 나타내는 동사와 함께 사용된다. 의문사절은 '의문사 + S + V'의 어순을 따르며, 의문대명사(who, what, which) 뒤에는 불완전한 절이, 의문부사(when, where, why, how) 뒤에는 완전한 절이 오는 점에 유의해야 한다.

 Ace Your Grammar!

명사절을 이끄는 접속사 that ★★★

접속사 that은 명사절을 이끌어 문장의 주어, 보어, 목적어, 동격 역할을 한다. 전치사의 목적어로 쓸 수 없지만, in that(~하기 때문에), but that(~하지 않으면)과 같은 예외가 있다. say, think 류 동사의 목적어, 형용사의 보어가 되는 경우 that은 생략 가능하다.

_____ **all behavior is learned behavior is a basic assumption of social sciences.** (2006 동아대)

① Nearly
② It is nearly
③ When nearly
④ That nearly
⑤ While nearly

동사가 두 개이므로 접속사가 하나 필요하다. 빈칸부터 behavior까지가 문장의 주어 역할을 하므로, 명사절을 이끌 수 있는 표현이 필요하다. 따라서 ④가 정답이 되며, nearly는 형용사 all을 수식하는 부사이다.

거의 모든 행위가 학습된 행위라는 것은 사회과학의 기본 가정이다. ④

1 명사절을 이끄는 종속접속사: that

출제포인트 주어가 the reason일 경우, 보어에 because절을 틀린 보기로 제시하는 경우가 많으므로 접속사에 유의해야 한다.

① 주어 역할: that 다음에 완전한 절이 와서 주어 역할을 하며 동사는 단수이다.

1	**That** he is honest *is* true. = It is true **that** he is honest.	동사는 단수 취급 가주어-진주어 구문

② 보어 역할

2	The fact is **that** he is honest.	주어가 the fact[reason, trouble, truth] 등의 명사일 때 that절이 보어인 경우
3	(cf.) **The reason** why I'm late is ***because** I missed the bus. (×) **The reason** why I'm late is **that** I missed the bus. (○)	주어가 the reason일 경우 보어에 because절이 아닌 that절을 쓰는 것이 원칙이다.

③ 목적어 역할

4	I know **(that)** he is honest.	
5	I think **(that)** health is essential to happiness.	
6	(cf.) Men differ from brutes **in that** they can think and speak.	that절을 목적어로 취하는 전치사는 in, except(= but, save)뿐이다. in that: ~라는 점에서, ~ 때문에(주절 뒤에서만 쓴다.)
7	(cf.) She knows nothing about the story **except that** it is very long.	except[but] that: ~라는 점을 제외하면

④ 명사와의 동격

8	The news **that** he married is true.	news that: ~라는 소식
9	The fact **that** he paid his debt proves his honesty.	fact that: ~라는 사실
10	He lost the conviction **that** his daughter would come back.	conviction that: ~라는 확신

⑤ 감정과 확신의 형용사 뒤에 이어지는 that절
afraid, anxious, disappointed, fearful, glad, pleased, satisfied, sorry, surprised, assured, certain, convinced, sure 등

11	I am **certain[sure, confident] that** you will succeed.	확신이나 감정의 형용사는 바로 뒤에 that 이하의 절을 취하여 원인, 이유를 나타낼 수 있다.
12	I am **pleased[glad] that** you have come.	

1 그가 정직하다는 것은 분명하다. 2 사실은 그가 정직하다는 것이다. 3 내가 늦은 이유는 버스를 놓쳤기 때문이다. 4 나는 그가 정직하다는 것을 안다. 5 나는 건강이 행복에 중요하다고 생각한다. 6 인간은 생각하고 말할 수 있다는 점에서 짐승과 다르다. 7 그녀는 이야기가 매우 길다는 것 외에는 그것에 대해 아무것도 모른다. 8 그가 결혼했다는 소식은 사실이다. 9 그가 채무를 갚았다는 사실은 그의 정직함을 증명한다. 10 그는 그의 딸이 돌아올 것이라는 확신을 잃었다. 11 나는 당신이 성공할 것이라고 확신한다. 12 당신이 와주셔서 기쁘게 생각합니다.

MSG+ see to it that: 반드시 ~하도록 (조처)하다(= make sure, assure)

that절을 목적어로 전치사(to) 바로 뒤에 둘 수 없으므로 가목적어 it을 써서 'it + that'절의 구문으로 한다.
Please **see to it that** the door is locked. (문을 잠그도록 해.)

2 that의 생략 여부

① say, think 류 동사의 목적어, 형용사의 보어가 되는 경우 생략

1 I said **(that)** he was honest.   say 동사의 목적어

2 I am sure **(that)** he will pass the exam.   형용사의 보어

② 주격보어인 경우 생략할 수 없음

3 My first impression was **that** they are American.

③ that절이 둘 이상이 올 때 처음은 생략할 수 있으나, 두 번째부터는 생략이 안 된다.

4 I suppose **(that)** the stolen money is hidden somewhere, but **that** the police will soon discover it.

1 나는 그가 정직하다고 말했다. 2 나는 그가 시험에 합격할 것이라고 확신한다. 3 나의 첫인상은 그들이 미국인이라는 것이었다. 4 나는 도둑맞은 돈이 어딘가에 숨겨져 있는데, 경찰이 곧 찾아낼 것으로 생각한다.

MSG+   관계대명사 that과 접속사 that의 구분

관계대명사 that은 선행사를 필요로 한다.
Give it to *the girl* **that** came here yesterday. <the girl: 선행사로 that절의 주어>
어제 여기 온 소녀에게 그것을 전해 주세요.

3 명사절을 이끄는 종속접속사: whether, if절

불확실, 의문의 뜻이 있는 경우에는 whether, if가 명사절을 이끈다.

① 타동사의 목적어, 부정의 확신 형용사 뒤에는 whether, if 둘 다 가능하다.

1	He asked **whether[if]** I knew Chinese.	타동사의 목적어
2	He wasn't sure **whether[if]** he could come.	부정의 확신 형용사 뒤
3	(cf.) I don't care **if** it doesn't rain. <whether 불가>	종속절이 부정문일 때는 원칙적으로 if만 가능하다.

② if를 쓰는 경우

의문이나 불확실을 나타내는 타동사(don't know, doubt, wonder, question, ask 등) 뒤에서, if절은 목적어 역할을 하는 명사절로 쓰인다. 그러나 주어, 보어, 전치사의 목적어가 될 수 없다. 또한 or not 표현이 바로 뒤에 이어질 수 없다.

4	I doubt **if** you earn your salt at the company.	earn one's salt: 간신히 살아갈 만큼 벌다
5	There has been much debate *as to* ***if*** we should help the country. (×)	if → whether
6	He asked me ***if*** *or not* I would leave for New York. (×)	if → whether

③ whether만 쓸 수 있는 경우

whether가 이끄는 절은 주어, 보어, 타동사의 목적어, 전치사의 목적어가 될 수 있다. 그리고 whether 바로 뒤에 to부정사가 올 수 있고, or not이 whether 바로 뒤에 위치할 수 있다.

7	**Whether** she likes the present is not clear to me.	주어: whether가 이끄는 절이 주어일 때 동사는 단수
8	The question is **whether** she agrees to the plan or not.	보어
9	There is a question **whether** his act was accidental or intentional.	동격
10	**Whether** you see her or not, phone me later.	양보의 부사절
11	It depends on **whether** they will support us.	전치사 뒤
12	The question is **whether** to go or stay.	to부정사 앞
13	I don't know **whether** it is feasible **or not**. = I don't know **whether or not** it is feasible. I don't know ***if or not*** it is feasible. (×)	or not 수반 시: if or not의 구문은 쓸 수 없다.

1 그는 내가 중국어를 아는지 물었다. 2 그는 올 수 있을지 확신하지 못했다. 3 비가 오지 않아도 상관없다. 4 나는 당신이 회사에서 밥벌이할 만큼 버는지 궁금하다. 5 우리가 그 나라를 도와야 하는지에 대한 많은 논쟁이 있었다. 6 그는 내가 뉴욕으로 떠날 것인지 말 것인지 나에게 물었다. 7 그녀가 선물을 좋아하는지는 나에게 확실하지 않다. 8 문제는 그녀가 그 계획에 동의하는지 아닌지이다. 9 그의 행동이 우발적이었는지 고의적이었는지 의문이다. 10 그녀를 만나든 못 만나든, 나중에 전화해. 11 그것은 그들이 우리를 지원할 것인지에 달려있다. 12 문제는 갈 것이냐 머물 것이냐이다. 13 나는 그것이 실현 가능한지 아닌지 모르겠다.

MSG+ 감정 형용사 + if[whether]절 불가

She is afraid[fearful] ***if*** he won't believe her story. (×)
She is afraid[fearful] **that** he won't believe her story. (○)

4 의문사절(간접의문문): 의문대명사 - which, who, what/ 의문부사 - how, when, where, why

의문대명사와 의문부사를 합쳐 의문사라고 한다. 의문문이 문장 속에서 주어, 보어, 목적어, 전치사의 목적어 역할을 하며, 어순은 평서문의 어순을 따른다.
간접의문문의 어순에 유의: 의문사 + S + V

	① 의문사절의 종류: 명사절로서 문장의 주어, 목적어, 보어, 전치사의 목적어 역할을 한다.	
1	**When she will arrive here** is not known.	주어
2	I know **where she lives**.	목적어
3	She is kind to everyone. That's **why everybody likes her**.	보어
4	We are talking about **how we will go to Busan**.	전치사의 목적어
	② 어순: 의문사가 주어가 아닌 경우: 의문사 + 주어 +동사 　　　 의문사가 주어인 경우: 의문사 + 동사	
5	Do you know **where he is from**?	의문사가 주어가 아닌 경우
6	Do you know **who wrote** our Declaration of Independence?	의문사가 주어인 경우
	③ 주의해야 할 간접의문문의 어순 　주절에 인식 동사 think, believe, imagine, suppose, say 등이 있는 의문문에서는 의문사가 문두로 간다.	
7	Do you *think* *who wrote the novel? (×) **Who** do you *think* wrote the novel? (○)	
	(cf.) Do you *know* **who** wrote the novel?	know는 여기에 해당하지 않음에 유의한다.
	④ 의문대명사와 의문부사의 차이	
8	I don't know **who she is**.	의문대명사: what[who, which] + 불완전한 절
9	I don't know **what she wants**.	
10	I don't know **which she will choose**.	
11	I don't know **when she will come back**.	의문부사: when[where, why, how] + 완전한 절
12	I don't know **where she lives**.	
13	I don't know **why she didn't come**.	
14	I don't know **how she made it**.	
15	(cf.) I don't know **how old** she is.	how + 형용사/부사
16	(cf.) I don't know **how fast** she runs.	
	⑤ 의문형용사: what + 명사/ which + 명사	
17	I don't know **what colors** she likes best.	선택의 범위가 정해지지 않았거나 제한이 없을 때 사용
18	I don't know **which season** he likes best.	선택의 범위가 정해져 있거나 제한이 있을 때 사용(e.g. 4계절)

1 그녀가 언제 여기에 도착할 것인지 모른다. 2 나는 그녀가 어디서 사는지 안다. 3 그녀는 모든 이에게 친절하다. 그래서 모두가 그녀를 좋아한다. 4 우리는 부산에 어떻게 갈 것인지에 대해 이야기하고 있다. 5 당신은 그가 어디 출신인지 아세요? 6 독립 선언서를 누가 작성했는지 아세요? 7 누가 그 소설을 썼는지 아는가? 8 나는 그녀가 누군지 모른다. 9 나는 그녀가 무엇을 원하는지 모른다. 10 나는 그녀가 어떤 것을 선택할지 모른다. 11 나는 그녀가 언제 돌아올지 모른다. 12 나는 그녀가 어디서 사는지 모른다. 13 나는 그녀가 왜 오지 않았는지 모른다. 14 나는 그녀가 그것을 어떻게 만들었는지 모른다. 15 나는 그녀의 나이를 모른다. 16 나는 그녀가 얼마나 빨리 달리는지 모른다. 17 나는 그녀가 어떤 색을 가장 좋아하는지 모른다. 18 나는 그가 어느 계절을 가장 좋아하는지 모른다.

▶▶▶ 개념적용

의문부사+완전한 절

He practices speaking English every day.
I think I know _____ his English is so good.

① why ② when
③ how ④ where

의문부사가 이끄는 절이 know 동사의 목적어 역할을 하는 구문이다. 이유를 나타내는 것은 ① why이다.

그는 매일 영어로 말하는 것을 연습한다. 왜 그의 영어가 그렇게 뛰어난지 알 것 같다. ①

29 의문사의 원리

의문사는 구체적인 요소에 대해 질문할 때 사용하는 말로, 육하원칙(누가, 무엇을, 언제, 어디서, 왜, 어떻게)을 활용하여 질문을 만듭니다. 의문사는 'yes/no 질문'과는 다르게 구체적인 정보를 물어볼 수 있게 해줍니다.

1 의문사별 사용법

"He makes a doll in the house."라는 문장에서 질문하고 싶은 특정 요소에 따라 적절한 의문사(who, what, when, where, why, how)를 사용하여 구체적인 정보를 물을 수 있습니다.

1	**Who** makes a doll in the house?	he에 대해 궁금한 경우, he는 사람을 가리키는 명사이므로 who를 사용하여 의문문을 만들 수 있습니다.
2	**What** does he make in the house?	a doll에 대해 궁금한 경우, a doll은 사물을 나타내는 명사이므로 what을 사용하여 의문문을 만들 수 있습니다.
3	**Where** does he make a doll?	in the house는 장소를 나타내는 전명구로, 부사의 역할을 합니다. 이 경우, 장소를 묻기 위해 where를 사용하여 의문문을 만들 수 있습니다.

1 누가 그 집에서 인형을 만드나요? 2 그는 그 집에서 무엇을 만드나요? 3 그가 어디에서 인형을 만드나요?

2 의문대명사와 의문부사의 차이

1	의문대명사: who, what	명사에 대한 궁금증을 나타내며, 뒤에 불완전한 문장이 옵니다.
2	의문부사: when, where, why, how	부사에 대한 궁금증을 나타내며, 뒤에 완전한 문장이 옵니다.

3 How의 특수한 용법

How는 '어떻게'라는 의미 외에도, '정도'를 묻는 데 사용될 수 있다.

1	He is kind.	kind가 궁금하면 how를 이용하여 의문문을 만들 수 있습니다.
2	→ **How** is he?	여기서 How는 '상태'를 묻는 표현입니다.
3	He is very kind.	very에 대해 궁금할 경우도 how를 사용하여 의문문을 만들 수 있습니다.
4	→ **How** kind is he?	how는 kind를 수식하는 very의 정도를 묻기 때문에, how는 '어떤, 어떻게'가 아닌 '얼마나'로 해석됩니다.

이러한 이유로 How는 문맥에 따라 '어떻게' 또는 '얼마나'로 해석됩니다. 따라서 How는 단독으로 사용될 때와 형용사/부사와 함께 사용될 때 의미가 다를 수 있음을 숙지해야 합니다.

"의문사의 원리"
의문사가 사용되는 이유를 YouTube를 통해 확인하세요!

Unit 48 | 부사절을 이끄는 종속접속사: 시간

Ace Your Grammar!

시간을 나타내는 접속사의 올바른 표현 ★★

_____ an employee works more than 2 years, he or she becomes eligible for stock options.

① While ② After (2006 인천대)
③ Since ④ Although

문맥상 적절한 것은 ②와 ③이다. 그런데 since는 시간의 접속사로 쓰일 때 주절의 시제가 현재완료이어야 하므로 ②가 정답이다.

직원은 2년 이상 근무한 후에 주식 매입 선택권을 가질 수 있는 자격을 갖추게 된다. ②

1 시간의 부사절

① when/ while/ as
while은 기간을 표시하여 동작의 계속을 나타내는 데 반하여, when은 특정한 때를 표시하여 일시적인 동작을 나타낸다.

1	**When** it snows, it is very cold.	
2	The accident occurred **while** the plane was taking off.	while 뒤에는 지속성의 동사가 필요하다.
3	He went out just **as** I came in.	

② until[till]/ before

4	I will stay here **until** you come back.	until[till]: 행위의 지속 <~까지 계속>
5	I will finish the work **before** you come back.	before: 동작의 완료 <~까지 완료>
6	(cf.) I did **not** learn Hangeul **until** I came to Korea. = **Not until** I came to Korea did I learn Hangeul. = *It* was **not until** I came to Korea *that* I learned Hangeul.	not A until B: B하고 나서야 비로소 A하다 주절의 주어와 동사 도치 강조구문
7	(cf.) I had **not** walked a mile **before[when]** I got tired.	not A before B: 채 A하기 전에 B하다
8	**It will not be long before** we meet again.	부정문 + before: 머지않아 ~한다, 곧 ~한다 시간부사절인 before 이하는 현재시제

③ since/ after

9	I *have lived* here **since** I was born.	since: 과거부터 현재까지의 계속
10	We've *been* friends ever **since** we *met* at school.	주절은 현재완료, 종속절은 과거시제
11	Mr. Park *went* to America **after** he *graduated* from high school last year.	after: 과거 또는 미래에 일어난 일 주절은 시점에 맞추어 과거 또는 미래시제
12	Mr. Park *will* go to America **after** he *graduates* from high school next year.	

1 눈이 오면 날씨가 매우 춥다. 2 비행기가 이륙하던 중 사고가 발생했다. 3 그는 내가 들어오자마자 나갔다. 4 나는 당신이 돌아올 때까지 여기에 머물 것이다. 5 나는 당신이 돌아오기 전에 일을 끝낼 것이다. 6 나는 한국에 오고서야 비로소 한글을 배웠다. 7 나는 1마일도 걷기 전에 피곤해졌다. 8 머지않아 우리는 다시 만날 것이다. 9 나는 태어날 때부터 여기서 살았다. 10 우리는 학교에서 만난 이후로 줄곧 친구였다. 11 Mr. Park은 작년에 고등학교를 졸업한 후 미국에 갔다. 12 Mr. Park은 내년에 고등학교를 졸업한 후 미국에 갈 것이다.

MSG+ till(until)과 before의 차이

주절의 동사가 지속성이 있는 동사 'continue, keep, last, remain, stay, wait 등'일 때는 until이 바람직하다. 그러나 before는 그때까지 동작의 완료를 나타내므로 주절에 완료동사가 필요하다. before는 시간의 표현을 before 바로 앞에 두지만, until은 시간의 표현을 until 바로 뒤에 사용한다.
It won't be long **before** we meet again. (오래지 않아 우리는 만날 것이다.)
They had reached the other side ***till** the rain started. (×)
<주절의 동사가 지속성이 없을 땐 till(until)을 쓸 수 없다. till → before로 수정>
I waited for ten minutes **until[before]** they arrived.
<지속성의 동사를 기간의 표현과 같이 쓸 경우는 until이나 before 중 어느 것을 사용해도 된다.>

④ As soon as S + V(과거시제), S + V(과거시제): ~하자마자 …하다
  = Hardly[Scarcely] + had + S + p.p. ~ when[before] + S + V(과거시제)
  = No sooner + had + S + p.p. ~ than + S + V(과거시제)

13	**As soon as** she *left* home it *began* to rain. = She *had* hardly *left* home **when[before]** it *began* to rain. = **Hardly** *had* she *left* home **when[before]** it *began* to rain. = **No sooner** *had* she *left* home **than** it *began* to rain.	부정부사 hardly, scarcely, no sooner가 문두에 오면 도치가 일어나며, 부정부사와 결합하는 시제는 과거완료로 하고, when, before, than 이하의 절은 과거시제로 한다.

⑤ once: 일단 ~하면

14 **Once** you start, you must finish it.

15 **Once** you learn the basic rules, this game is easy.

⑥ by the time: ~할 때는 이미, ~할 때쯤에는

16	**By the time** the doctor *arrived*, the patient *had* already *died*.	by the time S + V(과거), S + had + p.p.
17	**By the time** you *arrive*, we *will* already *have gone*.	by the time S + V(현재), S + will + have + p.p.

⑦ while vs during

18	Make hay **while** *the sun shines*.	접속사
19	**During** *the 1970's*, South Korea made great economic progress.	전치사

13 그녀가 집을 나서자마자 비가 내리기 시작했다. 14 일단 시작했으면 끝내야 한다. 15 기본 규칙을 익히면 이 게임은 쉽다. 16 의사가 도착했을 때 이미 환자는 사망한 뒤였다. 17 당신이 도착할 때쯤이면, 우리는 이미 떠났을 것이다. 18 볕이 났을 때 풀을 말려라(좋은 기회를 놓치지 마라). 19 1970년대에 한국은 엄청난 경제 발전을 이루었다.

Unit 49 | 부사절을 이끄는 종속접속사: 이유, 원인, 목적, 결과

Ace Your Grammar!

이유를 나타내는 접속사 because ★★

_____ Russia was Christianized by the Eastern Church, whose official language was Greek, its alphabet was borrowed from Greek.

(2007 덕성여대)

① Although   ② Considering
③ While   ④ Because

빈칸 뒤에 '주어 + 동사'의 절이 있으므로 접속사가 와야 한다. 따라서 접속사가 아닌 ②는 부적절하다. 러시아가 동방교회의 영향을 받았고 그 교회의 공식어가 그리스어이기 때문에 러시아어도 그리스어의 영향을 받은 것이다. 두 절 사이에 논리적 인과관계가 있으므로, 즉, 앞의 절이 이유이고 뒤의 절이 결과이므로 이유의 접속사인 ④ Because가 와야 한다.

러시아는 동방교회(Eastern Church)에 의해 기독교화되었고, 동방교회의 공용어는 그리스어였기 때문에, 러시아의 알파벳은 그리스어에서 차용되었다.

④

1 이유, 원인의 부사절

① because

1. I could not go out **because** I had caught cold.
2. He was absent **because** he was ill.
3. (cf.) Do **not** despise a man **because** he is poor.

   부정문 안에서 because가 쓰인 경우 해석에 유의한다.
   not ~ because S + V: ~하다고 해서 …하지 않다

4. **Because** it rained, we couldn't go on a picnic.
   Because of rain, we couldn't go on a picnic.

   because <접속사> vs
   because of, on account of, owing to, due to, thanks to <전치사구>

② since

5. **Since** he says so I shall have to believe it.
6. **Since** there's no more time, we must give it up.

③ as

7. **As** you are sorry I'll forgive you.
8. **As** it was fine yesterday, I went fishing.

④ now that/ seeing that: ~이니까, ~인 이상

9. **Now that** you've finished your homework, you may go out.
10. **Seeing that** you lied to me, I can't trust you any longer.

⑤ in that: ~라는 점에서

11. The plan is unrealistic **in that** it requires too much expense.
12. (cf.) ***In that** it may discourage people from working harder, high income tax is bad. (×)
    High-income tax is not good **in that** it may discourage people from working harder. (○)

    now that/ seeing that이 문두, 문중에 모두 쓰이는 것과 달리, in that은 주절의 뒤에만 쓰일 수 있다.

---

1 나는 감기에 걸려서 외출할 수 없다. 2 그는 아파서 결석했다. 3 가난하다고 해서 사람을 멸시하지는 마라. 4 비가 내렸기 때문에 소풍을 갈 수 없었다. 5 그가 그렇게 말했기 때문에 나는 그것을 믿을 것이다. 6 더 이상 시간이 없기 때문에 우리는 포기해야 한다. 7 네가 뉘우치니까 용서해 주겠다. 8 어제 날씨가 좋아서 낚시를 갔다. 9 숙제를 끝냈으니 이제 나가도 좋다. 10 네가 나에게 거짓말을 한 이상 나는 더 이상 당신을 신뢰할 수 없다. 11 그 계획은 너무 많은 비용이 필요하다는 점에서 비현실적이다. 12 높은 소득세는 사람들이 더 열심히 일하지 못하게 할 수 있다는 점에서 좋지 않다.

2 목적의 부사절

① (so) that + S + may[can, will] = (in order) that + S + may: ~하기 위해

1 They hurried **(so) that** they **might** catch the train.
2 He works hard **(in order) that** he **may** support his family.

② lest S (should) V = for fear (that) S (should) V: 하지 않도록, ~하지 않기 위해

3 I worked hard **lest** I **(should)** fail in the examination.
4 He didn't leave the house **for fear (that)** someone **(should)** recognize him.
5 Take careful of yourself **lest** you **should** *not* catch a cold. (×)
   Take careful of yourself **lest** you **should** catch a cold. (○)

lest, for fear (that)은 그 자체에 부정의 의미를 포함하고 있으므로 뒤에 부정어를 써서는 안 된다.

---

1 그들은 기차를 타기 위해 서둘렀다. 2 그는 가족을 부양하기 위해서 열심히 일한다. 3 나는 시험에 떨어지지 않기 위해 열심히 노력했다. 4 그는 누군가가 자신을 알아보지 않을지 두려워서 집을 떠나지 않았다. 5 감기 걸리지 않도록 몸조심하세요.

3 결과의 부사절

① so ~ that / such ~ that: 너무 ~해서 …하다

1	The problem was **so** difficult **that** I could not solve it.	so + 형용사/부사 + that
2	He is **such** a kind boy **that** everybody likes him.	such + a(n) + 형용사 + 단수명사 + that
3	She is **so** honest a woman **that** I like her. = She is **such** an honest woman **that** I like her.	so + 형용사 + a(n) + 단수명사 + that
4	His appearance was **so strange** that no one recognized him.	(cf.) so, such가 문두에 오면 도치가 일어난다. = So strange was *his appearance* that no one recognized him.

② such + 형용사 + 복수명사/불가산명사 + that
　so + many[much, few, little] + 명사 + that

5	They were **such kind boys that** everyone liked them.	such + 형용사 + 복수명사 + that
6	It was **such fine weather that** we went for a walk.	such + 형용사 + 불가산명사 + that
7	Jack has **so many friends that** he is always busy.	so + many + 명사 + that

③ so (that): 그래서 ~하다

| 8 | It was too dark to go on, **so (that)** we camped there. | |

④ 결과를 나타내는 부사절의 대용어구

| 9 | He is **so** rich **that** he can buy a private plane.
= He is rich **enough to** buy a private plane. | enough to: 충분히 ~한 만큼 |
| 10 | I was **so** tired **that** I could **not** take another step.
= I was **too** tired **to** take another step. | too ~ to …: 너무 ~해서 …할 수 없다 |

1 그 문제가 너무 어려워서 나는 그 문제를 풀 수가 없었다. 2 그는 정말 친절한 소년이어서 모두가 그를 좋아한다. 3 그녀는 아주 정직한 여자라서 나는 그녀를 좋아한다. 4 그의 외모가 하도 이상해서 아무도 그를 알아보지 못했다. 5 그들은 매우 친절한 소년들이었기 때문에 모두가 그들을 좋아했다. 6 날씨가 너무 좋아서 우리는 산책하러 나갔다. 7 잭은 친구가 너무 많아서 항상 바쁘다. 8 계속 나아가기에 날이 너무 어두워서 우리는 그곳에서 야영을 했다. 9 그는 전용기를 살 만큼 충분한 부자이다. 10 너무 지쳐서 한 발짝도 더 나아갈 수 없었다.

Unit 50 | 부사절을 이끄는 종속접속사: 조건, 양보, 양태, 제한

 Ace Your Grammar!

조건을 나타내는 접속사 unless ★★

unless는 if ~not과 같이 '~하지 않는다면'의 의미를 갖고 있으며, 자체에 부정의 의미가 있으므로 unless 뒤에 부정어가 올 수 없다.

_____ information is encoded effectively in the memory, it may not be easily recalled when necessary. (2005 경기대)

① If ② So
③ The ④ Unless

완전한 형태의 절이 두 개이다. 뒤 문장이 주절이므로, 앞 문장은 종속절이 되어야 한다. 따라서 빈칸에는 접속사가 쓰여야 하는데, 의미상 ④ Unless가 적절하다.

만약 정보가 기억 장치 속에 효과적으로 암호화되지 않으면, 필요할 때 쉽게 다시 불러낼 수 없을 것이다. ④

1 조건의 부사절

① if: 만약 ~이면

1	I would go with you **if** I could.	
2	I will do so **providing (that)** I am paid.	= provided[providing] (that)
3	**Suppose (that)** you were in my shoes what would you do?	= suppose[supposing] (that)

② unless: ~하지 않으면

4	**Unless** you tell me all about it I cannot help you. = If **you don't** tell me all about it I cannot help you.	= if ~ not
5	(cf.) He'll accept the job **unless** the salary is *not too low. (×) He'll accept the job **unless** the salary is too low. (○)	unless는 자체에 부정의 의미가 있으므로 뒤에 부정어가 올 수 없다.

③ in case (that): ~에 대비하여

6	I wrote down her phone number **in case** I should forget it.	in case는 예방조치로 어떤 행동을 취할 때 사용하는 표현이다.

④ on condition (that): ~이라는 조건으로, ~이라면

7	I will undertake it **on condition that** you pay the expense.

⑤ so[as] long as: ~하는 한, ~하기만 하면

8	You may stay here **so long as** you keep quiet.

1 내가 갈 수 있다면 나는 당신과 함께 갈 것이다. 2 내가 돈을 받는다면 나는 그렇게 할 것이다. 3 당신이 내 입장이라면 어떻게 하겠는가? 4 네가 그것에 대해 나에게 전부 말하지 않으면 나는 너를 도울 수 없다. 5 급여가 너무 낮지 않다면 그는 그 일을 수락할 것이다. 6 전화번호를 잊어버릴 것에 대비하여 나는 그녀의 전화번호를 적어 두었다. 7 당신이 비용을 지불하는 조건으로 그것을 맡겠습니다. 8 조용히 지내기만 한다면 너는 여기 머무를 수 있다.

2 양보의 부사절

① although, though, even though, even if: 비록 ~일지라도

1. **Although** he is poor, he is happy.
2. I'll go out **even if** it rains.
3. **Although** *he was wealthy*, he was not always happy.   although[though] <접속사> vs
   Despite *his wealth*, he was not always happy.   despite[in spite of] <전치사>

② whereas, while: ~인 반면, ~이지만

4. He drives to school, **whereas** I always walk.
5. **While** I admit that it is difficult, I don't think it impossible.

③ no matter + 의문사: ~일지라도(= 의문사 + ever)

6. **No matter who** may come, he will be welcome.   = **Whoever** may come, he will be welcome.
7. **No matter what** you say and do, you should be sincere.   = **Whatever** you say and do, you should be sincere.

④ no matter how 형용사/부사: 아무리 ~해도

8. **No matter how dry** a desert may be, it is not necessarily worthless.   = **However dry** a desert may be, it is not necessarily worthless.
9. **No matter how hard** you may try, you cannot do the work.   = **However hard** you may try, you cannot do the work.
10. (cf.) However I (may) write *carefully, I sometimes make mistakes. (×)
    However carefully I (may) write, I sometimes make mistakes. (○)   형용사/부사가 however의 바로 뒤에 온다는 점에 유의한다.

⑤ whether ~ or …: ~이든지 …이든지 (여하간에)

11. **Whether** we win **or** lose, we must play fairly.
12. **Whether** it rains **or** shines, he works hard.

⑥ 보어(형용사/부사/명사) + as[though] + S + V

13. **Rich as(= though) he is**, I don't envy him.   2형식 문장에서 보어인 형용사가 문두에 온 경우
    = Even though he is rich, I don't envy him.
    = However rich he is, I don't envy him.
    = No matter how rich he is, I don't envy him.
14. **Child** as he was, he was brave.   보어인 명사가 문두에 올 때 관사는 생략
15. **Much** as the average man hates shaving, he hates the notion of growing a beard as well.   부사가 문두에 온 경우

1 그는 가난하지만 행복하다. 2 비가 와도 외출할 것이다. 3 그는 부유했지만, 항상 행복하지 않았다. 4 그는 학교에 차로 가지만, 나는 항상 걸어서 간다. 5 나는 그것이 어렵다는 것을 인정하지만 불가능하다고 생각하지 않는다. 6 누가 오든 그는 환영받을 것이다. 7 당신이 무슨 말을 하든, 어떤 행동을 하든, 당신은 진실해야 한다. 8 사막이 아무리 건조해도 반드시 가치가 없는 것은 아니다. 9 당신이 아무리 노력해도 그 일을 할 수 없다. 10 아무리 주의하여 글을 쓰더라도 때로는 실수할 수 있다. 11 이기든 지든 우리는 공정하게 경기해야 한다. 12 비가 오든지 날이 좋든지에 관계없이 그는 열심히 일한다. 13 그가 아무리 부자라도 나는 그를 부러워하지 않는다. 14 어린아이였지만 그는 용감했다. 15 보통 남성들이 면도하는 것을 싫어하는 것과 마찬가지로, 그는 수염을 기르는 것도 싫어한다.

3 명령형을 이용하는 양보 표현

① 동사원형 + 의문사 + S + may[will]

1. **Say what you will**, I will go with her.
   = No matter what you may say, I will go with her.   no matter + 의문사
   = Whatever you may say, I will go with her.   = 의문사 + ever

② 동사원형 + as + S + may[will]

2. **Try (hard) as you may**, you cannot carry the stone.
   = No matter how hard you may try, you cannot carry   no matter how 형용사/부사
   the stone.
   = However hard you may try, you cannot carry the   = however 형용사/부사
   stone.

③ Be + S(3인칭) + ever so + 형용사

3. **Be it ever so humble**, there is no place like home.
   = No matter how humble it may be, there is no place like home.
   = Let it be ever so humble, there is no place like home.
   = However humble it may be, there is no place like home.

1 당신이 무슨 말을 하든지 간에, 나는 그녀와 함께 갈 것이다. 2 당신이 아무리 노력해도 그 돌을 나를 수 없다. 3 아무리 초라해도 내 집과 같은 곳은 없다.

4 양태의 부사절

① as: ~하는 대로, ~하듯이

1 Do **as** you like.
2 Do to others **as** you would have them do to you.
3 When in Rome, do **as** the Romans do.

② (Just) As S + V, so S + V: ~하는 것처럼 그렇게 …하다

4 **(Just) As** rust eats iron, **so** care eats the heart.
5 **As** the bees love sweetness, **so** *do the flies* love rottenness.   도치구조

③ as if(= as though) 마치 ~인 것처럼

6 I feel **as if** I were flying in the sky.
7 It looks **as if** it's going to rain.

1 마음 내키는 대로 하세요. 2 남에게 대접을 받고자 하는 대로 남을 대접하라. 3 로마에 가면 로마법을 따르라. 4 녹이 철을 부식시키는 것처럼 근심은 마음을 좀먹는다. 5 벌이 달콤함에 끌리듯, 파리는 썩은 내에 끌린다. 6 마치 하늘을 나는 것 같다. 7 비가 올 것 같다.

MSG+ as if[as though]가 이끄는 부사절이 사실과 다른 내용을 나타낼 때는 보통 주절의 시제와 일치하지 않고 가정법을 쓴다.

You look **as if** you had seen a ghost. 유령을 (보지는 않았지만) 본 것 같은
(cf.) You look **as if** you know each other. <가능성 있는 사실이며 시제 일치>

5 제한·범위의 부사절

① as(so) far as ~: ~하는 한, ~까지

1 **As far as** I am concerned, I have no objection.

② as(so) long as ~: ~한다면, ~하는 한

2 Do it **as long as** you like.

1 내 생각에 나는 이의가 없다. 2 원하면 그것을 해라.

30 등위접속사 vs 종속접속사

Easy-Peasy Grammar!

영어에서 접속사는 문장과 문장, 구와 구, 또는 단어와 단어를 연결하는 중요한 역할을 합니다. 이 접속사는 크게 등위접속사와 종속접속사로 나눌 수 있으며, 이 두 종류의 접속사는 그 용법과 역할이 다릅니다.

1 등위접속사

등위접속사는 문장 내에서 대등한 요소를 연결하는 접속사입니다. 예를 들어, 명사와 명사, 동사와 동사, 형용사와 형용사, 부사와 부사를 연결합니다. 주로 and, or, but이 있습니다.

1	I like *Tom* **and** *Jane*.	명사 병치
2	I *like* Tom **but** *hate* Jane.	동사 병치
3	*I like Tom* **but** *Jane doesn't like him*.	문장 병치

1 나는 Tom과 Jane을 좋아한다. 2 나는 Tom을 좋아하지만, Jane은 싫어한다. 3 나는 Tom을 좋아하지만, Jane은 그를 좋아하지 않는다.

2 종속접속사

종속접속사는 주절에 종속절을 연결하는 접속사로, 종속절은 문장에서 명사, 형용사, 또는 부사 역할을 합니다.

① 명사절

1	\<That he is kind\> is true.	주어 자리
2	I know \<that he is kind\>.	목적어 자리
3	The rumor is \<that he is kind\>.	보어 자리
4	I know about \<who he is\>.	전치사의 목적어 자리
5	I know the fact \<that he is kind\>.	동격의 자리

② 부사절: 문장에서 시간, 이유, 조건 등을 나타내며 문장의 앞, 중간, 또는 끝에 위치할 수 있습니다.

6	\<Although he is kind\>, the lady doesn't like him.	문앞
	The lady, \<although he is kind\>, doesn't like him.	문중
	The lady doesn't like him, \<although he is kind\>.	문미

③ 형용사절: 선행 명사를 수식하는 역할을 합니다.

7	Tom \<who is handsome\> looks happy.	
8	This is Tom \<who is handsome\>.	

1 그가 친절하다는 것은 사실이다. 2 나는 그가 친절하다는 것을 알고 있다. 3 그 소문은 그가 친절하다는 것이다. 4 나는 그가 누구인지에 대해 알고 있다. 5 나는 그가 친절하다는 사실을 알고 있다. 6 그가 친절할지라도, 그 여자는 그를 좋아하지 않는다. 7 잘생긴 Tom은 행복해 보인다. 8 이 사람은 잘생긴 Tom이다.

31 형태는 같지만 역할이 다른 종속접속사의 이해

Easy-Peasy Grammar!

종속접속사는 똑같은 형태를 가졌지만, 문장에서 수행하는 역할에 따라 그 의미와 용법이 달라질 수 있습니다. 예를 들어, 종속접속사 what은 문장에서 '명사절'로만 사용되지만, when은 명사절, 형용사절, 부사절에서 모두 사용이 가능합니다. 따라서 각 접속사의 역할을 정확히 이해하고 구분하는 것이 중요합니다.

1	\<What is important\> is his plan.	명사절로 사용된 what: 주어 역할
2	\<When he is busy\> is uncertain.	명사절로 사용된 when
3	The time \<when he is busy\> is not important.	형용사절로 사용된 when
4	\<When he is busy\>, an accident happens.	부사절로 사용된 when

1 중요한 것은 그의 계획이다. 2 언제 그가 바쁜지는 불확실하다. 3 그가 바쁜 시간은 중요하지 않다. 4 그가 바쁠 때 사건이 발생한다.

명사절	형용사절	부사절

- That절(완전절)
- What절(불완전절)
- if/whether절(완전절)
- 의문사절
  who(불완전절)
  what(불완전절)
  when(완전절)
  where(완전절)
  why(완전절)
  how(완전절)
- 복합관계대명사절(불완전절)
  whoever
  whomever
  whatever
	- That절(불완전절)
	- 관계사절
	  who(불완전절)
	  whom(불완전절)
	  which(불완전절)
	  when(완전절)
	  where(완전절)
	  why(완전절)
	  전치사 + whom(완전절)
	  전치사 + which(완전절)
		- 부사절 접속사(시간, 이유, 양보…)
		  시간(when, before, after…)
		  이유(because, since, as…)
		  양보(although, even though…)
		  조건(if, unless, in case…)
		  양태(as, just as…)
		  결과(so ~ that…)
		  목적(so that…)
		- 복합관계대명사절(불완전절)
		  whoever
		  whomever
		  whatever
		- 복합관계부사절(완전절)
		  whenever
		  wherever
		  however

"종속접속사의 이해"
형태는 같지만 역할이 다른 종속접속사의 용법을 YouTube에서 확인하세요!

Unit 51 | 접속부사

접속부사는 접속사가 아니므로 세미콜론(semicolon) 뒤나, 완전히 끝난 문장 뒤에서 주로 사용한다.

Ace Your Grammar!

의미상 적절한 접속부사 ★

접속부사는 접속사가 아닌 부사이므로 두 문장을 연결할 수 없으며, 마침표나 세미콜론 뒤, 또는 등위접속사와 함께 사용된다.

Fuel is becoming scarce again; _____, we will have to develop transportation systems that do not depend on gas and oil. (1997 동덕여대)

① therefore
② and
③ but
④ nevertheless

②, ③ 등위접속사는 빈칸에 적절하지 않다. 연료 부족이라는 원인과 가스나 석유에 의존하지 않는 수송 시스템을 개발해야 한다는 결과를 연결하는 접속부사 ① therefore 가 가장 적절합니다.

연료가 다시 부족해지고 있다. 따라서 우리는 가스나 석유에 의존하지 않는 수송 시스템을 개발할 필요가 있다. ①

1 접속부사의 종류

① 역접, 대조: however, though(그러나)

1 I didn't feel like going there. Later, **however**, I decided to go.

② 인과: therefore, thus, hence, accordingly, consequently(그래서, 그러므로)

2 I think; **therefore** I am.

③ 부가: besides, moreover, furthermore(게다가, 더욱이)

3 A talented artist, he was, **moreover**, a writer of some note.

④ 조건부정: otherwise(그렇지 않으면)

4 The order must be delivered by Tuesday; **otherwise** we will have to look for another supplier.

⑤ 양보: nevertheless, nonetheless(그럼에도 불구하고)

5 There is little chance that we will succeed in changing the law. **Nevertheless**, it is important that we try.

⑥ 접속부사의 위치

6 I am not rich, **but** I don't want your money.
= I am not rich. **However**, I don't want your money. <문두>
= I am not rich. I don't, **however**, want your money. <문중>
= I am not rich. I don't want your money, **however**. <문미>
= I am not rich; **however**, I don't want your money.
　　　　　　　　　　　　　　　　　　　　<세미콜론 뒤>

> 접속부사는 부사이므로 두 문장을 연결할 수 없으며, 세미콜론(;)과 함께 쓰거나 문장이 끝난 다음에 써야 한다. 문두뿐만 아니라, 문미나 문중에도 올 수 있다.

1 나는 거기에 가고 싶지 않았다. 그러나 나중에 가기로 결정했다. 2 나는 생각한다. 고로 나는 존재한다. 3 재능 있는 화가인 그는 게다가 꽤 저명한 작가이기도 했다. 4 그 주문은 화요일까지 배송되어야 한다. 그렇지 않으면 또 다른 납품업체를 찾아야 한다. 5 우리가 그 법률 개정에 성공할 가능성은 거의 없다. 그렇기는 해도 시도를 하는 것이 중요하다. 6 나는 부자가 아니지만 당신의 돈을 원하지 않는다.

09 Review Test

접속사와 관련해서는 다음과 같은 내용이 자주 출제됩니다.

① 접속사와 전치사의 구별
② 등위접속사 for의 용법
③ 등위상관접속사의 용법
④ 명사절을 이끄는 접속사 whether와 if의 구별
⑤ 의문사로 시작하는 간접의문절 안에서의 어순 문제
⑥ 문장의 의미상 적절한 접속부사

이러한 내용은 접속사 관련 문제를 푸는 데 매우 중요하므로 잘 숙지해 두는 것이 좋습니다.

[01-15] 다음 문장의 밑줄 친 부분에 가장 적절한 표현을 고르시오.

01 I went to the movies _____ I wanted to see John Wayne.

① because ② although
③ before ④ as soon as

02 What surprised me most was not that he came here alone, _____ he came here at all.

① in that ② but that
③ because ④ for

03 Chemistry is the science of substances _____ the science of energy.

① is physics ② or physics
③ how physics ④ and physics is

04 In cities most of the ground is covered with concrete _____ asphalt.

① or it is ② is with
③ its ④ or

05 Professor James Jones is both creative _____.

① or intelligent ② as well as intelligent
③ and has intelligence ④ and intelligent

06 _____ that the oil is scarce, the fate of the automobile is uncertain.

① In   ② Since
③ Now   ④ For

07 The power language bestows is almost inestimable, _____ without it anything properly called "thought" is impossible.

① and   ② but
③ nor   ④ for

08 Not all technology is based on science, _____ is science necessary to all technology.

① it   ② nor
③ and   ④ but

09 The reason I plan to go is _____ if I don't.

① because she will be disappointed
② that she will be disappointed
③ because she will have a disappointment
④ on account of she will be disappointed

10 Do you remember where _____ my watch?

① had I put   ② had put I
③ I put   ④ put I

11 My father worked hard _____ his family might live in comfort.

① so that   ② as that
③ if that   ④ or that

12 We asked the secretary _____ the director would be back before five o'clock.

① that   ② when
③ whether   ④ where

13 Physical training is good _____.

① for both body and mind
② both for body or for mind
③ for both body and for mind
④ both for body and mind

14 He died _____ that his friends had to pay for his funeral.

① too poorly   ② so poorly
③ too poor   ④ so poor

15 _____ reached shelter when the storm broke.

① They have hardly
② They had no sooner
③ They hardly had
④ Hardly had they

[16-19] 다음 문장의 밑줄 친 부분 중 문법적으로 틀린 부분을 고르시오.

16 Jerry ①will not lend you the book because ②he is fearful ③if you will forget ④to return it.

17 ①Due to he was ill, he missed ②at least two of his ③classes ④for this week.

18 A jewel is an ornament ①fashioned from ②precious metals ③or stones, either alone ④and in combination.

19 The reason ①most Americans don't pay ②much attention to ③rising African nationalism is ④because they really do not know modern African.

20 다음 중 문법적으로 틀린 문장을 고르시오.

① If she likes the present is not clear to me.
② He asked me if I knew her phone number.
③ That he was at the crime scene is evident.
④ Whether he will come on time is doubtful.

Chapter 10

관계사 (Relative)

관계사는 관계대명사와 관계부사를 말한다.

① 관계대명사는 접속사와 대명사의 기능을 하는 것으로, 관계대명사의 종류는 선행사가 결정한다.

<table>
<tr><td colspan="5" align="center">관계대명사</td></tr>
<tr><td>역할</td><td colspan="4" align="center">'접속사 + 대명사' 역할을 한다.</td></tr>
<tr><td rowspan="5">형태</td><td colspan="4" align="center">관계사절에 주격, 소유격, 목적격이 있음</td></tr>
<tr><td>선행사</td><td>주격</td><td>소유격</td><td>목적격</td></tr>
<tr><td>사람</td><td>who</td><td>whose</td><td>whom</td></tr>
<tr><td>사람, 동물</td><td>which</td><td>of which, whose</td><td>which</td></tr>
<tr><td>사람 + 동물, 사람 + 사물, 서수</td><td>that</td><td>-</td><td>that</td></tr>
<tr><td>선행사 포함</td><td>what</td><td>-</td><td>what</td></tr>
</table>

② 관계부사는 관계대명사와 마찬가지로 두 절을 연결하는 접속사의 기능을 하면서 부사의 역할을 한다.

<table>
<tr><td colspan="3" align="center">관계부사</td></tr>
<tr><td>역할</td><td colspan="2" align="center">'접속사 + 부사' 역할을 한다.</td></tr>
<tr><td rowspan="6">형태</td><td colspan="2" align="center">문장을 연결하지만 격은 없음</td></tr>
<tr><td>선행사</td><td>관계부사절이 수식하는 명사로, 때, 장소, 이유, 방법을 나타냄</td></tr>
<tr><td>때를 나타내는 명사</td><td>when</td></tr>
<tr><td>장소를 나타내는 명사</td><td>where</td></tr>
<tr><td>이유를 나타내는 명사</td><td>why</td></tr>
<tr><td>방법를 나타내는 명사</td><td>how</td></tr>
</table>

- **Unit 52** 관계대명사의 특징과 용법
- **Unit 53** 관계대명사의 종류
- **Unit 54** 관계대명사와 전치사
- **Unit 55** 관계대명사의 생략
- **Unit 56** 관계대명사의 수일치
- **Unit 57** 유사관계대명사
- **Unit 58** 복합관계사
- **Unit 59** 관계부사

Unit 52 관계대명사의 특징과 용법

I was spoken to by a woman **who** were sunglasses. <제한적 용법>
선글라스를 쓴 한 여자가 나에게 말을 걸어 왔다.

vs

I was spoken to by a woman, **who** were sunglasses. (= and she) <계속적 용법>
한 여자가 나에게 말을 걸어왔는데, 그녀는 선글라스를 쓰고 있었다.

제한적 용법은 관계사 앞에 콤마(,)가 없으며, 선행사를 제한 수식한다. 일반적으로 해석은 뒤에서 앞으로 한다. 즉 관계사가 이끄는 형용사절을 먼저 해석하고 난 후 선행사가 속해 있는 문장을 해석한다. 반면 계속적 용법은 관계사 앞에 콤마(,)가 있다. who와 which만을 사용하고, 관계대명사 that에는 계속적 용법이 없다. 계속적 용법은 선행사에 대해 추가적인 설명을 제공하며, 해석은 선행사부터 순차적으로 진행된다. 이때, 콤마는 문맥에 따라 and, but, or, for, though와 같은 접속사로 해석할 수 있다.

 Ace Your Grammar!

관계대명사의 특징 ★★★

관계대명사는 접속사와 대명사의 기능을 하며, 선행 명사를 수식하는 제한적 용법과 선행 명사에 대해 추가 설명을 제공하는 계속적 용법이 있다. 관계사의 격은 반드시 관계사절 내에서 결정되며, 주어가 없을 경우 주격, 목적어가 없을 경우 목적격이 된다. 그러나 '전치사 + 관계대명사' 또는 '관계부사' 뒤에는 항상 완전한 문장이 온다는 점에 유의해야 한다.

English has an alphabet _____ 26 letters.   (2003 가톨릭대)

① that consists of   ② which consisting of
③ consisting in   ④ which consists in

빈칸 앞에 완전한 절이 주어져 있으므로, 빈칸 이하는 an alphabet을 선행사로 하는 관계대명사절이 될 수 있다. 문맥상, 알파벳이 26개의 글자로 이루어져 있다는 내용이 되어야 하므로 consist of를 이용하여 표현해야 한다. 정답은 ①이 된다. ②의 경우, 준동사 단독으로는 문장의 정동사 역할을 하지 못하므로, 정답이 되지 못한다.

영어에는 26개의 문자로 이루어져 있는 알파벳이 있다.   ①

1 관계대명사의 특징

① 관계대명사는 '접속사 + 대명사'의 역할을 한다.

| 1 | He has a daughter and she is very beautiful. | = He has a daughter **who** is very beautiful. |

② 관계대명사 뒤에는 불완전한 절이 온다.

2	Heaven helps those who *they help themselves. (×) Heaven helps those **who** help themselves. (○)	주격 관계대명사 다음에 주어가 다시 올 수 없다.
3	The lady whom you met *her is a professor of music. (×) The lady **whom** you met is a professor of music. (○)	목적격 관계대명사 다음에 목적어가 다시 올 수 없다. 타동사의 목적격
4	The only thing that I worry about *it is dying. (×) The only thing **that** I worry about is dying. (○)	전치사 뒤에 목적어 자리가 비어있어야 한다. 전치사의 목적격

③ 관계대명사의 격은 관계대명사나 선행사가 관계절 내에서 어떤 역할을 하는가에 의해 결정된다.

5	I thanked the woman **who** helped me.	helped의 주어 → 주격
6	I liked the woman **whom** I met at the party.	met의 목적어 → 목적격

④ 관계대명사절의 동사의 수는 선행사에 일치시킨다.

7	I know *a girl* **who** *is* very pretty.	선행사가 a girl 단수이므로 단수동사 is 사용
8	I know *many girls* **who** *are* very pretty.	선행사가 girls 복수이므로 복수동사 are 사용

1 그에게는 매우 아름다운 딸이 있다. 2 하늘은 스스로 돕는 자를 돕는다. 3 당신이 만난 그 여성은 음악과 교수이다. 4 내가 걱정하는 유일한 것은 죽는 것이다. 5 나를 도와준 여자에게 감사했다. 6 나는 파티에서 만난 그 여자를 좋아했다. 7 나는 매우 귀여운 소녀를 알고 있다. 8 나는 매우 귀여운 많은 소녀를 알고 있다.

2 관계대명사의 용법

관계대명사의 용법에는 제한적 용법과 계속적 용법이 있다.

① 제한적 용법
관계사 앞에 콤마(,)가 없이 모든 관계대명사에 사용하며, 선행사를 한정하여 제한적으로 수식한다.

| 1 | He had two sons **who** became doctors. | 두 아들 외에 다른 아들이 있을 수 있다. |
| 2 | There were very few passengers **who** escaped without serious injury. | 중상을 입은 승객이 대다수다. |

② 계속적 용법
관계대명사 앞에 콤마(,)를 사용하며, that은 쓰지 않는다. 선행사에 대한 보충이나 추가적 설명을 한다.

| 3 | He had two sons, **who** became doctors. | 아들이 둘 뿐이다. |
| 4 | There were very few passengers, **who** escaped without serious injury. | 승객이 극소수였으며, 이들은 중상을 입지 않았다. |

1 그에게는 의사가 된 두 아들이 있었다. 2 중상을 입지 않고 탈출한 승객이 거의 없었다. 3 그는 두 아들이 있었는데, 두 아들 모두 의사가 되었다. 4 승객이 거의 없었으며, 이 승객들은 중상을 입지 않고 탈출했다.

Unit 53 | 관계대명사의 종류

관계대명사의 격은 관계대명사나 선행사가 관계절 내에서 수행하는 역할에 따라 결정된다. 관계절에서 주어 역할을 하면 주격, 타동사나 전치사의 목적어 역할을 하면 목적격, 명사를 수식하면 소유격이 된다.

 Ace Your Grammar!

선행사를 포함하는 관계대명사 what ★★★

who는 선행사가 사람일 때, which는 선행사가 사물일 때, that은 선행사에 사람과 사물이 같이 있을 때나 선행사가 최상급, 서수 등의 표현일 때 쓴다. what은 선행사를 포함하는 관계사로 '~하는 것', '~하는 모든 것'의 의미를 가지며 명사절을 이끈다.

High and low atmospheric pressure systems are _____ cause changing weather patterns.

① what ② whose (2005 서울여대)
③ that   ④ which

동사 cause의 주어가 되고, 다시 절 전체가 동사 are의 보어 역할을 해야 하므로 what이 적절하다. 이때 what에는 선행사가 포함되어 있으며, 주어진 문장에서는 the things which의 개념이다. 다른 보기의 관계대명사는 모두 그 앞에 선행사가 있어야 한다.

고기압과 저기압이 기상 상태를 변화시키는 원인이다.   ①

1 who

사람을 선행사로 한다.

① 주격

| 1 | I know a boy **who** can speak English. | ← I know a boy. + He can speak English. |

② 소유격

2	I want a man **whose** hobby is mountain-climbing.	← I want a man. + His hobby is mountain-climbing.
3	I know a girl **whose** father is a doctor.	whose + 무관사 명사 + 동사
4	I know a girl **whose** house they want to buy.	whose + 무관사 명사 + 주어 + 동사

③ 목적격(생략 가능)

| 5 | He is the man (**whom**) I respect most. | ← He is the man. + I respect him most. |
| 6 | This is the scientist (**whom**) I have discussed the problem with. | ← This is the scientist. + I have discussed the problem with him. 전치사 뒤의 관계대명사가 생략되면 전치사는 관계절의 끝으로 이동 |

1 나는 영어를 할 수 있는 소년을 한 명 알고 있다. 2 나는 취미가 등산인 사람을 원한다. 3 나는 아버지가 의사인 한 소녀를 알고 있다. 4 나는 그들이 사고 싶은 집을 가진 소녀를 알고 있다. 5 그는 내가 가장 존경하는 사람이다. 6 이 분이 제가 말씀드린 분입니다.

MSG 주격관계대명사절에서 선행사와 관계절의 동사 사이에 수의 일치가 일어난다.

He is one of <u>the boys</u> **who** <u>have</u> no parents. 그는 부모가 없는 소년들 중 하나이다.
He is <u>the only one</u> of the boys **who** <u>has</u> no parents. 그는 소년들 중 부모가 없는 유일한 소년이다.
<선행사가 the only one of the boys일 때, 관계절의 동사의 수는 the only에 맞추므로, 단수동사가 적절하다.>

2 삽입절과 관계대명사의 격

관계대명사와 동사 사이에 '주어 + 인식동사' 형태의 절이 삽입될 수 있다. 이 삽입절은 관계대명사의 격에 영향을 주지 않는다.

| 1 | Tom is a boy **who** *I believe* is honest.
= Tom is a boy and I believe he is honest. | I believe는 삽입절 |
| 2 | (cf.) Tom is a boy **whom** *I believe* to be honest.
= Tom is a boy and I believe him to be honest. | I believe는 삽입절이 아니다. 삽입절을 제거해 보았을 때 관계사절의 구성요소를 충족하지 못한다면 삽입절이 아니다. |

1 톰은 정직한 아이라고 생각한다. 2 톰은 내가 정직하다고 생각하는 소년이다.

32 삽입절이 생기는 이유

Easy-Peasy Grammar!

1. This is the man, **and** he is kind.

   이 문장을 관계대명사로 합치면, and + he를 who로 바꾸어 "This is the man who is kind."가 됩니다.

2. This is the man, **and** I think (that) he is kind.

   이 문장을 관계대명사로 합치면, and + he를 who로 바꾸어 주면 되는데 아래와 같은 형태가 됩니다.

3. This is the man **who** I think is kind.

3에서 who 뒤에는 주어가 빠진 불완전한 문장이 나와야 하는데, 'I think'가 바로 나오기 때문에 잘못 보면 think의 목적어가 빠진 것처럼 보일 수 있습니다. 그러나 실제로는 생략된 that절 안의 주어인 he가 빠진 형태입니다. 즉, 삽입절의 형태로 나오는 경우, that절을 목적어로 받는 동사인 think, believe, say, know, suppose 등에서 that절의 주어가 빠진 형태가 나타난다는 점을 알아 두세요.

"관계대명사의 삽입절"
삽입절이 생기는 이유를 YouTube를 통해 확인하세요!

3 which

선행사가 사람이 아닌 동·식물이나 사물인 경우에 사용한다. 관계사절 속에서 주격이나 목적격일 때는 which, 소유격일 때는 whose 나 of which를 사용한다.

① 주격

1 This is the road **which** leads to the library.
2 This is the road **(which is)** too narrow for a car. 　관계대명사와 be동사를 묶어서 같이 생략할 수 있다.

② 소유격

3 I saw a tree **whose name** I didn't know.　　　　　　whose + 무관사 명사
  = I saw a tree **the name of which** I didn't know.　　　the + 명사 + of which
  = I saw a tree **of which the name** I didn't know.　　　of which + the + 명사

③ 목적격(생략 가능)

4 He wants to borrow the book **(which)** I bought yesterday.　동사의 목적어
5 This is the book **which** I referred **to**.　　　　　　　　전치사의 목적어
  = This is the book **to which** I referred.

1 이 길은 도서관으로 이어진 길이다. 2 이 길은 자동차가 지나가기에 너무 좁다. 3 나는 이름을 모르는 나무 한 그루를 보았다. 4 그는 내가 어제 구입한 책을 빌리기를 원한다. 5 이것은 내가 언급했던 책이다.

MSG+ 관계형용사 which

선행사를 받아 지시형용사 that의 의미로 뒤의 명사를 수식하는 것이 관계형용사 which인데 주로 계속적 용법으로 쓰인다.
We traveled as far as New York, at **which** place we parted. <at which place = at that place>
우리는 뉴욕까지 여행했고, 그리고 그곳에서 헤어졌다.

4　that

선행사로 '사람, 동물, 사물'이 전부 올 수 있다. 사람의 주격(who), 목적격(whom)과, 동물, 사물의 주격(which), 목적격(which)을 대신할 수 있다. 단, 소유격은 없다.

	① 관계대명사의 대용	
1	The boy **that** broke the window is called James.	주격 관계대명사 who의 대용
2	The actress **that** I like starred in the movie.	목적격 관계대명사 who의 대용
3	A teenager in the car **that** crashed was injured.	주격 관계대명사 which의 대용
	② 선행사가 사람, 동물, 사물을 함께 포함할 때	
4	Look at the boy and his dog **that** are coming toward us.	선행사가 사람(the boy)과 동물(his dog)임
	③ 부정대명사, all, any, every-, no 등이 선행사로 오는 경우	
5	**All that** I have is yours.	
	④ 선행사에 '유일'이란 뜻의 수식어가 있을 때	
6	This is **the very** room **that** I first met my wife in.	최상급 형용사, 부정대명사, the only, the first, the same, the very 등
7	It is **the best** film **that** I have ever seen in my life.	
	⑤ 선행사가 의문대명사(who, which, what)일 때	
8	**Who that** is sane can write the letter?	

1 창문을 깬 그 소년은 제임스라고 불린다. 2 내가 좋아하는 여배우가 그 영화에서 주연을 맡았다. 3 사고가 난 차량에 타고 있던 10대 학생이 부상을 입었다. 4 우리를 향해 오고 있는 소년과 그의 개를 보라. 5 내가 가진 것은 모두 네 것이다. 6 이 방이야말로 내가 아내를 처음 만났던 바로 그 방이다. 7 그 영화는 내가 이제까지 봤던 것 중에서 최고의 영화이다. 8 제 정신인 사람이라면 누가 그 편지를 쓸 수 있겠는가?

MSG+　관계대명사 that은 제한적 용법으로만 사용된다는 점과 전치사 바로 뒤에는 쓰이지 않는다는 점이 다른 관계대명사들과의 차이이다.

John bought three books, ***that** he didn't read. (×)
<that은 계속적인 용법으로 쓸 수 없으므로 that을 which로 수정한다.>
The woman for ***that** I was waiting didn't appear. (×)
<전치사 다음은 that을 쓸 수 없으므로 for whom을 for whom으로 수정한다.>

5 what

선행사를 자체에 포함하고 있는 관계대명사로(= the thing which ~, that which ~, all that ~), 다른 관계대명사가 형용사절을 이끄는 것과 달리, what은 명사절을 이끌어 주어, 보어, 목적어, 전치사의 목적어가 된다.

① 명사절을 이끄는 what
문두 또는 동사 뒤에서 주어, 목적어, 보어 등의 구실을 한다.

1	**What** I want is a digital camera. = The thing that I want is a digital camera.	주어
2	Do you believe **what** he said?	동사의 목적어
3	Jack is not **what** he was. = Jack is not the man that he was.	보어

② 관계형용사 what
what 뒤에 명사가 오면 관계형용사로서, '(적지만) ~하는 모든 ~'의 의미를 지닌다.

4	She gave him **what (little) money** she had. = She gave him all the (little) money that she had.	what + 명사 = all the + 명사 + that

③ what의 관용표현

5	He is not **what he used to be**.	what one is[was, used to be]: 현재[과거]의 인격이나 모습
6	I respect him for what he is, not for **what he has**.	what one has: 재산
7	It is important to communicate **what you do**.	what one does: 행위, 처신
8	Reading **is to** the mind **what** food **is to** the body.	A is to B what[as] C is to D: A와 B의 관계는 C와 D의 관계와 같다
9	He is clever, **what is better still**, very handsome.	what is better[worse] (still): 더욱 좋은[나쁜] 것은
10	I lost my way, and **what was worse**, it began to rain.	
11	She is **what we call** a musical genius.	what we[you, they] call: 소위, 이른바(= what is called, so called)
12	**What with** the cold weather **and (what with)** my bad leg, I haven't been out for weeks.	what with A and (what with) B: A하기도 하고 B하기도 해서 <원인>
13	**What by threat and (what by)** entreaty, he attained his goal.	what by A and (what by) B: A하기도 하고 B하기도 해서 <수단>
14	A great civilization flourished in **what is now** northern Peru during the first century.	what is now + 지명: 현재 ~인, 오늘날의 ~인

1 내가 원하는 것은 디지털카메라이다. 2 그가 한 말을 믿나요? 3 잭은 예전의 잭이 아니다. 4 그녀는 적지만 그녀가 가진 모든 돈을 그에게 주었다. 5 그는 예전의 그가 아니다. 6 나는 그가 가진 재산이 아니라 그의 인격을 존중한다. 7 당신이 하는 일을 전달하는 것이 중요하다. 8 독서가 정신에 미치는 효과는 음식이 신체에 미치는 효과와 같다. 9 그는 영리하고 더 좋은 점은 매우 잘 생겼다는 것이다. 10 길을 잃었는데, 설상가상으로 비까지 내리기 시작했다. 11 그녀는 소위 음악 천재이다. 12 날씨가 춥기도 하고 다리가 안 좋기도 해서 몇 주 동안 밖에 안 나갔다. 13 협박과 간청으로 그는 목표를 달성했다. 14 1세기 동안 지금의 페루 북부에는 위대한 문명이 번성했다.

Grammar Review+

관계대명사의 격

① 관계대명사의 격은 선행사가 주절 속에서 갖는 격과는 관계가 없으며, 관계절 속에서의 역할에 의해서만 결정된다.

I have a brother **who** teaches English. <관계사절의 주어>

Mary is a girl **whose** heart is true to all. <명사 heart를 수식>

The girl **whom** you saw here is Mary. <동사 saw의 목적어>

② 관계대명사의 격은 삽입절에 영향받지 않는다.

I picked up a man **who** <I thought> was honest. <삽입절>

(cf.) I picked up a man **whom** I thought to be honest. <삽입절 아님>

33 형태는 같지만 쓰임은 다른 관계사와 의문사

관계사와 의문사는 모양이 같아 주의가 필요합니다. 예를 들어, "who likes me"라는 종속절을 해석해 봅시다.

1	This is the man **who** likes me.	the man을 who절이 수식하고 있기 때문에 '형용사절(관계대명사 who)'로 사용되었습니다. 따라서 "나를 좋아하는"으로 해석합니다.
2	I don't know **who** likes me.	who절은 know의 목적어로 쓰인 명사절(의문대명사 who)입니다. 따라서 "누가 나를 좋아하는지"로 해석됩니다.

이처럼 관계사와 의문사는 형태는 같지만, 문장에서의 쓰임이 다르기 때문에 구조를 잘 봐야 합니다.
- 관계사절은 대부분 형용사절로 사용됩니다.
- 의문사절은 모두 명사절로 사용됩니다.

단, what절은 의문사로 사용되든 관계사로 사용되든 모두 명사절로 쓰이기 때문에, 해석만 달라진다는 점에 유의해야 합니다.

I don't know **what** I want.

나는 무엇을 내가 원하는지 모른다.	의문대명사절
나는 내가 원하는 것을 모른다.	관계대명사절

Unit 54 | 관계대명사와 전치사

전치사가 붙은 관계대명사는 부사구로서 주어나 목적어 역할을 하지 못하므로, '전치사 + 관계대명사' 뒤에 오는 절은 주어, 목적어 등이 있는 완전한 절이어야 한다.

Ace Your Grammar!

관계대명사 앞의 전치사 ★★★

양태, 방법, 시간, 정도(비율, 속도, 가격, 무게) 등의 명사가 선행사인 경우, 관계대명사 앞의 전치사는 이 선행사를 목적어로 한다. 관계대명사 자리에 선행사를 넣어 내용 파악을 하면 된다.

Individuals ①differ greatly ②in the degree ③which culture shock ④affects them. (2021 수원대)

관계대명사 뒤에 완전한 절이 왔으므로 옳지 않다. 따라서 관계대명사 앞에 전치사가 있어야 하겠는데, 선행사 the degree가 관계절 안에서 to the degree(~할 정도로)로 쓰이므로 ③을 to which로 고쳐야 한다.

문화 충격이 각 개인에게 영향을 미치는 정도는 사람마다 크게 다르다. ③

1 관계대명사와 전치사

① 관계대명사 어순의 일반원칙
관계대명사가 전치사의 목적어가 될 때 전치사는 관계대명사 앞, 문미 모두 가능

1	This is the house. + I spoke of it. → This is the house **of which** I spoke. → This is the house **which** I spoke **of**. → This is the house I spoke **of**.	목적격 관계대명사의 생략
2	(cf.) The number ***up which** I was looking was unlisted. (×) The number **which** I was looking **up** was unlisted. (○)	부사는 관계대명사 앞에 올 수 없다.

② '전치사 + 관계대명사' 뒤에는 완전한 절이 온다.

3	This is the house **in which** Churchill was born. (○)	This is the house ***which** Churchill was born. (×)
4	The music **to which** we listened last night was very sweet. (○)	The music ***which** we listened last night was very sweet. (×)

③ '전치사 + 관계대명사'의 구조에서 어떤 전치사를 쓸 것인가는 선행사의 종류, 문맥, 관용구 등을 통해 판단한다.

5	The city **in which** factories lie is heavily polluted.	in the city에서
6	He has no means of support **on which** we depend.	depend on에서
7	This is the issue **with which** we are concerned.	be concerned with에서

④ 전치사 + 관계대명사 + to부정사
관계대명사 앞에 전치사가 있는 경우, 주어가 동일하면 관계절의 주어를 생략하고 동사를 to부정사로 바꿀 수 있다.

8	The children had a garden **in which** they could play. = The children had a garden **in which to play**. = The children had a garden **to play in**.	The children = they 관계대명사 생략 시 전치사 후치

1 이것은 내가 말한 집이다. 2 제가 검색한 번호는 목록에 없다. 3 이 집은 처칠이 태어난 집이다. 4 우리가 어젯밤에 들었던 음악은 매우 감미로웠다. 5 공장이 있는 도시는 매우 오염되어 있다. 6 그에게는 우리가 의지할 수 있는 지원 수단이 없다. 7 이것이 우리가 관심을 두어야 할 문제이다. 8 아이들이 놀 수 있는 정원이 있었다.

34 주의해야 할 관계대명사

일반적으로 전치사와 관계대명사를 함께 쓰면, 뒤에 오는 문장이 완전하게 됩니다.

1	This is the house **and** I met her in it.	
2	This is the house **in which** I met her.	in which + 완전한 절

하지만 아래와 같은 문장에서 관계대명사절이 되면 우리가 평소 알던 형태와 다른 구조가 나옵니다.

3	There are books, **and** some of them look good.	some of them의 them 자리에 which가 들어가면, of which 뒤에 주어가 빠진 것처럼 보일 수 있습니다. 그러나 and + them을 which로 바꾸면서, of 뒤에 위치하는 독특한 구조가 형성됩니다. 이때 of는 '~중에서'라는 의미를 가집니다.
4	There are books, **some of which** look good.	

of를 '~의'라는 뜻으로 사용하는 경우에도 위와 같은 형태로 사용될 수 있으니 유의해 주세요!

5	This is the house, **and** the roof of it is red.
6	This is the house, **the roof of which** is red.

1 2 이 집은 제가 그녀를 만났던 집이다. 3 4 책이 있는데, 그중 몇 권은 괜찮아 보인다. 5 6 이 집의 지붕은 빨간색이다.

"관계대명사(부분 of which)"
주의해야 할 관계대명사를 YouTube를 통해 확인하세요!

Unit 55 | 관계대명사의 생략

제한적 용법의 관계대명사는 동사나 전치사의 목적격이면 생략할 수 있다. 전치사 뒤의 관계대명사가 생략되면 전치사는 관계절의 끝으로 이동된다. 목적격 관계대명사가 생략되기 때문에 관계대명사가 생략된 절은 목적어가 없는 것이 특징이다. 주어 역할을 하는 관계대명사는 생략할 수 없지만, 선행사가 관계대명사가 이끄는 형용사절의 주격보어인 경우나, 형용사절에 there is구문이 나왔을 경우 주격 관계대명사는 생략 가능하다.

Ace Your Grammar!

'주격 관계대명사 + be동사'의 생략 ★★

일반적으로 주격 관계대명사는 생략되지 않지만, '주격 관계대명사 + be동사'는 흔히 생략할 수 있다. 현재분사나 과거분사, 전명구 등 형용사구만으로도 앞의 명사를 후치 수식할 수 있기 때문이다.

The fort _____ as Fort McHenry was built prior to the War of 1812 to guard Baltimore harbor.

① now known   ② is now known   (2019 서울여대)
③ has now known   ④ having now known

The fort ~ McHenry까지가 동사 was의 주어가 되어야 한다. 따라서 '빈칸+as Fort McHenry'가 The fort를 후치 수식하도록 ①의 now known이 빈칸에 들어가야 한다. now known은 which is now known에서 '관계대명사 + be동사'인 which is가 생략된 형태이다.

현재 맥헨리 요새(Fort McHenry)로 알려진 그 요새는 1812년의 전쟁(영미(英美)전쟁(1812-15)) 전에 볼티모어(Baltimore) 항을 지키기 위해 지어졌다.

                                                             ①

1 관계대명사의 생략

① 목적격 관계대명사의 생략

1. The book **(which/ that)** I was reading yesterday was a detective story. — 타동사의 목적어

2. This is the house **(which/ that)** she lives in. — 전치사의 목적어
   = This is the house **in which** she lives.

3. (cf.) The man ***with (whom)** he is speaking is my uncle. (×) — 단, 전치사가 관계대명사 앞에 있을 때는 생략할 수 없다.
   = The man **with whom** he is speaking is my uncle. (○)

② '주격 관계대명사 + be동사'의 생략

4. She always reads magazines **(which are)** written in English.

5. Do you know the name of the girl **(who is)** standing over there?

③ 주격 관계대명사의 생략

6. She is not the cheerful woman **(that)** she *was*. — 선행사 the cheerful woman이 she의 주격보어인 경우

7. *There is* a woman at the door **(who)** wants to see you. — 선행사가 there is 구문의 주어일 경우

8. She is one of the greatest poets **(that)** *there are* in the world. — 선행사를 there is 구문이 수식할 경우

1 내가 어제 읽고 있던 책은 탐정 소설이었다. 2 이곳이 그녀가 사는 집이다. 3 그가 대화하고 있는 사람은 나의 삼촌이다. 4 그녀는 항상 영어로 쓰인 잡지를 읽는다. 5 저기 서 있는 소녀의 이름을 아세요? 6 그녀는 예전처럼 쾌활한 여성이 아니다. 7 문 앞에 당신을 만나고 싶은 여성이 있다. 8 그녀는 세계에서 가장 위대한 시인 중 한 명이다.

Unit 56 | 관계대명사의 수일치

관계대명사 절의 동사는 반드시 선행사의 수와 인칭에 맞추어 결정되어야 한다. 즉, 관계대명사가 가리키는 선행사가 단수일 경우 동사도 단수형을, 복수일 경우 복수형을 사용한다. 관계대명사가 주격으로 쓰일 때는 선행사가 관계사절 내에서 주어 역할을 하므로 동사는 선행사의 수와 인칭에 따라야 한다. 반면, 관계대명사가 목적격으로 사용될 때는 관계사절 내 주어와 동사의 수일치가 중요하며, 선행사의 수는 동사 형태에 직접적인 영향을 미치지 않는다.

Ace Your Grammar!

관계대명사절의 동사 수일치 ★★

관계대명사가 이끄는 절의 동사는 선행사에 수를 일치시켜야 한다.

The pugilist has the record of knocking down three opponents, which _____ pretty good for an amateur boxer.　　　　　　　　　　　　　　　　　　　　　　　　　　　　　　　　　　　　(2022 단국대)

① are　　　　　　　　　② is
③ be　　　　　　　　　④ were

관계대명사절의 동사의 수는 선행사에 일치시키는데, 주어진 문장의 경우 which의 선행사가 앞 절의 목적어인 the record이므로 단수동사로 받아야 한다. 따라서 ②가 정답이 된다.

그 권투선수는 세 명의 상대를 때려눕힌 기록이 있는데, 이것은 아마추어 복서치고는 꽤 괜찮은 전적이다.　　　　　　②

1 관계대명사와 선행사의 일치

① 관계대명사는 선행사와 성, 수, 인칭이 일치해야 한다.

1　Do you know *the girl* **who** *is* standing over there?
2　Do you know *the girls* **who** *are* standing over there?

② one of 복수명사의 경우

| 3 | He is one of *the persons* **who** *talk* big. | one of + 한정사 + 복수명사 + 관계대명사 + 복수동사 |
| 4 | He is *the only* one of the persons **who** *talks* big. | the only one of + 한정사 + 복수명사 + 관계대명사 + 단수동사 |

1 저기 서 있는 그 소녀를 아시나요? 2 저기 서 있는 소녀들을 아시나요? 3 그는 잘난 체하며 떠드는 사람 중 한 명이다. 4 그는 잘난 체하며 떠드는 유일한 사람이다.

2 관계대명사의 이중한정

두 개의 관계대명사가 하나의 선행사를 수식하는 경우로, '~로서 …한'으로 해석한다.

1　There is no one **that** I know **who** is as wise as you.
2　Is there any book **that** you have **which** is as interesting as this?

1 내가 아는 사람으로서 당신만큼 현명한 사람은 없다. 2 당신이 가진 것으로 이것만큼 재미있는 책이 있습니까?

Unit 57 | 유사관계대명사

유사관계대명사란 접속사 겸 주어, 목적어 역할을 하는 as, but, than 등을 말한다. 이들은 주로 접속사로 사용되지만, 때로는 접속사인 동시에 종속절의 주어나 목적어의 역할을 하는 관계대명사로 쓰이기도 한다.

Ace Your Grammar!

유사관계대명사 as ★★
유사관계대명사는 본래는 접속사인데 관계대명사처럼 뒤에 절을 수반해서 앞의 선행사를 수식한다.

Angelina is trying to buy the same necklace _____ she lost two months ago. (2004 계명대)

① as ② that
③ which ④ whose

선행사에 such, the same, as 등이 올 때는 as를 유사관계대명사로 쓸 수 있다. 따라서 ①이 정답이 된다. 주어진 문장에서 관계대명사 that을 쓰는 경우에는, '두 달 전에 잃어버린 바로 그 물건'을 사려고 한다는 의미가 되어 부적절하다. (cf.) This is the same watch as I lost yesterday.(이것은 내가 어제 잃어버린 것과 같은 종류의 시계이다. = 같은 종류의 물건) This is the same watch that I lost yesterday.(이것은 내가 어제 잃어버린 바로 그 시계이다. = 동일한 물건)

안젤리나(Angelina)는 그녀가 두 달 전에 잃어버렸던 것과 같은 종류의 목걸이를 사려고 애쓰고 있다. ①

1 as의 용법

유사관계대명사 as는 앞에 나온 the same, such, as, not as, not so 등과 같이 쓰여 관계대명사의 역할을 한다.

① 선행사 앞에 such, the same, as가 있을 경우

1	Don't read *such* books **as** will do you harm.	주격: 선행사가 books이므로 원래 which를 써야 하지만 앞의 such로 인해 as를 사용
2	*Such* women **as** he knows fancy themselves to be beautiful.	목적격
3	I have *the same* watch **as** you have.	동일한 종류
4	(cf.) I have the same watch **that** you lost yesterday.	동일물
5	*As* many watermelons **as** were brought to the market were sold out in an hour.	as many + 복수명사 + as
6	Lend me *as* much money **as** you have.	as much + 단수명사 + as

② 절 전체가 선행사인 경우

7	*He is afraid of doctors*, **as** is often the case with children.	앞 문장 전체가 선행사
8	**As** might have been expected, *she failed to turn up*.	뒷 문장 전체가 선행사

③ 유사관계대명사 as의 관용적인 표현

9	**As was often the case with** him, he didn't show up on time.	as is (often) the case (with): 흔히 있는 일이지만, 흔히 있듯이
10	**As might have been expected**, he was disgusted by the news.	as might be[have been] expected: 기대했던 대로, 늘 그렇듯이

1 당신에게 해를 끼칠 그런 책을 읽지 마십시오. 2 그가 아는 여자들은 자신들이 아름답기를 바란다. 3 나는 당신과 동일한 종류의 시계를 가지고 있다. 4 나는 네가 어제 잃어버린 시계를 가지고 있다. 5 시장에 나온 그 많던 수박이 한 시간 만에 동이 났다. 6 당신이 가지고 있는 모든 돈을 빌려주세요. 7 그는 종종 아이들의 경우처럼 의사를 두려워한다. 8 예상했던 대로 그녀는 나타나지 않았다. 9 그에게 흔히 있는 일이었지만, 그는 정시에 모습을 보이지 않았다. 10 예상했던 대로, 그는 그 소식에 언짢아하였다.

2 but(= that[who] ~ not)의 용법

유사관계대명사 but은 주로 주격으로 사용되며, 선행사 앞에 no, never, scarcely, hardly 등의 부정어가 붙은 선행사를 받아 '~이 아닌 것(사람)'이라는 의미로 사용된다. but은 that ~ not으로 바꾸어 쓸 수 있다. 또한, 수사의문문과 함께 쓰인 but은 특정 상황에서 부정적인 의미를 통해 간접적으로 긍정의 의미를 강조하는 역할을 한다.

1	There is *no* man **but** has some faults.	= There is no man **that** doesn't have some faults.
2	*Who is there* **but** loves his own country?	수사의문문: 누구나 자신의 나라를 사랑하지 않을 리 없다.

1 결점이 없는 사람은 없다. 2 자신의 나라를 사랑하지 않는 사람이 어디 있는가?

MSG but 다음에 완전한 절이 왔을 때는 but은 유사관계대명사가 아니라, 종속접속사이다.

There is no wool so white **but** a dyer can make it whiter. <종속접속사로 쓰임>
양털(모직물)이 아무리 희더라도 염색하는 기계는 그것을 더 희게 할 수 있다.

3 than의 용법

유사 관계대명사 than은 주격과 목적격으로 사용되며, 비교구문인 '비교급 + 명사 + than~'의 형태로 쓰인다. than 앞에 나온 형용사나 부사는 비교급이 되어야 한다.

1	She always has *more* money **than** is necessary.	주격
2	The job was *easier* **than** we had expected.	목적격

1 그녀는 항상 필요 이상의 돈을 가지고 있다. 2 그 일은 우리가 예상했던 것보다 더 쉬웠다.

MSG+ 수사의문문: 의미를 강조하기 위해 반어적으로 사용되는 의문문

① 긍정의 수사의문문: 부정의 평서문
Who knows what will happen in the future?
앞으로 어떻게 될지 누가 알겠어요? → 아무도 모른다.

② 부정의 수사의문문: 긍정의 평서문
Wouldn't it be better to go tomorrow instead?
대신 내일 가는 것이 더 좋지 않을까? → 내일 가는 것이 더 좋다.

Unit 58 복합관계사

any의 의미를 가진 선행사를 포함한 관계사로 '~한 누구나/ 어느 것이나/ 무엇이나/ 어디나/ 언제나' 등의 의미로 쓰인다.

	주격	목적격	소유격
who+ever	whoever(= anyone who) ~하는 사람은 누구라도	whomever (= anyone whom)	whosever (= anyone whose)
which+ever	whichever (= anything that)	whichever (= anything that)	—
what+ever	whatever (= anything that)	whatever (= anything that)	—

Ace Your Grammar!

복합관계사 ★★

복합관계사는 명사절, 부사절을 이끈다. 복합관계사의 격은 관계대명사가 이끄는 절에서 주어 역할 → 주격, 목적어 역할 → 목적격이 되며 전치사와는 무관하다.

I'd like to have a word with _____ broke the window. (2020 단국대)

① whosever ② whom
③ whomever ④ whoever

선행사가 없으므로 복합관계대명사가 적절한데, 관계사 뒤에 동사가 있으므로 주격의 복합관계대명사 ④ whoever가 빈칸에 적절하다.

누구든 창문을 깬 사람하고 얘기 좀 하고 싶다. ④

1 복합관계대명사

'관계대명사 + ever'의 형태를 취하며, 자체에 선행사를 포함하고 있다.

① 명사절을 유도하는 경우
'관계대명사 + ever'로 시작하는 문장에서 주어, 목적어, 보어 역할을 하며, 의미가 '어떤 ~라도'일 때이다. 자체 내에 선행사를 포함하고 있으므로 별도의 선행사는 필요 없다.

1	**Whoever** wants to come is welcome.	= Anyone who wants to come is welcome. <주어>
2	He always says **whatever** comes into his mind.	= He always says anything that comes into his mind. <동사의 목적어>
3	He makes friends easily with **whomever** he meets.	= He makes friends easily with anyone whom he meets. <전치사의 목적어>

② 양보부사절을 유도하는 경우
부사절에는 조동사 may가 함께 자주 쓰인다. 'no matter who[what, which] S + may + V'로 전환이 가능하다.

4	**Whoever** may come, he will be welcome.	= No matter who may come, he will be welcome.
5	**Whatever** he may say, it is true.	= No matter what he may say, it is true.
6	**Whichever** road you may take, you will come to the same place.	= No matter which road you may take, you will come to the same place.

③ 복합관계대명사의 격
복합관계대명사의 격은 관계절 내에서의 역할에 따라 격이 결정되는데, 주어가 없으면 주격, 목적어가 없으면 목적격으로 한다. 그리고 주절의 동사나 전치사는 복합관계대명사의 격에 영향을 주지 못한다.

7	I will give this book to **whoever** wants to read it.	to의 목적어라고 생각해서 whomever로 하지 말고, wants의 주어니까 whoever라고 생각해야 한다.
8	Take this book to **whoever** you think is most deserving besides me.	whoever는 is의 주어이며, you think는 삽입절이다.
9	I will give it to **whomever** you like.	= I will give it to anyone whom you like. <관계절 안에서 목적어>

④ whatever(= whatsoever)가 부정어의 뒤에 오면 'at all(전혀)'의 의미를 갖는다.

10	There is *no* doubt **whatever**.

<small>1 오고 싶은 분은 누구나 환영합니다. 2 그는 생각이 떠오르는 대로 말한다. 3 그는 누구를 만나든 쉽게 친해진다. 4 누구든지 오는 사람은 환영받을 것이다. 5 그가 무슨 말을 하든 그것은 사실이다. 6 어느 길을 택하든 같은 장소에 이르게 될 것이다. 7 나는 이 책을 읽기를 원하는 사람이면 누구에게나 이 책을 주겠다. 8 저 말고 이 책을 가장 받을 만한 사람이라고 생각하는 사람에게 주세요. 9 나는 그것을 당신이 좋아하는 사람에게 줄 것이다. 10 전혀 의심의 여지가 없다.</small>

2 복합관계형용사

whatever, whichever는 뒤에 명사를 수반해서 복합관계형용사로 쓸 수 있다. whatever는 선택의 폭이 제한되어 있지 않은 경우, whichever는 선택의 폭이 제한되어 있는 경우에 쓴다. 해석은 'whatever + 명사'와 'whichever + 명사' 둘 다 'any + 명사 + that'의 의미로 '어떤 …라도'라고 한다.

1	He ate **whatever** food I gave him.	= He ate any food that I gave him.
2	Take **whichever** book you like.	= Take any one of the books that you like.

1 그는 내가 준 음식은 무엇이든 먹었다. 2 마음에 드는 책을 가져가세요.

3 복합관계부사: 관계부사 + ever + 완전한 절(wherever, whenever, however)

자체 내에 선행사를 가지고 부사절과 양보 부사절을 이끄는데, 두 부사절의 차이점은 조동사 may가 있으면 양보 부사절이고, 없으면 복합관계부사절이다. however는 문두에 위치하며, 부사나 형용사를 수반하고 양보 부사절로만 사용된다.

① 시간, 장소의 부사절인 경우

1	Come to see me **whenever** you are free.	= at any time when
2	Plants grow **wherever** there is water.	= at any place where

② 양보 부사절인 경우

3	**Whenever** you may visit him, you'll find him reading something.	= No matter when
4	**Wherever** you may go, you will not find a better place than your home.	= No matter where
5	**However** busy I may be, I can spare time to see you.	= No matter how

1 한가할 때 언제든지 저를 보러 오세요. 2 물이 있는 곳이면 식물은 어디든지 자란다. 3 언제든 그를 방문하면 그가 무언가를 읽고 있는 모습을 볼 수 있을 것이다. 4 어디를 가든지 집보다 더 좋은 곳은 없을 것이다. 5 아무리 바빠도 당신을 만나기 위해 시간을 낼 수 있습니다.

Unit 59 | 관계부사

관계부사는 '접속사 + 부사'의 역할을 하며, 문장을 연결하지만 격은 없다.

This is the city which I visited. 이 도시는 내가 방문했던 도시이다.

vs

This is the city where I was born. (= in which) 이 도시는 내가 태어난 도시이다.

첫 문장은 the city가 관계절 안에서 visited의 목적어이므로 관계대명사 which를 썼다. 두 번째 문장은 the city가 관계절 안에서 부사어 in the city의 뜻으로 쓰였다.

 Ace Your Grammar!

관계대명사와 관계부사의 구분 ★★★

선행사가 관계절 안에서 부사어로 쓰일 때 관계부사를 사용하며 선행사가 비록 장소, 시간, 이유, 방법 등의 명사라 해도 관계절 안에서 주어, 목적어 등 명사적으로 쓰이면 관계대명사를 사용한다.

He ①<u>keeps</u> an office in Santa Claus Village, ②<u>which</u> more than ③<u>a million</u> people visit him ④<u>each year</u>. (2021 세종대)

관계대명사 뒤에는 불완전한 절이 오고 관계부사 뒤에는 완전한 절이 온다. ②의 뒤에 완전한 절이 주어져 있으므로 ②에는 관계부사가 와야 한다. ②를 장소의 관계부사 where로 고친다.

그는 사무실을 산타클로스 마을에 두고 있는데, 그곳에 매년 100만 명 이상이 그를 방문한다. ②

1 장소 where

선행사가 장소 명사일 때 쓰며, place, spot 등의 특별한 의미가 없는 선행사는 생략할 수 있으나, the city, the village 등 특정한 뜻을 가진 선행사는 생략하지 못한다. where 자체는 생략하지 않는 것이 보통이며 '전치사 + 관계대명사'로 바꿀 수 있다.

1. Natural disasters damage the place **where** people live.   = Natural disasters damage the place **in which** people live.
2. The monument marks the spot **where** the battle was fought.

1 자연재해는 사람들이 살고 있는 곳에 피해를 입힌다. 2 그 기념비는 전투가 벌어진 장소를 표시한다.

MSG+ 선행사 case, circumstance, situation, point 등은 '장소 개념'으로 해석하여 관계부사 where나 in[on] which로 받는다.

There are many *cases* **where** such a principle is not practicable. 그와 같은 원칙이 실행 불가능한 경우도 많다.

2 시간 when

선행사가 시간 명사일 때 쓰며, time 같은 별 의미 없는 선행사는 생략할 수 있으나 the day, the year 등 특정한 뜻을 가진 선행사는 생략하지 못한다. when 자체도 생략할 수 있으며 '전치사 + 관계대명사'로 바꿀 수 있다.

1. Christmas is the day **when** people stay out till late at night.   = Christmas is the day **on which** people stay out till late at night.
2. (cf.) Christmas is the day **which** I like best during the year.   the day가 like의 목적어이다.
3. Tell me the day **when** she will come back.

1 크리스마스는 사람들이 밤늦게까지 집에 들어가지 않는 날이다. 2 크리스마스는 연중 내가 가장 좋아하는 날이다. 3 그녀가 돌아올 날짜를 말해 주시오.

3 이유 why

선행사가 이유 명사일 때 쓰며, 선행사 the reason을 생략할 수도 있고 관계부사 why를 생략할 수도 있다. '전치사 + 관계대명사'로 바꿀 수 있다.

1. That's *(the reason)* **why**/ *the reason* **(why)** he left school.   = That's the reason **for which** he left school.
2. (cf.) He left school for some reason **which** I don't know.   some reason이 know 동사의 목적어이다.

1 그것이 그가 학교를 그만둔 이유이다. 2 그는 내가 모르는 어떤 이유로 학교를 그만두었다.

4 방법 how

선행사가 방법 명사일 때 쓰며, 선행사 the way와 관계부사 how는 동시에 함께 쓰지 않으며, 둘 중 하나만을 써야 한다.

1   Tell me *the way how you succeeded in the exam. (×)
    Tell me **the way** you succeeded in the exam. (○)
    = Tell me **how** you succeeded in the exam. (○)
    = Tell me **the way in which** you succeeded in the exam.

1 시험에 합격할 수 있었던 비결을 알려주세요.

5 관계부사의 생략

where를 제외한 관계부사는 생략하거나 that으로 대신할 수 있다.

1	Monday is the day **(that)** people feel blue.	= when
2	This is the reason **(that)** I came to see you.	= why
3	That was the way **(that)** she solved the problem.	= in which

1 월요일은 사람들이 우울해하는 날이다. 2 이것이 제가 당신을 만나러 온 이유이다. 3 그것이 그녀가 그 문제를 해결하는 방법이었다.

6 선행사의 생략

선행사는 관계사절 구문에서 생략될 수 있으며, 문맥상 생략된 선행사가 명확히 추론될 수 있는 경우에 사용된다.

① 명사절이 되는 경우

1	I don't know (the time) **when** the accident happened.	사고가 일어난 시간(the time)이 생략 가능
2	The local church was (the place) **where** he was laid to rest.	그가 영면에 든 장소(the place)가 생략 가능
3	This is (the reason) **why** an octopus is so flexible.	문어가 유연한 이유(the reason)가 생략 가능

② 부사절이 되는 경우

4	Put it back (the place) **where** it was when you are through.	원래 있던 장소(the place)가 생략 가능

1 언제 사고가 났는지 모르겠어요. 2 그 교회는 그가 영면에 든 곳이었다. 3 이것이 바로 문어가 유연한 이유이다. 4 다 쓰고 나면 원래 있던 곳에 다시 놓아두세요.

7 계속적 용법

관계부사의 계속적 용법은 where와 when에만 쓴다.

1	We went to London, **where** we stayed for a week.	= We went to London, **and there** we stayed for a week.
2	It began to rain, **when** the phone was ringing.	= It began to rain, **and then** the phone was ringing.

1 우리는 런던에 가서 일주일 동안 머물렀다. 2 비가 내리기 시작하더니 전화벨이 울리기 시작했다.

10 Review Test

관계사와 관련해서는 다음과 같은 내용이 자주 출제됩니다.

① 주격 who와 목적격 whom의 구별
② whoever와 whomever의 구별
③ 관계대명사의 계속적 용법(that은 불가)
④ 관계사 what과 접속사 that의 구별
⑤ '전치사 + which'에서 적절한 전치사의 선택 문제

이러한 내용들은 관계사와 관련된 문제를 해결하는 데 매우 중요하므로, 반드시 잘 숙지해 두어야 합니다.

[01-12] 다음 문장의 밑줄 친 부분에 가장 적절한 표현을 고르시오.

01 He arrived half an hour late, _____ annoyed us very much.

① that   ② as
③ which   ④ what

02 I want to speak to _____ answers the phone.

① whomever   ② whom
③ whoever   ④ whichever

03 This is the poem of a poet _____ I believe is greater than Keats.

① that   ② who
③ whose   ④ whom

04 Choose such friends _____ will benefit you.

① as   ② that
③ but   ④ if

05 The only man _____.

① who I think will knock out whoever he fights is Roy
② who I think will knock out whomever he fights is Roy
③ whom I think will knock out whomever he fights is Roy
④ whom I think will knock out whoever he fights is Roy

06 William Walker's mural, "Wall of Respect," _____ an outdoor wall in Chicago, deals with social issues.

① covers   ② covers it
③ which covers   ④ which it covers

07 Silver nitrate stains _____ it touches.

① somehow   ② where else
③ them   ④ everything

08 That rich woman offered a reward to _____ restore her lost car.

① who should   ② whom should
③ whoever should   ④ whomever should

09 There is _____ at the news.

① no man but who would be surprised
② no man but would be surprised
③ not no man who would be surprised
④ not any man would be surprised

10 He really deserved the award because he performed _____ was expected of him.

① much better from
② more better than
③ much better as
④ much better than

11 In 1860, _____, Sacramento became its western terminus.

① the Pony Express was inaugurated
② when was the Pony Express inaugurated
③ the Pony Express inaugurated then
④ when the Pony Express was inaugurated

12 "What do you think of the nation's economic future?"
_____, it is doomed.

① The way I look   ② The way I look at it
③ The way how I look   ④ How in which I look at it

[13-19] 다음 문장의 밑줄 친 부분 중 문법적으로 틀린 부분을 고르시오.

13 A wise ①and experienced administrator ②will assign a job to ③whomever is ④best qualified.

14 Last year the country ①had fewer imports ②as it did ③the year before last ④due to the energy crisis.

15 Earthworms ①occur ②where adequate moisture ③and food and the necessary soil conditions ④are found.

16 The shore patrol ①has found the body of a man ②who they believe ③to be the ④missing marine biologist.

17 In the attempt to control inflation ①by eliminating social programs, ②there are ethical limits beyond ③where many economists and politicians are reluctant ④to go.

18 Traditionally, ethnographers and linguists ①have paid little attention to cultural interpretations ②given to silence, ③or to the types of social contexts in ④which tends to occur.

19 The ①biggest single hobby, the one ②that Americans spend most time, energy ③and money ④is gardening.

20 다음 중 문법적으로 틀린 문장을 고르시오.

① What I dislike most is greed.
② He is the man whom I respect him most.
③ There are no parents but love their children.
④ You may invite whomever you like.

Chapter 11

명사와 관사 (Noun & Article)

명사

명사의 종류		특징
가산명사	• 보통명사 같은 종류의 사람·사물에 쓰는 명사 e.g.) dog, book, flower 등	① 단수·복수의 구분이 있다. ② 단수에는 항상 한정사를 써야 한다. ③ 수사가 붙을 수 있다. 　e.g.) two cats, three books ④ 수를 나타내는 말(many, few)이 붙을 수 있다.
	• 집합명사 개개의 사람, 사물이 모여 이룬 집합체를 표시하는 명사 e.g.) audience(청중), committee(위원회), family 등	
불가산명사	• 물질명사 일정한 형태가 없어 물건의 재료가 되는 물질의 이름을 나타내는 명사 e.g.) gold, money, sugar, iron, paper, snow, gas 등 • 추상명사 눈에 보이지 않는 관념을 표시하는 명사 e.g.) truth, love, courage, happiness, peace 등 • 고유명사 특정한 사물·사람의 고유한 이름을 표시하는 명사 e.g.) Tom, Seoul, Korea, Asia 등	① 복수형이 없다. ② 부정관사(a, an)를 쓸 수 없다. ③ 수사가 붙을 수 없다. ④ 양을 나타내는 말(much, little 등)이 붙을 수 있다.

관사

부정관사	정관사
• 불특정한 것을 나타낸다. • 단수명사에 쓴다. • 셀 수 있는 명사에만 쓴다.	• 특정한 것을 나타낸다. • 단수, 복수 명사 모두에 쓰인다. • 모든 종류의 명사에 쓸 수 있다.

Unit 60	가산명사의 용법	Unit 63	명사 + 명사(복합명사) 결합
Unit 61	불가산명사의 용법	Unit 64	명사의 소유격
Unit 62	명사의 수량 표시	Unit 65	관사의 용법

Unit 60 | 가산명사의 용법

가산명사는 보통명사와 집합명사를 말한다.
① 단수 가산명사는 반드시 한정사를 동반한다.
② 단수, 복수의 구분이 있다.
③ many, few 계열의 형용사로 수식될 수 있다.

My family is a large one. 나의 가족은 식구 수가 많은 대가족이다.
vs
My family are all well. 나의 가족 식구는 모두 건강하다.

family와 같은 집합명사는 집합체 전체를 하나의 단위로 보면 단수로, 개별적인 구성원으로 보면 복수로 한다.

MSG+ 한정사란?

명사 앞에 붙어 특정 의미를 부여하는 요소로, 하나의 한정사가 하나의 명사를 제한한다.

① 관사(a, the)
② 소유격(my, Kim's 등)
③ 지시형용사(this, that)
④ 부정형용사(all, some, any, many, most, no, every, each, another 등)
⑤ 의문형용사(what, which, whose 등)

Ace Your Grammar!

집합명사의 수 ★★

family형의 집합명사(family, committee, audience, jury, team)는 하나의 전체적 개념(집합명사)으로 간주할 때는 단수로, 개별적 개념(군집명사)을 강조할 때는 복수로 한다. police형 집합명사(police, clergy, nobility)는 사회계층을 나타내는 명사로 정관사 the와 함께 사용되며, 복수로 간주한다. cattle형 집합명사(cattle, vermin, people, poultry)는 자체가 복수로 부정관사와 함께 쓰이지 않는다.

Because Roman farmers had an ample supply of cattle, cattle _____ as a measure of wealth.

① was used　　　　　　　② is used
③ are used　　　　　　　④ were used　　　　　　　　　　　　　　　　(2020 단국대)

집합명사 cattle은 자체가 복수이므로 동사로 복수동사가 와야 하며, 과거 로마시대의 농부를 언급하고 있으므로 시제도 과거여야 한다. 따라서 복수동사의 시제가 과거인 ④ were used가 빈칸에 적절하다.

로마의 농부들은 소를 매우 많이 가지고 있었기 때문에, 소는 부의 척도로 사용되었다.　　　　④

1 보통명사

일정한 형체가 있고, 같은 종류의 사람, 사물, 동물을 하나의 이름으로 나타낼 수 있는 명사를 말한다. 명사 앞에 관사(a, an)를 붙이거나, 명사 뒤에 '-s'를 붙여 복수로 나타내기도 한다.

① 자음 앞에서 a/ 모음 앞에서 an	
a book, a used car, a university, a unique position	자음 앞에서는 관사 a를 취한다.
an FBI agent <F는 모음으로 시작>, an honest answer	모음 앞에서는 관사 an을 취한다.

② 한정사가 붙음	
I like *dog. (×) I like a/ the/ my/ this/ every dog. (○)	가산명사의 단수형은 한정사가 반드시 필요하다.
I like dogs. <불특정 대상> I like the dogs in the window. <특정 대상>	가산명사의 복수형은 불특정 사물이면 무관사, 특정 사물이면 the를 붙인다.

③ 보통명사의 추상명사화: the + 보통명사 = 추상명사

the mother(모성애, 모정)	the father(부성애, 부정)	the poet(시심, 시적 정서)
the patriot(애국심)	the cradle(유년시절)	the grave(죽음)
the plough(농업)	the adventure(모험가적 기질)	the head(이성, 지력)
the man(성년, 남자다운 기질)	the heart(감정, 애정)	the judge(판사의 직분)
the diplomat(외교관의 자질)	the stage(배우로서의 직업)	the eye(시력) 등

1	**The pen** is mightier than **the sword**.	the pen: 문, 문필의 힘/ the sword: 무, 무력
2	He forgot **the judge** in **the father**.	the judge: 판사의 직분/ the father: 부성애

④ 한 종족, 종류 전체를 가리키는 용법

3	**A (= The) whale** is a mammal in the sea. = **Whales** are mammals in the sea. (대표 복수)	(고래라면 어느 것이든 → 고래는 바다의 포유동물이다.) 복수보통명사가 가장 일반적으로, 'the + 단수 보통명사'는 종(류)이 있는 동물이나 기계류를 언급할 때 주로 사용된다.

⑤ a[an] 보통명사(A) + of a[an] + 보통명사(B)
B의 특징을 묘사할 때 사용하는 표현으로 'A와 같은 B'의 의미(= B like a[an] A)

4	a brute of a husband	= a husband like a brute = a brutal husband
5	an angel of a wife	= a wife like an angel = an angelic wife
6	The billionaire lives in **a palace of a house**.	= The billionaire lives in a house like a palace.

1 펜이 칼보다 강하다. (언어의 힘이 무력보다 강하다.) 2 그는 부정(父情)때문에 판사의 직분을 망각했다. 3 고래는 바다에 사는 포유동물이다. 4 짐승과 같은 남편 5 천사같은 아내 6 그 억만장자는 궁궐과 같은 집에 산다.

2 집합명사

① 집합명사와 군집명사
집합체로서 단수 취급할 때는 집합명사이며, 집합체를 이루는 구성원에 중점을 두어 복수 취급할 때는 군집명사가 된다.

1 There *was* **a large audience** in the theater.   집합명사
2 **The crowd** *are* going to march at 2 p.m.   군집명사

② family형 집합명사: family, audience, class, committee, jury, staff, team 등
하나의 전체적 개념(집합명사)으로 간주할 때는 단수로, 개별적 개념(군집명사)을 강조할 때는 복수로 한다.

3 **My family** *is* a traditional Korean family.   하나의 전체적 개념(단수)
4 **My family** *are* well aware of our happiness.   개별적 개념(복수)

③ police형 집합명사: the police(경찰), the clergy(성직자), the nobility(귀족들), the peasantry(농민들) 등
사회계층을 나타내는 명사로 정관사 the를 수반해서 복수로 간주한다.

5 **The police** *have* arrested the notorious criminal.   항상 복수 취급

④ cattle형 집합명사: poultry(가금(家禽)류), vermin(해충), people(사람들), swine(돼지) 등
복수형이 없고, 관사를 취하지 않으며, 형태는 단수지만 항상 복수 취급한다.

6 In the early days of Rome, **cattle** *were* used for many.   항상 복수 취급

1 극장에는 많은 관객이 있었다. 2 군중들이 오후 2시에 행진할 예정이다. 3 나의 가족은 한국의 전통적인 가족이다. 4 나와 우리 가족 식구들은 우리의 행복에 대해 잘 알고 있다. 5 경찰은 악명높은 범인을 체포했다. 6 로마 시대 초기에는 가축이 많은 용도로 사용되었다.

MSG+ people에 a나 -s가 붙는 경우 "국민, 민족"

many **people**(많은 사람들)/ many **peoples**(많은 민족들)
The Koreans are **a diligent people**. (부지런한 국민)
We should recognize that there are many **peoples** and cultures in the world.
우리는 세상에 많은 민족과 문화가 있다는 것을 인지해야 한다.

Unit 61 | 불가산명사의 용법

셀 수 없는 명사로 물질명사, 추상명사, 고유명사를 말한다. 복수형이 없고, 부정관사를 붙일 수 없다. 불특정 사물이면 무관사, 특정 사물이면 정관사 the를 붙인다.

 Ace Your Grammar!

불가산명사의 쓰임 ★

물질명사는 특정한 형체를 갖지 않는 물질을 나타내며, 부정관사로 수식하거나 복수형으로 만들 수 없다. 대신 much, little, some, any 등의 수식을 받을 수 있다. 추상명사는 복수형으로 쓸 수 없고 항상 단수로 취급하며, 조수사를 사용해 구체적인 수량을 나타낸다. 고유명사는 장소, 사람, 사물에 주어진 고유한 명칭으로, 일반적으로 부정관사나 정관사를 붙이지 않지만, the United States처럼 정관사가 필요한 예도 있으니 유의해야 한다.

You can reach us either by phone or e-mail when you need technical _____ or have any questions about your purchase.

(2010 강남대)

① supported ② supporter
③ supportive ④ support

형용사의 수식을 받을 수 있는 것은 명사이므로 ②나 ④가 빈칸에 들어올 수 있다. 사람명사는 가산명사이므로 부정관사(a/an)와 함께 쓰이거나 복수형(-s)으로 표시되어야 하는데 빈칸 앞뒤로 이러한 것들이 없으므로, 빈칸에는 ④가 적절하다.

기술 지원이 필요하거나 구매한 물건에 대해 질문이 있으면 전화나 e메일로 연락해 주십시오.   ④

1 물질명사

물질명사는 특정한 형체를 갖지 않는 명사로, 부정관사로 수식할 수 없고 복수형으로 사용할 수 없다. 그러나 much, little, some, any 등의 수량형용사로는 수식할 수 있다.

액체: water, coffee, beer/ 고체: gold, silver/ 기체: oxygen, hydrogen/ 입자: sugar, rice, corn, sand/
기타: paper, soap, chalk 등

① 물질명사의 기본형

1	**Water** *consists* of hydrogen and oxygen.	물은 특정하지 않은 일반적인 물질을 나타내므로 무관사
2	I prefer **beer** to **wine**.	맥주와 와인이 특정되지 않은 일반적인 물질로 사용되었으므로 무관사
3	I drank all **the beer** in the refrigerator.	냉장고 있는 특정한 맥주를 지칭하므로 정관사 the 사용

② 집합적 물질명사

항상 단수 취급하며, 구체적인 수량을 표시할 때는 조수사(세는 단위)가 필요하다.

baggage(수하물), luggage(수하물), furniture(가구류), machinery(기계류), equipment(장비), scenery(경치), weaponry(무기류), merchandise(상품), clothing(의류), poetry(시류), stationery (문구류), merchandise (상품) 등

a cup of coffee	a glass of milk	a flock of sheep(한 떼의 양)
a sheet of paper	an ear of corn	a shower of rain(퍼붓는 비)
a slice[loaf] of bread	a bar (cake) of soap	a dozen cakes of soap
a handful of sand	a pound of butter	a spoonful of sugar
a piece of news(뉴스 한 토막)	a tube of toothpaste	a bowl of rice(밥 한 공기)
an acre of land	a slice of cheese[ham]	a bolt[flash] of lightning(번개)
a piece[word] of advice[information]	a crash[bolt] of thunder(= a flash of lightning)	
a round of applause(한차례의 박수 소리)		

1 물은 수소와 산소로 이루어져 있다. 2 나는 와인보다 맥주를 좋아한다. 3 나는 냉장고 있는 맥주를 다 마셨다.

2 추상명사와 관용표현

복수로 쓸 수 없고 항상 단수 취급한다.

information, evidence, advice, knowledge, news, research, weather, happiness, wealth, health 등

① of + 추상명사 = 형용사
'of + 추상명사'가 형용사로서 서술적으로 쓰이거나, 혹은 명사를 후치 수식하는 데 쓰인다.
of importance[consequence, moment, account](= important)
of value(= valuable)　　　of talent(= talented)　　　of experience(= experienced)
of ability(= able)　　　　of knowledge(= knowledgeable)

1	You have been **of great help** to me.	서술적: be of help 도움이 되다
2	He is a man **of little account**.	한정적: of no[little] account 중요하지 않은, 하찮은

② of 이외의 전치사 + 추상명사 = 부사

at	leisure(한가로이), random(되는 대로), stake(돈이 걸린, 위기에 처한), will(뜻대로, 마음대로)
by	accident, chance, compulsion(강제로), design, force, intention(고의로), luck, mistake
in	abundance, comfort, confidence(은밀히), earnest, haste, a hurry(서둘러서), particular, private, principle(원칙적으로), succession, triumph
on	business, occasion, principle(원칙에 근거해), purpose, the contrary
to	excess, perfection, the purpose(= the point)
with	calmness, care, confidence(자신 있게), difficulty, ease, fluency, kindness, patience, rapidity, safety

3	A friend of mine speaks English **with fluency**.	유창하게
4	He broke my glasses **on purpose**.	고의로
5	He tried to escape **to no avail**.	헛되이(= without avail)

③ to + one's + 감정의 추상명사: ~하게도
astonishment, grief, joy, relief, satisfaction, sorrow, surprise, disappointment 등

6	**To my surprise**, he won the first prize in the contest.	to one's surprise 놀랍게도

④ have the + 추상명사 + to 부정사

7	He **had the kindness to show** me the way. = He **was so kind as to show** me the way. = He **was kind enough to show** me the way. = He **kindly showed** me the way.	추상명사와 to 부정사의 관계는 수식관계라고 볼 수 있고, 동격관계로 볼 수도 있다. 해석은 추상명사를 부사처럼 '~(추상명사)하게도 …하다'로 한다.

⑤ 추상명사 + itself = all + 추상명사 = very + 형용사

8	He is **kindness itself**. = He is **all kindness**. = He is **very kind**.	discretion itself(= very discreet), astonishment itself(= very astonishing), all attention(= very attentive) 등

1 당신은 나에게 큰 도움이 되었습니다. 2 그는 별 볼 일 없는 사람이다. 3 내 친구는 영어를 유창하게 한다. 4 그는 고의로 내 안경을 깨뜨렸다. 5 그는 도망치려 했지만 소용이 없었다. 6 놀랍게도 그는 그 대회에서 1등을 했다. 7 그는 친절하게도 나에게 길을 가르쳐 주었다. 8 그는 매우 친절하다.

3 고유명사

① 장소나 사람, 사물에 주어진 명칭을 말한다. 첫 글자는 대문자로 쓰고, 부정관사나 정관사를 붙이지 않는다.

Tom, Seoul, Korea, William Shakespeare

② 정관사를 필요로 하는 고유명사

the United States/ the Alps	복수형 고유명사
the Mediterranean/ the Han River	강, 바다, 운하, 해협, 반도
the White House/ the British Museum	공공시설
the Korea Herald/ the Washington Post (cf.) Los Angeles Times/ Time	신문

4 명사의 전용

불가산명사가 가산명사처럼 사용되거나 추상명사가 보통명사로 사용되는 등, 명사의 성질이 변해서 사용되는 것을 뜻한다.

① 물질명사의 보통명사화: 관사 + 물질명사, 물질명사 + s(es)
물질명사는 원칙적으로 단수이지만 종류나 제품을 나타내는 경우 보통명사로 취급한다.

1	I enjoy drinking **wine**.	불가산명사
2	They sell various **wines** at that store.	보통명사(다양한 종류의 와인)
3	Animals are afraid of **fire**.	불가산명사
4	There was **a fire** last night.	보통명사(한 건의 화재)
5	The bridge is made of **stone**.	불가산명사
6	He threw **a stone** at the dog.	보통명사(개체: 돌 하나)

② 추상명사의 보통명사화
추상명사는 원칙적으로 단수 취급하지만, 사람이나 행위를 나타내는 경우 보통명사로 취급한다.

7	She was **a beauty** in her day.	사람
8	He has done me **three kindnesses**.	행위

③ 고유명사의 보통명사화 : 관사 + 고유명사/ 고유명사 + s(es)
~와 같은 성질, 특질의 사람, 가문, 작품, 제품 등

9	**The Smiths** love to cook for others.	가족, 가문, 부부
10	**A Newton** cannot become **a Shakespeare**.	~ 와 같은 직업의 사람, 속성의 소유자
11	The museum houses **three Rembrandts** and **five Picassos**.	작품
12	I'm going to buy **a Ford**.	제품

1 나는 와인을 즐겨 마신다. 2 그들은 그 가게에서 다양한 종류의 와인을 판다. 3 동물은 불을 무서워한다. 4 어젯밤에 한 건의 화재가 발생했다. 5 그 다리는 돌로 만들어졌다. 6 그는 개에게 돌 하나를 던졌다. 7 그녀는 한창때는 미인이었다. 8 그는 나에게 세 가지 친절을 베풀었다. 9 스미스 부부는 다른 사람들을 위해 요리하는 것을 좋아한다. 10 뉴턴과 같은 사람이 셰익스피어와 같은 사람이 될 수 없다. 11 그 박물관에는 세 점의 렘브란트 작품과 다섯 점의 피카소 작품이 전시되어 있다. 12 나는 포드 차를 살 예정이다.

MSG+

① 보통명사 → 물질명사
an apple/ an egg/ a potato는 하나, 둘 셀 수 있는 가산명사(보통명사)이지만, 깨거나 갈아서 음식의 재료가 되면, 본래의 모습을 상실하여 셀 수 없게 되므로, 불가산명사(물질명사)로 취급된다.
I'd like **two boiled eggs** for breakfast. <보통명사> (아침으로 삶은 계란 두 개를 먹고 싶다.)
Add more **egg** to the salad. <물질명사> (샐러드에 계란을 더 넣어라.)

② 가산명사와 물가산명사의 구분은 절대적인 것이 아니라 일반적인 용법에 의한 구분이며, 일부 명사는 특수한 용법에 따라 가산명사 또는 불가산명사가 될 수 있다.
They want someone with **experience** for this job. <불가산명사>
I had **a strange experience** the other day. <가산명사>

35 가산명사와 불가산명사

영어에서 명사는 보통 가산명사와 불가산명사로 구분됩니다. 하지만 많은 명사는 문맥에 따라 가산 또는 불가산으로 모두 사용될 수 있습니다. 이는 한국어 화자가 명사를 공부할 때 주의해야 할 점 중 하나입니다.

1 문맥에 따른 가산명사와 불가산명사의 용법

water나 stone과 같은 불가산명사도 문장에서 사용되는 의미에 따라 셀 수 있는 것으로 보면 a(n)나 (e)s를 붙여서 가산명사로 쓰고, 셀 수 없는 것으로 본다면 a(n)나 (e)s가 붙지 않는 불가산명사로 사용합니다.

1	A boat moved across the **waters**.	water는 일반적으로 불가산명사로 사용되지만, waters는 "바다나 강의 물줄기"를 의미하며, 셀 수 있는 개념으로 사용되었습니다.
2	The wall is made of **stone**.	stone은 일반적으로 물질의 성분을 나타내는 불가산명사입니다.
3	I picked up **a stone**.	"나는 돌멩이 하나를 주웠다."라는 의미로, 이 경우 stone은 개별적인 돌멩이를 가리키는 가산명사입니다.

1 보트가 바다를 가로질러 움직였다. 2 그 벽은 돌로 만들어져있다. 3 나는 돌멩이 하나를 주웠다.

2 가산명사와 불가산명사 구분의 예

영어에서는 대부분의 명사가 문맥에 따라 가산명사와 불가산명사로 모두 사용될 수 있습니다. 따라서 명사를 공부할 때는 단어의 의미와 문맥을 고려하여 가산인지 불가산인지 판단해야 합니다. 다양한 예문과 사전의 설명을 참고하여 명사의 정확한 쓰임을 이해하는 것이 중요합니다.

1	I am watching (television/ a television).	방송을 시청한다는 의미로, 불가산명사 television을 사용합니다.
2	I bought (television/ a television) at the shop.	가게에서 TV를 구매했다는 의미로, 가산명사 a television을 사용합니다.
3	I am (success/ a success).	"나는 성공한 사람이다"라는 의미를 나타내야 하므로, "success"는 가산명사로 사용되어 앞에 "a"가 붙습니다.
4	(Success/ A success) is important.	"성공은 중요하다"라는 의미로, 이 경우 success는 불가산명사입니다.

1 나는 TV 방송을 시청하고 있다. 2 나는 가게에서 TV를 구매했다. 3 나는 성공한 사람이다. 4 성공은 중요하다.

"가산명사와 불가산명사의 비밀"
가산명사와 불가산명사의 용법을 YouTube를 통해 확인하세요!

Unit 62 | 명사의 수량 표시

명사의 종류	수량 표시 수식어	예
가산명사	many	a great[good] number of, a good[great] many, a host of, many a
	few	few, a few, only a few (cf.) not a few = quite a few = a good few(많은)
불가산명사	much	a great[good] deal of, a large[great] amount[quantity] of
	little	little, a little, only a little (cf.) quite a little(많은)
공용		a lot of, lots of, plenty of, some

 Ace Your Grammar!

가산명사의 수량 표시 ★★

가산명사의 수량 표시는 many, few, several 등의 수량형용사와 연계하여 수의 개념을 나타내는 방식으로 정리해야 한다. 반면, 양을 나타내는 much, less 등은 불가산명사와 함께 사용되므로, 가산명사에는 적절하지 않다.

_____ applicants were accepted into the program this year due to a cut in funding. (2004 홍익대)

① All of   ② Much
③ Less   ④ Fewer

applicants는 가산명사이므로, 양의 개념인 much나 less 등으로 수식할 수 없다. 따라서 수의 개념인 fewer가 정답이 된다. all of 또는 some of 등의 표현 뒤에 명사가 올 때, 그 명사 앞에는 반드시 한정사가 있어야 하므로, ①이 정답이 되려면 All of the가 되어야 한다.

올해는 지원금 삭감으로 인해 더 적은 수의 지원자가 프로그램에 합격했다. ④

1 명사의 수량 표시

① many + 복수 가산명사 / much + 단수 불가산명사

1. He has **many friends** in Japan.
2. He has **much money** in his account.

② a great[good] many + 복수명사

3. **A great many students** have seen the sights.
4. I spent **a good many years** working in the Middle East.　　spend + 시간 + (in) -ing: ~하는데 시간을 보내다

③ many a + 단수명사 + 단수동사

5. **Many a student** *likes* music.　　단수취급

④ a great[good] number of + 복수명사 + 복수동사

6. **A good number of tenants** *have* been evicted for not paying the rent.　　복수취급
7. **A number of students** *were* present at the meeting.
8. (cf.) **The number of students** at the meeting *was* very small.　　the number of + 복수명사 + 단수동사

⑤ a great[good] deal of = a(n) large[great] amount of + 단수명사 + 단수동사

9. This book requires **a great deal of concentration**.

⑥ a lot of, lots of, plenty of = many, much: 가산명사, 불가산명사 모두 가능

10. This fish has **a lot of bones** in it.　　many bones
11. I've got **a lot of homework** tonight.　　much homework

⑦ few + 복수 가산명사 / a few + 복수 가산명사
　 little + 불가산명사 / a little + 불가산명사

12. There are **few apples**.　　부정의 개념
13. There are **a few apples**.　　긍정의 개념
14. I have **little money**.　　부정의 개념
15. I have **a little money**.　　긍정의 개념
16. (cf.) I have **quite a few friends**.　　quite a few[little] = not a few[little] 적지 않은, 꽤 많은
17. (cf.) I have **only a little money**.　　only a few[little] = very few[little] 극히 적은, 거의 없는

1 그는 일본에 많은 친구들이 있다. 2 그는 계좌에 많은 돈이 있다. 3 많은 학생들이 명소를 구경했다. 4 나는 중동에서 오랜 세월을 일하면서 보냈다. 5 많은 학생이 음악을 좋아한다. 6 많은 세입자들이 집세를 내지 않아 쫓겨났다. 7 많은 학생들이 회의에 참석했다. 8 회의에 참석한 학생들의 수가 매우 적었다. 9 이 책은 엄청난 집중력이 필요하다. 10 이 생선은 뼈가 많이 들어있다. 11 나는 오늘 밤 숙제가 많다. 12 사과가 거의 없다. 13 사과가 몇 개 있다. 14 나는 돈이 거의 없다. 15 나는 돈이 조금 있다. 16 나는 친구들이 꽤 많다. 17 나는 돈이 거의 없다.

MSG+ 　수의 개념에 사용하는 few가 명사로서 주어일 때 동사는 복수로 하고, 양의 개념으로 사용하는 little이 명사로서 주어일 때 동사는 단수로 한다.

　　She was so beautiful that there *were* **few** who did not turn to look at her as she passed.
　　그녀가 너무 아름다워서 그녀가 지나갈 때 그녀를 보기 위해 고개를 돌리지 않은 사람은 거의 없었다.
　　Little *is* known about the background and early life of prison reformer Jesse D. Hodder.
　　교도소 개혁가인 Jesse D. Hodder의 배경과 초기 생애에 대해서는 알려진 바가 거의 없다.

2 불가산명사의 수량 표시

① 물질명사
'단위명사 + of + 물질명사'로 나타낸다. 둘 이상을 나타낼 때는 물질명사를 복수로 만들지 않고, 단위명사를 복수로 한다.

a sheet of paper	two sheets of paper	a glass of water
two glasses of water	a slice of toast	two slices of toast
a pound of sugar	two pounds of sugar	a loaf of bread
two loaves of bread		

② 집합적 물질명사
관사 없이 쓰고 항상 단수로 취급하며, much, little, a little 등으로 수식이 가능하지만, many, few, a few로는 수식할 수 없다.

1 There was *few equipments in the office. (×)   There was little equipment in the office. (○)
2 There *were *many furnitures in the office. (×)   There was much furniture in the office. (○)

③ 추상명사
'단위명사 + of + 추상명사'로 나타낸다. 둘 이상을 나타낼 때는 추상명사를 복수로 만들지 않고, 단위명사를 복수로 한다.

many pieces of advice	a case of theft	some bits of information
a stroke of luck	a fit of fever	

1 사무실에는 장비가 거의 없었다. 2 사무실에는 가구가 많이 있었다.

3 명사의 복수

① 규칙 복수형(복수에 s를 쓰는 것이 원칙)

book**s**, cap**s**, cat**s**, book**s**, gulf**s**, death**s**	무성음[p, t, k, f, θ] + s[s]
glass**es**, nois**es**, brush**es**, watch**es**, bridg**es**	어미가 [s, z, ʒ, ʃ, tʃ, dʒ]로 발음될 때 + es[iz]
month**s**, death**s**, myth**s**	단모음 + ths[θs]
earth**s**, birth**s**	장모음 + rths[θs]
mouth**s**, bath**s**	장모음과 이중모음 + ths[ðz]
boy → boy**s** (모음 + y), lady → lad**ies** (자음 + y)	
bamboo → bamboo**s** (모음 + o), potato → potato**es** (자음 + o)	(cf.) solos, pianos(= pianoforte), photos(= photograph), autos(= automobile)
half → hal**ves**, calf → cal**ves**, wolf → wol**ves**	f, fe → ves
belief**s**, chief**s**(추장), cliff**s**(낭떠러지), coral reef**s**(산호초), proof**s**, roof**s**, safe**s**(금고)	-oof, -ief, -ff, -rf → s를 붙임 (cf.) handkerchief, scarf, wharf는 -fs 또는 -ves 모두 가능
R → R**'s**(= Rs), 8 → 8**'s**, M.P. → M.P.**'s**	(문자, 숫자, 약자의 복수: +'s/ s)

② 불규칙 복수형(외래형 복수형)

foot → f**ee**t, goose → g**ee**se, tooth → t**ee**th, child → child**ren**, mouse → m**ice** 등	모음이 변하는 경우
phenomen**on** → phenomen**a**, criteri**on** → criteri**a** 등	그리스 어원 (~ on → ~ a)
ba**sis** → ba**ses** the**sis** → the**ses** cri**sis** → cri**ses** analy**sis** → analy**ses** oa**sis** → oa**ses** hypothe**sis** → hypothe**ses**	그리스 어원(-sis → -ses)
foc**us** → foc**i** stimul**us** → stimul**i** alumn**us** → alumn**i**	라틴어 어원(남성: -us → -i)
larv**a** → larv**ae** formul**a** → formul**ae** antenn**a** → antenn**ae**	라틴어 어원(여성: -a → -ae)
dat**um** → dat**a** medi**um** → medi**a**	라틴어 어원(중성:-um → -a)
fathers-in-law, **lookers**-on, **passers**-by, **women-writers**, **men-servants**, merry-go-**rounds**, have-**nots**, tooth-**brushes**, tooth-**picks** 등	복합명사의 복수형 'man[woman] + 명사'는 둘 다 복수형으로 한다.
deer, sheep, swine, fish, salmon, trout, Chinese, Japanese, Swiss, series, species, means, aircraft, spacecraft 등	단수와 복수의 형태가 같은 명사

개념적용

복합명사의 복수형
'man[woman]+명사'는
둘 다 복수형

다음 중 명사의 복수형이 잘못된 것이 들어 있는 것을 고르시오.

① passers-by, lookers-on, brothers-in-law
② fellow-students, congressmen, step-mothers
③ men-servant, women-writer, women-doctors
④ forget-me-nots, grown-ups, have-nots

③ man-servant → men-servants/ women-writer → women-writers   ③

4　유의해야 할 복수명사의 용법

① 복수형이라도 단수로 취급하는 명사
   질병명: measles(홍역), diabetes(당뇨병), rickets(구루병) 등
   게임명: billiards, checkers 등
   국명/기타: the United States, the United Nations, the Philippines, news 등

1	**Mathematics** *is* both an art and a science.	학문명: mathematics, economics, ethics, physics, politics 등
2	**The United States** *consists* of 50 states.	국명: the United States, the Philippines 등
3	**Bad news** *travels* quickly.	
4	**Statistics** *is* a branch of mathematics. <통계학>	
5	(cf.) **Statistics** *show* that the population of the country is 1 billion. <통계>	statistics가 '통계(수치)'의 의미로 쓰였을 때는 복수로 취급한다.

② 상호복수
   교환이나 상호관계를 나타낼 때 쓰이는 명사들은 항상 관용적으로 복수형을 사용한다.
   shake **hands** with(악수하다), change **trains[cars]**(열차를 갈아타다), change **seats** with(~와 자리를 바꾸다),
   make **friends** with(~와 친해지다), take **turns**(교대하다), be on good **terms** with(~와 사이가 좋다) 등

6	The house has **changed hands**.	change hands: 주인이 바뀌다
7	They **have been on friendly terms with** each other.	be on friendly terms with: ~와 우호적인 사이이다

③ 짝으로 이루어진 사물의 이름
   좌우 대칭으로 구성된 명사: a pair of를 사용하여 개수를 나타낸다.
   의복류: trousers(바지), pants, braces(멜빵), shoes 등

8	**His trousers** *were* covered in mud.	짝으로 된 명사가 주어일 때 동사는 복수로 한다.
9	I have set my heart on **a new pair of skates** for my birthday.	기구·도구: scissors(가위), glasses(안경), compasses(컴퍼스), skates
10	(cf.) There *were* **a couple of books** on the desk.	a couple of 복수명사 + 복수동사/ a couple of: 둘의; 몇 개의

1 수학은 예술이기도 하고 과학이기도 하다. 2 미국은 50개 주로 구성되어 있다. 3 나쁜 소문은 빨리 퍼진다. 4 통계학은 수학의 한 분야이다. 5 통계에 따르면 그 나라의 인구는 10억 명이다. 6 그 집은 주인이 바뀌었다. 7 그들은 서로 우호적인 관계를 유지해 왔다. 8 그의 바지는 진흙투성이었다. 9 나는 내 생일에 새로운 스케이트화를 간절히 원했다. 10 책상 위에 두 권의 책이 놓여 있었다.

④ 분화복수: 복수가 되면 의미가 달라지는 명사를 의미한다.

advices	보도, 통지	authorities	당국	arms	무기
advice	충고	authority	권위	arm	팔
airs	잘난 척하는 태도	belongings	소유물, 재산	customs	관세
air	공기	belonging	부속품	custom	습관, 관습
contents	목차	damages	손해배상	effects	물건; 동산
content	만족	damage	손해	effect	효과
forces	군대, 세력	goods	상품	glasses	안경
force	힘, 폭력	good	이익	glass	유리
letters	문학	pains	노고	provisions	식량
letter	문자	pain	고통	provision	준비, 설비
means	수단	quarters	막사, 집	regards	안부
mean	중간	quarter	4분의 1	regard	경의
savings	저축	odds	불균등, 승산, 차이	remains	유적, 잔해
saving	구조, 절약	odd	기묘한 일	remain	남다
spirits	원기, 활력	wits	재치, 재주꾼	element	요소, 성분
spirit	영혼	wit	이해력	elements	비바람, 폭풍우

1 The firm openly traded in **arms**.   arms: 무기
2 He is a man of **means**.   a man of means: 재력가
3 Total **damages** were estimated at $490,000.   damages: 손해배상
4 North Korea asked the U.S. to stop the **sanctions**.   '재가', '인가'를 의미하는 sanction은 복수로 할 때는 의미가 정반대된다. 복수일 경우 sanctions는 '제재 조치'라는 의미를 갖는다.

1 그 회사는 공개적으로 무기 거래를 했다. 2 그는 재력가다. 3 총 피해액은 49만 달러로 추산되었다. 4 북한은 미국에 제재 조치를 중단해 달라고 요청했다.

▶▶ **개념적용**

분화복수: 복수형이 되면 의미가 달라지는 명사

괄호 안에서 알맞은 것을 고르시오.

1. The representatives of the party took great (pain, pains) in reaching a final agreement.
2. His carefree behavior is contrary to the (custom, customs) in the conservative country.
3. I stood at the foot of the collapsed tower and watched the rescue workers going through the (remain, remains).

1. pains(수고, 노력)/ 당 대표들은 최종 합의에 이르기 위해 많은 노력을 기울였다. 2. custom(관습)/ 그의 무책임한 행동은 보수적인 나라의 관습에 어긋난다. 3. remains(유적, 잔해)/ 나는 붕괴된 탑 아래 서서 구조대원들이 잔해를 자세히 살피는 것을 지켜봤다.

5 수량 명사의 표시

hundred, thousand, million, billion, dozen(12), score (20) 등

① 수사의 수식을 받을 때 → 단수
dozen, score, hundred, thousand, million 등이 다른 수사의 수식을 받을 때는 단수로 쓴다.

1	two **dozen** eggs	dozen: 12개짜리 한 묶음, 다스
2	five **hundred** attendants	
3	several **million** inhabitants	

② 막연한 수를 표시할 때 → 복수
of와 함께 막연한 수를 표시하며 이때에는 복수로 쓴다.

4	**dozens** of eggs	
5	**scores** of books	score: 20, 스무 개 정도
6	**hundreds** of people	
7	**millions** of inhabitants	

1 24개의 달걀 2 500명의 참석자 3 수백만 명의 주민들 4 달걀 수십 개 5 책 수십 권 6 수백 명의(수많은) 사람들 7 수백만 명의(수많은) 거주자들

Unit 63 | 명사 + 명사(복합명사) 결합

복합명사는 용도, 재료, 부분, 신체부위, 장소, 때 등을 나타내는 명사가 뒤의 명사를 형용사처럼 수식하여 '명사 + 명사'의 형태가 된 것으로, 선행명사는 항상 단수로 쓰고, 복수인 경우 뒤의 명사를 복수로 한다.

1 복합명사

① 영속성을 지닌 명사로 선행명사가 다음 명사를 수식한다.

a book store	책방	brain operation	뇌수술
a corner table	코너용 탁자	body weight	몸무게
a phone book	전화번호부	intelligence test	지능검사
a stone bridge	돌다리	Highway Department	고속도로 관리국
blood type	혈액형	tennis shoes	테니스화

② '수사 + 명사'가 명사를 수식하는 기능을 하면 선행명사는 단수로 한다.

    a **ten-dollar** bill, a **five-story** building   수사 + 명사가 다른 명사를 수식할 경우 명사는 단수, 하이픈(-) 사용

1   He is a **twenty-year-old** student.
2   (cf.) He is **twenty years** old.   수사 + 단위명사 + 형용사
3   That student wrote a **ten-page-long** report.   = That student wrote a report that was **ten pages** long.

③ 복수형이 되어야 의미가 되는 명사는 예외다.

    goods train 화물열차
    customs officer 세관원
    savings account 보통 예금
    honors graduate 우등 졸업생
    charities drive 자선운동
    nuclear arms control 핵군비통제
    futures market 선물(先物) 시장
    sales department (회사의) 판매[영업]부

복수형으로 의미가 유지되는 명사, 학문명 등은 선행 명사로 사용될 때도 복수형으로 쓴다.

1 그는 스무 살 학생이다. 2 그는 스무 살이다. 3 그 학생은 10페이지 분량의 보고서를 썼다.

Unit 64 | 명사의 소유격

Ace Your Grammar!

소유격의 형태 ★★

소유격의 의미는 소유만이 아니라, 행위의 주체, 목적, 대상, 작가, 발명가, 동격 등의 의미가 있다. 소유격은 자신이 이미 소유한 것에만 사용할 수 있다.

That is _____ newly built house. (2008 총신대)

① Lee's and Kim's　　　　② Lee and Kim
③ Lee and Kim's　　　　　④ Lee's and Kim

Jack and Tom's camera는 '잭과 톰 공동 소유의 카메라'라는 뜻이다. 반면 Jack's and Tom's cameras는 '잭의 카메라와 톰의 카메라'로 개별 소유를 나타낸다. That과 단수명사 house로 미루어 ③의 Lee and Kim's가 적절한 표현이다.

저것은 이(Lee) 씨와 김(Kim) 씨 공동 소유의 새로 지은 집이다.　　　　③

1 소유격의 의미

소유격의 의미는 소유만이 아니라, 행위의 주체, 목적, 대상, 작가, 발명가, 동격 등의 의미가 있다.

① 소유의 표시

my sister's book	=My sister has a book.
(cf.) I am looking for *my job. (×)	소유격은 자신이 이미 소유한 것에만 사용 가능 자신이 소유하지 못한 것에는 소유격을 사용할 수 없다. 따라서 my를 a로 고쳐 "I'm looking for a job."으로 고쳐야 한다.

② 행위의 주체(주어의 표시)

Tom's success	= Tom succeeded.
Mr. Kim's death	= Mr. Kim died.

③ 행위의 대상(목적어)

the family's support	가족을 부양하는 것

④ 용도, 대상 표시

a women's college	= a college for women

⑤ 동격의 표시

the city of New York 뉴욕시 life's journey 인생이란 여행	city = New York(of는 '~라고 하는'으로 해석: 뉴욕이라는 도시)

2 소유격의 표시

① 생물명사, 특히 사람이나 동물의 소유, 인척관계는 ~'s를 사용

Segovia's pupil 세고비아의 학생, **John's** house 존의 집	인명
a girls' school 여학교, **my father's** car 아버지의 차	보통명사
the nation's security 국가의 안전	집합명사
the horse's leg 말의 다리, **a cat's** eye 고양이 눈	동물

② 무생물에 -'s 소유격을 쓰는 경우
  특정시점, 기간, 거리, 금액, 중량 등의 척도

Today's news 오늘의 뉴스	특정한 시점
a couple of weeks' rest 2주일의 휴식	특정한 기간
ten miles' distance 10마일의 거리	특정한 거리
two dollars' worth 2달러의 가치	특정한 가격
a pound's weight 1파운드의 무게	특정한 무게
fortune's cruelty 운명의 잔혹함	의인화
London's future 런던의 미래	지역·기관·천체
by a **hair's** breadth 가까스로, 간신히	관용어구
at a **stone's** throw 엎어지면 코 닿을 곳에	
at one's **fingers'** ends ~에 정통하여	
at one's **wit's** end 당황하여	
for **heaven's** sake 제발	
for **convenience('s)** sake 편의상	

③ of를 쓰는 경우
  무생물 명사의 부분, 소속 혹은 동격을 나타내는 소유격은 'of + 무생물'을 이용한다.

the title **of** the book 그 책의 제목	무생물의 경우
his hopes **of** making a great fortune 큰돈을 벌고 싶다는 희망	부분 및 동격 표시의 경우

3 이중소유격

소유격이 a, an, this, that, some, any, no, another 등의 다른 한정사와 중복되는 경우, '한정사 + 명사 + of + 소유대명사' 형태의 이중소유격으로 써야 한다. 그러나 정관사 the는 이중소유격 앞에 올 수 없다.

*my that book (×)	that book of mine (○)
*Tom's a friend (×)	a friend of Tom's (○)
*another her dress (×)	another dress of hers (○)
*her mother's some rings (×)	some rings of her mother's (○)
It's *no your business. (×)	It's no business of yours. (○)
*the daughter of my professor's (×)	of 앞의 명사에 the를 사용할 수 없다.
	a daughter of my professor's (○)
(cf.) This is **my father's** car.	아버지 차가 한 대인 경우
(cf.) This is **a car of my father's**.	아버지가 소유하고 있는 여러 차 중의 한 대
(cf.) a portrait of **my father**	아버지를 그린 초상화
(cf.) a portrait of **my father's**	아버지가 소유하고 있는 초상화 중의 하나

4 독립소유격

소유격 다음의 명사가 생략되는 경우

① 명사가 반복되는 경우

1. This book is **Tom's** (book).
2. My car is larger than **Tom's** (car).

② house, shop, store, office, cathedral 등의 알 수 있는 건물 표시 명사의 생략

3. My father has just been to **the barber's** (shop).
4. I visited my **teacher's** (house).
5. Have you ever been to **St. Paul's** (Cathedral)?

1 이 책은 톰의 책이다. 2 내 차는 톰의 차보다 크다. 3 아버지께서 방금 이발소에 다녀오셨다. 4 나는 선생님 댁에 방문했다. 5 세인트 폴 대성당에 가보신 적 있으세요?

Unit 65 | 관사의 용법

Ace Your Grammar!

정관사의 용법 ★

부정관사는 불특정한 대상을, 정관사는 특정한 대상을 가리킨다. 정관사는 최상급의 형용사 및 first, last, only 등으로 제한할 때, 유일한 것을 가리킬 때, 수식어의 수식을 받아 한정된 명사 앞에 사용됨에 유의해야 한다.

Astronomy is _____ of stars and planets. (2008 서강대)

① a science ② sciences
③ the science ④ science

빈칸 뒤에 of stars and planets라는 수식어구가 있으므로 정관사가 필요하다. ③ the science가 정답이다.

천문학은 항성과 행성을 연구하는 학문이다. ③

1 관사의 일반적인 규칙

종류		a[an]	the	무관사
가산명사	단수형	a hand	the hand	hand (×)
	복수형	a hands (×)	the hands	hands
불가산 명사		a water (×)	the water	water

2 철자가 아니라 발음을 기준으로 a는 자음이나 반자음 [y], [j], [w] 앞에, an은 모음 앞에 쓴다.

a book, **a** woman, **a** university, **a** year	
a useful thing	[j]는 자음으로 취급
a one-eyed Jack	[w]는 자음으로 취급
an 18th century poet	
an honest man	h가 묵음인 경우

3 부정관사의 용법

① 많은 사물 중 불특정의 어느 하나를 가리키면 명사 앞에 a(n)를 붙인다.

1 Tom is **a** kind boy.
2 (cf.) on **the** morning of May 5 — 특정 대상으로 한정되는 경우는 정관사
3 (cf.) **a** teacher of my school, **a** dress of that color — 한정되는 명사일지라도 많은 사물 중의 어느 하나이면 a가 붙을 수 있다.

② 어떤 것을 처음으로 화제에 올릴 때 쓰인다.

4 I looked up and saw **a** plane. — 처음으로 등장하는 비행기라는 소재여서 a plane으로 사용

③ a[an]과 one은 숫자나 척도를 나타내는 낱말과 같이 쓰일 때 바꿔 쓸 수 있다.

  a[one] hundred, **a[one]** quarter, **a[one]** dollar

④ 짝을 이루는 첫 명사 앞에 쓰인다.

5 It's cold outside. Take **a** hat and coat with you.
6 (cf.) I bought **a** hat and **a** coat. — 모자와 코트를 각각 구입한 경우

⑤ what[such] + a[an]

7 What **an** interesting story!
8 That child is such **a** pest! — pest: 성가신 사람[것]

1 톰은 친절한 소년이다. 2 5월 5일 아침에 3 우리 학교 선생님, 그 색깔의 옷 4 위로 시선을 돌려서 비행기를 보았다. 5 밖에 날씨가 추워. 모자와 코트 챙겨. 6 나는 모자와 코트를 샀다. 7 이 얼마나 흥미진진한 이야기인가! 8 그 아이는 참으로 귀찮구나!

4 부정관사의 의미

① one: 하나의

| 1 | **A** hundred dollars is a lot of money to borrow. | 일부 수사 앞에 one 대신 쓰임 |

② the same: 동일한

| 2 | Birds of **a** feather flock together. | 동일한, 같은(보통 of a ~의 형태로 씀) |

③ every, per: 매 ~마다/ ~당

| 3 | I am paid a hundred dollars **a** week. | (가격·양·비율을 나타내어) 하나의[…당] |

④ a certain: 어떤

| 4 | In **a** sense, it is fraud. | in a[one, some, a certain] sense: 어떤 의미에서는 |

⑤ some: 약간의

| 5 | He will stay here for **a** time. | for a time: 당분간(은), 잠시; 임시로 |

⑥ any: 종족대표, 대표단수

| 6 | **A** dog is a faithful animal. | [총칭적] ~이라는 것, 모든 ~ |

⑦ 관용표현

at **a** distance 약간 떨어져서, at **a** loss 당황하여
take **a** fancy to ~을 좋아하다, all of **a** sudden 갑자기
keep **an** eye on 감시하다, as **a** rule 대체로

1 백 달러는 빌리기에 많은 돈이다. 2 같은 깃털의 새는 함께 모인다.(유유상종) 3 나는 주급 백 달러를 받는다. 4 어떤 의미에서 그것은 사기이다. 5 그는 한동안 여기 머물 것이다. 6 개는 충직한 동물이다.

5 정관사의 용법

정관사는 무엇을 가리키고 있는지 상대방이 즉시 알 수 있는 특정한 것을 표시한다.

① 앞에 나온 명사를 가리키는 경우

| 1 | I met a girl on my way to school. **The** girl was my classmate. | The girl이 앞 문장의 a girl을 가리킴 |

② 전후의 관계로 알 수 있는 경우

| 2 | When he was reading in his room, **the telephone** rang. | 방안의 전화 |

③ 명사에 first, last, same, only, 형용사 최상급 등이 붙는 경우

| 3 | This picture shows **the first** train used in England. | 자동적으로 특정화가 되므로 항상 정관사를 쓴다. |
| 4 | I think he is **the last** man to do such a thing. | |

④ 유일한 것을 가리키는 보통명사 앞에

the sun, the sky, the moon, the earth, the world, the universe, the President

| 5 | They are trying to send a rocket round **the moon**. | the moon: 지구에서 보이는 달 (cf.) a moon: 어떤 한 위성 |

⑤ 명사에 수식어구가 따를 때

| 6 | He is **the** principal of our school. | 반드시 the가 붙는 경우 → 특정화가 될 경우
한 학교에 교장이 한 사람이므로 |
| 7 | (cf.) He is **a** teacher of our school. | 특정되지 않고 여러 사람 중의 한 사람임을 의미할 때
학교의 선생님이 한 명이 아니므로 |

1 등굣길에 한 소녀를 만났는데 그 소녀는 같은 반 친구였다. 2 그가 방에서 책을 읽고 있을 때 전화벨이 울렸다. 3 이 그림은 영국에서 사용된 최초의 기차를 그린 것이다. 4 나는 그가 결코 그런 일을 할 사람이 아니라고 생각한다. 5 그들은 달 주위에 로켓을 보내려고 노력하고 있다. 6 그분은 우리 학교의 교장이다. 7 그분은 우리 학교의 선생님이다.

6 정관사 the의 특별용법

① 총칭적 용법, 총괄적 용법

1	**The dog** is a faithful animal. = A dog is a faithful animal.	총칭적 용법 the + 보통명사 → 종족대표
2	Some flowers are red and **the others** are yellow.	총괄적 용법 the + 복수명사 → 전체표시
3	They are **the teachers** of our school. (cf.) They are **teachers** of our school.	우리 학교의 선생님 전부 우리 학교의 선생님 일부

② 신체의 일부 표시: 동사 + 목적어(사람) + 전치사 + the + 몸의 일부

4	He *caught* me **by the hand**.	잡다, 쥐다(catch, hold, take, seize 등) → by
5	He *struck* me **on the head**.	접촉(touch, pat, hit, kiss, strike 등) → on
6	She *looked* me **in the face**.	보다(look, stare, gaze 등) → in

③ 계량·수량의 단위 표시

7	In the factory wages are paid **by the month**.	by the dozen/ the pound/ the hour: 다스당/ 파운드당/ 시간당

④ the + 형용사

8	**The rich** are apt to look down on **the poor**.	복수보통명사(the poor/ rich/ dead: 가난한/ 부유한/ 죽은 사람들)
9	**The true** is permanent; **the false** is unstable.	추상명사의 뜻을 지님

⑤ 국민 전체 명사 앞

10	**The Japanese** are honest but selfish.

⑥ 시간의 표현

the present, in **the** morning, at **the** moment, **the** hour

---

1 개는 충직한 동물이다. 2 어떤 꽃은 빨간색이고, 다른 꽃은 전부 노란색이다. 3 그들은 우리 학교의 선생님들이다. 4 그는 내 손을 잡았다. 5 그는 내 머리를 때렸다. 6 그녀는 내 얼굴을 쳐다봤다. 7 이 공장에서는 급료가 월급으로 지급된다. 8 부자들은 가난한 사람들을 경멸하는 경향이 있다. 9 진리는 영원하지만, 거짓은 변하기 쉽다. 10 일본인들은 정직하지만 이기적이다.

7 관사의 위치

① 'a[an] + 형용사 + 명사'의 순서	
a cute doll	관사는 한정사이므로 수식하는 말 앞에 위치한다.
a very cute doll	very는 수식어 앞에 온다.

② all[both, half, double] + the + 명사

1	I know **all[both, half] the visitors**.	all, both, half, double은 정관사 the 앞에 오는 전치한정사이다.
2	He paid **double the price**.	

③ what[many, such, quite, rather] + a[an] + 형용사 + 명사

3	He is **such a brave man**.	such, rather, quite 같은 부사가 형용사를 수식할 때는, 그 뒤에 a가 와서 형용사를 수식한다.

④ how[so, as, too, however] + 형용사 + a[an] + 명사

4	**How kind a boy** he is! **so[as, how, too] cute a doll**	very가 아닌 how, so, as, too 등이 형용사를 수식하면 이런 부사가 제일 앞이고 형용사가 관사 a보다 앞으로 나온다.

1 나는 방문객들 모두를/ 둘 모두를/ 중 절반을 안다. 2 그는 정가의 배를 지불했다. 3 그는 정말 용감한 사람이다. 4 그는 굉장히 친절한 소년이구나!

8 관사의 생략

일반적으로 복수형 가산명사(girls), 불가산명사(butter), 고유명사(London) 앞에는 관사를 사용하지 않는다. 그리고 다음과 같은 경우에 관사를 생략한다.

	① 관직·신분·혈연관계·이름·호칭을 나타내는 말	
1	Charles Darwin, **author** of the *Origin of Species*	동격인 경우
2	She acted **as (a) hostess** at the party.	as 다음에서
3	**President** Trump is old but brave.	관직·혈연관계를 표시하는 말이 인명 앞에 오는 경우
4	**Mr. and Mrs.** Jackson are here to see you.	이름이나 호칭 앞
	② 장소를 나타내는 명사가 본래의 목적을 의미할 때	
5	go to **church/ sea/ school/ bed/ court**	
	③ 날·달·계절·휴일·식사·운동·학과명	
6	When shall we play **tennis**?	
	④ by와 함께 쓰인 교통·통신 수단 표시	
7	by **bus/ train/ telephone/ air/ car**	
	⑤ a kind(sort, type) of 다음의 명사	
8	The vines formed a kind of **roof**.	kind(sort) of ~는 다음에 오는 명사와 수를 일치 e.g.) this kind of car, these kinds of cars
	⑥ as 구문의 양보절	
9	**Woman** as she was, she was brave.	= Though she was a woman, she was brave.

1 『종의 기원』의 저자인 찰스 다윈 2 그녀는 파티에서 안주인 역할을 했다. 3 트럼프 대통령은 나이가 많지만 용감하다. 4 잭슨 부부가 당신을 보러 여기 와 있습니다. 5 예배 보러 가다/ 선원이 되다/ 수업 들으러 가다/ 자러 가다/ 재판받으러 가다 6 언제 테니스 칠까요? 7 버스로/ 기차로/ 전화로/ 비행기로/ 차로 8 덩굴이 일종의 지붕을 이루었다. 9 그녀는 비록 여자였지만 용감했다.

36 부정관사와 정관사의 차이

영어에는 관사라는 개념이 있으며, 관사는 크게 부정관사와 정관사로 나뉩니다. 이 두 관사는 의미와 사용법에서 차이가 있으며, 문맥에 따라 적절히 사용해야 합니다. 부정관사의 부정은 '무엇인가를 부정한다'는 뜻이 아니라 '정해져 있지 않다'는 것을 의미합니다. 반면, 정관사는 '정해져 있다'는 것을 나타냅니다. 관사의 핵심은 '범위'입니다.

1 부정관사(a, an)

부정관사는 명사가 특정되지 않았거나 일반적인 대상을 가리킬 때 사용됩니다. 이는 '하나의 ~', '어떤 ~'이라는 뜻으로, 대상을 한정하지 않는 막연한 느낌을 줍니다.

1	There is **a** student in the class.	교실에 여러 학생이 있을 때, 그 중 어느 한 학생을 지칭하는 경우입니다. 여기서 a student는 특정하지 않은, 불특정의 한 명의 학생을 의미합니다.
2	**a** white house	"하얀 집 하나"를 의미하며, 특정되지 않은 일반적인 하얀 집을 가리킵니다. 이는 우리가 흔히 알고 있는 "백악관"과는 다른 개념입니다.

2 정관사(the)

정관사는 특정한 명사를 지칭할 때 사용됩니다. 이 명사는 문맥상 이미 정해져 있거나 앞에서 언급된 대상을 가리킵니다.
즉, '그 ~', '바로 그 ~'라는 의미를 전달합니다.

1	He is **the** tallest student in the class.	"그는 반에서 가장 키가 큰 학생이다"라는 의미로, 반에 있는 모든 학생들 중에서 특정한 한 학생을 지칭할 때 사용합니다.
2	**the** White House	미국 대통령의 공식 거처인 '백악관'을 지칭하며, 특정한 건물을 가리키기 때문에 the를 사용합니다.
3	**The** United States of America	'미국'이라는 특정 국가를 가리킬 때는 정관사 the를 사용해 The United States of America라고 부릅니다.
4	**The** first man is John.	서수와 같은 표현에서 the를 사용하여 "첫 번째"라는 특정한 순서를 강조합니다.
5	**The** Simpsons	성에 the를 붙여 -s로 끝나게 되면, 특정한 가족을 의미합니다.

"부정관사, 정관사 완벽 구분"
부정관사와 관사의 차이를 YouTube를 통해 확인하세요!

11 Review Test

명사와 관사와 관련해서는 다음과 같은 내용이 자주 출제됩니다.

① form과 formation처럼 문맥에 적합한 의미의 명사 선별 문제
② 가산명사와 불가산명사의 구별
③ 물질명사의 수량표시
④ 이중소유격
⑤ 단위명사 앞의 the 용법
⑥ '신체 일부' 명사 앞의 the 용법
⑦ per와 같은 뜻의 a[an] 용법
⑧ 무관사로 쓰이는 고유명사

이러한 내용들은 명사와 관사 관련 문제를 해결하는 데 매우 중요하므로, 반드시 잘 숙지해 두어야 합니다.

[01-10] 다음 문장의 밑줄 친 부분에 가장 적절한 표현을 고르시오.

01 "How is the work?" "Two-thirds of the work _____ finished."

① are   ② is
③ to be   ④ were

02 _____ should be planted in the shade.

① This kind of flowers   ② These kind of flowers
③ These kinds of flowers   ④ This kind flower

03 The victim of the accident sued the bus company for _____.

① the damage   ② a damage
③ damages   ④ damage

04 Yesterday I bought two _____.

① piece of furniture   ② piece of furnitures
③ pieces of furnitures   ④ pieces of furniture

05 "Here's a _____ bill."
"Please keep the change."

① five dollar's   ② five-dollar
③ fives-dollar   ④ five-dollars

06 "I had some advice from my parents."
"Did _____ help you?"

① a few of it   ② many of it
③ each of it   ④ any of it

07 "By what was he frightened?"
"He was frightened by _____ of lightning."

① a sheet   ② a piece
③ a flash   ④ a flock

08 "How did you pay the workers?"
"As a rule, they were paid _____."

① by an hour   ② by the hour
③ by a hour   ④ by hours

09 When the secretary was away on business, she asked a good friend of _____ to help me.

① her   ② hers
③ she   ④ she's

10 Television provides _____ for us.

① a wide variety of information
② the wide variety of information
③ a wide variety of informations
④ the wide variety of informations

[11-18] 다음 문장의 밑줄 친 부분 중 문법적으로 틀린 부분을 고르시오.

11 After a careful inspection of the factory and ①its workers, the foreman ②came to the conclusion that only ③two thirds of the available machinery ④were being used efficiently.

12 ①Economic good often ②consist of material items, ③but they can also be ④services to people.

13 Advertising ①falls into two ②main ③category; consumer advertising and trade ④advertising.

14 Don't ①ever forget ②that today is ③a first day of ④the rest of your life.

15 ①According to a recent report, ②the number of sugar ③that Americans consume ④does not vary significantly from year to year.

16 To design a ①house the architect needs only ②a ruler, a pencil, ③piece of paper and ④an eraser.

17 Moonquakes ①originating at ②deep of ③some 800 kilometers indicate that the Moon has ④considerable hardness and is not molten at such levels.

18 If you ①ask me what he is ②like, I'll say that he ③may be intelligent but that he is not ④the Einstein.

[19-20] 다음 중 문법적으로 틀린 문장을 고르시오.

19 ① I don't like much sugar in my coffee.
    ② Nowadays much women are becoming lawyers.
    ③ I usually have little money at the end of the month.
    ④ There is little water in the lake.

20 ① Twenty dollars is a low price to pay.
    ② Little is known about his private life.
    ③ This type of car is in fashion these days.
    ④ Those kind of cars are very costly to run.

Chapter 12

대명사 (Pronoun)

대명사는 명사를 대신하여 사람이나 사물을 나타내는 품사로, 이전에 언급된 명사를 대체하거나 명사를 지시하는 데 사용된다.

종류	역할	예
인칭대명사	사람을 가리킨다.	I, you, he, she, we, they, it 등
지시대명사	특정한 사람이나 사물을 가리킨다.	this, that, these, those, such 등
부정대명사	특정하게 정해지지 않은 것을 지칭한다.	all, each, both, each, either, neither, any 등
의문대명사	의문의 대상을 나타낸다.	who, which, what

Unit 66 인칭대명사
Unit 67 지시대명사
Unit 68 부정대명사

Unit 66 | 인칭대명사

John likes Bill, and his father is a doctor.

his가 가리키는 대상이 John인지 Bill인지 명확하지 않다. 이처럼 대명사가 정확한 대상을 지칭하지 못해 오해의 소지가 있는 경우에는 대명사 대신 명사를 반복해서 사용해 의미를 분명하게 표현하는 것이 좋다. 따라서 이 문장을 수정하면 "John likes Bill, and John's father is a doctor." 또는 "John likes Bill, and Bill's father is a doctor."와 같이 his를 John's나 Bill's로 대체해 모호성을 제거할 수 있다. 명확한 의미 전달을 위해서는 문맥에 따라 적절히 명사와 대명사를 사용하는 것이 중요하다.

 Ace Your Grammar!

인칭대명사의 격 ★

인칭대명사는 문장 내에서 격(주격, 목적격, 소유격)의 활용에 특히 유의해야 한다.

John ①<u>loves</u> Mary, but Mary ②<u>doesn't</u> love John. So he loves ③<u>she</u>, but she doesn't love ④<u>him</u>.

(2020 강남대)

동사 다음에는 목적격 대명사가 와야 하므로 ③을 her로 고친다.

존은 메리를 사랑하지만, 메리는 존을 사랑하지 않는다. 그래서 그는 그녀를 사랑하지만, 그녀는 그를 사랑하지 않는다. ③

1 인칭대명사의 종류

인칭의 구별을 나타내는 대명사를 인칭대명사라 하며, 말하는 자를 가리키는 것을 1인칭, 듣는 자를 가리키는 것을 2인칭, 그 이외의 사람 또는 사물을 가리키는 것을 3인칭이라고 한다.

인칭	수	주격	소유격	목적격	소유대명사	재귀대명사
1인칭	단수	I	my	me	mine	myself
	복수	we	our	us	ours	ourselves
2인칭	단수	you	your	you	yours	yourself
	복수	you	your	you	yours	yourselves
3인칭	단수	he she it	his her its	him her it	his hers —	himself herself itself
	복수	they	their	them	theirs	themselves

2 인칭대명사의 격과 수일치

수, 성, 격을 구분하여 적절한 대명사나 명사를 선택해야 하며, 불필요한 경우에는 대명사를 사용하지 않아야 한다. 대명사를 사용할 때는 명확한 지칭 대상이 있거나 문맥상 이해가 가능한 경우에만 사용하고, 그렇지 않을 때는 명사를 사용하는 것이 바람직하다.

출제포인트 전치사 다음에 목적격을 쓰는 경우에는 전치사 바로 다음은 명사가 나오고, 그다음을 주격의 대명사를 써서 틀린 예가 가장 많이 출제된다.
e.g.) between John and *I (×) (I → me)/ except supervisor, treasurer and *I (×) (I → me)

① 인칭대명사의 격

1	My mother and **I** don't see eye to eye.	주격: 주어와 주격보어 자리에는 주격 대명사를 쓴다. 주어 자리이므로 주격인 I가 사용된다.
2	The man who broke the window was ***him**, not ***me**. (×) The man who broke the window was **he**, not **I**. (○)	주어의 보어이므로 주격인 he와 I가 사용되어야 한다.
3	She thought the man to be ***I**. (×) She thought the man to be **me**. (○)	목적격: 타동사와 전치사의 목적어, 그리고 목적보어 자리에는 목적격으로 한다. 목적보어이므로 목적격인 me가 사용된다.

② 전치사 뒤 목적격

4	There is no secret *between* **him** and **me**.	전치사 다음이므로 목적격이 사용된다.
5	She kissed everyone *but* **me**.	전치사 but: ~을 제외하고

1 어머니와 나는 의견이 일치하지 않고 있다. 2 창문을 깬 사람은 내가 아니라 그였다. 3 그녀는 그 남자가 나라고 생각했다. 4 그와 나 사이에는 비밀이 없다. 5 그녀는 나를 제외한 모든 사람에게 키스했다.

③ 소유대명사

'~의 것'이란 뜻을 나타내며, '소유격 + 명사' 대신에 쓰인다. 소유격은 형용사로 쓰이나 mine, yours, hers, theirs 등의 소유대명사는 명사적으로 쓰여서 단독으로 사용한다.

6	She has a car. This car is **hers**. (= her car)	명사의 중복을 피하기 위해 사용 소유격 뒤의 명사가 생략되면 소유대명사를 쓴다.
7	It's no business of ***you**. (×) It's no business of **yours**. (○)	이중소유격 표현 이중소유격 표현에서 of 뒤에는 소유대명사가 온다.

④ 비교 대상은 동일한 격을 쓰는 것이 원칙

8	**She** likes you better than **I**.	She와 I가 비교 대상
9	She likes **you** better than **me**.	you와 me가 비교 대상

⑤ 인칭대명사는 선행하는 명사와 수가 일치해야 한다.

10	In a pre-industrial society most *people* spent **their** lives in **their** own village.	선행 명사가 people이므로 소유격 대명사는 their가 되었다.

6 그녀는 차가 있다. 이 차는 그녀의 차이다. 7 네가 상관할 일이 아니야. 8 나보다 그녀가 당신을 더 좋아한다. 9 그녀는 나보다 당신을 더 좋아한다. 10 산업화 이전의 사회에서 대부분의 사람들은 자신의 마을에서 평생을 보냈다(살았다).

3 재귀대명사의 용법

재귀대명사는 주어와 목적어가 동일한 대상인 경우에 사용되는 대명사이다.

① 재귀적 용법
행위의 주체와 대상이 일치하는 경우, 목적어는 재귀대명사를 써야 한다.

1	He killed **him**.	살인, He ≠ him
2	He killed **himself**.	kill oneself 자살하다, He = himself
3	Heaven helps those who help **themselves**.	
4	I did not think that you could hurt *****myself** this way. (×) I did not think that you could hurt **me** this way. (○)	재귀대명사는 반드시 동일절 내에 지시대상이 있어야 하며, 종속절의 재귀대명사가 주절의 주어를 가리킬 수는 없다.
5	He believes that **he** is honest.	He는 believes의 주어이고, he는 is의 주어이므로 같은 사람을 가리켜도 himself가 아니라 he이다.
	= He believes **himself** to be honest.	He와 himself는 한 동사 believes의 주어와 목적어이므로 him이 아니라 himself이다.

② 강조적 용법
주어, 목적어, 명사 등을 강조하는 부사적 역할을 한다. '몸소', '직접', '그 자체로서'라는 의미를 가진다.

6	She did it **herself**.	= She **herself** did it.
7	Life **itself** is an unsolved mystery.	주어 강조
8	I can't believe you saw the man **himself**.	타동사의 목적어 강조
9	What you are searching for is in you **yourself**.	전치사의 목적어 강조

③ 재귀대명사의 소유격: 인칭대명사의 소유격 + own

10	Each country has **its own** custom.	형용사적 용법: one's own + 명사(소유격 다음에서 강조어로 쓰여 '자기 자신의, 자기의'를 의미를 뜻한다.)
11	He showed me a picture of **his own** painting.	
12	The university has no hospital **of its own**.	독립적 용법: of one's own
13	He is working **on his own**.	= independently

④ 재귀대명사의 관용표현: 전치사 + 재귀대명사

for oneself 혼자 힘으로   by oneself 혼자서
of oneself 저절로   in itself 그것 자체가, 본질적으로
beside oneself 제정신이 아닌   to oneself 혼자서만, 독점하여
in spite of oneself 무의식적으로   between ourselves 우리끼리만의 이야기인데

14	The door opened **of itself**.	= automatically
15	Our existence is a miracle **in itself**.	

1 그는 그를 죽였다. 2 그는 자살했다. 3 하늘은 스스로 돕는 자를 돕는다. 4 네가 이런 식으로 나를 해칠 수 있을 거라고는 생각하지 못했다. 5 그는 자신이 정직하다고 생각한다. 6 그녀가 직접 해냈다. 7 인생 자체는 풀리지 않는 수수께끼이다. 8 당신이 그 남자를 직접 보았다니 믿을 수가 없어요. 9 당신이 찾고 있는 것은 바로 당신 자신이다. 10 모든 나라는 고유의 풍속이 있다. 11 그는 자신이 그린 그림을 나에게 보여 주었다. 12 그 대학은 부속병원이 없다. 13 그는 독립적으로 일하고 있다. 14 문이 저절로 열렸다. 15 우리의 존재는 그 자체가 기적이다.

⑤ 재귀동사(Unit 03 재귀대명사를 목적어로 취하는 동사 참조)
관용적으로 재귀대명사를 목적어로 하는 동사들이 있다.

absent oneself from ~에 불참하다	help oneself to 마음껏 먹다
make oneself at home ~에 불참하다	prepare oneself for ~을 준비하다
make oneself understood 자신을 이해시키다	talk to oneself 독백하다
avail oneself of ~을 이용하다	apply oneself to ~에 몰두하다
addict oneself to ~에 중독되다	pride oneself on ~을 자랑하다
seat oneself 앉다(= sit)	

16 He **addicted himself to** drink.
 = He **was addicted to** drink. 재귀적 용법의 수동태

17 He **prepared himself for** the exam.
 = He **was prepared for** the exam. 재귀적 용법의 수동태

16 그는 알코올에 중독되었다. 17 그는 그 시험에 대비했다.

4 인칭대명사 it의 용법

① 앞에서 언급한 특정의 사물이나 구, 절, 문장 등을 가리킬 경우

1	I bought a watch but lost **it** soon.	단어를 받는 경우 (it = the watch)
2	The prisoner attempted to escape, but found **it** impossible.	구를 받는 경우 (it = to escape)
3	You saved my life; I'll never forget **it**.	절을 받는 경우 (it = that you saved my life)

② 비인칭 주어
날씨, 시간, 거리, 계절, 요일, 날짜, 상황 등을 나타낼 때 형식적으로 사용하는 주어로 해석은 따로 하지 않는다.

4	**It** was raining on and off in the morning.	날씨, on and off: 때때로, 불규칙하게
5	**It** is three years since I had a real vacation.	시간
6	How far is **it** to the river?	거리
7	How is **it** in the market?	상황

③ 아기나 동물의 성(性)을 알지 못하거나 식별할 필요가 없을 경우

8	**It**'s a lovely baby. It is a boy or a girl?
9	The dog came wagging **its** tail.

④ 가주어, 가목적어

10	**It** is unlikely *that income tax will be reduced*.	가주어 + 진주어
11	I take **it** for granted *that I go there alone*.	가목적어 + 진목적어

⑤ It ~ that 강조구문 (Unit 97 It ~ that 강조구문 참조)
It is + 강조되는 말 + that[who, whom, which] + 나머지 문장

12	Tom broke a window yesterday. → **It** was *Tom* that broke a window yesterday. → **It** was *a window* that Tom broke yesterday. → **It** was *yesterday* that Tom broke a window.	주어의 강조: 어제 창문을 깬 것은 톰이다. 목적어의 강조: 톰이 어제 깬 것은 창문이다. 부사의 강조: 톰이 창문을 깬 것은 어제이다.
13	It is I that **am** to blame.	that 이하 절의 동사는 수와 인칭 면에서 바로 앞의 낱말에 일치한다.
14	It was her **whom**(= that) everyone wanted to win.	강조되는 부분이 대명사일 경우 that을 주로 사용하지만, who나 whom도 사용될 수 있다.
15	It was in New York **that** we met.	강조되는 부분이 장소나 시간과 같은 부사구인 경우에는 that을 사용한다.

1 시계를 하나 샀는데 곧 잃어버렸다. 2 그 죄수는 탈옥을 시도했지만, 탈옥을 할 수 없다는 것을 알았다. 3 당신이 제 생명을 구했습니다. 저는 그것을 절대 잊지 않을 거예요. 4 아침에 비가 오락가락 내렸다. 5 본격적인 휴가는 3년 만이다. 6 강까지 얼마나 멉니까? 7 시장의 경기는 어떻습니까? 8 귀여운 아기네요. 남자예요, 여자예요? 9 그 개가 꼬리를 흔들면서 왔다. 10 소득세가 감면될 것 같지 않다. 11 내가 혼자 그곳에 가는 것을 당연하다고 생각하고 있다. 12 톰이 어제 창문을 깼다. 13 책임을 져야 하는 것은 바로 나이다. 14 모든 사람이 승리하기를 원하던 사람은 그녀였다. 15 우리가 만난 곳은 뉴욕이었다.

Unit 67 지시대명사

지시대명사는 앞서 언급된 명사와의 관계를 철저히 파악하고 정확하게 사용해야 한다. 예를 들어, this와 that의 경우 공간적, 시간적, 또는 심리적으로 가까운 대상을 가리킬 때는 this를, 먼 대상을 가리킬 때는 that을 사용한다. such는 앞서 언급된 것과 동일한 종류나 특징을 가리킬 때 쓰인다. 지시대명사 so는 앞 문장 전체의 내용을 받아 "그렇게"로 해석하는데, 이때 앞에 나온 긍정의 절을 대신하는 대명사로 쓰인다. 반면, 부정의 절은 not으로 사용한다.

 Ace Your Grammar!

지시대명사의 수일치 ★★

명사의 반복을 피하기 위해 사용하는 지시대명사 중 단수명사를 대신하는 것은 that이며, 복수명사를 대신하는 것은 those이다.

The populations of ①most developing countries grow ②at a rate ③much faster than ④that of industrialized countries. (2007 경희대)

명사의 반복을 피하기 위해 사용하는 대명사는 앞의 명사와 수일치를 이루어야 한다. 앞의 명사 the populations가 복수이므로, ④ that은 those로 고쳐야 한다. ③의 much는 비교급을 강조하는 용법으로 쓰인 부사이다.

대부분의 개발도상국 인구는 선진공업국의 인구보다 훨씬 더 빠른 속도로 증가한다. ④

1 this(these)/ that(those)

① 명사의 반복을 피하기 위해서 사용하는 that, those: that (those) of~의 형태를 주로 취한다.

1	The climate of Italy is similar to **that** of Korea.	that = climate
2	The books delivered to me were different from **those** (= the books) that I had ordered.	those = the books

② 선행하는 문장을 받는 this, that

3	He is given up to drinking, and **this** absorbs much of the family income.
4	We see him when he comes to town, but **that** isn't often.

③ this(후자), that(전자): this는 가까운 것, that은 먼 것 표시

5	Alcohol and tobacco are both injurious; **this** (= tobacco) is, however, more than **that**(= alcohol).	전자 = that = the one = the former 후자 = this = the other = the latter

④ those who: ~한 사람들

6	**Those who** like borrowing dislike paying.	
7	(cf.) I like *them who are honest. (×) I like **those who** are honest. (○)	관계대명사의 선행사로 they, them은 올 수 없다.
8	(cf.) I'm the **one who** should receive an apology.	one who ~하는 사람

⑤ this, that의 부사적 용법
  much, far, long, high 등 정도나 양을 나타내는 형용사나 부사를 수식하여 '그처럼', '그만큼'의 뜻으로 사용된다.

9	I've never been out **this** *late* before.	= to this degree
10	She returned home **that** *late*.	= so

1 이탈리아의 기후는 한국의 기후와 비슷하다. 2 나에게 배달된 책들이 내가 주문했던 책들과 달랐다. 3 그는 술독에 빠져서, 여기에 가구 소득의 상당 부분이 소비된다. 4 우리는 그가 시내에 나올 때 그를 만나지만, 그것도 자주 있는 일은 아니다. 5 술과 담배가 모두 해롭지만, 담배가 술보다 더 해롭다. 6 빌리는 것을 좋아하는 사람들은 갚는 것을 싫어한다. 7 나는 정직한 사람들을 좋아한다. 8 사과를 받아야 할 사람은 저예요. 9 나는 전에 이렇게 늦게 외출해 본 적이 없었다. 10 그녀는 아주 늦게 귀가했다.

2 such

① 대명사적 용법: 앞서 언급된 그와 같은 것

| 1 | I may have offended you, but **such** was not my intention. | 품사와 관계없이 기본적으로 '(앞서 언급된) 그러한 (것)'의 의미를 나타내거나 정도를 강조할 때 사용한다. |

② such as: ~와 같은

| 2 | **such** subjects **as** English and math
= subjects **such as** English and math
= subjects **like** English and math
(cf.) **such** subjects ***like** English and math (×) | such + 명사 + as ⋯: ⋯와 같은 ~
= 명사 + such as ⋯
= 명사 + like ⋯

like를 as로 고친다. |

③ as such: 그러한 자격으로, 그것으로서
앞의 명사를 받는 대명사로 '자격의' as 뒤에서는 such를 쓴다.

| 3 | If you act like a child, you must be treated **as such**. |
| 4 | The teacher, **as such**, is entitled to respect. |

④ be such as to V: ~할 정도이다

| 5 | His stupidity **was such as to fill** us with despair.
= His stupidity **was such that** it filled us with despair. | = be such that S + V |

⑤ such가 한정사(no, all, other, any, some 등)와 함께 사용되는 경우 어순: 한정사 + such + 명사

| 6 | There is **no such thing** as impossible. | 단, 뒤에 오는 명사가 단수 가산명사라도 부정관사를 사용하지 않음에 유의해야 한다. |
| 7 | He denied having done **any such thing**. | |

⑤ 관용표현

8	The food, **such as it was**, was plentiful.	such as it is: 변변치 못하지만
9	**Such being the case**, please understand our position.	such being the case: 그러한[이러한] 사정이므로
10	The treasure was buried in **such and such** a place.	such and such: 이러이러한

⑥ 지시형용사: such + 명사

| 11 | It was **such** a hot day. | 어순 조심: a such hot day (×) |
| 12 | There was **such** a crowd that we couldn't even get to the door. | 어순 조심: a such crowd (×) |

1 기분을 상하게 해 드렸는지도 모르는데, 그럴 생각이 아니었습니다. 2 영어와 수학과 같은 과목 3 아이처럼 행동하면, 아이로 취급받아야 한다. 4 교사로서 존경받을 자격이 있다. 5 그의 미련함은 우리를 절망케 할 정도였다. 6 내 사전에 불가능이란 그런 말은 없다. 7 그는 그러한 일을 한 적이 없다고 부인했다. 8 변변치 못했지만, 음식은 풍부했다. 9 사정이 이러하니 양해해 주시기를 바랍니다. 10 그 보물은 이러이러한 장소에 숨겨졌다. 11 매우 더운 날이었다. 12 사람들이 너무 많아서 우리는 문 앞까지 갈 수도 없었다.

 such가 be동사의 보어일 경우에는 흔히 도치가 일어난다.

His anxiety *was* **such** that he lost his health.
= **Such** *was* his anxiety that he lost his health. 그의 걱정이 너무 커서 그는 건강을 잃었다.

3 SO

① that절 수반 동사 뒤에서 앞 절의 내용을 다시 언급하고자 할 때 쓴다.
think, believe, suppose, hope, expect, be afraid 등

1	Do you think[hope, believe, expect] that she will come to the party? - I think **so**. - I'm afraid **so**.	= I think that she will come to the party. = I'm afraid that she will come to the party.
2	(cf.) I **don't** think[believe, suppose] **so**. (= I think **not**.)	부정문의 경우: think, believe, suppose 등의 think류 동사 뒤
3	(cf.) I hope[am afraid] **not**. (○) I *****don't** hope **so**. (×)	부정의 절은 not으로 받는다.

② be, become, keep, remain 등이 쓰인 2형식 문장에서 앞의 명사, 형용사를 대신한다.

4	If airplanes are dangerous, cars are much more **so**.	so = dangerous
5	He became president in 1980, and remained **so** for 7 years.	so = president

1 그가 파티에 올 것 같나요?/ 그렇게 생각해요.(저는 그녀가 파티에 올 거라고 생각해요.)/ (그렇지 않기를 바라지만 안타깝게도) 그녀가 파티에 올 거 같아요. 2 난 그렇게 생각하지 않는다[그럴 리가 없다](강한 반대·부정을 나타냄) 3 그렇지 않기를 바란다. 4 비행기가 위험하다면, 자동차는 훨씬 더 위험하다. 5 그는 1980년에 대통령이 되었고, 7년 동안 대통령직을 유지했다.

4 the same

① 항상 the와 함께 사용되며 대명사, 형용사, 부사의 용법이 있다.

1	Is there another word that means **the same** as this?	대명사
2	I wouldn't buy **the same** digital computer again.	형용사 = the same model of digital computer
3	I will treat all the students in the class **the same**.	부사 = in the same way

② the same: 앞에서 또는 시간상, 이전에 언급된 것과 똑같은 것

4	**The same** goes for the many students across the country.	주어: the same goes for ~도 마찬가지다
5	My life would never be **the same**.	보어
6	I will stop eating junk food for one week if my family will do **the same**.	목적어

③ the same ~ that: 동일인, 동일 사물/ the same ~ as: 유사물

7	This is **the same** watch **that** I lost.	바로 그 물건
8	This is **the same** watch **as** I lost.	동일 동류

④ 부사는 the same 앞에 두어 수식

9 at *almost* **the same** time

10 The radar works in *much* **the same** way as an echo.

---

1 이것과 같은 뜻의 또 다른 단어가 있을까요? 2 다시는 같은 모델의 디지털 컴퓨터를 사지 않을 거예요. 3 나는 학급의 모든 학생들을 똑같이 대할 것이다. 4 전국의 많은 학생들도 마찬가지다. 5 내 삶이 예전같이 될 수 없어요. 6 우리 가족이 나와 똑같이 한다면 일주일 동안 정크푸드를 먹지 않을 것이다. 7 이것은 내가 잃어버린 바로 그 시계이다. 8 이것은 내가 잃어버린 것과 같은 종류의 시계이다. 9 거의 동시에 10 레이더는 메아리와 거의 같은 방식으로 작동한다.

Unit 68 | 부정대명사

부정대명사는 명확하게 규정되지 않은 수나 양을 나타내므로, 정확한 수량을 언급할 필요가 없는 경우 사용한다. 부정대명사에는 one, another, other, none, some/ any, each, both, either/ neither, all, most 등이 있다.

Ace Your Grammar!

적절한 부정대명사 ★★

'부정대명사 + of' 구조를 사용할 때, 뒤의 명사는 특정 범위를 나타내는 한정사를 수반해야 하며, 주어진 문장에 따라 동사와의 수일치를 정확히 고려해야 한다. each는 항상 단수 취급되어 단수동사와 결합하고, most와 all은 'of + 한정사' 다음에 오는 명사가 복수인지 단수인지에 따라 동사의 수가 결정된다.

_____ of the new workers receives a booklet that contains company information at the orientation.

① Every 　　　　② Each 　　　　　　　　　　　　　　(2019 덕성여대)
③ Most 　　　　④ All

every는 한정사여서 단독으로 쓰일 수 없고 뒤에 반드시 단수명사가 와야 하고, most와 all은 단독으로 쓰일 수 있으나 of 다음이 복수명사이므로 동사 receives와 수일치하지 않는다. 반면에 ② each는 항상 단수 취급하므로 receives와 수일치하여 적절하다.

모든 신입 사원은 회사의 정보가 포함된 소책자를 오리엔테이션에서 받는다. ②

1 one

부정대명사 one은 가산명사를 대신한 대명사로, 막연한 하나를 받을 때 사용한다. 형용사의 전후 수식을 받을 수도 있으며, 복수형은 ones이다. 구체적인 명사(the + 명사)에는 it을 사용한다.

① one과 it의 구별
one은 특정하지 않은 것을 나타내며, 반면 it은 특정한 것을 나타낸다.

1	I don't have a pencil. Can you lend me **one**?	아무 연필이라도 좋음
2	Is this pencil yours? May I use **it**?	특정한 것
3	I have lost my umbrella; I think I must buy **one**.	it을 사용하면 잃어버린 우산을 다시 사는 것이 된다.
4	If you need a book, I will lend you **one**.	one = a book: 앞에 나온 'a + 단수 가산명사'를 받는다.
5	(cf.) I bought the pen last week, but somebody took **it**.	it = the pen: 'the + 명사'는 it으로 받는다.

② one의 복수형은 ones

6	Do you have a knife? Yes, I have some **sharp ones**.	복수형은 수식어를 동반한다.

③ 형용사의 수식을 받는 경우에는 부정관사를 붙인다.

7	I don't like this hat. Can you show me **a better one**?	
8	(cf.) The lady is **the one** whom I met last month.	수식어구가 한정하는 특정한 명사를 받는 경우에는 the를 붙인다.

④ one of + 복수명사 다음에는 단수동사

9	**One** of the company's aims *is* to respect the environment.

⑤ 일반적인 사람을 표시

10	**One** must work hard to succeed.

⑥ 부정대명사 one을 사용할 수 없는 경우

11	This *furniture* is different from that ***one**. (×) This *furniture* is different from that **that**. (○)	불가산명사
12	I like red *wine* better than white ***one**. (×) I like red *wine* better than white. (○)	wine은 물질명사라 one을 사용하지 못한다. white one을 white로 고쳐야 한다.
13	This hat is larger than *my sister's(my own)* ***one**. (×) This hat is larger than *my sister's(my own)*. (○)	소유격이나 소유대명사 뒤에서 사용할 수 없다. <one제거>
14	We need some bowls. I will buy *five* ***ones**. (×) We need some bowls. I will buy *five*. (○)	기수 뒤에서 사용할 수 없다. <ones 제거>
15	This book will be of interest to all *those* ***ones** involved in the tourist industry. (×) This book will be of interest to all **those** involved in the tourist industry. (○)	this one, that one은 가능하지만, these, those 뒤에서 ones는 사용하지 않는다. 단, 서수 다음에는 사용이 가능하다.

1 연필이 없는데, 빌려주실 수 있나요? 2 이 연필은 당신의 것입니까? 제가 그 연필을 사용해도 될까요? 3 우산을 잃어버려서 우산을 사야 할 것 같아요. 4 책이 필요하면, 빌려드릴게요. 5 지난주에 펜을 샀는데, 그 펜을 누가 가져갔다. 6 칼이 있나요? 네, 잘 드는 칼이 있어요. 7 이 모자가 마음에 안 들어요. 더 좋은 모자 좀 보여주시겠어요? 8 그 여자는 내가 지난달에 만났던 사람이다. 9 회사의 목표 중 하나는 환경 보호이다. 10 성공하기 위해서는 열심히 노력해야 한다. 11 이 가구는 저 가구와 다르다. 12 나는 화이트와인보다 레드와인을 더 좋아한다. 13 이 모자가 언니의 것보다 크다. 14 우리는 그릇이 좀 필요해요. 5개 살게요. 15 이 책은 관광 업계에 종사하는 모든 사람들이 관심을 가질 만한 책이다.

2 some, any

① some은 긍정문에 쓰고, any는 부정문, 의문문, 조건문에 쓴다.

1	Do you have **any** friends in the United States?	의문문
2	- Yes, I have **some** friends in Texas.	긍정문
3	- No, I don't have **any** friends who live in America.	부정문
4	If you have **any** good idea, please let us know.	조건문

② some + 단수명사: 어떤/ some + 수사: 약(= about)

5	**Some** *boy* wants to see you.	어떤
6	I waited for her **some** *thirty minutes*.	약

③ 권유, 부탁, 제의, 요청 등의 긍정적 대답을 기대할 경우에는 의문문, 조건문에도 some을 쓴다.

7	Would you like **some** more beer?	권유
8	Do you mind if I play **some** music on?	긍정적 대답을 기대하는 의문문

④ any가 긍정문에 쓰일 경우, 단수명사 앞에 놓여 '어떠한 ~이라도, 누구든 ~'의 의미를 갖는다.

9	**Anybody** can do it.
10	**Any** boy can see the film if he is over 12.

⑤ 부정문에서 any를 주어에 쓰지 않는다.

11	*****Anyone didn't die** in the accident. (×)	**No one died** in the accident. (○)

⑥ any의 관용표현
at any moment 언제라도   at any rate 하여튼

12	The stolen jewels must be recovered **at any cost**.	at any cost: 무슨 일이 있어도

1 미국에 친구분이 있나요? 2 네, 텍사스에 친구가 몇 명 있습니다. 3 아니요, 미국에 사는 친구가 한 명도 없습니다. 4 좋은 아이디어가 있으시면 알려주시기를 바랍니다. 5 어떤 소년이 당신을 만나고 싶어 한다. 6 나는 그녀를 약 30분 기다렸다. 7 맥주를 좀 더 드시겠어요? 8 음악 좀 틀어도 될까요? 9 어느 누구라도 그것을 할 수 있다. 10 12세 이상의 모든 소년은 영화를 볼 수 있습니다. 11 그 사고로 사망한 사람은 없다. 12 도난당한 보석은 무슨 일이 있어도 회수해야 한다.

MSG+ something/somebody 등의 용법은 some/any의 용법과 같다.

He was too angry to say **anything** at all. <부정문이므로 anything>
그는 너무 화가 나서 아무 말도 하지 못했다.

37 some vs any

Easy-Peasy Grammar!

많은 사람들이 대명사 some은 긍정문에, any는 부정문과 의문문에 사용된다고 알고 있습니다. 이는 기본적으로 맞는 설명이지만, 상황에 따라 이 규칙이 혼동을 일으킬 수 있습니다. 예를 들어, 긍정적인 대답을 기대하는 권유, 부탁, 제의, 요청 등의 경우에는 의문문이나 조건문에서도 some을 사용할 수 있습니다. 또한, any는 특정 상황에서 긍정문에 쓰일 수 있습니다.

① some: 어떤, 어느

| 1 | **Some** people say that it is right. | 어떤 사람들은 그것이 옳다고 말한다. (전체 중 일부를 뜻함) |

② any: 어떤 ~든, 어느 ~도

2	**Any** people can say that it is right.	어떤 사람들이든 그것이 옳다고 말할 수 있다. (전체 중 누구나를 뜻함)
3	I don't have **any** friends.	나는 어떤 친구도 없어. (친구가 전혀 없다는 것을 의미)
4	Do you have **any** friends?	너는 친구가 있니? (가능한 친구 중에서 누구든지 포함)

③ 특별한 상황에서 사용되는 some과 any

| 5 | Would you like **some** coffee? | 누군가에게 음식을 권할 때 "Would you like ~?"라고 물으면, 이는 긍정적인 반응을 유도하는 의문문이 되며 여기서 some이 쓰입니다. |
| 6 | You can choose **any** color you like. | any는 때때로 긍정문에서도 사용되며 모든 선택지를 가능하게 합니다. |

"some과 any의 활용법"
some과 any의 올바른 사용법을 YouTube를 통해 확인하세요!

3 every, each

① every는 형용사로만 쓰인다.
단독으로는 주어가 될 수 없고, 단수명사와 결합하여야 주어가 될 수 있다.
수는 항상 단수로 취급하고, 소유격은 "his(or her)"이다.

1	*__Every__ has his own life style. (×) __Each__ has his own life style. (○)	every + 단수 가산명사 each는 대명사로 쓰인다.
2	__Every__ player was in top form.	in top form: 컨디션이 좋은

② every는 all과는 달리 대명사 앞에 올 수 없다.

3	*__Every__ this is distasteful to me. (×) __All__ this is distasteful to me. (○)	

③ every + 기수 + 복수명사(= every + 서수 + 단수명사)

4	The Olympics are held __every four years__.	= The Olympics are held __every fourth year__.
5	(cf.) I go to the dentist's __every other day__. (격일로)	= every second day, every two days

④ each는 '각자', '각각의' 의미를 갖고, 형용사, 대명사, 부사의 역할을 한다.

6	__Each__ *country has* its own customs.	형용사: each + 단수 가산명사 + 단수동사
7	__Each of__ *the girls was* dressed neatly.	대명사: each of + 한정사 + 복수명사 + 단수동사
8	__Each__ *has* his own car.	대명사: each + 단수동사

1 각자 나름의 생활방식을 가지고 있다. 2 모든 선수의 컨디션이 최상이었다. 3 이 모든 것이 나에게 불쾌한 일이다. 4 올림픽은 4년마다 개최된다. 5 나는 이틀에 한 번씩 치과에 간다. 6 나라마다 고유의 관습이 있다. 7 소녀들은 모두 단정하게 옷을 입고 있었다. 8 각자 자동차가 있다.

4　all, most, almost

① all은 대명사와 형용사로 쓰인다. '전부'의 의미를 갖는 all은 가산명사와 결합하면 복수취급하고, 불가산명사와 같이 쓰이면 단수 취급한다.
all + 복수 가산명사/불가산명사
all + (of) + 한정사 + 명사

1	**All** *things* being equal, we should finish the job tomorrow.	all(형용사) + 복수 가산명사
2	**All** *life* is a series of struggles.	all(형용사) + 불가산명사
3	**All** *the cities* in Iraq were destroyed.	전치한정사
4	**All** were happy.	대명사: 사람 - 복수 취급
5	**All** is still.	대명사: 사물 - 단수 취급
6	(cf.) She was dressed **all** in white.	부사: 완전히, 온통

② most는 대명사와 형용사로 쓰인다.
most + 복수 가산명사/불가산명사(most + 단수명사 → 단수동사, most + 복수명사 → 복수동사)
most + of + 한정사 + 명사(Most of 단수명사 → 단수동사, Most of 복수명사 → 복수동사)

7	**Most** *people* agree with my opinion.	most(형용사) + 복수 가산명사
8	I spent **most** *time* on the first question.	most(형용사) + 불가산명사
9	**Most of** *the players* on the team *earn* more money than we.	대명사(most of 복수명사 + 복수동사)
10	**Most of** *his time is* spent in reading.	대명사(most of 단수명사 + 단수동사)
11	*****The most of** his friends traveled widely. (×) **Most** of his friends traveled widely. (○)	most가 '대명사'의 뜻일 때 그 앞에 다른 한정사를 쓸 수 없다.

③ most의 부사적 용법

| 12 | This book is **most** interesting. | most = very |
| 13 | (cf.) This medicine is **mostly** sugar and water. | mostly: 대개, 주로 |

④ almost와 most

| 14 | ***Almost** employees participated in the strike. (×)
Almost all of the employees participated in the strike. (○) | almost는 부사이지만 부정대명사인 all, half, none, everyone, everything 등을 수식할 수 있다. 그러나 명사를 수식할 수는 없다. |
| 15 | He comes here **almost every** day. | |

1 모든 조건이 같다면, 우리는 내일 그 일을 끝내야 한다. 2 모든 인생은 고난의 연속이다. 3 이라크의 모든 도시가 파괴되었다. 4 모두가 행복했다. 5 만물이 고요하다. 6 그녀는 온통 하얀색 옷을 입고 있었다. 7 대부분의 사람들은 내 의견에 동의한다. 8 나는 첫 번째 질문에 가장 많은 시간을 할애했다. 9 그 팀에 속한 대부분의 선수들은 우리보다 더 많은 돈을 벌고 있다. 10 그는 대부분의 시간을 독서하며 보낸다. 11 그의 친구들 대부분은 널리 여행을 다녔다. 12 이 책은 매우 흥미롭다. 13 이 약은 주로 설탕과 물로 이루어져 있다. 14 거의 모든 직원이 파업에 참여했다. 15 그는 거의 매일 이곳을 방문한다.

5 other, another

① 대상이 둘일 때, 하나를 선택할 경우
하나: one, 나머지 다른 하나: the other

1. I have two dogs; **one** is white and **the other** is black.
2. Let it go in **one** ear and out **the other**. — two란 말이 없어도, 귀는 두 개이므로 one, the other를 사용한다.

② 대상이 셋 이상인 경우
하나: one   —   나머지 전부 : the others
하나: one   —   또 하나 : another
일부: some   —   또 다른 일부 : others
일부: some   —   나머지 전부 : the others

3. There are six books; **one** is mine, and **the others** are his. — one, 나머지 전부 the others
4. **One** boy went home, and **another** stayed at school. — one, 또 하나 another
5. **Some** like fall; **others** like spring. — some, 또 다른 일부 others
6. There are 50 students; **some** study English and **the others** study French. — some, 나머지 전부 the others

③ another의 기타용법

7. Please give me **another** cup of tea. — 형용사: 하나 더, 또 하나의(= one more)
8. I don't like this book; show me **another**. — 대명사: 다른 것(= a different one)
3개 이상에서 어느 다른 하나를 선택할 경우는 another(= an + other) '어느 것이든 다른 하나'를 사용한다.
9. He is a liar, and his wife is **another**. — 대명사: 역시, 마찬가지(= also one)

④ another + 단수 가산명사/ other + 복수명사/불가산명사

10. If you don't like this tie, I'll show you **another** tie. — another는 'an + other'의 합성어이므로 복수명사가 뒤에 올 수 없다.
11. Please show me **other** shoes.
12. (cf.) The construction will be finished in **another** six months. (= six more months) — 시간, 거리, 가격, 무게 등의 명사가 숫자와 같이 쓰일 경우 another 뒤에 복수형이 올 수 있다.
13. (cf.) Let's wait **another** few minutes. (= a few more minutes) — another + few + 복수

⑤ 상호 대명사

14. Jack and Susie really loved **each other**. — each other <둘 사이에>
15. The three countries are trading with **one another** more than ever before. — one another <셋 이상에>

1 나는 두 마리의 개를 기르고 있다. 한 마리는 흰색이고 다른 한 마리는 검은색이다. 2 한 귀로 듣고, 한 귀로 흘리세요. 3 여섯 권의 책이 있는데, 한 권은 제 책이고 나머지 책은 그의 책입니다. 4 한 소년은 집에 갔고, 또 다른 소년은 학교에 머물렀다. 5 어떤 사람은 가을을 좋아하고, 또 다른 사람들은 봄을 좋아한다. 6 50명의 학생들이 있다. 어떤 학생들은 영어를 공부하고 나머지 학생들은 프랑스어를 공부한다. 7 차 한 잔 더 주세요. 8 이 책이 마음에 들지 않으니 다른 책을 보여 주세요. 9 그는 거짓말쟁이고 그의 아내도 마찬가지이다. 10 이 넥타이가 마음에 들지 않으시면, 다른 넥타이를 보여드리겠습니다. 11 다른 신발도 보여주세요. 12 공사는 6개월 후에 완공될 예정이다. 13 몇 분만 더 기다려 봅시다. 14 잭과 수지는 서로 정말 사랑했다. 15 세 나라는 그 어느 때보다 서로 교역이 활발하다.

⑥ 관용표현
A is one thing; B is another. A와 B는 별개다
every other day 하루 걸러서
one after another 잇달아

the other day 요전 날
one after the other 교대로
one thing or another 여러 가지 일로

16 Learning is **one thing**; wisdom is **another**.

17 I've been busy with **one thing or another**.

16 학식과 지혜는 별개다. 17 나는 이런저런 일 때문에 바빴다.

 some ~, others ··· vs some ~, the others ···

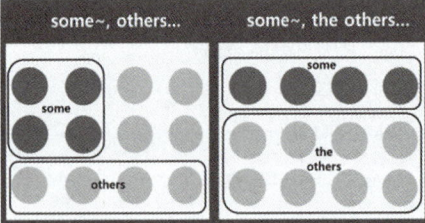

① others
　범위가 명확히 정해지지 않은 막연한 수의 일부를 의미
　Some animals live in water; **others** live on land.
② the others
　전체 집단에서 특정 일부를 제외한 나머지 전체를 의미
　There are 20 apples; **some** are red, and **the others** are green.

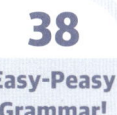

another와 the other의 차이

1. another

another는 "an + other"로 이루어진 단어입니다. another는 '또 다른 하나'를 의미하며, 단수 가산명사와 함께 사용됩니다. 예를 들어, another book은 "또 다른 한 권의 책"을 뜻합니다.

2. the other

the other는 "나머지 하나"를 의미하며, 정관사 the는 특정 대상을 가리킬 때 사용됩니다. 두 개의 항목이 있을 때, 하나를 "one"으로 지칭하면 나머지 하나는 "the other"로 표현합니다.

There are *two* apples. I ate one, and **the other** is on the table.
사과가 두 개 있습니다. 하나는 내가 먹었고, 나머지 하나는 테이블 위에 있습니다.

3. one ~ another, one ~ the other

two items: 두 개의 항목이 있을 때, 하나를 one으로 지칭하면, 나머지 하나는 the other로 표현합니다.
three or more items: 세 개 이상의 항목이 있을 때, 하나를 one으로 지칭하고, 나머지 중 하나를 another로 표현하며, 최종적으로 남은 하나는 the other로 표현합니다.

In a group of *three* friends, if **one** decides to stay, **another** may leave, and **the other** will do something else.
세 명의 친구 중 한 명(one)이 남기로 결정하면, 다른 한 명(another)은 떠날 수 있고, 나머지 한 명(the other)은 다른 일을 할 것이다.

"other/ another/ the other/ others의 용법"
주의해야 할 부정대명사를 YouTube를 통해 확인하세요!

6 부정대명사 none, no

① none은 대명사로만 쓰인다.
　None of + 복수 가산명사 + 단수/복수동사
　None of + 불가산명사 + 단수동사

1　**None** *have* succeeded in solving it.
2　**None of** *us want/ wants* to die.　　　　　　　　none이 불가산명사와 함께 쓰일 때 단수 취급한다. 복수 가산명사와 함
3　**None of** *the water is* worth drinking.　　　　　께 쓰일 때는 '단, 복수' 둘 다 가능하다.

② no one은 '사람'에만 쓰이지만, none은 '사람, 사물' 모두를 가리킨다.

4　I am sorry, but there is **no one** here by that name.　　사람
5　**None** of these hats suit me.　　　　　　　　　　　　사물

③ none은 the, my, your 등 인칭대명사나 this, that 등 지시대명사 앞에서 none of로 쓰이며 그 뜻은 not any of이다.

6　My personal life is **none of your business**.

④ none + the + 비교급: 조금도 ~ 않는

7　He is **none the better** for a change of air.　　　none the better for: ~이라[한다] 해도 전혀 좋아지지 않아
8　I am **none the worse** for a single failure.　　　none the worse for: …이라[한다] 해도 전혀 나빠지지 않아

⑤ none과 no의 차이점
　no는 not any, not a의 뜻으로 형용사 기능밖에 없으므로 다음에 항상 명사가 있어야 한다. 그러나 none은 대명사이므로 다음에 명사를 쓸 수 없다.

9　**No** *cigarette* is completely harmless.　　　　　None cigarette라고 쓸 수 없다.
10　I have **no** *friend* in Busan.　　　　　　　　　no + 무관사 가산명사
　= I have **not a** *friend* in Busan.　　　　　　　= not + a[any] + 명사 <not은 부사>
　= I do **not** have **a[any]** *friend* in Busan.

1 아무도 그것을 해결하는 데 성공하지 못했다. 2 누구도 죽고 싶어 하지 않는다. 3 마실만한 물이 없다. 4 죄송하지만, 여기에는 그런 이름을 가진 사람이 없습니다. 5 이 모자들 중 어느 것도 나와 어울리지 않는다. 6 나의 사생활은 네가 관여할 일이 아니다. 7 그는 기분 전환에도 전혀 기분이 좋아지지 않는다. 8 한 번의 실패로 인해 더 나빠질 것은 없다. 9 완전히 무해한 담배는 없다. 10 나는 부산에 친구가 없다.

7 부정대명사 either, neither

두 사람이나 두 물건에 관해, 양자 모두를 부정하는 표현으로 no나 none 대신 neither를 쓰고, 양자 중 하나를 선택하는 경우에는 either를 쓴다. 또한 either와 neither를 사용할 때는 의미뿐만 아니라 단수로 취급된다는 문법 규칙에 주의해야 한다.

① either/ neither of + 복수명사

1. **Either of** *the two boys is* honest.
2. **Neither of** *the two boys was* present.

either나 neither가 문장의 주어로 쓰일 때는 동사를 단수 형태로 사용해야 한다.

② either/ neither + 단수명사

3. **Either** *day is* OK.
4. **Neither** *statement is* true.

either와 neither는 명사 앞에서 형용사의 역할을 한다.

1 두 소년 모두 정직하다. 2 두 소년 모두 참석하지 않았다. 3 어느 날이든 괜찮다. 4 어느 쪽 주장도 사실이 아니다.

8 부정대명사 something, anything

① 제안, 요청문이나 yes를 기대하는 의문문에서는 something을 쓴다.

1. There is **something** on the table.
2. Would you like **something** to drink?
3. Was there **something** you wanted?   yes를 기대하는 의문문

② 부정문과 일반적인 의문문 그리고 양보를 나타내는 문장에는 something을 쓰지 않고 anything을 쓴다.

4. There isn't **anything** to eat today.   부정문, not anything = nothing
5. Is there **anything** to drink?   의문문
6. Give me it; **anything** will do.   양보

③ 관용어구

7. The policy proved to be **anything but** a blessing to the people.   anything but: 결코 ~은 아니다(= never, by no means, not at all)
8. I have **something of** a mixed feeling.   something of: 어지간한, 상당한(= fairly, considerably)

1 탁자에 어떤 것이 있다. 2 (제안) 마실 것 좀 드릴까요? 3 원하는 게 있었나요? 4 오늘은 먹을 것이 없다. 5 마실 것 좀 있어? 6 그것을 저에게 주세요. 아무 것이나 상관없습니다. 7 이 정책들은 국민들에게 좋은 것이 아닌 것으로 판명되었다. 8 상당히 복잡한 감정이 든다.

 ~thing으로 끝나는 단어는 형용사가 뒤에서 수식한다.

This is **something** *special*.
I'd like **something** *cheaper*.

39 either의 원리와 whether와의 상관관계

either를 형용사나 대명사로 사용할 때, 그 의미가 다소 혼란스러울 수 있습니다. either의 해석을 쉽게 이해하기 위해, either를 any와 비슷하게 "어느 ~든"으로 생각하면 편리합니다.

| 1 | **Either** book is good. | 어느 책이든 좋다. |
| 2 | **Either** of the books is good. | 그 책 중 어느 것이든 좋다. |

여기서 중요한 점은 either가 항상 두 개의 명사를 언급할 때 사용된다는 것입니다. 즉, any와 달리 either는 반드시 두 개의 대상을 전제로 합니다.

| 1 | **Either** book (of the two) is good. | (두 권의 책 중) 어느 책이든 좋다. |
| 2 | **Either** of the (two) books is good. | (두 권의) 책 중 어느 것이든 좋다. |

재미있게도, whether라는 단어는 either에서 유래하였는데, 이는 whether가 '양자택일'을 의미하기 때문입니다. whether는 'wh'와 'either'의 결합으로, whether or not과 같은 형태로 '양자택일'을 나타내는 표현으로 사용됩니다. 다만 whether는 종속접속사로 사용되는 것이 특징입니다. 또한, either는 등위상관접속사나 부사로도 사용할 수 있습니다.

| 1 | **Either** Tom or Jane can do it. | 등위상관접속사: either A or B (A나 B 둘 중 하나) |
| 2 | I don't know it, and Tom doesn't know it **either**. | 부사: 부정문에 대한 동의를 나타낼 때 사용 |

1 톰이나 제인 중 어느 쪽이든 그것을 할 수 있다. 2 나는 그것을 알지 못하고, Tom 역시 그것을 알지 못한다.

"either의 용법"
either의 원리와 whether와의 상관관계를 YouTube를 통해 확인하세요!

12 Review Test

대명사와 관련해서는 다음과 같은 내용이 자주 출제됩니다.

① 선행 명사와 대명사의 일치
② 재귀대명사와 인칭대명사 목적격의 구별
③ 명사를 대신한 지시대명사 that과 those의 구별
④ 명사를 대신한 one과 명사를 가리키는 it의 구별
⑤ 부정대명사의 용법

이러한 내용들은 대명사와 관련된 문제를 해결하는 데 매우 중요하므로, 반드시 잘 숙지해 두어야 합니다.

[01-11] 다음 문장의 밑줄 친 부분에 가장 적절한 표현을 고르시오.

01 "Are you ready to order, sir?"
"Yes. Can I have _____ coffee?"

① some ② others
③ a few ④ many

02 He sat in the car with a policeman on _____ side of him.

① both ② either
③ neither ④ all

03 Mary can borrow a pencil if she needs _____.

① any ② one
③ some ④ that

04 "Where did you hear that story?"
"The people I'm speaking of told me _____."

① myself ② himself
③ themselves ④ themself

05 "Who are those boys?" "Those boys are friends of _____."

① them ② they
③ their ④ theirs

06 Language, like sleep, is not a substance but a process; in practice it is known to everyone, yet its theory _____ defies formulation.

① anything but ② all but
③ all nothing ④ but nothing

07 He has six children, so _____ is a large family.

① he ② his
③ him ④ himself

08 "You ought to be ashamed of _____!" I blurted out just as I began to realize how distorted their comments were.

① yourself ② being yourself
③ yourselves ④ to be yourselves

09 "We walked twenty miles today."
"I never guessed you could have walked _____ far."

① as ② this
③ that ④ such

10 "I guess Jones didn't win the election." "He certainly didn't. _____ the people in the city voted for his opponent."

① Almost all of ② Most all of
③ Most of all ④ Almost the whole of

11 I asked him for some money, but he had _____.

① no ② not
③ no one ④ none

[12-20] 다음 문장의 밑줄 친 부분 중 문법적으로 틀린 부분을 고르시오.

12 Everyone ①living in the apartment building did ②their best ③to keep the halls as ④clean as possible.

13 Baseball, football, and soccer have ①all been approved as ②extracurricular activities. From ③either of them a coach can earn several ④hundreds dollars each season.

14 ①Confronting and solving problems ②is a painful process, which ③mostly of us ④attempt to avoid.

15 The ①first three books are math books, the next ②two ones are psychology books ③and ④the last one is an art book.

16 ①Though Art Tatum was totally blind in one eye and had ②only slight vision in ③another, ④he became an internationally renowned jazz musician.

17 ①Advertising ranks as the most ②important source of income ③by far for ④almost magazines.

18 ①Even before the human organism developed into ②their present stage of homo sapiens, the ③beginnings of culture ④were already evident.

19 ①Modern poets have ②experimented with ③poetic devices ④such alliteration and assonance.

20 "Do you believe that ①all your employees ②always arrive to work in time and do as ③they are told?" "Yes, I hope ④it."

Chapter 13

형용사 (Adjective)

형용사란 사람이나 사물의 상태, 성질, 크기, 색깔, 수량 등을 나타내는 단어들을 말한다. 명사의 앞, 뒤에서 명사를 수식하는 한정적 용법과 주어나 목적어의 보어역할을 하는 서술적 용법이 있다.

종류	예	역할
한정적 용법	This is a **beautiful** flower.	"beautiful"은 "꽃"이라는 명사를 수식하는 한정적 용법으로 사용
서술적 용법	I am **pretty**.	"pretty"는 주어의 상태나 성질을 설명하는 서술적 용법으로 사용

Unit 69 형용사의 용법

Unit 70 형용사의 어순과 위치

Unit 71 주의해야 할 형용사 구문

Unit 72 혼동하기 쉬운 형용사

Unit 69 | 형용사의 용법

형용사의 용법에는 명사의 앞이나 뒤에서 한정하는 한정적 용법과 주어나 목적어의 보어 역할을 하는 서술적 용법이 있다.

Ace Your Grammar!

서술적 용법으로 쓰이는 형용사 ★

형용사의 서술적 용법은 형용사가 주어나 목적어의 보어가 되는 경우를 말한다. afraid, alike, alive, alone, asleep과 같이 'a-'로 시작하는 형용사는 명사 앞에 한정적으로 사용할 수 없다. 이러한 서술 형용사가 명사를 수식할 때는 형용사가 명사 뒤에 위치해야 한다.

Scientists are searching for the oldest _____ because it can teach them a great deal about many matters.

(2009 가천대)

① tree alive
② tree live
③ tree lively
④ alive tree

'살아있는 가장 오래된 나무'가 되어야 하는데 서술 형용사인 alive를 쓰면, alive가 tree 뒤에 온다.

과학자들은 살아있는 가장 오래된 나무를 찾고 있는데 왜냐하면 그 나무는 과학자들에게 여러 문제들에 대해서 많은 것을 가르쳐 줄 수 있기 때문이다.

①

1 한정적 용법

형용사는 명사를 수식할 때 일반적으로 명사 앞에 위치하는 것이 원칙이다. 그러나 형용사가 수식어구를 동반하거나, 어미가 -body, -thing으로 끝나는 명사를 수식하는 경우, 또는 -able, -ible로 끝나는 형용사가 all, every로 수식된 명사나 최상급을 수식할 때는 형용사가 명사 뒤에 위치한다.

① 전치수식: 명사 앞에 위치

1	The accident calls for a **thorough** investigation.	
2	There's a **broken** window in the kitchen. <창의 상태에 대한 언급>	분사(현재분사, 과거분사)가 형용사 역할을 할 때는 수식하는 위치에 따라서 의미의 차이가 생길 수 있다.
3	The window **broken** yesterday will have to be paid for. <행위에 대한 언급>	

② 후치수식: 명사 (대명사) 뒤에 위치

4	I have *a dictionary* **useful** for children.	형용사가 수식 어구를 동반할 때
5	I have *nothing* **particular** to say.	-body, -thing, one으로 끝나는 말을 수식할 때
6	*somebody* **timid**/ *somewhere* **quiet**	
7	It was *the finest thing* **imaginable**.	-able, -ible로 끝나는 형용사가 all, every, 형용사 최상급을 수식할 때
8	He has tried *every means* **possible** to find a job.	
9	He is the greatest *poet* **alive**.	서술적 형용사가 명사를 수식할 때
10	He is *a gentleman* **tall**, **handsome**, and **strong**.	3개 이상의 형용사가 명사를 수식할 때
11	The newly constructed tunnel is said to be about *twenty miles* **long**.	척도의 형용사(deep, high, long, old, thick, wide)가 '수사 + 명사'와 함께 쓰일 때

③ 한정적 용법으로만 쓰이는 형용사

elder brother 형, **former** president 전 대통령, **latter** half 후반부, a **mere** mistake 단순한 실수, the **only** son 외동아들, a **wooden** box 나무 상자, **live** music 생음악, my **lone** trip 나의 단독 여행

④ 관용어구

from time **immemorial** 태곳적부터 Asia **Minor** 소아시아
president **elect** 대통령 당선인 the sum **total** 총계
the authorities **concerned** 관계 당국 a poet **laureate** 계관시인

1 그 사고는 철저한 조사를 필요로 한다. 2 부엌에 깨진 창문이 있다. 3 어제 깨진 창문에 대한 비용은 지급되어야 할 것이다. 4 나는 아이들에게 유용한 사전을 가지고 있다. 5 특별히 할 말이 없다. 6 소심한 사람/ 조용한 곳 7 그것은 상상할 수 있는 가장 아름다운 것이었다. 8 그는 일자리를 찾기 위해 가능한 모든 수단을 동원했다. 9 그는 현존하는 최고의 시인이다. 10 그는 키가 크고, 잘생기고, 강건한 신사이다. 11 새로 건설된 터널의 길이는 약 20마일이라고 한다.

2 서술적 용법

보어가 되어 주어나 목적어를 간접적으로 수식한다.

 **출제포인트** 출제 빈도가 높은 서술 형용사(alike, alive)의 출제유형
서술적으로만 사용하는 형용사는 명사 앞에서 한정적으로 사용할 수 없음에 유의해야 한다.
Some toxins are produced by *alive bacteria. <alive는 서술적으로만 사용하는 형용사이므로 alive를 living으로 고쳐야 한다.>
elder-older/ living-alive/ lone-alone/ like-alike/ sleeping-asleep/ waking-awake 등의 구별이 잘 출제되는 사항이다.

① 주격보어나 목적보어로 쓰일 때

1	His excuse sounds **strange**, but it is true.	주격보어
2	The neighbor found him **dead** on his bed.	목적보어

② 준보어

3	He died **young/poor/rich**.	주격보어로서의 준보어 변화나 이동을 나타내는 완전자동사 뒤에 써서 주어의 내용을 보충해 주는 말로 준보어가 없어도 문장은 성립하기 때문에 주격보어와는 다르다.
4	She gave us our coffee **black**.	목적보어로서의 준보어

③ 서술적으로만 쓰이는 형용사

5	She is **afraid** of going there on her own.	a-로 시작하는 형용사는 명사 앞에 한정적으로 쓸 수 없다. afraid, alike, alive, alone, ashamed, asleep, astray, averse, awake, aware
6	The plan is still **afloat**.	
7	She was **awake** every night because of insomnia.	

④ 감정을 나타내는 형용사
content, fond, glad, liable, unable, upset, worth 등

8	They are **content** with their present salary.	be content with: ~에 만족하다
9	All men are **liable** to make mistakes.	be liable to: ~하기 쉽다, ~할 것 같다
10	He is **subject** to colds.	be subject to: ~에 영향을 받기 쉽다

1 그의 변명은 이상하게 들리지만, 사실이다. 2 이웃이 그가 침대 위에서 숨져 있는 것을 발견했다. 3 그는 어려서/가난하게/부자로 죽었다. 4 그녀는 우리에게 블랙커피를 주었다. 5 그녀는 혼자 그곳에 가는 것을 두려워한다. 6 그 계획은 아직 미정이다. 7 그녀는 불면증 때문에 매일 밤 깨어 있었다. 8 그들은 자신들의 현재 급여에 만족한다. 9 인간은 누구나 잘못을 저지르기 쉽다. 10 그는 감기에 쉽게 걸린다.

MSG+ 서술 형용사(a-로 시작하는 형용사)의 수식

very, much로 수식하지 않고, safely afloat(안전하게 떠 있는), all alight(빛나는, 타는), fast asleep(깊이 잠든), wide awake(아주 잠이 깨어, 빈틈없는), well aware(익히, 잘 알고 있는)로 한다. 서술 형용사의 수식어는 하나의 의미 단락으로 기억해야 한다.

a로 시작하는 형용사의 원리

40 Easy-Peasy Grammar!

일부 형용사들은 명사 앞에서 수식하는 것이 불가능하며, 명사 뒤에서만 설명할 수 있습니다. 예를 들어, alive, asleep, awake, alike, alone 등이 있습니다. 이러한 단어들이 명사 뒤에서만 수식할 수 있는 이유는 이 단어들이 원래 'a + 기본 단어'의 형태를 가지기 때문입니다.

예를 들어,
a + live (alive)   a + sleep (asleep)   a + wake (awake)

이러한 형식의 'a'는 과거에 to, toward, on과 같은 의미를 가진 전치사와 비슷한 역할을 했습니다. 전치사와 명사로 이루어진 전명구는 명사를 앞에서 수식하지 않고 뒤에서 설명해야 하는 규칙이 있었습니다. 이러한 이유로 인해 alive, asleep 등과 같은 형용사들은 현재까지도 명사를 뒤에서만 수식하는 형태로 사용되고 있습니다. 또한, 이 단어들 중 일부는 형용사뿐만 아니라 부사로도 사용될 수 있습니다. 예를 들어, alike는 형용사와 부사로 모두 사용되며, abroad는 '해외로'라는 뜻으로 부사로만 사용됩니다.

"서술 형용사의 원리"
서술 형용사가 명사를 앞에서 꾸밀 수 없는 이유를 YouTube를 통해 확인하세요!

3 한정적 용법과 서술적 용법에 따라 의미가 다른 형용사

① certain: 어떤/ 확실한

1	He arrived at a **certain** town.	어떤 마을
2	I am **certain** of his innocence.	be certain of: ~을 확신하다

② ill: 나쁜/ 아픈

3	**Ill** news runs apace.	나쁜
4	He cannot go with you because he is **ill** in bed.	아픈

③ late: 최근/ 고(故)/ 늦은

5	Do you know the **late** changes in the present government?	최근
6	The **late** Mr. Brown was a millionaire.	고(故)
7	Mr. Brown was **late** for the last train.	늦은

④ present: 현재의/ 참석한

8	What do you think of the **present** cabinet?	현재의
9	How many people were **present** at the meeting?	참석한

⑤ right: 오른쪽의/ 옳은

10	One woman has a microphone in her **right** hand.	한정: 오른쪽의
11	The **right** question is more important than the **right** answer.	한정: 옳은
12	It was quite **right** of you to refuse the offer.	서술: 옳은

1 그는 어떤 한 마을에 도착했다. 2 나는 그의 무죄를 확신한다. 3 나쁜 소식은 빨리 퍼진다. 4 그는 아파 누워있기 때문에 당신과 함께 갈 수 없다. 5 당신은 현 정부의 최근 변화를 알고 계십니까? 6 고인이 된 브라운씨는 백만장자였다. 7 브라운씨는 막차 시간에 늦었다. 8 현 내각을 어떻게 생각하십니까? 9 얼마나 많은 사람들이 회의에 참석했습니까? 10 한 여자가 오른손에 마이크를 들고 있다. 11 올바른 질문은 올바른 답보다 중요하다. 12 네가 그 제안을 거절한 것은 참 옳은 일이었다.

4 전치사적 형용사

전치사처럼 바로 뒤에 목적어를 취한다. like, unlike, near, worth, opposite 등이 있다.

① like vs. alike

1	His brother looks just **like** him.	전치사적 형용사 like는 명사 앞에 붙어서 '~와 닮다, ~처럼'의 의미를 갖는다.
2	He and his brother look **alike**.	서술 형용사 alike는 '닮다'의 의미를 갖는 서술 형용사이다. alike는 보어나, 명사 뒤에서만 사용되며, 명사 앞에서 한정적으로 사용할 수 없다.

② near vs. nearby

3	He puts the sewing machine **near** the window.	near는 서술적으로 쓰이면 전치사와 형용사 역할을 동시에 한다.
4	I sometimes meet friends in a **nearby**[near(×)] restaurant.	nearby는 형용사와 부사 역할만 할 수 있다. 형용사 → 관사보다 뒤
5	The car is parked **nearby**.	부사 → 문미
6	(cf.) The driver **nearly** had an accident	nearly ad. 거의(= almost)

③ worth vs. worthy

7	The picture is **worth *of** two thousand pounds. (×) The picture is **worth** two thousand pounds. (○)	be worth + (대)명사/ -ing/ while + to V
8	The book is **worth *to read** twice. (×) The book is **worth reading** twice. (○) = The book is **worthy to be read** twice.	be worth는 능동형 동명사만 취함 be worthy to be p.p. worthy 다음에 부정사가 올 경우는 수동의 부정사가 수반되어야 한다.

1 그의 동생은 그와 똑 닮았다. 2 그와 그의 형은 닮았다. 3 그는 재봉틀을 창문 옆에 두었다. 4 나는 가끔 친구들을 근처 식당에서 만난다. 5 그 차는 가까운 곳에 주차되어 있다. 6 운전자가 사고를 당할뻔했다. 7 그 그림은 2천 파운드의 가치가 있다. 8 그 책은 두 번 읽을 가치가 있다.

MSG+ as, like, such as의 비교

He works here **as** a teacher. <as: ~으로서(자격, 역할, 기능을 표시) → 동일성이 있음 (He = a teacher)>
He swims **like** a fish. <like: ~처럼 → 동일성이 없음 (He ≠ a fish)>
They are all men of letters **such as** Gibbon and Johnson. <such as: 예를 들면, ~와 같은>
그들은 모두 기번과 존슨과 같은 문학가다.

Unit 70 | 형용사의 어순과 위치

일반적으로 형용사의 수식을 받는 명사와 가장 관계가 깊은 형용사일수록 뒤로 가서 명사와 가까이 놓이는 것이 원칙이다.

전치한정사	한정사	수사		대소	형상	성질	신구	재료
		서수	기수					
all both half double ⋮	a[an] the my this that same these those ⋮	first second third ⋮	two three four ⋮	large big small tall ⋮	round shiny white gray ⋮	honest bad good ⋮	old new ⋮	wooden English ⋮

Ace Your Grammar!

형용사의 어순 ★

일반적으로 형용사의 수식을 받는 명사와 가장 관계가 깊은 형용사일수록 뒤로 가서 명사와 가까이 놓이는 것이 원칙인데 대체로, '전치한정사-한정사-서수-기수-대소-형상-성질-색채-연령-신구-재료'의 순이다.

_____ apples are delicious and juicy.

① Those dark red
② Dark those red
③ Those red dark
④ Red dark those

명사를 수식하는 한정사와 형용사의 어순을 묻는 문제이다. '한정사(Those) + 색채 형용사(red) + 명사(apples)'의 어순인데 여기에 '(색깔이) 진한'의 뜻인 dark가 red 앞에 온다.

저 검붉은 사과는 맛있고 과즙이 많다.

①

1 형용사의 열거 순서

① 명사 수식어의 순서
[전치한정사 + 한정사 + 수사(서수+기수) + 일반형용사 + 파생형용사] + 명사

1	**the first three** months in the year	
2	**the world's three largest** cities	
3	for **half an** hour	half는 전치한정사
4	a ***world new** record (×)/ **a new world** record (○)	명사적 형용사(world)가 명사를 수식하는 경우 형용사가 그사이에 올 수 없다.
5	**the first three beautiful Italian leather** handbags	

② 일반형용사의 어순

6	a **large round new wooden** table	대소 + 형상 + 성질 + 신구 + 재료

1 그 해의 첫 3개월 2 세계 3대 도시 3 30분 동안 4 세계 신기록 5 최초의 아름다운 이탈리아 가죽 핸드백 3종 6 크고 둥근 새 나무 테이블

MSG +   전치한정사

all, both, half, 배수사(double, twice, three times) 등으로, all, both, half 뒤에는 전치사 of가 올 수 있지만, 배수사 뒤에는 전치사 of가 올 수 없다.
all (of) the soldiers/ **both** (of) his brothers/ **half** (of) the water
all/ both/ half of them <대명사가 올 때는 반드시 전치사 of가 쓰임>
double *of the speed (×)/ **double** the speed (○)

2 수사표현

① 수사 + 명사

1. I have just finished **a twenty page assignment**.   '수사 + 명사'가 명사 앞에 와서 형용사 역할을 할 때는 명사를 단수로 표시한다.

② 수사 + more + 명사 / more than 수사 + 명사

2. You must wait **three more months** for a delivery of the new car.   another three months의 의미이고, more three months는 틀린 표현이다.

③ 수사를 명사와 같이 읽을 때
the + 서수 + 명사 = 명사 + 기수

3. act I = **the first** act = act **one**
4. chapter V = **the fifth** chapter = chapter **five**
5. World War II = **the Second** World War = World War **Two**
6. (cf.) Elizabeth II = Elizabeth **the Second**   인명 + 숫자 (서수로 읽음)

④ room/ gate/ track/ flight
순서가 없는 명사는 서수를 사용하지 않고 '명사 + 기수'로만 읽는다.

Flight 14 = Flight **fourteen**

Gate 4 = Gate **four**

Room 2 = Room **two**

⑤ 분수
분자는 기수, 분모는 서수로 읽는다. 분자가 2 이상일 때 분모는 복수로 한다.

1/2 = a[one] half	1/3 = a[one] third	1/4 = a[one] quarter
	2/3 = two-third**s**	3/4 = three-fourth**s**

1 방금 20페이지 분량의 과제를 마쳤어요. 2 새 차가 배송되려면 3개월 더 기다려야 합니다. 3 제1막 4 제5장 5 제2차 세계대전 6 엘리자베스 2세

41 Easy-Peasy Grammar!
something hot은 되고 hot something은 안되는 이유

some, any, no가 -thing, -body, -one과 결합할 때, 형용사는 반드시 대명사 뒤에 위치해야 하는 문법적인 특징이 있습니다.

something hot (○)   *hot something (×)
anyone sleepy (○)   *sleepy anyone (×)
nobody honest (○)   *honest nobody (×)

이러한 형용사 순서 규칙은 something, anyone, nobody가 한정사의 역할을 하기 때문입니다. 형용사의 어순에서 한정사는 일반 형용사보다 앞에 나와야 한다는 규칙을 기억해야 합니다. 이 규칙을 적용하면, something을 사용할 때 hot이라는 형용사는 some 앞에 올 수 없습니다. 그래서 이 형용사를 대명사 뒤에 배치해야만 합니다. 이러한 규칙은 this kind man이 옳고, kind this man이 틀린 것과 같은 원리입니다.

this kind man (○)   *kind this man (×)

위와 같은 규칙을 이해하면, 해당 문법 구조를 쉽게 파악할 수 있습니다.

"형용사의 어순"
hot something으로 사용하면 안 되는 이유를 YouTube를 통해 확인하세요!

Unit 71 주의해야 할 형용사 구문

동사와 마찬가지로 형용사도 특정한 문장성분을 수반한다. 형용사의 종류에 따라 뒤에 to부정사가 오는지, 또는 that절이 오는지를 구분해야 한다.

Ace Your Grammar!

이성적 판단의 형용사 + that + 주어 + (should) 동사원형 ★★★

가주어 it에 대한 진주어로 "for ~ to 부정사"만을 취하는 형용사, 진주어로 "that절"만을 취하는 형용사, "사람의 성질을 나타내는 형용사", "사람을 주어로 할 수 없는 형용사", "이성적 판단의 형용사의 that절" 등 형용사의 종류에 따른 다양한 구문을 익혀야 한다.

The ①irritable sergeant ②was insistent that nothing ③supersedes the drilling of ④the forty new men.　　(2014 동덕여대)

이성적 판단을 나타내는 advisable, essential, imperative, insistent 등과 같은 형용사가 쓰인 'S + V + 형용사 + that절' 구조에서 that절 안의 동사는 '(should) 동사원형'으로 써야 한다. ③을 (should) supersede로 고쳐야 올바른 문장이 된다. ④ 형용사의 어순 '한정사-수사-대소-신구-재료-명사'에 의거해 올바른 순서로 쓰였다.

화가 난 하사관은 어떤 것도 신병 40명의 훈련을 대신하지 못한다고 주장했다.　　③

1 가주어-진주어 구문

① It is + 형용사 + for + O + to부정사
hard, difficult, easy, tough, possible, impossible, dangerous, nice, good, pleasant 등

1. **It is** *difficult* **for me to persuade** her.
   = **She is** *difficult* for me to persuade. 부정사의 목적어를 문장의 주어로 쓸 수 있다.

   (cf.) **It is** difficult *that I persuade her. (×) It is ~ that 구문 사용 불가

② It is + 형용사 + of + O + to부정사
사람의 성질[성향]을 나타내는 형용사: kind, wise, clever, silly, foolish, cruel, brave, careless, rude, wrong, right 등

2. **It** was very *brave* **of** you **to tell** him the truth.
   = **You** were very *brave* to tell him the truth. 부정사의 의미상의 주어를 문장의 주어로 쓸 수 있다.

③ It is + 형용사 + that S + V
apparent, certain, clear, evident, fortunate, likely, obvious, probable, true, uncertain 등

3. It is *certain* *for her to win the contest. (×) It is 형용사 for 사람 to부정사 구문 사용 불가
   It is *certain* **that** she will win the contest. (○)

4. (cf.) **He** is *certain* to form such a view of the life of men. certain, uncertain, likely, unlikely의 경우는 사람을 주어로 할 수 있다.

④ It is + 형용사 + for + O + to V = It is + 형용사 + that S + (should) + 동사원형
embarrassing, essential, important, natural, necessary, regrettable, strange, surprising, urgent, vital, insistent 등 감정적, 이성적 판단의 형용사가 해당된다.

5. **It** is *necessary* **for** you **to answer** the question.
   = **It** is *necessary* **that** you **(should) answer** the question.

⑤ 사람을 주어로 할 수 없는 형용사
convenient, difficult, impossible, necessary, dangerous, easy, important, painful, useful, hard, natural, regrettable, useless

6. *Mary is *impossible* to master English. (×) impossible은 사람을 주어로 할 수 없다.
   It is *impossible* **for** Mary **to master** English. (○) It is ~ for(사람) to…구문 사용

7. He is *hard* to please. 주어가 to부정사의 의미상의 목적어일 경우는 주어가 사람이 될 수 있음

⑥ 사람만을 주어로 하는 형용사(무생물을 주어로 쓸 수 없음)
happy, anxious, afraid, proud, surprised, glad, willing, thankful, angry, ashamed, exited, sorry, delighted, sure, pleased

8. I am **sure** that she will succeed.

9. She is **proud** of being rich.

---

1 내가 그녀를 설득하는 게 어렵다. 2 당신이 그에게 진실을 말한 것은 정말 용감했어요. 3 그녀가 대회에서 우승할 것은 확실하다. 4 그는 인간의 삶에 대해 그런 견해를 갖고 있을 것이 틀림없다. 5 당신은 그 질문에 대답해야 한다. 6 메리가 영어를 완전히 익히는 것은 불가능하다. 7 그는 비위 맞추기가 어렵다. 8 나는 그녀가 성공할 것이라고 확신한다. 9 그녀는 부자인 것을 자랑스러워한다.

MSG+ pleasant/ pleased, satisfactory/ satisfied, imaginative/ imaginable, healthy/ healthful은 주어가 사람이냐 사물이냐에 따라서 형용사가 달라진다.

Your work was **satisfactory**. (사물 주어)
I was **satisfied** with your work. (사람 주어)

2 용법에 유의해야 할 수량형용사(Unit 62 명사의 수량표시 참조)

① few, a few: 수의 개념에 사용
little, a little: 양의 개념에 사용

1	He has **few** friends.	few: (부정적) 거의 없는, 극히 소수의(= not many, hardly any)
2	I'd like to ask you **a few** questions, if you don't mind.	a few: (긍정적) 조금(은) 있는, 몇 개의
3	**Quite a few** people step into the journalism field.	quite a few: 상당수의
4	He has very **little** hope[chance] of recovery.	little: (부정적) 조금밖에 없는, 거의 없는
5	With **a little** revising, that story would make a great novel.	a little: 약간의
6	Citizens were **not a little** surprised by the scandal.	not a little: 적지 않은, 많은

② many / much

7	**Many** men *have* repeated the same mistakes. = **Many a** man *has* repeated the same mistakes. = **A great (good) number of** men *have* repeated the same mistakes.	many + 복수명사 + 복수동사 = many + a + 단수명사 + 단수동사 = a great (good, considerable) number of 복수명사 + 복수동사
8	Machines save us **much** time and trouble. = Machines save us **a great amount of** time and trouble.	much + 단수명사(불가산명사) = a great deal[amount, quantity] of + 불가산명사

③ high / low를 수식어나 보어로 하는 명사
cost, demand, income, price, rate, salary, speed, temperature, wage 등

9	The *price* of this book is **high**.	물건이 '싸다/비싸다'는 cheap/expensive로 하고,
10	Many employees complained about **low** *salaries*.	가격(price)은 high/low를 쓴다.

④ large나 small을 수식어나 보어로 하는 명사
amount, attendance, audience, family, number, population, sum 등

11	The *number* of applicants was **large**.
12	There was a **small** *attendance* at the meeting.

1 그는 친구가 거의 없다. 2 괜찮으시다면 몇 가지 질문을 드리겠습니다. 3 적지 않은 (상당수의) 사람들이 언론 분야에 뛰어들고 있다. 4 그가 회복될 가망은 거의 없다. 5 조금 다듬으면 그 이야기는 좋은 소설이 될 것이다. 6 시민들이 그 사건에 적지 않게 놀랐다. 7 많은 사람들이 같은 실수를 반복했다. 8 기계는 많은 시간과 수고를 덜어준다. 9 이 책의 가격은 비싸다. 10 많은 직원들이 낮은 급여에 대해 불평했다. 11 지원자의 수가 많다. 12 그 회의에 참석자가 많지 않았다.

▶▶ **개념적용**
수량형용사의 용법

괄호 안에서 알맞은 것을 고르시오.

1. No other state receives as (few, little) rainfall as the state of Nevada.
2. Farmers in the U.S. are growing more corn than ever because the demand for biofuel ethanol is (high, large).

1. little/ few는 복수명사와 결합하여 사용하므로, little이 정답이다./ 어느 다른 주도 네바다주만큼 강우량이 적은 주는 없다. 2. high/ demand는 형용사 high/ low를 보어로 취하므로, high가 정답이다./ 미국의 농부들은 이전보다 더 많은 옥수수를 재배하는데, 바이오 연료인 에탄올에 대한 수요가 높기 때문이다.

3 형용사와 결합된 전치사

① be + 형용사 + about (대)명사: 걱정, 근심, 염려, 분노, 열정 등
angry, anxious, concerned, enthusiastic, furious, reasonable, upset, worried 등

1	I **am concerned about** the future.	be concerned about: ~에 관심을 가지다, 걱정하다
2	Parents **are enthusiastic about** their children's education.	be enthusiastic about: ~에 열정적이다

② be + 형용사 + at (대)명사: 분노, 초조, 실망, 능숙함, 감정 등
alarmed, astonished, bad, brilliant, clever, expert, good, poor, impatient 등

3	I **was alarmed at** the sudden noise.	be alarmed at: ~에 깜짝 놀랐다
4	I want **to be good at** English.	be good at: ~에 능숙하다

③ be + 형용사 + for (대)명사: 감사, 유감, 유명함, 능력, 자격, 적합 등
celebrated, competent, eligible, known, famous, fit, noted, responsible, sorry, suitable 등

5	Only those over 70 **are eligible for** the special payment.	be eligible for: ~할 자격이 있다
6	Everyone should **be responsible for** his or her actions.	be responsible for: ~에 책임이 있다

④ be + 형용사 + in (대)명사: 몰두, 전념, 종사, 전문, 관심, 개입, 흥미 등
assiduous, buried, engaged, engrossed, indulged, interested, rich, versed 등

7	He has **been assiduous in** studying grammar.	be assiduous in: ~을 열심히 하다
8	He only seems to **be interested in** personal gain.	be interested in: ~에 관심[흥미]이 있다

⑤ be + 형용사 + of (대)명사: 걱정, 우려, 염려, 의심, 고마움, 바람, 인식, 능력 등
aware, confident, conscious, convinced, envious, free, hard, ignorant, possessed, innocent 등

9	She **is aware of** her own failings.	be aware of: ~을 알다
10	I believe him to **be innocent of** the crime.	be innocent of: ~에 결백하다

⑥ be + 형용사 + on[upon] (대)명사: 의존, 몰두, 전념 등
bent, dependent, hard, keen, contingent, dependent, based, intent 등

11	He **is** very **keen on** tennis.	be keen on: ~에 열심이다
12	I'm a little **short on** cash right now.	be short on: ~가 부족하다

1 나는 미래에 대해 염려하고 있다. 2 부모들은 자녀들의 교육에 열정적이다. 3 나는 갑자기 난 소리에 깜짝 놀랐다. 4 나는 영어를 잘하고 싶다. 5 70세가 넘는 사람들만이 그 특별 수당을 받을 수 있다. 6 모든 사람은 자기 행동에 책임을 져야 한다. 7 그는 문법 공부를 열심히 해왔다. 8 그는 개인적인 이득에만 관심이 있는 것처럼 보였다. 9 그녀는 자신의 결점을 알고 있다. 10 나는 그가 그 범죄에 대해 결백하다고 믿는다. 11 그는 테니스에 매우 열심이다. 12 나는 지금 현금이 약간 부족하다.

혼동하기 쉬운 형용사

시험에 종종 출제되며, 철자가 비슷해서 혼동하기 쉽다.

 Ace Your Grammar!

적절한 형용사의 사용 ★★

beneficial(유익한 = useful)과 beneficent(인정 많은 = benevolent)와 같이 철자가 비슷해서 혼동하기 쉽다.

①Despite what I ②had heard about Dr. Smith, I found him ③to be a ④considerable and compassionate man. (2005 홍익대)

④ considerable은 man을 수식하기에 의미상 부적절하다. 사람의 성격을 나타내주는 considerate로 써야 한다.

스미스(Smith) 박사에 관하여 들은 것과는 다르게, 나는 그가 사려 깊고 동정심 많은 사람이라는 사실을 알게 되었다. ④

1 혼동하기 쉬운 형용사

amiable	상냥한, 호감을 주는	moderate	알맞은, 온건한
amicable	우호적인	modest	겸손한, 아담한
beneficial	유익한(= advantageous, useful)	momentary	순간적인(= temporary)
beneficent	인정 많은(= benevolent)	momentous	중대한, 중요한(= important)
classic	일류의, 전형적인	successful	성공적인
classical	고전주의의, 고전적인	successive	연속적인(= consecutive)
comparable	비교할 수 있는, 필적하는	childish	유치한
comparative	비교의, 비교적인(= relative)	childlike	어린이 같은, 귀여운
considerable	상당한; 중요한(= substantial; important)	contemptible	경멸받을 만한
considerate	사려 깊은, 이해심 많은(= thoughtful)	contemptuous	경멸하는, 멸시하는
credible	믿을 만한(= believable)	continuous	(중단 없이) 계속되는
credulous	잘 믿는, 속기 쉬운(= gullible)	continual	(띄엄띄엄) 계속 (되풀이) 되는
desirable	바람직한	confident	확신하는, 자신 있는(= certain)
desirous	원하는	confidential	은밀한, 비밀의(= secret)
economic	경제의, 경제학의	imperative	꼭 필요한, 단호한
economical	경제적인, 절약하는(= frugal, thrifty)	imperious	고압적인, 오만한; 긴급한, 중요한
enviable	부러워할 만한	luxurious	호화스러운
envious	부러워하는	luxuriant	기름진; 풍부한
healthy	(신체적으로) 건강한	memorable	기억될 만한, 잊을 수 없는
healthful	건강에 좋은	memorial	기념의, 추모의
historic	역사적인, 역사적으로 유명한	negligent	태만한, 부주의한
historical	역사적인, 역사에 관한	negligible	하찮은, 무시해도 좋은
industrial	산업[공업]의	uninterested	무관심한, 냉담한
industrious	근면한(= assiduous, diligent)	disinterested	공평한, 사심이 없는
ingenuous	솔직한, 순진한(= innocent)	valueless	무가치한, 하찮은
ingenious	영리한(= clever), 독창적인	invaluable	매우 귀중한

intelligent	지적인, 총명한	literal	문자의, 글자 그대로의
intellectual	지적인, 지능의	literary	문학의, 문학적인
intelligible	이해할 수 있는, 알기 쉬운	literate	읽고 쓸 줄 아는
respectable	존경할 만한, 훌륭한(= honorable)	sensible	분별 있는, 현명한(= reasonable, wise)
respectful	공손한, 예의 바른(= polite)	sensitive	민감한(= susceptible)
respective	각각의, 각자의(= individual)	sensual	관능적인
		sensuous	감각적인
		sensational	선풍적인, 선정적인

▶▶ 개념적용
의미에 유의해야 할 혼동하기 쉬운 형용사

괄호 안에서 알맞은 것을 고르시오.

1. People who easily believe without sufficient evidence are (credible, credulous).
2. It is the (industrial, industrious) man who always wins over the sluggish man.
3. The stock market is very (sensitive, sensible) to political change.
4. There was a (respective, respectful) two minute silence as we remembered the soldiers who has died in the war.
5. The company has made a policy of terminating employees who disclose the company's (confident, confidential) information.

1. credulous/ 충분한 증거도 없이 쉽게 믿는 사람들은 잘 속는다. 2. industrious/ 게으른 사람을 항상 이기는 사람은 바로 부지런한 사람이다. 3. sensitive/ 주식 시장은 정치적 변화에 민감하다. 4. respectful/ 전쟁에서 죽은 병사들을 애도하는 2분간의 묵념이 있었다. 5. confidential/ 그 회사는 회사의 기밀을 외부에 유출한 직원은 해고한다는 정책을 세웠다.

13 Review Test

형용사와 관련해서는 다음과 같은 내용이 자주 출제됩니다.

① 한정적 용법의 형용사와 서술적 용법의 형용사의 구별
② 적절한 의미의 형용사 선택의 문제
③ 사람만을 주어로 하는 형용사와 사람을 주어로 할 수 없는 형용사의 구별
④ 가주어 it에 대한 진주어로 for ~to 부정사만을 허용하는 형용사와 that절만을 허용하는 형용사의 구별
⑤ 형용사의 어순

이러한 내용들은 형용사 관련 문제를 해결하는 데 매우 중요하므로, 반드시 잘 숙지해 두어야 합니다.

[01-09] 다음 문장의 밑줄 친 부분에 가장 적절한 표현을 고르시오.

01 Those days the U.S. sculptors were exerting _____ over art.

① a worldwide influence great
② an influence worldwide great
③ great a worldwide influence
④ a great worldwide influence

02 It is important that someone searching for a job _____ this fact into consideration.

① take   ② takes
③ took   ④ has taken

03 I want to buy something colorful and _____ in your store.

① decoration   ② decorator
③ decorating   ④ decorative

04 I had to pay 10 dollars for this book. It's probably _____.

① worthy it   ② worth it
③ worthy them   ④ worth them

05 Is it necessary _____ the book immediately?

① for him to return   ② that he returns
③ his returning   ④ to him return

06 "Do you like Chinese food served in American restaurants?"

"It's not bad but I prefer _____."

① Chinese food authentically
② Chinese authentic food
③ food Chinese authentically
④ authentic Chinese food

07 Scientists are searching for the oldest _____ because it can teach them a great deal about many matters.

① tree alive
② tree lively
③ alive tree
④ tree living

08 All the kids in the picture _____.

① look like
② look each other
③ look alike
④ resemble

09 "What's up?"

"Nothing serious. Barbara returned home _____."

① hungry
② hungrily
③ to be hungry
④ being hungry

[10-18] 다음 문장의 밑줄 친 부분 중 문법적으로 틀린 부분을 고르시오.

10 His performance was ①so amusing that most of the ②present people said that ③an hour was ④too short.

11 The mayor ①expressed concern about the large ②amount of people ③injured at ④crossings.

12 Flight ①is a very difficult ②activity ③for most ④alive things.

13 She ①apparently doesn't have ②a few ideas ③as to why the job wasn't finished ④in time.

14 Shells have served ①as currency ②in many lands and ③among many ④differently peoples.

15 ①It is very sorry ②to hear that you ③have been ill for ④a long time.

16 Since Americans are ①a blend of people from many countries, ②we are hard ③to find characteristics ④which apply to all of them.

17 After ①learning about marine pollution, students ②volunteered to pick up ③ocean bound plastic on the ④near coast.

18 The Bedlington terrier has a soft, ①fleecy coat, and the fur ②on its head is often trimmed ③so that its face ④looks alike a sheep's face.

19 다음 중 문법적으로 틀린 것을 고르시오.

① He is impossible to finish it in a day.
② It is evident that he loves her.
③ It is important for him to apply for the job.
④ I am sorry to hear the bad news.

20 밑줄 친 형용사가 올바르게 사용된 문장을 고르시오.

① Classroom experience is a valueless tool for success.
② Children are very sensitive; they all need love and attention.
③ The successful wars threw the country into chaos.
④ After racking his brain, he thought of an ingenuous idea.

Chapter 14

부사 (Adverb)

부사는 문장의 주요소가 아닌 수식어로, 주로 동사, 형용사, 또는 다른 부사를 수식하며, 생략해도 문장은 성립한다.

용법	구문	해석
동사 수식	The economy is **slowly** recovering.	경제가 **서서히** 회복되고 있다.
형용사 수식	You are **quite** right.	당신은 **아주** 옳다.
부사 수식	The negotiation is going **very** well.	협상이 **매우** 잘 되어 가고 있다.

Unit 73 부사의 역할, 형태

Unit 74 부사의 위치

Unit 75 부사의 어순

Unit 76 주의해야 할 부사의 용법

Unit 73 부사의 역할, 형태

It was *real good. (×)

부사의 위치에는 부사형을 사용해야 하므로 real을 really로 고쳐 "It was really good."으로 해야 한다.

Ace Your Grammar!

형용사와 부사의 구별 ★★
형용사는 주로 명사를 꾸며 대상의 성질이나 상태를 설명하고, 부사는 동사, 형용사, 다른 부사, 또는 문장 전체를 꾸며 동작의 방식, 시간, 빈도, 정도 등을 나타낸다.

Did your team play _____? (2021 덕성여대)
① good or bad
② good or badly
③ well or bad
④ well or badly

빈칸에는 동사 play를 수식하는 부사가 필요하다. good과 bad는 형용사이고, well과 badly는 부사이므로 빈칸에는 ④가 적절하다.
당신의 팀은 경기를 잘했나요, 아니면 못 했나요? ④

1 부사의 역할

동사, 형용사, 부사, 문장 전체를 수식하는 역할을 한다. 일부의 부사를 제외하고는 명사(대명사)를 수식하지 않는다.

1	The doctor *examined* his patient **carefully**.	동사 수식
2	That investment is **too** *risky* for us.	형용사 수식
3	She pronounced the word **very** *slowly*.	부사 수식
4	The pilot avoided a collision by changing course **just** *in time*.	부사구 수식
5	My wife wants a divorce **simply** *because she is not happy with me*.	부사절 수식
6	**Fortunately**, *no one was hurt in the accident*.	문장 전체 수식
7	We *have lived* here **five years**. (= for five years)	대격부사: '전치사 + (시일, 기간, 거리의) 명사'의 부사구에서, 앞에 있던 전치사가 생략되어 명사만으로 부사구를 대신하는 명사를 대격부사라고 한다.
8	(cf.) **Even** *a fool* can solve the problem.	일부 초점 부사(even, only, just, almost 등)로 명사, 대명사 앞에서 수식할 수 있다.

1 그 의사는 자신의 환자를 주의 깊게 진찰했다. 2 그 투자는 우리에게 너무 위험하다. 3 그녀는 그 단어를 아주 천천히 발음했다. 4 조종사는 때마침 항로를 변경하여 충돌을 피했다. 5 아내는 단순히 나와 함께하는 게 행복하지 않다는 이유로 이혼을 원한다. 6 다행히도 그 사고로 다친 사람은 아무도 없었다. 7 우리는 이곳에서 5년 동안 살아왔다. 8 심지어 바보라도 그 문제를 풀 수 있다.

2 부사의 형태

① 부사를 만드는 방법: 대부분 "형용사 + -ly"의 형태를 취하며, 다음과 같은 경우는 주의를 요한다.

어미의 형태	만드는 방법	예
-y	y를 i로 바꾸고 -ly를 더한다.	easy — easily/ heavy — heavily
-ue	e를 없애고 -ly를 더한다.	true — truly/ undue — unduly
-le	e를 없애고 -y를 더한다.	noble — nobly/ gentle — gently
-ic	ally를 더한다.	dramatic — dramatically
-ll	-y를 더한다.	full — fully/ chill — chilly

1	She said that I played my radio too **loudly**.	
2	(cf.) His smile was warm and **friendly**.	명사 + ly = 형용사: friendly, costly, lovely, lively, orderly 등
3	(cf.) Her story was published in a **weekly** magazine. <형용사>	명사에 -ly를 붙여 형용사 및 부사로 사용하는 경우
4	The newspaper is published twice **weekly**. <부사>	hourly, daily, weekly, monthly, quarterly, yearly
	(cf.) lonely, likely, ugly, silly, cowardly, friendly 등	부사로 혼동되는 형용사

② -ly가 붙지 않는 부사: 형용사와 동일한 형태인 부사
early, enough, near, late, fast, hard, high, ill, right, wrong, far, long 등

5	Children grow up so ***fastly(×)/fast(○)** these days.	형용사 fast의 부사형은 fast이다. fastly라는 단어는 사용하지 않는다.

③ -s를 붙여 부사가 되는 경우
upstairs, downstairs, outdoors, indoors 등

6 The man ran **downstairs** and picked up the telephone.

1 그녀는 내가 라디오를 너무 크게 틀었다고 말했다. 2 그의 미소는 따뜻하고 다정했다. 3 그녀의 이야기가 주간지에 실렸다. 4 그 신문은 매주 두 번 발행된다. 5 요즘 아이들은 너무 빨리 자란다. 6 그 남자는 아래층으로 뛰어 내려가 전화를 받았다.

④ -ly가 붙으면 의미가 달라지는 부사

1. We arrived an hour **late**.
   I think you have spent too much money **lately**.

   late: 늦게
   lately: 최근에

2. The athletes have been practicing **hard** for the competition.
   I could **hardly** endure the pain.

   hard: 열심히; 세게
   hardly: 거의 ~않다

3. He threw the ball **high** into the air.
   She is a **highly** educated woman.

   high: 높게 (위치); 비싸게 (가격)
   highly: 대단히 (정도)

4. Still waters run **deep**.
   He was **deeply** moved by her speech.

   deep: 깊게
   deeply: 대단히 (정도)

5. The door is **wide** open.
   He has traveled **widely**.

   wide: 크게, 활짝
   widely: 널리; 상당히 (정도)

6. She's one of the **most** experienced teachers in the district.
   You are a **most** unusual person.
   The tourists in Rome were **mostly** Asians.

   most: 가장 (최상급)
   매우(= very)
   mostly: 대개는, 대체로(= mainly)

1 우리는 한 시간 늦게 도착했다./ 최근에 당신은 돈을 너무 많이 소비한 것 같다. 2 선수들은 대회를 위해 열심히 훈련해 왔다./ 나는 고통을 거의 참을 수 없었다. 3 그는 공을 공중으로 높이 던졌다./ 그녀는 교육 수준이 높은 여성이다. 4 잔잔한 물이 깊이 흐른다./ 그는 그녀의 연설에 깊은 감동을 받았다. 5 문이 활짝 열렸다./ 그는 여행을 많이 다녔다. 6 그녀는 이 지역에서 가장 경험이 많은 교사 중 한 명이다./ 당신은 매우 특이한 사람이다./ 로마의 관광객들은 대부분 아시아인이었다.

MSG+ -ly가 붙어도 의미 차이가 없는 부사

loud(ly) 크게   quick(ly) 빨리   slow(ly) 천천히   cheap(ly) 값싸게
clean(ly) 깨끗하게   fine(ly) 훌륭하게   thin(ly) 얇게, 가늘게 등

▶▶ **개념적용**

-ly가 붙으면 의미가 달라지는 부사

다음 중 밑줄 친 부사가 잘못 사용된 것을 고르시오.

① He was <u>highly</u> praised by his teacher.
② The playground was frozen <u>hard</u>.
③ Her story touched us all <u>deeply</u>.
④ He usually goes to bed <u>lately</u>.

①의 highly는 분사 앞에서 미유직으로 '높이, 매우' 등의 의미로 사용된다. ②의 hard는 부사로 '단단히, 굳게'의 의미로 사용된다. ③의 deeply는 부사로 '(대단히 몹시의 뜻으로) 깊이[크게]'의 의미로 사용된 용례이나. ④의 lately는 '최근의, 요즘'의 의미이므로 '늦게'의 의미를 갖는 late로 고쳐야 한다.

① 그는 선생님으로부터 매우 칭찬을 받았다. ② 운동장이 꽁꽁 얼었다. ③ 그녀의 이야기는 우리 모두에게 깊은 감동을 주었다. ④ 그는 보통 늦게 잠자리에 든다.   ④

42 -ly형 부사의 기본 특징

일반적으로 -ly를 붙이면 부사가 되는 경우가 많지만, 모든 경우가 이에 해당하는 것은 아닙니다. -ly가 붙는 단어의 종류에 따라 의미가 달라질 수 있으므로 주의가 필요합니다.

① 형용사 + -ly = 부사

    kind(형용사) + -ly = kindly(부사)
    친절한   친절하게

② 명사 또는 동사 + -ly = 형용사

    love(명사 또는 동사) + -ly = lovely(형용사)
    사랑   사랑스러운

    cost(명사 또는 동사) + -ly = costly(형용사)
    비용   비용이 드는, 비싼(형용사)

③ 형용사/부사 + -ly = 부사(의미가 달라짐)

    late(형용사) + -ly = lately(부사)   (cf.) late (형용사) = late (부사)
    늦은   최근에(부사)   늦은   늦게

④ 시간명사 + -ly = 형용사/부사

    day(명사) + -ly = daily(형용사/부사)
    하루   매일의(형용사)/매일 (부사)

Unit 74 | 부사의 위치

Ace Your Grammar!

부사 enough의 위치 ★

enough가 형용사나 부사를 수식할 때는 뒤에 오고, 명사를 수식할 때는 명사 앞에도, 뒤에 올 수 있다. 그리고 enough 다음은 'to부정사'나 'for 명사'가 주로 이어지며 'for 동명사'는 답이 되지 않는다.

He will not be _____ to vote in this year's election.

① old enough ② enough old
③ as old enough ④ enough old as

enough가 부사로서 형용사나 부사를 수식할 때는 항상 후치 수식한다. e.g.) He ran fast enough to win the race.

그는 올해 선거에서 투표할 수 있을 정도의 나이가 되지는 않을 것이다. ①

1 부사의 종류에 따른 위치

부사의 위치는 크게 문두, 문중, 문미로 나눌 수 있다. 모든 부사가 이 세 가지 위치 모두에 올 수 있는 것은 아니다. 특정한 종류의 부사는 어느 하나의 위치에만 올 수 있는 것들도 있다. 부사의 위치 변화는 서로 다른 의미를 유도할 수 있으므로 사용 시 주의가 필요하다.

① 동사를 수식하는 경우

1	The rumor *spread* **quickly** throughout the city.	자동사를 수식할 때는 동사 뒤에 위치한다.
2	He *explained* the situation **clearly**. = He **clearly** *explained* the situation.	타동사를 수식할 때는 동사 앞이나 목적어 뒤에 위치한다.
3	(cf.) He understood **perfectly** what his wife felt.	타동사 + 부사 + 목적어(목적어가 길 경우)

② 조동사/be동사 + 부사 + 본동사/-ing/p.p.

4	He *could* **scarcely** *recognize* his old friend.	
5	The building *was* **severely** *damaged* in the earthquake.	

③ 빈도부사와 정도부사는 be동사·조동사 뒤, 일반동사 앞에 위치한다.
  빈도부사: always, often, usually, sometimes, hardly, rarely, never 등
  정도부사: almost, barely, entirely, fairly, nearly, quite, rather, somewhat 등

6	He *was* **always** negligent in performing his tasks.	be동사 뒤에 위치
7	Justice Douglas **often** *casts* a dissenting opinion.	• 본동사 앞에 위치
8	I *have* **almost** *forgotten* what she looks like.	조동사와 본동사 사이에 위치
9	(cf.) It's *a quite small house. (×) It's **quite** a small house. (○)	quite가 '형용사 + 명사'와 함께 쓰일 때는 a나 an앞에 온다.

④ 강조부사
  강조부사는 actually, really, definitely, certainly, surely로 부정어 전후에 위치하지만, 수식하던 형용사가 생략되면 be동사나 조동사 앞에 위치한다.

10	I **really** don't know him.	
11	Microscopes make small things appear larger than they **really** are.	really가 수식하던 large가 생략되어 are 앞으로 나간 경우

⑤ still의 위치

12	She **still** *dislikes* him.	still + 일반동사
13	He *is* **still** standing.	be동사[조동사] + still
14	(cf.) He is standing **still**.	형용사, 유사보어
15	He **still** *hasn't* finished the work. = He *hasn't* finished the work **yet**.	부정문에서 조동사 앞에 쓰인다.

1 소문이 빠르게 도시 전체에 퍼졌다. 2 그는 그 상황을 분명히 설명했다. 3 그는 아내가 느끼는 감정을 완벽하게 이해했다. 4 그는 자신의 옛 친구를 거의 알아보지 못했다. 5 그 건물은 지진으로 심하게 파손되었다. 6 그는 항상 임무를 수행하는 데 소홀했다. 7 더글러스 판사는 종종 반대의견을 던진다. 8 나는 그녀가 어떻게 생겼는지 거의 잊어버렸다. 9 그것은 꽤 작은 집이었다. 10 나는 그를 정말 모른다. 11 현미경은 작은 물체를 실제보다 크게 보이게 만든다. 12 그녀는 여전히 그를 싫어한다. 13 그는 아직도 서 있다. 14 그는 가만히 있다. 15 그는 아직도 일을 끝내지 못했다.

⑥ enough의 위치
수식하는 형용사나 부사 바로 뒤에 위치하며, 보통 'to부정사'나 'for + 명사'를 수반한다.

16 I was *foolish* **enough** to believe her.
17 She sings *well* **enough**.
18 (cf.) I don't have **enough** *money* to buy a car.
    = I don't have *money* **enough** to buy a car.

형용사 enough는 명사 앞, 뒤 둘 다 가능하다.

16 나는 그녀를 믿을 만큼 충분히 어리석었다. 17 그녀는 노래를 꽤 잘한다. 18 나는 차를 살 돈이 충분하지 않다.

▶▶ **개념적용**
빈도부사 always의 위치

다음 중 always의 위치가 잘못된 것을 고르시오.

① He is always right.
② He is always at home on Sundays.
③ You should come always to class early.
④ She has always worked hard.

빈도부사 always는 조동사와 본동사 사이에 위치하므로, ③은 "You should always come to class early."가 되어야 한다.

① 그는 항상 옳다. ② 그는 일요일에는 항상 집에 있다. ③ 당신은 항상 수업에 일찍 와야 한다. ④ 그녀는 항상 열심히 일했다.

③

Unit 75 | 부사의 어순

1 부사의 어순

① 시간·빈도부사가 겹칠 때: 같은 종류의 부사구가 여러 개 오면, 작은 단위의 부사를 먼저 쓴다.
　짧은 시간(빈도) → 긴 시간(빈도)순

1　He was born **at 11 a.m. on April 23 in 1939**.
2　She felt his pulse **hourly each day**.
3　I was there **for a month** or so **every year during my childhood**.

② 문미부사는 양태 → 장소 → 빈도 → 시간의 부사 순서로 쓰는 것이 일반적이다.

4　She sang **perfectly in the town hall last night**.
5　This medicine must be taken **three times every day**.

③ 왕래발착동사 뒤에는 장소 → 양태 → 빈도 → 시간의 부사 순서로 쓴다.

6　I arrived **here safely yesterday**.
7　He drove **quickly this morning**.

1 그는 1939년 4월 23일 오전 11시에 태어났다. 2 그녀는 매일 매시간 맥박을 짚었다. 3 나는 어린 시절에 매년 한 달 정도 그곳에 있었다. 4 그녀는 어젯밤 시청에서 노래를 완벽하게 불렀다. 5 이 약은 매일 세 번 복용해야 한다. 6 나는 어제 여기에 안전하게 도착했다. 7 그는 오늘 아침 과속했다.

▶▶ **개념적용**
부사구가 겹칠 때의 어순

"＿＿＿＿＿"
"So did I."

① I saw them last Saturday at the game.
② I saw them at the game last Saturday.
③ I saw at the game them last Saturday.
④ I saw last Saturday them at the game.

부사(구)가 겹칠 때는 일반적으로 '양태[방법]부사 + 장소부사 + 시간부사'의 어순이 된다. 타동사와 목적어 사이에는 부사를 쓰지 않으므로 ③과 ④는 틀렸다. e.g.) He is supposed to arrive in Seoul tomorrow morning.
"저는 지난 토요일 경기에서 그들을 봤어요." "저도 그들을 봤어요."　②

Unit 76 | 주의해야 할 부사의 용법

Ace Your Grammar!

비교급 수식 부사 much ★★

비교급 및 최상급을 수식하는 부사로 much 대신에 very를 넣어 헷갈리게 만드는 문제가 종종 출제되니 두 부사의 사용법에 유의해야 한다.

①<u>**Maintaining**</u> a common good often ②<u>**requires**</u> that particular individuals or particular groups ③<u>**bear costs**</u> that are ④<u>**very**</u> greater than those borne by others.　　　　　　　(2008 서경대)

very는 원급을 수식하므로, 비교급을 수식하기 위해서는 much가 되어야 한다. ④를 much로 고친다. ①은 문장의 주어로 쓰인 동명사이고, ②는 동명사가 주어이므로 단수 동사로 쓴 것이다. ③ 주장, 제안의 동사 require가 이끄는 that절에서 동사는 '(should) 동사원형'이 온다.

공공의 이익을 유지하려다 보면 종종 특정 개인이나 특정 집단들은 다른 개인이나 집단들이 감내하는 것보다 훨씬 더 큰 희생을 견뎌야 할 필요가 있게 된다.　　　　　　　④

1 very, much

① very
형용사·부사 원급/ 현재분사/ 형용사화된 과거분사를 수식

1	They are smoking **very** *heavily*.	부사의 원급 수식
2	I am **very** *glad* to see you.	형용사의 원급 수식
3	My father has had a **very** *interesting* life.	현재분사 수식
4	She was **very** *tired* when she arrived home.	형용사화된 과거분사 수식

② much
형용사·부사의 비교급 및 최상급/ 과거분사/ 동사, 형용사구, 부사구를 수식

5	I like coffee **much** *better* than tea.	비교급 수식
6	He who *works* **much** will advance **much**.	동사 수식
7	The teacher is **(very) much** respected by his students.	과거분사 수식: 동사적 성질이 강한 수동태로 쓰인 과거분사는 much나 very much를 쓴다.
8	His answer is **much** *to the point*.	부사구 수식, to the point: 간단명료한, 간결한
9	(cf.) *Thank* you **very much**!	긍정문에서 동사를 수식할 때는 very, so, too 등을 수반한다. very much는 much와 같은 용법으로 쓰인다.
10	(cf.) He was **much** *ashamed* of his behavior.	afraid, alike, ashamed, aware 등은 much가 수식하는 것이 원칙이지만, 구어에서는 very도 가능하다.

③ too much + 명사
much too + 형용사/ 부사

11	He is burned out from ***much too** work*. (×) He is burned out from **too much** *work*. (○)	too는 부사라서 명사 work를 바로 수식할 수 없다. too(부사) + much(형용사) + work (명사)
12	She is **much too** *old* to have a baby.	much는 형용사의 원급을 수식할 수 없다. much(부사) + too(부사) + old(형용사)

1 그들은 담배를 너무 많이 피운다. 2 만나서 정말 반갑습니다. 3 나의 아버지는 매우 흥미로운 삶을 살았다. 4 그녀는 집에 도착했을 때 매우 피곤했다. 5 나는 차보다 커피를 훨씬 좋아한다. 6 일을 많이 하는 사람은 발전도 많이 할 것이다. 7 그 선생님은 학생들로부터 많은 존경을 받는다. 8 그의 대답은 매우 간단명료하다. 9 매우 감사해요. 10 그는 자기 행동을 매우 부끄러워했다. 11 그는 너무 많은 일로 인해 지쳐있다. 12 그녀는 아기를 갖기에는 너무 늙었다.

2 already, yet, still

① already: 긍정문(이미, 벌써)

1. She has **already** won several medals in the Olympics.
2. The price is **already** marked down.
3. (cf.) Is he back **already**? — 의문문에 쓰면 '놀람'의 뜻

② yet: 긍정의 의문문에서는 '벌써'의 뜻으로 문미에 위치한다. 부정문에서는 '아직'이란 의미로 쓰인다.

4. Have you finished the work **yet**?
5. - Yes, I **already** have.
6. - No, I haven't **yet**. — not yet: 아직은 ~아니다
7. The crops **have yet to** be harvested. — have yet to V: 아직 ~하지 않다

③ still은 긍정문에서 be·조동사 뒤, 일반동사 앞, 부정문에서는 부정어 앞에 위치한다.

8. They **still** have not responded to his proposal. — have p.p.에서 have가 조동사이므로 still이 have 앞에 위치
9. Indigenous people **still** use sticks to make a fire. — still은 긍정문에서 일반동사 use 앞에 위치
10. It's **still** not certain whether the meeting will go ahead as planned. — still은 부정문에서 부정어 앞에 위치

1 그녀는 이미 올림픽에서 몇 개의 메달을 땄다. 2 가격이 이미 인하되었다. 3 그가 벌써 돌아왔나요? 4 그 일을 벌써 끝냈습니까? 5 네, 이미 끝냈어요. 6 아니요, 아직요. 7 농작물들이 아직 추수되지 않았다. 8 그들은 그의 제안에 아직 응답하지 않았다. 9 토착민들은 불을 지피기 위해 여전히 나뭇가지를 사용한다. 10 회의가 계획대로 진행될지는 아직 확실하지 않다.

3 ago, before, since

① ago: '시간 + ago'의 형태로 항상 과거시제와 함께 쓰인다. 단, 가정법 구문에서는 과거완료시제와 같이 쓸 수 있다.

1. His father *passed away* **ten years ago**.

② before: '시간 + before'의 형태(과거를 기점으로 ~이전에) → 과거완료와 함께 쓰인다.
before 단독으로 사용될 때 → 과거, 현재완료, 과거완료에 모두 쓰인다.

2. I *met/ have met/ had met* her **before**. — before 단독으로 사용될 때
3. I *had met* her **two years before**. — 시간 + before
4. He *died* **ten years ago** and his wife *had died* **ten months before**. — S + 과거 + 시간 + ago and S + 과거완료 + 시간 + before

③ since

5. He *has never been* heard of **since**. — 현재완료와 함께 사용(그 이후 계속하여)
6. I *met* him in Paris three years **since**. — 현재를 기준으로 한 과거(ago가 더 일반적임)
7. His grandmother *had died* one month **since**. — 과거를 기준으로 한 과거(before와 동일용법)

1 그의 아버지가 10년 전에 돌아가셨다. 2 나는 그녀를 이전에 만난 적이 있다. 3 나는 그녀를 2년 전에 만났다. 4 그는 10년 전에 죽었는데, 그의 부인은 그보다 10개월 전에 죽었다. 5 그 이후 그의 소식은 끊어졌다. 6 나는 3년 전에 파리에서 그를 만났다. 7 그의 어머니는 그로부터 한 달 전에 돌아가셨다.

4 too, either, as well

① too: 긍정문에 사용

1	My parents *were* happy with the decision, **too**.	또한, 역시
2	If one person yawns, everyone else seems to start **too**.	

② either: 부정문에 사용

3	My parents *were not* happy with the decision, **either**.	어느 것인가, 또는 ~이든가, ~도 또한
4	I don't think his speech made any sense, **either**.	

③ as well

5	My parents *were* happy with the decision, **as well**.	긍정문(마찬가지로, 또한), 긍정, 부정문 무관

1 부모님도 그 결정에 기뻐했다. 2 한 사람이 하품을 하면 다른 사람들도 따라 하는 것 같다. 3 부모님도 그 결정에 만족하지 않았다. 4 나 역시 그의 연설이 말이 안 된다고 생각한다. 5 부모님도 그 결정에 기뻐했다.

5 good, well

① good: 형용사로만 쓰인다.

1	She is quite a **good** speaker.	quite a + 형용사 + 명사(아주 ~한)

② well: 형용사(만족스러운, 건강한)/ 부사(잘, 훌륭하게, 좋게)

2	She plays the piano very **well**.	부사
3	He is **well** enough to travel.	형용사

1 그녀는 아주 말을 잘하는 사람이다. 2 그녀는 피아노를 아주 잘 연주한다. 3 그는 여행을 하기에 충분히 건강하다.

6 Two-Word Verb(2어 동사)

부사는 명사 목적어 앞, 뒤에 올 수 있고 대명사 목적어 뒤에 오지만, 전치사는 목적어가 명사든 대명사든 항상 목적어 앞에 온다.

① 타동사 + 부사: 기본 동사와 전치사적 부사가 결합하여 다양한 의미의 숙어 형성
bring about, call off, give out, give up, make out, pick up, put off, put on, turn down, turn on 등

1	I can't **give** *the opportunity* **up**. (○)	목적어가 명사인 경우: 타동사 + 목적어 + 부사
	I can't **give up** *the opportunity*. (○)	타동사 + 부사 + 목적어
2	I can't **give** *it* **up**. (○)	목적어가 대명사인 경우: 타동사 + 목적어 + 부사
	I can't **give** ***up*** *it*. (×)	

② 자동사 + 전치사: 목적어는 반드시 전치사 다음에 위치해야 한다.
account for, call on, deal with, depend on, look at, look into, wait on 등

3	In recent weeks, she **called** **him* **on**. (×)	
	In recent weeks, she **called on** *him*. (○)	
4	(cf.) He **looked** *everywhere* **for** his lost book. (○)	부사어는 자동사와 전치사 사이에 위치 가능

1 나는 그 기회를 포기할 수 없다. 2 나는 그것을 포기할 수 없다. 3 최근 몇 주 동안 그녀는 그를 방문했다. 4 그는 잃어버린 책을 찾기 위해 구석구석 모든 곳을 찾아봤다.

MSG+ 전치사적 부사와 전치사의 구별법

① 동사구의 의미가 원래 동사의 의미에서 파생된 의미를 지니면 전치사적 부사이고, 변하지 않으면 전치사이다.
이러한 종류의 타동사들은 자체적으로 의미 형성이 어색하다. 전치사적 부사가 추가되어야지만 정확한 의미 형성이 가능하다.
turn the radio (?) (라디오를 '돌리다'?)
→ turn the radio on (라디오를 켜다.)
　turn the radio off (라디오를 끄다.)
　turn the radio down (라디오 소리를 줄이다.)
　turn the radio up (라디오 소리를 크게 하다.)

② 동사구 사이 명사가 분리, 또는 비분리 가능하면 전치사적 부사이다.
전치사의 경우는 목적어를 절대 동사에서 분리시키지 못한다. depend on it (○)/ depend it on (×)
대명사 목적어의 경우 반드시 분리구문 : turn it on, turn it off 등
wait for my friend (○) → wait my friend for (×) (자동사 + 전치사)

"Two-Word Verb"
숙어를 공부하는 법을 YouTube를 통해 확인하세요!

7 이중부정

① 이중부정이 가능한 경우
동일한 사상이나 낱말에 이중부정을 사용하여 적극적 긍정을 표시할 수 있다. 단, 중문이나 복문에서만 사용 가능하다.

1 There is **nothing** that he does **not** know. = He knows everything.

2 John is **not** so poor that he **cannot** buy the dictionary. "아무리 가난해도 그 정도는 살 수 있다"의 의미임

② 이중부정이 불가능한 경우
단문 속에서는 아래의 표현과 no, not, never를 겹쳐 쓸 수 없다.
seldom, hardly, rarely, scarcely, barely, without -ing
no one, nobody, none, nothing, nowhere
nor V + S, neither V + S
unless S + V
lest S should Root

3 She was so tired that she ***couldn't hardly** stay awake. (×) barely, hardly, scarcely 등은 단어 자체에 부정의 의미가 포함되어 not이 불필요하다.
She was so tired that she **could hardly** stay awake. (○)

4 His grandmother ***won't never** live out another month. (×)
His grandmother **will never** live out another month. (○)

---

1 그가 모르는 것은 아무것도 없다.(그는 모든 것을 안다.) 2 존은 사전을 살 수 없을 만큼 가난하지 않다. 3 그녀는 너무 피곤해서 깨어 있기조차 힘들었다. 4 그의 할머니는 한 달을 더 못 버티실 것이다.

14 Review Test

부사와 관련해서는 다음과 같은 내용이 자주 출제됩니다.

① 동사를 수식하는 것은 형용사가 아니라 부사
② high와 highly와 같이 -ly가 붙으면 의미가 달라지는 부사의 구별 문제
③ very와 much의 용법
④ 부사의 위치 문제

이러한 내용들은 부사 관련 문제를 해결하는 데 매우 중요하므로, 반드시 잘 숙지해 두어야 합니다.

[01-15] 다음 문장의 밑줄 친 부분에 가장 적절한 표현을 고르시오.

01 The corridor was so narrow that the two boys could _____ walk side by side.

① easily
② easy
③ hardly
④ hard

02 "Can you hear me?"
"_____."

① Yes, I can barely hear you
② No, I can hardly hear you
③ Yes, I can hardly hear you
④ No, I can't barely hear you

03 He _____ goes fishing, though he lives near the lake.

① always
② often
③ seldom
④ sometimes

04 He said _____.

① he would be right away here
② he would be here right away
③ he would right away be here
④ he right would be here

05 The basin contains the finest agricultural land in Mississippi, but floods and poor drainage have _____ this area.

① always problems in caused
② caused always problems in
③ always caused problems in
④ caused problems in always

06 They _____ to our proposal.

① still have not responded
② have still not responded
③ have not still responded
④ have not responded still

07 "I'm afraid the radio is too loud." "I'm sorry. Shall I turn _____?"

① it on
② off it
③ it out
④ it down

08 It is difficult to understand a foreign language if it is spoken _____.

① quick
② fastly
③ hurry
④ quickly

09 Carnivorous plants _____ insects to obtain nitrogen.

① are generally trapped
② trap generally
③ are trapped generally
④ generally trap

10 That day John arrived at the meeting _____.

① late too much
② much too late
③ too much late
④ too late much

11 "He is not interested in geography." "She _____."

① isn't, either
② isn't, neither
③ doesn't, either
④ isn't, too

12 She went skating _____.

① every day last week on the river
② on the river every day last week
③ last week every day on the river
④ on the river last week every day

13 "Have you ever been to the Metropolitan Museum of Art?"
"Yes, I was taken _____."

① there when a child regularly
② as a child regularly there
③ there regularly as a child
④ when a child regularly there

14 Are you leaving for London _____?

① soon   ② lately
③ late   ④ sooner

15 "Do you need more water in the pan?"
"No, it's _____."

① full already enough
② already enough full
③ already full enough
④ enough full already

[16-20] 다음 문장의 밑줄 친 부분 중 문법적으로 틀린 부분을 고르시오.

16 It ①is reported that hotels in the ②well-known hot-spring resorts ③are already ④full booked for the holidays.

17 The ①following night Bill returned quite ②lately from work ③to find his wife ④lying unconscious beside the phone.

18 Poor soils containing an ①excessive proportion of clay are ②frequent mixed with chalk to ③improve the ④texture.

19 The mandolin, a musical ①instrument ②that has strings, was probably copied ③from the lute, a ④many older instrument.

20 The merchant knew how to flatter his customers and ①display his wares ②good, but he was ③notorious for his ④cheating.

Chapter 15

비교 (Comparison)

비교는 둘 이상의 사람이나 사물을 견주어 상태나 수량 등의 우열을 나타내는 것을 의미한다. 상태, 성질, 수량 등을 나타내는 형용사와 부사의 형태를 변화시켜 비교를 나타낸다.

	역할	구문
원급	비교의 대상이 동등한 상태에 있음을 나타낼 때 사용하며, '~만큼 …한[하게]'라는 의미를 가진다.	My grade is **as good as** hers.
비교급	두 대상의 성질이나 상태를 비교할 때 사용한다.	My grade is **better than** hers.
최상급	세 개 이상의 대상 중 가장 뛰어나거나 우수함을 나타낼 때 사용한다.	My grade is **the best in** my school.

Unit 77 원급비교

Unit 78 비교급

Unit 79 최상급

Unit 77 | 원급비교

원급비교는 'as ~ as' 구문 사이에 형용사나 부사의 원급을 넣어, 비교 대상이 동일한 정도임을 나타낸다. 이때, 비교 대상이 서로 동일해야 함을 유의해야 한다.

Ace Your Grammar!

배수비교 ★★

3배 이상의 비교에서는 배수 뒤에 'as ~ as'와 '비교급 than'을 모두 사용할 수 있다. 그러나 두 배를 나타낼 때는 원급 표현인 'twice as ~ as'만 사용해야 한다.

White families are _____ blacks or Hispanics to have computers at home. (2008 세종대)

① three times as likely as
② as three times likely as
③ as likely three times as
④ likely as three time as

배수의 기본적 표현은 '기수 + times + as ~ as'이다. 이와 같은 어순으로 이루어진 ①이 정답이다.

백인 가정은 흑인계나 라틴 아메리카계 가정보다도 집에 컴퓨터가 있을 가능성이 3배 높다. ①

1 동등비교와 열등비교

'as + 형용사[부사]의 원급(+명사) + as'가 기본형식으로, as 뒤에는 (대)명사, 형용사, 부사, 구나 절 등이 온다. 주절과 공통되는 부분은 종속절(as~)에서 생략되거나 대동사로 표현된다.

① 동등비교
as + 형용사[부사]의 원급 + as: ~만큼 …한

| 1 | He is **as** tall **as** my son. | |
| 2 | He is **as** good a swimmer **as** you. | as + 형용사 + a[an] + 명사 + as |

② 열등비교
not so[as] + 형용사[부사]의 원급 + as: ~만큼 …하지 못한

3	He is **not so** tall **as** my son.	
4	He is **not so** clever **as** I.	
5	She **is not so** beautiful **as** kind.	= She is **less** beautiful **than** kind.

③ the same + 명사 + as: ~와 똑같은

| 6 | He is **as** heavy **as** his brother.
= He is **the same** weight **as** his brother. | same은 항상 정관사 the와 함께 쓴다. |

④ as A as B 형태를 사용해 비유를 나타내는 관용표현
'B처럼 A하다'라는 의미의 관용표현으로, 해석은 '매우 A하다'로 한다.

7	He is **as busy as a bee**.	몹시 바쁜
8	The general was **as brave as a lion**.	매우 용감한
9	She is **as cunning as a fox**.	매우 교활한
10	He was **as cool as a cucumber** when he got the award.	매우 침착[냉정]한
11	The merchant was **as miserable as a fish out of water**.	몹시 비참한

1 그는 내 아들만큼 키가 크다. 2 그는 당신만큼 수영을 잘한다. 3 그는 내 아들만큼 키가 크지 않다. 4 그는 나만큼 똑똑하지 않다. 5 그녀는 친절하지만 그렇게 아름답지는 않다. 6 그는 그의 동생과 몸무게가 같다. 7 그는 몹시 바쁘다. 8 그 장군은 매우 용감하다. 9 그녀는 매우 교활하다. 10 그는 상을 받았을 때 매우 침착했다. 11 그 상인은 몹시 비참했다.

MSG+ 그 밖의 as A as B 표현

as blind as a bat 앞을 잘 못 보는
as bold as brass 얼굴에 철판을 깐
as cold as ice 아주 냉정한, 차가운
as flat as pancake (토지 따위가) 아주 평평한, (케이크·타이어·여자의 가슴 따위가) 납작한, (이야기 따위가) 아주 지루한
as tough[hard] as nails (몸이) 매우 건장한; (성격이) 매우 냉혹[매정]한, 의연한
as quick as a flash 번개처럼 빨리, 전광석화같이
as white[pale] as a sheet (죽은 사람처럼) 창백한, 핏기가 없는

2 배수비교

① 배수 + as + 원급 + as

1 I have only **half as many books as** he.

② 배수 + as + 원급 + as: ~보다도 몇 배 …한

2 The river is **three times as long as** the Thames. 배수 + as + 원급 + as
= The river is **three times longer than** the Thames. = 배수 + 비교급 + than
= The river is **three times the length of** the Thames. = 배수 + the 명사(length, height 등) + of

3 (cf.) She has **twice *more** money **than** you. (×) twice 뒤에서는 원급 표현만 가능하다.
She has **twice as** much money **as** you. (○) 'twice as ~ as'의 형태가 되어야 한다.

1 나는 그가 가지고 있는 책의 절반을 가지고 있다. 2 그 강은 템스강보다 세 배 더 길다. 3 그녀는 당신보다 두 배나 많은 돈을 가지고 있다.

3 원급에서의 최상급 표현

① as + 원급 + as possible: 가능한 한 ~하게

1 I ran **as** fast **as possible**.
= I ran **as** fast **as I could**. = as + 원급 + as + 주어 + can

② as + 원급 + as can be: 매우 ~한, 더할 나위 없이 ~한

2 He is **as poor as** (poor) **can be**. as 형용사/부사 as (형용사/부사) can be
= He is **as** poor **as anything**. = as + 원급 + as anything

③ as + 원급 + as any + 명사: 어느 ~에도 못지않게 …한

3 He is **as great as any statesman** in the world.
= He is **as** great a statesman **as ever lived**. = as + 원급 + as ever + 동사
= He is **the greatest statesman** in the world.

④ 부정주어 + so[as] + 원급 + as: ~만큼 …한 것은 없다

4 **Nothing** is **as** precious **as** health.
= **Nothing** is **more** precious **than** health.
= Health is **more** precious **than anything else**.
= Health is **the most** precious of all.

1 나는 가능한 한 빨리 달렸다. 2 그는 매우 가난하다. 3 그는 세계의 어떤 정치가 못지않게 위대하다. 4 건강만큼 소중한 것은 없다.

4 원급비교의 관용표현

① not so much A as B: A라기보다는 오히려 B인

1. He is **not so much** a singer **as** a dancer.
   = He is **not** a singer **so much as** a dancer.
   = He is **rather** a dancer **than** a singer.

= not A so much as B
= rather B than A

② not so much as: ~조차 않다

2. He can**not so much as** write his own name.

③ as good as: ~와 다름없는

3. He is **as good as** a beggar.
   = He is **no better than** a beggar.

= no better than

④ without so much as -ing: ~조차 하지 않고, 심지어 ~조차 없이

4. She dropped out of the school **without so much as saying** a word.
   = She dropped out of the school **without even saying** a word.

= without even -ing

⑤ as ~ as + 수사: ~씩이나, 무려

5. He ate **as many as** six apples.

as many as + 수사: ~만큼, ~만큼 많은

6. She played the piano **as long as** two hours.

⑥ as many: 같은 수의/ as much: 같은 양의

7. I waited for ten minutes; it seemed **as many** hours.
8. He drank two bottles of beer and **as much** wine.

1 그는 가수라기보다는 오히려 무용수이다. 2 그는 자신의 이름조차 쓰지 못한다. 3 그는 거지나 다를 바 없다. 4 그녀는 심지어 아무 말도 하지 않고 학교를 자퇴했다. 5 그는 무려 6개의 사과를 먹었다. 6 그녀는 피아노를 무려 두 시간이나 연주했다. 7 나는 십 분을 기다렸다. 십 분이 열 시간이나 되는 것 같았다. 8 그는 맥주 두 병과 같은 양의 와인을 마셨다.

43 as ~ as 구조의 이해

원급비교에서 사용하는 as ~ as 구문은 두 가지 다른 역할을 하는 단어 as를 포함하고 있습니다. 앞의 as는 부사로서 "그만큼"이라는 의미로 사용되고, 뒤의 as는 접속사로서 "~만큼"이라는 의미로 사용됩니다. 이 원리를 이해하면, as ~ as 구조가 형성되는 과정을 쉽게 이해할 수 있습니다.

as ~ as의 구조: as(부사) 그만큼 ~ as(접속사) ~만큼

이 구조에서 두 as 사이에는 반드시 형용사나 부사가 위치해야 합니다. 첫 번째 as가 뒤에 오는 형용사나 부사를 "그만큼"이라는 의미로 수식하기 때문입니다.

1	He is kind. She is kind.	이 두 문장에 as ~ as를 넣어주면?
2	He is **as** kind **as** she is kind.	2번의 as kind as는 "그는 그녀가 친절한 만큼 친절하다"라는 의미를 전달합니다. 또한, 뒤의 as는 앞에 나온 문장과 중복되는 부분을 생략할 수 있기 때문에, 3번과 같은 형태로 표현될 수 있습니다.
3	He is **as** kind **as** she (is kind).	
4	He behaves **as** politely **as** she.	그는 그녀만큼 공손하게 행동한다.
5	He has **as** much money **as** she.	그는 그녀만큼 많은 돈을 가지고 있다.

이러한 형태를 이해하면, 왜 as ~ as 구조 사이에 형용사나 부사만 올 수 있고 명사는 올 수 없는지 알 수 있습니다. 예를 들어,
He is as *a kind man as she. (×)
➡ He is **as kind a man as** she. (○)
위의 예시에서 알 수 있듯이, as가 부사이기 때문에 명사인 a man을 직접 꾸밀 수 없습니다. 대신, 형용사인 kind를 먼저 수식한 후, a man을 꾸미게 되어 "as kind a man as"라는 순서로 바꾸게 됩니다. 이러한 규칙을 이해하면 as ~ as 구조를 더 잘 활용할 수 있습니다.

"as ~ as 구조의 이해"
원급비교 구문이 어떻게 만들어지는지 YouTube를 통해 확인하세요!

Unit 78 비교급

비교급이란 두 대상의 성질이나 정도를 비교할 때 사용하는 표현이다. 비교급은 일반적으로 형용사 또는 부사에 '-er'을 붙이거나, 형용사가 길 경우(3음절의 단어) 'more'를 형용사 앞에 붙여 표현한다.

Ace Your Grammar!

비교 대상의 일치 ★★★

비교급을 사용할 때는 비교 대상이 반드시 동일해야 하며, 어순은 '비교급 + than'으로 한다. 또한 than을 기준으로 than의 앞부분과 동일한 부분은 than 이하에서 생략할 수 있다. 일반동사의 경우 than 이하에 대동사 'do'를 사용할 수 있다.

The risks of laser surgery ①<u>are</u> lower than ②<u>conventional surgery</u>, but ③<u>a great</u> deal ④<u>depends on</u> the skills of individual surgeons. (2006 서울여대)

비교구문에서는 반드시 비교 대상을 일치시켜야 한다. the risks of laser surgery와 적절한 비교를 하려면 ②를 those of conventional surgery로 해야 하며, 이때 those는 the risks를 대신하는 대명사이다.

레이저 수술의 위험은 기존 수술의 위험보다 더 낮다. 하지만 많은 것들이 의사 개인의 기술에 달려있다. ②

1 비교급·최상급을 만드는 법: -er(비교급), -est(최상급)를 붙이는 경우

① 1음절의 단어

great — greater — the greatest
high — higher — the highest
old — older — the oldest

1음절의 단어: '-er(비교급), -est(최상급)'를 붙인다.

1 Muhammad Ali was one of the **greatest** boxers of all time.

2 At least crying for someone you love is **braver** than hiding.

-e로 끝나는 단어: '-r(비교급), -st(최상급)'을 붙인다.

② 2음절의 단어

narrow — narrower — the narrowest
profound — profounder — the profoundest
tender — tenderer — the tenderest

어미가 '-er, -le, -y, -ow, -some'로 끝나는 것들과, 악센트가 둘째 음절에 있는 것들은 원급에 '-er(비교급), -est(최상급)'을 붙인다.

3 He is ***more clever** than I. (×)
He is **cleverer** than I. (○)

4 (cf.) You should try to drive ***slowlier**. (×)
You should try to drive **more slowly**. (○)

형용사에 -ly를 붙여 만든 파생 부사는 2음절어도 more, most를 쓴다.

③ '단모음 + 단자음'으로 끝나는 단어: 자음자를 한 번 더 쓰고, '-er(비교급), -est(최상급)'를 붙인다.

big — bigger — the biggest
fit — fitter — the fittest
hot — hotter — the hottest

5 the survival of **the fittest**

④ <자음 + y>로 끝나는 단어: -y를 -i로 고치고 '-er(비교급), -est(최상급)'를 붙인다.
<모음 + y>로 끝나는 단어: 어미에 '-er(비교급), -est(최상급)'를 붙인다.

wealthy — wealthier — the wealthiest
easy — easier — the easiest
gray — grayer — grayest

6 James Thompson is **wealthier** than his brother by at least 2 million dollars.

1 무하마드 알리는 역대 최고의 권투선수 중 한 명이었다. 2 적어도 사랑하는 사람을 위해 우는 것은 숨는 것보다 더 용감하다. 3 그는 나보다 더 현명하다. 4 좀 더 천천히 운전해 보세요. 5 적자생존 6 제임스 톰슨은 그의 형제보다 최소 200만 달러 이상 더 부유하다.

MSG+ 단어 자체가 -er로 끝나는 경우, 비교급을 만들 때는 '-er'을 추가로 붙인다.

*clever than (×)/ cleverer than (○)
*slender than (×)/ slenderer than (○)

2 비교급·최상급을 만드는 법: more, most를 붙이는 경우

① 2음절의 단어 중 more/the most를 붙여 우등비교급/우등최상급을 만드는 형용사
common, cruel, docile, eager, fertile, honest, hostile, proper, quiet, stupid

1 Some types of glassware are **more fragile** than others.

② 3음절의 단어: more(비교급), the most(최상급)
conspicuous(눈에 잘 띄는) — more conspicuous — the most conspicuous

2 Peter was **the most garrulous** person at the party.

③ 단음절이나 2음절이어도 서술적 용법으로 쓰이는 형용사에는 'more, the most'를 붙인다.
afraid, alive, alone, aware, content, fond, worth

3 People are **more aware** of the risks of smoking nowadays.

1 일부 유리 제품은 다른 제품보다 더 깨지기 쉽다. 2 피터는 파티에서 가장 수다스러운 사람이었다. 3 요즘 사람들은 흡연의 위험성에 대해 더 많이 알고 있다.

3 불규칙 비교

① good/well — better — the best
② bad/ill — worse — the worst
③ many/much — more — the most
④ little — less — the least

1 A felony is ***more bad** than a misdemeanor. (×)
A felony is **worse** than a misdemeanor. (○)

형용사 bad의 비교급은 worse이므로 more bad를 worse로 수정해야 한다.

1 중범죄는 경범죄보다 더 심각한 범죄이다.

4 의미에 따라 비교급이 달라지는 단어

① far — farther — farthest
　far — further — furthest

| 1 | I don't think I can move a step **farther**. | 거리 |
| 2 | The issue needs **further** examination. | 정도 |

② late — later — latest
　late — latter — last

3	He became Senator two years **later**.	시간(나중에)
4	Of the two possibilities, the **latter** seems more likely.	순서(후자)
5	My **latest** book created a great sensation.	시간(최근의)
6	My **last** plan was successful.	순서(마지막)

③ old — older — oldest
　old — elder — eldest

| 7 | You are much **older** than you look. | 노소·신구 |
| 8 | Which of you two is the **elder** brother? | 형제 관계: elder brother(형), eldest brother(장남) |

1 한 발짝도 더 나아갈 수 없을 것 같아요. 2 이 문제는 추가 검토가 필요하다. 3 그는 2년 후에 상원의원이 되었다. 4 두 가지 가능성 중 후자가 더 가능성이 높아 보인다. 5 제가 최근 출간한 책이 반향을 일으켰습니다. 6 나의 마지막 계획은 성공적이었다. 7 당신은 보기보다 훨씬 나이가 많네요. 8 두 분 중 어느 분이 형님이세요?

MSG+ further는 타동사로 '~을 촉진시키다, ~을 발전시키다'의 의미로 쓰이기도 한다.

Demagogues **further** their own political ends by exploiting the public's fear.
선동가들은 일반대중의 두려움과 편견을 이용하여 자신의 정치적인 목표를 추진한다.

▶▶ 개념적용
의미에 따라 비교급이 달라지는 단어

문맥에 맞도록 괄호 안에서 알맞은 것을 고르시오.

1. If you have (further, farther) questions, I would be glad to personally answer them.
2. Of the two, the former is better than the (latter, latest).

1. further, 추가 질문이 있으면 제가 기꺼이 직접 답변을 드리겠습니다. 2. latter, 양자 중 전자가 후자보다 좋다.

5 비교의 형태

① 우등비교: 형용사/부사의 비교급 + than
단음절어는 끝에 ~er을 붙이고, 2음절 이상의 단어는 more를 앞에 둔다.

1 He is **kinder than** my son.
2 It is **warmer** here **than** *Seoul. (×)
   It is **warmer** here **than** in Seoul. (○) 비교되는 대상이 같아야 한다.
   here와 in Seoul, 두 장소 부사어가 비교된다.

② 열등비교: less + 원급 + than
단어의 음절수와 관계없이 원급 앞에 less를 붙인다.

3 She is **less** beautiful **than** her sister. = She is **not** so beautiful **as** her sister.
4 She is **less** talkative **than** her mother.

③ 동일인·동일물의 성질 비교
동일한 대상의 성질 또는 성향을 비교하는 경우에는 음절수와 무관하게 'more ~ than'의 형태를 사용한다.

5 My brother is ***cleverer than** honest. (×)
   My brother is **more clever than** honest. (○)
   = My brother is **rather clever than** honest.
   = My brother is **less** honest **than** clever.

1 그는 내 아들보다 더 친절하다. 2 이곳은 서울보다 더 따뜻하다. 3 그녀는 언니보다 아름답지 못하다. 4 그는 그녀의 어머니보다 덜 수다스럽다. 5 내 동생은 정직하기보다는 영리하다.

6 비교급에 than을 쓰지 않는 경우

출제포인트 비교급 앞에는 원래 the를 붙이지 않는다. 하지만, 'the+비교급, the+비교급', 'the+비교급+of the two', 'the+비교급 이유표현'의 경우 비교급 앞에 the가 붙는다는 점에 주의해야 한다.

① the + 비교급, the + 비교급: ~하면 할수록 더욱 …하다

1. **The more** he has, **the more** he wants.
2. **The older** I get, **the happier** I am.

② the + 비교급 + of the two[of A and B]
둘을 비교한 것이 분명하면 비교급 앞에 the를 쓴다.

3. Betty is **the more** beautiful *of the two girls*.
4. *Of gold and silver*, the former is **the more** precious.
5. (cf.) John is **the tallest** *of the three boys*. 셋 이상일 때는 최상급을 사용해야 한다.

③ (all) the 비교급 ~이유표현: ~때문에 더욱 …하다
  none the less ~이유표현: ~에도 불구하고 여전히 …하다

6. I like him **all the better** *because he is honest*. 이유나 원인을 나타내는 절이나 구가 쓰였을 때
7. She loved her boyfriend **all the more** *of for his unselfishness*.
8. She loved her boyfriend **none the less** *for his selfishness*.

④ 비교급 and 비교급

9. It was getting **darker and darker**.

⑤ 문맥상 비교·대상을 알 수 있을 때

10. You look **prettier** in this dress.
11. Never before did he work **harder**. 부정의 부사어 never가 문두에 위치해서 도치된 문장이다.

1 그는 가지면 가질수록 더 많은 것을 원한다. 2 나이가 들수록 나는 더욱 행복하다. 3 베티는 두 소녀 중에서 더 아름답다. 4 금과 은 중에서 금이 더 가치가 있다. 5 존은 세 소년 중에서 가장 키가 크다. 6 나는 그가 정직하기 때문에 그를 더 좋아한다. 7 그녀는 남자 친구의 사심이 없는 태도 때문에 그를 더욱더 사랑하게 되었다. 8 그녀는 남자 친구가 이기적임에도 불구하고 여전히 그를 사랑했다. 9 날씨가 점점 더 어두워지고 있었다. 10 이 옷을 입으니 더 예뻐 보인다. 11 그는 이전에 지금보다 더 열심히 일해 본 적이 없다.

7 라틴어계 형용사의 비교급

'-or'로 끝나는 라틴어의 비교급 뒤에는 than 대신 전치사 to를 사용한다. 자체에 비교의 뜻이 있으므로 more가 불가하며, much로 수식한다.

interior 내부의, 안쪽의, exterior 외부의	major 주요한, minor 소수의, 사소한
superior 우수한, inferior 열등한	anterior ~보다 앞선, posterior ~보다 후의
senior 손위의, junior 아래 사람인, 하급의	preferable ~보다 오히려 더 나은, 바람직한

1 He is **superior to** *me* in English. — 전치사 to 목적격 me
 = He is **better than** *I* in English. — 비교 대상은 동일한 격을 쓰는 것이 원칙이므로, than 주격 I

2 He is five years **senior to** *me*.
 = He is **senior to** *me* by five years.
 = He is five years **older than** *I*.

3 They believe that death is *much* **preferable to** dishonor. — more preferable (×), much preferable (○)

4 They believed that democracy **is preferable to** other kinds of government. — A be preferable to B: B보다 A가 더 선호되다

1 그는 나보다 영어를 잘한다. 2 그는 나보다 5살 많다. 3 그들은 불명예스러운 것보다 죽음이 훨씬 낫다고 생각한다. 4 그들은 민주주의가 다른 종류의 정부보다 낫다고 생각했다.

8 비교급 관용표현

① 긍정문 + much[still] more: 한층 더[하물며] ~하다
부정문 + much[still] less: 한층 더[하물며] ~않다

1 He **can** speak French, **much more** English.
2 She **cannot** speak English, **much less** French.

② A is no more B than C is D: A가 B가 아닌 것은 C가 D가 아닌 것과 같다
= A is not B any more than C is D
= A is not B, just as C is not D

3 A whale is **no more** a fish **than** a horse is (a fish).   D가 B와 공통인 경우 생략 가능/ than이하 형태는 긍정, 내용은 부정
= A whale is **not** a fish **any more than** a horse is.
= A whale is **not** a fish, **just as** a horse is **not** a fish.

③ A is no less B than C is D: C가 D인 것처럼 A는 B이다
= A is as much B as C is D

4 A whale is **no less** a mammal **than** a horse is (a mammal).
= A whale is **as much** a mammal **as** a horse is.

(cf.) She is **no more** beautiful **than** her sister.   둘 다 못생겼다
(cf.) She is **not more** beautiful **than** her sister.   언니만큼 예쁘지 않다
(cf.) She is **no less** beautiful **than** her sister.   언니와 마찬가지로 예쁘다
(cf.) She is **not less** beautiful **than** her sister.   언니 못지않게 예쁘다

④ know better than to: ~할 만큼 어리석지 않다
= be not so foolish as to

5 She **knows better than to** do such a thing.
= She **is not so foolish as to** do such a thing.

⑤ no more than: 단지, 겨우   not more than: 기껏해야, 많아야
no less than: ~만큼이나   not less than: 적어도

6 He had **no more than** ten dollars.   = only = as little[few] as
7 He had **not more than** ten dollars.   = at most
8 He had **no less than** ten dollars.   = as many[much] as
9 He had **not less than** ten dollars.   = at least

1 그는 영어는 말할 것도 없고 프랑스어도 할 수 있다. 2 그녀는 프랑스어는 말할 것도 없고 영어도 할 수 없다. 3 말이 물고기가 아닌 것과 마찬가지로 고래도 물고기가 아니다. 4 말이 포유동물인 것과 마찬가지로 고래는 포유동물이다. 5 그녀는 그런 일을 할 만큼 어리석지 않다. 6 그는 겨우 10달러만 있었다. 7 그는 기껏해야 10달러만 가지고 있었다. 8 그는 10달러나 가지고 있었다. 9 그는 적어도 10달러를 가지고 있었다.

⑥ no better than: 거의 ~와 같은, ~나 다름없는

10　He is **no better than** a ferocious beast.　　= almost[nearly]

⑦ no longer: 더 이상 ~않다

11　I am **no longer** a child.
　　= I am **not** a child **any longer**.　　= not ~ any longer

⑧ more than + 수사: ~이상

12　This elevator cannot carry **more than twelve** persons.

⑨ more often than not: 자주, 종종

13　**More often than not**, we take bus to work.　　= as often as not

⑩ more or less 다소; 대체로

14　Most people are **more or less** selfish.

⑪ sooner or later: 조만간, 머지않아

15　If he continues drinking, **sooner or later** he will lose his job.

⑫ nothing less than: ~와 같은

16　It's **nothing less than** madness.

10 그는 사나운 짐승이나 다를 바 없다. 11 나는 더 이상 어린아이가 아니다. 12 이 엘리베이터는 12명 이상을 태울 수 없다. 13 우리는 종종 버스를 타고 출근한다. 14 대부분의 사람들은 대체로 이기적이다. 15 계속 술을 마시면 조만간 직장을 잃게 될 것이다. 16 그것은 광기에 지나지 않는다.

9　이중비교

원급비교 뒤에 'if not + 비교급'의 형태가 오는 경우, 다음의 원칙을 따른다.

1　He is **as** rich **as**, if not rich**er than**, *his uncle*.　　문미에 비교 대상이 오면, 접속사 as와 than을 반드시 각각 써 주어야 한다.
　　= He is **as** rich **as** *his uncle*, if not rich**er** (than his uncle).　　비교 대상이 원급비교의 접속사 as 뒤에 오면, 비교급 뒤에 'than + 비교 대상'은 생략한다.

1 그는 삼촌보다 부자는 아니더라도 그만큼 부자다.

44 many, much의 비교급은 more

Easy-Peasy Grammar!

many와 much는 각각 "많은"이라는 의미를 가지며, more는 "더 많은"이라는 의미를 갖습니다. more는 many와 much의 비교급으로 사용됩니다. 이를 이해하면 왜 more가 이 두 단어의 비교급으로 사용되는지 명확히 알 수 있습니다. 아래 예문들을 통해 더 자세히 살펴보겠습니다.

1	He has **many** books.	그는 많은 책을 가지고 있다.
2	He earns **much** money.	그는 많은 돈을 번다.
	위 문장에서 many와 much를 각각 비교급 형태인 more로 바꾸면 다음과 같은 문장이 됩니다.	
3	He has **more** books.	그는 더 많은 책을 가지고 있다.
4	He earns **more** money.	그는 더 많은 돈을 번다.

위 예문들에서 알 수 있는 또 다른 중요한 점은 many는 가산명사와 함께 사용되고, much는 불가산명사와 함께 사용되지만, more는 가산명사와 불가산명사 모두와 함께 사용될 수 있다는 점입니다. 이는 more가 many와 much의 공통된 비교급 형태이기 때문입니다. 또한, many는 형용사로만 사용되지만, much는 형용사, 명사, 부사로 모두 사용할 수 있습니다. 따라서 more를 단독으로 '더 많이'라는 뜻의 부사로도 사용할 수 있어, 아래와 같은 형태로 쓰일 수 있는 것입니다.

I like her **more** than her husband.	나는 그녀를 그녀의 남편보다 더 많이 좋아한다.

이처럼 more의 다재다능한 쓰임새는 영어 비교급 표현에서 매우 중요한 요소입니다.

"many, much의 비교급은 more"
비교급의 올바른 사용법을 YouTube를 통해 확인하세요!

Unit 79 | 최상급

최상급은 비교 대상이 셋 이상인 경우에 쓰며, 일반적으로 정관사 the를 수반한다.

 Ace Your Grammar!

최상급 표현 ★★

일반적으로 최상급 앞에는 the를 사용하지만, 하나를 놓고 여러 경우를 비교하여 '가장 ~하다'는 뜻일 때 또는 보어로서 서술적으로 사용될 될 때는 최상급 앞에 the를 사용하지 않은 점에 유의해야 한다.

When ①completed, the new plant ②will be the ③larger facility of ④its kind in the nation.

(2001 가천대)

원칙적으로 비교급 앞에는 정관사 the를 붙이지 않는다. in the nation과 같이 범위를 정한 표현이 있으므로 최상급이 쓰여야 한다. 따라서 ③을 largest로 고쳐야 한다. 한편 When completed는 분사구문이며, ④는 the new plant를 가리킨다.

새로운 공장이 완공되면 그 종류의 것으로는 국내에서 가장 큰 시설이 될 것이다.　　　　　　　　　　　　③

1 최상급의 표현 형태

최상급은 세 개 이상을 비교할 때 사용하며, 뒤에는 'of all (the) + 복수명사', 'in + (장소, 지역) 표시 명사', '명사 + (that) ~ ever' 등의 범위를 한정하는 표현이 수반된다.

① the + 최상급 + of all (the) + 복수명사
1. He is **the tallest** boy *of all the students*.

② the + 최상급 + in + (장소, 지역) 표시 명사
2. He is **the tallest** boy *in his class*.

③ the + 최상급 + 명사 + (that) ~ ever[can]
3. He is **the best** scholar (*that*) *I have ever known*.

④ the + 서수 + 최상급
4. He is **the second tallest boy** *in his school*.

⑤ one of the + 최상급 + 복수명사
5. He is **one of the tallest boys** *in his town*.

⑥ 소유격 + 최상급 + 명사
6. New York is **the world's largest city**.
 = New York is **the largest city** in the world.

⑦ 열등비교
7. He is **the least** intelligent student in his class.   단어의 음절수와 무관하게 앞에 the least를 붙인다.

1 그는 모든 학생들 중에서 가장 키가 큰 소년이다. 2 그는 반에서 가장 키가 큰 학생이다. 3 그는 내가 아는 사람 중에 가장 훌륭한 학자이다. 4 그는 그의 학교에서 두 번째로 키가 큰 소년이다. 5 그는 그의 마을에서 가장 키가 큰 소년 중 한 명이다. 6 뉴욕은 세계에서 가장 큰 도시이다. 7 그는 학급에서 가장 덜 영리한 학생이다.

2 최상급에 정관사 the를 붙이지 않는 경우

① 동일인(물)의 성질을 비교할 때

1. The Pacific ocean is ***the deepest** at this point. (×)
   The Pacific ocean is **deepest** at this point. (○) — 태평양 내에서의 비교
2. (cf.) The Pacific ocean is **the largest** in the world. — 다른 바다와의 비교

② 부사의 최상급

3. My mother gets up **earliest** in my family.

③ 소유격 뒤

4. Tom is *John's* **best** friend.
5. (cf.) She is **a most** beautiful student. — (a) most = very

④ 보어로서 서술적일 때

6. It is **most important** for us to reduce consumption.

1 태평양은 이 지점이 가장 깊다. 2 태평양은 세계에서 가장 크다. 3 나의 어머니께서는 우리 가족 중에서 가장 일찍 일어나신다. 4 톰은 존의 가장 친한 친구이다. 5 그녀는 정말 아름다운 학생이에요. 6 우리는 소비를 줄이는 것이 가장 중요하다.

3 최상급 관용표현

do one's best 최선을 다하다
make the most[best] of ~을 최대한 이용하다
at the earliest 빨라도
at worst 최악의 경우에도
at least 적어도
for the most part 대개
second to none 누구에게도 뒤지지 않는

the last + 명사 결코 ~할 사람이 아닌
at the latest 늦어도
at most 많아야
at best 기껏해야, 잘 해봐야
at one's best ~의 전성기에
not in the least 조금도 ~않다
to say the least 줄잡아 말하더라도

1. There **is not in the least** wind today. — not in the least: 조금도 ~않다
2. I am **second to none** when it comes to mathematics. — second to none: 누구에게도 뒤지지 않는

1 오늘은 바람 한 점 없다. 2 수학과 관련해서 나는 누구에게도 뒤지지 않는다.

4 비교급과 원급을 이용한 최상급 표현

부정주어(Nothing/None) 비교급 than
비교급 than any other + 단수명사
비교급 than any of 한정사 + 복수명사
비교급 than all (the) other + 복수명사
비교급 than anyone else, 비교급 than anything else

1	**Nothing** is **more precious than** health.	부정주어(Nothing/None) 비교급 than
	= **Nothing** is **as precious as** health.	부정주어 ~ as/so 원급 as : ~처럼/~만큼 …한 것은 없다
	= Health is **the most precious of all.**	
	= Health is **more precious than** anything else.	
2	Miranda is **the brightest student** in the class.	최상급
	= Miranda is **brighter than any other student** in the class.	비교급 than any other + 단수명사
	= Miranda is **brighter than all the other students** in the class.	비교급 than all (the) other + 복수명사
	= Miranda is **brighter than anyone else** in the class.	비교급 than anyone else
	= **No other student** in the class is **brighter than** Miranda.	부정주어 비교급 than
	= **No other student** in the class is **so bright as** Miranda.	부정주어 ~ as/so 원급 as

1 건강보다 소중한 것은 없다. 2 미란다는 반에서 가장 총명한 학생이다.

5 양보의 의미를 가지는 최상급

최상급이 even(조차도)의 의미를 포함하는 경우

1 **The smallest** needle will sometimes kill a man.
 = **Even the smallest** needle will sometimes kill a man.
2 (Even) **The wisest** man sometimes makes a mistake.

1 가장 작은 바늘이 사람을 죽일 때도 있다. 2 가장 현명한 사람도 가끔 실수한다.

6 원급·비교급·최상급을 강조하는 부사

비교급을 강조할 때는 비교급 앞에 even, far, a lot, much, still 등을 사용한다.

> **출제포인트** 비교급 앞에 very를 사용하는 것은 문법적으로 틀린 표현이다. 비교급 앞에 very를 두어 much와 같은 비교급 강조부사로 고치는 문제가 종종 출제된다.

① very/ quite/ so + 원급
1. It is **very foolish** to ask such a thing.
2. I see her **quite often**.

② even/ much/ still/ far/ yet/ a lot + 비교급
3. I like red **much better** than pink.
4. She earns **a lot more** than I do.

③ much/ by far + the + 최상급
5. He is **by far the best** scholar.
   = He is **the very best** scholar.   = the very + 최상급

1 그런 것을 묻는 것은 매우 어리석은 일이다. 2 나는 그녀를 꽤 자주 본다. 3 나는 분홍색보다 빨간색이 훨씬 좋다. 4 그녀는 나보다 훨씬 더 많이 번다. 5 그는 단연 최고의 학자다.

7 비교급과 최상급을 쓰지 않는 형용사

절대, 유일의 의미가 내포된 단어들은 원칙적으로 비교급과 최상급을 쓰지 않는다.

absolute, complete, entire, excellent, exquisite, extreme, favorite, full, identical, perfect, total, unique, utter 등

1. She's *the most perfect candidate for the job. (×)   perfect는 '완전하다'는 의미를 지니고 있기 때문에 최상급과 함께 사용
   She's the **perfect** candidate for the job. (○)   하지 않는다.

1 그녀는 그 일에 적임자이다.

45 최상급에 the를 붙이는 이유

최상급은 "가장 ~한"이라는 의미로, 특정 비교군 중에서 최고를 나타낼 때 사용합니다. 최상급을 사용하려면 비교 대상이 최소한 세 개 이상이어야 합니다. 두 개의 대상을 비교할 때는 "더 크다", "더 높다"와 같은 비교급을 사용하지만, "가장 크다"라는 최상급 표현은 사용할 수 없습니다.

예를 들어, 두 명의 학생 A와 B가 있을 때,
Of A and B, A is *taller*. (○) / A is the tallest. (×)

두 명의 비교에서는 taller와 같은 비교급만 사용할 수 있고, tallest와 같은 최상급을 사용할 수 없습니다. 왜냐하면 "가장 크다"라고 말하려면 비교 대상이 세 개 이상이어야 하기 때문입니다. 따라서, 최상급 형태를 사용할 때는 반드시 세 개 이상의 비교 범위가 필요합니다. 또한, 그 비교 범위 내에서 특정 대상을 하나로 정하여 최고를 나타내기 때문에, 정관사 "the"와 함께 사용됩니다.

Of the *three boys*, Tom is *the tallest*. 세 명의 소년 중에서 Tom이 가장 크다.

"the tallest"라는 표현이 사용된 이유는 세 명의 소년이라는 비교군이 존재하며, 그중에서 Tom이 가장 크다는 최고를 나타내기 때문입니다. 이와 같은 원리를 이해하면 최상급 형태와 그 앞에 "the"를 붙이는 이유를 쉽게 파악할 수 있습니다.

"최상급에 the를 붙이는 이유"
-est, most-의 사용법을 YouTube를 통해 확인하세요!

15 Review Test

비교와 관련해서는 다음과 같은 내용이 자주 출제됩니다.

① than 앞에는 반드시 비교급이어야 하는 점
② 관계절의 수식을 받는 최상급 표현
③ the + 비교급, the + 비교급
④ 비교급 앞에 the를 쓰는 경우
⑤ 비교급을 두 번 중복으로 표현하여 틀린 경우
⑥ not so much A as B(A라기보다 B)
⑦ 원급비교, 비교급, 최상급과 관련한 관용표현
⑧ 원급이나 비교급에서 비교되는 대상은 같은 것이어야 한다는 점

이러한 내용들은 비교 관련 문제를 해결하는 데 매우 중요하므로, 반드시 잘 숙지해 두어야 합니다.

[01-10] 다음 문장의 밑줄 친 부분에 가장 적절한 표현을 고르시오.

01 "Can he buy the car?"
"He is as poor as _____ be."

① can   ② may
③ man   ④ people

02 The lower interest rates fall, _____ expensive goods.

① more consumers shop
② the more consumers shop
③ there are more consumers shopping
④ consumers shop the more

03 My younger brother is _____ when he is praised by Father.

① more cheerful   ② the more cheerful
③ most cheerful   ④ the most cheerful

04 William James' brilliant lectures helped him to become _____ American thinker of his day.

① the more influential   ② the most influential
③ the greatest influence ④ a great influence

05 Perhaps _____ thirty million Indians were living in the Americas when the Europeans arrived.

① that many   ② as many as
③ very many   ④ many more

06 All steam engines work for the same reason: steam occupies more than 1,700 times _____ the water from which it comes.

① of the space of much of
② much of the space
③ with as much space as
④ as much space as

07 Man, _____ the lower forms of life, is a product of the evolutionary process.

① no less than   ② no more than
③ not less than   ④ not more than

08 On enough logical reasons, the fewer seeds, _____.

① the less plants grow   ② the fewer plants
③ the less plants   ④ the plants the fewer

09 Helium is _____ all gases to liquefy and is impossible to solidify at normal air pressure.

① more than difficult
② the most difficult of
③ more difficult of
④ most difficult

10 "What shall we do?"
"Everyone has a right to enjoy his liberty, and _____ his life."

① much more   ② much less
③ indeed   ④ so

[11-18] 다음 문장의 밑줄 친 부분 중 문법적으로 틀린 부분을 고르시오.

11 Tom ①is ②cleverer ③than ④wise.

12 ①The most old of the Moon material brought back ②to Earth by the Apollo crews ③has been dated as ④being almost five million years old.

13 ①Until Napoleon's dreams of empire led him ②into the land of the Pharaohs, knowledge of Egypt's past was ③more obscure as the hieroglyphics ④on its stone facades.

14 The new model ①costs twice ②more than ③last ④year's model.

15 Microwave oven thermometers ①are more ②costlier than ③other ④kinds of thermometers.

16 Agriculture ①is one of the world's ②mostly important occupations because ③everyone depends upon plants ④for food.

17 ①Current research ②indicates that vitamin C has, ③at better, very limited effects on the ④duration of the common cold.

18 ①After his lecture, he ②asked us whether ③we had any ④farther questions.

19 다음 우리말의 의미를 뜻하지 않는 문장을 고르시오.

그는 나보다 다섯 배나 많은 책을 가지고 있다.

① He has five times as many books as I have.
② He has five times so many books that I have.
③ He has five times the number of books that I have.
④ He has five times more books than I have.

20 다음 중 문법석으로 틀린 것을 고르시오.

① He is less intelligent than my son.
② His legs are longer than his father.
③ I remember seeing him while I was in America.
④ As far as I know, he is not very kind.

Chapter 16

전치사 (Preposition)

전치사란 명사나 명사 상당어구 앞에 놓여 부사 또는 형용사의 역할을 하는 품사를 말한다. 전치사는 주로 명사나 대명사와 함께 사용되지만, 때로는 동사나 형용사와 함께 사용되기도 한다. 또한, 일부 전치사는 두 개 이상의 단어가 결합하여 하나의 복합어를 형성하기도 한다. 이러한 복합어들은 독립적인 단어처럼 사용될 수 있으며, 문맥에 따라 다양한 의미를 가질 수 있다. 따라서 영어를 공부할 때는 전치사의 종류와 의미, 그리고 그 사용법을 잘 이해하고 익히는 것이 매우 중요하다.

종류	특징	예
단순전치사	하나의 전치사로 된 것	above, at, by, for, on, of, to, with 등
이중전치사	두 개의 전치사로 이루어진 전치사로 흔히 from이나 till(until)에 의해 형성된다.	from before, from under, until after 등
복합전치사	부사, 형용사, 접속사, 전치사와 결합해서 이루어진 전치사	along with, due to, because of, on account of 등
분사형 전치사		including, regarding, concerning 등

Unit 80 전치사의 특성
Unit 81 전치사의 위치와 생략
Unit 82 방향표시 전치사
Unit 83 위치표시 전치사
Unit 84 시간표시 전치사
Unit 85 원인, 이유, 동기/ 목적, 의도의 전치사
Unit 86 수단, 도구/ 소유표시의 전치사
Unit 87 기타 전치사: 양보 표시/ 예외 표시/ 재료/ 분리/ 양태 표시/ 포함/ 관련의 전치사
Unit 88 주요 전치사구
Unit 89 전치사에 따라 뜻이 달라지는 표현

Unit 80 | 전치사의 특성

전치사는 명사(구)나 대명사 앞에 위치하여, 앞의 다른 어구와 전치사 뒤에 오는 단어 간의 관계를 나타내는 역할을 한다. 이 관계는 장소, 시간, 방향, 방법 등을 다양하게 표현하며, 예를 들어 on the table에서 on은 '테이블 위에'라는 장소 관계를, before noon에서 before는 '정오 이전'이라는 시간 관계를 나타낸다. 따라서 전치사는 문장에서 다양한 관계를 명확하게 연결하는 중요한 기능을 담당한다.

1 전치사의 역할

'전치사 + 명사(구)'는 문장 속에서 형용사나 부사의 역할을 한다.

① 부사의 역할

1	He solved the problem **with** ease.	동사 수식, with ease: 용이하게, 쉽게(= easily)
2	Is she suitable **for** the job?	형용사 수식
3	We live nearest **to** the station.	부사 수식
4	**To** my surprise, the doctor phoned.	문장전체 수식

② 형용사의 역할

5	He is a man **of promise**.	한정적 용법으로 명사를 뒤에서 수식, of promise: 장래가 유망한
6	It's **of great use**.	서술적 용법: 주격보어 역할, of use: 쓸모 있는, 유용한(= useful)

1 그는 문제를 쉽게 풀었다. 2 그녀는 그 일에 적임입니까? 3 우리는 역에서 가장 가까운 곳에 살고 있다. 4 놀랍게도 그 의사가 전화했다. 5 그는 장래가 유망한 사람이다. 6 그것은 아주 유용하다.

2 전치사의 목적어

전치사의 목적어는 명사, 대명사 외에도 동명사, 구, 절 등이 될 수 있다.

① 명사·대명사

| 1 | She looked **at him** for a while. | 전치사 뒤에는 목적격이 필요하다. |

② 동명사

| 2 | He insisted **on going** there alone. | 전치사 다음에는 명사 상당어구가 와야 하므로, 동사는 동명사 형태로 사용 |

③ to부정사
원칙적으로 전치사의 목적어로 쓰지 않으나, but(= except)은 to부정사가 목적어로 쓰인다.

| 3 | We had no alternative(= choice) **but to** submit. | have no choice[alternative] but to: ~하지 않을 수 없다 |
| 4 | There is nothing for it **but to** give up. | |

④ 절

5	There is a question **as to what** happened then.	간접의문문
6	I was surprised **at what** he said.	관계사절
7	Men differ from brutes **in that** they can think and speak.	that절: except(but) that, in that의 경우에만 쓴다.

⑤ 기타

8	Things went **from bad to worse**.	댓구나 관용표현에서는 형용사가 전치사 뒤에 올 수도 있다.
9	He turned up **from behind** the curtain.	구
10	He returned **from abroad** a week ago.	부사

1 그녀는 잠시 그를 쳐다보았다. 2 그는 거기에 혼자 갈 것을 주장했다. 3 우리는 복종하는 수밖에 다른 도리가 없다. 4 포기하는 것 외에는 다른 방법이 없다. 5 그때 어떤 일이 일어났는가에 대해 의문이 있다. 6 나는 그가 한 말에 놀랐다. 7 사람은 생각하고 말할 수 있다는 점에서 짐승과 다르다. 8 사태가 점점 악화되었다. 9 그가 커튼 뒤에서 나타났다. 10 그는 일주일 전에 외국에서 돌아왔다.

 '전치사 + 형용사'의 형태는 드물다. 숙어로 주로 사용된다.

before long 곧   in general 일반적으로   in particular 특히   in short 요약하면   of late 요즈음

Unit 81 | 전치사의 위치와 생략

전치사는 목적어 앞에 두는 것이 원칙이지만, 전치사가 목적어와 분리되어 후치되기도 한다. 아래 문장은 전치사 for가 목적격 관계대명사 that 또는 which가 생략된 상태에서, 목적어 book과 분리되어 후치된 형태이다.

This is the book I was looking **for**. 이것이 내가 찾고 있던 책이다.

Ace Your Grammar!

전치사의 생략 ★

"전치사 + 시간, 거리, 방법, 방위, 장소, 정도 (가격, 무게, 속도, 비율) 명사"에서 흔히 전치사를 생략한다.

The manager went there ①on last night at ②the behest of the shareholders who hoped ③to resolve the issue ④before the next shareholders' annual meeting. (2019 경기대)

last, next, this, every 등이 쓰인 시간과 장소의 부사구의 경우 전치사를 생략하고 명사 혹은 명사구만으로 부사의 역할을 하며, 이것을 '부사적 대격'이라고 한다. 그러므로 ①에서 전치사 on을 삭제해야 한다.

경영자는 다음번 연례 주주총회 전에 그 문제를 해결하기를 희망하는 주주들의 간청에 따라 어젯밤에 그곳에 갔다. ①

1 전치사의 위치

① 관계대명사가 목적어일 때: 전치사는 관계대명사의 앞 또는 관계대명사가 이끄는 절의 맨 끝에 둔다.

| 1 | This is the house (which) I live **in**. | 단, that의 경우나 관계대명사가 생략되는 경우는 항상 뒤에 둔다. |

② 부정사의 형용사적 용법일 때

| 2 | I have no money **to buy the book with**. | 전치사는 목적어 뒤에 둔다. |

③ 의문사가 목적어일 때

| 3 | What are you looking **at**? | 전치사는 보통 문미에 둔다. |

④ '자동사 + 전치사'가 수동형이 될 때(수동태 참조)

| 4 | He was laughed **at** by everybody. | 전치사는 자동사 뒤에 둔다. |

1 이 집은 내가 사는 집이다. 2 나는 책을 살 돈이 없다. 3 검토하고 있는 것이 무엇인가요? 4 그는 모두에게 비웃음을 당했다.

MSG+ 전치사를 주로 후치시키는 표현

ask for ~를 요구하다	do without ~없이 지내다	be afraid of ~를 두려워하다
be fond of ~를 좋아하다	laugh at ~를 비웃다	look for ~를 찾다
look forward to ~를 기대하다	look up to ~를 존경하다	put up with ~를 참다
think of ~를 생각하다		

2 전치사의 생략

① 부사적 대격

1	I walked (**for**) ten miles.	'전치사 + 명사'의 부사구에서, 전치사의 목적어가, 전치사 없이 부사적으로 쓰이는 경우로 시간, 거리, 방법, 정도(비율, 속도, 가격, 무게)를 나타낼 때 전치사가 흔히 생략된다.
2	I can't make him out when he acts **that way**.	

② 형용사적 대격

3	We are (**of**) the same age.	'of + 명사'의 형용사구가 보어로 쓰이는 경우로 나이, 크기, 가격, 모양, 색깔, 직업 등을 나타내는 형용사구의 of는 생략할 수 있다.
4	This is (**of**) the same size with that.	

③ 전치사 in 생략
have difficulty[hard time, trouble, struggle] (in) -ing
spend 시간 (in) -ing, be busy (in) -ing

5	I had much difficulty (**in**) solving the problem.	~하느라 어려움, 곤경을 겪다
6	He spends his life (**in**) reading books.	~하면서 시간을 보내다

④ 시간표시 부사구에서 생략
every, next, last + 특정시점
this, that, some, each (morning, day, week, month, year)

7	We meet **every** Sunday.	
8	I'll mention it **next** time I see him.	
9	(cf.) **In the last decade** movie production has advanced greatly.	기간 표시가 있으면 전치사를 쓴다.

1 나는 10마일을 걸었다. 2 나는 그가 그런 식으로 행동하는 것을 이해할 수 없다. 3 우리는 동갑이다. 4 이것은 저것과 같은 크기이다. 5 나는 그 문제를 해결하는 데 많은 어려움을 겪었다. 6 그는 책을 읽으며 평생을 보낸다. 7 우리는 매주 일요일에 만난다. 8 다음에 그를 만나면 얘기할 것이다. 9 지난 10년 동안 영화 제작은 크게 발전했다.

Unit 82 | 방향표시 전치사

 Ace Your Grammar!

방향표시 전치사의 의미 ★

into는 공간의 내부로(→ 바깥에서 안으로 들어오는 개념), out of는 공간에서 외부로(→ 안에서 바깥으로 나가는 개념), toward는 운동의 방향(→ ~쪽으로, ~로 향한)을 가리킨다.

When the woman walked ①<u>in</u> the classroom ②<u>from</u> the corridor, all the students ③<u>rose as</u> one ④<u>in</u> a standing ovation.

밖에서 공간 내부로 들어가는 것을 의미하는 전치사는 into이다. 따라서 복도에서 교실 내부로 들어가는 것은 전치사 in이 아닌, into를 써야 한다. 따라서 ①의 in을 into로 고쳐야 한다.

그 여자가 복도에서 교실로 들어오자, 모든 학생이 일제히 일어나 기립박수를 쳤다. ①

1 방향표시 전치사

① to, for, toward(s)
  to: 목적지   for: 방향·목적지   toward(s): 운동의 방향
  to 동반동사: come, go, send, hurry, retire, take, bring, return 등
  for 동반동사: leave, start, depart, set out, sail, head, make, be destined 등
  toward 동반동사: face, turn, walk, rush 등

1	He went **to** the office.	~에: 방향과 도착 지점
2	The plane is bound **for** Hong Kong.	방향과 목적지, be bound for: ~행이다
3	He turned his face **toward** the window.	~쪽으로: 운동의 방향만 표시

② up, down/into, out of
  up: ~위로 (운동상태: 수직방향)   down: ~아래로 (운동상태: 수직방향)
  into : ~의 안으로 (운동상태), 공간의 내부로   out of: ~의 밖으로 (정지 또는 운동상태), 공간에서 외부로

4	The old bus drove slowly **up** the hill.	
5	He climbed **down** the stairs.	
6	She went **into** the kitchen.	내부로 들어가는 운동상태
7	(cf.) There was no desk **in** the room.	내부의 정지 또는 운동상태
8	The prisoner hopes to get **out of** jail within a few months.	

③ across, along, through, throughout, past

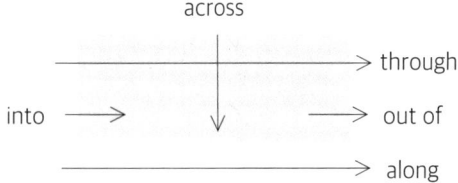

9	The old man swam **across** the river.	~을 가로질러
10	The frontier runs **along** the river for a few miles.	~을 따라서
11	The cat jumped out **through** the open window.	~을 통하여
12	They traveled **throughout** the country.	~의 구석까지
13	As soon as I got **past** the dog, it began to bark.	~을 지나쳐서
14	(cf.) It is a quarter **past/to** ten by my watch.	quarter past 10: 10시 15분/ quarter to 10: 10시 15분 전(9시 45분)

1 그는 사무실에 갔다. 2 그 비행기는 홍콩행이다. 3 그는 창문 쪽으로 얼굴을 돌렸다. 4 낡은 버스가 천천히 언덕을 올라갔다. 5 그는 계단을 내려갔다. 6 그녀가 부엌에 들어갔다. 7 방에 책상이 없었다. 8 그 죄수는 몇 달 안에 석방되기를 희망한다. 9 그 노인은 강을 헤엄쳐 건넜다. 10 국경은 강을 따라 몇 마일에 걸쳐 이어진다. 11 고양이가 열린 창문을 통해 튀어나왔다. 12 그들은 전국을 여행했다. 13 내가 개를 지나치자마자, 개가 짖기 시작했다. 14 내 시계로는 10시 15분/15분 전이다.

④ from, off
　from: ~로 부터(출발을 나타냄)　　　　　off: ~을 벗어나서(분리·이탈을 나타냄)

| 15 | This train is **from** New York. | 기점·원점으로부터 떨어짐 |
| 16 | We left our car **off** the road and walked. | 선·면으로부터 떨어짐 |

⑤ round, around, about
　round: ~의 주위에, ~을 돌아서(운동·동작 상태)　　around: ~의 주위에, ~의 둘레에(정지상태·운동상태)
　about: ~의 주위에(막연한 주변의 여기저기)

17	The earth goes **round[around]** the sun.	운동상태
18	Let's sit **around** the stove.	정지상태
19	They were walking **about[around]** the park.	막연한 주위

15 이 기차는 뉴욕에서 출발한다. 16 우리는 길가에 차를 두고 걸어갔다. 17 지구는 태양 주위를 돈다. 18 난로에 둘러앉자. 19 그들은 공원을 돌아다니고 있었다.

Unit 83 위치표시 전치사

1 위치표시 전치사

① at, in
at: 비교적 좁은 장소, 한 지점 표시/ 주소 — 번지표시, 분명하지 않은 위치/ 전화번호 앞
in: 비교적 넓은 장소 — 도시, 국가 등/ 어느 구역, 지역 안 표시

1	The post office is **at** the corner of the street.	좁은 장소, 한 지점의 위치
2	He now lives and works **in** New York City.	넓은 장소
3	(cf.) I live **in** this village. On our trip we stopped **at** Chicago.	좁은 장소라도 자기가 살고 있는 곳에는 in을 쓰고, 넓은 장소라도 잠시 머무르는 곳에는 at을 쓴다.
4	She lives **at** 78 Maple Street.	(주소—번지표시)(번지는 기수로 표시)
5	(cf.) She lives **on** 78th Maple street.	(거리명 표시는 on)(거리는 서수로 표시)

② above, below; on, beneath; over, under
above: <비스듬히> 위 below: <비스듬히> 아래
on: <표면에 접촉해서> 위 beneath: <표면에 접촉해서> 아래
over: <수직으로> 위 under: <수직으로> 아래

above	over	above
	on	
	beneath	
below	under	below

6	The plane was seen **above** the mountain.	
7	I saw the whole city stretched **below** us.	
8	He put the book **on** the desk.	
9	The plank **beneath** my feet is creaking.	
10	(cf.) Such a fellow is **beneath** contempt.	beneath는 '~의 가치가 없는, ~에 어울리지 않는'의 의미도 있다.
11	She put her hands **over** her face.	
12	The cat was **under** the desk.	

1 우체국은 길모퉁이에 있다. 2 그는 현재 뉴욕에 거주하며 일한다. 3 나는 이 마을에 산다. 우리는 여행 중에 시카고에 들렀다. 4 그녀는 메이플 스트리트 78번지에 살고 있다. 5 그녀는 메이플 78번가에 살고 있다. 6 산 너머로 비행기가 보였다. 7 나는 도시 전체가 우리 아래로 펼쳐져 있는 것을 보았다. 8 그는 책상 위에 책을 놓았다. 9 발밑에 있는 판자가 삐걱거리고 있다. 10 그런 녀석은 경멸할 가치도 없다. 11 그녀는 두 손으로 얼굴을 가렸다. 12 고양이는 책상 밑에 있었다.

③ before, after, in front of, behind
before: ~의 앞에/ in front of: ~의 바로 앞에
after: ~의 뒤에/ behind: ~의 바로 뒤에

13	In French the noun comes **before** the adjective.	
14	A large monument stands **in front of** the building.	
15	He ran **after** her and caught her at the door.	run after: ~을 따라가다[뒤쫓다]
16	The child hid **behind** the door.	hide behind: ~의 뒤에 숨다

13 불어에서 명사는 형용사 앞에 온다. 14 커다란 기념비가 건물 앞에 서있다. 15 그는 그녀의 뒤를 쫓아가 문 앞에서 그녀를 붙잡았다. 16 그 아이가 문 뒤에 숨었다.

Unit 84 | 시간표시 전치사

Ace Your Grammar!

특정 일자와 함께 쓰이는 전치사 on ★★

The date the event occurred was _____ the 25th of March, in 2016. (2020 강남대)

① on
② in
③ at
④ then

날짜, 요일, 특정일 등의 앞에는 주로 전치사 on이 쓰인다. 빈칸 다음에 the 25th라는 특정일이 왔으므로, 빈칸에는 ① on이 적절하다.

그 사건이 발생한 날짜는 2016년 3월 25일이었다. ①

1 시각

① at을 쓰는 경우: 한 시점의 때로 몇 시, 몇 분, 몇 초, 하루의 정오, 새벽, 밤, 시대의 전환기를 나타낼 때 쓴다.
at four o'clock/ at Christmas/ at 8:30 p.m./ at sunset/ at the time/ at lunch/ at Easter/ at night / at noon/ at the beginning of the month/ at the end of this month/ at seven minutes past 5

1. The military attack began **at** dawn.   at dawn: 동틀 녘에, 새벽에
2. The lease comes up for renewal **at** the end of the month.

② on을 쓰는 경우: 요일, 날짜, 어떤 날, 특정일의 아침, 저녁, 밤, 그리고 소속을 나타낼 때 쓴다.
on Sunday/ on my birthday/ on the evening of July 17/ on Monday morning/ on the following day/ on New Year's Day/ on a sunny June morning/ on the 21st of October/ on the weekend on that particular evening/ on Christmas day

3. Her birthday falls **on** Saturday this year.   요일
4. Many people go to church **on** Christmas Eve.   특정일

③ in을 쓰는 경우: 년, 월, 계절, 오후, 오전 등에 쓰인다.
in the 21st century/ in 1991 March/ in the evening[morning, afternoon]/ in Easter week

5. She gets really moody **in** the morning.
6. We are living **in** the 21st century.

1 군사 공격이 새벽에 개시되었다. 2 임대차 계약이 이달 말에 갱신될 예정이다. 3 올해 그녀의 생일은 토요일이다. 4 많은 사람들은 크리스마스 이브에 교회에 간다. 5 그녀는 아침에 기분 변화가 정말 심하다. 6 우리는 21세기에 살고 있다.

MSG+ 전치사 사용과 뜻에 유의해야 할 명사

in time 시간에 맞게   on time 정시에(= punctually)   up to time 시간에 맞게, 정시에
behind the times 시대에 뒤떨어진   before the times 시대에 앞서서   behind time 늦게
to time 시간대로(= to schedule)   on schedule 예정대로   behind schedule 예정보다 늦게
according to schedule 예정대로 하면   ahead of schedule[time] 예정보다 빨리

▶▶ **개념적용**
시간, 위치표시 전치사의 활용

He was born _____ Seoul _____ Aug. 21, 1960 _____ 3:40 in the afternoon.

① at — by — on
② in — in — in
③ in — on — at
④ at — at — at

넓은 장소의 in, 8월 21일은 day이므로 on이, 때의 한 시점은 at이 와야 한다.
그는 1960년 8월 21일 오후 3시 40분에 서울에서 태어났다.   ③

"전치사 in과 at 간단히 이해하기"
시간 표현과 관련된 전치사를 YouTube를 통해 확인하세요!

2 기간

① for, during, in: ~동안
for: 수사를 동반하여, 일정한 시간의 길이를 나타낸다.
during: 특정한 기간, 사건의 명사를 동반하여 동작, 상태의 계속을 나타낸다. 수사를 동반해도 수사 앞에 the나 지시형용사가 오면 during을 쓸 수 있다.
in: no, not, last, first, only, 최상급 다음에 for 대신 in을 자주 사용한다.

1	I have been waiting for you here **for** two hours.	일정 기간의 단위 표시: 주로 수사 동반
2	**During** my stay in Chicago, I met Mr. Brown.	어떤 동작·상태의 계속 표시: 명사 동반
3	It was the coldest day **in** 10 years in Washington.	

② since, from
since: '이래 줄곧'의 의미로 현재완료와 함께 사용하며, since 다음에는 막연한 시간이 아닌 명확한 시점을 나타내는 말이 오거나, 과거시제의 절이 와야 한다.
from: till 또는 to와 함께 쓰며, 일이 시작된 때부터의 '과거의 출발점'을 나타내어 과거동사와 함께 쓰인다.

4	We have both changed **since** we parted.	현재완료 + since + 과거
5	We work **from** morning *till* night.	
6	(cf.) School begins ***from** nine. (×) School begins **at** nine. (○)	'시작'을 뜻하는 begin, start, commence 등은 시간의 기점을 표시할 때, from을 사용하지 않는다.

③ in, within, after
in: 시간의 경과를 나타내어 '~이 지나면'의 뜻으로, 주로 미래시제와 함께 쓰인다.
within: 일정한 기간 이내를 말한다.
after: 주로 과거를 나타내어 '~후에'의 뜻으로 주로 과거시제와 함께 사용한다.

7	I will be ready to leave **in** an hour from now.	주로 미래시제와 함께 사용됨
8	He will be here **within** three weeks.	일정기간 내
9	He came back **after** two months.	주로 과거시제와 함께 사용됨

④ by, till[until]: ~까지
by: 어느 때까지의 동작의 완료를 나타내며, 계속의 의미를 갖는 동사와 함께 쓰이지 않는다.
till[until]: 어느 때까지의 동작의 계속을 나타내며, 지속(계속)의 의미를 갖는 동사 keep, remain, stay 등과 함께 쓰여 동작이나, 상태의 계속을 나타내므로 변화가 없이 상태가 지속된다.

10	The driver said he would return **by** noon.	동작의 완료 표시
11	We will wait **until** he shows up.	동작 상태의 계속 표시
12	(cf.) He did **not** get up **until** five o'clock.	~한 후에야 비로소 …하다

1 나는 여기서 두 시간 동안 당신을 기다리고 있었다. 2 시카고에 머무르는 동안 브라운씨를 만났다. 3 10년 만에 워싱턴에서 가장 추운 날이었다. 4 헤어진 후 우리는 둘 다 변했다. 5 우리는 아침부터 저녁까지 일한다. 6 학교는 9시에 시작한다. 7 나는 지금부터 한 시간 후에 떠날 준비를 할 것이다. 8 그는 3주 안에, 여기에 올 것이다. 9 그는 두 달 후에 돌아왔다. 10 그 운전사는 정오까지 돌아오겠다고 말했다. 11 우리는 그가 나타날 때까지 기다릴 것이다. 12 그는 5시가 되어서야 일어났다.

Unit 85 | 원인, 이유, 동기/ 목적, 의도의 전치사

1 원인, 이유, 동기 표시 전치사

① for: 감사, 비난, 책임, 유감의 원인
동사 blame, censure, scold, praise, thank/ 형용사 sorry, grateful, thankful 등과 함께 쓴다.

| 1 | He will blame you **for** neglecting your duty. | blame + O(사람) + for: ~했다고 사람을 비난하다 |
| 2 | The student was censured **for** his indiscreet act. | |

② because of: 이유를 나타내는 가장 일반적 표현으로 다음에는 절이 아닌 구가 온다.

| 3 | I was absent from school **because of** illness. | on account of, owing to: ~때문에, ~인해서 |

③ due to

| 4 | The explosion was **due to** carelessness. | due to: ~에 기인하는, ~때문에 |

④ 죽음의 원인: die of/ die from

5	She **died of** cancer[pneumonia].	내적인 원인으로 인한 죽음(질병, 굶주림, 고령, 슬픔 등)
6	He **died from** some unknown cause.	외적인 원인으로 인한 죽음(부상, 과로, 과음, 근심, 사고)
7	(cf.) Your illness **comes of** drinking too much.	come 다음에서 원인을 나타낼 경우

⑤ through: 부주의(carelessness), 과오(mistake), 소홀(neglect)의 명사와 함께 간접적인 원인을 나타낸다.

| 8 | He lost his job **through** neglect of duty. | 의무[직무] 태만으로 |

⑥ from/ with/ for

9	He acted **from** necessity, and not from a sense of duty.	from: ~으로, ~ 때문에(간접적인)
10	He was shivering **with** cold.	with: ~으로, ~ 때문에(외부의 원인)
11	Are you crying **for** joy or sorrow?	for: 마음에 대한 무형의 원인(무형의 심적 원인)

⑦ out of: 동기를 나타내어 'curiosity, fear, friendship, gratitude, jealousy, kindness, pity, respect' 등의 감정을 나타내는 명사와 함께 쓸 때가 많다.

| 12 | I did so **out of** curiosity. | out of curiosity: 호기심에서 |
| 13 | do something **out of** mischief[kindness, pity] | out of mischief: 장난으로 |

1 그는 당신의 의무를 소홀히 한 것에 대해 당신을 비난할 것이다. 2 그 학생은 경솔한 행동으로 비난을 받았다. 3 나는 아파서 학교에 결석했다. 4 폭발은 부주의 때문이었다. 5 그녀는 암[폐렴]으로 죽었다. 6 그는 알 수 없는 원인으로 사망했다. 7 당신의 병은 과음으로 인한 것이다. 8 그는 직무 태만으로 직장을 잃었다. 9 그는 의무감이 아니라 필요에 의해서 행동했다. 10 그는 추위에 떨고 있었다. 11 기뻐서 우는 거야, 슬퍼서 우는 거야? 12 호기심에서 그렇게 했다. 13 장난으로[친절한 마음에서, 불쌍하여] 무엇을 하다

⑧ 싫증의 원인: be tired of[with, from]

14 I **am tired of** waiting here. be tired of: ~에 싫증나다, 진저리나다(= be bored of, be fed up with)

15 I **am** very **tired with** work. be tired with: ~으로 지치다, 피로하다(= be bored with) <피로의 원인>

16 I **am tired from** traveling. be tired from: ~으로 지치다 <주로 육체적 원인>

14 여기서 기다리는 것이 지겹다. 15 나는 업무로 인해 매우 피로하다. 16 나는 여행으로 인해 지쳐있다.

2 목적, 의도의 전치사

① for: 행위의 목적·용도·기대를 나타냄

1 The audience rose **for** a standing ovation. for a standing ovation: 기립박수를 치기 위해

② on: 행동의 목적, 용무를 나타냄

2 I am here **on** business. on business: 볼일이 있어, 업무로

3 I sent my son **on** an errand. on an errand: 심부름으로

③ after: 추구, 욕망을 나타냄

4 He is always **seeking after** wealth. seek after: ~을 찾다, 구하다

④ to: 목적, 예정을 나타냄

5 He came **to** our aid.

⑤ at: 목표

6 He threw a stone **at** the window.

1 청중들은 기립박수를 치기 위해 자리에서 일어섰다. 2 나는 업무차 여기에 있다. 3 나는 아들을 심부름 보냈다. 4 그는 항상 부를 추구한다. 5 그는 우리를 도우러 왔다. 6 그는 창문을 향해 돌을 던졌다.

Unit 86 수단, 도구/ 소유표시의 전치사

1 수단, 도구의 전치사

① with: 도구, 수단(~으로, ~을 사용하여)

1. I have no pen to write **with**.
2. He caught the ball **with** his left hand.

② by: 수단, 방법(~에 의해)

3. Please let me know **by** letter. (능동문) 수단·방법
4. I usually go to work **by** bus[train, car]. 교통수단: by다음에 무관사의 교통수단이 온다. by hike, by plane
5. The city was destroyed **by** the enemy. (수동문) 행위자

③ through: 수단, 매개(~을 통하여)

6. He spoke **through** an interpreter.

1 나는 쓸 펜이 없다. 2 그는 왼손으로 공을 잡았다. 3 서면으로 알려주세요. 4 나는 보통 버스를 타고 출근한다. 5 그 도시가 적군에 의해 파괴되었다. 6 그는 통역을 통해 말했다.

MSG+

① on + 교통수단

on foot, on horseback, on my bike, on board the ship, on board the plane

② by의 기타표현

by birth 태생은   by the book 원칙대로   by nature 선천적으로
by the skin of my teeth 가까스로(= narrowly)

2 소유표시 전치사

① of: '~의, ~이 가지고 있는, ~에 속하는'의 뜻으로 '소속·소유' 관계를 표시함

1. the room **of** my brother's   my brother's room보다 명확한 표현
2. the leg **of** a table   소유격의 of

② with: '~을 가지고, ~이 있는'의 뜻으로 '소지·소유' 관계를 표시함

3. a man **with** a red nose
4. (cf.) No man could live **without** food.   ~가 없다면

1 내 동생의 방 2 식탁 다리 3 코가 빨간 남자 4 어떤 사람도 음식 없이는 살 수 없다.

Unit 87 | 기타 전치사: 양보 표시/ 예외 표시/ 재료/ 분리/ 양태 표시/ 포함/ 관련의 전치사

Ace Your Grammar!

접속사 although와 전치사 despite의 용법 구분 ★★

접속사 다음에는 절이, 전치사 다음에는 명사 상당어구가 와야 한다. although와 despite의 용법을 구분하는 문제가 종종 출제되며, 양보의 전치사인 in spite of와 달리 despite 다음에는 of가 붙지 않는 점에 유의해야 한다.

He ①is expected to visit Britain ②in February ③although a public spat with Theresa May ④over his Twitter account.   (2018 경기대)

접속사인 although 뒤에 절(clause)의 형태가 오지 않았으므로 ③이 옳지 않은 표현이다. 따라서 이것을 although처럼 양보의 의미를 지니고 있으면서 명사 상당어구를 목적어로 취할 수 있는 전치사 despite로 고쳐야 한다.

자신의 트위터 계정을 통해 테레사 메이(Theresa May)와 공개적으로 말다툼을 벌였음에도 불구하고, 그는 2월에 영국을 방문할 것으로 예상된다.

③

1 양보의 전치사

in spite of, despite, for[with] all, notwithstanding: ~에도 불구하고	
1 **In spite of** the rain, the game was not called off.	call off: 중지하다, 취소하다
2 She started to laugh **in spite of herself**.	in spite of oneself: 자신도 모르게(= unconsciously)
3 **Despite** its bulk and weight, the car is extremely fast.	despite 다음에 전치사 of가 없음에 유의해야 한다.
4 **Notwithstanding** the danger, he climbed the mountain.	

1 우천에도 불구하고, 경기가 취소되지 않았다. 2 그녀는 자신도 모르게 웃기 시작했다. 3 그 차는 크기와 무게에도 불구하고, 아주 빠르다. 4 위험을 무릅쓰고 그는 산에 올라갔다.

2 예외 표시의 전치사

but, except, except for, excepting, with the exception of: ~을 제외하고	
1 He goes to school everyday **except** Sunday.	except가 이끄는 절이나 구는 문두에 올 수 없다.
2 The old lady never spoke to anyone *****except** someone came to visit her. (×) The old lady never spoke to anyone **except when** someone came to visit her. (○)	주절 뒤에서 사용하며, 절을 이끌 때는 except when, except that 형태로 사용한다.
3 **Except for** sleeping, I studied all day long.	문두: ~을 제외하고(= not including)
4 This book is interesting **except for** a few blunders.	문중: ~이 없다면(= but for)

1 그는 일요일을 제외하고 매일 학교에 간다. 2 그 노부인은 누군가가 그녀를 찾아올 때를 제외하고는 누구와도 말을 하지 않았다. 3 잠을 자는 것을 제외하고 하루 종일 공부했다. 4 이 책은 몇 가지 실수를 제외하면 흥미롭다.

3 재료, 원료의 전치사(수동태편 참고)

from, of, into → make, build, construct 등의 '만들다'라는 동사와 함께 사용한다.

1	Wine **is made from** grapes.	from: 화학적인 변화(성분까지 변화)
2	The frame **is made of** steel.	of: 물리적인 변화(모양만 변화)
3	Grapes **are made into** wine.	into: 원료, 재료가 제품이 될 때, 재료가 주어인 경우

1 포도주는 포도로 만들어진다. 2 그 뼈대는 철강으로 되어 있다. 3 포도는 포도주가 된다.

MSG+ 재료, 구성요소: ~으로 만든, ~으로 된

a dress **of** silk (비단옷)

▶▶ 개념적용
개념, 원료의 전치사

Most people ①do not realize ②that white wines, ③including champagne, are actually made ④of red grapes.

포도(grapes)가 wine이 되는 것은 화학적인 변화이므로, 화학적인 변화를 뜻하는 be made from을 사용해야 한다. 따라서 ④의 of를 from으로 고쳐야 한다.

대부분의 사람들은 샴페인을 포함하여 백포도주는 실제로 붉은 포도로 만든다는 사실을 깨닫지 못하고 있다.   ④

4 분리, 제거표시의 전치사

① of:
'rob, deprive, empty, cure, cheat, clear' 등의 제거의 의미를 갖는 동사와 함께 '동사 + 사람(장소)<A> + of + 사물<B>(A에서 B를 제거하다)]'의 형식으로 쓰인다.

1	A highwayman **robbed** the traveler **of** his money.	rob A of B: A에게서 B를 빼앗다
2	The doctor **cured** him **of** rheumatism.	cure A of B: A를 B로부터 치료하다

② from:
'steal, take, separate, keep, hide' 등의 동작을 나타내는 동사와 함께 '동사 + 사물 + from + 사람<장소>'의 형식으로 쓰인다.

3 A thief **stole** the money **from** the safe.

4 He wouldn't **take** money **from** his friends.

1 노상강도가 여행자의 돈을 빼앗았다. 2 의사는 그의 류머티즘을 치료했다. 3 도둑이 금고에서 돈을 훔쳤다. 4 그는 친구들로부터 돈을 받지 않을 것이다.

5 양태 표시의 전치사

① at이 관련된 관용표현

at peace 평화롭게	at war 전쟁 중인	at work 작업 중인
at leisure 여가 중인	at rest 휴식 중인	at sea 항해 중인
at odds 불화인	at stake 위태로운	feel at home 편안하게 느끼다
at dinner 저녁식사 중인	at school 수업 중인	

② in이 관련된 관용표현

in a rage 분노하여	in excitement 흥분하여	in fashion 유행하고 있는
in danger 위험하여	in difficulties 곤경에 처한	in progress 진행 중인
in fetters 속박되어	in prison 수감되어	in demand 수요가 있는
in conflict 싸워서	in liquor 술에 취해	(cf.) on demand 요구 즉시

1 I am writing this letter **in** great haste. in haste: 서둘러서, 성급하게
2 The airplane flew **at** a speed of 500 miles an hour. at a speed of: ~의 속력으로
3 He stood **with** his back against the wall. with one's back to the wall: 벽에 등을 대고; 막다른 골목에 몰려

1 나는 매우 급하게 이 편지를 쓰고 있다. 2 비행기는 시속 500마일의 속도로 날았다. 3 그는 등을 벽에 기대고 서있었다.

6 포함의 전치사

① between: (둘) 사이에

1 Can you spot the difference **between** two pictures?
2 Q comes **between** P and R in the English alphabet. between 다음에 2개의 어구가 계속될 때는 and를 쓴다.

② among: 셋 이상의 사이에
개별적으로 있는 것이 아니라 집단, 군중, 무리 사이에 있는 것을 표현할 때 among을 쓴다.

3 Mary felt out of place **among** the young students. out of place: 불편한, 어울리지 않는

1 두 그림 사이의 차이를 찾을 수 있습니까? 2 영어 알파벳에서 Q는 P와 R 사이에 온다. 3 메리는 어린 학생들 사이에서 불편을 느꼈다.

7 관련의 전치사

about, as regards, as to, concerning, regarding, in[with] regard to, in[with] respect to 등

1	He wrote a book **about** the origin of the universe.	'~에 대하여, ~에 관하여'의 뜻으로 가장 보편적이며 of, on, over와 바꾸어 쓸 수 있다.
2	There are many theories **concerning** the cause of the Great Depression.	
3	**With regard to** this matter, we will talk with you later.	
4	I pondered **on** what my wife had said.	전문적인 용어를 구사하는 글이나 말 또는 숙고의 뜻을 갖는 ponder, meditate, deliberate 등과 함께 쓴다.
5	I've got something to talk **over** with you.	토론 등을 나타내는 말과 함께 쓴다.

1 그는 우주의 기원에 관한 책을 썼다. 2 대공황의 원인에 대해서는 여러 가지 설이 있다. 3 이 문제에 관해서는 나중에 다시 이야기하겠습니다. 4 나는 아내가 한 말을 곰곰이 생각해 보았다. 5 저는 당신과 할 얘기가 있어요.

Unit 88 | 주요 전치사구

1 주요 전치사구

according to ~에 따라서, ~에 의하면
as a result of ~의 결과로
by way of ~을 경유하여; ~하기 위하여
in accordance with ~에 따라서, ~와 일치하여
in behalf of ~을 위하여
in comparison with ~과 비교하면
in honor of ~에 경의를 표하여, ~을 축하하여
in response to ~에 응하여[답하여]
in terms of ~의 면에서, ~의 관점에서
on behalf of ~을 대표하여; ~을 위하여

apart from ~은 별문제로 하고, ~은 제쳐두고
by means[dint, virtue] of ~의 덕택으로, ~에 의해서
for the purpose of ~할 목적으로
in addition to ~이외에도, ~뿐만 아니라
in case of ~의 경우에는
in favor of ~에 찬성하여; ~을 위하여
in pursuit of ~을 찾아서, ~을 추구하여
instead of ~대신에
in the course of ~하는 동안에
on the basis of ~을 기준으로 하여, ~에 기초하여

1	She had to trade the trip **at the cost of** her car.	at the cost[expense] of: ~을 희생하여
2	The boat was **at the mercy of** the wind and waves.	at the mercy of: ~에 좌우되어, ~의 처분대로
3	She gave up smoking **for the sake of** her health.	for the sake of: ~을 위하여
4	We are taxed **in proportion to** our income.	in proportion to: ~에 비례하여
5	She treats all people alike **irrespective of** sex or age.	irrespective of: ~와 상관없이, ~을 고려하지 않고
6	**Thanks to** your help, I was able to do it.	thanks to: ~덕분에, ~때문에

1 그녀는 여행을 위해 차를 팔아야 했다. 2 그 배의 운명은 바람과 파도에 좌우되었다. 3 그녀는 건강을 위해서 담배를 끊었다. 4 소득에 따라 세금이 부과된다. 5 그녀는 나이와 성별에 상관없이 모든 사람들을 동등하게 대한다. 6 네 도움 덕분에 나는 그것을 할 수 있었다.

Unit 89 | 전치사에 따라 뜻이 달라지는 표현

1 전치사에 따라 뜻이 달라지는 표현

agree with + 사람	~와 의견이 일치하다	call on + 사람	(사람을) 방문하다
agree to[on] + 사물	~에 동의하다	call at + 장소	(장소를) 방문하다
compare with	비교하다	succeed in	~에 성공하다
compare to	비유하다	succeed to	~을 계승하다
angry at + 사물	(사물)에 화를 내다	consist of	~로 구성되어 있다
angry with + 사람	(사람)에 화를 내다	consist in	~에 있다(= lie)
be familiar with + 사물	(사물)에 정통하다	be tired of	~에 싫증나다
be familiar to + 사람	(사람)에 친숙하다	be tired with	~으로 지치다
be dependent on	~에 의지하다	be concerned in[with]	~에 관계하다
be independent of	~에서 독립하다	be concerned about[for]	~을 염려하다
be anxious at[about]	~을 걱정하다	be different from	~과 다르다
be anxious for	~을 갈망하다	be indifferent to	~에 무관심하다
be sick of	~에 싫증나다	be free from[of]	~이 없다, 면제되다
be sick for	~을 사모하다	be free with	~을 아끼지 않다
be engaged in	~에 종사하다	be good at	~에 능통하다
be engaged to	~와 약혼중이다	be good for	~에 좋다
result in	~의 결과가 되다	unite A with B	A와 B를 결합시키다
result from	~결과로서 생기다	unite A to B	A와 B를 결혼시키다

1	We **compared** the translation **with** the original.	compare A with B: A와 B를 비교하다
2	The critics **compare** his work **to** that of Dan Brown.	compare A to B: A를 B에 비유하다
3	He **succeeded in** discovery.	succeed in: ~에 성공하다
4	He **succeeded to** the throne.	succeed to: ~을 계승하다
5	Most books **consist of** several chapters.	consist of: ~로 구성되어 있다
6	Happiness **consists in** contentment.	consist in: ~에 있다(= lie)
7	He **is familiar with** the subject.	be familiar with + 사물: (사물)에 정통하다
8	He **is familiar to** me.	be familiar to + 사람: (사람)에 친숙하다

1 우리는 번역문을 원문과 비교했다. 2 평론가들은 그의 작품을 댄 브라운의 작품에 비유한다. 3 그는 발견에 성공했다. 4 그는 왕위를 계승했다. 5 대부분의 책은 몇 개의 장으로 이루어져 있다. 6 행복은 만족에 있다. 7 그는 그 문제에 통달해 있다. 8 그는 나에게 친숙한 존재이다.

MSG agree with는 다른 사람의 의견, 생각, 판단, 믿음 등에 동의할 때 사용하며, agree to는 요청, 제안, 계획된 행위 등의 진행 과정이나 방향에 대해 주어가 그 행위를 수행하거나 다른 사람이 수행하는 것을 허락할 때 사용한다.

I **agree with** you in all your views. 나는 당신의 모든 의견에 동의한다.
The manager **agreed to** the proposal for extending the deadline. 매니저는 마감 기한을 연장하자는 제안에 동의했다.

46 전치사의 기본 의미와 활용법
Easy-Peasy Grammar!

 전치사 on

전치사는 그 의미를 정확히 이해해야 합니다. 전치사는 단순히 한국어의 의미와 1대1로 대응되지 않기 때문입니다. 예를 들어, 전치사 on은 흔히 '위에'라고 알고 있지만, 다양한 상황에서 다르게 해석될 수 있습니다.

1 The man stands **on** the hill.   on이 '위에'라는 의미로 사용되었습니다.
2 Tom dances **on** the stage.

1 그 남자는 언덕 위에 서 있다. 2 Tom은 무대 위에서 춤춘다.

하지만, 다음 예문을 살펴보겠습니다. on의 의미는 단순히 '위에'에 국한되지 않습니다.

1 I turn **on** the radio.
2 I saw the fly **on** the wall.   이 문장들에서는 on을 단순히 '위에'로 번역할 수 없습니다. 예를 들어, "I turn on the radio."는 "라디오를 켠다"로 해석되는데, 이는 on이 '위에'가 아닌 '접촉'의 상태를 나타내기 때문입니다.
3 I depend **on** his help.

on은 무언가가 다른 것에 '접촉하여 붙어있는 상태'를 의미합니다. 이는 "I saw the fly on the wall."에서 벽에 파리가 '붙어있는' 상태를 의미하기도 하고, "I turn on the radio."에서 전선과 전선이 '접촉'하여 전기가 통하는 상태를 의미하기도 합니다. 따라서 on은 단순히 '~위에'라는 의미를 넘어, 보다 넓은 '접촉'의 개념을 내포하고 있습니다.

 전치사 off

전치사 on의 반대말은 off로, 이는 '떨어져 있는 상태'를 의미합니다. 예를 들어, get on은 '타다', get off는 '내리다'를 의미합니다. 모든 전자제품이 on과 off를 사용하는 이유도 이와 비슷합니다. 전자제품은 전선과 전선이 접촉하여 전기가 통할 때 작동하므로 switch on은 '켜다', switch off는 '끄다'를 의미하게 된 것입니다.

3 depend on의 이해

전치사의 사용을 이해하려면, depend on과 같은 표현에서 접두사와 어근의 의미를 이해하는 것이 도움이 됩니다.

de(접두사) = 아래

pend(어근) = 매달리다

pendant가 '목걸이'를 의미하는 것에서 쉽게 연상할 수 있습니다.

depend는 '아래에 매달려 있다'는 뜻을 가집니다.

이 의미에서 on이 사용되는 이유를 이해할 수 있습니다. depend on은 마치 절벽 끝에 사람이 매달려 있는 상황을 떠올리게 합니다. 절벽 끝과 사람이 접촉된 상태에서 떨어지지 않도록 매달려 있는 그림을 생각해 보면, '매달려 있다'는 의미가 '의존하고 있다'는 의미로 확장되는 것을 알 수 있습니다. 이처럼 depend가 on을 사용하는 것은 '접촉'의 개념을 나타내기 때문입니다.

전치사를 공부할 때는 각 전치사가 가지는 기본적인 의미와 다양한 예문을 통해 그 사용 방법을 익히는 것이 중요합니다. 전치사를 단순히 한국어로 번역하는 것이 아니라, 그 근본적인 의미와 문맥에 따라 다르게 사용되는 방식을 파악하는 것이 필요합니다.

"전치사의 기본 의미와 활용법"
전치사의 비밀을 YouTube를 통해 확인하세요!

16 Review Test

전치사와 관련해서는 다음과 같은 내용이 자주 출제됩니다.

① "전치사 + 시간, 거리, 방법, 방위, 장소, 정도 명사" 구조에서 전치사의 생략
② 동사 뒤에 전치사에 따라 뜻이 달라지는 표현
③ 양보의 전치사
④ 기간 표시 전치사 by와 until의 차이점

이러한 내용들은 전치사 관련 문제를 해결하는 데 매우 중요하므로, 반드시 잘 숙지해 두어야 합니다.

[01-10] 다음 문장의 밑줄 친 부분에 가장 적절한 표현을 고르시오.

01 All the graduates _____ to attend college.

① except Jane and she plan
② except Jane and her plans
③ except Jane and her plan
④ except her and Jane

02 _____ iron, the vast mineral resources of the country were practically untouched.

① Without
② Even if
③ Having no
④ Except for

03 The man _____ is my father.

① piping a smoke
② drinking a pipe
③ with smoking a pipe
④ with a pipe

04 Tom's father died _____ lung cancer.

① in
② over
③ of
④ to

05 I am not willing to give _____ all that I have worked for all my life.

① up
② in
③ over
④ under

06 That house is too close _____ the road for my liking.

① on ② toward
③ to ④ in

07 There was a ship in distress _____ the Isle of Wight.

① off ② toward
③ in ④ at

08 The restaurant is right _____ Fifth Avenue.

① on ② at
③ in ④ about

09 _____ his cold, he came first in the athletic meet.

① Regardless ② In spite
③ In spite of ④ Despite of

10 "Why is Dr. Jones speaking at the seminar?"
"Because he is an authority _____ urban planning."

① in ② of
③ on ④ with

[11-19] 다음 문장의 밑줄 친 부분 중 문법적으로 틀린 부분을 고르시오.

11 Next to the store ①that is opposite ②over the road there is another store ③selling such ④goods.

12 Jekyll Island has been ①one of Georgia's ②state ③parks ④in 1954.

13 An empiricist ①arrives at conclusions ②through way of the inductive ③method of ④reasoning.

14 ①After a thorough inspection of the Babylonian ②tablets, he predicted that another eclipse of the sun was ③due ④in May 28, 585 B.C.

15 Maria saw two white lamps ①while she ②was shopping, but she could not ③choose ④among those.

16 Despite ①of what you ②may have heard, they won't go ③on strike ④even if their demands aren't met.

17 You had better ①file the report ②until tomorrow ③if you don't want ④to be scolded.

18 The pilot ①and the crew divided the ②life preservers ③between the seventy ④frantic passengers.

19 ①Since four years, Mr. Michael ②has been ③handling all foreign ④accounts.

20 다음 중 어법상 틀린 문장을 고르시오.
① He was robbed of his money.
② The shelves are in perfect order.
③ I am working on a cargo-related job.
④ He is engaged to foreign trade.

Chapter 17

일치 (Agreement)

영어 문법에서 일치란, 주어와 동사의 수, 시제, 태 등이 서로 일치하는 것을 말한다. 예를 들면, 주어와 술어동사의 수일치, 주절과 종속절의 시제 일치, 대명사의 수일치 등이 있다.

	일치의 다양한 예	
1	*The best way* to predict the future **is** to invent it.	단수명사 + 단수동사
2	*The ways* to the top of the mountain **are** quite perilous.	복수명사 + 복수동사
3	*Christmas and Easter* **are** important church festivals.	A and B + 복수동사: 별개의 사람, 사물, 사상이면 복수 취급
4	*Slow and steady* **wins** the race.	A and B + 단수동사: 단일개념이 가능한 같은 사람, 사물, 사상이면 단수취급
5	He **said** that he **was** hungry.	주절과 종속절의 시제 일치: 과거시제-과거시제
6	*The students* handed in **their** assignments on time.	복수 주어 - 복수 대명사 일치

1 미래를 예측하는 최선의 방법은 미래를 창조하는 것이다. 2 산 정상으로 가는 길은 꽤 위험하다. 3 크리스마스와 부활절은 교회의 중요한 축제이다. 4 느려도 착실하면 경주에서 이긴다.(서두르면 일을 망친다.) 5 그는 배가 고프다고 말했다. 6 학생들은 제시간에 과제를 제출했다.

Unit 90　주어와 술어동사의 수일치　　Unit 91　대명사의 수일치

Unit 90 | 주어와 술어동사의 수일치

3인칭 단수 주어가 현재시제일 때는 동사에 -s나 -es를 붙인다. 주어와 동사 사이에 수식어가 들어가 주어와 동사가 떨어지거나, 수량 표현이나 부정대명사로 이루어진 주어, 또는 도치구문 등의 특수구문에서 주어와 동사의 일치 여부를 묻는 문제가 자주 출제된다.

Ace Your Grammar!

주어와 동사의 수일치 ★★★

술어동사는 그 주어의 인칭과 수에 일치시켜야 한다.

I think using your smartphone ①when you ②are with other people ③are rude, but I still ④do it all the time. (2021 서울여대)

think의 목적어절의 주어는 using your smartphone이고 동사는 are이다. 동명사가 주어로 쓰인 경우 단수동사를 써야 하므로, ③을 is rude로 고쳐야 한다.

다른 사람들과 있을 때 스마트폰을 사용하는 것이 무례하다고 생각하지만, 나는 여전히 항상 그렇게 한다. ③

1 주어의 역할을 하는 구와 절: 단수취급

명사구나 명사절이 주어인 경우 단수로 취급한다.

1	*To treat them as hostages* **is** criminal.	to부정사가 주어일 경우 동사는 단수
2	*How you got there* **doesn't** concern me.	명사절이 주어일 경우 동사는 단수
3	*Formulating theories* **is** attributed to psychology.	주어에 동명사가 하나만 있을 때 동사는 단수
4	(cf.) *Jogging and biking* **give** your heart a good workout.	두 운동이 동명사 형태로 and에 의해 연결, 복수 취급되어 동사는 복수

1 그들을 인질로 다루는 것은 범죄이다. 2 당신이 거기에 어떻게 도착했느냐 하는 것은 내 관심 밖이다. 3 이론을 공식화하는 것은 심리학에 기인한다. 4 조깅하는 것과 자전거 타는 것은 당신의 심장에 좋은 운동이 된다.

2 주어가 and로 연결될 때의 수

① 동일 개념·사물 → 단수취급

1	*Plain living and high thinking* **is** a great ideal.	Plain living and high thinking을 단수 취급(격언의 표현)
2	*Trial and error* **is** the source of our knowledge.	trial and error: 시행착오(하나의 단어)
3	*The poet and statesman* **is** dead.	동일인
4	*Bread and butter* **is** my favorite dish.	버터를 바른 빵(한 가지 음식)

② 별개의 개념 → 복수취급

5	*Bread and butter* **have risen** in price.	빵과 버터 별개의 것(두 가지 재료)
6	*The poet and the statesman* **are** dead.	시인과 정치가가 별개의 인물
7	*Latin and French* **were** considered suitable for literary expression.	두 가지 언어, 라틴어와 불어

1 검소한 생활과 드높은 사상은 커다란 이상이다. 2 시행착오는 우리 지식의 원천이다. 3 시인 겸 정치가가 사망하다. 4 버터를 바른 빵은 내가 좋아하는 음식이다. 5 빵과 버터의 가격이 올랐다. 6 시인과 정치가가 사망했다. 7 라틴어와 불어는 문학적 표현에 적합하다고 여겨졌다.

MSG+

① every 다음에는 단수명사가 둘이어도 단수 취급한다.
Every man and woman **has** *his or her* own business and desire.
모든 남녀는 각자의 일과 소망을 갖고 있다.

② 단일개념이지만 관용적으로 복수 취급한다.
Time and tide **wait** for no man.
세월은 사람을 기다려주지 않는다.

3 등위상관접속사와 동사의 일치

① B에 동사 일치
either A or B/ neither A nor B/ not A but B/ not only A but (also) B/ not so much A as B

1	Either you or *she* **is** lying to me.	she에 동사 일치
2	Neither my shirts nor *my hat* **goes** with this pair of pants.	my hat에 동사 일치
3	Not he but *his parents* **were** killed in the car accident.	his parents에 동사 일치
4	Not only she but also *her daughters* **have** blue eyes. = *Her daughters* as well as she **have** blue eyes.	not only A but also B = B as well as A
5	Not so much the teacher as *the students* **drive** the success of the class. = *The students* rather than the teacher **drive** the success of the class.	not so much A as B = B rather than A

② both A and B: 항상 복수 취급

6	*Both his mother and his father* **are** proud of his achievements.	both A and B 구문은 항상 복수 취급

1 당신 아니면 그녀가 나에게 거짓말을 하고 있다. 2 내 셔츠도 모자도 이 바지와 어울리지 않는다. 3 그가 아니라 그의 부모님이 교통사고로 죽었다. 4 그녀뿐만 아니라 그녀의 딸들도 파란 눈을 가지고 있다. 5 선생님보다는 학생들이 수업의 성공을 이끈다. 6 그의 엄마와 아빠 모두 그의 업적을 자랑스러워한다.

4 후치 수식어가 있는 주어와 동사의 일치

핵심어 찾기: 수식어는 고려하지 않고 핵심어에 일치시킨다.

1	*The president* with his secretaries **is** in the conference room now.	주어가 The president이고 with his secretaries가 수식어이므로, 동사는 단수이다.
2	*Every member* of the vast crowd of 50,000 people **was** pleased to see him.	주어가 every member이고 of ~50,000 people은 수식어이므로, 동사는 단수이다.

1 비서들과 함께 대통령이 지금 회의실에 있다. 2 50,000명이나 되는 많은 군중들 하나하나가 그를 보고 기뻐했다.

5 삽입구가 있는 문장

주어와 동사 사이에 들어가는 삽입구는 콤마로 구분되며, 이 삽입구에 포함된 명사는 부사구나 부사절의 일부로서 문장의 주어 역할을 하지 않는다.

1	John, along with his teammates, *have completed the report. (×) John, along with his teammates, **has** completed the report. (○)	along with his teammates는 삽입구이므로, 문장의 주어는 teammates가 아니라, John이다. 따라서 동사는 has로 일치한다.

1 팀 동료들과 함께 존이 그 보고서를 완성했다.

6 관계사절의 주어와 동사의 수일치(Unit 56 관계대명사의 수일치)

① what절

1	It is not what you have but *what you are* that **counts**.	what이 이끄는 절이 일반동사의 주어가 되면 단수로 한다.
2	What I need **is** *money*.	what이 이끄는 절이 be동사의 주어가 되면, be동사의 수는 be동사 뒤에 오는 말에 일치시킨다.
3	What I need **are** *books*.	

② 관계사절의 동사일치

4	*Books* which **sell** well are not necessarily good.	관계대명사 다음에 오는 동사는 선행사에 수를 일치시킨다.
5	John is *one of those unusual persons* who **work** hard all the time.	'one of + 복수명사'가 선행사일 때 관계대명사가 이끄는 절의 동사는 복수로 일치: one of + 복수명사(선행사) + 관계대명사 + 복수동사
6	John is *the only one of the boys* who **is** not eligible.	'the only one of + 복수명사'가 선행사일 때 관계대명사가 이끄는 절의 동사는 단수로 일치: the only one(선행사) of + 복수명사 + 관계대명사 + 단수동사

1 중요한 것은 당신이 가진 것이 아니라 당신의 인격이다. 2 내가 필요한 것은 돈이다. 3 내가 필요한 것은 책이다. 4 잘 팔리는 책이 반드시 좋은 책은 아니다. 5 존은 항상 열심히 일하는 흔치 않은 사람 중 한 명이다. 6 존은 그 소년들 중 유일하게 자격이 없다.

7 도치구문에서의 주어와 동사의 수일치

동사 뒤에 위치한 주어와 일치시킨다.

1	Of great importance **is** *to do one's duty faithfully*.	보어 + be동사 + 주어: 주어가 to부정사이므로 동사는 단수형을 사용
2	So great **was** *her joy* that for the moment she forgot the sad message.	보어가 강조되어 문두에 위치할 경우의 도치
3	Beyond the lake and the woods **is** *the house* where my father lives.	장소의 부사구 + 자동사 + 명사 주어

1 가장 중요한 것은 자신의 의무를 충실히 수행하는 것이다. 2 그녀의 기쁨이 너무 커서 잠시동안 그녀는 슬픈 메시지를 잊어버렸다. 3 호수와 숲 너머에는 아버지가 사는 집이 있다.

8　명사와 동사의 수일치

① 짝으로 구성된 명사(복수): 복수 취급하고, a pair of를 사용해 개수를 센다.
　clothes(옷), compasses((제도용) 컴퍼스), glasses(안경), gloves(장갑), pants(팬츠), scissors(가위), shoes(신발)

1	*His trousers* **were** covered in mud.	
2	There **was** *a pair of trousers* in his carrier bag.	주어가 a pair이므로 동사는 단수이다.
3	(cf.) There **were** *a couple of* books.	a couple of는 two (things) or a few (things)를 의미하므로 동사는 복수이다.

② 복수 취급하는 명사
　belongings(소지품), eatables(식료품), savings(저금), valuables(귀중품)

4	*Her valuables* **are** kept in a safe.	

③ 복수형으로 단수 취급하는 명사

5	*Physics* **is** my favorite subject.	학문명은 s로 끝나도 단수취급 economics(경제학), ethics(윤리학), mathematics(수학) 등
6	(cf.) *These statistics* **show** deaths per 1,000 of population.	statistics는 통계학을 의미할 때는 단수로, 통계를 의미할 때는 복수로 한다.
7	*Measles* **takes** a long time to get over.	병명은 단수취급: measles(홍역), rickets(구루병) 등
8	*Billiards* **is** a game played on a large table.	게임명은 단수취급: checkers(서양장기), cards(카드놀이) 등
9	*The Philippines* **comprises** many islands.	국가명이나, 복수의 고유명사는 단수취급 (cf.) The Alps는 복수로 취급

1 그의 바지는 진흙투성이었다. 2 그의 캐리어 가방에는 바지 한 벌이 들어있었다. 3 책 두 권이 있었다. 4 그녀의 귀중품은 금고에 보관된다. 5 물리학은 내가 가장 좋아하는 과목이다. 6 이 통계자료는 인구 1,000명당 사망자를 보여준다. 7 홍역은 회복하는 데 오랜 시간이 걸린다. 8 당구는 큰 탁자 위에서 하는 게임이다. 9 필리핀은 많은 섬들로 이루어져 있다.

9 many/many a, a number of/the number of, 부분표시어 등

① many + 복수명사 → 복수동사
   many a + 단수명사 → 단수동사

1. *Many soldiers* **were** killed at the field.
2. *Many a soldier* **was** killed at the field.

② a number of + 복수명사 → 복수동사
   the number of + 복수명사 → 단수동사

3. *A number of the report's findings* **are** worthy of note. — 정확한 수량을 강조하지 않는 '많은 수'를 의미하므로, 동사는 복수형을 사용
4. *The number of smokers* **is** on the decrease. — 구체적인 '수'를 강조할 때 사용되므로, 동사를 단수형으로 사용

③ 부분 표시어: of 뒤에 오는 (대)명사에 동사의 수를 일치

5. *Half of my money* **is** spent on book. — 분수[all, half, most, some, the rest] + of + 한정사 + 단수명사 + 단수동사
6. *Half of my books* **are** novels. — 분수[all, half, most, some, the rest] + of + 한정사 + 복수명사 + 복수동사

④ 총계·합계 표시어
   a series[total, body, group, team] of + 복수명사 + 단수동사

7. *A total of 200 Koreans* **lives** in the country. — a series[total, body, group, team] of는 of 앞의 명사에 동사의 수를 일치시키므로 단수동사가 와야 한다.
8. *A series of crimes* **has happened** in the village.

⑤ every[each, either, neither] + 단수명사 + 단수동사
   each[either, neither] + of + 한정사 + 복수명사 + 단수동사

9. *Each student* **has** his own room.
10. *Either of the two books* **is** available.

⑥ one of + 복수명사 + 단수동사
   the only one of + 복수명사 + 단수동사

11. *One of my favorite novels* **is** "Gone with the Wind." — (cf.) 주격관계대명사의 수일치
12. *The only one of my favorite novels* written in English **is** "Gone with the Wind." — one of + 복수명사 + 주격관계대명사 + 복수동사
    the only one of + 복수명사 + 주격관계대명사 + 단수동사

1/2 그 전장에서 많은 병사들이 죽었다. 3 이 보고서의 여러 연구 결과는 주목할 만하다. 4 흡연자의 수가 줄어들고 있다. 5 내 돈의 절반은 책 구입에 쓰인다. 6 내 책의 절반은 소설이다. 7 그 나라에는 총 200명의 한국인이 거주한다. 8 마을에서 범죄가 잇따라 발생해왔다. 9 각 학생은 자신들의 방이 있다. 10 두 권의 책 중 하나를 사용할 수 있다. 11 내가 가장 좋아하는 소설 중 하나는 "바람과 함께 사라지다"이다. 12 영어 소설 중 내가 좋아하는 유일한 소설은 "바람과 함께 사라지다"이다.

10 There 구문

① There 구문의 주어

1 There **was** *little demand* for natural gas.   there 구문의 주어는 동사 다음에 온다.

② There is + 단수명사

2 There **is** always *a lot of traffic* in the downtown area.

③ There are + 복수명사

3 There **are** *lots of cars* going on to the main roads.

1 천연가스에 대한 수요가 거의 없다. 2 도심지역에는 교통량이 항상 많다. 3 많은 차량이 대로로 들어서고 있다.

MSG+ there 구문에 주로 쓰이는 동사는 존재를 나타내는 be, go, come, live, stand, exist 등이다.

There **comes** the bus. 저기 버스가 온다.
There **remains** only for me to apologize. 이제 남은 것은 내가 사과할 일뿐이다.

11 단일개념 주어

시간, 거리, 가격, 무게의 복수가 하나의 단위를 나타내면 단수로 한다.

1 *Two thousand dollars* **is** a small sum for him.
2 *Three years* **is** a long time for me to wait.
3 (cf.) *Three years* **have** passed since I met her.   시간의 경과를 나타내는 경우에는 복수로 취급한다. 단, a year and a half 는 복수이지만, 예외적으로 단수로 처리한다.
4 (cf.) *A year and a half* **has** passed since we last met.

1 2천 달러는 그에게 적은 액수의 돈이다. 2 3년이라는 시간은 내가 기다리기에 긴 시간이다. 3 그녀를 만난 지 3년이 지났다. 4 우리가 마지막으로 만난 지 1년 반이 지났습니다.

12 군집명사 + 복수동사/ 집합명사 + 단수동사

집합명사는 집합체 전체를 하나의 단위로 보면 단수로, 개별적인 구성원으로 보면 복수로 한다.

1 *The audience* **were** deeply moved.   군집명사
2 *The audience* **was** not large.   집합명사

1 청중들은 깊은 감동을 받았다. 2 관객 수가 많지 않았다.

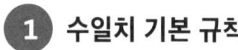

47 부분명사의 수일치 주의사항

1 수일치 기본 규칙

기본적으로 수일치는 문장의 맨 앞에 나온 주어에 맞춥니다. 전치사구 내의 명사에 수일치를 하지 않습니다.

1	*The books* (on the desk) **are** informative.	전치사 뒤에 나오는 명사인 desk나 people이 아니라, 주어인 books와 man에 맞춰 수일치를 해야 합니다.
2	*The man* (with the people) **is** happy.	

1 책상 위에 있는 책은 유익한 정보를 담고 있다. 2 사람들과 함께하는 사람은 행복하다.

2 부분명사의 수일치

"all, most, some, any, half"와 같은 부분을 나타내는 명사가 of와 함께 주어로 사용될 때는, of 뒤에 오는 명사에 수일치를 합니다.

1	All of the *books* **are** informative.	all + of + 한정사 + 복수명사 + 복수동사
2	All of the *water* **is** clean.	all + of + 한정사 + 단수명사 + 단수동사
3	Most of the *students* **are** happy.	most + of + 한정사 + 복수명사 + 복수동사
4	Most of the *gold* **is** expensive.	most + of + 한정사 + 단수명사 + 단수동사

1 모든 책은 유익한 정보를 담고 있다. 2 모든 물이 깨끗하다. 3 대부분의 학생들은 행복하다. 4 대부분의 금은 비싸다.

이렇게 되는 이유는 all of the books를 해석할 때 of가 '~중에서'라는 의미를 갖기 때문입니다. 즉, all of the books는 '그 책들 중에서 모두'라는 의미로, 결국 '모든 책들'을 지칭하게 됩니다. 따라서 books가 복수형이기 때문에 are와 같은 복수동사를 사용합니다. 반면에, all of the water와 같은 표현에서는 water가 불가산명사이므로 항상 단수로 취급되어 is와 같은 단수동사를 사용해야 합니다. 이러한 원리를 이해하면, 부분명사의 수일치를 전치사 뒤에 오는 명사에 맞춘다는 규칙도 쉽게 파악할 수 있습니다.

Unit 91 | 대명사의 수일치

대명사는 앞에 나온 명사를 대신하여 사용되며, 반드시 선행 명사와 수와 인칭이 일치해야 한다. 시험에서 대명사가 보기로 출제될 경우, 선행 명사와 성(gender), 수(number), 인칭(person)의 일치를 확인해야 한다.

Ace Your Grammar!

대명사의 수일치 ★★
명사를 받는 대명사는 앞의 명사와 수를 일치시켜야 한다.

Our presentation skills were overshadowed by _____ of other candidates. (2011 가천대)

① those ② it
③ this   ④ that

비교 대상이 우리와 다른 지원자들의 프레젠테이션 기술이므로, 복수명사 presentation skills를 받을 수 있는 복수 지시대명사 those가 적절하다. 앞의 명사와의 반복을 피하기 위해 지시대명사가 쓰인 것이다.

우리의 프레젠테이션 기술은 다른 지원자들의 프레젠테이션 기술에 가려 빛을 보지 못했다. ①

1 대명사의 수일치

① 대명사는 앞의 명사와 성(gender), 수(number), 인칭(person)이 일치해야 한다.

1	I worked with *the poor* for several years, yet I didn't really understood ***his** problems. (×) I worked with *the poor* for several years, yet I didn't really understood **their** problems. (○)	the poor는 복수 보통명사로 가난한 사람들, 즉 poor people을 의미한다. 따라서 his를 their로 고친다.
2	*The restaurant* is noted for **its** excellent cuisine.	
3	*Everyone* may have **his or her** own definition of what love is.	부정대명사 everyone은 의미상 불특정 다수를 가리키지만, 문법적으로 단수 취급되므로 his or her와 같은 단수형 소유격 대명사를 사용한다.

② 지시대상이 반드시 분명하게 나와 있어야 한다.

4	Mrs. Park doesn't like politics because she thinks that ***they** are liars. (×)	they가 지시하는 대상이 없다. 따라서 they를 politicians로 고치거나, 앞의 politics를 politicians로 수정해서 뒤에 오는 대명사 they와 일치시켜야 한다.

③ 부정대명사가 주어나 수식어로 쓰인 경우 단수로 일치

5	*Every man* **desires** to live long.	every[each] + 단수명사 → 단수동사
6	*Either of the two main parties* **is** qualified.	either[neither] of + 한정사 + 복수명사는 → 단수동사
7	*Nothing* **is** in its proper place.	another, anyone, nothing, something, nobody, somebody, no one → 단수동사
8	*None of the books* **has[have] been** placed on the shelves.	none of 복수명사: of 뒤에 복수가 올 경우 동사는 단·복수 둘 다 가능하지만, 시험에서는 주로 복수로 한다.
9	*None of it* **is** worth having.	none of + 불가산명사, 단수명사 → 단수동사

1 나는 몇 년 동안 가난한 사람들과 함께 일했지만, 그들의 문제를 제대로 이해하지 못했다. 2 그 식당은 훌륭한 요리로 유명하다. 3 사랑이 무엇인지에 대해서는 누구나 나름대로 정의를 내릴 수 있다. 4 박씨는 정치인들이 거짓말쟁이라고 생각하기 때문에 정치를 좋아하지 않는다. 5 사람은 누구나 오래 살고 싶어한다. 6 주요 두 정당 중 한 정당은 자격이 있다. 7 그 어느 것도 제자리에 있지 않다. 8 책장에 책이 하나도 놓여 있지 않다. 9 그 어떤 것도 가치가 없다.

17 Review Test

일치와 관련해서는 다음과 같은 내용이 자주 출제됩니다.

① 주어가 긴 경우 주어의 핵심 명사에 동사의 수를 일치
② 부분 표시어가 주어일 때의 일치
③ 주어가 등위상관접속사로 표현되었을 때의 일치
④ 관계절의 동사와 선행사의 수일치

이러한 문제들은 일치 관련 문제를 푸는 데 매우 중요하므로 잘 숙지해 두는 것이 좋습니다.

[01-10] 다음 문장의 밑줄 친 부분에 가장 적절한 표현을 고르시오.

01 Every one of the boys _____ here yesterday has a bicycle.

① was   ② were
③ who was   ④ who were

02 His knowledge of computers and office automation _____ him to help his coworkers in many ways.

① enable   ② enables
③ are enabling   ④ have enabled

03 *Crime and Punishment* _____ perhaps the best-constructed of Dostoevsky's novels, but *The Brothers Karamaxov* _____ also undoubtedly his masterpiece.

① is — is   ② is — are
③ are — is   ④ are — are

04 All matter resists any change in _____ condition of rest or of motion.

① his   ② her
③ its   ④ their

05 Each pair of trousers _____ twenty dollars.

① cost   ② costs
③ pay   ④ pays

06 It is a message of importance for every man and woman who _____.

① votes ② vote
③ voting ④ are vote

07 Neither of the girls _____ in the term paper yet.

① turn ② turning
③ have turned ④ has turned

08 Trial and error _____ the source of knowledge.

① are ② is
③ were ④ was

09 Not only the plant workers but also the manager _____ on strike now.

① is ② are
③ was ④ were

10 Mount Edith Cavell, a peak in the Canadian Rockies, _____ after a famous nurse.

① is named ② has named
③ are named ④ have named

[11-20] 다음 문장의 밑줄 친 부분 중 문법적으로 틀린 부분을 고르시오.

11 There ①have been many an ②argument ③about ④its proper usage.

12 The president, ①with his wife and daughters, ②are returning from a brief vacation at Hampton so as ③to attend a press conference ④this afternoon.

13 Neither the checks Frank ①gave me ②nor the money you sent ③are ④sufficient enough to pay my debts.

14 ①During the course of a day, ②the average man takes 17,300 breaths, ③whereas the average woman, with ④their smaller lungs, takes 28,800.

15 ①Each man and woman ②must sign ③their full name ④before entering the examination room.

16 Information ①regarding seat number, flight number ②and departure time ③are printed on your ④boarding card.

17 A good teacher thinks that all of ①his students ②has good minds, at least ③as good as his, ④if not better.

18 A scientist bases ①its work on ②hypotheses that ③have been checked through ④careful experimentation.

19 President Kennedy's efforts ①to enact liberal ②domestic legislation ③was ④unsuccessful during his lifetime.

20 About ①two-thirds of Africa ②are inhabited by people who ③are severely undernourished and ④border on starvation.

Chapter 18

병치 (Parallelism)

두 개 이상의 단어, 구, 절이 등위접속사나 등위상관접속사로 연결되거나, 비교에서 비교 대상이 되는 경우에는 문법적으로 동일한 성질을 가져야 한다. 예를 들어, "I like coffee and tea."와 같은 문장에서 coffee와 tea는 명사로서 동일한 종류의 대상을 나타내기 때문에 병치 관계를 이루고 있다. 한편, "The weather was hot and *wind."와 같은 문장은 날씨의 상태를 나타내는 형용사 hot과 windy가 병치 관계를 이루어야 하는데, 명사 wind가 와서 틀린 문장이다.

Unit 92   등위접속사에 의한 병치
Unit 93   등위상관접속사에 의한 병치
Unit 94   비교구문, 전치사에 의한 병치

Unit 92 | 등위접속사에 의한 병치

병치는 문장 내에서 같은 성격을 가진 두 개 이상의 단어, 구, 절을 등위접속사 또는 등위상관접속사로 연결하여, 문장을 간결하게 만드는 방법이다. 이러한 병치 구조는 문법적 일관성을 유지하면서 문장을 더 명료하고 이해하기 쉽게 만들어 준다.

 Ace Your Grammar!

형용사의 병치 ★★

형용사의 병치에서는 형용사들만이 병렬로 나열되어야 하며, 명사가 그 사이에 끼어들지 않도록 주의해야 한다.

New York is mountainous ①<u>in its</u> eastern part, level or ②<u>hill</u> in the center and west, and ③<u>rolling in</u> ④<u>the southern</u> section.　　　　　　　　　　　　　　　　　　　　　　　　(2003 세종대)

등위접속사 and로 mountainous, level or hill, rolling이 병치되고 있는 형태이다. 명사인 ② hill을 형용사인 hilly로 고쳐야 올바른 병치 구조를 이룰 수 있다.

뉴욕의 동쪽에는 산이 많고, 중앙과 서쪽은 평평하거나 구릉이 있으며, 남쪽 지역에는 완만하게 경사가 져 있다.　　　　②

1 명사의 병치: "명사 and 명사", "명사, 명사 and 명사"의 형식

1. He is **a lawyer**, **a politician** *and* ***he teaches***. (×)
   He is **a lawyer**, **a politician**, *and* **a teacher**. (○)

   명사 a lawyer, a politician이 and에 의해 병치되어 있으므로, and 이하도 명사가 되어야 한다. 따라서 he teaches를 a teacher로 고친다.

2. Every person has his own **strong points** *and* **weak points**.

1 그는 변호사이자, 정치인이며, 교사이다. 2 모든 사람은 자신만의 강점과 단점을 가지고 있다.

▶▶ 개념적용
명사, 명사, and의 형식

My parents always stressed the importance of honesty, fairness and _____.

① to be punctual ② punctually
③ punctuality   ④ punctual

the importance of를 공통어구로 해서 명사가 병렬 연결되었다. 병치 구문이란 접속사나 comma에 의해서 단어·구·절이 각각 동일한 형태끼리 연결된 형태를 말한다.

나의 부모님은 정직성, 공정성, 시간 엄수의 중요함을 언제나 강조하셨다.   ③

---

2 형용사의 병치

1. He is **young**, **enthusiastic** *and* ***he has intelligence***. (×)
   He is **young**, **enthusiastic** *and* **intelligent**. (○)

   형용사 young, enthusiastic이 and에 의해 병치되어 있으므로, and 이하도 형용사가 되어야 한다. 따라서 he has intelligence를 intelligent로 고친다.

2. Most things are **easy to learn**, *but* **hard to master**.

1 그는 젊고, 열정적이며, 총명하다. 2 대부분의 것들은 배우기는 쉽지만 숙달하기는 어렵다.

▶▶ 개념적용
형용사의 병치

Guava fruit is round or _____.

① shape of a pear
② shaped pear
③ pear-shaped
④ pear in shape

접속사 or에 의해서 두 개의 형용사가 연결되어야 한다. 따라서 ③ pear-shaped(배 모양의)가 정답이다.

구아바 열매는 둥글거나 배 모양을 하고 있다.   ③

3 부사의 병치

1. The work is *handsome *and* **skillfully** done. (×)
   The work is **handsomely** *and* **skillfully** done. (○)

   is done 사이에 부사가 와야 하는데, 형용사 handsome과 부사 skillfully가 and에 의해 병치 되었으므로, handsome을 handsomely로 고친다.

2. He finished his work **quickly** *and* **accurately**.

1 그 일은 훌륭하고 능숙하게 이루어졌다. 2 그는 빠르고 정확하게 일을 마쳤다.

▶▶ 개념적용
부사의 병치

X-ray photographs are widely and _____ used in industry and medical science.

① frequent　　② frequently
③ in frequency　④ frequenter

부사 widely와 frequently가 and에 의해 병렬되었다.
X-레이 사진은 산업체와 의학에서 광범위하고 빈번하게 사용된다.　　②

---

4 동사의 병치

시제와 조동사에 유의해야 한다.

1. Dr. Robert went to New York, bought some books, *and* ***visits** his daughter. (×)
   Dr. Robert **went** to New York, **bought** some books, *and* **visited** his daughter. (○)

   and 다음 visits의 시제도 과거가 되어야 한다.

2. He can play the guitar *and* ***singing** well. (×)
   He can play the guitar *and* (can) **sing** well. (○)

   조동사 can은 play와 singing에 동시에 적용되므로, 등위접속사 and 다음의 sing은 동사원형이 되어야 한다.

3. She **was told** to pay the fine, *but* **refused** to comply.

   was told는 수동태, refused는 능동태로 과거시제를 일치시켜 병치의 일관성을 맞췄다.

1 로버트 박사는 뉴욕에 가서 책을 몇 권 사고 그의 딸을 방문했다. 2 그는 기타를 칠 수 있고 노래를 잘할 수 있다. 3 그녀는 벌금을 납부하라는 말을 들었지만 응하지 않았다.

5 to부정사의 병치

1. He likes **to swim** *and **playing*** tennis. (×)
   He likes **to swim** *and* **to play** tennis. (○)

   like는 to부정사를 목적어로 취하는 동사이므로, and 뒤의 playing도 to swim과 같이 부정사가 되어야 한다.

2. She usually wants **to read** books, **(to) watch** TV, *or* **(to) go** to the movies.

   to부정사가 병치될 때 뒤의 to는 생략할 수 있다.

1 그는 수영과 테니스를 좋아한다. 2 그녀는 보통 책을 읽거나, TV를 보거나, 영화를 보러 가고 싶어 한다.

▶▶ **개념적용**
to부정사의 병치

Educators insist that good writing involves more than the ability to punctuate sentences and _____ verbs.

① conjugate ② conjugates
③ conjugating ④ conjugation

to punctuate sentences와 "_____ verbs"가 병치 구조로 연결되어 있다. 병치 구조에서는 같은 형태의 어구가 와야 하므로, to punctuate와 병치를 이루기 위해서는 to conjugate라는 형태가 되어야 한다. 하지만 이미 to가 앞에 있기 때문에, 중복을 피해 ① conjugate로 사용할 수 있다.

교육자들은 좋은 글쓰기란 문장에 구두점을 찍고 동사를 활용할 수 있는 능력 이상을 포함한다고 강조한다. ①

---

6 동명사의 병치

1. His work consisted of **planning the menus** *and* ***purchasing of** the food. (×)
   His work consisted of **planning the menus** *and* **purchasing** the food. (○)

   planning과 purchasing은 동명사이다. 따라서 "planning the menus"와 "purchasing the food"처럼 병치 구조로 사용되어야 하며, purchasing 뒤에 of가 붙어서는 안 된다.

2. He enjoys **playing** soccer *and* **taking** weekend trips.

1 그의 일은 식단을 짜고 음식 재료를 구매하는 것이었다. 2 그는 축구 경기를 하고 주말여행을 하는 것을 즐긴다.

---

7 분사의 병치

1. **Surprised** *and *as she was embarrassed**, she burst into tears. (×)
   Surprised *and* **embarrassed**, she burst into tears. (○)

   "As she was surprised and embarrassed"를 분사구문으로 사용할 때, 주절의 주어와 동일할 경우 접속사 as와 주어 she와 동사 was를 생략할 수 있다. 따라서, 과거분사가 and에 의해 병치된 문장으로 고쳐야 한다.

2. The professor looked so **embarrassed** *and* **disappointed**.

1 놀라 당황한 그녀는 울음을 터뜨렸다. 2 교수님은 너무 당황스럽고 실망한 표정이었다.

8 명사 + 전치사 and 명사 + 전치사 + 공통 목적어

출제포인트 등위접속사 앞의 전치사를 생략한 형태의 문제가 자주 출제된다. 공통 관계로서의 근거를 남겨야 하므로 등위접속사 앞의 전치사는 절대 생략하면 안 된다.

affection to	aptitude for	attention to	awareness of
capacity for	care for	support for	supply of
demand for	desire for	discussion of	enthusiasm for
exposure to	plan for	love for	order for
pride in	respect for	interest in	concern about[with]
knowledge of[on, about]	understanding of		

1 He lost his *interest and aptitude for school subjects. (×)
　He lost his interest in and aptitude for school subjects. (○)
　명사 interest는 전치사 in, aptitude는 전치사 for와 함께 쓰이며, 둘 다 공통목적어인 school subjects를 취한다. 따라서 interest in과 aptitude for가 되어야 한다.

2 The book will provide you with **exposure to** and **understanding of** Korean culture.
　exposure to and understanding of + Korean culture(공통목적어)

1 그는 학교 과목에 대한 흥미와 적성을 잃었다. 2 이 책은 여러분에게 한국 문화에 대한 노출과 이해를 제공할 것이다.

9 구의 병치

1 We want a government **of people**, *run by people and **for the people**. (×)
　We want a government **of the people, by the people** and **for the people**. (○)
　and에 의해 of people, for the people이 병치되어 있다. run by people도 '전치사 + 명사'의 구조가 되어야 하므로 by the people로 고친다.

1 우리는 국민의, 국민에 의한, 국민을 위한 정부를 원한다.

개념적용
부사구의 병치

The philosopher's influence ①over men's ②minds became ③greater after his death than ④his life.

than을 전후해서 비교 대상인 2개의 부사구가 병렬 연결되었다. ④ his life를 부사구인 during his life로 바꾼다.

인간의 정신에 미친 철학자의 영향력은 생전보다 사후에 더 컸다.　　④

10 절의 병치

1. I know **who he is** *and* ***his doings**. (×)
   I know **who he is** *and* **what he does**. (○)

2. (cf.) We believe **(that) it's a great challenge** *but* ***we can meet that challenge**. (×)
   We believe **(that) it's a great challenge** *but* **that we can meet that challenge**. (○)

who he is와 his doings는 병치 구조를 이루어야 한다. 따라서 his doings를 절로 고쳐야 한다.

종속절의 병치에서 등위접속사 뒤에 오는 절의 접속사는 생략하지 못한다.

1 나는 그 사람이 누구인지 그 사람이 무엇을 하는지 알고 있다. 2 우리는 그것이 큰 도전이지만 우리는 그 도전에 잘 대처할 수 있다고 생각한다.

48 등위접속사의 병치 원리

등위접속사를 사용한 병치는 문장에서 중복되는 부분을 생략해 문장을 간결하고 명확하게 만드는 중요한 문법 구조입니다.

1	I went there **and** I ate the food.	and 뒤의 I는 앞의 I와 동일하므로 생략될 수 있습니다.
	→ I *went* there **and** (I) *ate* the food.	따라서 and는 went와 ate라는 두 동사를 병치하는 역할을 합니다.
2	I met Jane **and** I met John.	and 뒤의 I met이 앞의 I met과 동일하여 생략될 수 있습니다.
	→ I met *Jane* **and** (I met) *John*.	Jane과 John이라는 두 명사가 병치되는 구조가 됩니다.
3	Tom has been kind **and** Jane has been polite.	and 뒤의 has been이 앞의 has been과 동일하여 생략될 수 있습니다.
	→ Tom has been *kind* **and** Jane (has been) *polite*.	따라서 and는 kind와 polite라는 두 형용사를 병치하는 역할을 합니다.

1 나는 그곳에 가서 음식을 먹었다. 2 나는 제인과 존을 만났다. 3 톰은 친절하고 제인은 예의 바르게 행동해 왔다.

병치를 올바르게 활용하면 문장의 흐름이 매끄러워지고 의미 전달이 더욱 효과적으로 이루어집니다. 특히, 3번 문장은 겉보기에는 문법적으로 틀린 것처럼 보일 수 있으나, 실제로는 올바른 구조입니다. 이러한 유형의 문제가 시험에 출제된 적이 있으니 참고해 두시면 좋겠습니다.

Unit 93 | 등위상관접속사에 의한 병치

both A and B, not only A but also B, not A but B와 같은 등위상관접속사 표현에서는 A와 B가 반드시 문법적으로 동일한 구조를 가져야 한다.

 Ace Your Grammar!

both A and B에서 명사구의 병치 ★★

both A and B와 같은 등위상관접속사에서는 A와 B의 문법적 구조가 일치해야 한다.

Babe Ruth was ①recognized for both his ②outstanding skill on the baseball field and ③because of his humanitarian concern ④with the poor.　　　　　　　　　　　　　　(2004 아주대)

both A and B 구문에서, A와 B에 해당하는 표현은 병치 구조를 이루어야 하며, 따라서 그 문법적인 구조와 역할이 동일해야 한다. 주어진 문장에서, and 앞에 명사구가 나오므로 뒤에도 전치사구가 아닌 명사구가 나와야 한다. 따라서 ③ because of를 삭제해야 한다.

베이브 루스(Babe Ruth)는 야구장에서 보여주는 뛰어난 실력과 가난한 사람들에게 베푸는 인도주의적 관심, 두 가지 모두에서 인정받았다.　　③

1 등위상관접속사에 의한 병치

① both A and B = A and B alike, at once A and B

| 1 | He is well known *both* **in his country** *and* **abroad**. | in his country와 abroad가 각각 장소를 나타내는 부사구로 병치 |
| 2 | This book is *both* **interesting** *and* **instructive**. | 형용사의 병치 |

② not only A but also B = B as well as A

| 3 | She is *not only* **clever** *but also* **beautiful**. | 형용사의 병치 |
| 4 | Kate has *not only* *****a great interest** *but also* **respect for** the old artist. (×)
Kate has *not only* **a great interest in** *but also* **respect for** the old artist. (○) | 명사(a great interest)와 respect for(명사 + 전치사)가 not only A but also B에 의해 병치 되었으므로 틀린 문장이다.
전치사 in을 a great interest 다음에 넣어 the old artist와 연결되도록 해야 한다. |

③ not A but B = B, not A

| 5 | To know a man is *not* **to know his face,** *but* **to know his heart**. | to부정사의 병치 |
| 6 | She wept *not* **because she was sad** *but* **because she was so pleased**. | because절의 병치 |

④ either A or B

| 7 | He wants *either* ***to go by train** *or* **by plane**. (×)
He wants *either* **to go by train** *or* **to go by plane**. (○)
He wants to go *either* **by train** *or* **by plane**. (○)
He wants to go by *either* **train** *or* **plane**. (○) | to go by train은 to부정사구이고, by plane은 전치사구이다. 이처럼 to 부정사구와 전치사구가 병치되면 문법적으로 일관성이 없으므로 틀린 문장이 된다. 올바르게 고치려면 either to go by train or to go by plane 처럼 두 부분 모두 to 부정사구로 맞추거나, to go either by train or by plane처럼 전치사구로 병치하여야 한다. |

⑤ neither A nor B

| 8 | He is *neither* **honest** *nor* **reliable**. | 형용사의 병치 |
| 9 | It's good *neither* **to smoke** *nor* **to drink** in order to keep healthy. | to부정사의 병치 |

⑥ between A and B

| 10 | *Between* **theory** *and* **practice**, there is often a significant gap. | 명사의 병치 |

1 그는 국내는 물론 해외에서도 유명하다. 2 이 책은 흥미롭기도 하고 유익하기도 하다. 3 그녀는 똑똑할 뿐만 아니라 아름답다. 4 케이트는 그 나이 든 예술가에게 큰 관심이 있을 뿐만 아니라 존경심도 가지고 있다. 5 인간을 안다는 것은 그의 얼굴을 아는 것이 아니라 그의 마음을 아는 것이다. 6 그녀는 슬퍼서가 아니라 너무 기뻐서 눈물을 흘렸다. 7 그는 기차를 타고 가거나 비행기를 타고 가고 싶어 한다. 8 그는 정직하지도 않고 신뢰할 수도 없다. 9 건강을 유지하기 위해서는 담배를 피우거나 술을 마시지 않는 것이 좋다. 10 이론과 실제 사이에는 종종 상당한 차이가 있다.

Unit 94 | 비교구문, 전치사에 의한 병치

Ace Your Grammar!

비교 대상의 병치 ★★

비교구문에서 비교되고 있는 대상은 문법적인 구조와 역할이 서로 같아야 한다.

To answer quickly is more important than _____. (2008 강남대)

① accurate answer ② answering accurate
③ to answer accurately ④ your accurate answer

비교는 서로 유사한 것끼리 해야 한다. 비교의 주체가 'to부정사구'이므로 비교 대상도 'to부정사구'가 되어야 한다. 따라서 ③이 적절하다.

신속하게 대답하는 것이 정확하게 대답하는 것보다 더 중요하다. ③

1 비교구문에 의한 병치

1	**The population of Seoul** is about three times as large as ***Busan**. (×) **The population of Seoul** is about three times as large as **that of Busan**. (○)	서울의 인구(the population of Seoul)와 부산의 인구(that(= population) of Busan) 비교
2	**His salary** is higher than ***John**. (×) **His salary** is higher than John's. (○)	John's= John's salary
3	She is more popular **in Japan** than ***Korea**. (×) She is more popular **in Japan** than **in Korea**. (○)	
4	**To answer accurately** is more important than ***you finish quickly**. (×) **To answer accurately** is more important than **to finish quickly**. (○)	

1 서울의 인구는 부산 인구의 3배이다. 2 그의 급여는 존의 급여보다 많다. 3 그녀는 한국보다 일본에서 더 인기가 많다. 4 빨리 끝내는 것보다 정확하게 답변하는 것이 더 중요하다.

2 전치사에 의한 병치

1 **The climate of Italy** is somewhat like ***Florida**. (×)
   The climate of Italy is somewhat like **that of Florida**. (○)

2 In many ways, **riding a bicycle** is similar to **driving a car**.

1 이탈리아의 기후는 플로리다주의 기후와 다소 비슷하다. 2 여러모로 자전거를 타는 것은 자동차를 운전하는 것과 비슷하다.

18 Review Test

병치와 관련해서는 다음과 같은 내용이 자주 출제됩니다.

① 등위접속사에 의한 to부정사, 동명사, 분사 등의 병치
② 동일한 품사끼리 병치
③ 비교 구문에서의 병치
④ 등위접속사 구문에서 서로 다른 전치사의 공통 목적어

이러한 문제들은 병치 관련 문제를 푸는 데 매우 중요하므로 잘 숙지해 두는 것이 좋습니다.

[01-10] 다음 문장의 밑줄 친 부분에 가장 적절한 표현을 고르시오.

01 Professor Jones is both creative _____.

① or intelligent ② as well as intelligent
③ and has intelligence ④ and intelligent

02 What we say and _____ somehow seem out of joint.

① the things do ② things that we do
③ what we do ④ our deed

03 Hanya Holm is a dancer, choreographer, and _____.

① dance that she teaches ② her teaching of dance
③ to teach dancing ④ dance teacher

04 Thomas Jefferson is noted for his authorship of the Declaration of Independence and _____ in the common people.

① for his belief ② believer
③ while believing ④ believe

05 Exposition is the writer's way of presenting facts or of explaining what a thing means, how it works, or _____.

① why it is important ② it is important
③ why is important ④ why is it important

06 Making friends is more rewarding _____.

① than to be antisocial
② than being antisocial
③ than to be like an antisocial person
④ than it is to be antisocial

07 The rebels continued to denounce the enemy _____.

① because they were seizing their ships and the island attacked
② for permitting seizure of their ships and attacks on the island
③ for attacking the island and the seizure of their ships
④ for the attacks on the island and seizing their ships

08 _____ is a more strenuous exercise than walking.

① To swim   ② Swimming
③ They say to swim   ④ It is said to swimming

09 He went to the book store, bought some books and _____.

① to his son's house   ② to visit his son
③ a visit to his son's house ④ visited his son

10 A kiln is a furnace used to dry, _____ many kinds of materials.

① cure, hard or melt
② curing, hard or molten
③ cure, harden or melt
④ curing, harden or molten

[11-20] 다음 문장의 밑줄 친 부분 중 문법적으로 틀린 부분을 고르시오.

11 Lumber from redwoods is ①in great demand ②because of its straight grain, ③attractive color, and ④durable.

12 He was a ①dynamic figure ②who inspired awe and devotion and ③build an empire that lasted ④for many years.

13 People planning ①to travel ②by car to North Dakota ③in the winter are advised to equip their cars with snow tires and ④bringing warm clothing.

14   I ①have both ②an insatiable ③love and a great interest in ④giving parties.

15   The ①ancient Mayans of Central America ②possessed great architectural, ③astronomical and ④mathematics knowledge.

16   The ①continuing war deprived the residents there not only ②of sufficient water ③but food and a ④means of income.

17   ①The critics all said that she was ②neither attractive ③nor ④did she have any talent.

18   Chemical engineers have found many ways ①of treating paper to make ②it strong, ③fireproof, and ④resisting to fluids.

19   The popularity of "E.T." grew so ①fast and ②unexpected that stores ③swiftly ④ran out of E.T. dolls.

20   Bell ①once told his family that he would rather ②be remembered ③a teacher of the deaf than ④as the inventor of the telephone.

Chapter 19

도치 (Inversion)

도치는 문장에서 주어와 동사의 순서가 바뀌는 것을 말하며, 조동사의 유무에 따라 두 가지 유형으로 나눌 수 있다. 부정의 부사, only가 포함된 부사어, not가 문두에 올 때는 "조동사 + 주어 + 동사"의 어순을 따른다. 반면, 장소 부사구나 보어가 문두에 오는 경우에는 자동사나 be 동사가 주어 앞에 위치한다.

종류	동사 형태	예
의문문의 질서를 따르는 도치	조동사 + 주어 + 동사원형	① 부정의 부사가 문두에 오는 경우 ② only가 포함된 부사어가 문두에 오는 경우 ③ nor가 문두에 오는 경우
의문문의 질서를 따르지 않는 도치	동사 + 주어	① 장소 부사구가 문두에 오는 경우 ② 보어가 문두에 오는 경우

Unit 95 도치

Unit 95 | 도치

Ace Your Grammar!

부정의 부사어가 문두에 오는 경우의 도치 ★★★

hardly, not, no sooner, rarely 등 부정의 부사어가 문두에 올 때는 도치가 일어나며, '부정의 부사어 + 조동사 + S + V(동사원형)'의 구조를 가진다. 하지만 not long ago(= recently, lately 얼마 전에)가 문두에 올 경우에는 도치가 일어나지 않는다는 점에 유의해야 한다.

Not until a frog develops lungs _____ the water. (2005 경기대)

① leaves it　　　　　　　② it leaves
③ does it leave　　　　　④ when it leaves

부정어 not이 문두에 왔기 때문에 주어와 동사가 도치되어야 하므로 ③ does it leave가 정답이다. 원래는 "Until a frog develops lungs, it does not leave the water."이 었으나, not을 문두로 옮겨 주절이 도치가 된 것이다.

개구리는 폐가 발달하고 나서야 비로소 물을 떠난다.　　　　　　　　　　　③

1 부정의 부사어가 문두에 오는 경우

at no time, barely, hardly, little, never, no sooner, nor, on no account, rarely, scarcely, seldom 등

1	*Rarely* **is she seen** in public nowadays.	be동사: be + S
2	*Nowhere* **could we find** the answer to the question.	조동사: 조동사 + S + 동사원형
3	*Little* **did I dream** that I should see her there.	일반동사: do[does, did] + S + 동사원형
4	*No sooner* **had he heard** the news than he wept aloud.	완료시제 동사: have[had] + S + p.p.
5	(cf.) *Not long ago* **I saw** him somewhere in the street.	not long ago가 문두에 왔을 경우, 도치하지 않는다.

1 요즘 그녀는 대중 앞에 모습을 드러내지 않는다. 2 우리는 어디에서도 그 질문에 대한 답을 찾을 수 없었다. 3 거기서 그녀를 볼 수 있으리라고는 꿈에도 생각하지 못했다. 4 그는 그 소식을 듣자마자 큰 소리로 울었다. 5 얼마 전 나는 그를 거리 어딘가에서 보았다.

2 only가 포함된 부사어(only + 시간, only when, only after, only in 등)가 문두에 오는 경우

only + 부사어 + 조동사 + 주어 + 동사원형

1	*Only after* a long argument **did he agree** to our plan.	only after
2	*Only when* he returned home **did he hear** the news.	only when
3	(cf.) *Only* **I can do** it. <only I가 주어>	only가 명사, 대명사 주어를 이끌 때는 도치가 이루어지지 않음
4	(cf.) *Only* **buses are allowed** to use this lane.	only buses가 주어이므로 도치가 이루어지지 않음

1 오랜 논쟁 끝에 그는 우리의 계획에 동의했다. 2 그는 집에 돌아와서야 그 소식을 듣게 되었다. 3 오직 나만이 할 수 있다. 4 버스만 이 차선을 이용할 수 있다.

3 nor, so, neither 구문의 도치

nor, so, neither + 조동사 + 주어: ~도 역시 마찬가지이다

1	He speaks English well. *So* **does his wife**.	긍정문 뒤
2	He does not smoke. *Neither* **does his father**. = He does not smoke, *nor* **does his father**.	부정문 뒤 neither는 부사이고, nor는 접속사임에 유의해야 한다.
3	(cf.) It is raining outside.	
4	- *So* **it is**. (= Yes it is raining, indeed.)	So + S + V: 정말 그렇다

1 그는 영어를 잘한다. 그의 아내도 마찬가지로 영어를 잘한다. 2 그는 담배를 피우지 않는다. 그의 아버지도 마찬가지로 담배를 피우지 않는다. 3 밖에 비가 내리고 있어요. 4 네, 정말 그렇네요.

4 장소 부사구 뒤의 도치

1형식 문장에서 장소의 부사나 부사구가 문두에 오면, 조동사 없이 '자동사 + 명사 주어'의 순서로 쓴다.

1 *At the summit of the mountain* **stood a tall tree**.
2 *Here* **is a good place** to catch a taxi.
3 *There* **goes his father**.
4 (cf.) *There* **he goes**!

주어가 대명사이거나 동사가 타동사인 경우에는 도치가 일어나지 않는다.

1 산 정상에는 키가 큰 나무가 서 있었다. 2 여기는 택시를 타기 좋은 곳이에요. 3 그의 아버지께서 가시는구나. 4 저런, 그가 그렇단 말이지!

▶▶ **개념적용**
장소 부사구 뒤의 도치

Over the river and through the woods _____ my grandmother lives.
① the house is where
② where is the house
③ is the house where
④ where the house is

over the river와 through the woods가 모두 장소 부사어이므로 주어 the house와 동사 is가 도치되며, where 관계절이 주어를 수식한다.
강 건너 숲속에 할머니께서 사시는 집이 있다. ③

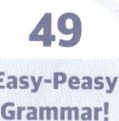

장소 부사구 도치의 유의사항

장소 부사구가 문두에 올 경우, 문장이 도치될 수 있습니다. 하지만 이 도치가 항상 가능한 것은 아니며, 특정 조건에서만 일어납니다.

1. 장소부사구 도치의 기본 원칙

1. A man stands (on the hill).
2. (On the hill) stands a man.   on the hill을 문두로 보내 강조할 때 도치가 일어납니다.

여기서 중요한 점은 동사 바로 뒤에 위치한 부사가 문두로 나갈 때 도치가 발생한다는 사실인데, 장소부사구 도치는 반드시 '자동사'가 사용될 때만 가능하다는 점입니다.

2. 자동사와 타동사의 차이점

장소부사구 도치는 자동사와 관련이 있습니다. 즉, 장소부사구가 자동사 뒤에 올 때만 도치가 가능합니다. 타동사가 사용된 문장에서는 장소부사구가 문두로 나가더라도 도치가 일어나지 않습니다.

1. (On the hill) a man eats an apple.   eats가 타동사이므로, 장소 부사구 On the hill이 문두에 위치하더라도 도치가 일어나지 않습니다.

1 언덕 위에서 한 남자가 사과를 먹고 있다.

"장소 부사구 도치"
주어와 동사를 도치하는 이유를 YouTube를 통해 확인하세요!

50 부정의 부사어 도치와 장소 부사구 도치의 차이점

Easy-Peasy Grammar!

도치는 주어와 동사의 위치가 바뀌는 것을 의미합니다. 하지만 도치가 발생하는 상황에 따라 그 방식이 달라집니다. 부정의 부사어가 문두에 올 때와 장소 부사구가 문두에 올 때는 도치 방식이 서로 다릅니다.

1 장소 부사구 도치

장소 부사어가 문두에 나올 때는 일반적으로 2와 같이 주어와 동사의 위치만 바뀝니다.

1. A man stands (on the hill).
2. (On the hill) stands a man.   on the hill을 문두로 보내 강조할 때 도치가 일어납니다.

2 부정의 부사어 도치

부정의 부사어(never, rarely, seldom 등)가 문두에 나올 때는 주어와 동사의 위치가 바뀌는 것뿐만 아니라, 의문문 형식으로 도치가 일어납니다. 또한 장소 부사구의 도치와 달리 동사의 종류와 관계없이 도치가 일어난다는 점을 기억해 주세요.

1. A man never stands on the hill.
   → Never ***stands a man** on the hill. (×)
   → Never **does a man stand** on the hill. (○)

   부정의 부사어 never, seldom, not only가 문두에 위치하면서 도치가 발생하여 조동사가 주어 앞에 위치하게 되었습니다.

2. *Never* **have I seen** such a beautiful sunset.
3. *Seldom* **does he go** to the gym.
4. *Not only* **did she forget** my birthday, but she also didn't apologize.

1 언덕 위에 사람이 서 있지 않다. 2 나는 그런 아름다운 일몰을 본 적이 없다. 3 그는 거의 체육관에 가지 않는다. 4 그녀는 내 생일을 잊었을 뿐만 아니라 사과도 하지 않았다.

이 차이를 이해하는 것이 중요한 이유는 시험에서 자주 출제되는 부분이기 때문입니다.

"부정의 부사어 도치"
부정의 부사어 도치와 장소 부사구 도치의 차이점을 YouTube를 통해 확인하세요!

5 보어가 문두에 오는 경우

보어 + be동사 + 주어

1	*So old* **was the document** that it was barely legible.	보어(so old) + was(be동사) + the document(주어)
2	(cf.) **High school student** *as he is*, he seldom wears his school uniform.	보어가 문두에 나와 양보절의 뜻을 갖는 구문에서는 도치하지 않는다.

1 그 문서는 너무 오래돼서 거의 읽을 수 없었다. 2 그는 비록 고등학생이지만 교복을 거의 입지 않는다.

6 목적어가 부정어를 수반하고 문두에 오는 경우

1	*Not a word* **did she say** all day long.	= She did not say a word all day long.
2	*No mercy* **did the cruel king show**.	= The cruel king showed no mercy.
3	(cf.) *Ignorant men* **I pity**; *selfish men* **I despise**.	부정어를 동반하지 않은 경우에는 도치가 일어나지 않는다.

1 그녀는 하루 종일 아무 말도 하지 않았다. 2 잔인한 왕은 자비를 베풀지 않았다. 3 나는 무지한 사람들을 불쌍히 여기고, 이기적인 사람들을 경멸한다.

7 양태, 비교의 접속사 as, than 다음에서 동사가 대동사로 쓰여 짧은 경우

1	He earns a lot more *than* **do his friends**.	= He earns a lot more than his friends do.
2	He traveled widely *as* **did most of his friends**.	= He traveled widely as most of his friends did.
3	(cf.) They arrived earlier *than* ***did she**. (×) They arrived earlier *than* **she did**. (○)	종속절의 주어가 대명사이면 도치시키지 못한다.

1 그는 자신의 친구들보다 훨씬 많은 돈을 번다. 2 그는 그의 대부분의 친구들처럼 널리 여행했다. 3 그들은 그녀보다 일찍 도착했다.

▶▶ 개념적용
양태, 비교의 접속사 as, than 다음의 도치

She respects him far more than _____.

① do her son
② is her son
③ does her son
④ her son is

양태, 비교의 접속사 as, than 뒤에서 주어가 대명사가 아닌 명사(구)이고, 동사가 조동사나 be동사인 경우 도치가 가능하다.

그녀의 아들보다 그녀가 그를 훨씬 더 존경하고 있다.

③

8 조건절의 도치(가정법 참조)

가정법 조건절의 if가 생략되면, had, were, should가 문두로 나가면서 도치가 일어난다.

1	**Were I** in your place, I would resign immediately.	= If I were in your place, I would resign immediately.
2	**Had it not been** for your help, I would have failed then.	= If it had not been for your help, I would have failed then.
3	**Should it rain** tomorrow, I shall stay home.	= If it should rain tomorrow, I shall stay home.

1 내가 당신 입장이라면 나는 즉시 사임할 것이다. 2 당신의 도움이 없었더라면, 저는 그때 실패했을 거예요. 3 내일 비가 내린다면 집에 머무를 거예요.

19 Review Test

도치와 관련해서는 다음과 같은 내용이 자주 출제됩니다.

① 부정의 부사가 문두에 와서 도치되는 경우
② only가 포함된 부사어가 문두에 오는 경우
③ nor, so, either 구문의 도치
④ 장소 부사어가 문두에 오는 경우
⑤ 보어가 문두에 오는 경우

이러한 문제들은 도치 관련 문제를 푸는 데 매우 중요하므로 잘 숙지해 두는 것이 좋습니다.

[01-12] 다음 문장의 밑줄 친 부분에 가장 적절한 표현을 고르시오.

01 Never _____ fallen in love before I met my wife.

① have I   ② I had
③ had I   ④ I have

02 "What do you think of New York?"
"Never _____ been to any city like it."

① have I   ② I have
③ I was   ④ was I

03 The rhinoceros has a rather poor sense of smell, nor _____.

① can it see well   ② it well can see
③ it can see well   ④ well can it see

04 Only after a new material has passed all testing, _____ considered for commercialization.

① it can   ② it can be
③ can it   ④ can it be

05 "Where is the report?"
"_____."

① There it is   ② There the report is
③ There is it   ④ Is the report there

19 도치(Inversion) 521

06 No sooner _____ on the bus than it started off.

① he had got   ② had he got
③ had got he   ④ did he have got

07 The electric company raised its deposit rate this month, and so _____.

① the telephone company did
② has the telephone company done
③ did the telephone company
④ the telephone company does

08 Only in the early twentieth century _____ systematically and rationally.

① examined dreams were first
② dreams were first examined
③ were dreams first examined
④ were examined dreams firstly

09 So happy _____ who know the pleasure of reading.

① is those   ② those are
③ are those   ④ do those

10 On the hill _____.

① an ancient tower stood   ② stood an ancient tower
③ a tower stood ancient   ④ ancient stood a tower

11 _____ shelter when the storm broke.

① Hardly they had reached
② They hardly had reached
③ Hardly had they reached
④ They had reached hardly

12 _____ that it was scarcely readable.

① The document was old
② The old document was
③ So old the document was
④ So old was the document

[13-20] 다음 문장의 밑줄 친 부분 중 문법적으로 틀린 부분을 고르시오.

13 ①Out of the pages of that ②best-selling novel ③appears weird characters ④and mysterious situations.

14 Owing to the ①transportation strike this morning, ②his secretary didn't come to work ③in time, and ④either did he.

15 Only after he ①had lost his mother ②he realized how much she ③meant to ④him.

16 Not until ①has a student taken ②the course ③can he begin to know ④how to operate computers.

17 ①Along the ②rocky shores of New England ③stretches are of sand beach ④and marsh.

18 Mexico does not require that ①a U.S. citizen ②obtain a visa to ③enter the country, and ④Canada does neither.

19 Not only ①rust corrodes the ②surface of metal, ③but it also weakens the ④interior of metal.

20 ①Never have I suggested and ②never I will suggest that the course of ③a man's life ④is determined solely by fate.

Chapter 20

특수구문 (Particular Sentence)

종류	형태	예
부가의문문	주절, be동사 or 조동사 + 주어 (인칭대명사)?	She's beautiful, **isn't she**?
It~that 강조구문	it is[was]~that 강조구문	**It** was Jane **that** he was married to.
생략	반복어구의 생략	Come tomorrow if you **want to** (come tomorrow).
동격	단어와 단어, 단어와 절의 동격	**The capital of France, Paris,** is known for its art and culture.
삽입	단어, 구, 절의 삽입	John, **despite his busy schedule**, managed to attend the meeting.

- **Unit 96** 부가의문문
- **Unit 97** It ~ that 강조구문
- **Unit 98** 생략
- **Unit 99** 동격
- **Unit 100** 삽입

Unit 96 | 부가의문문

부가의문문은 확신이 없는 내용을 확인하거나 동의를 구할 때 사용한다. 부가의문문의 동사는 주절의 동사와 시제가 같아야 하며, 수와 인칭도 일치해야 한다. 또한, 부가의문문의 동사는 항상 be동사나 조동사로 한다. 주절이 긍정문일 경우 부가의문문은 부정문으로, 주절이 부정문일 경우 부가의문문은 긍정문으로 사용한다.

	주절의 문형	부가의문문의 형태
1	I am ~	, ain't I?/ aren't I?(영국구어)
2	Let's	, shall we?
3	직접명령문(긍정 , 부정)	, will you?
4	never, no, hardly, scarcely, rarely, seldom <부정어>	, do ~?
5	had better ~	, hadn't ~?
6	used to ~	, didn't ~?
7	ought to ~	, shouldn't ~?
8	have to ~ had to ~	, don't ~? , didn't ~?
9	There is ~ There is not ~	, isn't there? , is there?
10	Would rather ~	, wouldn't ~?

1 부가의문문의 원칙

주절에 be동사가 있으면 be동사로, 조동사가 있으면 조동사로, 일반동사가 있으면 do[does, did] 동사로 쓴다.

1	You *are* really interested in Korean music, **aren't you**?	be동사
2	He *won't* attend today's meeting, **will he**?	조동사
3	She *plays* the piano well, **doesn't she**?	일반동사

1 한국 음악에 정말 관심이 많으시죠? 2 오늘 회의에 참석하지 않으시죠? 3 피아노를 잘 치지 않나요?

MSG+ have가 본동사로 사용되면 부가의문문을 do[does, did] 동사로, 조동사로 사용되면 have[has, had] 동사로 쓴다.

Tom has a book, **doesn't he**? <본동사>
You have been to Busan, **haven't you**? <조동사>

2 명령문의 부가의문문

주절이 긍정이든 부정이든, 명령문의 부가의문문은 언제나 "will you?"를 쓰며, 권유의 뜻으로 쓰인 명령문은 "won't you?"를 쓴다. Let's로 시작되는 권유문의 경우 부가의문문은 "shall we?"를 쓴다.

1	Open the window, **will you**?	명령문
2	Don't forget this advice, **will you**?	명령문
3	Have a cup of coffee, **won't you**?	권유의 뜻인 명령문
4	Let's go shopping together, **shall we**?	Let's로 시작되는 권유문

1 창문 좀 열어주시겠어요? 2 이 조언을 잊지 마세요. 3 커피 한 잔 드시죠? 4 함께 쇼핑하러 갈까요?

3 주절에 부정어가 있을 경우의 부가의문문

주절에 never, no, nothing, hardly, scarcely, seldom 등의 부정어가 있을 경우, 부가의문문은 긍정으로 쓴다.

1	We have *no* time to lose, **do we**?	주절에 부정어 no가 있음
2	She *seldom* makes any mistake, **does she**?	주절에 부정어 seldom이 있음

1 더 이상 지체할 시간이 없겠죠? 2 그녀는 실수를 거의 하지 않죠, 그렇죠?

4 have to, had to → don't, didn't/ should, ought to → shouldn't/ had better → hadn't/ used to → didn't 사용

1	You *have to* study English, **don't you**?	have to는 일반동사이므로 do를 이용하여 부가의문문을 만든다.
2	I *ought to* go by plane, **shouldn't I**?	ought to → shouldn't
3	You *had better* go at once, **hadn't you**?	had better → hadn't
4	You *used to* read by the hour, **didn't you**?	used to → didn't

1 영어를 공부해야 하지 않나요? 2 비행기를 타고 가야 하지 않나요? 3 당장 가는 게 좋지 않을까요? 4 예전에는 몇 시간이고 책을 읽지 않았나요?

5 There로 시작하는 유도부사 구문의 부가의문문

1	*There* was a large attendance at the theater, **wasn't there**?	there를 사용하여 부가의문문을 만든다.

1 극장에 많은 관객이 모였죠, 그렇지 않나요?

6 지시대명사 This, That의 부가의문문은 it/ 지시대명사 These, Those의 부가의문문은 they 사용

1	*That's* your house, **isn't it**?	지시대명사 that → it
2	*These* are their houses, **aren't they**?	지시대명사 these → they

1 저기가 당신 집이죠? 2 여기가 그들의 집이죠?

7 'I think[believe, guess, imagine, suppose] + that절'의 경우는 that절의 주어와 동사에 맞춰 부가의문문을 만든다.

1	I think that you *will make* it, **won't you**?	
2	I *don't* suppose that she *will come*, **will she**?	주절이 부정이면 부가의문문은 긍정으로 사용

1 잘 해낼 수 있을 것 같지 않나요? 2 그녀가 올 것 같지는 않죠?

개념적용

1. should의 부가의문문
2. there로 시작하는 유도부사 구문의 부가의문문
3. 주절에 부정어가 있을 경우의 부가의문문
4. 'I think+that절'의 부가의문문

빈칸에 알맞은 부가의문문을 넣으시오.

1. The police should not do such a thing, _____?
2. There is a house on the hill, _____?
3. She hardly does anything nowadays, _____?
4. I think he'll finish the work and go to see her, _____?

> 1. should they/ 경찰이 그런 짓을 해서는 안 되지 않을까요? 2. isn't there/ 언덕 위에 집이 있지 않나요? 3. does she/ 그녀는 요즘 아무것도 안 하고 있지 않나요? 4. won't he/ 그가 일을 마치고 그녀를 만나러 갈 것 같지 않나요?

Unit 97 | It ~ that 강조구문

It ~ that 강조구문은 문장의 특정 부분을 강조하기 위해 'it be동사'와 'that' 사이에 강조할 부분을 넣는 형태이다. 이 구문을 it이 가주어, that이 진주어로 사용되는 구문과 혼동하지 않도록 주의해야 한다. 구별 방법은 it, be동사, that을 제거했을 때 완전한 문장이면 강조구문이다. 또한, it ~that 강조구문에서는 that 대신 관계대명사 who나 which를 사용할 수 있지만, 관계부사는 사용할 수 없다.

1 It, be동사, that을 제거하면 하나의 완전한 문장이 된다.

1 I got a car here today.
2 → **It was** *I* **that** got a car here today.   주어 강조
3 → **It was** *a car* **that** I got here today.   목적어 강조
4 → **It was** *here* **that** I got a car today.   장소 부사 강조
5 → **It was** *today* **that** I got a car here.   시간 부사 강조

1 오늘 여기에 차를 가져왔어요. 2 오늘 여기에 차를 가져온 사람은 바로 나였다. 3 오늘 여기에 온 차가 바로 이 차였다. 4 오늘 제가 차를 인수한 곳이 바로 이곳이었다. 5 차를 인수한 것은 오늘이었다.

2 that 대신 강조어구에 따라 관계대명사 who, which를 쓸 수 있다. 단, 관계부사는 사용할 수 없다.

1 It is *I* **who** got a car here today.
2 It is *I* **that[who]** am wrong.

1 오늘 여기에 차를 가져온 사람은 바로 나였다. 2 틀린 것은 바로 나이다.

3 부사구(절)를 강조할 때는 that만을 쓴다.

1 It was *in September* *****which** I first noticed it. (×)   부사구를 강조하므로 관계대명사 which는 사용할 수 없다.
   It was *in September* **that** I first noticed it. (○)

1 내가 이 사실을 처음 알게 된 것은 9월이었다.

4 that절의 시제가 현재일 경우 문두의 'It be동사'의 시제를 일치시켜야 한다.

1   It *is* Mary **that[who]** *enjoys* reading novel.

1 소설을 즐겨 읽는 사람은 메리이다.

5 It ~ that 강조구문과 가주어-진주어 구문의 구별

'It is ~ that'을 제외한 나머지 부분만으로 완전한 문장이 될 경우, 강조구문이다. 반대로, 그 부분만으로는 완전한 문장이 되지 않을 경우, 가주어-진주어 구문이다.

1   **It is** you **that[who]** are to blame for the accident.   강조구문
2   **It is** natural **that** parents should love their children.   가주어-진주어 구문

1 사고에 대한 책임이 있는 사람은 바로 당신이다. 2 부모가 자녀를 사랑하는 것은 당연하다.

▶▶ 개념적용
It ~ that 강조구문

It was John's driving _____ bothered everyone.
① when   ② that
③ where   ④ because

"John's driving bothered everyone."의 문장에서 주어인 John's driving을 It ~ that 강조구문으로 변경시킨 문장이다.
모두를 성가시게 한 것은 존의 운전 방식이었다.   ②

MSG+ 가목적어-진목적어 구문

make, find, believe 등의 동사는 목적어가 to부정사나 that절일 때, 동사 뒤에 가목적어 it을 사용하고, 목적보어 뒤에 진목적어로 to부정사나 that절을 둔다.
Bad weather made **it** impossible *for me to visit my parents*. <진목적어가 to부정사>
나쁜 날씨 때문에 나는 부모님을 찾아뵐 수 없었다.
I found **it** evident *that she didn't like me*. <진목적어가 that절>
나는 그녀가 나를 좋아하지 않는 것이 분명하다는 것을 알았다.

Unit 98 | 생략

생략은 문장을 간결하게 하고 불필요한 반복을 피하기 위해, 문법적으로 무리가 없는 범위 내에서 어구를 생략하는 표현 방식이다.

1 반복을 피하기 위한 생략

1	The girl got hurt, and **(she)** went to hospital.	주어의 생략
2	Some people go to the mountain, and others **(go)** to the seaside.	동사의 생략
3	To some life is pleasure; to others **(life is)** suffering.	주어와 동사의 생략
4	You may read this book if you want to **(read this book)**.	반복을 피하기 위해 to부정사가 앞의 내용(read this book)을 대신함
5	Will it rain tomorrow? — I hope **(that it will)** not **(rain)**.	hope 뒤에서 not을 사용하여 부정의 절을 대신함: that it will not rain에서 not만을 사용하여 간결하게 부정의 의미를 전달함

1 그 소녀는 다쳐서 병원에 갔다. 2 산에 가는 사람도 있고 바닷가에 가는 사람도 있다. 3 어떤 사람에게는 삶이 기쁨이고, 다른 사람에게는 삶이 고통이다. 4 당신이 이 책을 읽기 원한다면 이 책을 읽어도 좋다. 5 내일 비가 오나요? - (비가) 안 오길 바랄 뿐입니다.

2 부사절에서 '주어 + be동사'의 생략

시간, 조건, 양보의 부사절을 이끄는 when, while, if, though, as 등의 접속사 뒤에서는 '주어 + be동사'를 생략할 수 있다. 단, 이 경우 부사절의 주어와 주절의 주어가 같아야 한다.

1	*When* **(she was)** young, she had a keen interest in writing.
2	He collapsed with a heart attack *while* **(he was)** exercising.

1 그녀는 젊었을 때 글을 쓰는 데 깊은 관심을 가졌다. 2 그는 운동 중에 심장마비로 쓰러졌다.

3 비교구문에서의 생략

비교구문에서 공통어구는 보통 생략된다. 즉, 비교 대상이 아닌 것은 대개 생략된다.

1   I hate violence more than anybody **(does)**.

1 나는 폭력을 누구보다 싫어한다.

4 관계대명사가 관계절의 목적어이거나 보어 역할을 할 때

1	This is the book **(that)** I bought yesterday.	목적격 관계대명사 생략
2	He is not the man **(that)** he was.	관계대명사가 관계절의 보어 역할을 하는 경우

1 이것은 내가 어제 산 책이다. 2 그는 예전의 사람이 아니다.

5 관용적인 생략

인사말, 감사, 권유, 속담, 게시문 등

1	How beautiful **(it is)**!	감탄문에서 'S + V'의 생략
2	**(I wish you a)** Happy New Year!	
3	The sooner **(you do it)**, the better **(it will be)**.	
4	No smoking **(is allowed here)**.	
5	**(The store is)** Closed today.	

1 얼마나 아름다운가! 2 새해 복 많이 받으세요! 3 빨리할수록 더 좋다. 4 흡연은 금지되어 있다. 5 금일 휴업

Unit 99 | 동격

동격이란 명사상당어구를 이용하여 앞에 나온 말을 구체적으로 설명하는 것이다.

1 동격

1	*Mr. Brown*, **an English teacher**, lives in the next door.	명사
2	She was deeply saddened by *the news* **of her friend's death**.	동격의 of
3	He has but *one aim in life*, **to make money**.	부정사
4	The actress hid *the fact* **that she was married**.	fact that S + V: ~라는 사실
5	(cf.) They considered *him, our English teacher, as a suspected criminal. (×) They considered our English teacher as a suspected criminal. (○)	명사와 대명사는 동격이 될 수 없다.

1 영어 선생님인 브라운씨는 옆집에 산다. 2 그녀는 친구의 사망 소식에 깊은 슬픔에 빠졌다. 3 그의 인생의 목표는 오직 하나, 돈을 버는 것이다. 4 그 여배우는 결혼한 사실을 숨겼다. 5 그들은 우리 영어 선생님을 범죄 용의자로 생각했다.

▶▶ **개념적용**

명사의 동격
The tongue(S), ____, is(V) an important aid(C) in chewing and swallowing.

The tongue, _____, is an important aid in chewing and swallowing.

① is the chief organ of taste

② tasting the organ chiefly

③ the chief organ of taste

④ the organ chiefly tastes

①의 경우 뒤에 이어지는 형식과 똑같으므로 연결사, 즉 접속사가 없어 적절치 못하다. ②는 구조상 쓰일 수 있지만, '주로 기관을 맛보는'의 뜻이어서 의미상 어색하다. ④도 절의 형태이므로 역시 접속사가 있어야 한다. 따라서 ③이 주어와 동격을 이루며, 의미상으로도 적절하다.

맛을 보는 주요 기관인 혀는 씹고 삼키는데 크게 도움이 된다.

③

Unit 100 | 삽입

부가적으로 설명하기 위한 단어, 구, 절 등을 문장에 끼워 넣을 수 있다.

1 단어의 삽입

1	He had, **surprisingly**, paid for everything.	과거완료시제 사이에 부사(surprisingly)를 삽입하여 강조
2	Even a small pet, **however**, can be a lot of work.	however는 접속부사로 문장 중간에 삽입되어 앞뒤 내용을 대조적으로 연결

1 놀랍게도 그는 모든 비용을 지불했다. 2 그러나 작은 애완동물조차도 큰 일거리가 될 수 있다.

2 구의 삽입

1	He was, **so to speak**, an outsider.	so to speak: 말하자면
2	We were, **believe it or not**, in love with each other.	believe it or not: 믿기 힘들겠지만

1 말하자면 그는 외부인이었다. 2 믿기 힘들겠지만, 우리는 서로를 사랑했다.

3 절의 삽입

1	His idea, **it seems to me**, is the best.	= It seems to me that his idea is the best.
2	I voted for a person who **I think** is qualified for the job.	관계대명사 삽입절
3	The judge, **who was honest**, was respected by all the people.	형용사절 삽입
4	The company, **(which was) founded in 1932**, is based in New York.	관계대명사절 축약
5	She is, **as I said before**, a charming young woman.	부사절 삽입

1 제 생각에는 그의 아이디어가 최고다. 2 나는 그 일에 적임자라고 생각되는 사람에게 투표했다. 3 정직한 그 판사는 모든 사람들의 존경을 받았다. 4 1932년에 설립된 그 회사는 뉴욕에 본사를 두고 있다. 5 앞서 말했듯이 그녀는 매력적인 젊은 여성입니다.

4 관용적인 삽입절

1. There are *few*, **if any**, *errors*. — few[little], if any, + 명사: ~이 있다 하더라도 거의 없다
2. She *seldom*, **if ever**, *goes* to the theater. — seldom[rarely], if ever, + 동사: ~하는 일이 있다 하더라도 드물다

1 오류가 있더라도 아주 적다. 2 그녀는 극장에 거의 가지 않는다.

20 Review Test

특수구문과 관련해서는 다음과 같은 내용이 자주 출제됩니다.

① 주절의 문형에 따른 부가의문문의 형태
② It ~ that 강조구문과 가주어-진주어 구문의 구별
③ 주어와 동사 사이에 삽입될 표현 찾기

이러한 문제들은 특수구문 관련 문제를 푸는 데 매우 중요하므로 잘 숙지해 두는 것이 좋습니다.

[01-05] 다음 문장의 밑줄 친 부분에 가장 적절한 표현을 고르시오.

01   He frequently goes to Chicago, _____ he?

① doesn't   ② hasn't
③ does   ④ has

02   _____, photosynthesis, is the ultimate source of food for almost all organisms on earth.

① It is an extremely important process
② An extremely important
③ That an extremely important process as
④ An extremely important process

03   It was between 1830 and 1835 _____ the modern newspaper was born.

① when   ② that
③ which   ④ because

04   It is possible _____ may assist some trees in saving water in the winter.

① that the loss of leaves
② when leaves have lost
③ the leaves are lost
④ to lose leaves

05 Amelia Earhart, _____ woman to make a solo flight across the Atlantic Ocean, was born in 1898.

① was the first
② she was the first
③ the first which was a
④ the first

[06-09] 밑줄 친 부분 중 어법상 틀린 것은?

06 Venus ①<u>approaches</u> the Earth ②<u>more closely</u> ③<u>than</u> any other planet ④<u>is</u>.

07 It was in a cave Magdalena, New Mexico, ①<u>when</u> the ②<u>oldest</u> ③<u>known</u> ears of cultivated corn was ④<u>discovered</u>.

08 ①<u>This</u> should be easy for Bob to find ②<u>more time</u> to spend with his children ③<u>now that</u> he no longer has to work ④<u>in the evenings</u> and on weekends.

09 *The Grapes of Wrath*, ①<u>a novel</u> about the ②<u>Depression years</u> of the 1930's, ③<u>being</u> one of ④<u>John Steinbeck's most famous</u> books.

10 다음 중 문법적으로 옳은 문장을 고르시오.

① He'd stayed home tonight, wouldn't he?
② He's writing his parents a letter, wasn't he?
③ I don't think he is smart, is he?
④ Bill can solve the problem, cannot he?

INDEX

INDEX

12시제 정리	114
1형식 동사와 2형식 동사의 구분	37
3형식 동사의 수동태	125
4형식 동사의 수동태 해석 시 주의사항	127
4형식 동사의 수동태	126
4형식 불가 동사를 쉽게 구분할 수 있는 방법	58
4형식과 5형식 동사의 차이	59
4형식에서 3형식으로 전환할 수 없는 동사	56
4형식에서 3형식으로의 전환	54
5형식 동사의 수동태	128
5형식 문형으로 쓰지 않는 주요 동사	64
ago와 before의 차이	88
and	259
another와 the other의 차이	377
as if[though] + 가정법	170
as~as 구조의 이해	432
be to 용법에 대한 이해	185, 187
between A and B	264
be동사의 해석법	38
both A and B	263
but for[without]/ with	171
but	259
by the time S + V(과거), S + had + p.p.	103
can	144
dare	149
either A or B	263
either의 원리와 whether의 상관관계	380
even if	174, 244, 281
for	260
had better	150
I wish + 가정법	169
if any, if ever, if at all	172
if only	174
if 생략 구문	165
if절이 없는 가정법	173
It ~ that 강조구문	530
It ~ that 강조구문과 가주어-진주어 구문의 구별	531
It's about[high] time + 가정법 과거	170
many/ many a, a number of/ the number of/ 부분표시어의 수일치	489
may	145
must	146
need	149
neither A nor B	263
nor, so, neither 구문의 도치	515
nor	261
nor와 neither의 차이	261
not A but B	263
not only A but (also) B	263
only가 포함된 부사어가 문두에 오는 경우의 도치	515
or	260
ought to	146
provided[providing] (that)	174
scarcely[hardly]+과거완료+when[before]+과거	103, 274
shall	147
should	147
since와 관련된 유의사항	95
so long as[as long as]	280
so	260
some ~, others	375-376
suppose[supposing] (that)	174
that절을 목적어로 취할 수 없는 동사	51
There 구문의 수일치	490
There 유도부사 구문의 부가의문문	528
till(until)과 before의 차이	273
too ~ to 용법	204-205
to부정사를 목적보어로 취하는 동사	63
to부정사를 목적어로 취하는 동사	44
to부정사에서 의미상의 주어를 명시하는 경우	193

to부정사에서 의미상의 주어를 명시하지 않는 경우	193
to부정사와 동명사 모두를 목적어로 취하는 동사	46
to부정사의 관용표현	204
to부정사의 명사적 용법	181-182
to부정사의 병치	501
to부정사의 부사적 용법	189-190
to부정사의 부정	197
to부정사의 서술적 용법	184-185
to부정사의 시제	195
to부정사의 태	196
to부정사의 한정적 용법	184
to부정사의 형용사적 용법	183-187
Two-Word Verb(2어 동사)	421
used to	150
were to 가정법	160
What if + 가정법/직설법	172
whether A or B	264
will	148
with 분사구문(부대상황)	250
would rather[would sooner] + 가정법	171
would rather	150
would	148
가목적어-진목적어 구문	531
가목적어-진목적어 구문으로 쓰는 동사	68
가산명사와 불가산명사의 구분	332
가정법 과거	164
가정법 과거완료	164
가정법 미래	159
가정법 현재	159
가정법 현재와 미래의 원리	161
가정법 + but[except, save] (that) + 직설법	172
가정법의 대용	174
가주어-진주어 구문	397,531
감각을 나타내는 불완전자동사	34
감정 및 심리 유발 동사의 분사	235
강조부사	414

결과의 부사절	278
고유명사	330
과거시제와 함께 쓰이는 부사어구	88
과거시제의 용법	87-89
과거완료시제의 용법	102
과거진행시제	106
관계대명사 that	299
관계대명사 that과 접속사 that의 구분	267
관계대명사 what	300
관계대명사 which	298
관계대명사 who	296
관계대명사가 관계절의 목적어이거나 보어 역할을 할 때	533
관계대명사와 선행사의 일치	309
관계대명사와 전치사	304
관계대명사의 계속적 용법	294
관계대명사의 생략	307
관계대명사의 이중한정	309
관계대명사의 제한적 용법	294
관계대명사의 특징	293-294
관계부사 how	318
관계부사 when	317
관계부사 where	317
관계부사 why	317
관계부사에서 선행사의 생략	318
관계부사의 계속적 용법	318
관계부사의 생략	318
관계사절의 주어와 동사의 수일치	309
관계형용사 which	298
관련의 전치사	474
관사의 생략	352
관사의 위치	351
관용적인 삽입절	536
구의 병치	502
구의 삽입	535
군집명사 + 복수동사/ 집합명사 + 단수동사	490
기본 동사와 함께 쓰는 관용어구	75

기타 5형식 동사의 용법	69	등위상관접속사에 의한 병치	506
단문	20	등위상관접속사와 동사의 일치	486
단순동명사	219	등위접속사	258-261
단순미래	91	등위접속사와 종속접속사의 차이	284
단순부정사	195	등위접속사의 병치 원리	504
단어의 삽입	535	라틴어계 형용사의 비교급	439
단일개념 주어의 수일치	490	명령문의 부가의문문	527
대명사의 수일치	493	명령문의 수동태	132
대부정사	199	명령형을 이용하는 양보 표현	282
도치구문에서의 주어와 동사의 수일치	487	명사 + 전치사 and 명사 + 전치사 + 공통목적어	502
독립부정사	203	명사와 동사의 수일치	488
독립분사구문	248	명사의 병치	499
독립소유격	345	명사의 소유격	342-345
동격	534	명사의 수량 표시	333-340
동격의 부정사	186	명사의 전용	331
동등비교	429	명사절을 이끄는 종속접속사 that	266
동명사 앞의 전치사 생략	224	명사절을 이끄는 종속접속사 whether, if	268
동명사를 목적어로 취하는 동사	45	목적, 의도의 전치사	468
동명사와 명사와의 차이	212	목적보어 앞에 as를 수반하는 동사	61
동명사와 부정사와의 차이	212	목적보어 앞에 to be나 as를 수반하는 동사	62
동명사와 현재분사와의 차이(동명사와 현재분사를 구분하는 법)	212, 214	목적보어 앞에 to be나 as를 수반하지 않는 동사	62
		목적보어 앞에 to be를 수반하는 동사	60
동명사의 관용표현	225	목적보어로 분사가 오는 경우	61
동명사의 동사적 기능	212	목적어	18
동명사의 명사적 기능	211	목적어 뒤에 특정 전치사를 취하는 완전타동사	47
동명사의 병치	501	목적어가 부정어를 수반하고 문두에 오는 경우의 도치	519
동명사의 부정	220	목적어의 형태	40
동명사의 의미상의 주어를 명시하는 경우	216	목적의 부사절	277
동명사의 의미상의 주어를 명시하지 않는 경우	216	무인칭 독립분사구문	248
동명사의 태	220	문의 구성	21
동사	18	문장의 기본 요소: 주부와 술부	17
동사 do의 특수 용법	57	물질명사	328
동사구의 수동태	124	물질명사의 수량 표시	335
동사의 병치	500	미래 대용 표현	92
동족목적어를 취하는 동사	40	미래시제의 대용	84-85
등위상관접속사	262-264	미래완료의 대용	95

미래완료의 용법	104	부정관사의 용법	347
미래진행시제	106	부정관사의 의미	348
반복을 피하기 위한 생략	532	부정대명사 all, most, almost	374
방향표시 전치사	459-461	부정대명사 either, neither	379
배수비교	430	부정대명사 every, each	373
보어	19	부정대명사 none, no	378
보어가 문두에 오는 경우의 도치	519	부정대명사 one	370
보어의 형태	32	부정대명사 other, another	375
보통명사	325	부정대명사 some, any	372
복문	20	부정대명사 something, anything	379
복합관계대명사 whatever	314	부정대명사의 관용표현	376
복합관계대명사 whichever	314	부정의 부사어 도치와 장소 부사구 도치의 차이점	518
복합관계대명사 whoever	314	부정의 부사어가 문두에 오는 경우의 도치	515
복합관계부사 however	315	부정주어 구문의 수동태	133
복합관계부사 whenever	315	분리, 제거표시의 전치사	472
복합관계부사 wherever	315	분리부정사	199
복합관계형용사	315	분사 형용사	236
복합명사	341	분사가 명사를 앞에서 수식할 때의 특이점	239
복합분사	237-238	분사구문을 만드는 법	240-242
부가의문문의 원칙	527	분사구문의 강조	252
부분명사의 수일치 주의사항	491	분사구문의 부정	241
부사 ago, before, since	419	분사구문의 시제	242
부사 already, yet, still	419	분사구문의 유의사항	245
부사 enough의 위치	415	분사구문의 태	242
부사 still의 위치	414	분사구문의 해석팁	246
부사 too, either, as well	420	분사의 명사화	232
부사 very, much	418	분사의 병치	501
부사 well	420	분사의 서술적 용법	231
부사로 착각하기 쉬운 형용사	34, 410	분사의 한정적 용법	231
부사의 병치	500	분사형 전치사	251
부사의 어순	416	분화복수	339
부사의 역할	409	불규칙 비교	435
부사의 종류에 따른 위치	414	불완전타동사의 기본 문형	60
부사의 형태	410	불확실한 일에 대한 가정	158-160
부사절에서 '주어 + be 동사'의 생략	532	비교구문에 의한 병치	508
부정관사와 정관사의 차이	353	비교구문에서의 생략	533

비교급 관용표현	440
비교급·최상급을 만드는 법: -er(비교급), -est(최상급)를 붙이는 경우	434
비교급·최상급을 만드는 법: more, most를 붙이는 경우	435
비교급과 원급을 이용한 최상급 표현	446
비교급과 최상급을 쓰지 않는 형용사	447
비교급에 than을 쓰지 않는 경우	438
빈도부사	414
사실에 반대되는 가정	163-165
사역동사	65
삽입구가 있는 문장의 수일치	486
삽입절과 관계대명사의 격	296
상태수동과 동작수동	130
상태의 변화를 나타내는 불완전자동사	33
상태의 유지·지속을 나타내는 불완전자동사	33
상호 대명사	375
상호복수	338
소유격의 표시	344
소유대명사	360
소유표시 전치사	469
수단, 도구의 전치사	469
수동의 의미를 가지는 능동태(수동의 의미를 지닌 자동사)	27, 133
수동태 'be + p.p.' 형태의 원리	122
수동태 뒤에 명사가 오는 경우	131
수동태 불가동사	121
수동태 형태의 관용표현	134-136
수동태에서 행위 주체의 생략	134
수동태의 개념	120-122
수동태의 시제	121
수량 명사의 표시	340
수량형용사	398
수사의문문	311-312
수사표현	394
수식어	19
수여동사+간접목적어+직접목적어	54
수여동사로 오인하기 쉬운 타동사	56

시간의 부사절	273
시간표시 전치사	464-466
시제일치의 예외	112
시제일치의 원칙	112
양보의 부사절	281
양보의 의미를 가지는 최상급	446
양보의 전치사	471
양태 표시의 전치사	473
양태, 비교의 접속사 as, than 다음에서 동사가 대동사로 쓰여 짧은 경우	519
양태의 부사절	283
어법과 의미에 유의해야 할 기본동사	71-75
열등비교	429
예외 표시의 전치사	471
완료동명사	219
완료부정사	195
완료진행시제	107
완전자동사 + 부사(어)	26
완전자동사의 기본 문형	25
우등비교	437
원급·비교급·최상급을 강조하는 부사	447
원급비교	428-432
원급비교의 관용표현	431
원급에서의 최상급 표현	430
원인, 이유, 동기 표시 전치사	467
원형부정사	200
위치표시 전치사	462-463
유사관계대명사 as	311
유사관계대명사 but	311
유사관계대명사 than	312
유사분사	237
유의해야 할 복수명사의 용법	338
의문대명사	269, 271
의문문의 수동태	132
의문부사	269, 271
의문사의 원리	271
의문형용사	269

항목	페이지
의미에 따라 비교급이 달라지는 단어	436
의미에 유의해야 할 완전자동사	25
의지미래	91
이유, 원인의 부사절	276
이중부정	422
이중비교	441
이중소유격	345
인식류 동사	60
인칭대명사 it의 용법	363
인칭대명사의 격과 수일치	359
인칭대명사의 종류	359
일반 조동사 be·have·do	143
입증을 나타내는 불완전자동사	35
자동사·타동사의 구분법	52
자동사로 혼동하기 쉬운 타동사	42
장소 부사구 도치의 유치 사항	516-517
재귀대명사를 목적어로 취하는 동사	41
재귀대명사의 용법	361
재료, 원료의 전치사	472
전치사 to + -ing 구문	223
전치사에 따라 뜻이 달라지는 동사	476
전치사에 의한 병치	508
전치사의 목적어	181, 455
전치사의 생략	458
전치사의 역할	454
전치사의 위치	457
전치사적 부사와 전치사의 구별법	421
전치사적 형용사	391
전치한정사	393
절의 병치	503
절의 삽입	535
접속부사	286-287
접속사 that의 생략 여부	267
정관사의 용법	349
정도부사	414
제한·범위의 부사절	283
조건의 부사절	280
조건절의 도치	520
조동사 관용표현	153
조동사 해석 시 유의사항	152
조동사 + have p.p.	151
조동사의 특성	143
주술관계의 중요성	77
주어	17
주어가 and로 연결될 때의 수일치	485
주어의 역할을 하는 구와 절	485
주요 전치사구	475
주의해야 할 등위상관접속사	264
주의해야 할 현재완료 구문	95
주절에 부정어가 있을 경우의 부가의문문	527
준보어(유사보어)	36
중문	20
지각동사	66
지각동사와 사역동사의 목적보어로 동사원형을 사용하는 이유	67
지시대명사 so	367
지시대명사 such	366
지시대명사 the same	368
지시대명사 this(these)/ that(those)	365
직설법 + otherwise + 가정법	172
진행형이 불가능한 동사	109-110
집합명사	326
최상급 관용표현	445
최상급에 the를 붙이는 이유	448
최상급에 정관사 the를 붙이지 않는 경우	445
최상급의 표현 형태	444
추상명사와 관용표현	329
추상명사의 수량 표시	335
티동사로 오인되기 쉬운 사동사	28-29
판단을 나타내는 불완전자동사	35
포함의 전치사	473
한정사	324
한정적 용법과 서술적 용법에 따라 의미가 다른 형용사	390

현재시제	82-86
현재완료시제를 쓸 수 없는 경우	96
현재완료시제의 4가지 용법	98-99
현재완료시제의 용법	93-99
현재완료시제의 유래	100
현재진행시제	106
형용사와 결합된 전치사	399
형용사의 병치	499
형용사의 서술적 용법	388
형용사의 열거 순서	393
형용사의 한정적 용법	387
형태와 의미를 구분하기 어려운 동사	72-74
혼동하기 쉬운 형용사	400-402
혼합가정법	165
후치 수식어가 있는 주어와 동사의 일치	486

MEMO

MEMO

MEMO

My rising curve with

김앤북
KIM & BOOK

합격

실전 적용

문제 풀이

기초 학습

편입 도전

김앤북과 함께
나만의 합격 곡선을 그리다!

완벽한 기초, 전략적 학습, 확실한 실전
김앤북은 합격까지 책임집니다.

#편입   #자격증   #IT

www.kimnbook.co.kr

김앤북의 체계적인
합격 알고리즘

 기초 학습 →  문제 풀이 → 실전 적용 →  합격

김영편입 영어

MVP Vocabulary 시리즈

| MVP Vol.1 | MVP Vol.1 워크북 | MVP Vol.2 | MVP Vol.2 워크북 | MVP Starter |

기초 이론 단계

문법 이론 | 구문독해

기초 실력 완성 단계

     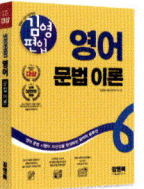 

어휘 기출 1단계 | 문법 기출 1단계 | 독해 기출 1단계 | 논리 기출 1단계 | 문법 워크북 1단계 | 독해 워크북 1단계 | 논리 워크북 1단계

심화 학습 단계

어휘 기출 2단계 | 문법 기출 2단계 | 독해 기출 2단계 | 논리 기출 2단계 | 문법 워크북 2단계 | 독해 워크북 2단계 | 논리 워크북 2단계

편입은 김영! 김영편입!

영어
문법 이론

정답 및 해설

교육서비스
브랜드
대상

누적
32만부
돌파

2024 대한민국 브랜드 어워즈
대학편입교육 대상(한경비즈니스)
산출근거 후면표기

6

영어 문법 시험의 자신감을 완성하는 최적의 솔루션

| 쉽고 간결한 설명으로 시험에 대비하는 영어 문법의 새로운 표준 | 100개의 Unit과 50개의 문법 포인트로 핵심 문법 완벽 정리 | 문법 포인트&문제풀이 YouTube 무료 특강 제공 |

김앤북
KIM&BOOK

영어 문법 이론

정답 및 해설

영어 문법 시험의 자신감을 완성하는 최적의 솔루션

CONTENTS

정답 및 해설 Review Test ▼▼▼

- **Chapter 01** 동사와 문장의 형식 Verb & Sentence Pattern ········· 4
- **Chapter 02** 시제 Tense ········· 6
- **Chapter 03** 수동태 Passive Voice ········· 8
- **Chapter 04** 조동사 Auxiliary Verb ········· 10
- **Chapter 05** 가정법 Subjunctive Mood ········· 12
- **Chapter 06** 부정사 Infinitive ········· 14
- **Chapter 07** 동명사 Gerund ········· 16
- **Chapter 08** 분사 Participle ········· 18
- **Chapter 09** 접속사 Conjunction ········· 20
- **Chapter 10** 관계사 Relative ········· 22
- **Chapter 11** 명사와 관사 Noun & Article ········· 25
- **Chapter 12** 대명사 Pronoun ········· 27
- **Chapter 13** 형용사 Adjective ········· 29
- **Chapter 14** 부사 Adverb ········· 31
- **Chapter 15** 비교 Comparison ········· 33
- **Chapter 16** 전치사 Preposition ········· 35
- **Chapter 17** 일치 Agreement ········· 37
- **Chapter 18** 병치 Parallelism ········· 39
- **Chapter 19** 도치 Inversion ········· 41
- **Chapter 20** 특수구문 Particular Sentence ········· 43

정답 및 해설

01 Review Test (동사와 문장의 형식)

| 01 ② | 02 ④ | 03 ① | 04 ④ | 05 ③ | 06 ④ | 07 ② | 08 ① | 09 ① | 10 ③ |
| 11 ② | 12 ④ | 13 ② | 14 ③ | 15 ② | 16 ③ | 17 ④ | 18 ② | 19 ① | 20 ① |

01 정비문 ②

① 타동사로 오인되기 쉬운 자동사: object는 타동사로 오인되기 쉬운 자동사로 목적어를 취하기 위해서는 전치사 to와 함께하여 object to가 되어야 한다. ② 자동사 rise와 타동사 raise: 괄호 뒤에 목적어 prices가 왔으므로, 타동사 raise가 적절하다. ③ 불규칙 동사 hang: hang은 과거분사 형태에 따라 의미가 달라진다. hang-hung-hung '~을 매달다', hang-hanged-hanged '교수형 시키다'는 의미이다. 문맥상 살인범이 교수형에 처해지는 것이므로, hanged가 적절하다. ④ do one's homework 숙제하다

① 많은 사람들은 복제와 줄기세포 연구에 반대한다. ② 임금 인상에 대한 압력으로 인해 기업들은 가격을 인상할 수도 있다. ③ 그 살인범은 새벽에 교수형에 처해질 것이다. ④ 그녀는 딸이 숙제하는 것을 돕는다.

02 to부정사를 목적보어로 취하는 동사 ④

compel, force, oblige는 to부정사를 목적보어로 취하는 동사이지만, have는 원형부정사를 목적보어로 취하는 사역동사이다. 빈칸 뒤에 to부정사가 왔으므로, ④번이 적절하지 않다.

경찰은 피해자와 그녀의 부모에게 타협하길 강요했다.

03 의미에 유의해야 할 완전자동사 ①

빈칸 다음에 목적어가 없으므로 완전자동사가 빈칸에 필요하며, 문맥상 '수지가 맞다, 돈벌이가 되다'는 의미가 빈칸에 적절하다. 따라서 완전자동사 ① pays가 빈칸에 적절하다.

나의 새 직장은 보수는 적지만 내가 새로운 것을 배울 수 있게 해준다.

04 판단을 나타내는 불완전자동사 ④

seem은 불완전자동사이므로 보어가 필요하다. ④가 형용사이므로 정답이다.

그는 그녀의 사망 소식에도 흔들리지 않는 것 같았다.

05 동명사를 목적어로 취하는 동사 ③

favor는 동명사를 목적어로 취하는 동사이므로, 빈칸에는 ③ building이 적절하다.

많은 사람들이 더 많은 고속도로를 건설하는 것을 지지한다.

06 사역동사 make & 자동사 participate ④

사역동사 make 뒤에는 목적어 다음에 원형부정사(동사원형)가 와야 하므로 ①과 ②는 정답이 될 수 없다. 또한 participate는 자동사이므로 뒤에 목적어 group discussions가 바로 올 수 없으며, 전치사 in과 함께 쓰여 목적어를 취해야 한다. 따라서 ④가 정답이다.

나의 교수님은 대화형 교수법이 옳다고 생각해서 우리를 집단토론에 참여하게 한다.

07 수여동사로 오인하기 쉬운 동사 ②

explain은 3형식 동사로서, 수여동사와 달리 두 개의 목적어를 취하지 못한다. 항상 직접목적어를 먼저 쓰고, 간접목적어는 전치사 to와 함께 사용해야 한다. 직접목적어가 절인 경우 '전치사(to) + 간접목적어'를 that절 앞에 놓아야 하므로 ②가 정답이다.

그는 동성애 혐오증은 일반적으로 가정교육으로 인해 사람들의 마음에 깊이 새겨진다고 우리에게 설명했다.

08 remember + 동명사 vs. to부정사 ①

remember 뒤의 to부정사는 미래의 일을, 동명사는 과거의 일을 나타낸다. 잭이 어렸을 때 성적 학대를 받았던 과거의 일을 기억하는 상황이므로 ①이 적절하다. ③의 경우 remember가 that절을 목적어로 받을 수는 있지만, 잭이 성적 학대를 받은 것이므로 수동태 형태가 되어야 한다.

잭은 어렸을 때 성적 학대를 받았던 것을 기억하기 시작했다.

09 어법과 의미에 유의해야 할 기본 동사 ①

lie는 '놓여 있다', '위치해 있다'는 뜻의 자동사이고, lay는 '놓다'는 뜻의 타동사이다. 따라서 ①이 빈칸에 적절하다. 참고로 ③과 ④는 타동사이므로, 수동태로 is located/situated가 되어야 한다.

멕시코는 미국의 남쪽에 위치해 있다.

10 목적어 뒤에 특정 전치사를 취하는 완전타동사 ③

accuse는 목적어 뒤에 '전치사 of + 동(명사)'를 수반하는 타동사이다. accuse 다음에 목적어 Iran이 왔으므로 'of + 동명사' 형태인 ③이 빈칸에 적절하다.

서구 국가들은 이란이 핵무기를 개발할 능력을 갖추려 한다고 비난한다.

11 수여동사 & 의미에 유의해야 할 기본 동사 ②

첫 번째 문장에서 빈칸 뒤에 두 개의 목적어가 있으므로, 빈칸에는 수여동사가 와야 한다. 보기 중 수여동사는 bring이다. 두 번째 문장에서는 문맥상 '가져오다'는 의미의 bring이 적절하다. 따라서 빈칸에 공통으로 들어가기에 적절한 것은 ② bring이다.

그들은 그 제품이 가장 높은 수익을 가져다줄 것이라고 믿는다. 그 새로운 정책은 기대하던 경제 회복을 가져오지 못했다.

12 make 관용어구 & 가목적어-진목적어 구문 ④

make up one's mind는 '결심하다'라는 뜻으로 쓰이는 관용어구이며, make는 목적어가 to부정사일 때, 동사 뒤에 가목적어 it을 쓰고 목적보어 뒤에 진목적어인 to부정사를 쓴다. 따라서 두 빈칸에 적절한 동사는 ④ make이다.

너는 어떻게 해서든 결정을 내려야 한다. 재정적인 어려움은 학생들이 대학 공동체에 참여하는 것을 어렵게 만든다.

13 정비문 ②

① 지각동사 뒤에 특정 시점표시 부사구 in the afternoon이 있으므로 현재분사 setting이 왔다. ② 인식류 동사는 3형식일 때 목적어로 to부정사를 취할 수 없고, know 동사의 경우 to부정사 앞에 의문사가 포함된 의문구를 목적어로 사용할 수 있다. 따라서 knows to를 knows how to로 고쳐야 한다. ③ "regard + 목적어 + as 목적보어"의 형식이다. ④ 'consider + 목적어 + to be 명사/(to be) 형용사'의 구문인데, 목적보어가 형용사인 경우에는 to be를 생략할 수 있다.

① 나는 오후에 해가 지는 것을 보았다. ② 그녀는 대중을 만족시키는 방법을 알고 있다. ③ 그들은 나를 그들의 적으로 간주했다. ④ 우리는 그를 영웅이라고 생각한다.

14 to부정사를 목적어로 취하는 동사 ③

hope는 to부정사를 목적어로 취하며, 'hope + to부정사'는 '~을 희망하다'는 의미이다. 따라서 ③의 sustaining을 부정사 to sustain으로 고쳐야 한다.

우주탐험은 비용이 너무 많이 들어서 어느 국가도 주요 프로그램을 단독으로 무한정 지속할 수 없다.

15 수여동사 ②

ask는 자동사, 타동사로 모두 사용될 수 있는데, 여기서는 간접목적어 him을 ask 다음에 위치시켰으므로 4형식 문장이다. 따라서 him 앞에 to를 쓸 수 없다. ②의 asked to를 asked로 고쳐야 한다.

그에게 그의 주소를 물은 적이 없기 때문에, 우리는 그가 어디서 살고 있는지 모른다.

16 상태의 유지·지속을 나타내는 불완전자동사 ③

'keep + 형용사'는 '계속해서 ~하다'는 의미이다. ③의 부사 silently를 형용사 silent로 고쳐야 한다.

이 병사들 중 많은 사람들이 30년 동안 계속 침묵을 지켜 왔다.

17 rise, raise, arise의 용법 ④

raise는 타동사로 '~을 올리다, 인상하다'이다. 반면 rise는 자동사로 '오르다, 상승하다'는 뜻이다. 뒤에 목적어가 없으므로 ④의 raises를 rises로 고쳐야 올바른 표현이 된다.

달러화의 가치는 물가 상승률이 급등함에 따라 하락한다.

18 4형식 문장에서 3형식으로의 전환 ②

pay는 '간접목적어 + 직접목적어'의 4형식 구문으로 쓰일 수 있지만, 간접목적어가 뒤로 가면 전치사 for가 아니라 to를 앞에 붙여야 한다. 따라서 ②를 to로 고친다.

그 수상은 지난주에 자신의 오토바이를 타는 동안 헬멧을 쓰지 않아서 교통경찰관에게 벌금을 냈다.

19 완전자동사 + 부사(어) ①

work가 완전자동사로 쓰였으므로, 형용사가 아니라 부사의 수식을 받아야 한다. 따라서 ① good을 well로 고쳐야 한다.

서양 의학은 외상과 대부분의 급성 질병에 효과가 좋지만, 침술은 만성 질환과 통증을 치료하는 데 더 효과가 있다.

20 to부정사를 목적보어로 취하는 동사 ③

encourage는 'encourage + 목적어 + to부정사'의 형식으로 쓰이는 5형식 동사이므로 ③은 to move가 되어야 한다. 참고로 ① start는 목적어로 부정사와 동명사가 둘 다 가능하므로 ② encouraging은 적절한 표현이다.

1970년대 브라질의 군사 정부는 경제 발전을 촉진하기 위해 농민과 광부들이 그 지역으로 이주하도록 장려하기 시작했다.

02 Review Test (시제)

01 ③	02 ②	03 ③	04 ③	05 ④	06 ①	07 ③	08 ③	09 ①	10 ④
11 ④	12 ②	13 ①	14 ③	15 ②	16 ①	17 ④	18 ②	19 ③	20 ①

01 현재완료시제와 함께 쓰이지 못하는 부사어구 ③

현재완료시제가 사용되었으므로, ago, last year 등의 과거시점을 나타내는 부사구와 함께 쓰일 수 없다.

점증하는 미국의 무역 적자는 지난 몇 년 동안 국제적인 우려 사안이었다.

02 정비문 ②

① 시간표시 부사절에서는 미래의 일도 반드시 현재시제로 나타낸다. ② 미래의 종료 시점을 나타내는 by this time next year가 있고, 기간 표시어 one-forth of my military service가 있으므로, 시제는 미래완료가 되어야 한다. 따라서 complete를 will have completed로 고친다. ③ 진리인 말은 주절의 시제가 어떻든 항상 현재시제로 나타낸다. ④ 왕래발착 동사는 미래의 일(tomorrow)도 현재시제로 나타낼 수 있다.

① 그가 자료 수집을 마치는 대로 바로 슬라이드 제작 작업을 시작할 것이다. ② 내년 이맘때쯤 군복무 기간 중 4분의 1을 마치게 될 것이다. ③ 나는 그녀에게 정직이 최상의 방책이라고 말했다. ④ 다음 도쿄행 항공편은 내일 오전 9시에 출발한다.

03 say와 tell의 용법 & 불변의 진리의 시제 ③

say는 tell과 달리 4, 5형식 구문으로 사용하지 못하므로, said me that은 잘못된 표현이다. 또한, "물은 수소와 산소로 이루어져 있다."는 진리이므로 시제 일치와 관계없이 현재시제인 consists of를 사용해야 한다. 이를 종합하면, 정답은 ③이다.

04 시제의 용법 ③

① belong은 진행형으로 쓸 수 없는 상태동사이므로, are belonging은 belong이 되어야 한다. ② last night은 과거를 표시하는 부사구이므로 과거시제 called로 고쳐야 한다. ③ "scarcely[hardly] + 과거완료 + when[before] + 과거"는 '~하자마자, …하다'의 의미로 사용되며, when절에 과거시제가 쓰였으므로 어법상 옳다. ④ 시간의 부사절에서는 미래시제 대신 현재시제를 사용하므로 will read를 read로 고쳐야 한다.

① 개와 늑대는 같은 종에 속한다. ② 어젯밤 내가 너에게 여러 번 전화했었다. ③ 문을 잠그자마자 열쇠가 부러졌다. ④ 책을 읽고 난 후에 그 일을 처리할게요.

05 과거완료시제 ④

그가 함께 하지 못한 이유를 설명하는 것이므로 그녀가 도착했을 때는 이미 저녁을 먹은 후라고 해야 한다. 과거완료의 결과 용법이다. 따라서 ④가 정답이다.

"왜 그녀가 너와 함께하지 못했니?" "그녀가 도착했을 때는 이미 우리가 저녁을 먹은 후였거든."

06 미래완료시제 ①

존스 교수의 수업이 조금도 지루하지 않다고 했으므로, 현재 그가 강의를 하고 있음을 알 수 있다. 시간의 부사절에서는 현재시제로 미래를 나타내므로 when절의 시제는 현재시제 retires가 적절하며, 미래 어느 때까지의 계속은 미래완료시제 will have been teaching을 써야 한다.

존스 교수님의 수업은 조금도 지루하지 않다. 그가 다음 학기에 은퇴하게 되면 30년 넘게 강의해 온 것이 될 것이다.

07 시제와 시간 부사어구 ③

① 왕래, 발착, 개시, 종료를 나타내는 동사가 미래표시 부사어와 함께 쓰이는 경우 현재형으로 미래를 대용한다. ② 전치사 since 다음에 과거의 특정 시점 childhood가 왔고, 그가 어릴 때부터 그를 알고 있었던 것이므로 현재완료가 적절하게 사용되었다. ③ 명확한 시점의 과거 부사어 just now가 있으므로, 과거시제가 되어야 한다. 따라서 has left를 left로 고친다. ④ expect, hope, intend, wish 등의 '과거완료형 + 단순부정사' 또는 '과거형 + 완료부정사' 형태는 과거에 실현되지 못한 일을 나타낸다.

① 우리 영어 수업은 다음 주 월요일에 시작된다. ② 나는 그를 어릴 때부터 알고 있었다. ③ 친구가 지금 막 여기를 떠났다. ④ 우리는 그녀를 다시 만나기 희망했지만 못 만났다.

08 현재시제 ③

현재의 사실을 표현하고 있는데 than이하의 대동사 do가 현재로 쓰였으므로 주절의 시제가 현재임을 알 수 있다.

그는 내가 일주일에 버는 것보다 더 많은 돈을 하루에 번다.

09 과거완료시제　①

before 이하가 과거이므로 주절의 시제는 그보다 앞서는 과거완료시제가 와야 한다.

정부가 어떤 조치를 취하기 전에 생활비가 10% 정도 올라갔다.

10 현재완료시제 + since 과거시제　④

since 뒤에는 과거시제가 쓰이며, 주절은 현재완료(진행) 시제를 쓴다.

내 상처는 비가 오기 시작한 이래 죽 아파 왔다.

11 과거완료시제　④

그녀가 도착해서 발견한 시점보다 누군가 집에 침입한 것이 먼저 일어난 일이므로 빈칸에는 과거완료시제인 ④ had broken이 적절하다.

도착하자마자 그녀는 누군가 집에 침입한 것을 발견했다.

12 시제 차이가 있는 forget의 목적어 & 과거완료시제　②

forget은 목적어로 to부정사와 동명사 둘 다 가능하다. 하지만 의미의 차이가 있는데, 동명사는 '(과거에 했던 일을) 잊다'의 뜻으로 쓰이고, to부정사는 '깜박 잊고 (해야 할 일을) 하지 않다'라는 뜻으로 쓰인다. 집에서 여권을 가져오는 것을 잊고 공항에 온 것이므로 to부정사가 목적어로 적절하며, 여권을 안 가져온 일이 시간상 먼저 일어난 일이므로 과거완료가 되어야 한다. 따라서 ②가 정답이다.

베르나르도(Bernardo)는 공항 안에 들어갔을 때, 집에서 여권을 가져오는 것을 잊어버린 것을 알았다.

13 이유의 접속사 since & 과거완료시제　①

since가 때의 접속사가 아니라 이유의 접속사로 사용되었다. 과거 어느 때 이전의 일은 과거완료시제를 써야 한다. ① have eaten을 had eaten으로 고친다.

비행기 탑승 전에 식사를 했기 때문에, 승무원이 음식을 가져왔을 때는 배가 고프지 않았다.

14 현재시제의 용법　③

일반적인 사실을 설명할 때 특별한 시점표시가 없으면 현재시제를 쓴다. ③ dealt를 deal로 고친다.

일반적으로 신문은 최신 뉴스를 강조하지만, 잡지는 그런 일이 일어나게 된 배경을 더 많이 다룬다.

15 불변의 진리와 함께 사용하는 현재시제　②

변함없는 사실이나 불변의 진리는 항상 현재시제를 사용한다. 모든 사람들이 독특한 유전자 암호를 가지고 있는 것은 불변의 진리이므로 ②는 have가 되어야 한다.

법의학자는 배심원단에게 모든 인간은 그들의 DNA에 들어있는 독특한 유전자 암호를 가지고 있다고 말했다.

16 역사적 사실과 함께 사용하는 과거시제　①

제1차 세계대전 같은 '역사적 사실'에는 과거시제를 쓴다. 따라서 ①을 broke out으로 고쳐야 한다.

제1차 세계대전이 1914년에 발발했을 때, 미국은 처음에는 중립을 지키려고 결심했는데, 왜냐하면 그 전쟁은 유럽의 문제로 간주되었기 때문이었다.

17 현재완료시제와 함께 사용하는 부사어 ever since　④

ever since는 '그 후 줄곧'의 뜻으로 현재완료시제와 함께 쓰인다. ④를 have been으로 고친다.

공장의 많은 시설들은 약 100년 전에 설치되었고 그 후 줄곧 크게 개선되어 왔다.

18 현재완료진행　②

지금까지 50년 이상 동안 검사해 오고 있는 것이므로 현재완료진행이 적절하다. 따라서 ②를 has been testing으로 고친다.

소비자조합이 50년 이상 동안 제품 검사를 해오고 있지만 그 일이 쉬웠던 적은 없었다.

19 시제일치　③

주절의 시제가 informed로 과거이므로 종속절의 시제에 현재가 올 수 없다. ③ is를 was로 고친다.

대통령은 예산안에 만족하지 않는다는 것을 위원회에 알렸다.

20 현재완료진행　①

과거에 시작된 행위가 현재까지 이어지는 상태로 'for + 기간' 표현이 나왔으므로, ①을 현재완료진행인 has been reading으로 고친다.

그는 지난 네 시간 동안 계속 책을 읽고 있나. 그것은 틀림없이 아주 재미있는 책일 것이다.

03 Review Test (수동태)

| 01 ③ | 02 ③ | 03 ④ | 04 ② | 05 ① | 06 ④ | 07 ② | 08 ③ | 09 ② | 10 ② |
| 11 ② | 12 ② | 13 ① | 14 ① | 15 ① | 16 ③ | 17 ② | 18 ③ | 19 ② | 20 ③ |

01 정비문 ③

① 수동태와 능동태의 구분: 주어 She가 동사 take의 영향을 받는 대상이므로 수동태가 맞다. ② 목적어가 that절일 때의 수동태: 진주어인 that절이 동사 say의 영향을 받는 대상이므로 is said가 맞다. ③ 의문문의 수동태: 주어 the photo가 동사 take의 영향을 받는 대상이므로, "When was the photo taken?"이 되어야 한다. ④ be appointed as + 명사: appoint는 "be appointed + (as/to be) + 명사/형용사"로 사용되므로, as와 함께 사용된 형태가 맞다.

① 그녀는 어젯밤에 병원에 실려갔다. ② 반대끼리는 서로 끌린다는 말이 있다. ③ 그 사진 언제 찍은 것에요? ④ 그는 증인으로 채택되었다.

02 수동태와 능동태의 구분 ③

모든 문장은 정동사가 필요하므로 ②와 ③ 중에서 고른다. repair는 타동사인데 뒤에 목적어가 없으므로 수동태가 적절하다.

이 세탁기는 지금 동생이 고치는 중이다.

03 목적어가 that절인 경우의 수동태 ④

"They say that computers ~ have revolutionized …" 의 수동태이다.

컴퓨터와 새로운 장거리 통신 방식이 오늘날의 사무실을 혁신시켰다는 말이 있다.

04 수동태와 능동태의 구분 ②

단백질은 귀중히 여겨지는 것이므로 value(귀중히 여기다)의 수동태여야 한다.

우유 단백질은 영양가가 높아서 귀중히 여겨진다.

05 5형식 동사의 수동태 ①

그녀가 '~라고 생각하는 것'이 아니라 그녀가 '~라고 생각되는 것'이므로 수동태로 표현되어야 하는데, 'think of + 목적어 + as 보어'이므로 think of의 수동태여야 한다. 만약 빈칸 뒤에 as 대신 to be가 왔다면, think A to be B 구조가 되므로 ③ thought가 정답이 된다. 하지만 이 문장은 as가 있으므로 ① thought of가 맞다.

그녀는 훌륭한 학생으로 여겨진다.

06 동사구의 수동태 ④

"His aunt took good care of him in his childhood."에서 him을 주어로 하여 수동태를 만들면 was 다음에 과거분사 taken과 good care of가 이어지고 'by 행위자'의 by가 그다음에 와야 한다.

그는 어려서 고모의 보살핌을 받았다.

07 수동태와 능동태의 구분 ②

주어는 "Gas lamps using gas made from coal"로, 가스등은 도입된 대상이므로 수동태가 사용되어야 한다.

석탄에서 만들어진 가스를 이용하는 가스등은 1806년에 미국에 도입되었다.

08 4형식 동사의 수동태 ③

능동태 문장 give him time off work에서 간접목적어 him이 주어가 되어 수동태로 전환된 문장이다. 개인적인 용무를 보기 위해서라는 말이 나와 있으므로 주어 He가 시간을 주는 게 아니라 받는 대상이므로, ③ was given이 빈칸에 적절하다.

그는 개인적인 일을 처리하기 위해 휴가를 받았다.

09 5형식 동사의 수동태 ②

acknowledge A as B는 'A를 B로 인정하다'는 의미로 사용된다. 이 문장에서는 목적어 A인 Noam Chomsky가 주어로 쓰여 인정받는 대상이므로, 수동태로 표현되어야 한다.

MIT교수인 노암 촘스키(Noam Chomsky)는 미국의 가장 훌륭한 언어학자 중 한 명으로 인정받고 있다.

10 수동태와 능동태의 구분 ②

list는 타동사이다. 뒤에 목적어가 없으므로 수동태가 되어야 한다. ④의 진행시제는 일시적 행위 표현에나 가능하다.

모든 전화번호가 이 전화번호부에 실려 있나요?

11 let 동사의 수동태 ②

let 동사는 수동태일 때 'be allowed to V'가 된다. ②를 allowed to go home으로 고친다.

그 죄수는 선고된 형을 복역한 뒤 집에 돌아갈 수 있었다.

12 동사구의 수동태 ②

'~을 칭찬하다'는 뜻의 speak well of는 수동태로 쓸 때, 동사구 전체가 하나의 타동사처럼 취급되어 수동태는 be well spoken of by가 되므로, ②를 well spoken of by로 고쳐야 한다.

그는 훌륭한 행정가로 알려져 있었고, 그의 선임들에게 칭찬받았다. 그는 항상 겸손함을 유지했다.

13 타동사의 수동태 ①

affect는 타동사로 affect 다음에 전치사가 올 수 없다. 전치사 by가 있고, 목적어가 없으므로, 문맥상 수동태가 되도록 ①을 affected로 고쳐주어야 한다.

여성은 셀룰라이트에 심하게 영향을 받는다. 실제로 여성은 허벅지와 엉덩이에 지방이 쌓이는 경향이 있다. 또한 셀룰라이트는 노화로 인해 더욱 흔해진다.

14 수동태와 능동태의 구분 ①

내용상 '만들어진다'는 수동태여야 한다. ①을 may be made로 고친다.

아세트산은 박테리아가 있는 데서 공기를 알코올 용액과 결합시킴으로써 만들어질 수 있다.

15 목적어가 that절일 때의 수동태 ①

It은 가주어, that절은 진주어인 구문으로 "They(일반인) argue that절"의 수동태이다. 따라서 ①은 is argued나 has been argued여야 한다.

미국 사회는 합법적이든 불법적이든 약물에 의존하게 되었다는 주장이 있다.

16 수동태아 능동태의 구분 ③

국가가 말하는 것이 아니라 국가가 어떠하다고 말해진다는 내용이므로 ③은 is said이어야 한다.

전반적인 수출이 수입을 능가할 때 국가는 무역 흑자를 보고 있다고 한다.

17 수동태 표현 be + p.p. ②

by 명사와 as가 나온 것을 보아, regard가 과거분사 형태로 사용되어야 하므로, ②는 regarded가 되어야 한다.

농장의 동물들은 거의 모든 사회에 의해 귀중한 경제 자원으로 여겨져 왔다.

18 by 이외의 전치사를 사용하는 수동태 ③

be armed with는 '~가 장착되어 있다'는 의미를 가진다. ③을 armed with로 고친다.

이라크의 미사일에는 생화학 무기가 무장되어 있지 않은 것이 분명하다고 미국 관리들은 말했다.

19 수동태가 불가능한 자동사 fall ②

fall-fell-fallen(넘어지다)은 자동사로 수동태가 되지 않는다. fell-felled-felled(넘어뜨리다)는 타동사로 수동태가 될 수 있다. 따라서 ②는 felled여야 한다.

전년도 우승팀이 1회전에서 탈락한 것은 인디애나팀이 리치먼드팀에게 무릎을 꿇었던 1988년 이후 처음이다.

20 수동태의 용법 ③

③의 주어는 옥수수(corn)이므로 의미상 수동태 was not known이어야 한다.

옥수수는 신세계에서 시작되었다. 그래서 콜럼버스가 그것이 쿠바에서 재배되고 있는 것을 발견하기까지 유럽에서는 알려지지 않았다.

04 Review Test (조동사)

01 ④ 02 ③ 03 ③ 04 ① 05 ③ 06 ④ 07 ③ 08 ① 09 ① 10 ②
11 ② 12 ③ 13 ① 14 ① 15 ① 16 ④ 17 ④ 18 ② 19 ② 20 ④

01 조동사의 부정 ④
조동사의 부정은 조동사 다음에 not을 쓰는데 조동사가 겹치면 처음 조동사 다음에 not을 쓴다. may도 조동사, have도 완료형을 만드는 조동사이므로 may not have p.p.가 된다.

그들이 옛집에서 이사했을 것 같지 않다.

02 must have p.p. ③
과거의 추측은 must have p.p. '~였음에 틀림없다'이다.

"빌이 어제 9시 수업 시간에 오지 않았어." "그는 틀림없이 늦잠 잤을 거야."

03 would rather not ③
B가 "If you don't mind(죄송[미안]하지만)"라고 했으므로, 식사 제의에 대해 거절하는 내용이 뒤따라야 한다.

A: 점심을 저와 함께하실래요? B: 미안하지만, 저는 별로 가고 싶지 않아요. 이가 아프거든요.

04 주장·제안·요구의 동사 that S + (should) V ①
insist와 같은 주장·제안·요구 등의 동사에 이끌리는 that절은 '(should) + 동사원형' 형태로 대개 조동사 should는 생략된다.

그는 내가 가야 한다고 한다.

05 must have p.p. ③
앞 문장의 의미로 보아 과거에 대한 추측을 나타내기 위해 빈칸에는 ③ must have p.p.가 적절하다.

모든 것이 하얗게 덮여있다. 어젯밤에 눈이 왔음에 틀림없다.

06 ought to ④
문장에서 yesterday라는 시간 표현이 나왔으므로, 과거에 일어났어야 했던 일에 대한 아쉬움을 나타내야 한다. 따라서 정답은 ④ to have come이다.

너는 어제 나를 만나러 왔어야 했다.

07 had better ③
had better '~하는 게 좋겠다'는 의미로 권유를 뜻한다.

John: 무슨 일이야? Mary: 머리가 아파. John: 다시 침대로 가서 눕는 게 좋겠구나. Mary: 괜찮아.

08 조동사의 용법 ①
주절 동사가 drove로 과거형이므로 ③은 시제가 틀렸고 ②와 ④는 '~해야 한다'라는 뜻이어서 의미가 부적절하다. so that이 '~하기 위해서'로 '목적'의 의미로 사용될 때는 may/might/can/could를 사용한다.

그는 시골의 아름다운 풍경을 보기 위해서 천천히 차를 몰았다.

09 부정문에서 조동사로 쓰이는 need ①
need는 부정문에서 조동사로 쓰인다. 따라서 ①이 정답이다.

그의 충고는 받아들일 필요가 없어, 그렇지 않니?

10 dare의 용법 ②
dare를 ②의 조동사로 쓰면 원형동사 say가 맞고, ③의 본동사로 쓰면 to say여야 한다.

당신은 어떻게 감히 내가 그 일을 잘 해낼 수 없다고 말하는가?

11 would rather + 동사원형 ②
would rather A than B는 'B하느니 차라리 A하겠다'는 의미이다. would rather가 조동사이므로 다음에 동사원형이 온다. ② staying을 동사원형 stay로 고쳐야 한다.

산책 가느니 차라리 집에 있겠다.

12 조동사의 특성 ③
조동사 다음에는 동사원형이 와야 하므로, ③을 must be로 고친다.

개개인이 취하는 태도들은 직접 관찰할 수 없고 행동으로부터 추론되어야 한다.

13 must/ have to ①

'must 동사원형'과 'have to 동사원형'은 같은 의미이므로 동시에 사용할 수 없다. 따라서 must gulp나 have to gulp 중 하나로 표현해야 하는데, 밑줄 뒤에 to gulp가 있으므로 must는 사용할 수 없다. 따라서 have to gulp가 되어야 하며, 주어가 A fish로 단수이므로 ①은 has가 되어야 한다.

물고기는 섬세한 아가미로 물이 계속 들어오게 하기 위해 끊임없이 물을 들이마셔야 한다.

14 be able to/ can ①

be able to는 주로 '능력'의 의미로 쓰이며, '가능성'의 의미에는 can을 사용한다.

하나의 실수가 전체 과정에 해를 입혀 실패를 초래할 수도 있다.

15 ought to의 부정 ①

ought to는 조동사이므로 do/does로 부정하지 않고 not을 ought 다음에 넣는다. 따라서 ①은 ought not이 되어야 한다.

윌슨은 그 소식을 확인할 때까지는 그들에게 통지하지 말아야 한다.

16 과거의 상태 used to ④

uses는 현재시제로 '사용하다'라는 의미이며, 목적어도 없고, 문맥상 적절하지 않다. 문맥상 어제의 연주와 예전의 연주를 비교하는 내용으로 ④를 '(과거에)~했었다'라는 의미의 조동사인 used to로 고친다. 참고로 used to가 대동사로 사용되어서 to 뒤에 play가 생략되어 있는 형태(used to (play))이다.

어제 콘서트는 엉망이었고, 밴드 연주는 예전만 못했다.

17 would rather A than B ④

would rather A than B(B하기보다는 차라리 A하고 싶다)에서 A와 B는 모두 원형동사이다. ④를 원형동사 lose로 고친다.

전에 그 책을 읽었을지도 모르지만, 읽었다는 기억은 거의 나지 않는다.

18 조동사의 의미 ②

내용상 '능력'의 can이 아니라 '의무'의 must나 should가 적절하다.

그런 일자리에 자격을 갖추려면, 인가된 대회 교육 프로그램에서 불리 치료 학위를 받아야 한다.

19 과거의 유감 should have p.p. ②

내용상 '과거의 유감'이므로 should have p.p.여야 한다.

오늘 아침 비행기를 놓쳤어요. 당신은 약속대로 나에게 전화를 걸어 깨워주었어야 했어요.

20 need not have p.p. ④

need not have p.p.는 '~할 필요가 없었는데 했다'의 의미로 과거의 유감을 표현한다.

우리는 빵이 충분히 있었다. 따라서 살 필요가 없었는데 괜히 샀다.

05 Review Test (가정법)

| 01 ① | 02 ④ | 03 ④ | 04 ② | 05 ③ | 06 ④ | 07 ② | 08 ② | 09 ② | 10 ② |
| 11 ① | 12 ④ | 13 ③ | 14 ④ | 15 ③ | 16 ② | 17 ② | 18 ④ | 19 ③ | 20 ④ |

01 가정법 현재 ①
가정법 현재의 문장이다. if절의 동사시제는 현재형이고, 귀결절의 시제는 '조동사 + 동사원형'이 온다.

지금 가진 것에 만족하지 않으면 나쁜 일이 생길 것이다.

02 가정법 과거 ④
주절의 would가 있으므로 가정법 과거이다. If절은 'If + S + 과거형'이 되며 be동사는 인칭이나 수와 관계없이 were로 쓴다.

"만약 오늘날 이용할 수 있는 모든 차 중에서 자유롭게 선택할 수 있다면 어떤 종류의 차를 사겠습니까?"

03 가정법 과거완료 ④
If절의 시제로 보아 가정법 과거완료임을 알 수 있다.

어젯밤에 그 파티에 톰과 함께 가지 않았다면, 넌 존을 만날 수도 있었을 텐데.

04 혼합가정법 ②
과거에 있었던 결과가 현재까지 미치는 경우이므로 혼합가정법을 사용한다.

"우리는 지금 위험에 처해있다." "네가 (과거에) 내 말에 귀를 기울였다면 우리가 지금 위험하지 않을 텐데."

05 were to 가정법 ③
일반적으로 가정법 미래에서 미래의 실현 가능성이 거의 없거나 '실현 불가능한 일, 순수한 가정, 상상'에 관해서 기술할 때 were to를 사용한다.

해가 서쪽에서 떠오르더라도 내 사랑은 영원히 변하지 않을 것이다.

06 가정법 미래 구문의 도치 ④
가정법 미래에서 "if she should smile~"에서 if가 생략되면 주어와 동사가 도치된다.

혹시라도 그녀가 네게 미소를 보낸다면 너에게 내가 좋아하는 책을 주겠다.

07 가정법 과거완료 구문의 도치 ②
가정법 과거완료이므로 If절은 'had + p.p.'가 와야 한다. If he had listened to me가 도치되면, Had he listened to me가 되므로 ②가 정답이다.

그가 내 말에 귀를 기울였더라면, 존은 실패하지 않았을 텐데.

08 I wish + 가정법 과거완료 ②
at the last picnic으로 보아 과거에 대한 가정임을 알 수 있다. 가정법 과거완료 문장이 되어야 하므로 빈칸에는 'had + p.p.'의 형태가 와야 한다.

지난 소풍 때 모든 캔을 다 써 버리지 않았더라면 좋았을 텐데.

09 I wish의 대용어구 if only ②
if only는 I wish와 같은 의미로 '~라면 정말 좋을 텐데'라는 의미이다. ①, ③, ④ 다음에는 직설법 동사가 온다. e.g.) I will do it on condition that I am paid. (보수를 받을 수 있다면 그 일을 할 것이다.) Considering (that) he was new to business, he did very well. (그가 이 일에 처음이었다는 것을 고려한다면 대단히 잘했다.)

"루이 암스트롱의 레코드 좀 빌릴 수 있을까요?" "누가 그것을 마지막으로 빌려 갔는지를 기억할 수만 있다면 정말 좋겠는데요. 그러면 당신에게 줄 수 있을 겁니다."

10 as if + 가정법 과거 ②
as if 다음에는 가정법 과거와 가정법 과거완료가 온다. 문맥상 가정법 과거가 와야 한다. '마치 ~인 것처럼'의 의미를 뜻한다.

"나는 무엇이든지 할 수 있다." "네가 해변의 유일한 조약돌인 것처럼 행동하지 마."

11 otherwise 가정법 ①
가정법 과거완료 귀결절 동사 형태인 would scarcely have been으로 보아 빈칸에는 앞의 내용을 받아 if절의 의미로 가정하는 부사 otherwise가 들어가야 한다.

그는 영국 공군 장교로 복무하면서, 복무를 하지 않았더라면 방문하지 못했던 여러 지역으로 파견을 가게 되었다.

12 가정법 현재 ④

귀결절에 조동사 will이 있으므로 가능한 상황을 나타낸다. 따라서 if절은 가정법 현재(=단순한 조건) 시제를 쓴다.

나는 당신이 좀 더 열심히 공부한다면 이 과목을 통과할 수 있을 것이라고 확신한다.

13 It's (about/high) time + 가정법 과거 ③

"It is (about/high) time that + S + 과거동사(가정법 과거)"는 "이제는 ~해야 할 시간이다"는 의미로 뒤에 that절이 오면 가정법 과거시제가 온다.

우리는 집으로 가야 할 시간이다.

14 가정법 과거완료 ④

과거 사실의 반대되는 상황을 가정하기 위해서는 가정법 과거완료 시제를 사용한다. If + S + had p.p., S + would have p.p.

그가 형사에게 정직하게 답변했었다면, 체포되지 않았을 텐데.

15 혼합가정법 ③

if절에 과거완료시제가 쓰인 반면, 주절에는 now가 있으므로, 혼합가정법이 쓰였음을 알 수 있다. 혼합가정법의 경우 주절은 가정법 과거완료가 아니라 '가정법 과거'를 사용하므로, ③의 would not be가 빈칸에 적절하다.

만약 그가 그녀에게 그 질문을 반복해서 계속하지 않았더라면, 그녀는 지금 그렇게 지쳐있지 않을 텐데.

16 가정법 미래 + 명령문 ②

① need는 진행시제로 쓸 수 없다. ③은 종속절과 주절을 연결할 접속사가 없다. ④는 어순이 부적당하다. ②는 if you should need anything에서 접속사 if가 생략된 가정법 미래 구문이다.

필요한 게 있으시면, 전화해 주세요.

17 would rather + 가정법 ②

would rather 다음에 that절이 오면 그 절은 가정법 과거로 과거형 동사를 쓴다. ②를 didn't smoke로 고친다.

나는 네가 담배를 그렇게 많이 피우지 않는다면 좋겠어. 방 안의 다른 사람들이 너만큼 많은 연기를 들이마시게 될지 몰라.

18 가정법 과거완료 ④

가정법 과거완료의 주절은 would have p.p.이다. ④ had been을 would have been으로 고쳐준다.

만일 영국이 미국 독립 전쟁에 승리했더라면, 영어 사용권의 역사 전체가 달라졌을 것이다.

19 suggestion + that + S + (should) 동사원형 ③

that 이하가 당위의 의미를 가진 명사 suggestion의 동격절이므로, that절에는 '주어 + (should) + 동사원형'이 적절하다. 따라서 ③ should be나 should를 생략한 be로 고쳐야 한다.

판사는 그 죄수가 사형을 선고받아야 한다는 제안에 동의했다.

20 가정법 과거완료 + except (that) + 직설법 과거 ④

앞 절이 가정법 과거완료의 귀결절이므로 except 다음은 직설법 과거의 절이 온다. ④를 had로 고친다.

메리는 시간이 있었더라면 존과 함께 뉴욕에 갔을 것이다.

06　Review Test (부정사)

| 01 ③ | 02 ② | 03 ① | 04 ① | 05 ③ | 06 ② | 07 ② | 08 ② | 09 ② | 10 ③ |
| 11 ① | 12 ④ | 13 ③ | 14 ① | 15 ② | 16 ① | 17 ④ | 18 ② | 19 ④ | 20 ③ |

01　to부정사를 목적보어로 취하는 동사　③

'want + 목적어 + to부정사'는 '~가 …하기를 원한다'는 의미이다. 참고로 want는 'that 절'을 목적어로 취하지 않는다. 따라서 ③이 정답이다.

그는 의사가 오는 것을 원치 않는다.

02　to부정사의 명사적 용법(주어)　②

문두의 To achieve independence는 명사적 용법으로 쓰여 문장의 주어 역할을 하고 있고, 빈칸 다음에 목적어가 왔다. 따라서 빈칸에는 동사가 필요한데, 현재까지의 계속을 의미하는 since절과 시제가 일치하는 것은 현재완료시제인 has been이므로, ②가 정답이다.

독립을 이루는 것은 제2차 세계대전 이후 많은 국가들의 목표였다.

03　'be + to부정사' 용법　①

was가 본동사이므로 ②의 see, ④ have been은 쓰일 수 없다. 명사구 his wife and children이 목적어 역할을 할 수 있으므로 ③의 seen도 쓰일 수 없다. 따라서 빈칸에는 ①의 to see가 쓰여야 was의 보어 역할을 하며, 이어지는 명사구를 목적어로 취할 수 있게 된다. 참고로 'be never to부정사'는 '두 번 다시 ~하지 못할 운명이다'의 뜻이다.

그는 그의 아내와 아이들을 다시는 만나지 못할 운명이었다.

04　동격의 부정사　①

명사 way가 '습관, 버릇'을 뜻할 때는 of ~ing로 수식한다. 그러나 '방법, 수단'을 나타낼 때는 'to부정사'로 수식한다. ①이 정답이다.

베츠 공정은 고농축된 창연을 함유한 납을 정제하는 데 가장 효과적인 방법이다.

05　to부정사의 부사적 용법　③

뒤에 주절이 있으므로 또 다른 절의 형태인 ①은 불가능하다. ②가 쓰이면 앞부분은 동격의 명사구가 되지만, 뒤에 이어지는 주절의 주어 a work of art를 수식하지 못한다. ④의 경우는 Being ranked가 되어야 한다. 빈칸에는 '목적'을 나타낼 수 있는 표현이 적절하다. 따라서 정답은 ③이다.

걸작으로 분류되기 위해서는 예술품은 그것이 창조되었던 시대의 사상을 초월해야 한다.

06　to부정사의 부사적 용법　②

우선 himself를 목적어로 취할 수 없는 ①은 제외된다. 또 blame은 타동사이므로 ④도 적절치 못하다. 이때 but은 부사로서 only의 뜻이다. no one이 사람이므로 부정사구인 ②의 to blame이 가장 적절하다.

그가 비난할 사람은 자기 자신밖에 없다.

07　to부정사를 목적어로 취하는 동사　②

fail의 용법: 자동사로 ① 실패하다 e.g.) He failed in the exam. 그는 시험에 떨어졌다. ② (사람의 체력, 기력 등이) 약해지다 e.g.) Her health is beginning to fail. 그녀의 건강이 악화되고 있다. ③ 부족하다, 결핍하다 e.g.) Water often fails in the dry seasons. 건조기에는 때때로 물이 부족하게 된다. 타동사로 ① ~하지 못하다 e.g.) I failed to notice it. 나는 그것을 눈치채지 못했다. ② ~를 낙제시키다, 떨어뜨리다 e.g.) He failed half the candidates. 그는 지원자의 절반을 낙제시켰다. ②가 정답이다.

"나는 존이 공군에 입대할 것으로 생각했는데." "못 들었니?, 그는 신체검사에서 낙방했어."

08　to부정사를 목적어로 취하는 동사　②

타동사 plan은 명사/to부정사를 목적어로 취한다. plan to do는 '~할 마음을 먹다, 작정이다'는 뜻이다.

김씨 부부는 서해안을 여행할 계획을 세우고 있다.

09　help의 목적보어　②

help + 목적어 + (to) 부정사는 '~가 …하는 것을 돕다'는 뜻이므로 ③, ④는 부적절하다. 또 ①, ③은 it이 '아파트'를 가리키므로 논리적으로 불가능하다. ②가 정답이다.

내 친구가 새 아파트를 임대해서 나는 그가 이사하는 것을 도와주었다.

10　to부정사의 형용사적 용법　③

문맥상 it은 this bread를 가리킨다. 구체적인 내용에 해당하므로 to부정사가 필요하다. 본문은 to부정사의 형용사적 용법을 나타내는 구문이다. e.g.) This water is good to drink. 이 물을 마시기에 적당하다. 사물 뒤에 for ~ing를 쓰면 사물의 목적, 용도를 나타낸다.

"배가 고파서 이 빵을 먹고 싶은데요." "어이구! 이 빵은 먹기에 적당치 않습니다."

11 형용사 + enough to부정사 ①

'형용사 + enough to부정사'는 '~할 만큼 …하다'의 뜻이다. 이때 enough는 부사로 형용사를 수식한다. 반면 'enough + 명사 + to부정사'는 '~하기에 충분한 …'으로 이때는 형용사이다. 본문의 경우 strong이 형용사이므로 enough to부정사는 뒤에서 수식해야 올바른 표현이 된다. ①이 정답이다.

그는 매일 6마일 정도를 산책할 만큼 체력이 좋았다.

12 to부정사의 태 ④

There 구문에서의 to부정사의 태를 묻는 문제이다. "There are letters to write(=to be written)."처럼 수동형, 능동형 모두 가능하다. 따라서 ④가 정답이다.

해야 할 일정한 양의 일이 있을지라도 그것을 하는데 소요된 시간은 다를 수 있다.

13 독립부정사 ③

독립부정사는 관용적 표현으로 문장 전체를 수식하는 부정사구이다. ③의 To be (quite) honest가 적절하며, 그 뜻은 '솔직히 말해'이다.

솔직히 말해 매일 내 골프 실력은 날이 갈수록 나빠졌고, 나빠질수록 나는 골프를 더 좋아하게 되었다.

14 to부정사의 명사적 용법(주어) ①

"Understand the situation requires ~"에서 requires는 동사이므로 앞부분이 주어 역할을 할 수 있는 어구로 변해야 한다. 일반적인 이해가 아니라 그 상황에 대한 구체적인 이해이므로 부정사를 쓴다. 즉 ①을 To understand로 고쳐야 한다.

그 상황을 이해하기 위해서는 지금까지 그가 해왔던 것보다 더 많은 생각을 해야 한다.

15 to부정사 보어 ②

'일반적 의미의 목적'이 아니라, 그 안내문(instructions)의 '구체적인 목적'이므로 부정사를 써야 한다. ②를 to make로 고친다.

그 안내문의 목적은 그 도시에 온 사람들이 도시 주변의 길을 쉽게 찾을 수 있게 하는 것이다.

16 의문사 + to부정사 ①

know는 목적어로 to부정사를 취하지 않는다. '의문사 + to부정사'를 취한다. 따라서 ①의 to deal을 how to deal로 한다.

그의 조언자가 없어졌을 때 그는 그 문제를 어떻게 대처해야 할지 몰랐다.

17 동격의 부정사 ④

의미상 '의지'가 포함된 경우 동사 decision, attempt, proposal, program, plan, resolution, effort 등은 to부정사를 동격으로 취한다. 반면 of ~ing을 동격으로 취하는 명사는 '사고, 판단'의 뜻을 지닌 명사로서 idea, hope, possibility, responsibility 등이 있다. 따라서 ④를 to restore로 고친다.

파리는 역사적인 건물을 복구하려는 계획을 최근에 추진하고 있는 도시들 중의 하나이다.

18 too ~ to 부정사 ②

'too ~ to + 동사원형'은 '너무 ~해서 …하지 못하다'는 뜻이다. ②에서 please는 동사이다. 동사가 전치사의 목적어가 될 수 없다. to please로 고쳐야 올바른 표현이 된다.

그 상원의원의 의사록은 선거구민들을 만족시키기에는 지나치게 진보적이었다. 더군다나 선거구민들은 그의 동반입후보자 선택을 좋아하지 않았다.

19 difficult + to부정사 ④

주어인 관계대명사 that은 '사물'이며, 형용사 difficult를 수식하기 위해서는 ④는 부정사 to imitate가 되어야 올바른 표현이 된다.

우리의 조상들은 오늘날에도 모방하기 어려운 기술들을 이용하여 훌륭한 수공예품을 만들었다.

20 부정사의 의미상의 주어 ③

부정사의 의미상 주어는 대개 'for 목적격'을 쓴다. 그러나 사람의 성질을 나타내는 형용사가 보어일 경우에는 'of 목적격'을 쓴다. eager는 '간절히 바라는'이라는 뜻으로, 사람의 성질을 나타내는 형용사(kind, foolish 등)가 아니므로 ③의 of me를 for me로 고쳐야 한다.

내가 10년 동안 알고 지내온 그 매니저는 내가 자기 회사를 위해 일해주기를 간절히 바라고 있다.

07 Review Test (동명사)

| 01 ② | 02 ③ | 03 ① | 04 ① | 05 ③ | 06 ② | 07 ③ | 08 ③ | 09 ④ | 10 ④ |
| 11 ① | 12 ① | 13 ② | 14 ③ | 15 ① | 16 ④ | 17 ① | 18 ④ | 19 ④ | 20 ③ |

01 be used[accustomed] to ~ing ②

①의 be accustomed to ~ing, ③의 be in the habit of ~ing, ④의 be used to ~ing는 '~에 익숙해지다, ~이 습관이 되다'는 뜻이다. 그러나 ②의 'used to + 동사원형'은 '과거의 습관'을 나타낸다.

그는 아침 일찍 일어나는 습관이 있다.

02 동명사를 목적어로 취하는 동사 ③

avoid는 동명사를 목적어로 취한다.

그녀는 실수를 하지 않기 위해서 항상 최선을 다한다.

03 동명사를 목적어로 취하는 동사 ①

타동사 consider는 'that절/의문사절/~ing 등'을 목적어로 취한다. '~을 검토하다, 생각하다'는 뜻이다. e.g.) I consider that he ought to help me. 나는 그가 나를 도와주어야 한다고 생각하고 있다. e.g.) I considered what to do there. 나는 거기서 무엇을 할 것인지를 생각했다. e.g.) I am considering going to London. 나는 런던에 가는 것을 고민 중이다. 따라서 ①의 moving이 답이다.

"스미스씨 가족들은 어디서 살게 될까요?" "시카고로 이사 가는 것을 검토하고 있나 봐요."

04 전치사의 목적어 ①

전치사 about의 목적어가 있고 목적어 역할을 할 수 있는 you가 있으므로 빈칸에는 동명사인 ①의 phoning이 적당하다.

"왜 저에게 회의가 열린다는 사실을 알려주지 않았나요?" "죄송합니다. 당신에게 전화하는 것을 잊어버렸습니다."

05 능동형으로 수동의 의미를 지니는 need + ~ing ③

사물이 주어일 때 타동사 need가 동명사를 목적어로 취하면 수동의 의미를 지닌다. e.g.) The house needs painting/to be painted.

"내가 뭘 해 주기를 기대하니?" "울타리에 페인트칠해야겠어."

06 동명사가 쓰인 관용적 표현 ②

go ~ing은 관용적으로 '~하러 가다'는 뜻으로 쓰인다. e.g.) go climbing 등산 가다 go fishing 낚시를 가다 go skiing 스키를 타러가다 go hunting 사냥을 하러 가다 go shopping 쇼핑하러 가다 따라서 동명사가 쓰여야 한다. ②가 정답이다.

내일 등산 갈 예정이야.

07 regret to부정사/ 동명사의 차이 ③

타동사 regret은 'to부정사'를 목적어로 취하면 '미래의 일'을, 반면 '동명사 ~ing'을 취하면 '과거의 일'을 나타낸다. 완료시제가 쓰인 점으로 미루어 '과거의 일'임을 유추할 수 있다. 따라서 빈칸에 가장 적절한 표현은 ③이다.

나는 지금까지 결코 당신에게 질문한 것을 후회한 적이 없다.

08 동명사를 목적어로 취하는 동사 ③

타동사 practice가 준동사를 목적어로 취할 때에는 '동명사'를 취한다. ③이 정답이다.

너는 하루에 30분 영어로 말하는 것을 연습하는 편이 낫다.

09 동명사를 목적어로 취하는 동사 ④

타동사 deny는 '~을 부인하다, 부정하다; 거절하다'는 뜻으로 '명사/that절/~ing'을 목적어로 취한다. 따라서 보기 중 ④가 빈칸에 적절한 표현이다.

심문을 받았을 때 그 남자는 그 여자를 총으로 쏜 사실을 부인했다.

10 동명사를 목적어로 취하는 동사 ④

타동사 favor는 '명사 상당어구'를 목적어로 취한다. ④의 building이 적절하다.

많은 사람들이 더 많은 핵(核) 발전 시설을 건설하는 데 우호적이다.

11 동사 앞의 전치사 생략 be busy (in) ~ing   ①

be busy (in) ~ing ~하느라 바쁘다

미리엄(Miriam)은 곧 떠날 여행 준비를 하느라 매우 바빴기 때문에 어젯밤 영화를 보러 가지 못했다.

12 be opposed to ~ing   ①

be opposed to ~ing은 '~에 반대하다'는 뜻이다. 이때 to가 전치사임에 유의해야 한다. 따라서 빈칸에는 동명사구인 ①이 쓰여야 올바른 표현이 된다.

우리는 그가 없이 파티를 여는 것에 반대한다.

13 동명사의 의미상의 주어   ②

동명사의 의미상의 주어는 소유격을 쓴다. objection 뒤의 전치사는 to 또는 against를 쓴다. 따라서 ②를 to[against] Tom's joining the party로 고쳐야 올바른 표현이 된다.

만약 탐이 우리 계획에 기꺼이 동참할 의사가 있다면 그가 파티에 참석하는 것에 대해 이의가 없다.

14 동명사를 목적어로 취하는 동사   ③

타동사 enjoy는 동명사를 목적어로 취한다. ③을 looking at the flowers로 고쳐야 하며, 뒤에 이어지는 walking과도 병치 구조를 이룬다.

제니는 꽃을 보면서 공원을 걷는 것을 즐겨왔다.

15 동명사의 의미상의 주어   ①

전화를 건 것은 Tom이며, 동명사의 의미상의 주어는 소유격으로 쓴다. ①을 Tom's calling이 되어야 옳은 표현이 된다.

탐의 전화가 마리를 화나게 했기 때문에 그녀는 전화를 끊었다.

16 동명사의 용법   ④

④ 뒤에 the meaning이라는 목적어가 있기 때문에, the definings 형태로 두면 the definings와 the meaning, 즉 두 개의 명사가 겹쳐 문장 구조가 맞지 않는다. 따라서 ④의 the definings에서 the와 s를 제거해 defining으로 고치면, 동명사 형태가 되어 the meaning을 목적어로 취할 수 있어 문장이 성립된다.

사전은 단어들의 의미에 대한 정의를 내리는 도구로서 주요 기능을 한다.

17 동명사의 용법   ①

동명사의 잘못된 사용을 묻는 문제이다. emphasize는 '~을 강조하다'는 뜻의 타동사인데 다음에 목적어가 없으므로 동명사로 쓸 수 없고 명사 emphasis를 써야 한다.

연설에서 강조는 음성을 잘 활용함으로써 가능하다.

18 동명사를 목적어로 취하는 동사   ④

타동사 finish는 동명사를 목적어로 취하므로 ④는 speaking이 되어야 한다.

나는 그녀에게 그녀가 말하는 것을 마칠 때까지 어떤 것도 말하지 않겠다고 약속했다.

19 동명사를 목적어로 취하는 동사   ④

④가 틀렸다. 타동사 consider는 동명사를 목적어로 취하므로 to buy는 buying으로 바꿔야 한다.

① 밤새 울부짖는 고양이는 잭의 고양이다. ② 나의 형들인 존과 폴은 뒷자리에 앉아 언쟁했다. ③ 식품점은 오른쪽에 있고, 약국은 왼편에 있다. ④ 그녀는 혼자 힘으로 새 재킷을 사기로 마음먹었다.

20 부정어 + without ~ing   ③

'~하면 반드시 …하다'의 구문은 '부정어 + without ~ing' 혹은 '부정어 + but + S + V'이다. ③이 우리말을 올바르게 영작한 것이다. ① Nobody can이 되어야 한다. ②의 경우 뒤에 not을 삭제해야 한다. ④ 의미가 다른 문장이다. "아무도 그의 시를 읽지 않고는 감동받을 수 없다."

08 Review Test (분사)

| 01 ④ | 02 ③ | 03 ① | 04 ③ | 05 ① | 06 ③ | 07 ① | 08 ④ | 09 ③ | 10 ④ |
| 11 ③ | 12 ① | 13 ① | 14 ③ | 15 ① | 16 ④ | 17 ① | 18 ④ | 19 ② | 20 ③ |

01 독립분사구문 ④

If weather permits가 분사구문화 된 것이다. ①, ②, ③은 동사로 절이 되어, 주절에 연결되려면 문두에 접속사가 있어야 한다. weather는 주절의 주어와 다른 분사구문의 의미상의 주어이다. ④가 정답이다.

날씨만 허락하면 소풍은 예정대로 진행될 것이다.

02 감정동사의 현재분사와 과거분사의 구분 ③

'이야기(stories)'가 사람인 '나(I)'를 소름끼치게 하는 것이므로 ③의 frightening이 적절하다. cf.) He was frightened at the news.

"왜 너는 어젯밤 잠을 잘 수 없었니?" "나는 잠들기 전에 소름끼치는 소설을 읽었어."

03 분사구문의 주어와 주절의 주어의 일치 ①

upon/on ~ing은 '~하자마자 곧, 바로'의 뜻이다. Upon returning from class,~ → As soon as he returned from class, ~ → The moment he returned from class, ~ 따라서 동사 return의 의미상 주어는 '사람'이므로 주절의 주어 역시 사람이 되어야 한다. 즉 he가 주절의 주어로 와야 한다. ①이 정답이다.

그가 학교에서 돌아오자마자 우편함에서 편지를 발견했다.

04 주어와 동사 사이에 분사 삽입 ③

삽입구에는 완전한 문장을 사용할 수 없다. 이 문장에서는 분사구문이 삽입구로 쓰였으며, 분사구문의 의미상의 주어는 주절의 주어인 the doctor와 동일하므로 생략이 가능하다. ③의 realizing his mistake는 원래 because he realized his mistake를 간결하게 축약한 형태이다.

그 의사는 자신의 실수를 깨달았기 때문에 사과했다.

05 현재분사와 과거분사의 구별 ①

'전집'이란 표현은 말 그대로 '수집된, 모아놓은 작품'이므로 수동적인 의미를 띄어야 한다. ①이 정답이다. * 전집: collected works = the works (which are) collected

"너는 생일날 무엇을 가지고 싶니?" "서머셋 모엄(Somerset Maugham)의 전집을 가지고 싶어."

06 분사구문 삽입구 ③

'양보(although)'의 의미로 사용된 분사구문 삽입구, 분사의 의미상 주어가 주절의 주어와 일치하므로 생략 가능하다. ③이 정답이다.

토머스 에디슨은 영사기의 원리를 개발하였지만, 그 아이디어를 실용화시키지는 못하였다.

07 분사구문의 용법 ①

The pen이 주어이며, 본동사는 belongs이다. 빈칸 이하 on the table은 주어를 수식하는 구의 형태가 되어야 한다. ②는 which is가 되어야 하며, ③은 is 동사가 올 수 없으며, ④의 set은 '~을 갖다 놓다'는 타동사이므로 목적어가 필요하다. 혹은 which is set이면 가능하다. 따라서 자동사 lie의 분사형인 ①의 lying이 가장 적절하다.

테이블 위에 있는 펜은 내 것이다.

08 분사구문의 주어와 주절의 주어의 일치 ④

분사구문의 주어가 생략되었다는 것은 주절의 주어와 같다는 전제에서이다. sit의 주체는 '사람'이므로 주절의 주어 역시 '사람'이 되어야 한다. ④만이 '사람'을 주어로 하고 있다.

앤(Ann)은 자신의 방에 혼자 앉아 있다가, 시를 쓰기로 결심했다.

09 현재분사와 과거분사의 구별 ③

'the food(음식)'가 우리를 실망시키는 것'이므로 능동의 의미인 현재분사가 쓰여야 옳은 표현이 된다. The food disappointed me. = I was disappointed at the food. ③이 정답이다.

"그 식당을 좋아했었니?" "아니 전혀, 음식이 실망스러웠어."

10 감정동사의 한정적 용법 ④

분사구문에 접속사 when이 남아 있다. 앞부분은 "When (he was) in the army"의 줄인 꼴이다. 주절에서 주어인 he가 '사람'이며, 동사 feel은 2형식 동사로 형용사를 보어로 취한다. ④가 가장 적절한 표현이다.

그가 군대에 있었을 때 그는 실망과 불만족스러움을 느꼈다.

11 분사구문의 주어와 주절의 주어의 일치   ③

분사 Returning 앞에 별도의 의미상의 주어를 밝히지 않았으므로 동사 return의 주체는 '사람'이다. 주절 역시 '사람'으로 시작되어야 한다. 그런 점에서 ①, ②, ④는 쓰일 수 없다. 따라서 ③이 가장 적절한 형태의 주절이다.

방으로 돌아왔을 때 나는 그 책을 잃어버린 것을 알았다.

12 분사구문의 태   ①

뒤에 이어지는 문장이 주절이므로 앞부분은 종속절 혹은 구의 형태가 되어야 한다. 우선 ④는 Since나 Because 같은 접속사 앞에 있어야 한다. ②의 경우 동사 find의 주체는 '사람'이므로 올바른 분사구문이 되기 위해서는 의미상의 주어를 밝혀야 한다. ③ 역시 to find의 주체는 '사람'이어야 하므로 쓰일 수 없다. 따라서 ①이 정답이다. 즉 주절의 주어가 '소나무'이므로 '발견되다'는 수동의 의미로 과거분사로서 분사구문이 되어야 한다.

(조지아) 주의 모든 지역에서 발견되므로, 소나무는 조지아주에서 가장 흔한 나무이다.

13 현재분사와 과거분사의 구별   ①

과거분사 혹은 형용사로 쓰이는 boiled는 '끓은, 삶은'의 뜻이다. 그대로 두면 '끓은 점, 삶은 점'이 되어 문맥상 어색하다. 따라서 '비등점, 끓는 점'이 되어야 하므로 ①의 boiled는 현재분사 boiling이 되어야 한다.

어떤 액체의 비등점은 주변에 있는 기체의 압력에 의해 결정된다.

14 분사구문의 용법   ③

주절의 주어가 his cap이므로 분사구문 형태인 while 이하의 주어인 he를 생략할 수 없다. 접속사 while은 주로 진행형을 수반하므로 ③의 walking을 he walked로 고치기보다는 진행 표현인 he was walking으로 고친다.

그가 대로를 걸어 내려오는 동안 그의 모자가 바람에 날려갔다.

15 현재분사와 과거분사의 구별   ①

문장의 동사가 was이므로 ①은 an old man을 수식하는 현재분사여야 하므로 ①을 working으로 고친다.

저녁에 역에서 일하고 있던 한 노인이 우연히 어떤 승객이 던진 병에 맞아 다쳤다.

16 현재분사와 과거분사의 구별   ④

specialize는 '~을 전문화하다'는 의미의 타동사이다. branches는 '분야'로 이를 전문화할 수 없으므로 수동의 의미인 과거분사가 와야 한다. ④를 specialized로 고쳐야 옳은 표현이다.

지리학은 특히 전문화된 분야에 있어서 기본이 되는 정보를 얻기 위해서는 다른 지식 분야에 상당히 의존하고 있다.

17 분사구문의 용법   ①

주절과 분사구문의 의미상 주어가 일치하므로 ①의 to enter를 분사 entering으로 고쳐야 한다. 참고로 접속사 before, after는 분사구문에서 대개 생략하지 않는다.

대부분의 미국 어린이들은 1학년에 입학하기 전에 유치원에 다닌다.

18 현재분사의 용법   ④

job은 '사물'이므로 이를 수식하는 것은 현재분사이다. ④를 satisfying으로 고쳐야 올바른 표현이 된다.

잘 계획된 이력서는 만족스러운 직업을 얻기 위한 첫 단계이다.

19 현재분사와 과거분사의 구별   ②

interest는 '~에게 흥미를 주다'는 뜻의 감정동사이다. 그런데 본문의 경우 분사인 ②의 interesting이 사람인 a reformer를 수식하고 있으므로 과거분사 interested가 되어야 한다.

하이어워사(Hiawatha)는 인디언 이로쿼이족(Iroquois) 내에서의 전쟁을 종식시키고, 평화를 증진시키는 데 관심을 가졌던 개혁가였다.

20 분사구문의 용법   ③

①의 경우 두 문장의 주어가 일치하지 않으므로 Walking → While I was walking으로, ②는 두 개의 절이 접속사 없이 나열되어 있다. ④의 경우 look/sound/feel/taste/smell과 같은 감각동사는 능동태로 주어의 상태를 나타낸다. were looked → looked로 고친다. e.g.) The situation looked serious. 따라서 문법적으로 옳은 문장은 ③이다.

시장을 돌아다니다가, 나는 사과가 맛있어 보이는 것을 발견했다.

09 Review Test (접속사)

| 01 ① | 02 ② | 03 ④ | 04 ④ | 05 ④ | 06 ③ | 07 ④ | 08 ② | 09 ② | 10 ③ |
| 11 ① | 12 ③ | 13 ① | 14 ④ | 15 ④ | 16 ③ | 17 ① | 18 ④ | 19 ④ | 20 ① |

01 이유의 접속사 ①
두 개의 절이 이어지고 있다. 모두 접속사로 쓰이지만, 문맥에 합당한 접속사는 '이유'를 나타내는 because이다.

나는 존 웨인(John Wayne)이라는 배우가 보고 싶었기 때문에 영화를 보러 갔다.

02 not A but B ②
was not 이하를 살펴보면 that절이 있고, 또 빈칸 뒤에 절이 이어지고 있다. 두 개의 절이 not과 상관적으로 쓰이는 but에 의해 연결됨을 알 수 있다. 흔히 이때 앞의 that은 생략하지 못하고 뒤에 that은 생략된다. not A but B 'A가 아니고 B이다'이다.

나를 아주 놀라게 했던 것은 그가 여기에 혼자 왔다는 것이 아니라 적어도 그가 왔다는 사실이다.

03 and에 의한 절의 병치 ④
앞부분이 이미 완전한 절의 형태를 갖추고 있고 빈칸 이하에 명사구가 있는 점으로 미루어 빈칸에는 전치사 혹은 접속사를 포함한 어구가 쓰여야 한다. 따라서 정답은 ④이다.

화학은 물질을 다루는 과학이며, 물리학은 에너지와 관련된 과학이다.

04 등위접속사 or ④
concrete는 형용사로 쓰이면 '구체적인'의 뜻이고, 명사로 쓰이면 '콘크리트'이다. 전치사 with와 빈칸 뒤의 명사 '아스팔트(asphalt)'로 미루어 명사로 쓰였다. 두 개의 명사가 전치사 with에 연결되어야 한다. ④가 등위접속사이다.

도시에서는 대부분의 지면이 콘크리트나 아스팔트로 덮여있다.

05 등위상관접속사 both A and B ④
등위상관접속사는 동일한 문장성분을 연결한다. 즉 절과 절, 구 와 구, 혹은 본문처럼 형용사와 형용사가 쓰여야 한다. both A and B = B as well as A이다. 본문의 경우 등위상관접속사 both로 미루어 빈칸에는 and가 쓰여야 하는데, 앞에 is의 주격보어 형용사 creative가 있으므로 ④의 and intelligent가 쓰여야 한다.

제임스 존스 교수는 창조적이면서 지적인 면이 있다.

06 원인, 이유의 부사절 now that ③
뒤에 완전한 형태의 주절이 이어지고 있으므로 앞부분은 종속절 혹은 수식어구가 되어야 한다. now that이나 in that은 모두 since, because의 의미를 지니나, in that은 주로 문장 중간에 쓰인다. 접속사 since, for를 사용하려면 빈칸 다음에 that이 없어야 한다.

기름이 부족하기 때문에 자동차의 운명은 불확실하다.

07 이유의 접속사 for ④
뒤 문장은 앞에 한 진술에 대한 이유를 밝히는 내용이다. 따라서 ④의 for가 가장 적절하다. 본문의 구조를 살펴보면, The power[(which) language bestows] is almost inestimable, for (without it) anything[(that's) properly called "thought"] is impossible이다.

언어가 주는 힘은 거의 헤아릴 수가 없다. 왜냐하면 그것 없이는 사상이라고 불리는 어떤 것도 불가능하기 때문이다.

08 접속사 nor ②
빈칸 뒤에 도치된 문장이 있다는 것이 문제 해결의 단서이다. 도치문이 되기 위해서는 부정어가 쓰여야 하므로 ②의 nor가 정답이다. 참고로 '부정어…, nor ~'은 '…이 아니며, 또한 ~도 아니다'는 뜻이다. ④의 but이 쓰이면 not A but B의 구문이 되나 의미가 어색하며, but 다음이 도치될 이유가 없다.

모든 기술이 과학에 기초를 두고 있는 것은 아니며, 또한 과학이 모든 기술에 필요한 것도 아니다.

09 주어 the reason의 보어 that절 ②
이유를 설명할 때 it을 주어로 하면 It is because ~처럼 문장이 되나 the reason을 주어로 하면 The reason is that ~이어야 한다.

내가 가려고 하는 이유는 만약 내가 가지 않으면 그녀가 실망할 것이기 때문이다.

10 간접의문문의 어순 ③
where 이하는 타동사 remember의 목적어이므로 간접의문문이다. 절 속에서는 주어, 동사의 어순이다. ③의 I put이 정답이다.

내가 내 시계를 어디에다 두었는지 너는 기억하니?

11 결과의 부사절 so that ①

두 개의 절이 있으므로 이를 연결할 접속사가 필요하다. 뒤에 may의 과거형 might가 있고 앞 문장의 내용은 뒤 문장의 '이유'에 해당하므로 '목적'을 나타내는 ①의 so that이 쓰여야 의미가 가장 자연스러워진다.

나의 아버지는 가족들이 안락하게 살게 하려고 열심히 일하셨다.

12 접속사 whether ③

타동사 ask의 목적어절은 whether나 의문사로 시작되는 간접의문문이다. 그런데 ②의 '시간' 접속사 when은 before five o'clock과 중복되고, ④는 '이곳으로'라는 뜻이 이미 문장 속에 함축되어 있으므로 모순된다. ③이 정답이다.

우리는 국장이 다섯 시 전에 돌아올지 비서에게 물어보았다.

13 등위상관접속사의 용법 ①

be good for는 '~에 좋다'는 뜻이며, both는 등위상관접속사로 and와 함께 쓰인다. 또 both A and B에서 A, B는 동일한 형태이어야 병치 관계가 성립된다. 즉 명사와 명사, 구와 구, 절과 절이 쓰여야 병치구조를 이룬다. 따라서 빈칸에 가장 적절한 표현은 ①이다.

체력 단련은 몸과 마음에 모두 좋다.

14 so ~ that ④

뒤에 이어지는 that절로 미루어 so가 포함된 어구를 골라야 '결과'를 표시하는 구문이 된다. 그런데 완전자동사 die로 미루어 부사가 필요할 것처럼 생각되지만, poor는 상태를 나타내는 말이지 '방법이나 양태'를 나타낼 수 없다. 따라서 준보어 역할을 하는 형용사가 필요하다. 문법적으로 준보어란 변화를 나타내는 자동사 다음에 쓰여서 주어의 상태를 나타내는 말이다.
e.g.) He died young/rich/a beggar. '그는 젊어서/부자로/거지로 죽었다.' ④가 정답이다.

그는 너무나도 가난해서 그가 죽었을 때는 친구들이 장례비를 지불해야 했다.

15 Hardly + had + S + p.p. ~ when + S + V(과거시제) ④

when절이 과거시제이고 hardly가 있는 주절이 과거완료면 as soon as의 의미인데, hardly가 문두로 나가면 주어와 동사가 도치된다.

그들이 집에 도착하자마자 폭우가 시작되었다.

16 명사절을 이끄는 접속사 that ③

보어로 쓰인 형용사가 명사절을 이끄는 that을 취하는 경우도 있다. 그런 형용사를 살펴보면 afraid, aware, sure, certain, assured, convinced 등이 있다. 반면 명사절을 이끄는 접속사 if는 don't know, doubt, wonder 등의 '의심'의 나타내는 동사의 목적어로만 쓰인다. 따라서 ③의 if를 that으로 고쳐야 올바른 표현이 된다. 참고로 타동사 lend는 '빌리다, 빌려주다, 대여하다'의 뜻으로 두 개의 목적어를 취할 수 있다. fearful은 of, to부정사, that절을 목적어로 취할 수 있다.

제리는 네가 책을 돌려주는 것을 잊어버릴까 염려되어 너에게 책을 빌려주지 않을 것이다.

17 이유의 접속사 because ①

due to는 전치사구로 '~때문에'의 뜻이다. because of와 동일하다. 따라서 뒤에 명사 상당어구가 쓰여야 한다. 그런데 본문의 경우 절인 he was ill이 쓰였으므로 ①을 Because로 바꿔야 올바른 표현이 된다.

그가 아팠기 때문에 이번 주 수업 중 적어도 2시간은 빼먹었다.

18 either A or B ④

either의 짝은 or이다. ④를 or로 고친다.

보석은 귀한 금속이나 보석들을 하나씩 또는 서로 결합해서 만드는 장식물이다.

19 주어 the reason의 보어 that절 ④

most부터 nationalism까지가 관계절로 the reason을 수식한다. the reason이 주어일 때 보어절은 that절이다. ④를 that으로 고친다.

대부분의 미국인들이 아프리카 민족주의에 그다지 관심을 기울이지 않는 이유는 그들이 사실 현대 아프리카를 모른다는 것이다.

20 정비문(명사절을 이끄는 종속접속사의 용법) ①

① if가 이끄는 절은 주어, 보어, 전치사의 목적어가 될 수 없다. 따라서 주어가 될 수 있는 whether로 고쳐야 한다.

① 그녀가 그 선물을 좋아하는지 어떤지 분명하지 않다. ② 그는 나에게 그녀의 전화번호를 아는지 물어보았다. ③ 그가 범죄 현장에 있었던 것이 분명하다. ④ 그가 제때 올지는 의문이다.

10 Review Test (관계사)

01 ③　02 ③　03 ②　04 ①　05 ②　06 ③　07 ④　08 ③　09 ②　10 ④
11 ④　12 ②　13 ③　14 ②　15 ②　16 ②　17 ③　18 ④　19 ②　20 ②

01 계속적 용법의 관계대명사　③

두 절을 연결하는 동시에 동사 annoyed의 주어 역할을 하는 관계대명사의 주격이 와야 한다. 그런데 의미상 '불쾌하게 했다'는 내용이 주어가 되어야 하므로 앞문장의 전체 혹은 일부를 선행사로 하는 which가 쓰여야 한다. which는 that이나 who와 달리 앞 문장의 전부나 일부를 선행사로 받을 수 있다. e.g.) Johnson is a hypocrite, which I don't want to become.

그는 30분 늦게 도착했다. 그것이 우리를 매우 불쾌하게 하였다.

02 복합관계대명사 whoever　③

먼저 answers가 명사인지 동사인지를 가려야 한다. 목적어 the phone이 이어지고 있으므로 '동사'이다. 동사라면 주어가 있어야 한다. 그런 점에서 ①, ②는 제외된다. 또 앞 문장의 동사 speak to와 관련지어 볼 때 빈칸에는 ③의 whoever(= any one who)가 적절하다. whichever는 '사물'에 쓰인다.

나는 전화에 응대하는 사람이면 누구와도 대화하고 싶다.

03 삽입절과 관계대명사의 격　②

두 절을 이어주기 위해서는 접속사가 필요하지만, I believe 뒤에 동사 is가 나온 점으로 미루어 I believe는 삽입구이다. is greater의 주어가 되기 위해서는 주격 관계대명사가 쓰여야 하는데 poet이 사람이므로 ②의 who가 정답이다.

이것은 내가 생각하기에 키츠(Keats)보다 더 위대한 시인의 시(詩)이다.

04 유사관계대명사 as　①

두 개의 절이 있다. 명령문 Choose such friends와 빈칸 이하는 주어가 없는 문장이다. 따라서 두 문장을 연결하고 동사 will benefit의 주어 역할을 할 수 있는, 즉 대명사와 접속사 역할을 겸하는 주격 관계대명사가 필요하다. 앞에 such가 있으므로 상관적으로 쓰이는 as가 쓰여야 한다. 이때 as는 유사관계대명사이다. e.g.) Avoid such men as will do you harm. This is the same knife as I have.(동일한 종류) cf.) This is the same knife that I have.(동일물)

당신에게 도움이 될 만한 친구를 선택하세요.

05 관계대명사 & 복합관계대명사　②

선행사로 the only man만 있으므로 보기를 잘 검토해야 한다. I think는 삽입구이므로 제거한 뒤 '관계대명사 will knock out 복합관계대명사 he fights~'를 놓고 검토해 보자. 먼저 앞의 관계대명사는 will의 주어가 되어야 하므로 주격이 되어야 한다. 뒤의 복합관계대명사는 동사 fights의 목적어 역할을 해야 하므로 목적격 whomever가 되어야 한다. ②가 가장 적절하다.

내 생각에 그가 싸우는 누구라도 때려눕힐 유일한 사람은 로이(Roy)이다.

06 주격관계대명사　③

William Walker's mural이 주어이며, 동사는 deals with이다. "Wall of Respect"는 주어를 수식하는 동격의 명사이다. 따라서 빈칸 이하는 주어 혹은 "Wall of Respect"를 수식하는 독립된 형태가 되어야 한다. 빈칸이 독립적인 절이 되기 위해서는 '주어와 동사'가 필요하다. ①, ②가 쓰이면 하나의 주어에 동사가 둘이 되어 적절치 못하다. ④가 쓰이면 which it covers an outdoor wall in Chicago가 되는데, 목적어가 둘이 되어 역시 부적절하다. 따라서 정답은 ③이 된다.

시카고에서 외벽을 덮고 있는 윌리엄 워커(William Walker)의 벽화인 "Wall of Respect"는 사회적인 문제를 다루고 있다.

07 목적격 관계대명사의 생략　④

타동사 stain의 목적어가 필요하며, 뒤의 절 it touches에서 동사 touch 역시 목적어가 필요하다. 그런데 ③의 them은 무엇을 가리키는지 알 수 없다. 따라서 ④의 everything이 쓰여야 한다. everything it touches 사이에는 목적격 관계대명사 that이 생략되었다.

질산은(silver nitrate)은 그것이 닿는 모든 것을 얼룩지게 한다.

08 복합관계대명사의 격　③

빈칸 뒤에 동사 restore의 주어가 필요하며, '상을 주는' 대상이 없으므로 복합관계대명사가 쓰여야 한다. "~ to anyone who should restore her lost car."가 되어야 하므로 ③의 whoever should가 정답이다. 복합관계대명사의 격은 관계절 내에서의 역할에 따라 결정되며, 주절의 동사나 전치사는 복합관계대명사의 격에 영향을 주지 못한다.

그 부유한 부인은 그녀가 분실한 자동차를 되돌려준 사람이면 누구든지 보답하겠다고 제안했다.

09 유사관계대명사 but　②

There is 구문만 있으므로 빈칸에는 주어 역할을 할 명사가 필요하다. 우선 ③은 부정어가 중복되었으므로 제외된다. ④도 한 문장에 동사가 둘이 되어 제외된다. ①, ②의 no man이 주어 역할을 할 수 있지만, ①의 경우 but도 관계대명사로 쓰일 수 있으므로 관계사가 둘이 되는 꼴이 되어 부적하다. ②가 정답이다. 주절에 부정어가 있을 때는 that ~ not의 뜻인 유사관계대명사 but을 쓴다.

그 소식을 듣고 놀라지 않을 사람은 하나도 없다.

10 유사관계대명사 than　④

빈칸 이하에 술부가 이어지고 있으므로 빈칸에는 주어 역할을 할 수 있는 명사 상당어구가 쓰여야 한다. ①은 much better than이 되어야 하며, ②는 비교급 more와 better가 중복된 표현이며, 그리고 ③은 비교급이 있으므로 다음에 than이 와야 한다. 따라서 ④가 정답이 되는데, much는 비교급·최상급 수식 부사이고 than은 주격 유사관계대명사이다. 즉, he performed well을 비교급으로 he performed much better로 만든 것이다.

그가 자신에게 기대되던 것보다 훨씬 더 많은 것을 수행했기 때문에 그는 진정으로 그 상을 받을 자격이 있었다.

11 관계부사 when　④

뒤에 완전한 형태의 주절이 있으므로 빈칸에는 종속절이 되어야 한다. 그런 점에서 ①, ③은 접속사가 없어 부적하다. ②의 경우 종속절의 요건을 갖추었지만, 관계부사 다음에는 정상적인 어순이 되어야 하므로 역시 적절치 못한 표현이다. 따라서 ④가 정답이다.

1860년 포니 익스프레스가 출범했을 때 새크라멘토는 서쪽의 종점이 되었다.

12 관계부사 how　②

선행사 the way가 나오면 관계부사 how는 쓰지 못하고 반드시 생략한다. 이 문장에서는 the way와 관계절이 합하여 하나의 부사절 역할을 하다 the way 앞에 in이 생략된 것으로 볼 수 있다. 결과적으로 the way가 절을 이끄는 접속사 역할을 한다. 'the way (that) 절'은 '~으로 판단하건대'의 뜻이다.

"그 나라의 경제 전망에 관해 어떻게 생각하십니까?" "내가 보는 바로 판단하건대 전망이 아주 좋지 않습니다."

13 복합관계대명사의 격　③

목적격 whomever는 is의 주어가 될 수 없다. 따라서 ③은 whoever가 되어야 한다.

현명하고 경험 있는 집행관은 누구든지 최고의 자격을 갖추고 있는 사람에게 일을 맡길 것이다.

14 유사관계대명사 than　②

비교급 fewer가 있으므로 이와 상관관계가 있는 어구가 쓰여야 한다. ②의 as는 than이 되어야 적절한 표현이 된다.

작년 그 나라는 에너지 위기 때문에 바로 전년도에 (수입) 했던 것보다 더 적게 수입했다.

15 복합관계부사　②

관계부사 where의 역할에 문제가 있다. 문맥상 anyplace where ~의 뜻을 가진 부사절이 와야 한다. ②를 wherever로 고쳐야 한다.

지렁이는 적당한 습기와 양분, 필요한 토양 조건이 갖춰진 곳이라면 어디든지 나타난다.

16 목적격 관계대명사　②

관계대명사절에서 동사 believe의 목적어가 없으므로 ②의 who를 목적격인 whom으로 바꿔야 한다. 이때 missing은 형용사로 '행방불명된, 실종된'의 뜻이다.

해안 순찰대는 그들이 실종된 해양 생물학자라고 믿고 있는 사람의 시체를 발견했다.

17 관계대명사의 용법　③

전치사 beyond의 목적어가 되어야 하므로 ③은 where는 관계대명사가 되어야 한다. 즉 which가 되어야 적절한 표현이 된다.

사회복지계획을 없앰으로써 인플레이션을 조절하려는 시도에는 많은 경제인들과 정치인들이 추진하는 것을 꺼리는 윤리적 한계가 있다.

18 in which + 완전한 절　④

in which 이하에서 관계대명사 which는 전치사 in의 목적어이므로 주어가 없다. 주어가 있는 형태가 되어야 하므로 in which it tends가 되어야 적절한 표현이 된디.

전통적으로 민속학자와 언어학자는 침묵에 대한 문화적 해석이나 침묵이 보통 일어나게 되는 사회적인 상황에 거의 관심을 기울이지 않았다.

19 전치사 + 관계대명사　②

the one을 살펴보면 해결의 열쇠를 찾게 될 것이다. 뒤에 이어지는 문장을 다시 쓰면 "Americans spend most time, energy, and money on the hobby."이다. 그것이 본문과 같이 된 것이다. 따라서 ②의 that을 on which로 고쳐야 올바른 표현이 된다.

미국인들이 가장 많은 시간, 에너지, 돈을 쏟는 가장 큰 취미는 정원 가꾸기이다.

20 정비문(목적격 관계대명사) ②

목적격 관계대명사절에서 목적어가 다시 나올 수 없으므로, ②는 "He is the man whom I respect most."가 되어야 한다. ① what은 선행사를 포함하는 관계대명사로, 주어 역할을 할 수 있다. ③ 유사 관계대명사 but은 부정어가 있는 선행사를 부정의 의미로 수식한다. ④ 복합관계대명사의 격은 관계절 안에서 결정되는데, like의 목적어 역할을 하므로 whomever는 올바르게 사용되었다.

① 내가 가장 싫어하는 것은 탐욕이다. ② 그는 내가 가장 존경하는 사람이다. ③ 자식을 사랑하지 않는 부모는 없다. ④ 너는 네가 좋아하는 사람이면 누구나 초대해도 좋다.

11 Review Test (명사와 관사)

| 01 ② | 02 ③ | 03 ③ | 04 ④ | 05 ② | 06 ④ | 07 ③ | 08 ② | 09 ② | 10 ① |
| 11 ④ | 12 ① | 13 ③ | 14 ③ | 15 ② | 16 ③ | 17 ② | 18 ④ | 19 ② | 20 ④ |

01 분수 + of + 한정사 + 단수명사 + 단수동사   ②

분수는 가산명사와 불가산명사에 모두 쓰인다. '분수 + of + 한정사 + 단수명사 + 단수동사', '분수 + of + 한정사 + 복수명사 + 복수동사' 분수 다음에 오는 명사에 동사를 일치시킨다.

"일은 어떻게 되어 갑니까?" "일의 2/3는 마쳤습니다."

02 kind of 다음의 명사   ③

kind(sort) of ~는 다음에 오는 명사와 수를 일치시킨다.

이런 종류의 꽃들은 그늘에 심어야 한다.

03 분화복수   ③

damage는 불가산명사이지만, 복수형 damages는 '손해배상(금)'을 뜻한다.

그 사고의 희생자는 버스 회사에 손해 배상 청구 소송을 제기했다.

04 불가산명사의 수량표시   ④

furniture는 불가산명사이므로 구체적인 수량을 나타낼 때 조수사가 필요하다. 수량이 복수(two)이므로 pieces와 같은 복수형 표현을 사용한다.

어제 나는 가구 두 점을 샀다.

05 '수사 + 명사'가 명사를 수식할 때 선행명사의 수   ②

'수사 + 명사'의 형태가 다른 명사를 수식할 때는 단수를 쓴다. e.g.) He is a thirteen-year old boy. He is thirteen years old.

여기 5달러짜리 지폐예요. 잔돈은 그냥 가지세요.

06 수량 표시 수식어   ④

보기의 대명사 it이 가리키는 것이 불가산명사 advice이므로, 가산명사에 대해서만 쓰이는 a few, many, each 등은 쓸 수 없고 any는 가산, 불가산 모두에 쓰이므로, ④가 정답이다.

"부모님께 충고를 들었어." "그 충고 중에 도움이 되는 게 있었니?"

07 불가산명사의 수량표시   ③

① a sheet는 '한 장'이라는 의미로 번개와 어울리지 않으며, ② a piece는 '조각'이라는 뜻으로 번개를 조각으로 표현하는 것이 부자연스럽다. ④ a flock은 (양·염소의) 떼 또는 (같은 유형의 사람들) 무리를 의미하므로 적절하지 않다. 반면, a flash of lightning이나 a bolt of lightning처럼 자연스럽고 문맥에 맞는 표현인 ③ a flash가 정답이다.

"그가 무엇 때문에 놀랐니?" "그는 번개 때문에 놀랐어."

08 단위를 나타낼 때 사용하는 정관사 the   ②

단위를 나타내는 말 앞에는 정관사 the를 쓴다. e.g.) by the pound, by the hour, by the month

"너는 근로자들에게 급료를 어떻게 지불했니?" "그들은 대개 시간당 급료를 받았어."

09 이중소유격   ②

이중소유격은 명사 뒤에 'of 소유대명사'의 형태로 표현된다.

그 비서는 출장 중일 때, 그녀의 친한 친구 중 한 명에게 나를 도와주도록 부탁했다.

10 불가산명사   ①

'다양한'은 a variety of로 표현하며, information은 추상명사로 s를 붙일 수 없으므로 ③과 ④는 적절하지 않다.

텔레비전은 우리에게 아주 다양한 정보를 제공해 준다.

11 분수 + of + 한정사 + 단수명사 + 단수동사   ④

'분수 + of + 한정사 + 단수명사'는 동사의 수도 단수 취급한다. ④의 were를 was로 고쳐준다.

공장과 직원들을 면밀히 조사한 후, 감독관은 이용할 수 있는 기계들 중 오직 2/3만이 효과적으로 가동되고 있다는 결론에 도달했다.

12 분화복수   ①

good이 명사로 쓰였을 때, 복수형은 '상품', 단수형은 '선, 이익'을 의미한다. 문맥상 '상품'이 적절하므로, ①은 economic goods가 되어야 한다.

경제재(財)란 종종 물질적인 것으로 구성되기도 하지만, 또한 사람들에 대한 서비스를 말하기도 한다.

13 수사 + 복수명사 ③

category는 가산명사이고 two의 수식을 받으므로 복수가 되어야 한다. ③ category를 categories로 고친다.

광고는 두 개의 주 범주로 나뉜다. 즉, 소비자 광고와 소매업 광고이다.

14 서수 앞의 정관사 the ③

서수 앞에는 정관사를 쓴다. ③을 the first로 고친다.

오늘이 당신의 나머지 인생 중 첫 번째 날이라는 것을 한시도 잊지 마세요.

15 불가산명사의 수량표시 ②

sugar는 불가산명사이다. 따라서 ②를 양을 표시하는 the amount로 바꾼다.

최근의 보고서에 따르면, 미국인이 소비하는 설탕의 양은 매년 크게 변하지 않는다고 한다.

16 관사의 용법 ③

가산명사(piece)의 단수는 반드시 관사를 필요로 한다. ③ piece of paper를 a piece of paper로 고친다.

집을 설계하려면 건축가는 단지 자, 연필, 종이와 지우개가 필요하다.

17 전치사 뒤의 명사 ②

전치사(at) 뒤에는 명사가 와야 한다. ② deep → a depth ※ 참고: 약 800km의 깊이는 여러 깊이(e.g.) 1km, 500m 등) 중 하나의 깊이이므로 a depth이며 특정한 것의 깊이는 the depth를 쓴다. e.g.) The depth of this lake is not known.

대략 800km의 깊이에서 시작되는 달의 지진은 달이 상당히 견고하고, 그 깊이에서는 용해 상태가 아님을 보여준다.

18 고유명사의 보통명사화 ④

고유명사(인명) 앞에 부정관사가 오면 '~같은 사람(발명가·천재)'의 뜻으로 쓰일 수 있다. ④를 an으로 고친다.

그가 어떤 사람이냐고 당신이 나에게 묻는다면 나는 그가 똑똑할지 모르지만, 아인슈타인 같은 천재는 아니라고 말하겠다.

19 정비문(수량 표시 수식어) ②

sugar, money, water는 불가산명사이고 women은 가산명사이므로 ② much를 many로 바꾼다.

① 나는 커피에 설탕을 많이 넣는 것을 좋아하지 않는다. ② 요즘 많은 여성들이 변호사가 되고 있다. ③ 나는 보통 월말에는 돈이 거의 없다. ④ 호수에 물이 거의 없다.

20 정비문(kind(sort) of 다음의 명사) ④

kind나 type의 단/복수와 of 다음 명사의 수는 일치되어야 하므로 ④에서 kind를 kinds로 고쳐야 한다.

① 20달러는 지불하기에 저렴한 가격이다. ② 그의 사생활에 대해서는 알려진 바가 거의 없다. ③ 요즘 이런 종류의 자동차가 유행하고 있다. ④ 이런 종류의 자동차는 운행하는 데 비용이 매우 많이 든다.

12 Review Test (대명사)

| 01 ① | 02 ② | 03 ② | 04 ③ | 05 ④ | 06 ② | 07 ② | 08 ③ | 09 ③ | 10 ① |
| 11 ④ | 12 ② | 13 ③ | 14 ③ | 15 ② | 16 ③ | 17 ④ | 18 ② | 19 ④ | 20 ④ |

01 some의 용법 ①
긍정문에는 some, 의문·부정문에는 any를 쓰지만, 부탁, 제의, 요청 등의 긍정적인 대답을 기대하는 경우에는 의문문에도 some을 쓴다.

"주문하시겠습니까, 손님?" "예, 커피를 좀 마실 수 있을까요?"

02 either/both의 용법 ②
either와 both 모두 '양쪽 다'를 가리키나, both는 복수명사를 수반한다.

그는 양쪽 편에 경찰관과 함께 차 안에 앉아 있었다.

03 부정대명사 one ②
one은 이미 나온 명사를 받는 부정대명사이다. e.g.) "I don't have a pencil. Can you lend me one?"

그녀가 연필을 원한다면 메리가 빌려줄 수 있다.

04 재귀대명사의 강조적 용법 ③
재귀대명사는 주어 뒤 또는 문미에 와서 주어를 강조하는 부사적 용법으로 쓰일 수 있다.

"그 이야기는 어디서 들었니?" "내가 이야기하고 있는 그 사람들이 내게 직접 말해줬어."

05 소유대명사 ④
소유격을 of 뒤에 써서 이중 소유격을 만들 경우, 소유대명사(theirs)를 써야 한다. e.g.) a friend of mine (○)/ my (×)

"저 소년들은 누구니?" "저 소년들은 그들의 친구들이야."

06 all but ②
논리적으로 적합한 것을 골라야 한다. ① anything but = never/not ~at all '전혀 ~아니다' ② all but = almost/nearly

언어란 잠과 마찬가지로, 실체가 아니라 하나의 과정이다. 사실상 누구나 언어를 알고 있지만, 언어 이론은 거의 정립하기 어렵다.

07 소유대명사 ②
so his family is large = so his is a large family 즉, 주격보어가 family이므로 주어는 사람이 아니라 그의 가족이다. 따라서 소유대명사 his를 주어로 쓴다.

그는 6명의 아이들이 있으니, 정말 대 가족이다.

08 재귀대명사의 용법 ③
두 번째 문장의 their로 보아서 You가 복수이다. 따라서 전치사의 목적어로 ③ yourselves가 적절하다. * be ashamed of 부끄러워하다 * blurt out 누설하다

"당신들은 스스로 부끄러워해야 해!" 나는 그들의 평이 얼마나 왜곡되어 있는지 깨닫기 시작하자 소리를 질렀다.

09 this, that의 부사적 용법 ③
① as와 비교되는 부분이 없다. ② 여기까지(멀리) = this far ③ 그렇게 멀리, that은 지시부사 ④ 형용사인 such는 부사 far를 수식할 수 없다.

"우리는 오늘 20마일을 걸었어." "나는 너희들이 그렇게 멀리 걸어갈 수 있을 것이라고는 전혀 짐작하지 못했어."

10 almost의 용법 ①
almost는 부사이지만 부정대명사인 all을 수식할 수 있다.

"난 존스가 선거에 이길 수 없을 것이라고 생각했어." "그는 확실히 졌지. 도시의 거의 모든 사람들이 그의 상대편 후보에게 투표했잖아."

11 부정대명사 none ④
no는 명사 수식, no one은 가산명사에만, none은 가산, 불가산명사 모두에 쓰인다. 그런데 money는 불가산명사여서 no money의 뜻으로 none이 빈칸에 적절하다.

내가 그에게 돈을 좀 부탁했지만, 그는 전혀 돈이 없었다.

12 every 단수 취급 ②
every, each는 단수 취급하므로 ② their는 his or her로 바꾸어야 한다.

아파트에 사는 모든 사람은 개개인이 복도를 가능한 한 청결히 하기 위해 최선을 다했다.

13　any와 either의 용법 차이　③

either는 두 개 중 하나를 가리킬 때 쓰므로 ③은 any of them으로 바꾸어야 한다.

야구, 미식축구, 축구가 모두 과외활동으로 인가되었다. 이들 중 어느 하나에서라도 코치는 시즌마다 몇백 불을 벌 수 있다.

14　대명사 most　③

mostly는 '대개, 주로'라는 뜻의 부사이므로 주어 역할을 할 수 없다. ③ mostly를 대명사 most로 고쳐 most of us가 되어야 한다.

문제에 직면하여 해결하는 것은 힘든 과정이며, 우리 대부분은 이를 피하려고 한다.

15　부정대명사 one을 사용할 수 없는 경우　②

기수 바로 다음에 부정대명사 one은 사용할 수 없으므로 ②는 ones를 삭제하여 two가 되어야 한다.

처음 세 권의 책은 수학책이고, 다음 두 권은 심리학책이며, 마지막 한 권은 미술책이다.

16　one ~, the other …　③

one ~, the other … '하나는~, 다른 하나는…' 두 개 중 이미 하나가 one으로 언급되었을 경우, 나머지는 the other를 사용한다. ③ another를 the other로 고쳐준다.

아트 테이텀(Art Tatum)은 한쪽 눈이 완전히 멀었고, 나머지 한쪽 눈은 겨우 희미하게 볼 수 있었음에도 불구하고, 국제적으로 유명한 재즈 뮤지션이 되었다.

17　almost와 most의 용법 차이　④

magazines는 명사로서 이것을 수식하는 것은 형용사여야 한다. 따라서 부사 almost를 형용사 most로 바꾼다. ④ almost magazine → most magazines 또는 almost all magazines

광고는 거의 모든 잡지들의 가장 중요한 수입원으로 여겨진다.

18　소유격 대명사의 일치　②

human organism으로 단수이므로 ②는 its여야 한다. ④는 already가 있어서 과거동사 were가 과거완료를 대신한다.

인간이라는 생물이 지금의 호모 사피엔스 단계로 발전하기 이전에도 문화가 시작된 증거는 이미 분명했다.

19　such as　④

such는 대명사 또는 형용사로도 쓰이지만, '앞에 어떤 특정한 것'을 제시하고 그 예를 들 경우에는 such as를 쓴다. alliteration, assonance가 앞의 poetic devices의 예들이므로 ④는 such as alliteration이 되어야 한다.

현대 시인들은 두운과 음운과 같은 시적 기법들을 실험해 왔다.

20　지시대명사 so의 용법　④

앞에 나온 절을 대신하는 대용어로 긍정은 so, 부정은 not을 쓴다. ④를 so로 고친다.

"당신은 당신의 모든 직원들이 항상 제시간에 직장에 나와 지시받은 대로 일한다고 생각하십니까?" "예, 그렇다고 생각합니다."

13 Review Test (형용사)

| 01 ④ | 02 ① | 03 ④ | 04 ② | 05 ① | 06 ④ | 07 ① | 08 ③ | 09 ① | 10 ② |
| 11 ② | 12 ④ | 13 ② | 14 ④ | 15 ① | 16 ② | 17 ④ | 18 ④ | 19 ① | 20 ② |

01 형용사의 어순 ④
형용사의 어순은 대소(great) 다음에 성질(worldwide)이 오는 순서이다.

당시 미국 조각가들은 예술에 세계적으로 막대한 영향력을 행사하고 있었다.

02 It is + 형용사 + that S + (should) + 동사원형 ①
important 다음의 진주어 that절에서는 동사를 '(should) + 동사원형'을 사용한다. 따라서 ① take가 정답이다.

직장을 구하는 사람은 이 사실을 고려하는 것이 중요하다.

03 형용사의 후치수식 ④
~thing으로 끝나는 낱말은 형용사가 후치 수식한다.

당신 가게에서 화려한 장식물을 사고 싶습니다.

04 전치사적 형용사 ②
worth는 전치사적 형용사로서 뒤에 목적어를 취하며, 'be worth + 명사류(~ing/명사)' 형태로 '~할 가치가 있다'는 의미를 나타낸다. 여기서 10 dollars는 하나의 금액 단위로 간주되어 단수 취급된다.

나는 이 책에 10달러를 지불해야 했다. 그것은 아마도 그럴 가치가 있는 것이다.

05 It is + 형용사 + for + O + to V ①
형용사 necessary는 "It is necessary that~"이나 "It is necessary for~ to…"의 구문으로 쓸 수 있다. that절이 올 때는 동사를 'should + 원형동사'로 쓰고 should는 생략할 수 있다. 따라서 ②는 that he (should) return이 되어야 한다.

그가 그 책을 즉시 반납해야 할 필요가 있습니까?

06 형용사의 어순 ④
authentic은 '정통의'라는 의미로 가장 앞에 위치해 Chinese food를 수식하고, Chinese는 명사형 형용사로서 food를 수식한다. 따라서 ④ authentic Chinese food가 정답이다.

"당신은 미국 식당에서 제공되는 중국 음식을 좋아합니까?" "나쁘지는 않지만, 저는 정통 중국 음식을 더 좋아합니다."

07 형용사의 용법 ①
live와 lively, alive의 형용사 용법에 유의한다. live는 '살아있는'이라는 의미로 명사 앞에서 한정적 용법으로 쓰이며, 예를 들어 a live broadcast는 '생방송'을 뜻한다. lively는 '활기찬, 생생한'의 의미로 명사 앞에서 한정적 용법으로만 사용되고, 부사로도 쓰일 수 있다. 예를 들어 a lively discussion은 '활발한 토론'을 의미한다. 반면, alive는 서술적 용법으로만 사용되며, 명사 앞에서 수식할 수 없습니다. 따라서 alive는 명사 뒤에 위치해 ① the oldest tree alive와 같은 형태로 쓰일 수 있다.

과학자들은 그것이 그들에게 많은 문제에 대해 여러 가지를 가르쳐 줄 수 있기 때문에 살아 있는 최고령 나무를 찾고 있다.

08 전치사적 형용사 ③
alike는 '서로 같은, 비슷한'의 의미의 서술 형용사로, 보어나 명사 뒤에서만 사용되며 명사 앞에서 한정적으로 사용할 수 없다. 따라서 빈칸에는 ③ look alike가 적절하다. ④ resemble은 타동사로 쓰여 목적어가 필요하다.

그림 속의 모든 아이들은 똑같아 보인다.

09 주격보어로서의 준보어 ①
빈칸에는 Barbara의 상태를 보충 설명하는 형용사가 들어가야 하므로, 정답은 ① hungry이다. 여기서 hungry는 준보어로 사용되어, 주어 Barbara가 집에 돌아왔을 때의 상태를 나타낸다.

"무슨 일이지요?" "별일 아니에요. 바버라(Barbara)가 배고픔을 달래며 집에 돌아왔어요."

10 한정적 용법과 서술적 용법에 따라 의미가 다른 형용사 ②
present는 명사 앞에서 한정적으로 사용될 때는 '현재의'의 뜻이고, 명사 뒤에서 서술적으로 쓰일 때는 '참석한'의 의미로 사용된다. 이 문장에서는 후자의 의미가 적절하므로 ②를 people present로 고친다.

그의 공연이 너무 재미있어서 참석한 사람들 대부분이 한 시간은 너무 짧다고 말했다.

11 수량형용사　②

②의 amount는 양을 표시하는 수식어구로서 불가산명사를 수식한다. 사람은 셀 수 있으므로 number를 사용하는 것이 바람직하다.

시장은 횡단보도에서 사고를 당해 다치는 사람이 많은 것에 대해 우려를 표했다.

12 형용사의 용법　④

a~로 시작되는 형용사는 서술적 용법(보어)으로 쓴다. alive가 things를 수식하는 한정적 용법으로 쓰여야 하므로, ④를 living으로 고친다.

비행은 대부분의 살아있는 존재에게는 매우 어려운 일이다.

13 용법에 유의해야 할 수량형용사　②

앞에 부정어가 쓰였으므로 '긍정'의 의미를 지닌 ②의 a few는 의미상 모순된다. 따라서 ②를 any로 고쳐야 적절한 의미가 된다.

그녀는 그 일이 시간 안에 끝나지 않는 이유에 관해서 분명히 알지 못하고 있는 것 같았다.

14 형용사의 용법　④

④ differently는 명사인 peoples를 꾸미는 형용사인 different가 되어야 한다. currency는 '통화, 화폐', people은 복수로 쓰이면 '민족, 종족'의 뜻이다.

조개껍질은 많은 지역과 여러 다른 민족들 사이에서 화폐의 역할을 하였다.

15 사람만을 주어로 하는 형용사　①

sorry는 사람만을 주어로 하는 형용사이다. ① It is를 I am 또는 We are로 고친다.

당신이 오랫동안 병을 앓고 있다는 소식을 듣게 되어 매우 유감입니다.

16 사람을 주어로 할 수 없는 형용사　②

hard는 의미상 to부정사의 주어인 사람을 주어로 하지 않는 형용사이다. ②를 it is로 고친다.

미국인들은 여러 나라에서 온 사람들의 혼합이므로 그들 모두에게 적용되는 특성을 찾기가 어렵다.

17 near와 nearby의 용법 차이　④

명사 앞에 한정적으로 쓰인 경우이므로 ④의 near를 nearby로 수정한다.

해양 오염에 관해 공부한 후, 학생들이 인근 해안에서 바다로 유입될 우려가 있는 폐플라스틱을 줍기로 자원했다.

18 서술 형용사　④

alike는 보어나 명사 뒤에서만 사용되며 명사 앞에서 한정적으로 사용될 수 없으므로 ④의 looks alike를 looks like로 수정한다.

베들링턴 테리어는 털이 부드럽고 푹신푹신하며, 머리에 있는 부드러운 털을 종종 손질해 주면 이 개의 얼굴은 양의 얼굴처럼 보인다.

19 주의해야 할 형용사 구문　①

impossible은 사람을 주어로 할 수 없는 형용사이므로, ①은 "He is unable to finish it in a day."로 바꿔야 한다. ② evident는 진주어로 that절만을 허용하는 형용사이다. ③ important는 진주어로 for ~ to부정사와 that절을 모두 허용하는 형용사이다. ④ sorry는 사람만을 주어로 하는 형용사이다.

① 그가 하루 만에 그것을 끝낼 수 없다. ② 그가 그녀를 사랑하는 것은 명백하다. ③ 그가 그 일자리에 구직 신청을 하는 것이 중요하다. ④ 나쁜 소식을 들어서 유감입니다.

20 혼동하기 쉬운 형용사　②

① 귀중한 자산이라는 의미가 되기 위해서 valueless는 invaluable이 되어야 한다. ③ 잇따른 전쟁이 의미적으로 적절하므로 successful은 successive가 되어야 한다. ④ 기발한 아이디어가 적절하므로 ingenuous는 ingenious가 되어야 한다.

① 교육을 통해 얻은 경험은 성공을 위한 아주 귀중한 자산이다. ② 아이들은 매우 민감하기 때문에 모두 사랑과 관심이 필요하다. ③ 잇따른 전쟁으로 그 나라는 혼란에 빠졌다. ④ 궁리 끝에 그는 기발한 아이디어를 생각해 냈다.

14 Review Test (부사)

| 01 ③ | 02 ② | 03 ③ | 04 ② | 05 ③ | 06 ① | 07 ④ | 08 ④ | 09 ④ | 10 ② |
| 11 ① | 12 ② | 13 ③ | 14 ① | 15 ③ | 16 ① | 17 ② | 18 ④ | 19 ④ | 20 ② |

01 -ly가 붙으면 의미가 달라지는 부사   ③
문장의 내용상 '거의 ~아니다'는 부정의 부사가 필요하다.

복도가 너무 좁아서 그 두 소년은 나란히 걸을 수가 없었다.

02 이중부정이 불가능한 부사   ②
barely, hardly, scarcely 등은 단어 자체에 부정의 의미가 포함되어 No 뒤에 쓰이며 not이 불필요하다.

"들리니?" "아니, 거의 들리지 않아."

03 부정의 의미를 지닌 부사 seldom   ③
종속절과 의미가 논리적으로 연결되려면 '드물게, 좀처럼~않다'라는 의미를 지닌 부사 seldom이 들어가야 한다.

비록 그는 호수 가까이에 살지만 거의 낚시를 하러 가지 않는다.

04 부사의 어순   ②
부사가 함께 사용될 때는 '장소 + 시간'의 순서로 배치하며, 부사구는 보통 문장 끝에 위치한다. * right away = right now

그는 자신이 곧 여기에 올 것이라고 말했다.

05 빈도부사의 위치   ③
빈도부사 always는 have와 과거분사 사이에 오고, 목적어 problems는 동사 caused 다음에 온다.

그 분지는 미시시피주에서 가장 좋은 농경지를 포함하고 있지만, 홍수와 열악한 배수 설비가 언제나 이 지역에 여러 문제를 야기시켜 왔다.

06 부사 still의 위치   ①
still은 부정문에서 조동사 앞에 쓰인다.

그들은 우리 제안에 아직 응하지 않았다.

07 타동사 + 목적어 + 부사   ④
문맥상으로 ②, ④ 모두 가능하지만 '타동사 + 부사'의 동사구가 목적어로 대명사를 수반하면 그 사이에 넣는다.

"라디오 소리가 너무 크군요." "미안합니다. 소리를 좀 줄일까요?"

08 부사의 용법   ④
빈칸에는 동사 spoken을 수식하는 부사가 와야 한다. ② fastly는 존재하지 않는 단어로, fast가 되어야 한다. ③ hurry는 명사와 동사로만 쓰이므로 적절하지 않다. 형용사인 ①이 아닌, 부사인 ④가 빈칸에 적절하다.

외국어가 너무 빠르게 말해지면 이해하기 어렵다.

09 부사의 위치   ④
우선 빈칸에는 문장을 구성할 동사가 필요하다. 목적어 insects가 주어져 있으므로 능동태의 동사가 되어야 한다. 부사 generally는 대개 동사 앞에 온다.

육식 식물은 일반적으로 곤충을 가두어 잡아 질소를 얻는다.

10 much too + 형용사/부사   ②
late를 수식하는 부사로 so, quite, very, too는 사용 가능하지만, much는 사용할 수 없다. too를 수식할 때 far나 much는 too 앞에 위치한다.

그날 존은 회의에 너무 늦게 도착했다.

11 either의 용법   ①
부정문에 대한 동의는 부정 형태로 표현해야 하므로 "I am not, either." 또는 "Neither am I."가 가능하다. 따라서 "He is not interested in geography."에 대한 동의 표현으로는 "She isn't, either."가 적절하다. 여기서 either는 "그녀도 관심이 없다"는 의미를 나타내는 부정의 동의 표현이다.

"그는 지리학에 관심이 없어." "그녀도 (지리학에) 관심이 없어."

12 부사의 어순 ②
장소 부사가 먼저 오고, 시간 부사 중에서는 더 짧은 표현이 앞에 온다.

그녀는 지난주에 매일 강으로 스케이트 타러 갔다.

13 부사의 어순 ③
주어진 문장은 '어렸을 때 그곳에 정기적으로 데려가졌다(누군가가 데려갔다)'의 뜻이 되어야 한다. be taken은 go나 come처럼 왕래발착의 동사가 되어 장소 표시 부사 there를 먼저 쓰고 양태(regularly), 시간(as a child = when I was a child)의 순서로 쓴다.

"메트로폴리탄 미술관에 가보셨습니까?" "네, 제가 어렸을 때 정기적으로 그곳에 가곤 했습니다."

14 주의해야 할 부사의 용법 ①
be leaving은 미래의 예정된 일을 나타내므로, "곧"이라는 의미의 부사 soon이 문맥상 가장 적합하다. ② lately는 부사로 '최근에, 요즘음(of late)'의 뜻이다. 완료형과 과거형에 쓰인다. ③ late는 형용사와 부사로 쓰이고, 부사일 때 '시간에 늦어, 뒤에 늦게'의 뜻이다. ④는 비교급이어서 부적당하다.

당신은 곧 런던으로 떠나실 겁니까?

15 부사 enough의 용법 ③
enough는 형용사는 full을 뒤에서 수식하므로 full enough의 순서이며 부사 already는 be동사 다음에 온다.

"냄비에 물이 더 필요한가요?" "아뇨, 이미 충분히 찼어요."

16 부사의 용법 ④
부사 fully여야 과거분사 booked를 수식할 수 있다. ④를 fully booked로 고친다.

보도에 의하면 유명한 온천 휴양지의 호텔들은 연휴에 이미 완전히 예약되었다고 한다.

17 -ly가 붙으면 의미가 달라지는 부사 ②
late는 부사로 쓰이는 경우 '늦은, 늦게'라는 뜻이며, lately는 부사로서 '최근에'라는 뜻이다. 문맥상 빌이 직장에서 매우 늦게 돌아왔다는 의미가 되어야 하므로 ②는 late가 되어야 한다.

다음 날 저녁 빌(Bill)은 직장에서 매우 늦게 돌아와서는 그의 부인이 전화 옆에서 정신을 잃고 누워있는 것을 발견했다.

18 부사의 용법 ②
frequent는 be mixed with를 수식하는 부사가 되어야 한다. ② frequent를 frequently로 고친다.

점토를 과다하게 포함하고 있는 불량 토양은 그 토질을 개량하기 위해 연회질 석회와 자주 혼합된다.

19 비교급 수식 부사 ④
many older는 형용사의 비교급 수식이므로 much older가 되어야 한다.

현을 가지고 있는 악기인 만돌린은 그보다 훨씬 더 오래된 류트를 아마도 모방한 것이었다.

20 부사의 용법 ②
'상품을 잘 전시하다'는 의미이므로, good은 display(동사)를 수식할 수 있는 부사여야 한다. ② good을 well로 고친다.

그 상인은 고객의 비위를 잘 맞추고, 자신의 상품을 잘 진열할 줄 알았지만, 그의 속임수는 더욱 유명했다.

15 Review Test (비교)

| 01 ① | 02 ② | 03 ③ | 04 ② | 05 ② | 06 ④ | 07 ① | 08 ② | 09 ② | 10 ① |
| 11 ② | 12 ① | 13 ③ | 14 ② | 15 ② | 16 ② | 17 ③ | 18 ④ | 19 ② | 20 ② |

01 원급에서의 최상급 표현 ①
as ~ as can be는 '매우 ~한', '더할 나위 없이 ~한'의 의미로 사용된다.

"그가 차를 살 수 있을까?" "그는 매우 가난해."

02 the + 비교급, the + 비교급 ②
'the 비교급(lower) 주어(interest rates) 동사(fall)' 다음은 'the 비교급 주어 동사'이므로 ②가 적절하다.

이자율이 내려가면 내려갈수록 그만큼 더 많은 소비자들이 고가품을 산다.

03 최상급에 정관사 the를 붙이지 않는 경우 ③
비교 대상이 없으므로 ① 비교급 표현은 부적절하고, because절이 아니라 when절이므로 ② (all) the 비교급 표현도 부적절하다. '여러 사람들 중에 내 동생이 가장 유쾌한 사람이다'는 뜻이 아니라 내 동생 한 사람을 놓고 이러이러할 때 가장 유쾌하다는 뜻이므로 ③ 최상급 앞에 the를 붙이지 않아야 한다.

내 동생은 신부님에게 칭찬을 들을 때 가장 유쾌하다.

04 사역동사 help & 최상급 ②
'help + 목적어 + (to be) + 목적격 보어'의 구문이다. ①의 비교급은 than으로 이어지는 비교 대상이 필요하다. 문맥상 윌리엄 제임스가 "당대에 가장 유력한 사상가"가 되었다는 의미이므로 ② the most influential이 빈칸에 적절하다.

윌리엄 제임스(William James)의 훌륭한 강연들은 그가 당대에 미국에서 최고로 유력한 사상가가 되는데 일조하였다.

05 원급비교의 관용표현 ②
'as many as + 숫자'는 '~만큼, 만큼 많은'의 뜻이 된다.

유럽인들이 도착했을 때, 약 삼천만 명 정도의 많은 인디언들이 아메리카 대륙에 살고 있었다.

06 배수비교 ④
'1,700배나 넓은 공간'은 '1,700 times as much space as'나 '1,700 times more space than'으로 해야 한다. more than은 over와 같은 부사이다.

모든 증기기관은 똑같은 원리에 의해 작동한다. 즉, 증기는 증기가 나오는 물에 비해 1,700배의 공간을 차지한다는 것이다.

07 비교급 관용표현 ①
① no less than이 '~에 못지않게, ~보다 덜 하지 않게, ~와 마찬가지로'의 뜻으로 문맥상 빈칸에 적절하다. ② no more than은 '단지 ~불과한'이라는 의미로 제한적이거나 낮은 평가를 나타낸다. ③ not less than은 '적어도 ~이상'이라는 의미로 최소치를 강조한다. ④ not more than은 '기껏해야, 많아야'라는 뜻으로 제한적 의미를 나타낸다.

인간도 하등 생물과 마찬가지로 진화 과정의 산물이다.

08 the + 비교급, the + 비교급 ②
'the + 비교급, the + 비교급' 구문이다.

충분히 논리적인 근거에 입각해서, 씨를 적게 심을수록, 수확물도 적다.

09 the + 최상급 + of all (the) + 복수명사 ②
'the + 최상급 + of all (the) + 복수명사' 구문이다.

헬륨은 모든 기체 중에서 가장 액화되기 어렵고, 정상 기압에서는 응고되지 않는다.

10 비교급 관용표현 ①
'긍정문 + much[still] more'는 '한층 더[하물며] ~하다'라는 의미로 사용된다. e.g.) If he can do it well, much more can we. (그가 그것을 잘할 수 있다면, 우리야 훨씬 더 잘할 수 있다.)

"우리가 무엇을 하면 좋을까요?" "모든 사람은 자유를 즐길 권리가 있는데 하물며 인생은 더 즐길 권리가 있지요."

11 동일인·동일물의 성질 비교 ②
동일한 사람(사물)이 지닌 두 가지 속성을 비교할 때는 more ~ than의 구문으로 써야 한다. ② cleverer를 more clever로 고친다.

탐은 현명하기보다는 영리하다.

12 1음절의 단어를 최상급으로 만드는 법 ①

old의 최상급은 oldest이다. ① The most old를 The oldest로 고친다.

Apollo 승무원들에 의해 지구로 운반된 월석 중 가장 오래된 것은 거의 500만 년 된 것으로 연대가 측정되었다.

13 동등비교 ③

동등비교 'as ~ as' 구문이다. ③ more는 as가 되어야 한다.

제국의 꿈을 꾸며 나폴레옹이 파라오의 땅으로 진격해 갔을 때까지도 이집트의 과거에 대한 지식은 그 돌 표면의 상형문자만큼이나 모호하였다.

14 배수비교 ②

배수사 twice 다음에는 원급 표현만 가능하다. 따라서 동등비교 as ~ as를 써야 한다. ② more than을 as much as로 고친다.

새 모델은 작년 모델보다도 가격이 2배나 더 비싸다.

15 비교급 중복 표현 금지 ②

costly는 -er, -est나 more, most 두 가지 모두로 가능하나 여기서는 more가 있으므로 ② costlier를 costly로 고쳐준다.

전자레인지용 온도계는 다른 종류의 오븐 온도계보다 값이 더 비싸다.

16 one of the + 최상급 + 복수명사 ②

'one of the + 최상급 구문'이므로, ②는 most important가 되어야 한다.
* depend upon … for ~을 …에게 의지하다

모든 사람이 식량을 농작물에 의존하기 때문에, 농업은 세상에서 가장 중요한 직업 가운데 하나이다.

17 최상급 관용표현 ③

문맥상 '잘해야, 기껏해야'라는 의미가 가장 자연스러우므로 at best여야 한다. ③ at better를 at best로 고친다.

최근의 연구 결과는 비타민 C가 보통 감기의 지속에 대해 기껏해야 극히 제한된 효과밖에 갖고 있지 않다는 것을 밝혀냈다.

18 의미에 따라 비교급이 달라지는 단어 far ④

'정도'의 의미로서 far의 비교급은 further이다.

강의 후, 그는 우리에게 더 이상의 질문이 있는지 물어보았다.

19 배수비교 ②

배수비교는 '배수 + as + 원급 + as', '배수 + 비교급 + than', '배수 + the 명사 + of'를 사용하여 나타낸다. 단, twice 뒤에는 원급 표현만 가능하다. 이 규칙에 따라 주어진 문장을 표현하는 데 적절하지 않은 것은 ② so many books that이다. as many books as로 고쳐주어야 주어진 우리말과 맞는 문장이 된다.

20 비교 대상의 일치 ②

②는 비교의 대상을 동일하게 해야 한다. his father를 his father's (legs)로 고쳐주어야 한다.

① 그는 내 아들보다 덜 영리하다. ② 그의 다리는 아버지의 다리보다 길다. ③ 미국에 있을 때 그를 본 기억이 나요. ④ 내가 아는 한 그는 그다지 친절하지 않다.

16 Review Test (전치사)

| 01 ③ | 02 ④ | 03 ④ | 04 ③ | 05 ① | 06 ③ | 07 ① | 08 ① | 09 ③ | 10 ③ |
| 11 ② | 12 ④ | 13 ② | 14 ④ | 15 ④ | 16 ① | 17 ② | 18 ③ | 19 ① | 20 ④ |

01 전치사의 목적어 ③
전치사 뒤에는 목적격이 필요하다. 문장의 주어는 graduates, 동사는 plan 이다.

제인과 그녀를 제외한 전 졸업생들은 대학에 다닐 계획이다.

02 예외 표시의 전치사 ④
문맥상 철 이외의 자원들은 손길이 닿지 않았다는 말이 적합하다. 따라서 ④ except for(=besides)가 적절하다.

철광석을 제외하고 이 나라의 방대한 천연자원은 거의 손길이 닿지 않았다.

03 소유 표시의 전치사 with ④
'with + 명사'는 형용사구로서 소유를 나타낸다. ③은 smoking a pipe의 분사구문으로 바꿔야 한다.

파이프를 물고 있는 남자가 나의 아버지이다.

04 die of와 die from의 차이 ③
die from은 부상이나 사고와 같은 외적인 원인으로 인한 죽음을 의미하고, die of는 질병, 노화, 슬픔 등 내적인 원인으로 인한 죽음을 뜻한다. "아버지가 폐암으로 돌아가셨다"는 표현은 내적인 원인에 해당하므로, 정답은 ③ of이다.

탐의 아버지는 폐암으로 돌아가셨다.

05 문맥상 적절한 전치사 ①
give up은 '포기하다, 단념하다'는 의미로, 문장에서 "나는 평생 동안 일해 온 모든 것을 포기하고 싶지 않다"는 뜻을 가장 잘 전달한다. give in은 '항복하다'라는 의미로 문맥상 적절하지 않다.

나는 평생 동안 일해 온 모든 것을 포기하고 싶지 않다.

06 방향표시 전치사 ③
be close to는 '~에 가깝다'라는 의미로, 특정 위치나 지점과의 근접성을 표현할 때 사용된다. 따라서 문맥상 가장 적절한 전치사는 ③ to이다.

저 집은 도로에 너무 가까워서 내가 좋아할 수 없다.

07 방향표시 전치사 off ①
off는 해안에서 떨어진 바다나 섬 근처를 나타낼 때 자주 사용되므로 ①이 정답이다. * a ship in distress 조난[난파]선

와이트섬 앞 바다에 난파선이 있었다.

08 거리명 표시 전치사 on ①
on은 거리명에 사용한다.

그 식당은 바로 5번가에 있다.

09 양보의 전치사 ③
in spite of와 despite는 '~에도 불구하고'라는 의미로, 뒤에 명사나 명사구를 취한다. ③ In spite of가 정답이며, ④에서는 of가 없어야 한다.

감기에도 불구하고, 그는 운동회에서 제일 먼저 들어왔다.

10 전치사 on ③
an authority on ~은 "어떤 주제에 대한 권위자"라는 의미로, 특정 분야에 대해 전문적 지식과 권위를 가진 사람을 표현할 때 사용된다. 문장에서 urban planning(도시계획)이라는 주제에 대해 Jones박사가 권위자임을 나타내므로 on이 적합하다.

"Jones박사가 왜 세미나에서 발언을 하고 있습니까?" "왜냐하면 그는 도시계획에 대해서는 권위자이기 때문입니다."

11 be opposite to ②
be opposite to는 '~의 반대편에 있다'라는 의미이므로, ②의 전치사는 to로 고치는 것이 적절하다.

이 길 반대편의 가게 옆에서는 이 같은 물건을 팔고 있는 다른 가게가 있다.

12 기간표시 전치사 ④
완료시제가 쓰인 것으로 보아 ④ in을 since로 고친다.

Jekyll Island는 1954년 이후로 조지아주의 주립 공원 중에 하나가 되었다.

13 주요 전치사구 ②

by way of는 '~을 지나서, ~으로서'의 의미를 가진다.

경험주의자는 귀납적 추론 방법을 통해 결론에 도달한다.

14 특정 일자와 함께 쓰이는 전치사 on ④

특정한 날 앞이므로 ④를 on으로 고쳐야 한다.

바벨로니아의 서판을 철저히 검사한 후 그는 또 한 차례의 일식이 기원전 585년 5월 28일로 예정되어 있었다고 예측했다.

15 포함의 전치사 between과 among의 차이 ④

among은 보통 셋 이상의 사물[사람]의 경우에 쓴다. 둘 사이의 관계이므로 between을 쓴다.

마리아(Maria)는 쇼핑을 하는 동안 두 개의 하얀 등을 보았다. 그러나 그 둘 가운데에서 선택할 수 없었다.

16 양보의 전치사 despite ①

양보의 전치사 despite 다음에는 of가 붙지 않으므로, ①에서 of를 삭제한다.

당신이 들었을지도 모르는 내용과는 상관없이 그들은 자신들의 요구가 충족되지 않더라도 파업을 하지 않을 것이다.

17 기간 표시 전치사 by와 until의 차이 ②

'내일까지 계속'이 아니라 '늦어도 내일까지'의 뜻이므로 ②는 by여야 한다.

너는 꾸중을 듣고 싶지 않으면 늦어도 내일까지 보고서를 제출하는 게 좋겠다.

18 포함의 전치사 between과 among의 차이 ③

between은 둘 사이에, among은 셋 이상 사이에 쓰이므로 ③을 among으로 고친다.

조종사와 승무원들은 70명의 마구 동요하는 승객들 사이에 구명 장비를 나누어주었다.

19 기간 표시 전치사 ①

since(과거 시점부터 지금까지)는 과거 시점을 나타내는 표현이 뒤에 와야 하며, 숫자와 함께 기간을 나타낼 때는 for를 사용한다. 따라서 ① since를 for로 고치는 것이 적절하다.

4년 동안, 마이클 씨는 모든 해외 계정을 취급해 왔다.

20 정비문 ④

be engaged in은 '~에 종사하다', be engaged to는 '~와 약혼중이다'라는 의미이므로, 문맥상 ④는 is engaged in이 되어야 한다.

① 그는 돈을 빼앗겼다. ② 선반은 완벽하게 정리 정돈이 되어 있다. ③ 나는 화물 관련 업무를 하고 있다. ④ 그는 외국 무역에 종사하고 있다.

17 Review Test (일치)

01 ④   02 ②   03 ①   04 ③   05 ②   06 ①   07 ④   08 ②   09 ①   10 ①
11 ①   12 ②   13 ③   14 ④   15 ③   16 ③   17 ②   18 ①   19 ③   20 ②

01 관계사절의 수일치 ④
이 문장의 주어는 every one이고 동사는 has이다. who ~ yesterday는 선행사 the boys를 수식하는 형용사절이다. 빈칸에 ①, ②를 넣으면 다음에 오는 동사 has 앞에 접속사가 필요하다. ③에서 선행사는 the boys이므로 복수동사가 와야 한다.

어제 이곳에 온 아이들은 모두 자전거를 가지고 있다.

02 주어와 동사의 수일치 ②
주어의 핵심 명사는 단수명사 knowledge이므로 단수동사가 와야 한다.

컴퓨터와 사무자동화에 대한 지식이 그로 하여금 많은 면에서 동료들에게 도움을 줄 수 있게 해준다.

03 주어가 and로 연결될 때의 수 ①
『죄와 벌』과 『카라마조프의 형제들』은 모두 소설명으로 각각의 소설을 나타내므로 모두 단수동사가 와야 한다.

『죄와 벌』이 어쩌면 도스토예프스키(Dostoevsky)의 소설들 중 가장 구성이 잘 된 작품이겠지만, 『카라마조프의 형제들』도 분명 그의 걸작품이다.

04 대명사의 수일치 ③
선행사인 matter가 사물이므로 ①과 ②는 부적절하고, 단수이므로 단수형 대명사, its로 나타내야 한다.

모든 물질은 정지상태나 운동 상태에 있어서의 그 어떤 변화에도 저항을 보인다.

05 each + 단수명사 + 단수동사 ②
'값이 ~이다'는 cost 동사로 나타내며, pair에 일치시켜 단수동사를 사용한다.

바지 한 벌 값이 각각 20달러이다.

06 every + 단수명사 + 단수동사 ①
every와 each의 수식을 받는 명사는 항상 단수 취급하므로, 관계사절의 동사도 이에 맞춰 단수형을 사용해야 한다. 따라서 정답은 ① votes다.

그것은 선거를 하는 모든 남녀들에게 중요한 메시지이다.

07 neither + of + 한정사 + 복수명사 + 단수동사 ④
either나 neither는 단수 취급한다.

그 여학생 둘 중 어느 누구도 아직 기말 논문을 내지 않았다.

08 주어가 and로 연결될 때의 수 ②
문장의 의미가 '불변의 사실'을 나타내므로 동사의 시제는 현재이며, trial and error는 단일개념을 나타내므로 단수 취급하여 단수동사가 온다.

시행착오는 지식의 원천이다.

09 not only A but also 구문의 수일치 ①
now에 맞게 동사의 시제는 현재이며, not only A but also B는 B에 일치시킨다.

공장 근로자들뿐 아니라 관리인도 현재 파업 중이다.

10 주어와 동사의 수일치 & 수동태 ①
'~의 이름을 따 이름지어지다'는 be named after~로 수동태이며, a peak ~ Rockies는 주어와 동격이므로 주어인 Mount Edith Cavell에 일치시켜 단수동사를 쓴다.

캐나다 쪽 로키산맥의 한 정상인 에디스 케이블 산은 한 간호사의 이름을 따서 이름지어졌다.

11 there 구문 & many a + 단수명사 + 단수동사 ①
There[Here]로 시작하는 구문은 'V + S'의 어순을 취한다. 'many + a(an) + 단수명사'는 단수 취급하므로 주어(many an argument) 앞의 동사를 단수시(has been)로 해야 한다. ①을 has로 고친다.

그것의 적절한 사용법에 대해 많은 논란이 있었다.

12 삽입구가 있는 문장의 수일치 ②

문장의 주어가 The president 즉, 단수이므로 ② are는 is로 바뀌어야 한다.

부인과 딸을 동반한 대통령이 오늘 오후 기자 회견에 참석하기 위해 햄튼에서의 짧은 휴가를 마치고 돌아올 예정이다.

13 neither A nor B의 구문의 수일치 ③

neither A nor B의 구문에서는 B에 동사를 일치시킨다. 주어 the money가 단수이므로 동사 are를 is로 바꾼다.

Frank가 나에게 준 수표나 당신이 보낸 돈은 빚을 갚는데 충분하지 않다.

14 대명사의 수일치 ④

their가 가리키는 명사는 the average woman으로 단수이다. 따라서 단수형인 her로 바꾸어야 한다.

하루 중 보통 남자는 17,300번 호흡을 하는 반면에, 폐가 더 작은 보통의 여자는 28,800번 호흡한다.

15 대명사의 수일치 ③

each, every로 수식되는 명사는 항상 단수 취급한다. 따라서 ③ their를 his or her로 고쳐야 한다.

모든 남녀는 고사장에 들어가기 전에 자신의 이름을 서명해야 한다.

16 주어와 동사의 수일치 ③

주어의 핵심 명사는 information 단수명사이므로, ③은 is여야 한다.

좌석번호와 비행기 편명과 출발 시각에 대한 정보는 당신의 탑승권에 나와 있다.

17 all + of + 한정사 + 복수명사 + 복수동사 ②

동사 ② has의 주어가 all of his students로 복수이므로 has도 복수 동사 have가 된다.

훌륭한 교사는 모든 학생이 자신만큼은 아니더라도 적어도 자신만큼 좋은 심성을 가지고 있다고 생각한다.

18 대명사의 일치 ①

대명사 소유격인 ① its가 받는 명사가 사람인 A scientist이므로 his or her로 바뀌어야 한다.

과학자는 신중한 실험을 통해서 확인된 가설들을 기초로 하여 연구한다.

19 주어와 동사의 수일치 ③

문장의 주어는 efforts이므로 ③ was를 복수 동사 were로 바꾼다.

진보적인 국내 입법을 제정하려고 한 케네디 대통령의 노력은 그의 생전에 성공하지 못했다.

20 부분 표시어의 수일치 ②

부분 표시어 two-thirds는 of 다음의 명사가 단수면 단수취급, 복수면 복수취급을 하는데 Africa가 단수이므로 단수 취급하여 ②를 is로 고쳐야 한다. ③과 ④는 복수명사 people과 잘 일치한다. border on은 '~에 가깝다'는 뜻이다.

아프리카의 약 3분의 2에는 심각한 영양실조로 기아에 직면한 사람들이 살고 있다.

18 Review Test (병치)

| 01 ④ | 02 ③ | 03 ④ | 04 ① | 05 ① | 06 ② | 07 ② | 08 ② | 09 ④ | 10 ③ |
| 11 ④ | 12 ③ | 13 ④ | 14 ③ | 15 ④ | 16 ③ | 17 ④ | 18 ④ | 19 ② | 20 ③ |

01 both A and B 구문의 병치 ④

both A and B에서 A와 B는 동일한 형태여야 한다. A가 형용사이므로, B도 intelligent가 와야 문법적으로 적절하다.

존스 박사는 창조적이고 지적이다.

02 등위접속사에 의한 병치 ③

What we say는 '우리가 말하는 것'이라는 절(명사절)이므로, and 뒤에도 명사절 구조가 와야 한다. 따라서 동일한 구조인 ③ what we do가 빈칸에 적합하다.

우리가 하는 말과 행동은 왠지 어울리지 않는 것 같다.

03 등위접속사에 의한 병치 ④

and 앞의 두 단어가 명사이므로 빈칸에도 명사여야 병치관계에 맞다.

하냐 홈(Hanya Holm)은 무용가이자 안무가이며 무용 선생이다.

04 등위접속사에 의한 병치 ①

and를 중심으로 'for + 목적어'가 병치된 구문이다. and 뒤에도 동일한 전치사구 for his belief가 와야 문법적으로 적합하다.

토머스 제퍼슨(Thomas Jefferson)은 독립 선언서를 쓰고 일반 시민을 신뢰한 것으로 유명하다.

05 등위접속사에 의한 병치 ①

explaining의 목적어로 사용된 what a thing means, how it works와 같은 간접의문문 구조를 유지해야 하므로, ① why it is important가 빈칸에 적절하다.

주해는 작가가 사실을 제시하거나 사물이 무엇을 뜻하는지, 어떻게 작용하는지, 그리고 그것이 왜 중요한지를 설명하는 방법이다

06 비교구문의 병치 ②

than을 전후한 문장의 구조가 서로 같아야 하므로 than 다음에 동명사가 와야 한다.

친구를 사귀는 것이 비사교적인 것보다 더 가치가 있다.

07 등위접속사에 의한 병치 ②

and로 이어지는 어구는 병치 구조로 동일한 형태를 쓴다. for permitting A and B의 구문이다.

반란군들은 적이 그들의 배를 몰수하고 섬을 공격하도록 허용한 것에 대해 계속 비난했다.

08 비교구문의 병치 ②

비교구문에서 비교 대상은 서로 병치를 이룬다. than 다음이 동명사이므로 주어에도 동명사가 적절하다.

수영은 산책보다 더 격렬한 운동이다.

09 등위접속사에 의한 병치 ④

went, bought ~ and visited ~로 세 술부가 and로 병치된 구조여야 한다.

그는 서점으로 가서 책을 몇 권 사고 아들을 찾아갔다.

10 등위접속사에 의한 병치 ③

to부정사의 to 다음에 dry를 시작으로 네 개의 원형동사가 이어지고 이 동사들의 목적어가 빈칸 뒤에 나온 것이다. or로 연결되는 나머지 세 단어도 원형동사여야 한다.

가마는 많은 종류의 물질들을 건조시키거나 양생하거나 단단하게 하거나 녹이는데 사용되는 용광로이다.

11 등위접속사에 의한 병치 ④

접속사 and에 의해 열거되는 grain과 color가 명사이므로 형용사인 durable을 durability로 바꾼다.

미국삼나무의 목재는 곧은 성질과 매력적인 색깔과 내구성 때문에 수요가 상당하다.

12 등위접속사 구문의 시제 일치 ③

"He was ~ and build …."에서 who ~devotion은 figure를 수식하는 관계대명사절이다. and 뒤의 동사 build는 주절의 과거시제 was에 맞추어 built로 고쳐야 한다.

그는 경외심과 신앙심을 고양시킨 정력적인 인물로, 오랫동안 지속된 하나의 제국을 건설하였다.

13 등위접속사 구문의 병치 ④

and 전후 병렬 구조를 맞추기 위해 ④bringing을 to bring으로 수정해야 한다.

겨울에 노스다코타주로 여행하려는 사람은 차에 스노타이어를 달고 따뜻한 옷을 가져가는 것이 좋다.

14 명사 + 전치사 and 명사 + 전치사 + 공통목적어 ③

'~에 대한 관심'은 interest in~이지만, '~에 대한 사랑'은 love of~이므로 ③을 love of로 고쳐야 한다. 그러면 giving parties가 두 전치사 of와 in에 적용된다.

나는 파티를 여는 것에 대해 끝없는 사랑과 큰 관심을 가지고 있다.

15 등위접속사 and에 의한 형용사의 병치 ④

knowledge를 수식하는 형용사의 병치 구문이다. 따라서 ④ mathematics를 mathematical로 바꾼다.

중앙아메리카의 고대 마야인들은 건축학, 천문학, 수학 지식이 뛰어났다.

16 등위상관접속사에 의한 병치 ③

deprive A of B 'A에게서 B를 박탈하다' 구문 중 'of B'에 해당하는 것 두 개를 not only~ but (also)…로 병렬한 것이다. not only 다음처럼 ③도 but of food여야 한다.

계속되는 전쟁으로 인해 그곳의 주민들은 충분한 물 뿐 아니라 식량과 수입 수단도 잃게 되었다.

17 neither A nor B 구문의 병치 ④

neither A nor B도 병치구문이어야 한다. A에 해당하는 것이 형용사 attractive이므로 B에 해냥하는 ④도 형용사 talented어야 한다.

비평가들은 모두 그녀가 매력적이지도 않고 재능이 있지도 않다고 말했다.

18 등위접속사 and에 의한 형용사의 병치 ④

make의 세 목적보어 strong, fireproof, resisting to fluids가 and로 연결된 구조이다. strong과 fireproof가 형용사인 것처럼 ④도 형용사 resistant가 되어야 한다. 또 resist 동사는 3형식동사로 뒤에 to가 오지 않는다. ③은 '내화성의'라는 뜻의 형용사이다.

화공학자들은 종이가 튼튼하고 내화성이 있고 유체에 저항력이 있도록 하기 위해 종이를 (화학) 처리하는 많은 방법을 발견했다.

19 등위접속사 and에 의한 부사의 병치 ②

여기서는 grew가 완전자동사로 쓰였으므로 fast and unexpected 부사가 되어야 한다. ② unexpected를 unexpectedly로 고쳐야 한다.

"E.T."의 인기가 예기치 못하게 빨리 상승해서 상점의 E.T. 인형이 눈 깜짝할 새에 동났다.

20 비교구문의 병치 ③

'~로 기억되다'는 'be remembered as ~'이므로 ③ 앞에 as가 있어야 한다. 그러면 ④와 병치를 이룬다. would rather는 조동사이므로 ② 원형동사가 맞다.

벨은 전화의 발명자로 보다 청각 장애인들의 스승으로 기억되고 싶다고 한때 가족들에게 말한 적이 있었다.

19 Review Test (도치)

| 01 ③ | 02 ① | 03 ① | 04 ④ | 05 ① | 06 ② | 07 ③ | 08 ③ | 09 ③ | 10 ② |
| 11 ③ | 12 ④ | 13 ③ | 14 ④ | 15 ② | 16 ① | 17 ③ | 18 ④ | 19 ① | 20 ② |

01 부정의 부사어가 문두에 오는 경우의 도치 ③
부정의 부사어가 문두에 오면 주어와 동사가 도치된다. 과거(met)보다 앞선 시제이므로 과거완료 시제가 되어야 한다. "I had never fallen in love before I met my wife."의 도치다.

나는 아내를 만나기 전까지는 한 번도 사랑에 빠진 적이 없었다.

02 부정의 부사어가 문두에 오는 경우의 도치 ①
부정의 부사어 never가 문두에 왔으므로 문장이 도치된다. been과 상응하는 것은 ①의 have 이다.

"뉴욕을 어떻게 생각하니?" "그와 같은 도시에는 가본 적이 없어."

03 nor 구문의 도치 ①
부정문 뒤에서 '~도 역시 아니다'라는 뜻으로 문장을 이어주는 nor가 나오면 도치가 일어난다.

코뿔소는 냄새를 잘 맡지 못하고 잘 보지도 못한다.

04 only가 포함된 부사어가 문두에 오는 경우의 도치 ④
only가 포함된 부사어인 only after절이 문두에 왔으므로 도치되며 be가 있어야 수동태가 된다.

신소재는 모든 검사를 통과한 후에야 비로소 상업화의 대상으로 고려될 수 있다.

05 장소 부사구 뒤의 도치 ①
장소 표시 부사어 또는 부사구가 문두에 오면 도치가 일어난다. 그러나 주어가 대명사이면 예외이다. 따라서 ①이 정답이다. e.g.) Here he comes!/ Here comes Tom! (주어와 동사가 맞바뀐다.)

"보고서가 어디 있지?" "저기 있어요."

06 부정의 부사어가 문두에 오는 경우의 도치 ②
부정 부사어 no sooner가 문두에 와서 주어와 동사가 도치되는데, had p.p.의 had는 조동사이므로 had만을 주어 he 앞으로 보낸다.

그가 버스에 타자마자 버스가 출발했다.

07 so가 문두에 올 경우의 도치 ③
so가 문두에 와서 동의를 나타내므로 도치된다. raised가 일반 동사의 과거형이므로 조동사 do의 과거형인 did를 쓴다.

전기회사가 이번 달에 적립률을 인상시켰고, 전화회사도 그렇게 했다.

08 only가 포함된 부사어가 문두에 오는 경우의 도치 ③
only를 포함한 부사어구가 문두에 왔으므로 동사 were와 주어 dreams가 도치된다.

20세기 초에 이르러서야 비로소 꿈이 처음으로 체계적이고 이성적으로 연구되었다.

09 보어가 문두에 오는 경우의 도치 ③
be동사(2형식 동사)에 뒤이은 '형용사, 분사, 전치사구' 등을 문두에 강조할 때 주어, 동사가 도치된다. 단, 이때 주어는 '대명사'가 아니어야 한다. those는 일반 대명사(예: he, she, it)와 달리 집합적인 명사처럼 사용되므로 도치가 가능하다.

독서의 기쁨을 아는 사람은 행복하다.

10 장소 부사구의 도치 ②
장소 부사어 on the hill이 문두에 있으므로 의문문의 질서를 따르지 않는 도치가 일어나 동사 stood가 그대로 주어 앞으로 간다.

언덕 위에 오래된 탑이 하나 있었다.

11 부정의 부사어가 문두에 오는 경우의 도치 ③
hardly ~ when … '~하자마자 …하니'의 본래 어순은 They had hardly reached인데 여기서 부정어 hardly가 문두에 나가면 도치되어 ③의 어순이 되는 것이다.

그들이 집에 도착하자마자 폭우가 시작되었다.

12 보어가 문두에 오는 경우의 도치 ④

The document was so old that ~에서 보어인 so old가 문두에 나가면 주어와 동사가 도치되므로 ④가 정답이다.

그 서류는 너무나 오래되어 거의 읽을 수 없었다.

13 장소 부사어가 문두에 오는 경우 주어와 동사의 수일치 ③

Out of ~ novel이 장소 개념의 부사구로 문두에 나와 도치된 구문이다. 주어인 weird characters and mysterious situations가 복수이므로 ③ appears는 appear로 고친다.

그 베스트셀러 소설의 여러 페이지에서는 기괴한 인물들과 수수께끼 같은 상황들이 등장한다.

14 neither 구문의 도치 ④

'~도 또한 …아니다'는 'neither + 조동사 + 주어'로 도치된다. ④의 either를 neither로 고쳐야 한다.

오늘 아침 교통 운송 파업으로 인해 그의 비서가 제시간에 출근하지 못했으며 그도 또한 제시간에 출근하지 못했다.

15 only가 포함된 부사어가 문두에 오는 경우의 도치 ②

'only after절'이라는 only가 있는 부사어가 문두에 왔으므로 ②는 did he realize이다.

어머니를 여의고 난 후에야 그는 어머니가 그에게 얼마나 큰 의미를 가진 존재인가 하는 것을 깨달았다.

16 부정의 부사어가 문두에 오는 경우의 도치 ①

not until절이 부정의 부사어로 문두에 있으므로 ③ 주어와 조동사가 도치된 것이다. 그런데 until절은 부정의 부사어에 포함되는 것이므로 until절 안은 도치시키지 않는다. ①을 a student has로 고친다.

학생은 그 강좌를 듣고 나야 비로소 컴퓨터를 작동하는 법을 알 수 있게 된다.

17 장소 부사구의 도치 ③

Along부터 New England까지가 장소 부사어로 문두에 나왔으므로 주어인 stretches of sand beach and marsh와 동사인 are가 도치되어야 한다. ③을 are stretches로 고친다.

뉴잉글랜드의 암석 해안을 따라 백사장과 늪이 길게 뻗어있다.

18 neither 구문의 도치 ④

'캐나다도 또한 ~를 요구하지 않는다'는 뜻으로 ④는 neither does Canada가 되어야 한다.

멕시코는 미국 시민이 멕시코에 입국하기 위해 비자를 꼭 취득하도록 요구하지 않으며, 캐나다도 또한 그런 것을 요구하지 않는다.

19 부정의 부사어가 문두에 오는 경우의 도치 ①

'not only A(절), but also B(절)'에서 not only A가 문두에 올 때 절인 A 안에서 도치가 일어난다. 따라서 ①은 does rust corrode여야 한다. ③은 but also it과 같다.

녹은 금속 표면을 부식시킬 뿐 아니라 또한 금속 내부를 약화시키기도 한다.

20 부정의 부사어가 문두에 오는 경우의 도치 ②

부정어 never 다음에 주어와 동사가 도치된다. ②를 never will I로 고친다.

사람의 인생 역정은 운명에 의해서만 결정된다고 나는 지금까지 결코 말한 적이 없고 앞으로도 결코 말하지 않을 것이다.

20 Review Test (특수구문)

01 ①　02 ④　03 ②　04 ①　05 ④　06 ④　07 ①　08 ①　09 ③　10 ③

01 일반동사의 부가의문문 ①
부가의문문을 묻는 문제이다. 긍정문 뒤에 부가의문문은 '부정'이 된다. 또 go가 일반동사이므로 대동사 do로 받는다.

그는 자주 시카고에 가죠?

02 동격 ④
빈칸 뒤에 photosynthesis는 명사이다. is the ultimate source가 동사와 보어이다. 따라서 빈칸에는 동사 is의 주어가 될 수 있는 것이 와야 한다. ①은 절인데 접속사가 없고, ②는 부사와 형용사만 있고 명사가 없어 적절치 못하다. ③은 that이 접속사이므로 다음에 절이 와야 한다. 따라서 ④가 정답이다.

매우 중요한 과정인 광합성(photosynthesis)은 지구상 거의 모든 유기체들의 궁극적인 원천이다.

03 It ~ that 강조구문 ②
It ~ that 강조구문에서 강조되는 것이 사람일 경우 that 대신에 who를, 사물인 경우 which를 쓸 수 있으나, 부사구를 강조할 때 관계부사를 쓸 수 없다. 따라서 빈칸에 가장 적절한 표현은 ②의 that이다.

현대신문이 탄생한 것은 1830년과 1835년 사이였다.

04 It ~ that 강조구문과 가주어-진주어 구문의 구별 ①
it이 가주어이므로 빈칸에는 진주어 that절의 that과 may의 주어가 들어가야 한다.

잎이 떨어지는 것이 나무가 겨울에 수분을 아끼는 데 도움이 될 수 있다.

05 동격 ④
문장의 주어는 Amelia Earhart, 술부는 was born in 1898이다. 콤마로 한 부분에서 to make는 부정사의 형용사적 용법으로 앞의 명사 woman을 수식한다. ①이 쓰이면 동사 was가 둘이므로 접속사가 필요하다. ②가 쓰이면 주절이 두 개가 되므로 접속사가 필요하다. ③ woman은 사람을 나타내므로, 관계대명사 which를 사용하는 것은 문법적으로 부적절하다. ④가 빈칸에 가장 적절하다.

단독으로 대서양 횡단 비행을 했던 첫 번째 여성인 Amelia Earhart는 1898년에 태어났다.

06 비교구문에서의 생략 ④
any other planet 다음의 is를 삭제하거나 아니면 does로 해서 approaches를 대신하게 해야 한다.

금성은 어느 다른 행성보다도 지구에 보다 가까이 접근한다.

07 It ~ that 강조구문 ①
장소의 부사구를 강조하기 위해 it ~ that 강조구문을 사용한 것이다. it ~ that 강조구문에서 that 대신에 who나 which를 쓸 수 있어도 관계부사 when, where를 사용할 수 없다. 따라서 ①의 when을 that으로 고친다.

가장 오래된 것으로 알려진 경작된 옥수수가 발견된 곳은 New Mexico주 Magdalena시에 있는 동굴에서였다.

08 가주어-진주어 구문 ①
이 문장은 가주어(It), 진주어(to find~), 이유를 나타내는 부사절(now that~)로 구성되었으므로, ①은 It으로 수정해야 한다.

이제 밥은 저녁과 주말에는 더 이상 일을 하지 않기 때문에 그의 자녀들과 보낼 수 있는 시간을 내기가 더 쉬울 것이다.

09 동격 ③
The Grapes of Wrath가 주어이고 a novel에서 1930's까지는 동격 표현이므로, ③을 시제를 가진 동사 is로 고쳐야 한다.

1930년대의 불경기 시절에 대한 소설인 『분노의 포도』는 존 스타인벡(John Steinbeck)의 가장 유명한 소설 중 하나이다.

10 부가의문문 ③
①은 동사구가 had stayed의 줄임 꼴이므로 문미가 hadn't he가 되어야 한다. ②는 동사구가 is writing이므로 이에 대한 부가 의문문은 isn't he?가 되어야 한다. ③ 동사 think, guess가 문중에 쓰일 때 목적절에 대한 부가 의문문이다. ④부가의문문의 부정형은 조동사의 축약형을 써야 하므로 can't he?가 되어야 한다.

① 오늘 밤에 집에 있을 거죠? ② 부모님에게 편지를 쓰고 있죠? ③ 그가 똑똑하지 않은 것 같지 않나요? ④ 빌이 문제를 해결할 수 있지 않을까요?

MEMO

MEMO

MEMO

MEMO

MEMO

영어 문법 이론
정답 및 해설

완벽 활용 가이드

1 **100 Unit + 50 Easy-Peasy Grammar로 기초부터 탄탄하게**
필수 개념, 예문, 개념 적용 문제로 문법의 기초를 균형 있게 학습

2 **Easy-Peasy Grammar + YouTube 강의로 영어 문법 개념을 쉽고 명확하게 이해**
실전에 바로 적용 가능할 수 있는 핵심 팁과 강의로 영어 문법의 핵심을 빠르고 직관적으로 정리

3 **Review Test + 강의 복습으로 약점 보완**
챕터별 Review 테스트로 이해도를 점검하고 부족한 개념은 YouTube로 꼼꼼히 복습

4 **김영편입 문법 시리즈로 실전 완성까지**
『문법 이론』으로 기초를 다지고, 『1·2단계 문법』 문제 풀이로 문법 개념을 실전에 적용

2024, 2023, 2022 대한민국 브랜드 어워즈 대학편입교육 대상
2021 대한민국 우수브랜드 대상
(한경비즈니스)

편머리/김영편입 영어 시리즈 누적 판매량 합산 기준
(2014.01.01~2024.12.31)

메가스터디교육그룹 아이비김영의 NEW 도서 브랜드 〈김앤북〉
여러분의 편입 & 자격증 & IT 취업 준비에
빛이 되어 드리겠습니다.
www.kimnbook.co.kr

2021 대한민국 우수브랜드 대상
2024, 2023, 2022 대한민국 브랜드 어워즈 대학편입교육 대상 (한경비즈니스)

실전 단계

연도별 기출문제 해설집　　　　　　　　　TOP7 대학 기출문제 해설집

김영편입 수학

편입 수학 이론 & 문제 적용 단계

미분법　　적분법　　선형대수　　다변수미적분　　공학수학

편입 수학 필수 공식 한 권 정리

공식집

편입 수학 핵심 유형 정리 & 실전 연습 단계

미분법 워크북　　적분법 워크북　　선형대수 워크북　　다변수미적분 워크북　　공학수학 워크북

실전 단계

연도별 기출문제 해설집　　TOP6 대학 기출문제 해설집

김앤북의 완벽한
단기 합격 로드맵

핵심이론 → 최신기출 → 실전적용 → 단기합격

자격증 수험서

전기기능사 필기 | 지게차운전기능사 필기 | 위험물산업기사 필기 | 산업안전기사 필기 | 전기기사 필기 필수기출 / 전기기사 실기 봉투모의고사 | 소방설비기사 필기 필수기출 시리즈

컴퓨터 IT 실용서

     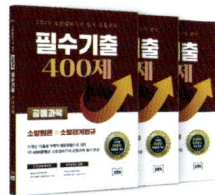

SQL | 코딩테스트 | 파이썬 | C언어 | 플러터 | 자바 | 코틀린 | 유니티

컴퓨터 IT 수험서

컴퓨터활용능력 1급실기 | 컴퓨터활용능력 2급실기 | 데이터분석준전문가 (ADsP) | GTQ 포토샵 | GTQi 일러스트 | 리눅스마스터 2급 | SQL 개발자 (SQLD)